新疆生产建设兵团

第七师胡杨河市

2023 年鉴

新疆生产建设兵团第七师志办公室　编

图书在版编目（CIP）数据

新疆生产建设兵团第七师胡杨河市年鉴. 2023 / 新疆生产建设兵团第七师志办公室编.
北京 : 方志出版社, 2024. 8. -- ISBN 978-7-5144-6242-5

Ⅰ. F324.1-54; F327.45-54

中国国家版本馆 CIP 数据核字第 2024TJ1658 号

责任编辑：张颢
责任校对：张玉霞
责任印制：梅中英
出 版 者：方志出版社
地　　址：北京市朝阳区潘家园东里 9 号（国家方志馆 4 层）
邮　　编：100021
网　　址：http://www.zgfzcb.cn
发　　行：方志出版社图书营销中心（010-67110500）
印　　刷：南京凯德印刷有限公司
开　　本：889 毫米×1194 毫米　1/16
印　　张：22.25
字　　数：630 千字
版　　次：2024 年 8 月第 1 版
印　　次：2024 年 8 月第 1 次印刷
定　　价：300.00 元

《新疆生产建设兵团第七师胡杨河市年鉴（2023）》编纂人员

主　　编　陆婷婷

执行主编　叶文卉

编　　辑　陆婷婷　　叶文卉　　陈珮垚

《新疆生产建设兵团第七师胡杨河市年鉴（2023）》撰（组）稿人名单

（按姓氏笔画排序）

卜　凡　　万艺萌　　马冬雯　　马明梅　　马　倩　　马雪征　　马　慧　　王卫东　　王子恒　　王文博　　王文瑞
王为民　　王书彬　　王玉娟　　王世凯　　王东红　　王东玥　　王　冬　　王冬英　　王成龙　　王君兰　　王　忠
王忠东　　王金枝　　王春伟　　王春桥　　王贵卿　　王　洋　　王　莉　　王　倩　　王留亭　　王竞宇　　王　琳
王　超　　王　辉　　王　锐　　王　强　　王解放　　王新龙　　王　瑶　　王　嘉　　王嘉麒　　王攀科　　王疆川
韦纯亮　　牛　敏　　牛想为　　毛贤英　　乌尔曼古丽·叶森　　方红联　　尹祚祥　　巴　蓉　　艾明艳　　古丽尼娜
左　佳　　石　磊　　卡米娜·加汉　　叶文卉　　叶秀东　　申洪荣　　申　毅　　田　歌　　代　昆　　白壮壮　　冯志超
吕新亚　　朱迎龙　　朱林峰　　朱依雪　　朱金光　　朱春蓉　　朱晓丽　　朱　熠　　伏新霞　　任红红　　任　亮
任　毅　　全　茹　　刘子晗　　刘正想　　刘　刚　　刘好坤　　刘丽娜　　刘林正　　刘　尚　　刘　佳　　刘　欣
刘　建　　刘秋梅　　刘姣姣　　刘素玉　　刘振山　　刘哲玮　　刘晓超　　刘笑天　　刘浩伦　　刘继承　　刘婉玉
刘瑞明　　刘　微　　齐　钰　　齐　韬　　米　华　　汤志干　　安格格　　祁小霞　　许　彤　　许　康　　阮强君
孙　凡　　孙　月　　孙玉岩　　孙兴兵　　孙丽娜　　孙　茜　　孙晓东　　孙晓翔　　孙　韬　　苏　林　　杜文彪
李小飞　　李云蔚　　李丹阳　　李永涛　　李　亚　　李亚东　　李华鹏　　李红海　　李红晨　　李辰辰　　李妍清
李　奔　　李　卓　　李　迪　　李树豪　　李俊武　　李艳丽　　李振翔　　李圆圆　　李倩茹　　李梦瑶　　李　晗
李敬德　　李雅茹　　李　斌　　李　瑞　　李瑞强　　李　磊　　杨东玲　　杨　帆　　杨军彦　　杨　芳　　杨　虎
杨忠旺　　杨　莹　　杨烈鹏　　杨　康　　杨　琼　　杨瑞民　　杨　磊　　时俊杰　　吴　旭　　吴新奎　　何文静
何亚林　　何　勇　　何　莲　　何　璐　　佘燕红　　余子同　　谷欣玉　　应泽人　　汪玉洁　　汪　峰　　沈海洋
宋亚丽　　宋　红　　张小娜　　张　卫　　张凤琴　　张玉红　　张玉坤　　张古勤　　张　帅　　张生福　　张亚贞
张西安　　张成勇　　张　华　　张　全　　张　宇　　张进进　　张志琴　　张志超　　张启明　　张英敏　　张金伟
张思琦　　张素新　　张　涛　　张　菲　　张雪莹　　张康丽　　张　琪　　张　琳　　张　强　　张婷婷　　张勤仁
张楠彬　　张鹏飞　　张　睿　　张潇镭　　张　磊　　张　鑫　　陆婷婷　　陈仁杰　　陈　彤　　陈珂欣　　陈　艳
陈珮垚　　陈　哲　　陈淑华　　陈　慧　　陈　霞　　陈　露　　邵馨仪　　武　杰　　苗　进　　范俊超　　范新奎
尚梦琪　　罗艳午　　和森瑞　　岳新高　　金灿灿　　周小林　　周向东　　周　杨　　周炳宇　　周　蓉　　周　燕
周　璨　　郑亚丽　　郑春平　　宗江伟　　孟庆忠　　孟婉玉　　孟黎明　　赵一龙　　赵小军　　赵凤钦　　赵　卉
赵会芳　　赵安新　　赵　阳　　赵春丽　　赵　莉　　赵爱玲　　赵　娟　　赵婉露　　赵媛媛　　赵　巍　　胡欢喜
胡　敏　　咸　纯　　侯佳骏　　闻　新　　洪亚军　　姚春艳　　秦洪文　　贾学军　　袁　希　　袁凌炜　　聂　慧
桂啊奔　　贾　非　　夏雪芹　　夏鹏程　　原可欣　　顾志鑫　　特列克·哈布力　　徐　玥　　徐昌政　　徐　昕
徐　忠　　徐　焦　　高　妍　　高曙光　　郭俊强　　郭素芳　　郭晓健　　郭航洲　　席攀攀　　唐兴举　　唐祁锋
唐学斌　　唐栋天　　唐　健　　唐婉丽　　唐满宁　　悦　敏　　黄　华　　黄　玥　　黄　虎　　黄　典　　黄建虎
黄桂香　　黄海燕　　黄雪琴　　黄瑞馨　　曹武警　　常　昊　　崔秉军　　符丽霞　　康　垚　　康　巍　　梁培芳
彭卫东　　彭德祥　　董　刚　　董艳秋　　蒋海军　　韩凤琳　　韩文珠　　韩利民　　韩新明　　程旭瑞　　程　勇
焦小明　　焦　阳　　舒东杰　　鲁亚楠　　谢红丽　　雷　风　　蔡元庆　　蔡晓培　　蔺艳妮　　翟彦丽　　缪玉璞
潘庆丽　　薛　莹　　薛　梅　　薛富有　　薛　源　　戴　刚　　魏　民　　魏金荣　　魏宗乐　　魏　涛

编辑说明

一、《新疆生产建设兵团第七师胡杨河市年鉴》是由第七师胡杨河市办公室主管、第七师志办公室编纂，公开发行的年度资料性文献。《第七师年鉴》于2001年创刊，逐年出版。2019年11月，国务院同意设立县级胡杨河市，与第七师实行"师市合一"管理体制，《第七师年鉴》自2020卷起更名为《新疆生产建设兵团第七师胡杨河市年鉴》。本卷为总第22卷。

二、《新疆生产建设兵团第七师胡杨河市年鉴（2023）》以马克思列宁主义、毛泽东思想、邓小平理论、"三个代表"重要思想、科学发展观、习近平新时代中国特色社会主义思想为指导，坚持辩证唯物主义和历史唯物主义的立场、观点和方法，旨在全面、系统、准确地记载和反映第七师胡杨河市2022年度自然、政治、经济、文化、社会、生态建设等方面的基本情况，为社会各界了解、认识和研究第七师胡杨河市提供基础性资料。

三、《新疆生产建设兵团第七师胡杨河市年鉴（2023）》全面客观地记载了2022年第七师胡杨河市经济和社会发展基本情况、大事要闻、主要成就和发展变化。全书分为34个类目：特载、大事记、第七师胡杨河市概览、中国共产党第七师胡杨河市委员会、胡杨河市人民代表大会、第七师胡杨河市人民政府、中国人民政治协商会议胡杨河市委员会、中共第七师胡杨河市纪委第七师胡杨河市监委、群众团体、法治、军事、对口支援、经济管理、农业、工业·建筑业、商贸·旅游、金融、信息业、园区经济、民营经济、城乡建设、水利、交通、生态环境保护、教育、科学技术、文化·体育、卫生与健康、社会生活、应急管理、师属重点企业、团镇、人物·荣誉、附录。"第七师"与"胡杨河市人民政府"并列作类目，特指本级行政管理机构，体现"师市合一"管理体制。

四、《新疆生产建设兵团第七师胡杨河市年鉴（2023）》采用分类编辑法，设类目、分目、条目三级结构。以类目为单元，按行业分工及内容性质设置；以分目为中介，按一定标准将每一类目内容划分为若干分目；在分目下，以条目为实体记述单位。条目标题用黑体字加【 】表示。

五、《新疆生产建设兵团第七师胡杨河市年鉴（2023）》所使用数据均以第七师胡杨河市统计局发布的统计数据为准。数字用法、标点符号用法分别采用国家标准《出版物上数字用法》（GB/T 15835—2011）、《标点符号用法》（GB/T 15834—2011），计量单位采用国家技术监督局1993年12月发布的《量和单位》系列国家标准。部分计量单位因记述需要，遵从习俗。

六、《新疆生产建设兵团第七师胡杨河市年鉴（2023）》中使用的“兵团”是指新疆生产建设兵团，“师”或“七师”是指第七师，“市”是指胡杨河市。“师市”指第七师胡杨河市。

七、《新疆生产建设兵团第七师胡杨河市年鉴（2023）》采用的资料由第七师胡杨河市所属各部门各单位及驻师有关单位提供，经其主管领导审核后上报。全书成稿后，由第七师胡杨河市年鉴编辑委员会审定。

八、《新疆生产建设兵团第七师胡杨河市年鉴（2023）》配备双重检索系统，书前设有目录，书后设有索引。索引采用主题分析法，款目按照汉语拼音字母顺序排列。

新疆生产建设兵团第七师团场分布图

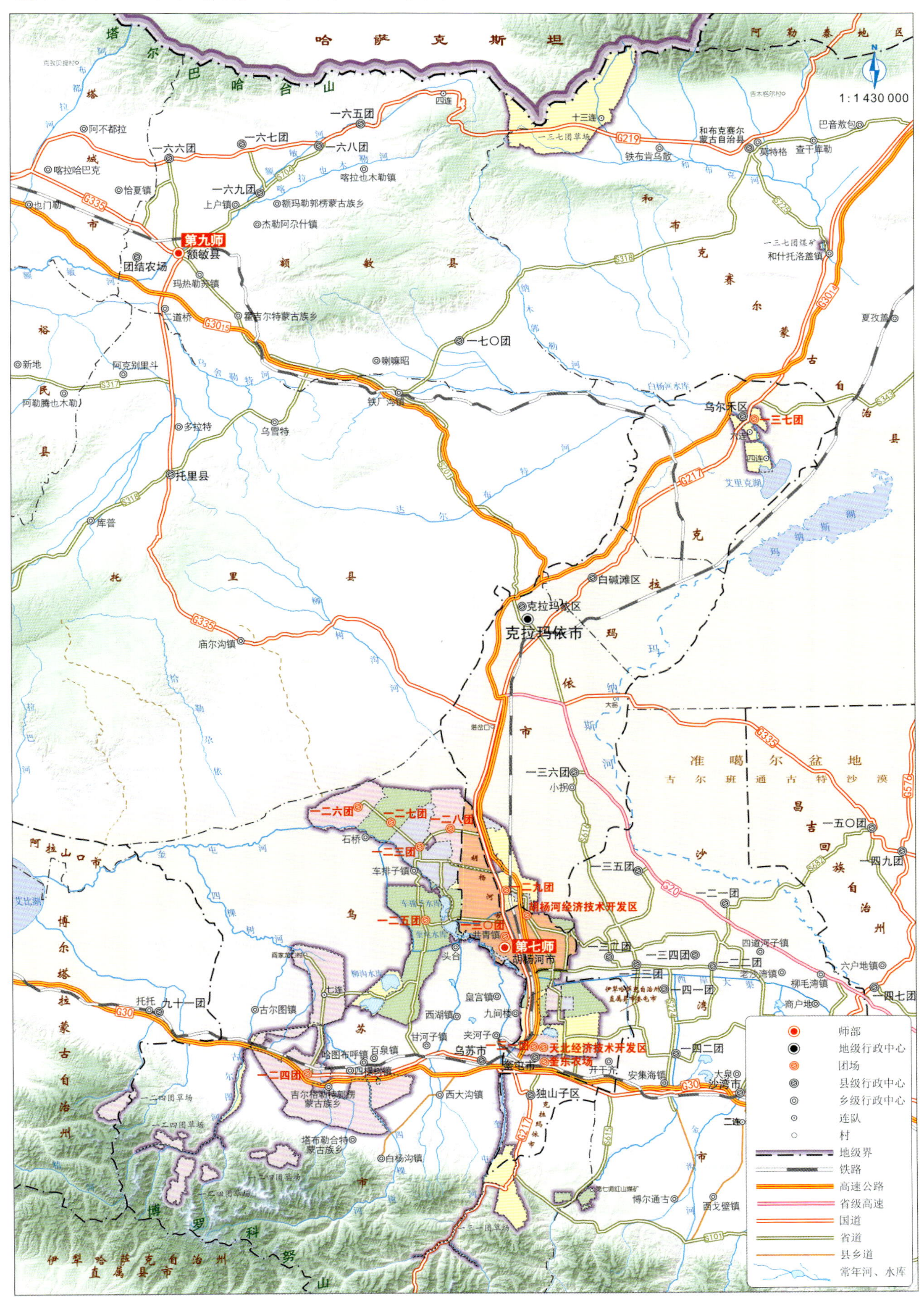

审图号:新兵S(2023)022号

地图审核:新疆生产建设兵团自然资源局

数说师市（2022年度）

◎ 土地面积：4449.96平方千米

◎ 团场：11个

◎ 镇：1个

◎ 连队：164个

◎ 年末总人口：26.10万人

◎ 生产总值：260.56亿元

◎ 人均生产总值：99694元

◎ 第一产业增加值：70.20亿元

◎ 第二产业增加值：99.34亿元

◎ 第三产业增加值：91.02亿元

◎ 居民消费价格总指数：101.0%

◎ 耕地面积：1748.69平方千米

◎ 农林牧渔业总产值（现价）：154.66亿元

◎ 总播种面积：244.09万亩

◎ 蔬菜产量：82.86万吨

◎ 甜菜产量：6.52万吨

◎ 水果产量：12.60万吨

◎ 肉类产量：6.84万吨

◎ 牛奶产量：17.44万吨

◎ 年末牲畜存栏：64.87万头（只）

◎ 牲畜出栏：89.29万头（只）

◎ 水产品产量：0.75万吨

◎ 规模以上工业总产值：222.90亿元

◎ 规模以上工业增加值：42.89亿元

◎ 原煤产量：12.93万吨

◎ 发电量：6.67亿千瓦时

◎ 精制食用植物油产量：3.60万吨

◎ 番茄酱罐头产量：9.24万吨

◎ 糖产量：1.37万吨

◎ 纱产量：6.52万吨

◎ 尿素（折纯）产量：29.65万吨

◎ 配混合饲料产量：14.24万吨

◎ 塑料制品产量：6.26万吨

◎ 硅产量：3.20万吨

◎ 水泥产量：11.32万吨
◎ 商品混凝土产量：146.85万立方米
◎ 资质以上建筑业总产值：160.70亿元
◎ 建筑业增加值：54.62亿元
◎ 房屋施工面积：180.63万平方米
◎ 房屋竣工面积：74.03万平方米
◎ 货物周转量：21.03亿吨千米
◎ 旅客周转量：0.29亿人千米
◎ 实施招商引资项目：277个
◎ 全社会固定资产投资比上年增长：21.86%
◎ 社会消费品零售总额：69.70亿元
◎ 批发和零售业增加值：13.80亿元
◎ 师市货物进出口总额：15981.5万美元
◎ 旅游总收入：8.30亿元
◎ 旅游接待总人次：200万人次
◎ 幼儿园：17所
◎ 中小学、职业学校：15所
◎ 年末师市在校学生：15878人
◎ 年末卫生机构：122个
◎ 年末卫生技术人员：1832人
◎ 全社会从业人员：12.50万人
◎ 参加基本养老保险人数：15.84万人
◎ 参加基本医疗保险人数：18.46万人
◎ 参加失业保险人数：5.13万人
◎ 参加工伤保险人数：5.77万人
◎ 全体居民人均可支配收入：40343元
◎ 全体居民人均消费支出：22904元
◎ 城镇常住居民人均可支配收入：44716元
◎ 城镇居民人均消费支出：22115元
◎ 连队常住居民人均可支配收入：31062元
◎ 连队居民人均消费支出：24576元

2022年2月19日，胡杨河市第一届人民代表大会第一次会议隆重开幕。图为大会会场　（刘笑天 摄）

2022年2月21日，胡杨河市第一届人民代表大会第一次会议胜利闭幕。图为大会会场　（刘笑天 摄）

2022年2月18日,中国人民政治协商会议胡杨河市第一届委员会第一次会议隆重开幕。图为大会会场 （刘笑天 摄）

2022年2月20日,中国人民政治协商会议胡杨河市第一届委员会第一次会议胜利闭幕。图为大会会场 （刘笑天 摄）

2022年6月29日，第七师高级中学党员和党旗合影庆祝中国共产党成立101周年　（张西安　宋玉龙 摄）

2022年7月3日，为庆祝中国共产党成立101周年，一三一团丰登园社区党总支组织100多名离退休党员开展“上善若水 万物之源——走进七师军垦水利史馆”主题党日活动　（刘　英　刘星玲 摄）

2022年7月23日，一二八团在职工文化活动中心举办“喜迎二十大·树清廉家风 传文明家训”主题演讲比赛　（温婷婷 摄）

2022年10月18日，新疆锦恒能源（集团）有限公司一线员工在学习党的二十大报告

（徐玥 岳婷 摄）

2022年9月30日，一三七团一连党支部用“好人好事积分”为职工群众兑换生活用品

（孟庆忠 摄）

2022年12月2日，在一二七团启明里社区活动室，苏兴红豫剧团举行党的二十大精神宣讲演出

（陈露 赵昀哲 摄）

2022年1月13日，一二九团种植户在温室大棚里采收柠檬（张西安　祁小霞 摄）

2022年4月23日，奎东农场三连植棉承包户的棉花田里，拖拉机在北斗卫星导航系统的助力下，精量播种，铺设地膜、滴灌带，实现机械操作一次完成

（吕新亚 摄）

2022年5月23日，一三一团三连养殖户和技术人员在大棚投放南美对虾虾苗　（刘　英　李红伟　摄）

2022年5月24日，一二六团五连海洲菌业种植合作社种植的头茬蘑菇上市　（张康丽　摄）

2022年4月1日，一三〇团十七连种植户在用无人机给冬小麦打药　　（张西安　赵　琼 摄）

2022年4月19日，新疆欣恋雅农业加工有限公司工作人员在晾晒手工挂面　　（张西安　孙润华 摄）

2022年3月28日，师市2022年重点项目集中开复工主会场　　（顾　帅　摄）

2022年7月11日，天北经济技术开发区奎屯博之雅建材有限公司生产车间内，工人在加工玻璃制品　（张西安 摄）

2022年5月20日，第七师锦创昱华公司的工作人员检查维护光伏基地的发电设施　（朱建华　龙　滔 摄）

2022年8月15日，新疆锦龙电力集团有限公司工人在铁塔上进行安装作业　　（朱建华 摄）

奎屯河引水工程是兵团最大的水利建设项目，该项目由将军庙水库、山区引水系统、出山口引水系统和团结干渠改建组成，总投资40.07亿元（不含出山口引水系统工程投资），累计完成投资13.56亿元。图为2022年3月2日，该工程建设工地的建设场面　　（张西安　温春燕 摄）

2022年1月23日，天北经济技术开发区签约主播（右一）在瑞豪电子商务产业园矩阵直播间，指导一三七团新人直播带货 （张西安　张志琴 摄）

2022年1月24日，师市首列中欧班列开行 （田　歌 摄）

2022年8月4日，由新疆北方建设集团三利公司路桥施工部承建的第七师胡杨河市—五五工业园区北区—奎克高速公路工程第三合同段施工现场，沥青摊铺机和压路机在有序作业　　（务雨萌　摄）

2022年5月14日，一三七团四连职工在“我是一颗石榴籽，争做民族团结模范”的承诺条幅上签名　　（孟庆忠 摄）

2022年5月14日，一三一团组织开展2022年民族团结教育月系列——“我是一颗石榴籽”主题活动　　（刘　英 摄）

2022年5月19日，一二八团在文化宫广场举办“共同团结奋斗、共同繁荣发展”主题宣传展板评比活动。图为康盛里社区工作人员在向评审及参观群众讲解版面设计内涵 （温婷婷 摄）

2022年6月30日，一三一团丰登园社区党总支联合奎屯市湖兰布拉克社区党支部，开展“奋进新征程 喜迎党的二十大”文艺汇演暨民族团结联谊活动 （刘星玲 摄）

2022年5月25日，投入1100万元打造的一二九团五连美丽连队建设完成 （江苏淮安援疆前方工作组 供图）

2022年6月10日，淮安特检技术人才朱利阳（左一）、张齐（左二），淮安援疆干部许康（右二）在胡杨河经济技术开发区新疆法康尼石油化工有限公司开展特种设备安全隐患排查

（江苏淮安援疆前方工作组 供图）

师市职工文化体育中心项目建筑面积2.7万平方米，是淮安市对口支援师市以来投资额最大的单体项目。图为2022年8月5日，项目施工现场 （刘笑天 田 歌 摄）

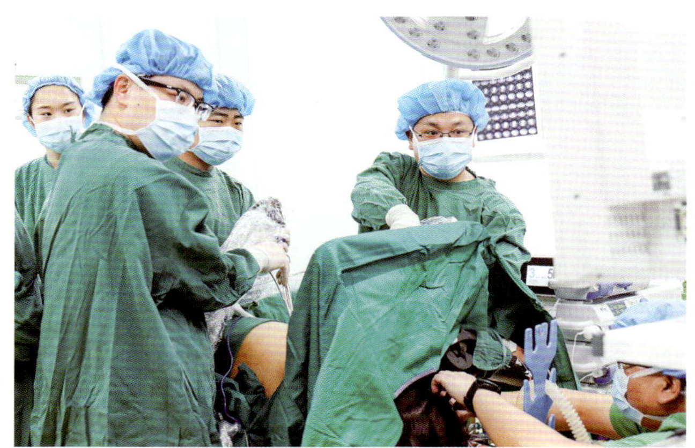

2022年2月22日，江苏省淮安市援疆医生谷彪（右一）和王成祥（左二）在七师医院为患者做手术　（徐昌政　摄）

2022年3月11日，江苏省淮安市援疆教师周翠云（中）在一三〇团中学为学生辅导作业

（江苏淮安援疆前方工作组　供图）

2022年3月17日，江苏省淮安市援疆教师李晓燕（中）在一三〇团中学给学生们上课

（江苏淮安援疆前方工作组　供图）

2022年4月10日，江苏省淮安市援疆医生骈晓亮（左二）在兵团奎屯中医院带队查房，指导科室人员读肺部影像片

（江苏淮安援疆前方工作组　供图）

2022年1月10日，一二九团淮安里社区老年豫剧队的演员们在教孩子们学习豫剧，体验传统文化魅力

（李如玉　孟　军 摄）

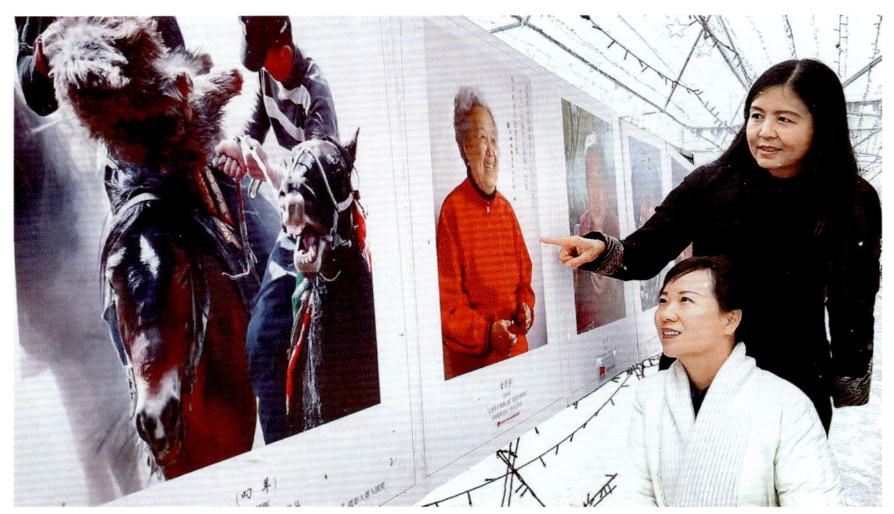

2022年1月15日，由师市文联举办的迎新年"赓续红色血脉，弘扬军垦文化"摄影作品展，在天北新区屯垦文化小镇展出。图为市民在观看摄影作品　　（徐　玥 摄）

2022年2月13日，师市军垦历史文化研究会联合天北新区玫瑰园社区举办2022年元宵节联欢会。图为走秀展示《老物件》

（韩高元　樊苗苗 摄）

2022年4月2日，第七师胡杨河市第一中学在校内操场举办“弘扬中华历史文化·放飞青春梦想”放风筝比赛（张婷婷 摄）

2022年3月4日，一二八团举办李永梅军垦主题剪纸创作培训班，邀请“军垦剪纸”创始人、传承人李永梅现场授课。图为李永梅（中）向一二八团剪纸爱好者讲授剪纸的常用纹路和操作技巧（温婷婷 摄）

2022年4月23日，一二八团在前山公园开展“弘扬传统文化服饰——汉服”活动（温婷婷 摄）

2022年5月26日，一二八团举办“粽情端午 传承文明”端午节文艺演出活动。图为老干部支部舞蹈队的成员们在表演舞蹈《新疆人》 （温婷婷 摄）

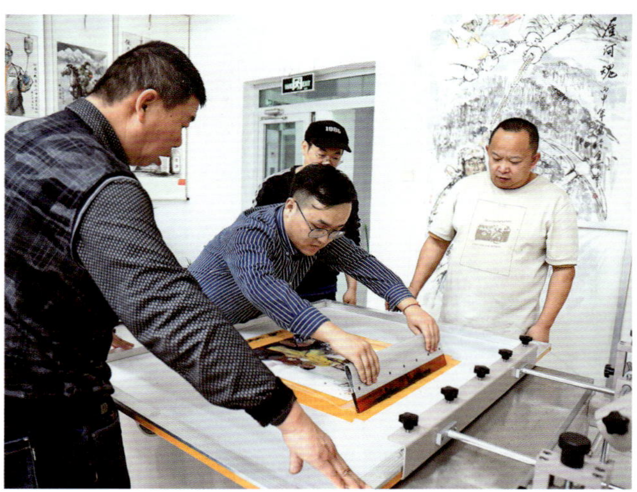

2022年6月5日，石河子大学文学艺术学院教授吴昊（右一）在一二六团戈壁母亲美术馆指导学员制作丝网版画 （牛想为 摄）

2022年6月4日，2022年“我们的中国梦——文化进万家”兵团豫剧团赴一二六团慰问演出 （牛想为 摄）

2022年6月16日，“文明实践在师市·我为群众办实事——七师胡杨河市文明实践志愿服务项目大赛”决赛在师融媒体中心举行。图为决赛选手及评委合影留念 （刘笑天 摄）

2022年6月3日，在一二八团团史陈列馆，老军垦李付生（左一）为参观人员讲述团场军垦历史 （董欣果 摄）

2022年9月15日，胡杨河市文化馆组织10名小讲解员开展手工扎染和糖画制作活动 （缪新亮 摄）

2022年1月12日，一三一团居民在升隆广场地下商场购买年货 （张西安　马玉琼 摄）

2022年2月6日，游客在天北新区麗枫冰雪乐园感受冰雪乐趣 （张西安 摄）

2022年2月8日，一二八团在十连举办传统赛马大会　　（温婷婷 摄）

2022年3月13日，儿童在天北新区上东湖公园放风筝 （张西安　田晓瑞 摄）

2022年5月12日，一二七团总工会、社会事务办公室、医院联合举办合理膳食行动厨艺比赛。图为一二七团十二连职工在参加厨艺比赛 （张西安 摄）

2022年5月13日，第七师胡杨河职业技术学校师生在麗枫景区游玩 （刘笑天 摄）

一二九团玖尚生态农业科技发展有限公司的生态园内有反季节蔬菜、热带植物、花卉、水产养殖等，集吃、游、乐、学等功能为一体，吸引众多游客前来观光旅游。图为2022年2月23日，游客在生态果蔬大棚内采摘黄瓜 （张 菲 摄）

2022年4月1日，一群白鹭从黄沟水库的湿地上飞过

（曾继录 摄）

2022年7月9日，一群白鹭在胡杨河湿地公园戏水、觅食 （吴新奎 摄）

在乡村振兴工作中，师市推进美丽连队建设，取得明显成效。图为2022年2月21日，一三〇团七连职工在连队居住区清理垃圾 （张西安 摄）

2022年4月10日，游客在天北新区上东湖公园游园赏景　　（张西安 摄）

2022年4月20日，一二五团柳沟水库辖区湿地，一群沙鸥在盘旋觅食　　（张西安 摄）

胡杨河国家湿地公园

（顾　帅摄）

秋日的胡杨河市　　（徐昌政 摄于2022年11月1日）

目　录

MU LU

特　载

大事记

第七师胡杨河市概览

中国共产党第七师胡杨河市委员会

胡杨河市人民代表大会

第七师胡杨河市人民政府

中国人民政治协商会议胡杨河市委员会

中共第七师胡杨河市纪委 第七师胡杨河市监委

群众团体

法　治

军　事

对口支援

经济管理

工业·建筑业

商贸·旅游

金　融

信息业

园区经济

民营经济

城乡建设

水　利

交　通

生态环境保护

教　育

科学技术

文化·体育

卫生与健康

社会生活

应急管理

师属重点企业

团 镇

人物 · 荣誉

附　录

索　引

特　　载

（孟庆忠　摄）

在中共新疆生产建设兵团第七师胡杨河市第十届委员会第四次全体会议上的报告(摘要)

(2022年12月12日)

师市党委书记、政委　李华斌

师市党委十届四次全会的主要任务是:全面贯彻习近平新时代中国特色社会主义思想,认真学习宣传贯彻党的二十大精神,深入学习贯彻习近平总书记视察新疆和兵团重要讲话重要指示精神,完整准确全面贯彻新时代党的治疆方略,全面贯彻落实兵团第八次党代会和兵团党委八届二次、三次全会部署,牢牢扭住新疆工作总目标,聚焦兵团职责使命,研究部署师市今后一个时期的工作,统一思想、凝聚力量,鼓足干劲、乘势而上,为建设更强大更繁荣的兵团展现新担当新作为,努力形成维稳戍边新优势,在实现新疆工作总目标中发挥更大作用,奋力谱写师市现代化建设新篇章。

一、提高政治站位,深入学习、深刻领会党的二十大精神,切实用以统一思想、统一意志、统一行动

学习宣传贯彻好党的二十大精神意义重大。我们要切实提高政治站位,更加紧密地团结在以习近平同志为核心的党中央周围,以高度的政治自觉、思想自觉和行动自觉,做到学习跟进、认识跟进、行动跟进,凝心聚力、团结奋斗。

(一)深刻领会党的二十大的主题。高举中国特色社会主义伟大旗帜,全面贯彻习近平新时代中

2022年12月12日,师市第十届委员会第四次全体会议召开　(刘笑天　摄)

国特色社会主义思想，弘扬伟大建党精神，自信自强、守正创新，踔厉奋发、勇毅前行，为全面建设社会主义现代化国家、全面推进中华民族伟大复兴而团结奋斗。这是党的二十大的主题，明确宣示了我们党在新征程上举什么旗、走什么路、以什么样的精神状态、朝着什么样的目标继续前进的重大问题。新征程上，我们要始终坚持道不变、志不改，始终恪守伟大建党精神，始终保持自信果敢、自强不息的精神风貌，始终紧紧扭住新时代新征程党的中心任务，始终巩固各族人民大团结，以保持定力、勇于变革的工作态度，永不懈怠、锐意进取的奋斗姿态，使各项工作更好体现时代性、把握规律性、富于创造性，坚定不移沿着总书记指引的正确方向胜利前进。

（二）深刻领会过去5年的工作和新时代10年的伟大变革。过去5年是极不寻常、极不平凡的5年，党中央团结带领全党全军全国各族人民，有效应对严峻复杂的国际形势和接踵而至的巨大风险挑战，把新时代中国特色社会主义不断推向前进。新时代10年，党中央采取一系列战略性举措，推进一系列变革性实践，实现一系列突破性进展，取得一系列标志性成果，经受住了来自各方面的风险考验，党和国家事业取得历史性成就、发生历史性变革，推动我国迈上全面建设社会主义现代化国家新征程。这些伟大变革，是在以习近平同志为核心的党中央坚强领导下、在习近平新时代中国特色社会主义思想科学指引下取得的。“两个确立”对新时代党和国家事业发展、对推进中华民族伟大复兴具有决定性意义。新征程上，我们要坚决捍卫“两个确立”、忠诚践行“两个维护”，提高政治判断力、政治领悟力、政治执行力，养成在吃透中央精神前提下开展工作的习惯，使忠于核心始终成为师市党员干部最鲜明的政治品格、成为师市政治生态最鲜明的政治底色。

（三）深刻领会开辟马克思主义中国化时代化新境界。党的十八大以来，以习近平同志为核心的党中央勇于进行理论探索和创新，以全新的视野深化对共产党执政规律、社会主义建设规律、人类社会发展规律的认识，取得重大理论创新成果，创立了习近平新时代中国特色社会主义思想。实践充分证明，习近平新时代中国特色社会主义思想，是坚持把马克思主义基本原理同中国具体实际相结合、同中华优秀传统文化相结合，是推进马克思主义中国化时代化的最新成果，是经过实践检验的科学真理，是引领中华民族复兴伟业的强大思想武器。新征程上，我们要进一步学懂弄通做实习近平新时代中国特色社会主义思想，系统学习领会“十个明确”“十四个坚持”“十三个方面成就”的主要内容和丰富内涵，坚持好、运用好贯穿其中的立场观点方法，在新时代伟大实践中把党的创新理论贯穿到师市工作全过程和各方面。

（四）深刻领会新时代新征程中国共产党的使命任务。党的二十大后，中国共产党的中心任务就是团结带领全国各族人民全面建成社会主义现代化强国、实现第二个百年奋斗目标，以中国式现代化全面推进中华民族伟大复兴。党的二十大对全面建成社会主义现代化强国“两步走”战略安排进行了宏观展望，重点部署了未来5年的战略任务和重大举措。新征程上，我们要深刻认识中国式现代化的中国特色和本质要求，牢牢把握“坚持和加强党的全面领导”“坚持中国特色社会主义道路”“坚持以人民为中心的发展思想”“坚持深化改革开放”“坚持发扬斗争精神”的重大原则，坚定信心、守正创新，砥砺奋进、埋头苦干，以更高站位、更大格局、更宽视野谋划推进师市各项事业高质量发展。

（五）深刻领会中国式现代化的中国特色和本质要求。中国式现代化，是中国共产党领导的社会主义现代化，既有各国现代化的共同特征，更有基于自己国情的中国特色，即中国式现代化是人口规模巨大的现代化，是全体人民共同富裕的现代化，是物质文明和精神文明相协调的现代化，是人与自然和谐共生的现代化，是走和平发展道路的现代化。中国式现代化的本质要求是，坚持中国共产党领导，坚持中国特色社会主义，实现高质量发展，发展全过程人民民主，丰富人民精神世界，实现全体人民共同富裕，促进人与自然和谐共生，推动构建人类命运共同体，创造人类文明新形态。新征程上，我们要深刻领会、系统把握、对标对表、全面落实，高质量推进师市现代化建设，切实把中国式现代化本质要求落实到各项工作之中。

（六）深刻领会社会主义经济建设、政治建设、文化建设、社会建设、生态文明建设等方面的重大部署。党的二十大把高质量发展作为全面建设现代化国家的首要任务，坚持以推动高质量发展为主题，对经济建设、政治建设、文化建设、社会建设、生态文明建设等方面作出了总体部署。新征程上，我们要完整、准确、全面贯彻新发展理念，积极融入和服务新发展格局，赋予经济社会发展更多政治意义，处理好发展和稳定、发展和民生、发展和人心的紧密联系，着力推动高质量发展，积极发展全过程人民民主，推进文化自信自强，促进共同富裕，建设美丽师市。

（七）深刻领会教育科技人才、法治建设、国家安全等方面的重大部署。党的二十大把握国内外发展大势，在党和国家事业发展布局中突出教育科技人才支撑、法治保障、国家安全工作，为我们开展好工作指引了明确方向。新征程上，我们要坚持教育优先发展、科技自立自强、人才引领驱动，办好人民满意的教育，加快实施创新驱动发展，实施人才强师市战略，坚持全面依法治师市，坚定不移贯彻总体国家安全观，完善社会治理体系，坚决维护国家安全和社会稳定。

（八）深刻领会国防和军队建设、港澳台工作、外交工作等方面的重大部署。党的二十大对国防和军队建设、港澳台工作、外交工作等方面工作分别作出重大部署。兵团具有“军”的属性，兵团的干部职工具有“兵”的素质。新征程上，我们要深入学习贯彻习近平强军思想，贯彻新时代军事战略方针，坚持党的绝对领导，精心建设好一流民兵队伍，扎实做好双拥共建和拥军支前工作，抓好退役军人管理保障工作，不断巩固军政军民大团结。

（九）深刻领会坚持党的全面领导和全面从严治党的重大部署。全面建设社会主义现代化国家、全面推进中华民族伟大复兴，关键在党。经过党的十八大以来全面从严治党，我们解决了党内许多突出问题，但党面临的执政考验、改革开放考验、市场经济考验、外部环境考验将长期存在，精神懈怠危险、能力不足危险、脱离群众危险、消极腐败危险将长期存在。党的二十大报告对坚定不移全面从严治党、深入推进新时代党的建设新的伟大工程作出全面部署。新征程上，我们要牢记全面从严治党永远在路上，党的自我革命永远在路上，持之以恒推进全面从严治党，深入推进新时代党的建设新的伟大工程，以党的自我革命引领社会革命，为新时代新征程师市各项事业发展提供坚强保证。

二、紧密结合实际，聚焦新时代新征程党的使命任务，对标对表、转化落实，奋力谱写师市现代化建设新篇章

我们要切实增强“处处对标对表”的自觉性、“时时放心不下”的责任感、“事事落实到位”的执行力，以学习贯彻习近平总书记重要讲话重要指示精神和党中央决策部署为前提，创造性开展工作，把学习贯彻党的二十大精神与贯彻落实兵团党委重点抓的事、与我们正在做的事结合起来，将大会作出的重大战略部署细化成目标任务、量化到每件每天、转化为工作成效，既为一域增光、又为全局添彩，以观念之变、奋斗之姿、团结之力、气象之新，担当新时代兵团职责使命，奋力谱写师市现代化建设新篇章。

（一）着力在推动高质量发展上取得更大突破。高质量发展是全面建设社会主义现代化国家的首要任务。发展是党执政兴国的第一要务，是师市履行特殊使命的关键。完整准确全面贯彻新发展理念、积极服务和融入新发展格局，把扩大内需同深化供给侧结构性改革结合起来，以开展“项目投资促进年”“营商服务提升年”活动为重要抓手，推动经济实现质的有效提升和量的合理增长，打牢维稳戍边物质基础。

千方百计扩大内需。增强消费对经济发展的基础性作用和投资对优化供给结构的关键作用，使提振消费与扩大投资有效结合，相互促进。

一是抓项目，扩大有效投资。项目是稳增长的“火车头”、兴产业的“发动机”、强后劲的“千斤顶”。要牢固树立“大抓项目就是大抓发展，谋好项目就是谋好未来”的理念，开展好“项目投资促进年”活动。狠抓招商引资，让项目能落地。招商引资是头等大事、项目落地是评价标准。围绕师市产业定位，按照产业链图谱精准招商。把招商引资作为“一把手”工程，督导各经济主体领导带头招商，不能“坐等天上掉馅饼”“靠展板度日”。建强园区专业招商队伍，选派懂政策、懂业务、懂经济的干部从事招商工作。稳定招商人员，实行实名制管理，在培养使用上给予重视、在工作经费上充分保障、在能力提升上加强培训、在平时生活上关心照顾，让他们工作有奔头、无负担。健全招商引资激励机制，增强全员招商的积极性。发挥考核"指挥棒"作用，把党政主要领导外出招商情况、专业招商队伍建设情况和完成招商引资实物量作为干部考核和绩效考核重要指标，不断优化考核机制。强化服务保障，让项目快推进。进一步完善师市领导、机关行业部门挂钩包联项目服务机制，不能包而不联、联而不保、流于形式，真正让挂钩包联起作用，推动项目建设顺利推进。强化各级各部门主要负责人"主人翁意识"，以为自己人办自家事的态度服务项目，以上率下实打实地为项目出谋划策、解决问题、给予支持，不能遇到问题推三阻四、解决问题碌碌无为。提升服务项目的能力水平，在政策落实、要素保障、解决问题上下功夫、出实招，加大项目调度力度，对服务项目的好做法及时宣传，对不作为、慢作为的及时通报批评，推动项目天天有进展、周周有变化、月月见成效。努力争资争项，让项目后劲足。盯紧吃透国家对冲经济下行、刺激经济增长的系列政策，积极争取各类资金、争列重点项目。深化援疆合作，让项目有助力。加强与江苏淮安在招商等方面的经济协作，推进友好市区、合作园区共建交流，鼓励和引导各类企业、社会资本和社会组织来师市投资兴业，开展组团式产业援疆，提高对口援疆综合效益。

二是优服务，发展民营经济。民营企业是师市经济社会发展的重要力量，贡献了近40%的国内生产总值、72%的税收、80%的城镇劳动就业、75%以上的企业数量，对师市经济发展功不可没。要毫不动摇鼓励、支持、引导非公有制经济发展，开展好"营商服务提升年"活动，竭力打造稳定可预期的一流营商环境，保证各种所有制经济依法平等使用生产要素、公平参与市场竞争、同等受到法律保护，促进民营经济蓬勃健康发展。围绕效率更高，打造高效便捷的政务环境。提升"放管服"水平，最大限度提高审批效率。强化部门协同，加快推进部门、层级之间数据的互联互通和无缝衔接。建立企业评价政务服务机制，政务服务好不好由企业家和全社会创业者来评说。围绕成本更低，打造公平竞争的市场环境。降低制度成本、交易成本，能不收的费用都不收、需要收的按下限收，减轻企业负担。强化政策精准滴灌，去繁就简、系统整合，让企业看得明白、用得方便。围绕预期更稳，打造依法办事的法治环境。坚持依法行政，全面推行权力清单、责任清单、负面清单管理，推动"双随机、一公开"监管全覆盖，让民营企业家安心创业。重视政府诚信，增强企业投资信心，保护企业投资激情。围绕信心更足，真心实意为企业多办实事。全力推动国务院和兵团一揽子稳经济政策措施落地见效，适时制定升级版扶持政策。推进亿元产值企业三年倍增行动，扭住79家重点企业加强培育，打好扶持企业组合拳，力促工业亿元产值企业和服务业限上企业数量倍增、建筑业规模稳步提升。围绕风气更正，构建亲清新型政商关系。鼓励各级干部坦坦荡荡同企业接触、同企业家交往，无事不扰、有求必应，明确政商交往的正面和负面清单，告诉干部哪些必须为哪些不能为，告诉企业家哪些可以做哪些不能做，对"吃拿卡要"等行为一律严肃处理。

三是促消费，拉动经济升温。大力推进消费升级，积极培育数字消费、信息消费、绿色消费、电子商务等新模式新业态，不断增强消费对经济增长的拉动作用。改造提升传统商贸业，发展夜间经济、早市经济，团场要开设夜间消费聚集区，拉动零售、餐饮消费。推进家电促销，发放政府消费券，带动限额以上零售额增长。发展电子商务，支持群智融等本地平台扩大电商销售。

建设现代化产业体系。坚持把发展经济的着力点放在实体经济上，推进新型工业化。改造提升传统产业，立足师市风光水煤优势资源，加快实施一批重大能源项目，力争三年内实现清洁能源电力装机容量占比一半以上。依托现有化工企业延链补链，打造精细化工产业集群。依托现有纺织企业，重点培育纺织服装深加工产业链，吸纳就业1.6万人。培育壮大新兴产业，依托现有电子铝箔企业，打造电子新材料产业集群。抢抓自治区推进硅基产业高质量发展的政策机遇，利用晶诺新能源年产10万吨高纯晶硅项目，延链补链强链，带动硅化工、硅合金、硅电子等下游产业发展，构建绿色硅基新材料产业链。依托合源正达龙头企业，着力打造生物医药产业集群。大力发展电子信息、新能源、节能环保等产业，打造新的增长引擎。积极发展数字经济，促进数字经济与实体经济深度融合。推进工业强基增效，立足园区深挖潜力，“一企一策”纾困解难，强化全要素保障，推动已竣工投产和新升规企业达产达效。制定梯队培育计划，落实补贴政策，确保三年内规上企业超过150家，实现产值450亿元，工业增加值年均增长15%以上。实施园区基础设施和公共服务提升行动，推动园区提档升级，增强园区承载力和吸引力，争创国家级经济技术开发区。构建优质高效的服务业新体系，推动三产增加值年均增长10%以上。统筹推进现代物流体系建设，发展壮大公铁联运、冷链仓储、城乡配送和智慧物流，打造面向北疆的物流集散中心。努力构建金融组织体系，制定针对性强的优惠政策，吸引聚集更多银行、保险、融资租赁等金融机构，用准用好政策性金融产品，拓宽企业融资渠道。

全面做好“三农”工作。“三农”向好，全局主动。坚持农业农村优先发展，以乡村振兴统揽新时代“三农”工作，牢牢守住确保粮食安全和不发生规模性返贫两条底线，统筹推进产业发展稳基础提效益、连队建设稳步伐提质量、职工增收稳势头提后劲，扎实做好“三农”这篇大文章。在农业全面升级上下功夫。坚持稳粮、优棉、强果、兴畜、创特色，推动一产增加值年均增长6%以上。认真落实粮食安全党政同责，持续抓好麦后复播种植大豆、玉米等作物，保障职工种粮收益不低于植棉收益，坚决完成粮食种植任务。进一步提升“锦”牌棉花影响力，持续推广“一主两辅”棉花品种，使皮棉质量达到“双29B”及以上。实施种业振兴行动，将主要农作物良种覆盖率达到100%。树立大食物观，大力推动林果蔬菜产业发展，将林果业种植面积稳定在12万亩左右，推动优质农副产品进超市、上餐桌。持续推进生猪、肉牛规模化养殖，使标准化养殖场比例达到90%以上，加快发展马、鹿、家禽、水产等特色养殖，推动畜牧业全面振兴。加快农业产业化发展，做好“粮头食尾”“农头工尾”文章，努力争取粮食、食用油储备库项目落地，推动粮食增储、提升大豆加工转化能力，形成大豆由“一粒种”变为“一桶油”的全产业链，选育一批名特新优农产品，加速一、二、三产融合，使农产品加工业产值与农业总产值之比达到2∶1。在连队全面进步上下功夫。做大做强农发集团国企平台，培育引进农业产业化龙头企业，力争每年新增6个亿元产值连队，壮大连队集体经济。科学统筹各类资金，持续开展连队人居环境整治提升行动，实施乡村净化绿化美化工程，全面治理垃圾、厕所和污水，完善水电路网等基础设施建设，补齐连队医疗卫生、法律、文化等公共服务短板，打造23个宜居宜业和美连队、5个兵团级特色风貌连队，实现连队风貌从点上开花向面上成景转变。加强连队治理，大力弘扬社会主义核心价值观，开展移风易俗弘扬时代新风行动，推进连队法治建设，把连队建设成美丽和谐的田园式家园。在职工全面发展上下功夫。老百姓讲的是实惠、盼的是发展、想的是致富。发展新型农业经营主体和社会化服务，扩大“龙头企业+专业合作社+职工”经营模式覆盖面，延伸农业产业链，提高产品附加值，推动家庭经营、合作经营、企业经营共同发展，培育打造1个国家级示范社、8个兵团级示范社、20个师级示范社、50户家庭农场。健全人才作用发挥机制，因事择人、因才施用，对外来大学生、科研技术人员等人才，探索建立创业实践基地，发挥科技型人才的技术支撑作用。对种养殖能人大户、专业合作社领头人等“土专家”“田秀才”，可聘为连队第一书记，发挥其技能、资金、经营等优势，带动发展特色产业，拓宽职工增收致富渠道。巩固脱贫攻坚成果，增强脱贫群众内生发展动力。抓好职工技术培训，用政府“有形之手”为职工搭台铺路，引导职工有意愿、有信心奔市场，推动“种得好”向“卖得好”转变，也让“卖得好”倒逼“种得更好”。

促进城乡协调发展。城市表面上是一栋栋楼房，背后是一个个居民，连接着一颗颗民心。坚持人民城市人民建、人民城市为人民，推进以人为核心的新型城镇化，着眼城市未来发展，做好国土空间规划编制，坚持“一张蓝图绘到底”，深入实施城市更新行动，加强城市道路交通基础设施及配套设施建设，重点抓好217国道以东6条道路建设，打通城区7.8千米“断头路”，加大15条城市供排水管网、4条供热主管网建设和改造力度，完善城市垃圾、污水处理体系，加快城市园林绿化建设，使绿化覆盖率达到49%，打造宜居、韧性、智慧城市。对标兵团“园林城市”标准，量化园林绿化、道路环卫保洁考核标准，推行市政养护管理“路长制”，提高精细化管理水平。坚持“双轮驱动”，一体推进胡杨河市区与天北新区协同发展，重点在城市基础设施建设、房地产和金融商贸服务业上拓增量、优存量，做大城市经济规模。坚持以城带乡，推动城乡基础设施统一规划、建设和管理，促进基础设施向团连延伸、公共服务向团连拓展、资源要素向团连倾斜、现代文明向团连辐射，实现城乡同步发展、功能互补。

防范化解重大风险。坚持人民至上、生命至上、安全第一，压紧压实安全监管责任，加大对自建房、危险化学品、城镇燃气、消防、道路交通等重点行业领域隐患排查和监管力度，坚决遏制重大安全事故发生。加大监测预报预警力度，完善突发事件应急预案，加强应急队伍、应急装备、应急能力建设，提高应急保障快速响应和灾害救援处置能力。加强食品药品安全监管，守护职工群众“舌尖上的安全”。防范化解各类金融风险，守住不发生系统性金融风险的底线。

（二）着力在强化科教人才支撑上展现更大作为。教育、科技、人才是全面推进社会主义现代化建设的基础性、战略性支撑。必须坚持教育优先发展、科技自立自强、人才引领驱动，不断开辟师市发展新领域新赛道，不断塑造发展新动能新优势。

办好人民满意的教育。教育是国之大计、党之大计。全面贯彻党的教育方针，落实立德树人根本任务，坚持为党育人、为国育才，创新思想政治引领和思想道德教育途径及载体，培养德智体美劳全面发展的社会主义建设者和接班人。坚持以人民为中心发展教育，促进教育公平，推进教育评价、“师管校聘”改革，建立健全教师分层竞聘、交流轮岗等制度，全面提高基础教育教学质量。加大力度改善办学条件，让教育经费“好钢用在刀刃上”。健全完善覆盖全学段的学生资助体系，确保党的助学惠民政策落实落地。加快建设高质量教育体系，完善支持政策，推进科学保教，开展办园行为督导，推动学前教育普及普惠安全优质发展。深化教学改革，优化课程设置，落实“双减”任务，提升课后服务质量和规范化水平，推动义务教育优质均衡发展。推行高中集团化办学，加强特色课程建设，推动高中阶段学校多样化发展。完善职业教育制度体系，实施职校基础能力提升工程，推进职普融通、产教融合、科教融汇。加强师德师风建设，培养高素质教师队伍，弘扬尊师重教社会风尚。

积极推进创新驱动。科技是第一生产力，创新是第一动力。建立健全师市科技创新体系，支持稠油化工新材料兵团重点实验室、技术创新战略联盟等创新平台建设，大力弘扬科学家精神，深化科技体制改革和科技评价改革，积极培育创新文化，涵养优良学风，营造创新氛围。以创新驱动发展，加大与石河子大学、中国农业科学院棉花研究所合作力度，围绕农业提质增效，开展棉花和小麦优质新品种选育、设施农业冬季不加温等5项关键核心技术攻关。发挥骨干企业引领支撑作用，加快碳基新材料、电极箔六级化成工艺研究等10项高新技术攻关。提升科技投入效能，建立年增长15%的科技经费投入机制，激发创新活力。强化企业科技创新主体地位，支持鼓励企业“揭榜挂帅”，联合科研院所、高校申报科技项目，促进各类创新要素向企业集聚，加强企业主导的产学研深度融合，提高科技成果转化和产业化水平。全面落实奖补优惠政策，加大企业培育和分类辅导力度，力争2023年新增高新技术企业和科技型中小企业3~6家。完善科技人才政策保障体系，推动产业链资金链人才链深度融合。

加快推进人才强师市。功以才成，业由才广。坚持党管人才原则，尊重劳动、尊重知识、尊重人才、尊重创造，实施更加积极开放有效的人才政策，制定实施《贯彻落实〈第七师胡杨河市“十四五”人才发展规划〉重点任务分工方案》，引导广大人才爱党报国、敬业奉献、服务人民。深化人才发展体制机制改革，全面落实《第七师胡杨河市人才引进和培养管理办法》，精准实施人才计划项目，发挥人才专项资金作用，敢于投入、舍得投入，真心爱才、悉心育才、倾心引才、精心用才，求贤若渴、不拘一格，使党委和政府投入的“供给侧”与人才生产生活和心理的“需求侧”更加匹配，营造拴心留人、干事创业良好环境，把各方面优秀人才积聚到师市现代化建设事业中来。

（三）着力在保障人民当家作主上发挥更大作用。坚持党的领导、人民当家作主、依法治国有机统一，坚持人民主体地位，充分体现人民意志、保障人民权益、激发人民创造活力，巩固和发展生动活泼、安定团结的政治局面。

保证和支持人民当家作主。扎实推进新时代人大工作，加大市人大对"一府一委两院"的监督力度，保证行政权、监察权、审判权、检察权得到依法正确行使。健全吸纳民意、汇集民智工作机制，保证人民的知情权、参与权、表达权、监督权落到实处。加强人大代表工作能力建设，密切人大代表同人民群众的联系。发挥政协工作整体效能，把协商民主贯穿政治协商、民主监督、参政议政全过程，健全协商于决策之前和决策实施之中的落实机制。支持市政协加强思想政治引领，围绕师市党委中心工作开展视察、调研和民主监督，精准建言献策。加强制度化、规范化、程序化等功能建设，提高深度协商互动、意见充分表达、广泛凝聚共识水平。深化工会、共青团、妇联等群团组织改革和建设，有效发挥桥梁纽带作用。

积极发展基层民主。基层民主是全过程人民民主的重要体现。健全基层党组织领导的基层群众自治机制，以居民为中心，深化社区治理服务创新，加快社区"智慧平台"建设，发展线上线下结合的服务模式，提升社区治理能力，增强城乡社区群众自我管理、自我服务、自我教育、自我监督实效。科学划分团场和连队、社区条块事项，理顺职责关系，编制基层职责任务清单，推进基层治理数据资源整合共享，为基层放权赋能减负。完善"四议两公开"等办事公开制度，拓宽基层群众有序参与基层治理渠道。

巩固和发展爱国统一战线。人心是最大的政治，统一战线是凝聚人心、汇聚力量的强大法宝。完善大统战工作格局，进一步发挥新时代统一战线法宝作用，促进政党关系、民族关系、宗教关系、阶层关系和谐。鼓励支持无党派人士和工商联等各类统战对象履职尽责、献计出力。以铸牢中华民族共同体意识为主线做好民族工作，做好民族团结进步创建工作，促进各族群众交往交流交融，巩固和发展平等团结互助和谐的社会主义民族关系。坚持我国宗教中国化方向，依法管理宗教事务，积极引导宗教与社会主义社会相适应，巩固拓展宗教和顺、社会和谐的良好局面。

（四）着力在法治师市建设上迈出更大步伐。全面依法治国是国家治理的一场深刻革命，关系党执政兴国，关系人民幸福安康，关系党和国家长治久安。深入学习贯彻习近平法治思想，更好发挥法治固根本、稳预期、利长远的保障作用，建设更高水平的法治师市，在法治轨道上全面推进师市现代化建设。

扎实推进依法行政。法治政府建设是全面依法治师市的重点任务和主体工程。健全依法决策机制，深化政务公开，推动领导干部自觉在法治之下想问题、做决策、办事情。用法治给行政权力定规矩、划界限，按照权限、规则、程序开展工作，推进机构、职能、权限、程序、责任法定化，提高行政效率和公信力。深化行政执法体制改革，加强执法活动监督，切实提高执法服务水平。

严格公正司法。公正司法是维护社会公平正义的最后一道防线。深化司法体制综合配套改革，全面准确落实司法责任制，巩固深化政法队伍教育整顿成果，努力让人民群众在每一个司法案件中感受到公平正义。规范司法权力运行，健全公安机关、检察机关、审判机关、司法行政机关各司其职、相互配合、相互制约的体制机制。强化对司法活动的制约监督，促进司法公正。

加快建设法治社会。法治社会是构筑法治师市的基础。弘扬社会主义法治精神，传承中华优秀传统法律文化，引导师市人民做社会主义法治的忠实崇尚者、自觉遵守者、坚定捍卫者。建设覆盖师团辖区的现代公共法律服务体系，创新法治宣传教育形式，开展好群众法治大培训等活动，增强全民法治观念。发挥领导干部示范带头作用，努力使尊法学法守法用法在全社会蔚然成风。

（五）着力在增进文化认同上彰显更大自信。文化认同是最深层次的认同。增强文化自信，大力推进文化润疆，加强中国军垦文化之乡建设，坚定不移举旗帜、聚民心、育新人、兴文化、展形象，巩固团结奋斗的共同思想基础。

牢牢掌握意识形态工作领导权。意识形态工作是为国家立心、为民族立魂的工作。全面落实意识形态工作责任制，巩固壮大奋进新时代的主流思想舆论，建设具有强大凝聚力和引领力的社会主义意识形态。健全学习贯彻习近平新时代中国特色社会主义思想常态化机制，常态开展基层理论宣讲活动。加强意识形态阵地建设和管理，深化意识形态领域反分裂斗争，做强主流媒体，提升融媒体中心建设水平，拓展新时代文明实践所（站）建设。

广泛践行社会主义核心价值观。社会主义核心价值观是凝聚人心、汇聚民力的强大力量。弘扬以伟大建党精神为源头的中国共产党人精神谱系，传承兵团精神和胡杨精神、老兵精神，用好“戈壁母亲”等红色资源，讲好党的故事、革命的故事、英雄的故事，传颂好军垦战士、戈壁母亲、沙海老兵、兵团新兵等光辉形象。推动理想信念教育常态化制度化，引导广大干部特别是年轻干部学习好“四史”、熟知七师发展史，让历史真正走进内心、触动灵魂，成为砥砺前行的永续加油站。加强公民道德建设，统筹推动文明培育、文明实践、文明创建，注重在平凡岗位上选树身边的先进典型，发挥好榜样作用，传播真善美、传递正能量，推动全社会见贤思齐、崇尚英雄、争做先锋。

繁荣发展文化事业和文化产业。统筹推进职工群众物质上的富裕与精神上的富足，促进文化事业和产业发展，繁荣新闻、广播、文学艺术，加快推进媒体深度融合。叫响“军垦文化之乡”品牌，积极鼓励繁荣文艺创作，努力推出一批“讲好七师故事”的文化精品，培育造就一批德艺双馨的文化文艺人才队伍，组织开展形式多样的文艺演出和展览活动，让职工群众享受更充足的文化产品供给。深化文化体制改革，完善师、团、连三级现代公共文化服务体系，发展智慧广电网络，更好满足职工群众精神文化需求。坚持以文塑旅、以旅彰文，深入实施旅游兴疆战略，打造精品旅游线路，开发特色旅游产品，加快重点文旅项目建设，促进文化和旅游深度融合、文旅产业高质量发展。

（六）着力在增进民生福祉上实现更大提升。保障和改善民生没有终点，只有连续不断的新起点。始终坚持以人民为中心的发展思想，聚焦职工群众最急最盼最需的领域，把各类民生问题解决到位，让老百姓看到变化、得到实惠、收获幸福。

提升就业质量和收入水平。就业是最基本的民生。坚持就业优先政策，减负、稳岗、扩就业并举，加大援企稳岗扩就业支持力度，完善团场富余劳动力向企业转移政策，支持吸纳就业能力强的劳动密集型行业发展，加强就业指导服务和供需对接，保障退役军人、大学生等重点群体充分就业，帮扶困难人员提升就业能力，推动多渠道灵活就业，每年开展职业技能培训不少于9200人次，确保每年新增就业5100人以上，城镇登记失业率控制在5%以内。分配制度是促进共同富裕的基础性制度。认真落实国家收入分配制度，规范收入分配秩序，努力提高低收入群体收入，扩大中等收入群体，促进共同富裕。

健全完善社会保障体系。社会保障体系是人民生活的安全网和社会运行的稳定器。健全覆盖全民、统筹城乡、公平统一、安全规范、可持续的多层次社会保障体系，推动基本养老、医疗等保险参保率稳定在95%以上，辖区参保人员社保卡持卡率达90%以上。推进兵地社会保障体系互联互通、信息共享，促进师市社会保障高质量发展。促进多层次医疗保障有序衔接，完善大病保险和医疗救助制度，落实异地就医结算，建立长期护理保险制度。强化重点群体关爱服务保障，改革完善社会救助制度，保障妇女儿童权益，完善退役军人工作体系和保障制度，健全养老服务健康支撑体系。加快构建以公租房、保障性租赁住房和共有产权房为主体的住房保障体系，吸引更多年轻人在师市安得下心、扎得住根。

持续深化健康师市建设。深化医药卫生体制改革，完善医共体建设，提升团场医院诊疗水平，推动优质医疗资源向基层延伸，实现常见病、多发病不出团，危急疑难重症不出师。完善疾病预防控制和卫生健康体系，建强公共卫生队伍，推进医院项目建设，提升重大疫情监测预警、应急处置能力。促进中医药传承创新发展。做好全民健康体检和妇女“两癌”筛查工作，把惠民政策落到实处。全面落实三孩生育政策，强化配套措施，提升“一老一小”卫生健康服务保障水平，促进师市人口长期均衡发展。

（七）着力在美丽师市建设上下定更大决心。良好的生态环境是最普惠的民生福祉。深入学习贯彻习近平生态文明思想,树牢绿水青山就是金山银山的理念,坚定不移走生态优先、绿色发展之路,当好生态卫士,为美好生活充电,为美丽师市赋能。

全面推进绿色低碳循环发展。积极推行绿色低碳生产方式,用好能耗双控跨周期考核等政策,大力发展清洁可再生能源产业,推进重点行业绿色化改造,全面推行企业清洁生产,逐步降低煤品燃料消费比重,坚决遏制“两高”项目盲目发展。大力倡导绿色低碳生活方式,开展节约型机关、绿色创建行动,增强全民节约意识、环保意识、生态意识。

坚决打好污染防治攻坚战。坚持精准治污、科学治污、依法治污,打好蓝天、碧水、净土保卫战。抓好中央和自治区、兵团生态环境保护督察反馈问题整改,整治团场集中供热燃煤锅炉达标治理、工业炉窑综合治理以及6家企业挥发性有机物治理突出问题,积极参与“奎—独—乌”区域联防联控和重污染天气应对。规范园区污水处理厂运行管理,加快团场新建污水处理厂、生活垃圾卫生填埋场施工进度。抓好危险废物规范化环境管理评估。

持续推进生态保护和修复。严守生态保护红线,坚持山水林田湖草沙一体保护和系统治理。推进建立生态保护红线及自然保护区生态状况监管本底台账,开展自然保护地监督行动。全面实施林长制,强化林草资源管理,科学开展国土绿化行动。落实生态环境损害赔偿制度,提升生态环境治理现代化水平。

(八)着力在持续深化改革上拿出更大魄力。深化改革是推动经济社会发展的强大动力。围绕增强组织优势和动员能力,突出重点领域和关键环节,巩固改革成果、完善配套措施、补齐工作短板、提升质量水平,增强发展的动力活力。

持续深化国资国企改革。健全中国特色现代企业治理体制、经营机制和激励制度,持续深化“三项制度”改革,健全市场化经营机制,发挥考核“指挥棒”作用,推动国有企业治理效能更加彰显、更可持续。加快国有企业战略重组,培育特色优势产业集团,积极稳妥推进混合所有制改革,推动国有经济布局结构更加合理、更加优化。健全国资监管体系,开展“两非两资”清理、重点亏损子企业治理、历史遗留问题清理化解专项行动,增强国有经济竞争力和抗风险能力。强化国资监管机构出资人职责,提升国有经济质量效益。

不断深化“政”的改革。着力构建职责明确、依法行政的政府治理体系,提升依法行政能力和水平。推广以垦区派驻、团场协调配合的扁平化管理模式,健全师市综合行政执法队伍与团场管理协调配合机制,依法规范行使行政职权。深化事业单位改革,优化布局结构,完善制度机制,强化公益性属性,积极推广政府购买服务。健全财政金融重大风险防控机制,严格落实“过紧日子”的要求,合理控制政府债务规模。

巩固深化团场综合配套改革。健全完善团场行政管理体制,提升团场依法行政能力水平,为市场主体营造良好的发展环境。出台激励措施,调动团场发展经济、培植税源的积极性,鼓励支持连队经济发展壮大,在具备条件的团场加快设立国有资产管理公司,规范连队资产经营管理。进一步健全完善团场职工管理机制,拓展职工履行民兵义务和增收致富的新路径,夯实兵团组织优势和动员能力基础。

提升兵地融合发展制度化水平。完善和落实兵地融合发展工作机制,加强兵地联动协作和沟通协调。坚持总体规划一体制定、专项规划有效衔接、区域规划统筹协调,兵地重大基础设施同步建设,全面推进经济、社会、文化、生态和民族团结、维护稳定、干部人才等方面融合发展,实现优势互补、资源共享。

(九)着力在全面从严治党上抓出更大成效。事业发展,关键在党。船重千钧,掌舵一人。落实新时代党的建设总要求,始终坚守初心使命,以永远在路上的坚定执着,全面推进党的自我净化、自我完善、自我革新、自我提高。

坚持党的领导,锤炼绝对忠诚的政治品格。坚决捍卫“两个确立”、忠诚践行“两个维护”,发自内心拥戴核心、毫不动摇信赖核心、矢志不渝忠诚核心、坚定不移维护核心,全面、系统、整体落实总揽全局、协调各方的党的领导制度体系,把党的领导贯穿师市工作全过程和各方面,始终在政治立场、政治方向、政治原则、政治道路上同以习近平同志为核心的党中央保持高度一致。健全落实党中央决策部署机制，完善议事规则和决策程序，严格落实“三重一大”制度，事关全局的重大事项及时请示报告。全面加强党的政治建设，严明政治纪律和政治规矩，落实党委主体责任，提高各级党组织和党员干部政治判断力、政治领悟力、政治执行力。增强党内政治生活的政治性、时代性、原则性、战斗性，用好批评和自我批评武器，持续净化党内政治生态。

加强思想建设，铸牢团结奋进的思想之魂。坚持不懈用习近平新时代中国特色社会主义思想凝心铸魂，坚持好、运用好贯穿其中的立场观点方法，学出道理学理哲理、学出忠诚信仰、学出责任担当、学出奋进动力，做到知其言更知其义、知其然更知其所以然。加强理想信念教育，引导党员、干部牢记党的宗旨，解决好世界观、人生观、价值观这个总开关问题，自觉做共产主义远大理想和中国特色社会主义共同理想的坚定信仰者和忠实实践者。坚持学思用贯通、知信行统一，把习近平新时代中国特色社会主义思想转化为坚定理想、锤炼党性和指导实践、推动工作的强大力量。坚持理论武装同常态化长效化开展党史学习教育相结合，引导党员、干部不断学史明理、学史增信、学史崇德、学史力行。精心组织好即将在全党开展的主题教育。

建强干部队伍，锻造堪当重任的时代铁军。坚持党管干部原则，树立正确选人用人导向，坚持解放思想用干部、用解放思想的干部，担当作为用干部、用担当作为的干部，公道正派用干部、用公道正派的干部，选优配强团场领导班子，把新时代好干部标准落到实处。健全干部培养体系，加强实践锻炼、专业训练，开展“一把手政治能力提升计划”“干部专业化能力提升计划”“新时代基层干部主题培训行动计划”，增强干部推动高质量发展、服务群众、防范化解风险本领。完善干部考核评价体系，在干部能上能下、能进能出上动真格，让敢干者有舞台、让实干者有平台、让干成者上奖台，真正形成能者上、优者奖、庸者下、劣者汰的良好局面。抓好后继有人这个根本大计，健全培养选拔优秀年轻干部常态化工作机制，推进机关和基层优秀年轻干部双向交流。加强和改进公务员工作。认真做好离退休干部工作。坚持严管和厚爱相结合，落实休假、体检、探亲、心理关怀等制度机制，落实“三个区分开来”，激励干部敢于担当、积极作为。

强化基层基础，打造坚强有力的战斗堡垒。严密的组织体系是党的优势所在、力量所在。坚持大抓基层的鲜明导向，以提升政治功能和组织力为重点，分类推进党支部标准化建设，持续整顿软弱涣散基层党组织，推动基层党组织全面进步、全面过硬。探索创新兵地基层党组织结对联建、师市连队与地方村、社区结对共建，常态化开展兵地群众间的联谊交流活动，引领促进乡村振兴。选优配强基层党组织带头人队伍，加强连队“两委”后备力量建设。强化基层基础保障。扎实做好发展党员和党员教育管理工作，始终保持各级党组织、党员队伍的先进性、纯洁性。

严格正风肃纪，守好人民公仆的纯洁本色。党风问题关系执政党的生死存亡。锲而不舍落实中央八项规定及其新的实施细则精神，抓住“关键少数”以上率下，持续深化纠治“四风”，重点纠治形式主义、官僚主义，坚决破除特权思想和特权行为。把握作风建设地区性、行业性、阶段性特点，抓住普遍发生、反复出现的问题深化整治，推进作风建设常态化长效化，开展违规吃喝行为专项治理，坚决克服一刀切一风吹、不唯实只唯上、重短期利益轻长远发展、脱离实际作秀“表演”的工作作风，坚决制止侵害群众利益、增加群众负担、引发群众不满的做法，严厉查处打折扣搞变通、统计造假、数据失实等突出问题。全面加强党的纪律建设，督促领导干部严于律己、严负其责、严管所辖，督导基层单位把主要精力用于实干，不搞无意义的现场评比等活动，对违反党纪的问题，发现一起坚决查处一起。坚持党性党风党纪一起抓，从思想上固本培元，提高党性觉悟，增强拒腐防变能力。

勇于自我革命，营造海晏河清的政治生态。坚持制度治党、依规治党，维护党内法规权威性、增强执行力。压紧压实“两个责任”，以党内监督为主导，统筹衔接和贯通协调各类监督，确保权力在阳光下运行。推进政治监督具体化、精准化、常态化，增强对“一把手”和领导班子监督实效。发挥政治巡察利剑作用，推进十届师市党委巡察全覆盖。永远吹冲锋号，坚持不敢腐、不能腐、不想腐一体推进，坚决查处政治问题和经济问题交织腐败，坚决治理政商勾连破坏政治生态和经济发展环境问题，严查工程建设、国资国企等腐败乱象。坚决惩治群众身边腐败，严肃查处领导干部亲属和身边工作人员利用影响力谋私贪腐问题，坚持受贿行贿一起查，惩治新型腐败和隐性腐败。深化标本兼治，加强新时代廉洁文化建设，加强思想道德和党纪国法教育，抓好年轻干部教育管理监督，持续开展同级同类警示教育，教育引导广大党员干部清清白白做人、干干净净做事、坦坦荡荡为官。

三、精心组织推动，持续不断把学习宣传贯彻引向深入，不折不扣把党的二十大精神落到实处

学习宣传贯彻党的二十大精神是当前和今后一个时期的首要政治任务。在全面学习、全面把握、全面落实上下功夫，以最强领导、最快行动、最大力度、最实举措，持续掀起学习宣传贯彻党的二十大精神热潮。

一是学习上要入脑入心。紧密结合党中央即将在全党开展的主题教育，开展多形式、分层次、全覆盖的全员培训。各级党委（党组）理论学习中心组要把学习党的二十大精神作为重点内容，制定系统学习计划，列出专题进行研讨。各团场各系统各行业各领域要举办培训班、学习班，集中一段时间对团处级以上党员领导干部进行集中轮训，分期分批对党员干部进行系统培训。基层党组织要采取多种形式，组织广大党员干部认真学习。把学习党的二十大精神作为党校教育培训的必修课，作为学校思想政治教育和课堂教学的重要内容，推动党的二十大精神进课堂、进头脑。

二是宣讲上要用心用情。抽调骨干力量组成宣讲团，深入团场、企业、连队、机关、校园、社区宣讲。坚持领导带头，师市党委常委和师市领导人、各团场和师市机关各部门主要负责人要在所在地方、分管领域亲自宣讲，各企事业单位主要负责人要在本单位带头宣讲，以实际行动带动广大党员干部职工群众学习。开展面向党外人士的宣讲工作，增进党外人士的认知认同。着力增强宣讲的说服力、亲和力和针对性、有效性，紧密联系党的十八大以来党和国家事业取得的历史性成就、发生的历史性变革，聚焦干部群众的关注点，紧扣理论与实践的结合点，把党的二十大精神讲清楚、讲明白，让老百姓听得懂、能领会、可落实。

三是宣传上要出新出彩。统筹师市各类新闻媒体，大力宣传党的二十大精神，宣传全党全社会对党的二十大的热烈反响和积极评价，宣传各单位各部门学习贯彻党的二十大精神具体举措和实际行动。要充分利用各种宣传形式和手段，采取职工群众喜闻乐见的形式，使宣传报道更接地气、动人心。积极开展网络宣传，把网络传播平台作为党的二十大精神宣传的重要阵地，坚持分众化、差异化、精准化，开设网上专题专栏，开展网上访谈互动，在网络宣传上展现新面貌、新作为，推动形成网上正面舆论强势。

四是落实上要见行见效。对标对表党的二十大提出的重要思想、重要观点、重大战略、重大举措，对兵团第八次党代会、兵团党委八届二次、三次全会确定的目标任务和思路举措进一步细化实化，结合师市实际，明确时间表、施工图、任务书，扎扎实实向前推进。要转变作风狠抓落实，坚持在严之又严、细之又细、实之又实上下足“绣花”功夫，实行重大任务“项目化管理、工程化推进、日历化监督、专班化落实”制度机制，不断提升工作制度化、规范化、精细化水平，确保党中央决策部署和兵团党委部署要求在师市落地生根、取得实效。

奋进新征程　建功新时代
奋力谱写胡杨河市高质量发展新篇章

——在胡杨河市第一届人民代表大会第二次会议上的报告（摘要）

（2023年1月7日）

胡杨河市人民政府市长　宋学华

一、2022年工作回顾

2022年，师市预计实现生产总值268.3亿元、增长8%，预计实现规上工业总产值226亿元、增长20%，预计完成固定资产投资183亿元、增长20%，预计形成招商引资实物量126.9亿元、完成兵团目标任务的126.9%，预计完成一般公共预算收入7.63亿元、增长8.6%，预计完成社会消费品零售总额65亿元、下降8.5%。

——刚刚过去的一年，我们着力推动产业发展，经济发展态势向好

农业基础不断夯实。坚决扛稳粮食安全的政治责任，引导职工麦后复播种植大豆、青贮、玉米等，亩增收1000元左右。不断提升棉花产量和质量，综合品质6项指标均高于地方平均水平。统筹做好肉、蛋、奶、菜发展，分别增长22%、2%、7%、7%，人民群众的“菜篮子”更加充实。

工业发展提速增效。持续落实推进三年倍增行动，实现产值亿元以上企业42家，较同期增加9家，实现产值186.1亿元，占规上工业总产值的84.8%。推动已竣工投产和新升规企业达产达效，新投产的合源正达核黄素磷酸钠、辅酶Q10等13家企业新增产值10.4亿元。推动技改项目54个，技改完成率达52%，完成投资10.4亿元，工业企业潜力充分释放。建立了20家企业“小升规”培育库，实现16家企业升规，贡献产值4.5亿元以上。推动培育优势企业，4家企业成功入选兵团级“专精特新”企业。

现代服务业蓬勃发展。稳步促进市场消费，相继举办龙虾美食节、北疆农资农机展、网上年货节等大型促消费活动10场次，累计销售额达3.2亿元。投放400万元政府线上消费券，带动6万余人消费，拉动市场销售额2500万元。新增商贸领域升限企业20家、升限大个体26家，新增批零住餐等市场主体1600余家。全面推进旅游业融合发展，预计接待游客200万人次，旅游收入8.7亿元、增长14.6%。

——刚刚过去的一年，我们着力推进重大项目建设，有效投资不断扩大

项目建设开足马力。坚持每季度“集中签约一批、集中开工一批”，全年开复工重点项目345个，总投资546亿元。积极谋划重点项目260个，争取政府类投资项目96个、到位上级资金23.4亿元；用好政策性、开发性金融工具，谋划39个设备更新项目，争取中长期贷款资金50亿元。认真谋划2023年固定资产投资项目，储备政府投资、社会资本和国有企业三大类95个亿元项目，计划总投资2054亿元。

招商引资成果喜人。围绕“精细化工、生物医药、电子新材料”主导产业发展规划，梳理出五大产业集群链条，制定《第七师胡杨河市专班化推动经济高质量发展实施方案》，成立五大专班靶向招商，落地晶诺高纯晶硅、紫宸天山等一批延链补链强链的重大产业项目。相继开展了40余次“云洽谈”视频会和集中签约仪式，签约项目290个，计划总投资1340亿元，其中百亿元以上项目2个。扎实推进“招商之冬”，成功签约山东天鹅棉业机械服务中心和深圳中讯电子等一批重点项目，计划总投资637亿元，其中总投资500亿元的锦江化工产业园项目，是师市近年来签约金额最高、产业链最长、带动力最强、发展潜力最大的项目。全年师市预计形

成招商引资实物量126.9亿元、兵团排名第3位，其中两个开发区形成实物量70.5亿元、占师市总量的56%，开发区招商平台活力凸显。

营商环境持续优化。建立企业帮扶机制，师市领导、机关部门包联骨干企业和挂钩重点项目，形成部门服务企业高质量发展良好氛围。用好“一周一议、一企一策、专班推进”机制，及时解决项目推进和生产经营过程中存在的问题与困难，用力用心用情为企业提供优质服务。

——刚刚过去的一年，我们着力深化改革，体制机制新活力充分释放

持续深化国资国企改革。建立健全现代企业制度，配齐建强董事会，师直属企业选聘13名专业化兼职外部董事，8名国有企业领导转任专职外部董事。持续推进“三项制度”改革，打破“铁交椅”，实现干部“能上能下”，157名经理全面签订岗位聘任协议书；打破“铁饭碗”，实现员工“能进能出”，国企管理人员由447人减少至363人；打破“大锅饭”，实现收入“能高能低”，确定差异化考核标准，中长期激励评估全面完成。不断优化国有资本布局，完成师市国有资本投资运营集团公司改组和1.37亿元行政事业单位闲置资产划转。

健全和转变“政”的职能。推进师市行政区划调整，师市第一个建制镇一三〇团共青镇于2022年1月成立，胡杨街道办事处获批。持续优化政务服务，将280项行政许可事项纳入清单管理，规范公布3556项行政权责清单事项，动态调整209项行政权责清单事项；推进“一网一门一次”改革，优化办事流程，压缩办理时限，企业登记注册仅需1个工作日，食品生产许可办理时限由20个工作日压缩至4个工作日，政务服务可网办率100%、企业和群众“最多跑一次”率100%。减税降费政策落地落实，为各类市场主体减退税费和发放补贴7.77亿元。搭桥金融机构支持实体经济发展，投放贷款32.24亿元。

持续深化团场综合配套改革。盘活团场国有资产，一二四团、一二五团、一三一团成立国资公司，五五酒厂效益得到进一步提升。建立财权与事权相匹配的师团财政关系，全年兑现团场各类返还性资金1.42亿元，团场自我发展能力进一步增强。拓展职工增收致富新路径，由连队“两委”领办合作社流转整合连队土地，推行“党支部+龙头企业+合作社+职工”模式，促进连队增效、职工增收，目前亿元产值连队达64个。

——刚刚过去的一年，我们着力加快城镇化建设，城市功能品质不断提升

持续优化城市空间。完成两轮胡杨河市控制性详细规划局部调整，各项控制指标得到进一步优化，8个地块的用地性质予以变更。推进园林城市创建工作，实施胡杨河市水系四期等项目，开展市政养护精品街区、精品物业服务小区建设，不断净化、亮化、美化城市。注重城市标准化管理、精细化建设，开展市容市貌整治行动，切实提升城市形象。不断完善人民防空体系，胡杨河市城区警报覆盖率达90%。

不断提升城市功能。推进县域商业体系建设，胡杨河市公共配送中心等总投资8.94亿元的23个商贸项目顺利开工，商气人气不断向市域内集聚。逐步完善市域行政功能，师公安局、北方建设集团迁入胡杨河市，市法、检两院做好搬迁准备工作，锦龙电力集团办公楼主体完工。大力发展“旅游+文化+体育”等产城融合项目，总投资1.95亿元的市职工文体中心和体育公园项目主体完工，计划总投资24亿元的胡杨河湿地公园项目完成可研和规划等前期工作。开通胡杨河市至胡杨河经开区公交线路和智慧公交查询系统，建成胡杨河市至奎克高速互通式立交，完成胡杨河市火车站公路项目的用地预审和选址，使胡杨河市更好地融入并引领“奎独乌胡”城市群。

统筹城乡一体发展。继续实施连队人居环境整治五年行动，扎实推进164个连队的人居环境整治提升工作，探索出作业点连队建设、城郊连队建设等4种实践模式。建立团场红黑榜评比乡村治理长效机制，连队环境干净整洁有序，生态宜居宜业。统筹做好城乡征迁工作，重点整合沿217国道、前高公路等两侧的土地和房屋。创新城郊型连队整治模式，通过整合腾退土地，在连队建设各种功能区，同步推进城乡环境整治和产业振兴。

——刚刚过去的一年，我们着力抓好融合创新，合作水平全面提升

创新驱动全面覆盖。投入科技专项经费1746万元，重点支持现代农业、精细化工、生物医药等领

域科技攻关。创新产学研合作模式，与石河子大学实施“揭榜挂帅”项目。加强高新技术企业培育，辅导8家企业通过高新技术企业认定，组织11家企业参加兵团创新创业大赛，其中获得二等奖、三等奖各1项。成功举办师市首届创新创业大赛，“大众创业、万众创新”氛围更加浓厚。加强创新载体建设，推动胡杨河国家农业科技园区转型发展，辅导佳宇恒能源科技有限公司组建稠油化工新材料兵团重点实验室。

兵地融合持续深入。继续扩大兵地优势医药资源互享面，兵地医药机构互认已达161家。选派11名教师赴奎屯市、乌苏市支教，与“三地四方”30所学校开展“手拉手”结对帮扶。推进一三一团与奎屯市，奎东农场与独山子区，一三七团与乌尔禾区在餐饮民宿、休闲旅游等方面融合发展。积极参与“奎—独—乌”重点区域大气污染联合治理，统一推进区域生态环境保护工作。

对口援疆有力有效。坚持将80%的援疆资金用于保障和改善民生，着力解决教育、卫生、医疗等各族人民群众最关心最迫切的民生问题。不断深化拓展“组团式”援疆向教育、医疗、文旅、乡村振兴等产业延伸，对口援疆综合效益不断提升。推进师市在招商引资、产业发展、产业转移、园区共建等领域全方位合作。

——刚刚过去的一年，我们着力加强和改善民生，民生福祉不断增进

稳就业扩就业稳步推进。组织开展“10+N”招聘活动，重点抓好应届高校毕业生就业工作，全年举办网络专场招聘会29期，联合石河子大学、塔里木大学举办线下招聘活动5场次。全年新增城镇就业4116人，失业人员再就业1983人，就业困难人员再就业492人，城镇登记失业率控制在5%以内。

社会保障政策全面落实。基本养老保险参保人数达15.8万人、完成计划的101.4%，失业保险参保人数5.1万人、完成计划的100.2%，工伤保险参保人数5.78万人、完成计划的100.1%，师市困难人群参保率达100%。落实阶段性降低社保费率政策，失业保险费减征6155万元，工伤保险阶段性减征550万元。

教育质量得到充分提升。积极推进学前教育普及普惠发展、义务教育优质均衡发展、高中阶段多样化发展，深化职业教育产教融合、校企合作，教育教学水平稳步提升。持续推进“双减”工作，提升课后服务质量。投入7180万元，持续改善学校基本办学条件。加强师德师风和教师队伍建设，实施名师培养计划，深化“师管校聘”改革，对义务教育教师岗位实行岗位总量控制和动态调整。

医疗服务基础不断夯实。成立16个医共体管理中心，实现医共体内部同质化管理。稳步提升医疗服务水平，师医院呼吸科PCCM病房通过国家级规范化建设评审，并授牌成立；中医院积极打造针灸科、心脑科为兵团级临床重点专科。不断提升医疗基础设施建设，投入1.54亿元实施中医院住院楼、师医院急危重症急救中心等建设项目；争取中央预算资金1.25亿元实施中医特色医院项目。促进公共卫生服务均等化，顺利组织完成二轮脊灰补充免疫活动，接种率达99.7%。

文化惠民工程全面覆盖。围绕“中国军垦文化之乡”优势，积极培树“戈壁母亲”等特色文化品牌。持续推进文化润疆工程，实施师市图书馆和团场文化振兴项目建设，指导成立高泉红果艺术团、戈壁母亲秦腔自乐班等11个文艺团体，有力凝聚文化事业发展力量。持续建强新时代文明实践中心，动员542支志愿服务队伍，开展精神文明建设服务活动2773场、“送文化下基层”活动416场，有效满足职工群众精神文化需求。有效推进“非遗”工作，成功创建国家级非物质文化遗产——新疆豫剧七师传承基地。

——刚刚过去的一年，我们着力守牢发展底线，改革发展稳定局面不断巩固

认真做好安全稳定工作。开展夏季治安打击整治等系列专项行动，全年刑事案件、治安案件、电信网络诈骗案件和交通事故，发案率同比分别下降19.5%、38.1%、51.8%和12.9%，社会治安环境持续向好。继续开展平安师市建设，师市210个网格化管理服务中心挂牌成立，逐步形成“一网共治”新模式。时刻紧绷安全生产这根弦不放松，扎实开展煤矿、危化企业、道路交通、建筑工地等场所和领域的隐患排查和治理行动，全年辖区没有发生重特大安全生产事故。

防范化解政府债务风险。通过盘活财政存量资金等有效途径，全面完成2.74亿元政府性债务化解工作,师市债务风险总体可控。围绕工程、民生等领域开展财政监督检查,建立健全大财政监督机制,确保财政资金安全高效运行。

深入打好污染防治攻坚战。紧盯环保督察涉及师市的27个问题,全年完成12个问题的整改。深入打好蓝天保卫战,胡杨河市空气优良天数达296天,空气质量优良率达82%。深入打好碧水保卫战,水源地水质均达到或优于Ⅲ类水质标准,推进污水处理厂规范化管理。深入打好净土保卫战,因地制宜分类建设污水处理设施,156个连队生活污水得到有效管控,占比达到95.1%。

——刚刚过去的一年,我们着力加强自身建设,政府效能不断提升

我们深入学习习近平新时代中国特色社会主义思想,全面贯彻兵团党委和师市党委决策部署,认真践行“马上就办、真抓实干”精神,狠抓各项工作落实。严格履行全面从严治党主体责任,大力整治“虚僵躲拖腐”不良作风。认真贯彻中央八项规定精神,驰而不息整治“四风”。依法开展审计监督,从严从实抓好问题整改,建立完善整改长效机制。加强统计监督,严防统计数据造假。强化工程招投标、政府采购、国有产权转让等重点领域监管,坚决整治群众身边的不正之风和腐败问题。以严重违纪违法案件为镜鉴,教育引导政府工作人员自省自警自励,筑牢拒腐防变思想防线。全面依法履行政府职能,落实重大行政决策公众参与机制,全面深化政务公开,推进法治政府建设。切实办好人大代表意见建议和政协提案,2022年共办复人大代表意见建议和政协提案各34件,均100%按时答复,满意率均为100%。民宗、妇女、儿童、气象、双拥、优抚、档案、史志、外事等工作取得新成绩。

前进道路上,我们也清醒认识到,当前师市发展还存在不少困难和问题,主要是:师市资源优势发挥不充分,经济总量还不大,产业竞争力和综合经济实力还需提升;科技创新能力不足,产业转型升级步伐尚需加快;区域发展不够平衡,胡杨河市人气商气聚集较慢,市域经济活力还不强;营商环境仍需改善优化,行政效能有待进一步提升;个别干部推动高质量发展本领不强、作风不够扎实,等等。对此,我们将采取措施加以解决,决不辜负师市人民群众和社会各界的期望!

二、2023年重点工作

2023年是全面贯彻落实党的二十大精神的开局之年,做好政府工作意义重大。今年政府工作总体要求是:坚持以习近平新时代中国特色社会主义思想为指导,全面贯彻党的二十大精神,认真落实习近平总书记视察新疆和兵团时的重要讲话精神重要指示要求,贯彻落实第三次中央新疆工作座谈会精神和中央经济工作会议精神,完整准确全面贯彻新时代党的治疆方略,忠诚履行新时代职责使命,坚持稳中求进总基调,完整准确全面贯彻新发展理念,主动融入新发展格局,全面深化改革开放,坚持创新驱动发展,坚持以人民为中心推动高质量发展,全面贯彻落实兵团八次党代会和八届二次、三次全会部署要求,深入贯彻师市十届二次、三次、四次全会精神,着力推进师市各项工作迈上新台阶,奋力谱写师市现代化建设新篇章。

综合考虑各方面因素,2023年经济社会发展主要预期目标是:生产总值增长8%以上,其中规上工业增加值增长15%以上;固定资产投资增长17%以上;社会消费品零售总额增长8%以上;一般公共预算收入增长12%以上;城镇和连队居民人均可支配收入增长与经济增长基本同步;城镇登记失业率控制在5%以内。

围绕实现上述目标,重点抓好以下10个方面的工作。

(一)坚持聚焦现代高效农业,加快推动农业农村现代化

巩固农业传统优势地位。深入实施“藏粮于地,藏粮于技”战略。持续推进棉花质量提升工作,打造优质棉生产示范区,力争成为兵团棉花标准化生产示范基地。深挖畜牧业增长点,加快推进200万头生猪、10万头肉牛、5万头奶牛产业发展,稳步扩大养殖规模。

突出农业产业化发展。推广“龙头企业+合作社+职工”的经营模式,培育一批带动力强和规范高效的农工合作社,力争2023年兵团级示范社达到8家以上,师级示范社达到20家以上。推进农业产业化全产业链建设,打造百亿级粮油畜产业链,重点发展百万头生猪养殖加工全产业链,推进一二四团、一三〇团、一三一团等麦后复播大豆、青贮、玉米等种植产业链。打造农业品牌,加强“北纬阳

光”“锦牌棉花”“锦棉种业”等品牌维系和保护，打造“天泉胡杨”师域安全优质农产品品牌。持续开展“亿元产值连队”创建活动，提升团场经济新动能，力争2023年亿元产值连队达到70个，培育1个以上10亿元乡村特色产业连队，2023年一产增加值增长8%以上。

培育壮大特色农业。依托师市产业发展扶持政策，引导团场发展番茄、辣椒、打瓜和中草药种植业，拓宽职工增收渠道。持续推进林果业提质增效，对低产低效葡萄园进行改造升级，促进葡萄产业发展壮大，确保葡萄种植改造突破1万亩以上。促进设施农业高质量发展，持续抓好一二九团、一三七团等团场设施农业生产工作，鼓励农户开展“春提早”“秋延后”设施蔬菜种植。积极推进农业科技园万亩负碳设施林果，一二九团玖尚生态园新一代智慧化负碳设施大棚建设项目。

持续推进美丽连队建设。积极争取债券资金，力争完成20个连队的人居环境整治提升工作，专项打造一三一团九连至一三〇团十连的休闲农业观光区。积极探索连队人居环境整治和产业振兴同频共振机制，基本形成164个连队“百企驻百连”联建体系。加强乡村治理，坚持开展“月评比”制度，常态化开展“五清三化一改”连队清洁行动，让连队成为宜居宜业、宜养宜游的美丽家园。

（二）坚持聚焦优势产业，全力推进工业提质增效

培育壮大工业优势产业。做优做强能源电力和农副产品加工两大传统产业，构建生物医药、精细化工、硅基材料等新兴产业集群。加快推进晶诺5万吨多晶硅项目建设进度，力争在2023年6月前投产，贡献产值达到18亿元以上；推动江浩电子、智润电子两家电子铝箔生产企业继续加大投资力度，建成并投产化成箔生产线41条以上，贡献产值3.7亿元以上；做好合源正达香精香料系列项目前期手续帮办工作，加快生物医药产业下游布局，保障合源正达核黄素磷酸钠、辅酶Q10贡献产值14亿元以上。

积极培植壮大骨干企业。重点做好锦龙神雾煤电机组节能改造项目，锦疆化工节能改造、三胺尾气回收等项目，提升生产效率；加快推进新赛油脂小包装色拉油生产线、苏通精细化工4000吨高档纺丝染料及化工原料生产线、金派固废新增日处理能力1.7万吨焚烧及配套厂房等重点项目，不断壮大骨干企业规模，提升工艺技术水平，发挥骨干企业“稳定器”作用。通过培育和发展，力争2023年培育年产值10亿元以上企业1家、亿元以上企业8家以上，年产值亿元以上企业总数达50家以上。

加强政策落实和生产要素保障。充分发挥“店小二”作用，强化包保服务，密切联系企业，解决企业“急难愁盼”困难和问题。用好用足工业发展专项扶持资金，加快落实“小升规”补贴、贷款贴息、纺织专项等惠企政策，提升企业获得感。加强与上级部门沟通联系，全面把握国家、自治区和兵团相关政策措施，及时做好信息收集发布，让政策红利上门，精准直达企业。

（三）坚持聚焦商贸流通发展，深入挖掘消费潜力

加快发展商贸物流业。依托便利交通条件，利用胡杨河经开区产业聚集效应，不断完善师团连三级配送体系，抓好胡杨河市综合批发市场、胡杨河市公共配送中心等关键项目建设，进一步打造师域物流配送体系核心枢纽。加快推动公用型保税仓库、果蔬保鲜库、冷链食品检测中转库等项目建设运营，积极打造北疆区域物流中心。逐步整合师域内商品供应货源，运用师市公共配送中心实现统仓共配，支持邮政与各快递企业开展市场化合作，实施“快递进连”工程，打造商贸物流“统仓共配”“三点一线”的高效服务平台。

着重推进新兴消费业态。提升改造一三一团升隆广场、天北麗枫星空不夜城等夜间经济区项目配套设施，扩展餐饮、游乐项目，鼓励重点街区及商业机构适当延长营业时间。提升传统消费、紧盯假日消费、聚焦大宗消费和重要商品消费，组织开展节日促销、线上年货节等各类促销费活动。大力发展电商销售，鼓励发展网络直播带货、微电商等经济新业态，支持辖区商贸企业在南京、重庆、淮安等地设立电商分仓、云仓，积极构建直通内地市场的产品供应销售体系。开展绿色智能家电下乡和以旧换新，刺激汽车、二手车消费，鼓励新能源汽车消费，支持刚性购房需求。持续抓好商贸旅游产业扶持政策落实，力争全年新增限上商贸主体20家以上，限上主体规模达到120家以上。

大力发展文旅产业。加快完成胡杨河市职工文化体育中心和市体育公园项目建设，推进胡杨河国家湿地公园项目建设，实现“旅游+文化+体育”产城融合。充分挖掘红色文化，围绕“中国军垦文化之乡”品牌，打造以戈壁母亲文化为核心的2条红色旅游精品线。发展乡村旅游，鼓励一二九团开展天池特酒文化景区开发工厂观光工业旅游项目，依托一三一团百萄庄园、百萄民宿发展休闲旅游服务，打造一三七团“百里魔鬼画廊”景区，依托奎屯河水系打造黄沟西迭水“网红”打卡点。持续开展旅游提档升级和品牌创建工作，争创4家以上星级“农家乐”。深入开展文化润疆工程，继续做好军垦题材电视剧《年轻的城》《天山女兵》和各类文艺精品工程创建工作。力争全年实现旅游人数230万人次，增长15%，实现旅游收入9.57亿元。

（四）坚持聚焦有效投资，持续增强经济发展后劲

全力推进项目建设。谋划储备一批重大项目，力争今年有效项目储备额达到600亿元。认真做好项目前期工作，明确项目开工时间表、任务书、责任人，确保全年新开工项目200个以上，完成投资90亿元以上。抓紧推进总投资25亿元的三昌环保年产40万吨煤焦油资源利用项目、10亿元的苏升机械装备制造项目、6亿元的聚力新材料资源综合开发等项目准备工作，落实专人提供“先导式”服务，确保3月份全面开工建设。推动在建项目早日竣工投产，力争晶诺多晶硅一期、胡杨河经开区新扩北区220千伏输变电工程项目等78个项目今年全部建成投产，形成新的经济增长点。立足师市水、煤、光等资源禀赋，加快新能源发电、调水蓄能等项目建设。协调推进中石化新春油田在胡杨河市成立办事处，加快形成师市油气资源产业链。重点推进一批项目建设进度，构建师市多种能源协同互补、安全高效、清洁低碳的能源供给体系。

突出抓好招商引资。围绕精细化工、生物医药、电子新材料等产业规划，按照“招大引强，抓大不放小”的原则，锁定骨干支撑企业，开展以商招商、产业链招商、专班化招商，提高招商引资的精准度和实效性。把好项目质态关、投入产出关、安全环保关，坚决杜绝“三高”项目，把“靠得住”的好项目招进来、建起来。积极对接总投资70亿元的年产15万吨工业硅及配套建设1吉瓦集中式光伏电站，加快推进山东天鹅棉业机械服务中心和深圳中讯电子等项目前期手续办理，对总投资500亿元的锦江化工新材料产业园、总投资50亿元的5万吨高纯晶硅等重点项目实施“专人专责，一抓到底”的服务机制，争取尽早开工建设。扎实推进“招商之冬”活动，确保签约项目总投资不少于355亿元。今年，力争招引亿元以上项目不少于60个，10亿元以上项目不少于5个，确保招商引资形成实物量146亿元以上、同比增长15%。

优化项目帮办服务。进一步加强招商引资软环境建设，为前来师市投资的客商提供“保姆式”、贴心式帮办服务，当好“店小二”，让客商舒心放心投资创业，努力打造最优发展环境。对重大项目做到倒排工期，时间到月、任务到项、责任到人，做到各项任务全部量化，严格按照时间节点推进。用好兵团在线审批平台，实现全项目、全流程、全周期一网通办、在线调度，提升审批效能，实现“最多跑一次、办事不求人”。加强项目统筹协调，列入师市重点推进的项目，要落实“一个项目、一名领导、一个专班、一抓到底”的责任制，及时解决项目建设中的问题，全力保障项目顺利推进。

（五）坚持聚焦城市服务综合功能，全力打造生态宜居环境

梳理优化空间布局。继续高质量做好胡杨河城区规划工作，将军垦文化与建筑风格相结合、生态环境与城市风貌相结合，精心打造错落有致、疏密有度的空间布局。重点对曙光幼儿园以东、217国道以西等中心区域的城市设计，预留充足的用地空间，加快推进在奎屯市区的政法机关、企事业等单位在胡杨河市的办公场所选址，做到早用地选址、早规划设计、早搬迁办公，不断完善胡杨河市城市行政功能，加快市域内商气人气聚集。

不断提升城市基础。加快推进总投资10亿元的北疆清洁取暖项目和总投资1.2亿元的胡杨河市中水库及中水回用管网建设。稳步推进217国道以东区域市政道路建设，实施胡杨河市道路非机动车道和人行道项目，打通城区7.8千米“断头路”。着重推进“海绵城市”建设，不断完善和管护道路、交通、绿化、亮化等基础设施，持续推进胡杨河市城区供排水、供热管网建设，加强环卫设

施、停车场、公交站等市政设施管养，提升城市品质。完成城区内危旧平房拆迁和坟茔迁移工作，分阶段、分区域实施，提升城市发展空间。持续加大对一三〇团、一三一团和天北经开区的危旧房屋和棚户区的改造，全面提升城镇面貌。着重推进城区烂尾楼处置，通过以招商合作为主，激活烂尾楼重启工作，为城市发展创造更多的空间和资源。

打造宜业宜居环境。全力推进国家园林城市创建工作，强化市民素质培育、交通文明整治、违法违建拆除、乱停乱放治理，大力开展示范街（路）打造、城市净化美化等专项行动。积极推动数字城管平台项目建设及扬尘治理，确保智慧工地设施设备安装运行覆盖和在建项目扬尘治理率达到100%。全面推行“市政养护管理路长制”，通过对城区进行分级、量化细化管理考核标准，构建运转高效的城市管理服务体系，不断提升城市精细化管理水平。健全完善物业准入、考核、退出机制，加强物业精细化管理，提升小区居住品质。

（六）坚持聚焦深化改革，塑造体制机制新优势

持续巩固团场综合配套改革。坚持把巩固团场综合配套改革，同贯彻落实新发展理念、推动高质量发展、推进乡村振兴战略等有机结合起来，激发团场经济发展活力。进一步健全完善团场经济管理体制，加快转变团场经济管理职能，建立服务市场主体、优化营商环境的考核激励机制。持续健全完善团场财税管理体制，建立税源建设机制，加强团场预算管理，提高财政资金使用效益，坚决杜绝政府性隐性债务。

持续巩固国资国企改革。持续完善现代企业制度，精准向经理层授权放权，优化提升企业治理效能。持续优化国资布局，加快推进锦疆化工上市、鑫悦盛煤矿混改和国投集团入股新疆银行工作。持续深化收入分配改革，调整完善企业工资总额预算管理办法，指导和督促企业合理制定工资方案，优化调整企业负责人经营业绩考核指标体系，落实考核评价机制。借助“僵尸企业”处置，推进混合制经济，推动国有企业在新征程中再立新功。

持续在改革中做好财税工作。密切关注税源建设，支持胡杨河税务局在师域内税务管理全覆盖，力争今年辖区石油、天然气税收全部纳入师市国库。积极争取债券资金，探索用债券资金做项目资本金撬动更大量的社会资本，确保各类项目顺利实施。优化财政支出结构，树立“过紧日子”思想，严格压缩一般性支出，严控“三公”经费，兜牢“三保”底线。严格预算管理，推进预算绩效改革。深化政府采购制度改革，用好兵团政府采购云平台，提高政府采购效率，确保“兵团一张网”工作顺利推进。

持续推进政府职能转变。加快建立健全“菜单式”政府服务指南和高效运行体系，持续推进政府“一站式服务”和“不见面审批”，打造最便捷、最优化、最满意的政务服务环境。完善提升“网上办”“掌上办”，健全线上线下融合的政务服务体系。打造流动审批平台，做到24小时审批不断档，实现工程建设项目40天内取得施工许可证。提升政务服务能力，做好电子证照、电子印章、统一支付、统一物流等系统建设工作，完善平台功能，实现政府服务事项进驻“两个大厅”达到100%。

（七）坚持聚焦发展新空间，积极推进融合新深度

着力扩大对外开放。深度融入“丝绸之路核心区”建设，加快推进一二九团铁路专用线三期和海关监管库项目建设，打造农产品出口基地。引导农发集团做好出口转内销和出口供货工作，支持优果、耕深等一批农产品出口企业建设配套保鲜库等设施，开展GAP、ISO系列认证，提升企业产品国际竞争力。加大外经贸企业招引力度，加快形成自产品、加工贸易、边贸等贸易模式齐头并进的新发展格局，确保进出口额保持在1.6亿美元以上。

扎实推进援疆和兵地融合。统筹用好1.58亿元援疆资金，高标准推进基层阵地、美丽连队、医疗卫生等民生援疆项目。加大产业援疆力度，力争引进一批适宜师市发展的产业项目，实现援疆项目建设效益最大化。拓展医疗援疆向疾控、妇幼等领域延伸，推动淮安医疗机构与师市结对建设远程诊疗中心，力争2023年做优做强2~3个重点专科。实现师市中小学与淮安市学校结对覆盖达到100%。统筹做好第十批和第十一批援疆干部轮换，争取淮安援疆工作组驻地年内迁入胡杨河市，继续开展干部人才培训项目，努力建设一支带不走的人才队伍。持续完善和落实兵地融合发展机制，加强“三

地四方”在经济发展、社会事业、干部人才、维护稳定等方面的合作，全方位推动兵地深度嵌入式融合发展。

（八）坚持聚焦教育、科技、人才三位一体，筑牢基础性、战略性支撑

提升教育质量。持续扩大教育投入，统筹用好各类资金，改善学校办学条件，加快推进义务教育学校薄弱工程改造和能力提升。实施“名师”“名校长”等工程，加强师德师风建设，持续推进“双减”工作。推动教育优质均衡发展，确保学前教育毛入园率达到98.7%以上，义务教育巩固率达到99.3%以上，高中阶段毛入学率达到98.5%以上；推进普通高中学校多样化发展，促进高中集团化办学，推动师市高中教育整体办学水平迈上新台阶；提高职业教育水平，加快技能型人才培养和引进，提升社会教育能力。加强胡杨河市开放大学和老年大学招生力度，服务全民终身学习和学习型社会建设。

强化科技创新。支持企业与科研单位、高校合作开展核心技术研发，力争今年培育高新技术企业3~6家。重点围绕新材料、生物医药、精细化工、棉花产业提质增效、残膜回收利用、畜禽养殖等，开展5项核心技术攻关和10项高新技术攻关，加快科技成果转移转化，提高科技供给能力。注重科技创新平台建设，加强稠油化工新材料兵团重点实验室，胡杨河国家农业科技园区、技术创新战略联盟等创新平台建设。投入1000万元专项资金，深化“揭榜挂帅”机制，构建以企业为主体、市场为导向、产学研深度融合的技术创新体系，带动师市科技创新水平再上新台阶。

推进人才强师。建立以信任为基础的人才使用机制，识才爱才敬才用才，聚天下英才而用之，让师市成为各类人才干事创业的集聚地。认真贯彻落实《第七师胡杨河市人才引进和培养管理办法》，培养更多高素质技能人才。加强“天山人才”、重点领域创新团队、优秀青年科技人才、企业创新人才培养，为师市经济和社会高质量发展提供智力支持和人才保障。

（九）坚持聚焦民生保障和改善，大力发展各项社会事业

稳定扩大就业。深度挖掘二、三产业吸纳就业潜能，畅通新增劳动力就业通道，扎实做好就业技能培训、鉴定等工作。2023年力争实现城镇新增就业5400人，失业人员再就业2550人，援助就业困难人员就业600人，城镇登记失业率控制在5%以内。加大职业技能培训力度，完成各类职业技能培训9300人，完成职业技能认定5000人。用足用活用好“中央专项”政策支持，吸引更多大中专毕业生、复转军人、农村青年劳动力来师市就业创业。

提升医疗水平。持续深化医药卫生体制改革，实施“名医、名科”工程，确保师市域内就诊率达到90%以上。推进医共体内部人才、资源、病种“三下沉”，确保基层就诊率达到65%以上。深化疾控机构改革，建立疾控机构二级工作体系，提升应对重大传染病和公共卫生事件的应急处置能力。推进健康师市行动，确保15项指标达到国标。加强爱国卫生运动长效管理，力争3个团场通过兵团卫生团场评审，1个团场创建成为国家卫生乡镇。推进师医院、中医院老年医学科建设，创建2所能够提供托育服务的医院。推进疫苗接种“应接尽接”，完成亚定点救治医院建设和补齐重症监护床位缺口。

做好救助保障。推动全民参保计划实施，实现应保尽保，确保基本养老保险参保率稳定在95%以上，新增人口参保率达100%，辖区参保人员社保卡持卡率达90%以上。落细兜底保障政策，做到应保尽保，动态监测退保人群，防止因退保返贫。落实退休人员养老保险、失业保险和工伤保险待遇调整政策，按时足额发放退休人员养老金、失业人员失业金和工伤人员工伤待遇。加大对孤寡老人、残疾人等特殊人群的关心关爱，对符合条件的困难人群及时纳入低保或临时救助，兜底保障困难群众的基本生活。

当好生态卫士。全力抓好生态环境保护督察整改工作，确保环保督察反馈的问题按时整改到位。坚决打好污染防治攻坚战，确保胡杨河市空气质量优良天数比率达到80%以上；持续推进集中式饮用水水源地保护区规范化建设，水源地的水质均达到或优于Ⅲ类水质标准；开展危险废物规范化环境管理评估工作，确保规范化考核合格率在90%以上。推动山水林田湖草沙冰一体化保护和修复工程，完

善以胡杨河国家湿地公园、金丝滩国家沙漠公园为主体的自然保护地体系。

（十）坚持聚焦发展安全底线，持续营造安定有序的社会环境

全力维护社会稳定。坚定不移维护国家政治安全，牢固树立总体国家安全观，扎实推进反恐维稳法治化常态化，确保社会大局持续稳定。持续完善管边控边机制，实施好边境基础设施建设项目。深入开展民族团结进步创建工作，持续深化民族团结联谊活动。依法加强宗教事务管理服务，加快推进新疆伊斯兰教中国化进程。深化市域社会治理现代化工作，打造具有师市特色的社会治理体系。

强化安全生产工作。深入贯彻落实习近平总书记关于安全生产重要论述，适时开展各类专项整治行动，有效遏制各类安全生产事故。完善监测预警指挥系统，强化应急救援设施和队伍建设，抓好防汛抗旱、地质灾害、消防安全、森林防火、矿山和尾矿库安全等工作，不断提升防灾减灾救灾能力。健全应急物资储备保障体系，加强战略和应急物资安全管理。持续开展冷链食品、农村假冒伪劣食品治理、保健食品行业专项整治、校园食品安全等系列专项行动。严守药品安全关，加大对药品、化妆品和医疗器械的监督检查力度。

防范化解重大风险。严控地方政府债务风险，健全防范化解重大金融风险的长效机制，加强地方政府债务管理和企业债务风险监测预警。完善风险防控体系，切实做好重点行业矛盾纠纷化解稳控工作，协同联动开展防范和处置非法集资工作。强化国有企业债务风险防范，确保债务风险和流动性风险总体可控，坚决守住不发生系统性风险的底线。

三、持之以恒加强政府自身建设

我们要全面加强政府政治建设。坚持把政治建设摆在首位，坚决捍卫“两个确立”，增强“四个意识”、坚定“四个自信”、做到“两个维护”，自觉维护党中央的权威和集中统一领导，自觉在思想上政治上行动上同以习近平同志为核心的党中央保持高度一致。坚持以人民为中心的发展思想，把人民群众满意作为衡量政府工作的唯一标准。坚决将党的领导与为民服务在政府工作中融为一体、合二为一，确保党的路线、方针、政策在基层落地生根！

我们要全面建设学习型政府。把打造学习型政府作为自身建设重要任务，全面增强执政八种本领。让学习成为一种优秀的习惯，着眼政策理解、政策运用、政策经营，不断提高理论素养、拓宽工作视野，努力破除一切影响制约发展的旧思想、旧观念。加强领导干部抓经济工作能力培养，特别是加强对金融、市场经济等知识的学习，开展对构建现代化产业体系、推动高质量发展等课题的调查研究，积极探索新常态下推进工作的新路子、新举措、新机制，努力打造高素质学习型政府！

我们要全面建设法治型政府。坚持法治思维统领，严格按照法定权限行使权力、履行职责。自觉接受人大及其常委会的法律监督、工作监督，认真执行人大各项决议决定，支持和保证人大依法行使职权，更好发挥人大代表作用。主动接受政协的民主监督，配合人民政协增强界别的代表性，充分发挥民主协商重要作用。着力提升依法行政能力，推动综合行政执法体制改革，严格规范行政执法行为！

我们要全面建设清廉型政府。坚持把纪律和规矩挺在前面，严格执行中央八项规定及实施细则，全面接受人民监督、社会监督、舆论监督，实现公职人员监督全覆盖。坚决整治“四风”，弘扬忠诚老实、公道正派、实事求是、清正廉洁的价值观。集中治理贯彻各级决策部署不坚决不到位、弄虚作假、阳奉阴违的问题，集中强化对权力集中、资金密集、资源富集、资产聚集的部门和岗位的监督。深化标本兼治，一体推进不敢腐、不能腐、不想腐，全力确保干部清正、政府清廉、政治清明，厚植群众基础！

大事记

（吴新奎　摄）

2022年1月17日，奎屯河引水工程新龙口压力管道工程顺利贯通
（宋亚丽 摄）

1月

6日 师市党史学习教育领导小组召开会议，听取师市党史学习教育进展情况汇报，审议“我为群众办实事”实践活动的实施方案，部署党史学习教育下阶段工作。

同日 养老保险全国统筹信息系统在师市上线运行。

7日 师市召开2022年度民兵大冬训开训动员大会，部署民兵大冬训工作。

8日 阿勒泰地区交流考察组组长，阿勒泰地区人大工委党组副书记、主任沙比提·哈再孜一行到师市，开展阿勒泰冬季旅游宣传推介活动。阿勒泰地区与师市6家旅行社签订旅游战略合作协议。

11日 师市在一二三团举行全国妇联“低收入妇女‘两癌’救助”中央专项彩票公益金发放仪式，向17名符合条件的低收入妇女每人发放1万元专项救助金。

12日 师市江苏商会成立一周年庆典大会暨招商引资推介会举行。

16日 师医院医共体家庭医师签约暨双向转诊现场推进会在一二三团医院举行。

17日 自治区、兵团第四生态环境保护督察组进驻师市开展生态环境保护大气专项督察意见反馈会在师市召开，督察组组长刘庆发反馈督察意见，师市党委书记、政委李华斌作表态发言。

同日 奎屯河引水工程新龙口电站压力管道工程贯通。

同日 兵团工商联负责人率企业家到一二九团，考察师市招商引资工作。新疆德安环保科技股份有限公司等6家企业与一二九团签订项目战略合作框架协议。

20日 师市召开2022年首季“开门红”工作推进会，部署一季度经济重点工作。

21日 师市以电视电话形式召开2021年度党委（党组）书记抓基层党建工作述职评议会议。

同日 师市召开党史学习教育总结会议。

22日 师市“奋斗新时代 开启新征程”2022年网络春节联欢晚会在师市职业技术学校体育馆举行。

24日 师市首趟中欧班列装载2000吨农产品从一二九团源润长盛仓储物流园出发，开往意大利那不勒斯港口。

26日 一二九团获“全国村庄清洁行动先进县”称号。

29日 中共第七师胡杨河市第十届委员会第二次全体会议召开，会议传达学习党的十九届六中全会、中央经济工作会议精神和兵团党委七届十三次全会精神。总结2021年工作，部署2022年工作。

30日 胡杨河市第一个建制镇——一三〇团共青镇揭牌成立。

2月

7日 师市文化馆和一二六团“戈壁母亲”党员教育活动中心被兵团命名为“科普教育基地”。

13日 师市工商业联合会（总商会）第五次代表大会召开，刘宗光当选师市工商业联合会（总商会）第五届执行委员会主席（会长）。

同日 师市2022年首届“贺岁·融合杯”五人制足球赛在师市职业技术学校体育馆举行，4支球队参赛，七师足协代表队获冠军。

16日 自治区反假币工作调研督导组到师市指导工作。

17日 师市召开工业企业增加有效投资扩大再生产促进会。

18—20日 中国人民政治协商会议胡杨河市第一届委员会召开第一次会议，选举产生政协胡杨河市第一届委员会主席、副主席和常务委员；通过政协胡杨河市第一届委员会第一次会议提案审查委员会关于政协一届一次会议提案审查情况的报告；通过政协胡杨河市第一届委员会第一次会议政治决议。

19—21日 胡杨河市第一届人民代表大会召开第一次会议，听取和审议《胡杨河市筹建工作报告》《关于第七师胡杨河市2021年国民经济和社会发展计划执行情况及2022年国民经济和社会发展计划（草案）的报告》《关于第七师胡杨河市2021年财政预算执行情况及2022年财政预算（草案）的报告》，审查和批准《第七师胡杨河市2022年国民经济和社会发展计划》《第七师胡杨河市2022年财政预算》。选举产生市人大常委会主任、副主任，常委会委员和市人民政府市长、副市长，市监察委员会主任，市人民法院院长，市人民检察院检察长。表决通过胡杨河市第一届人民代表大会法制委员会、财政经济委员会、农业农村与环境保护委员会、教育科学文化卫生委员会组成人员。

22日 中国共产党第七师胡杨河市第十届纪律检查委员会第二次全体会议召开，总结2021年师市纪检监察工作，部署2022年工作任务。

25日 韩天航创作的电视连续剧剧本《年轻的城》和张新军创作的长篇小说《金丝玉》，入选2022年度兵团文艺精品工程扶持项目。同日，韩天航工作室在师市文化馆揭牌。

3月

1日 师党委党校（行政学院）2022年春季学期开学。

同日 奎屯河管理处古尔图河管理所获“全国水旱灾害防御工作先进单位”称号。

1—8日 师市党委宣传部和师融媒体中心共同摄制的五集大型纪录片《奔腾的奎屯河》，在新疆卫视《真实纪录》节目播出。

4日 师市举行2022年“政银企”签约会。6家金融机构分别与师市签订战略合作协议，16家金融机构与39家企业签订银企贷款协议，7家金融机构与5家企业签订9份绿色金融专项银企合作协议。

5日 师市青少年学雷锋活动月启动，“雷锋车队”成立。

6日 师市招商团队到江苏淮安开展招商引资工作。

7日 师市党委召开政法工作会议，向2021年度兵团优秀平安团场、平安连队（社区）颁发奖牌。

10日 天北经开区政务服务中心举行首个工商营业执照颁发仪式，向瑞豪投资有限公司颁发营业执照。

11日 师市举行2022年重大招商引资项目签约仪式。师市与企业签订总投资500亿元的战略合作框架协议；胡杨河经济技术开发区与企业签订投资15亿元的招商引资项目框架协议书。

13—15日 由天北经济技术开发区、师市农业农村局、商务局、文化体育广电和旅游局主办的北疆农机农资（第二届）展览会在奎屯瑞豪电子商务产业园举办，近300家企业参展，展品包括农机、农机具、无人机、农资、农副产品及师市特色产品。

14日 胡杨河市通联石化有限公司获颁师市首张危险化学品经营许可证电子证照。

15日 师市开展“3·15”国际消费者权益日活动，引导群众

2022年3月5日，师市团委联合师市党委关工委、宣传部、师市民政局和文明办在七师青年之家瑞豪电子商务产业园举行第七师胡杨河市青少年学雷锋活动月启动暨“雷锋车队”授牌仪式　（张婷婷　摄）

科学、文明、理性消费。

同日 师市辖区降下2022年第一场春雨。

17日 师市科技局与乌苏市教科局、奎屯市科技局、克拉玛依市独山子区科技局，签订科技创新驱动发展合作协议，推进兵地协同创新体系构建。

18日 中国农业银行股份有限公司奎屯分行与新疆锦龙电力集团有限公司举行全面合作签约暨热电线上缴费项目投产仪式，农行掌上银行App与锦龙电力的收费系统实现对接。

同日 师市第三代社会保障卡发行暨签约仪式在师市政务服务中心举行。

21日 师市党委召开农村工作会议，总结2021年师市“三农”工作，部署推进2022年农业农村工作。

同日 兵团党委常委、副政委、政法委书记张文全一行到师市调研指导维护社会稳定、市域社会治理现代化、信访、冬季职工群众法治大培训、推进平安师市建设等工作。

27日 宋庆龄幼儿教育奖评审委员会公布第十四届宋庆龄幼儿教育奖评选结果，七师曙光幼儿园园长张琳获宋庆龄幼儿教育奖。

28日 师市举行2022年一季度重点项目集中开复工仪式，共设立19个会场，196个项目集中开复工，项目总投资378亿元，年度投资116亿元。

同日 师市联合石河子大学举行科技创新“揭榜挂帅”项目暨大学生就业合作协议签约仪式。共签约科技创新项目10个，师市财政投入科技专项资金1000万元，带动企业投入科研经费2700万元。

29日 兵团文联、师市文联、兵团出版社共同在师市举行《韩天航文集》发布会。

4月

5日 师市农业农村局、新疆农垦现代农业产业化发展集团有限公司与中国冷链产业质量技术监督管理委员会西部五省指导总中心签约21万吨农副产品加工储备及冷链产业园项目框架协议。

6日 十届师市党委召开第一轮常规巡察动员部署会议。

6—8日 自治区副主席、兵团党委副书记、司令员薛斌到师市，调研红色文化传承、企业生产经营、技术创新、安全生产、农业生产和助农增收等情况。

7日 七师医院总院心内科团队运用心衰超滤治疗新技术，成功救治一名重度心衰患者。

9日 胡杨河市一届人大常委会第一次会议召开。表决通过相关规则、决议，依法任命胡杨河市“一府一委两院”的有关人员、颁发任命书。

12—15日 师市组织机关各部门、各直属单位开展植树活动。

15日 师市车排子垦区公安局团委书记李佳获“全国优秀共青团干部”称号。

18日 新疆金泰新材料科技有限公司向师高级中学捐赠总价值17万元的空调29台。

20日 车排子垦区公安局召开打击治理电信诈骗犯罪工作退赃大会，为受害群众追回经济损失81万元。

22日 师市召开2022年二季度集中开工项目、固定资产投资促进视频会，部署二季度经济重点工作。

25日 师市召开廉政工作会议。

27日 师市党委全面深化改革委员会召开2022年第一次会议，研究审议有关工作要点，部署2022年改革任务。

28日 由师市总工会主办、师融媒体中心承办的综艺性广播电视栏目《梦想星舞台》第一期节目“致敬劳动者”五一主题晚会，在师融媒体中心演播大厅开演。

同日 师市举行源润长盛物流铁路专用线（二期）项目建设开工仪式。师市党委副书记、师长李斌出席仪式，为源润长盛物流铁路专用线（二期）项目建设奠基。

29日 “民间绝活画糖人·传承技艺展童趣”活动在师市文化馆举办，新疆维吾尔自治区级非物质文化遗产陶塑项目第三代传承人陈永秀现场为学生们讲解糖画起源、所需工具、制作步骤、制作技艺和注意事项等。

30日 师市公安交管部门在辖区主要路段启用区间测速、固定测速、红绿灯电子警察。

5月

1日 师市首届“胡杨河杯”垂钓比赛活动在一三〇团十连龙虾文化产业园举办。

7日 师市党委召开2022年首季度经济运行现场观摩推进会议。

2022年5月1日，由一三〇团共青镇、师市文体广旅局联合主办的师市首届“胡杨河杯”垂钓比赛活动在一三〇团十连龙虾文化产业园举办（赵会芳 摄）

10日　师市残联向一二七团医院配发价值22万元的康复设备。

12日　师市人力资源和社会保障局组织23家单位到石河子大学开展校园专场招聘活动。

13日　师市与奎屯市共同召开2022年度医保基金监管工作会议，通报奎屯市和胡杨河市医保基金稽核情况。

同日　“师市2022年‘5·19’中国旅游日暨‘点亮星空不夜城’主题活动”启动仪式在麗枫星空不夜城举行。师融媒体中心通过“胡杨融媒”抖音号和“七师零距离”微信视频号对主会场庆祝活动进行全程直播。

16日　师市报送的典型经验材料《七师胡杨河市：“五个结合”走出新时代文明实践中心 建设“七师路径”》入选《中国精神文明建设年鉴（2021）》。

16—20日　师市开展农资市场专项检查行动，重点检查辖区经营户销售的种子、农药、化肥等农资。

17日　中国建设银行胡杨河支行揭牌开业。

同日　师市贫困妇女“两癌”救助服务站在七师医院、兵团奎屯中医院挂牌成立。

17—18日　兵团党委副书记、副政委孔星隆一行到师市，调研粮食生产、先进农业技术示范与应用、畜牧业发展、乡村振兴等情况。

19日　师市第三次全国国土调查成果通过验收。

20日　师市举行集体颁结婚证仪式，20对新人参加仪式。

同日　师市组织14家单位到塔里木大学开展校园专场招聘。

21日　师市实验操作技能与实验创新大赛在一二七团中学举办，12所义务教育学校的84名教师和44名学生参加比赛。

同日　由师市老年体协主办、奎屯市老年体协协办的中老年气排球兵地联谊赛在师市气排球馆举行。

23日　师市召开“三区三线”（根据城镇空间、农业空间、生态空间三种类型的空间，分别对应划定的城镇开发边界、永久基本农田保护红线、生态保护红线三条控制线）划定工作推进会。

同日　师市与新疆维吾尔自治区农村信用社联合社签订战略合作协议。

25日　师市党委召开2022年国资国企改革发展工作会议。

27日　国家林草局西北院与兵团林草局相关人员组成质量检查组，到师市指导森林资源专项调查工作。

28日　国家级非物质文化遗产“新疆豫剧传承基地”“兵团第七师豫剧文化培训基地”在一二七团文化宫揭牌。

6月

2日　师市举行党员教育基地集中授牌仪式，为一二六团“戈壁母亲”党员教育活动中心、胡杨河市文化馆2个“新疆生产建设兵团党员教育基地”和一二三团团史陈列馆、阿吾斯奇军垦文化展示馆等9个“第七师胡杨河市党员教育基地”授牌。

6日　中国农业银行胡杨河兵团分行在师市揭牌成立。

7—8日　师市1160名考生参加高考。

8日　师市首家非遗项目工作室——郭瑞霞非遗工作室揭牌。

10日　师市召开创建园林城市工作推进会，部署胡杨河市创建园林城市工作。

11日　江苏省高级人民法院党组成员、副院长韦瑞瑾一行到

2022年6月11日，戈壁母亲文化艺术旅游节（第二届）在一二六团开幕（牛想为 摄）

师市，调研法院对口援建工作。

同日 “弘扬非遗文化 传承艺术经典——杨新平现代套彩烙画作品展”在胡杨河市文化馆开幕，展出杨新平46幅套彩烙画作品，涵盖戈壁母亲系列、军垦红色记忆历程长卷等多个艺术门类。

同日 为期5天的2022年戈壁母亲文化艺术旅游节（第二届）在一二六团开幕，共推出十大文化节庆活动。

13—15日 兵团交通运输局调研组一行到师市调研交通运输企业及公路建设项目情况。

15日 为期9天的“第七师胡杨河市组工干部能力提升专题培训班”在淮安市恩来干部学院开班。

16日 自治区人大常委会党组副书记、副主任沙尔合提·阿汗率自治区2022年天山环保行第二阶段执法检查组，到师市开展执法检查。

同日 师市召开2022年上半年经济运行工作座谈会。

同日 “文明实践在师市·我为群众办实事——七师胡杨河市文明实践志愿 服务项目大赛”决赛在师融媒体中心举行。10个项目参加展演和答辩，“走进非遗课堂 传承历史文化”志愿服务项目获大赛一等奖。

22日 兵团安全生产第二督导组对师市安全生产工作进行督导检查。

同日 七师医院心内科、乳腺胸外科、外周介入室及麻醉科团队，在自治区中医院心胸外科专家的指导下，联合完成金三角地区胸主动脉覆膜支架腔内隔绝术，填补该院主动脉大血管支架植入术的空白。

23日 师市举行2022年民兵组织整顿点验大会。

26日 “喜迎二十大·永远跟党走·奋进新征程”师市青年歌手大赛决赛在融媒体中心举行，七师胡杨河职业技术学校推送的选手常利非演唱的歌曲——《我心永爱》获大赛一等奖。

27日 兵团党委、兵团副秘书长，兵团信访局党组书记、局长高燕一行，到师市调研信访工作。

28日 师市2022年二季度项目集中开工暨招商引资项目集中签约仪式，在胡杨河经济技术开发区主会场及其他18个分会场同步进行。142项目集中开工，53个项目集中签约。

29日 杭州锦江集团董事局主席钭正刚一行到师市考察交流。

30日 师市党委巡察工作领导小组召开十届师市党委第一轮常规巡察工作总结会议。

7月

1日 师市机关举行升国旗仪式，师市“赓续红色血脉 发扬光荣传统”庆祝中国共产党成立101周年系列活动拉开序幕。

同日 师市直属机关举办“喜迎二十大 强国复兴有我”庆“七一”文艺汇演。

2日 一三一团滴灌冬小麦高产示范田经专家实产验收，实收小麦平均亩产831.95千克，创师市历史新高。

2—4日 师市辖区1617人参加自治区高中学业水平考试。

6日 第七师胡杨河市、奎屯市以及奎屯—独山子经济技术开发区管委会共同举办第五届奎屯创新创业大赛暨首届七师胡杨河市创新创业大赛，共征集路演项目42个，其中第七师胡杨河市25个，新疆广投桂东电子科技有限公司的“中高压阳极铝箔开拓者”项目获得大赛一等奖。

同日 石河子大学大学生社会实践基地在胡杨河市虹亚集团虹亚牧业揭牌。

8日 六师五家渠市党委副书记、师长莫拉力·阿不都满金率代表团到师市考察交流。

9日 师市2022年百日千万网络招聘专场行动暨离校未就业高校毕业生专场线下招聘活动在瑞明万佳家居建材广场举行。

15—24日 2022新疆·首届兰博基尼0糖能量饮料龙虾电音节在师市天北经济技术开发区瑞明万佳举办，场内设188家展示位，场外有企业展示位70多家及后备箱集市、地摊百货100多个。师融媒体中心通过“胡杨融媒”抖音号和“七师零距离”视频号对龙虾电音节活动进行直播。

19日 师市举行以“学纪法树新风，推动兵团第八次党代会精神落地见效”为主题的第24个党风廉政教育月主题活动暨师市廉洁教育基地启动仪式。

28日 胡杨河市客运站站务功能通过验收，被核定为三级客运站。

28—29日 师市庆“八一”民兵军事技能比武暨军事体育竞赛在七师民兵训练基地举行。

30日 师市573名考生参加2022年度全国卫生高、中、初级专业技术资格考试、卫生人才评价专业技术资格考试、护士职业资格考试。

8月

1日 2022年师市“三支一扶”岗前培训结业出征仪式在师党委党校举行。

2日 师市纪委监委召开2022年上半年师市纪检监察工作会议。

3日 兵团食品安全办第三检查组，对师市食品安全工作进行检查并反馈检查情况。

6日 师市与中国农业发展银行新疆维吾尔自治区分行签订战略合作协议，共建政银交流合作平台。

8日 师市党委推进行业部门服务企业高质量发展工作领导小组办公室召开服务企业高质量发展推进会，研究部署下半年师市服务企业高质量发展工作。

同日 师市残疾人联合会对辖区4828名残疾人开展基本信息普查，至9月15日结束。

同日 师市爱卫办印发《第七师胡杨河市卫生城镇创建工作方案》。

10日 公安部第九督察组组长李明甫带队到师市开展夏季治安打击整治“百日行动”专项督察。

19日 第五个“中国医师节”，师市党委书记、政委李华斌，党委副书记、师长宋学华分别到胡杨河市、一三一团和天北经济技术开发区，看望慰问辖区一线医务工作者。

23日 师市国资委召开国资国企系统固定资产投资调度暨2023年项目谋划储备工作推进会。

30日 全国“人民满意的公务员”和“人民满意的公务员集体”表彰大会在北京举行，师市残联四级主任科员王强获评全国“人民满意的公务员”。

9月

1日 师市召开地名委员会工作会议，通报师市地名管理工作相关情况，审议相关文件，部署地名管理工作。

4日 “消费帮扶”首批价值265万元的葡萄、羊肉和网套等大宗农产品，从一二八团运往江苏省淮安市洪泽区。

5日 师市启动2022年“国家网络安全宣传周”宣传活动。

8日 师市举行庆祝第38个教师节大会。

13日 师市召开十届师市党委第二轮常规巡察工作动员部署会议。

14日 师市党委召开2022年上半年经济形势分析暨经济重点工作推进会议。

同日 师市召开医共体间团场分院移交工作会议，七师医院与兵团奎屯中医院签订移交协议书。

18日 上午12时至12时19分，师市开展“九一八”防空警报试鸣活动。

21日 师市线上参加第七届中国—亚欧博览会“开放兵团”主题活动。胡杨河经济技术开发区与新疆三昌环保能源有限公司线上签订总投资约35亿元的40万吨/年煤焦油资源化利用项目。

23日 “庆丰收 迎盛会”七师胡杨河市网络丰收节直播节目举办。兵地18家媒体的新媒体平台连线直播，在线观看人数18.8万人次。

24日 车排子垦区（胡杨河市）人民法院执行局（执行庭）获评“一星级全国青年文明号”。

29日 师市召开安全生产电视电话会议。

同日 师市农业农村局和淮安生物工程高等职业学校线上签订战略合作框架协议。

10月

2日 中央政法委发布2022年第三季度“见义勇为勇士季度

榜”榜单，师市水利工程管理服务中心车排子灌区管理服务站车排子水库管理所职工朱卫江上榜。朱卫江值班救助落水同事，不幸牺牲。

16日 10月16日，中国共产党第二十次全国代表大会召开。师市各级党员干部和广大职工群众收听收看开幕会，聆听党的二十大报告。

24日 师市全面完成25.3万亩冬小麦播种，播种总面积较上年同期增长57.2%。

30日 师市召开学习贯彻党的二十大精神干部大会，部署学习宣传贯彻党的二十大精神各项工作。

11月

2日 师市召开2022年四季度固定资产投资推进视频会。

3日 新疆广投桂东电子科技有限公司“中高压电子铝箔”项目入选全国第七届“创客中国”中小企业创新创业大赛500强名单。

11日 胡杨河市一届人大常委会召开第三次会议。决定任命宋学华为胡杨河市人民政府副市长，并决定其为代理市长。

19日 师市党委召开2022年冲刺四季度打好收官战部署会议暨“招商之冬”活动动员会议。

20日 师市党委管理的干部学习贯彻党的二十大精神集中轮训班开班，27日结业。

21—22日 兵团党委副书记、副政委，兵团党委宣传部部长、兵团党委宣讲团成员刘见明到师市，宣讲党的二十大精神。

23日 师市召开党的二十大精神宣传报道和宣讲工作动员部署暨师团两级宣讲骨干培训电视电话会。

24日 学习贯彻党的二十大精神兵团党委宣讲分团在师市进行宣讲，兵团党委宣讲分团成员、兵团党委党校副校长、一级巡视员强始学作宣讲报告。

26日 师市辖区降下入冬后的第一场雪。

29日 师市召开规上工业企业冲刺四季度打好收官战调度推进会议。

同日 《第七师胡杨河市安全生产领域举报奖励办法》施行。

12月

5日 师市农业农村局与石河子大学经济与管理学院举行线上签约仪式，建立常态有效的政校合作关系。

6日 师市党委全面深化改革委员会召开2022年第二次会议，总结2022年全面深化改革工作，审议通过有关议题，部署师市2023年重点工作。

10日 师市启动消费促进活动，发放200万元政府消费券。

12日 自治区党委副书记、兵团党委书记、政委李邑飞到师市一二三团、胡杨河经济技术开发区，调研乡村振兴、经济高质量发展等工作。

11日 师市开展冬季森林和草原防火应急处置演练行动。

12日 中共新疆生产建设兵团第七师胡杨河市第十届委员会第四次全体会议在胡杨河召开。会议审议通过关于深入学习宣传贯彻党的二十大精神、习近平总书记视察新疆和兵团重要讲话重要指示精神的实施意见。

17日 由伊犁州人力资源和社会保障局主办，奎屯市人力资源和社会保障局承办，兵团第七师、乌苏市、克拉玛依市独山子区联办的“兵地融合促复产”冬季招聘会，在奎屯市体育中心举办。

20—22日 师市党委宣传部与融媒体中心联合拍摄制作三集系列纪录片《幸福花开》在七师广播电视台新闻综合频道、胡杨融媒移动客户端、“七师零距离”微信公众号同步播出。

22—23日 兵团2022年度林长制第二考核组一行到师市，检查考核林长制工作。

23日 兵团豫剧团到一二七团文化宫开展“迎新春惠民演出”活动。

23—25日 由师市文体广旅局与融媒体中心联合摄制的三集文旅纪录片《多彩胡杨河》，在七师广播电视台新闻综合频道、胡杨融媒移动客户端、“七师零距离”微信公众号播出。

29日 胡杨河市一届人大常委会召开第四次会议。听取对胡杨河市第一届人民代表大会第一次会议代表提出的议案、建议办理结果的报告，决定任命石国强为胡杨河市人民政府副市长。

第七师
胡杨河市概览

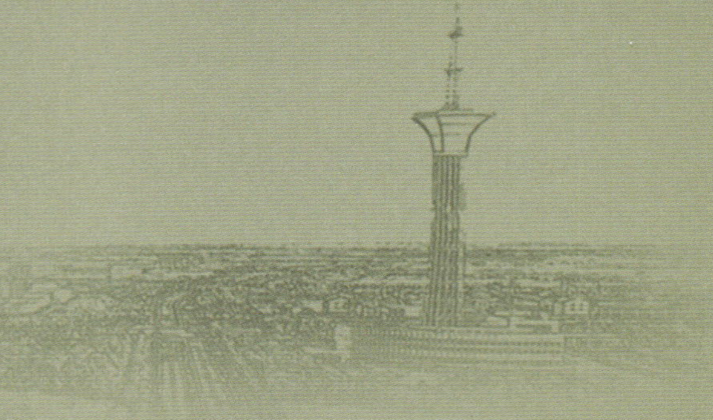

（高曙光　摄）

职责体制

【职责】 第七师胡杨河市隶属于新疆生产建设兵团。兵团承担着国家赋予的屯垦戍边职责。兵团的“屯垦”,以现代农业开发为基础,同时发展第二、第三产业,着重保护和改善生态环境,促进新疆的社会进步与民族团结。兵团的“戍边”,一方面守卫国家边防;另一方面维护国家统一和新疆社会和谐稳定。

【体制】 新疆生产建设兵团是新疆维吾尔自治区的重要组成部分。兵团承担着国家赋予的屯垦戍边职责,实行党政军企合一体制。在所辖垦区内,依照国家和新疆维吾尔自治区的法律、法规,自行管理内部行政、司法事务,在国家实行计划单列的特殊社会组织,受中央政府和新疆维吾尔自治区双重领导。1990年,中央政府批准兵团在国家实行计划单列。兵团在继续作为新疆维吾尔自治区的重要组成部分、接受自治区领导的同时,逐渐由中央政府有关部门对口管理。这种双重领导体制的建立,是兵团行政隶属关系上的创造性变革,有利于中央与自治区对兵团的协调领导,有利于兵团履行肩负的各项职责,理顺兵团与国家机关各部门的关系,进一步推动兵团事业的发展。多年来,中央政府对兵团在公共服务和公共安全、教科文卫、农林水事务等领域给予政策支持和资金投入,为兵团经济社会发展注入强大的活力和新的生命力。兵团实行党政军企高度统一的特殊管理体制。兵团各级都建有中国共产党的组织,发挥着对兵团各项事业的领导作用。兵团设有行政机关和政法机关,自行管理内部行政、司法事务。兵团是一个“准军事实体”,设有军事机关和武装机构,沿用兵团、师、团、连等军队建制和司令员、师长、团长、连长等军队职务称谓,涵养着一支以民兵为主的武装力量。兵团也被称为“中国新建集团公司”,是集农业、工业、交通、建筑、商业多种产业于一体,承担经济建设任务的国有大型企业。兵团的党、政、军、企四套领导机构与四项职能合为一体。兵团全面融入新疆社会,所属师、团场及企事业单位分布于新疆维吾尔自治区各地(州)、市、县行政区内,主要由兵团自上而下实行统一领导和垂直管理。第七师所属团场及企事业单位分布于奎屯市、乌苏市、克拉玛依市与和布克赛尔蒙古自治县境内,胡杨河市为自治区直辖县级市,与第七师实行“师市合一”管理模式。市党委、纪委监委及其工作机关与师党委、纪委监委及其工作机关实行“一个机构、两块牌子”;市政府工作机构与师行政工作机构实行“一个机构,两块牌子”;市人大常委会主任、市长、政协主席由师市党委领导班子成员兼任,副市长由副师长兼任。镇团场党政机构设置参照“师市合一”管理模式,均实行“一个机构、两块牌子”。

(叶文卉)

自然地理

【位置面积】 师市位于准噶尔盆地西南部的奎屯河流域,南面临天山,北接库尔班通古特沙漠,西与塔城地区乌苏市、博尔塔拉蒙古自治州精河县毗邻。一三七团位于准噶尔盆地西北边缘,白杨河下游,南濒临艾里克湖,其中一三七团阿吾斯奇牧场与哈萨克斯坦接壤。师市境域分布在新疆维吾尔自治区的克拉玛依市克拉玛依区、克拉玛依市乌尔禾区、克拉玛依市独山子区、奎屯市、乌苏市、沙湾市、和布克赛尔蒙古自治县、额敏县、精河县和托里县境内。亚欧大陆桥的北疆铁路、乌奎高速公路、312国道乌伊公路横越境内,奎阿高速、217国道纵贯全境,纵横各路交会于奎屯市。地理坐标为:北纬43°53′至47°4′,东经83°22′至85°59′。师部驻地胡杨河市。第七师南北界端距离354千米,东西界端距离210千米,面积4449.96平方千米。

(杨瑞民)

【地质】 师市大地纵跨准噶尔和天山两个褶皱系,经历长期复杂的构造变动。在历史发展过程中,地层发育较齐全,从古生代奥陶纪到新生代各个时期地层都有较广泛出露。沉积岩、变质岩、火山岩及结晶岩等各类岩石皆有分布。

【地形地貌】 师市分为4个垦区:奎屯垦区、车排子垦区、高泉垦区、乌尔禾垦区。垦区绝大部分在天山北麓的奎屯河、四棵树河、古尔图河的洪积冲积平原上，仅一三七团分布在白杨河流域的乌尔禾谷地。纵贯准噶尔盆地，地形沿三河河势南高北低。地面高程265~600米，垦区南部纵坡15%左右，向北渐缓，最缓1‰。全境地势基本平坦，只有较小起伏，局部有深1~5米、宽2~10米的自然冲沟分布，在准噶尔盆地腹心地带有固定与半固定沙丘。土壤有潮土、草甸土、沼泽土、盐土、灰漠土、灰棕漠土、风沙土、山地草甸土、栗钙土、灰色森林土10种类型，19个亚类，34个土属，68个土种。其中农业土壤主要有盐土、灰漠土、草甸土、潮土。

洪积冲积扇　海拔高程在480~600米。洪积冲积扇的中上部，地面坡度大，为深厚的粗骨质砂砾石洪积物。随着海拔高度的降低，坡度逐渐减缓，表面为再沉积的黄土状物质所覆盖，其厚度从上往下逐渐增加。洪积冲积扇上河流深切，地下径流畅通。地下水位深，土体极为干燥，生物作用极弱，土壤自然发育缓慢。在扇形地下部因土层深厚，排水条件好，土壤次生盐渍化威胁甚微，灌溉便利，主要是一二四团高泉区和一三一团南区。

扇缘泉水溢出带　洪积冲积扇下缘，地形平坦，坡度平缓，砾石层消失，黄土状物质深厚，地下水径流受阻，形成上升泉溢出地表，在奎屯北部和高泉的低洼地区汇集成积水苇湖沼泽。扇缘的地下水小于3米，地下水矿化度多小于1克/升或1~3克/升，优越的水分条件，使草甸植被和沼泽水生植物生长茂盛，土壤腐殖质累积过程强烈，氧化还原过程和潜育化过程明显，因而普遍发育草甸土、沼泽土或草甸盐土。主要是一二四团的上双河和一三一团东区。

冲积平原　海拔高程在265~480米，是七师垦区的主要部分，主要包括一二三团、一二五团、一二六团、一二七团、一二八团、一二九团、一三〇团。该区域地形平坦，坡降约1‰~3‰，堆积着数十米以上的黄土状物质。由于古老冲积平原侵蚀基面下切和河流改道，平原上有3~5米的干沟。开垦前地下水普遍在5米甚至10米以下，土体干燥，生物作用弱，土壤荒漠化工程明显，主要是灰漠土、盐化灰漠土。车排子地区普遍存在埋藏腐殖质层，该层有残存的螺蛳壳，以及深土层出现明显的铁锈斑纹。由此可判断，那里历史上曾是积水洼地，而且地下水消退年代也不会太久远。平原林木（主要是梭梭柴、红柳）分布广泛，发育着林灌草甸土。冲积平原上的泉水沟下游，地势低洼，泉水沟河床消失，泉水漫流，地下水位高或季节性积水，形成柳沟和三角庄沼泽草甸。土壤腐殖质累积过程和氧化还原过程增强，土壤现代积盐过程亦强烈，盐化草甸土、草甸盐土分布普遍。冲积平原由于排水条件差，开荒后，地下水得到渠首渗透水和灌溉水的大量补给，地下水位迅速上升，潮化过程发生并迅速增强，耕地中潮土分布广泛。

乌尔河谷地　谷地东西两边是强烈侵蚀的成吉思汗山前第三季残丘。谷地是由白杨河侵蚀下切并再冲击沉积而成。表面大部分为厚度1.5米以上的黄土状物质，少部分地表和冲沟有砾石裸露，西部有不连续的带状风积山丘。地下水位1.5~2米，矿化度1~3克／升，土壤水分良好，腐殖质累积过程和盐化过程较强，发育着盐化草甸土和林灌草甸土，主要是一三七团乌尔禾地区。

（师市史志办）

河流　奎屯河流域主要有奎屯河、四棵树河和古尔图河三条河流，第七师胡杨河市是全兵团唯一具有流域主要河道管理权的师市，实际管理着流域内奎屯河、古尔图河及部分四棵树河河道。三河均发源于天山山脉，经甘家湖注入艾比湖，属高山融雪和降水补给性的内陆河流。流量随季节变化，洪枯水量相差悬殊。三河年平均径流量12.978亿立方米，其中奎屯河年径流量6.678亿立方米，古尔图河年径流量3.4亿立方米，四棵树河年径流量2.9亿立方米，有7座大中型水库。

（刘素玉）

【资源】　*土地资源*　2022年，全师土地总面积4449.96平方千米，其中湿地30.33平方千米，耕地1748.69平方千米，种植园地58.87平方千米，林地638.42平方千米，草地1353.25平方千米，商业服务业用地6.58平方千米，工矿用地37.17平方千米，住宅用地47.51平方千米，公共管理与公共服务用地14.67平方千米，特殊用地9.59平方千米，交通运输用地90.65平方千米，水域及水利设施用地250.77平方千米，其他土地163.46平方千米。第七师辖区内

的土地均为国有土地。（杨瑞民）

矿产资源 2022年，第七师行政范围内的矿山企业17家，国有企业10家，私营企业7家。准噶尔盆地风城油田、准噶尔盆地乌尔禾油田、准噶尔盆地西缘春风油田、准噶尔盆地春光油气田、准噶尔盆地卡因迪克石油、中富矿业有限公司红山西煤矿为大型矿山；新雅泰化工有限公司和布克赛尔玛纳斯盐湖东北段钾盐矿为中型矿山；其余均为小型矿山。已查明有一定储量的矿种7种：煤炭、钾盐、天然沥青、建筑用辉长岩、饰面用辉绿岩、砖瓦用黏土、建筑用砂。已开采利用的有煤、石油、建筑用砂、黏土4种。

（巴 蓉）

水资源 师市辖区内主要有地表水（河水）和地下水两大部分。地表水主要有奎屯河、四棵树河、古尔图河三大河流。多年来三河平均来水量12.86亿立方米，最大年份来水量15.89亿立方米，最小年份来水量9.93亿立方米。春水约占年总水量8%，夏水占62%，秋水占22%，冬水占8%。流域内水量依据新疆用水总量控制方案，供第七师、乌苏市、奎屯市和独山子区工农业用水。2022年，奎、古两河来水为平水偏丰年份。来水11.405亿立方米，比2021年多来1.5286亿立方米。七师地下水资源量分布由南向北逐渐减少，地下水资源量为2.1亿立方米，可开采量为1.13亿立方米，年开采量为2.27亿立方米左右。

（刘素玉）

森林资源 2022年，第七师森林资源总面积60837.91公顷，其中乔木林地9969.46公顷，占

春回胡杨河湿地（吕新亚摄于2022年3月14日）

全师森林总面积的16.39%。灌木林地41270.7公顷，占全师森林总面积的67.84%。其他林地9597.75公顷，占全师森林总面积的5.77%。森林覆盖率13.67%，活立木总蓄积量111.83万立方米。从起源结构来看，森林资源以天然林为主，人工林占比低。从经营分类看，森林资源以生态公益林为主，商品林占比少。全师乔木林以近、成、过熟林为主，中幼林较少。

草原资源 2022年，第七师草原资源总面积138713.88公顷，其中天然牧草地105586.13公顷，人工牧草地762.56公顷，其他草地32365.19公顷。主要分布在一二四团、一三一团和一三七团，其中，一二四团面积50577.29公顷，占全师草原总面积的36.46%；一三七团面积46356.44公顷，占全师草原总面积的33.42%；一三一团的天然牧草地面积10460.40公顷，占全师草原总面积的7.54%；其余团场草原面积总计31319.75公顷，占全师草原总面积的22.57%。七师天然草场分为：高寒草甸草场、山地草甸草场、低地草甸草场、山地草原草场、山地草甸草原草场、山地荒漠草原草场、山地草原化荒漠草场、山前戈壁草场。

植物资源 第七师辖区内野生植物资源丰富，有被子植物34科112属162种，主要分布在奎屯河流域湿地自然保护区内，以库塘、沼泽等湿地类型为主，湿地水域辽阔，滩涂宽阔，植物丛生，形成典型的湿地植物类型，主要有沼生蔊菜、播娘蒿、鹅绒委陵菜、天蓝苜蓿、尖叶千屈菜、泽芹、狸藻、沼生苦苣菜、芦苇等。

动物资源 第七师辖区具有良好的自然植被和丰富的鸟类食源，适于多类野生动物栖息繁衍，野生动物资源丰富，主要分布在奎屯河流域湿地自然保护区、国家级重点公益林内，有野生动物37目86科239种。兽类有6目8科11种，大型兽类仅有鹅喉羚1种，中小型兽类仅记录赤狐、草兔、虎鼬、大耳猬，其余皆为啮齿目和翼手目，其中还包括外来入侵物种麝鼠。鸟类有17目46科

175种，其中水鸟79种，占种类数的45.14%；繁殖鸟119种，占种类数的68%。鸟类种群以迁徙候鸟为主，主要分布于师市平原水库及周边区域。新疆独特的地理位置和气候，导致两栖爬行动物多样性较为贫乏，但却有不少的特色种类，保护区内有蟾蜍2种、蛙类1种、蜥蜴1种、蛇类2种。鱼类有1目2科10种。包括鲤形目鲤科鳙属的花鲢、白鲢；雅罗鱼属的准噶尔雅罗鱼；草鱼属的草鱼；鲤属鲤鱼等。主要分布在湿地保护区内。荒漠节肢动物种类较为丰富，保护区内调查到蛛形纲2目3科3种；昆虫纲9目21科34种。奎屯河流域湿地自然保护区有珍稀濒危物种46种，其中，国家一级重点保护野生动物3种，分别是黑鹳、玉带海雕、白尾海雕；国家二级重点保护野生动物24种，分别是鹅喉羚、角䴙䴘、白鹈鹕、卷羽鹈鹕、小苇鳽、大天鹅、鹗、黑耳鸢、灰鹤、蓑羽鹤、纵纹腹小鸮、褐耳鹰等；新疆维吾尔自治区重点保护野生动物19种，分别是赤狐、虎鼬、大白鹭、苍鹭、大麻鳽、针尾鸭、赤膀鸭等。（黄　玥）

【气候】 师市垦区绝大部分位于准噶尔盆地西南、古尔班通古特大沙漠的边缘，属温带大陆性干旱荒漠气候。2022年，师市年平均气温正常略偏高，降水量偏少。年平均气温7.9℃，接近历年同期平均值7.6℃，比上年偏高0.2℃。其中，冬季和夏季气温接近历年值，春季气温偏高，秋季气温略偏高，≥10℃积温4098.4℃。年总降水量125.0毫米，比历年同期平均值偏少54.9毫米。其中冬季降水量正常，其余各季均偏少。开春期为3月8日，比历年平均值偏早10天，比上年偏早13天；终霜期3月26日，比历年平均值偏早13天，比上年偏早30天；初霜期出现在10月2日，比历年平均值偏早11天，比上年偏早6天；入冬期出现在11月18日，比历年平均值偏晚5天，比上年偏晚14天。（康　巍）

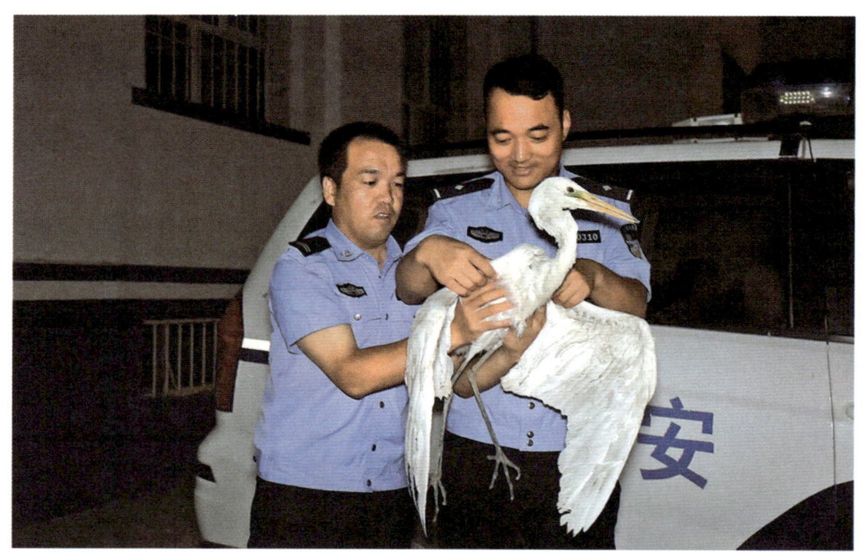

2022年7月27日，一二六团科克兰木派出所民警救助国家一级保护动物黄嘴白鹭。图为检查黄嘴白鹭有无受伤（牛想为　摄）

建制　驻地

【历史沿革】 第七师胡杨河市是兵团的重要组成部分，实行党政军企合一体制，履行着国家赋予的屯垦戍边职责，在自己所辖垦区内，依照国家、自治区和兵团的法律、法规，自行管理内部行政、司法事务。

二十五师　1949年12月29日成立，由原国民党驻新疆起义部队七十八师一七九旅为主，并编一七八旅旅直单位及五三三团、四十二师一二八旅三八二团、瓜代边卡大队、省保安司令部特务大队、省警备司令部警卫团三营、监护团之一部及特务连、宪兵连等组成。驻迪化（乌鲁木齐），隶属中国人民解放军二十二兵团步兵九军，辖七十三团、七十四团、七十五团、辎重营及特务连、侦察连、山炮连、工兵连、通讯连。1950年3月，部队开赴垦区，师部驻沙湾县炮台；10月，移驻小拐；1952年3月，迁回炮台。

农七师　1953年6月5日，新疆军区转发中央军委命令，新疆生产建设部队更改番号。二十五师改为中国人民解放军新疆农业建设第七师（以下简称农七师），隶属中国人民解放军第二十二兵团。所辖3个团，七十三团、七十四团、七十五团，改番号为中国人民解放军新疆农业建设第十九团、二十团、二十一团。1954年10月，中央政府命令驻新疆人民解放军第二、第六军大部，第五军大部，第二十二兵团全部，集体就地转业，农七师隶属中国人民解放军新疆军区生产建设兵团，从此，农七师不再属于正规的军队序列，成为一支不穿军装、不拿军饷、不吃军粮又保持中国人民解放军组织形式的军垦部队。1955年3月，兵团党委决定撤销农九师，其师机关并入农七师机关，并入农七师的9个连编为二十五团。1957年3月，农七师师部迁驻奎屯。七师垦区不断扩大，团场不断增多。1958年10月，成立3个管理处和3个总场，对团场分区管理。1960年，七师辖36个团场，是七师拥有团场最多的年份。1962年，第二总场（原精博总场）一部分场划归工一师，沙山子分场、托托分场划归农五师。1969年4月，兵团党委在农七师第三管理处基础上恢复农九师建制，七师塔额垦区8个边境团场叶尔盖提农场（今一六二团）、阿克桥克农场（今一六三团）、乌拉斯台农场（今一六四团）、达因苏农场（今一六五团）、锡伯提农场（今一六六团）、麦海因农场（今一六七团）、乌什水农场（今一六八团）、团结农场（今一七〇团）划归农九师。夏，经中央军委批准，新疆军区统一更改新疆军区生产建设兵团各团场、企事业单位番号和名称。各团场番号沿用至今。

撤销建制时期　1975年3月，兵团建制被撤销。农七师建制也随之被撤销，七师炮台、下野地垦区（原第一管理处）的7个团场一二一团、一二二团、一三二团、一三三团、一三四团、一三五团、一三六团及所有企事业单位，先后移交给石河子地区。一三七团划归克拉玛依市。师部驻地奎屯和一二三团、一二四团、一二五团、一二六团、一二七团、一二八团、一二九团、一三〇团、一三一团等9个团场及其所有企事业单位划归伊犁哈萨克自治州（以下简称伊犁州）。8月25日，国务院批准奎屯设县级市，直属伊犁州管辖。9月，伊犁州党政机关搬迁奎屯市。11月8日，伊犁州党委对所管辖的原农七师单位进行划分，其中一三一团分为东郊农场、西郊农场，归奎屯市管辖，其他8个团场划归塔城地区领导。塔城地区成立农垦局，管理原农七师部分、原农九师和农十师全部及和布克赛尔蒙古自治县境内农垦单位。1976年春，塔城农垦局在五五新村设立分局，管理原农七师部分单位，同时更改这些单位的名称：一二三团更名车排子农场，一二四团更名高泉农场，一二五团更名柳沟农场，一二六团更名科克兰木农场，一二七团更名苏兴滩农场，一二八团更名前山农场，一二九团更名五五农场，一三〇团更名共青团农场，水工团更名奎屯河流域水利工程灌溉管理处（以下简称奎管处），五五修配厂更名五五农机厂，车排子医院更名塔城地区第三人民医院。12月，自治区人民政府决定撤销塔城地区农垦五五分局机构，将管理的农牧团场及企事业单位全部移交给乌苏县领导；乌苏县升格为乌苏中心县，由县农林局管理农垦单位的业务。1978年10月，自治区人民政府决定撤销乌苏中心县建制，仍称乌苏县，并指示伊犁州成立奎屯农垦局管理农垦单位。

奎屯农垦局　1978年11月，伊犁州奎屯农垦局成立，为副地厅级，局机关驻奎屯市，既是伊犁州人民政府管理农垦企事业单位的工作机构，又是从事农垦事业建设的行政单位，在业务上受自治区农垦总局领导。奎屯农垦局所辖团场恢复原番号，即一二三团、一二四团、一二五团、一二六团、一二七团、一二八团、一二九团、一三〇团、一三一团、一三七团等10个团场及奎管处、建筑安装公司、运输公司、五五农机厂、车排子油脂化工厂、车排子医院、车排子农业实验站、车排子水管所等单位。1979年1月，伊犁州人民政府决定将原第七师的奎屯造纸厂、化工厂、兽医站、农科所、勘测设计队、物资库、石油库等单位划归奎屯农垦局。9月，伊犁州党政机关迁回伊宁市，奎屯农垦局和奎屯市党委、政府合署办公，实行“两块牌子、一套班子”的管理体制。

农七师　1981年12月，中共中央作出恢复新疆生产建设兵团的决定。1982年3月31日，自治区党委决定在自治区农垦总局和各地州农垦局的基础上，恢复新疆生产建设兵团和所属各师局建制，4月1日起办公。以奎屯农垦局为基础恢复农七师建制，8月1日起更名为新疆生产建设兵团农业建设第七师（以下简称农七师），师机关仍与奎屯市合署办公。1983年1月13日，伊犁州党委决定奎屯市党政机构单设，与农七师机关分署办公，免除由自治区任命的农七师领导兼任的奎屯市党政领导职务。1985年8月至12月，农七师从奎屯市收回奎屯棉纺织厂、奎屯针织厂、奎屯食品厂、奎屯发电厂。此后不断新建单位。2002年9月18日，农七师奎屯市天北新区管理委员会成立。2004年2月，工一师八团划归农七师，名称为兵团九建和农七师奎东农场，亦称农七师工八团。

第七师　2012年12月13日，兵团办公厅根据《中央编办关于新疆生产建设兵团各农业建设师更名的批复》，印发《关于各农业建设师更名的通知》，新疆生产建设兵团农业建设第七师更名为新疆生产建设兵团第七师。

第七师胡杨河市　2019年11月6日，国务院批准设立县级胡杨河市，第七师与胡杨河市实行师市合一管理体制。12月18日，第七师胡杨河市（以下简称师市）挂牌。2022年，师市辖一二三团、一二四团、一二五团、一二六团、一二七团、一二八团、一二九团、一三〇团、一三一团、一三七团、奎东农场11个团场及3505家法人登记单位（其中事业单位136家）。

【师市驻地】 2019年12月18日，第七师胡杨河市挂牌。市名源于第七师一三〇团内奎屯河的一条内流河，因河岸有面积20.28平方千米的茂盛胡杨林而得名，喻示七师人以胡杨精神立城，扎根边疆、屯垦戍边、不畏艰难、艰苦创业、自强不息、战天斗地的精神和意志。胡杨河市位于克拉玛依市域内，天山北坡"奎克乌"城镇组群区域，行政区域界线走向：从克拉玛依市与乌苏市行政区域界线北纬45°06′01″、东经84°39′34″起，向东南至北纬45°03′58″、东经84°42′08″，折向南偏东南沿217国道至北纬44°48′24″、东经84°47′24″，折向东至344.0三角点，折向南偏东南至北纬44°39′05″、东经85°01′11″，折向西偏西南沿312省道至北纬44°37′40″、东经84°52′40″，折向西北至奎屯水库东侧北纬44°45′22″、东经84°37′56″，折向北至北纬45°06′01″、东经84°39′34″闭合。胡杨河市人民政府驻第七师一三〇团光明东路8号，距离乌鲁木齐市公路里程280千米。

【师团驻地】 1949年，二十五师成立，驻迪化（今乌鲁木齐）。司令部、供给部驻雅玛里克山下原国民党军一七九旅旅部，政治部驻老满城原国民党军骑一师营房（今八一农学院内）。部队按师、团、营、连、排、班编制。师辖七十三团、七十四团、七十五团3个团及特务连、侦察连、山炮连、通讯连、工兵连等5个直属连，另有辎重营、干部轮训队。七十三团驻老满城，辖一、二、三营及战炮连、迫炮连、侦通连、特务连等直属连。一营辖一、二、三连及机炮一连；二营辖四、五、六连及机炮二连；三营辖七、八、九连及机炮三连；七十四团驻老满城，辖一、二、三营及特务连、侦通连、迫炮连、运输连等直属连。一营辖一、二、三连及机炮一连；二营辖四、五、六连及机炮二连，四连在伊吾，无法向迪化集结，交十六师；三营辖七、八、九连及机炮三连。七十五团驻库尔勒、轮台、尉犁、若羌、且末等地，辖一、二、三营及特务连、侦通连、迫炮连、战炮连、运输连等直属连。一营辖一、二、三连及机炮一连；二营辖四、五、六连及机炮二连；三营辖七、八、九连及机炮三连。二十七师的七十九团驻喀什，辖一、二、三营及特务连、侦通连、迫炮连、战炮连、运输连等直属连。一营辖一、二、三连及机炮一连；二营辖四、五、六连及机炮二连；三营辖七、八、九连及机炮三连。

1950年春，部队开赴沙湾县境内开荒生产。师部及七十三团驻炮台、下八户；七十四团驻小拐。不久，一营赴乌苏县开发车排子，二营留驻小拐，三营开发中拐和大拐，到1952年，团部及二、三营全部搬迁至车排子；七十五团暂留南疆库尔勒等地开荒，9月移师炮台、九户一带。二十七师的七十九团赴焉耆和硕滩开荒生产。

垦区不断扩大，陆续开发下野地、车排子、柳沟垦区，先后建立红旗牧场、小拐农场、奎屯农场、柳沟一场、车排子二场、下野地三场、柳沟三场等正规化国营农牧场。1957年，师部由炮台迁至奎屯。此后，以奎屯为依托，向东、北、西呈扇形发展，农场不断增加。1958年10月，实行分片管理。1958年12月，成立第一、第二管理处，1959年11月成立第三管理处。第一管理处下辖十九团、二十一团、小拐农场、下野地农场、四场、五场、良种场，沙门子农场、第一拖拉机修配厂、下野地榨油厂、下野地水管所、下野地医院、处中学等单位；1964年后，第二管理处下辖二十团、二十五团、车排子一场、二场、四场、共青团农场、五五农场、第二拖拉机厂、车排子榨油厂、基建大队、柳沟水管所、车排子水管所、车排子医院、处中学、电教队等单位；第三管理处下辖叶尔盖提农场、阿克桥克农场、乌拉斯台农场、锡伯提农场、麦海因农场、乌什水农场、达因苏农场、团结农场。1959年，设立3个管理处和3个总场，管辖28个农牧团场。1960年，师辖36个团场。

1969年，撤销第一、第二管理处机关，以第三管理处为基础组建农九师。总场缩编为团场。

1975年，撤销农七师建制。炮台垦区、下野地垦区7个团场先后划归石河子地区；一三七团划归克拉玛依市；师部驻地奎屯设立县级市，归属伊犁哈萨克自治州；一三一团划归奎屯市；一二三团、一二四团、一二五团、一二六团、一二七团、一二八团、一二九团、一三〇团划归塔城地区。

1978年，奎屯农垦局成立，管理一二三团、一二四团、一二五团、一二六团、一二七团、一二八团、一二九团、一三〇团、一三一团、一三七团等10个团。

1982年，在奎屯农垦局基础上恢复农七师建制，辖10个团。2002年9月18日，成立农七师奎屯市天北新区管理委员会。

2004年2月，工一师八团划归农七师，名称为兵团九建和农七师奎东农场。

2022年，第七师辖3个区、11个团：天北经济技术开发区（与天北新区管委会实行“区政合一”管理体制），区机关驻奎屯市；胡杨河经济技术开发区，区机关驻五五新镇；第七师胡杨河国家农业科技园区管理委员会与一三〇团合署办公。一二三团辖20个连，团部驻乌苏市车排子镇；一二四团辖17个连，团部驻乌苏市高泉镇；一二五团辖22个连，团部驻乌苏市柳沟镇；一二六团辖13个连，团部驻乌苏市科克兰木镇；一二七团辖15个连，团部驻乌苏市苏兴滩镇；一二八团辖19个连，团部驻乌苏市前山镇；一二九团辖16个连，团部驻克拉玛依市五五新镇；一三〇团辖15个连，团部驻共青镇；一三一团辖14个连，团部驻奎屯市；一三七团辖11个连，团部驻克拉玛依市乌尔禾区；奎东农场辖3个连，团部驻奎屯市。年末师市土地总面积4449.96平方千米。（师市史志办）

经济和社会发展

【概况】 2022年，师市实现地区生产总值260.6亿元，比上年增长9.3%。其中，第一产业增加值70.2亿元，增长10.5%；第二产业增加值99.3亿元，增长10.6%；第三产业增加值91.1亿元，增长7.1%。三次产业结构比为27∶38∶35。人均地区生产总值99694元。（孙　韬）

【第一产业】 2022年，师市全年农作物播种面积162.7千公顷（244.1万亩），比上年增长3.6%。其中，甜菜面积0.9万亩，下降24.9%；蔬菜面积（含菜用瓜）11.6万亩，增长4.7%；园林水果面积6.2万亩，增长9.1%。

全年甜菜产量6.5万吨，下降22.3%；蔬菜产量82.9万吨，增长8.6%，其中工业用番茄37.5万吨，增长19.6%。全年水果产量12.7万吨，增长5.0%。其中，苹果3.8万吨、增长15.4%，葡萄8.5万吨、下降0.8%，桃0.2万吨、增长19.9%。

全年师市猪牛羊存栏64.9万头（只），比上年增长14.7%。其中，牛7.8万头，增长21.9%；猪29.3万头，增长41.5%；羊27.8万只，下降5.8%。年内猪牛羊出栏89.3万头（只），增长17.5%。全年猪牛羊禽肉类总产量6.84万吨，增长32.5%。禽蛋产量8713吨，下降19.2%。牛奶产量17.4万吨，增长11.6%。水产品产量0.7万吨，增长17.7%。

（桂啊奔）

【第二产业】 2022年，师市实现工业增加值44.7亿元，比上年增长2.1%。其中规模以上工业增加值增长2.2%。在规模以上工业中，分经济类型看，国有控股企业下降1.9%，股份制企业增长2.2%，私营企业增长4.6%；分门类看，采矿业下降76.4%，制造业下降3.2%，电力、热力、燃气及水生产和供应业增长26.1%。

全年师市规模以上工业中，煤炭开采和洗选业增加值比上年下降76.4%，农副食品加工业增长12.9%，食品制造业增长179.7%，纺织业下降25.7%，石油、煤炭及其他燃料加工业下降7.0%，化学原料及化学制品制造业下降22.2%，非金属矿物制品业下降3.1%，黑色金属冶炼和压

图1　2022年七师生产总值及增长速度图

图2　2022年七师工业增加值及增长速度图

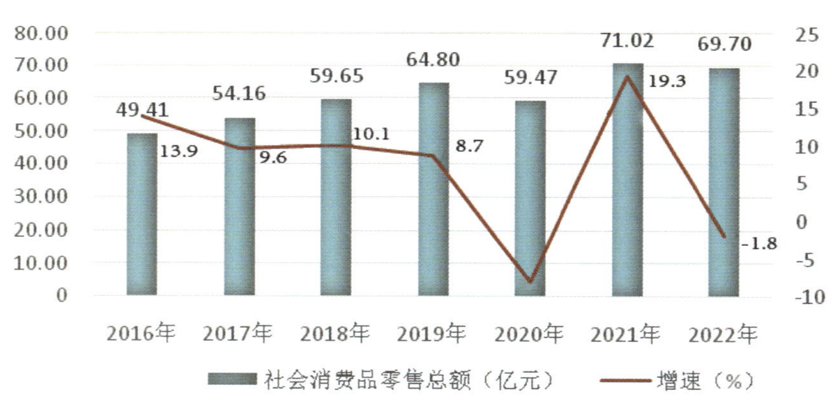

图3　2022年七师社会消费品零售额及增速图

延加工业下降27.7%，有色金属冶炼和压延加工业增长17.7%，电力、热力生产和供应业增长26.0%。

全年师市规上工业发电装机容量148.1万千瓦，比上年下降6.3%。其中，火电装机容量124.1万千瓦，与上年持平；水电装机容量15.0万千瓦，与上年持平；并网太阳能发电装机容量9.0万千瓦，下降53.0%。

全年师市规模以上工业企业利润11.0亿元，比上年下降8.3%。规模以上工业企业每百元营业收入中的成本为85.6元，比上年增加2.7元，高于全国水平0.9元。营业收入利润率为5.5%，下降1.6个百分点，低于全国平均水平0.5个百分点。

资质以上建筑企业完成建筑业施工产值160.7亿元，比上年增长10.4%；完成建筑业增加值54.6亿元，增长19.0%。完成建筑业竣工产值57.6亿元，下降23.5%。建筑业房屋施工面积180.6万平方米，增长8.9%。

（王　冬　薛　莹）

【第三产业】 2022年，全年师市房地产开发投资17.4亿元，比上年增长36.7%。商品房销售面积14.3万平方米，下降8.6%。其中，住宅12.6万平方米，下降17.5%。年末，商品房待售面积57.6万平方米，增长67.1%。商品房销售额5.8亿元，增长2.5%。

全年师市服务业增加值同比增长7.1%。其中，交通运输业增长17.9%；非营利性服务业增长6.4%；金融业增长7.0%；批发零售业增长3.3%；农林牧渔服务业增长10.7%；营利性服务业增长3.6%；房地产业增长3.9%；住宿餐饮业下降5.1%。实现社会消费品零售总额69.7亿元，下降1.8%，其中商品零售完成54.9亿元，下降1.8%，餐饮收入完成14.8亿元，下降1.8%。

限额以上单位商品零售额中，粮油、食品类零售额同比下降19.7%；饮料类下降21.8%；烟酒类增长10.8%；服装、鞋帽、针纺织品类下降55.4%；化妆品类下降

43.7%；日用品类增长21.3%；家用电器和音像器材类下降42.1%；中西药品类下降40.9%；文化办公用品类下降9.0%；石油及制品类增长58.0%；汽车类增长2.5%。

全年师市旅游业实现旅游收入8.3亿元，同比增长14.6%，旅游人数200万人次，同比增长19.1%。

全年师市货物进出口总额15981.5万美元，同比增长5.1%。其中，出口15562.3万美元，增长3.2%；进口419.2万美元，增长230.1%。（王 倩）

【固定资产投资】2022年，全年师市固定资产投资比上年增长21.9%，其中民间投资增长29.7%。分产业看，第一产业投资下降0.9%；第二产业投资增长52.3%；第三产业投资增长1.7%。固定资产投资三次产业构成比为13:51:36。分区域看，胡杨河经济技术开发区和天北经济技术开发区投资增长22.3%；团场投资增长13.8%。分领域看，基础设施投资下降8.0%，社会领域投资增长104.4%。全年师市工业投资增长53.0%。其中，制造业增长60.9%，电力、热力、燃气及水生产和供应业投资增长27.4%。全年交通运输、仓储和邮政业投资增长60.7%。

全年师市实施招商引资项目277个，形成实物量126.9亿元。分产业看，一产项目33个，形成实物量9.9亿元；二产项目149个，形成实物量90.2亿元；三产项目95个，形成实物量26.9亿元。从规模看，总投资1亿元以上的项目62个，形成实物量79.2亿元；总投资10亿元以上的项目5个，形成实物量44.4亿元；总投资100亿元以上的项目1个，形成实物量39.0亿元。

（赵安新）

2022年第七师胡杨河市分行业固定资产（不含农户）增长速度一览表

表1

行 业	比上年增长（%）	行 业	比上年增长（%）
总计	21.9	房地产业	38.2
农、林、牧、渔业	−0.9	租赁和商业服务业	−9.7
采矿业	297.9	科学研究和技术服务业	−46.1
制造业	60.9	水利、环境和公共设施管理业	−29.0
电力、热力、燃气及水生产和供应业	27.4	居民服务、修理和其他服务业	50.8
建筑业	−38.7	教育	389.2
批发和零售业	5.2	卫生和社会工作	135.8
交通运输、仓储和邮政业	60.7	文化、体育和娱乐业	61.7
住宿和餐饮业	−3.1	公共管理、社会保障和社会组织	142.6
信息传输、软件和信息技术服务业	−1.6		

（赵安新）

【财政】2022年，师市全年一般公共预算收入7.4亿元，比上年增长5.4%，其中税收收入2.4亿元，下降27.2%。一般公共预算支出61.2亿元，比上年增长8.8%。2022年12月末，师市辖内银行业各项存款余额为400.1亿元，同比增长17.5%；师市辖内银行业各项贷款余额240.2亿元，增长3.1%。

【社会保障】2022年，全年师市参加城镇职工基本养老保险人数14.6万人，比上年增加2469人。参加城乡居民基本养老保险人数12391人，增加112人。参加基本医疗保险人数18.5万人，减少323人。其中，参加职工基本医疗保险人数11.7万人，增加1186人；参加居民基本医疗保险人数67591人，减少1509人。参加失业保险人数51298人，增加526人。年末师市领取失业保险金人数175人。参加工伤保险人数57739万人，增加528人。全年师市最低生活保障1946户2484人，收到兵团低保资金1556万元，累计发放低保金1875万元；孤儿和事实无人抚养儿童，累计发放补贴20万元，收到兵团临时救助资金1169万元。

全年师市累计开发就业岗位8000个，累计新增就业5324人；开发公益性岗位586人，规模控制在850人之内；援助就业困难人员就业653人。扶持成功创业600人，城镇登记失业率2.04%。全年完成职业技能培训、鉴定9200人次。其中，完成职业技能培训8600人次，创业培训600人次。

全年受理劳动保障监察投诉案件10件，结案10件，结案率100%；处理劳动争议案件89件，其中，调解处理55件，立案处理34件，结案率100%。

【社会事业】 2022年，全年师市各类科技经费总额1935.9万元，同比增长98.3%。争取兵团科技计划项目3项，到位资金199万元；师本级计划项目55项，项目年投入强度每项32.3万元。全年获奖28项，创新创业大赛获奖7项，全国赛区优秀奖2项，兵团二等奖1项、三等奖1项、优秀奖4项，优秀组织奖1项。兵团首届青少年科学影像大赛获奖16项，兵团青少年科技创新大赛获奖5项。全年师市获批国家级科普示范合作社2个，兵团级科普教育基地2个，新建科技馆1座，科普活动室1个。开展新技术推广和科学普及志愿服务累计15场次，覆盖职工群众8万人次，带动科技示范户15户。全年师市认定高新技术企业8家，科技型中小企业6家，兵团重点实验室1家。

师市有幼儿园17所、中小学职业学校15所，其中，九年一贯制学校11所、高级中学1所、完全中学1所、完全小学1所、中等职业技术学校1所。师市在校学生15878人，其中在园幼儿2910人、小学生5873人、初中生3382人、普通高中学生2495人、中职学生1218人。师市学校共有教职员工2452人，其中幼儿园教职工438人、小学教职工794人、初中教职工740人、普通高中教职工382人、中职教职工98人。小学学龄儿童净入学率100%，初中适龄少年净入学率96.7%。九年义务教育巩固率99.9%，高中阶段毛入学率98.4%。

全年师市共有医疗卫生机构122个，其中医院13个；社区卫生服务中心（站）38个。年末卫生技术人员1832人，其中执业医师和执业助理医师820人，注册护士819人。医疗卫生机构床位1560张。全年总诊疗63.6万人次，出院人数3.5万人。全年师市居民电子健康档案建档22.4万人，建档率达92.4%，65岁老年人为23296人，建档率达99.4%，体检率达82.2%。高血压患者建档13491人、糖尿病患者建档6531人、管理率分别为94.9%、95.1%。脊灰强化免疫服苗4660人次，麻风疫苗接种849人，接种率均为98.6%。

【人民生活】 2022年，师市居民人均可支配收入40343元，比上年增长3.5%，按常住地分，城镇居民可支配收入44716元，同比增长3.8%，连队居民可支配收入31062元，增长3.4%。全年师市居民人均消费支出22904元，同比下降8.7%，按常住地分，城镇居民人均消费支出22115元，下降4.2%；连队居民人均消费支出24567元，下降16.6%。师市居民家庭恩格尔系数为36.2%，其中城镇为37.1%、连队为34.3%。

【生态文明建设】 2022年，师市批准建设用地8821.5亩，供应土地14121.7亩，土地出让合同价款14303.5万元。师市拥有水库12座，其中大型水库1座、中型水库6座、小型水库5座。建成机电井2414眼。全年师市水利工程供水量90903万立方米。按供水用途分，农业供水86160万立方米，工业供水1796万立方米。按供水方式分，地表水供水量65599万立方米，机电井提水量25304万立方米。全年规模以上工业综合能源消费量279.1万吨标准煤，同比下降3.6%。原煤消费量467.6万吨，增长60.5%；电力消费量增长11.2%。原煤消费量占能源消费总量的71.0%，比上年提高27.7个百分点。六大高耗能行业能耗比上年下降5.6%。其中，石油、煤炭及其他燃料加工业能耗增长10.3%，化学原料和化学制品制造业能耗下降3.0%，非金属矿物制品业能耗增长7.0%，黑色金属冶炼及压延加工业能耗下降24.5%，有色金属冶炼和压延加工业能耗下降13.1%，电力、热力生产和供应业能耗下降8.1%。全年师市总灌溉面积164千公顷，有效灌溉面积164千公顷，节水灌溉面积164千公顷。

（孙　韬）

精神文明建设

【新时代文明实践工作】 2022年，师市有1个新时代文明实践中心、12个新时代文明实践所、203个新时代文明实践站；有志愿服务队伍542支，志愿服务者1.1万人；开展各类分众化宣讲1623场，受众达23万人次，开展多形式志愿服务活动2773场。

年内积极招募志愿者，志愿服务队和志愿者队伍稳步增长，师市新时代文明实践中心统筹胡杨河市文化馆制定志愿者培训计划，对师市骨干志愿者进行集中培训，开展“送理论、送政策、送文化、送科技、送文明”的文明实践活动和移风易俗宣传等活动，在志愿服务中宣传群众、教育群众、凝聚群众。师市新时代文明实践中心建强“8+N”志愿服务队伍，按照工作职责分工整合组建5支各具特点的七师胡杨河市新时代文明实践志愿服务支队，下设35支分队，重点涉及文化、文艺、科技、医疗、环保、司法等重点领域。定期组织队伍到团场、连队开展理论宣讲、政策宣传、反诈骗宣传等志愿服务。落实师市在职党员“双报到”制度，党员干部带头到连队、社区开展志愿服务。

探索“共建式”服务，汇聚援疆兄弟市淮安市资源，将有关政策和先进经验做法引入师市，拓展宣传群众、教育群众、关心群众、服务群众的思路导向和实践路径。加强与奎屯市、乌苏市、克拉玛依市的交流互动，开展志愿服务协作互助，重点围绕文明旅游、乡风建设、文化惠民等五大文明实践主题，定期交流、互相学习、协同发展，实现文明实践相连通。探索“点单式”服务，建立健全志愿服务运行机制，加强对文明实践中心建设的统一规划、统一标识、统筹指导。聚焦群众所思所想所盼，不断完善更新群众需求清单和服务项目清单，把“群众要什么”与“我们有什么”有机结合起来，针对不同对象的各类需求，提供个性化服务。完善群众“点单”、部门“派单”、志愿者“领单”、群众“评单”的新时代文明实践工作模式，既满足一般性需求又回应群众的个性化需求。探索“体验式”服务，利用新时代文明实践平台，深入开展社会主义核心价值观宣传教育，宣传身边好人、道德模范、文明家庭、最美系列人物等先进典型，通过身边人讲身边事、身边事教育身边人的方式，让广大群众接受文明洗礼，体会“身边的感动”。

举办首届新时代文明实践志愿服务项目大赛，挖掘一批富有师市特色、符合职工群众需求、可复制可推广的优秀项目，为师市志愿服务项目品牌化发展奠定基础。立足方便服务群众，组织理论宣讲员、移风易俗宣传员、志愿者等开展理论大宣讲、移风易俗等文明实践活动，推动党的理论政策、移风易俗、文化宣讲等进机关、进企业、进校园、进园区、进社区，形成“青动力”“初心驿站”等精品文明实践项目，打通服务教育群众的“最后一公里”。集中人力、物力打造符合各单位、各辖区特色的可参观、有特点、有做法，便于在全师市范围内可复制易推广的文明实践活动项目，培育有特色的项目品牌、打造文明实践精品范例。着眼满足广大职工群众普遍、共性现实需求打造了“走进非遗课堂 传承历史文化”“玫瑰馨香 文化传承”等普惠性志愿服务项目。针对师市部分留守儿童、外来务工人员子女，通过各类活动、学习，增强爱家

2022年6月12日，由一三七团四连“两委”成员和驻连工作队员组成的党员志愿服务队在指导职工棉花管理 （孟庆忠 马 倩）

乡、爱祖国、爱社会的情感，提高主动学习、勇于创新、积极实践的能力，着眼个性化差异化需求，打造聚焦留守儿童的“成长之路 用心呵护”“敲开心灵之窗”特惠性服务项目。师市以服务独居老人、困难群众、构建美好家园为宗旨，开展困难帮扶、走访慰问、医疗救助等志愿服务，打造聚焦孤寡老人的“暖心行动 助老先行”“便民医疗在身边”等志愿服务项目。

利用新时代文明实践阵地推动文化振兴，夯实乡村振兴的精神基础，围绕“一站一品”思路，打造志愿服务、文化活动、红色文化教育示范点，建设功能完善、氛围浓厚的新时代文明服务阵地。加大乡风文明建设力度，挖掘乡土人才、文艺爱好者等，发展群众性文体团队、文化能人，组建各类文化志愿服务队。

【群众性文明创建活动】 2022年，师市申报兵团第三届文明城市提名城市，推荐申报兵团第三届文明团场6个，文明连队34个。师市积极选树先进典型，深入发掘师市各行业先进代表人物，相继推出全国“扫黄打非”先进个人1人、兵团“道德模范”孝老爱亲模范1人、“兵团好人”4人、“师市好人”28人，推动身边好人、劳动模范等不断涌现，广泛弘扬民族精神和时代精神。开展典型先进人物宣传活动，拍摄《党员当如张铁杠》《用爱赢得“人民满意”》等41部反映师市典型先进人物事迹专题片。在《奎屯日报》、七师零距离、胡杨融媒App开设专题“先锋颂”“数风流人物”等，展现师市各行各业模范人物事迹。充分运用师市新时代文明实践阵地、爱国主义教育基地、农家书屋等开展先进典型人物巡讲，激发职工群众向上向善的责任感、使命感。

2022年3月5日，师市文联、石河子大学、戈壁母亲书画院联合举办的军垦主题版画创作培训班在一二六团戈壁母亲美术馆开班 （牛想为 摄）

【文化润疆工程】 2022年，师市持续打造“中国军垦文化之乡”金字招牌，运用好戈壁母亲展览馆等一批区域内独有的军垦特色、红色资源，通过代代传承、创新发展，真正让兵团精神和胡杨精神、老兵精神深入人心。组织师市文艺工作者创作军垦主题的油画、国画、版画、剪纸、摄影、音乐等文艺作品1200余件，电视连续剧剧本《年轻的城》、长篇小说《金丝玉》等8部作品，获得兵团2022文艺精品工程支持。组织召开兵地融合宣传工作座谈会，同奎屯市、乌苏市、克拉玛依市委宣传部签订共建兵地融合发展示范区宣传报道框架协议，互相推送相关重大主题新闻宣传报道240余篇。与塔城地区、阿勒泰地区、克拉玛依等地联合开展“喜迎二十大 奋进新征程”文艺精品线上展播70期。

年内，“溯源‘戈壁母亲’文化 构筑军垦文化高地”被中央宣传部、文化和旅游部、国家发展改革委列入基层公共文化服务高质量发展典型案例。持续推进总投资1.95亿元的师市职工文化体育中心、投资2500万元的师市体育公园、投资960万元的团场文化振兴等重点项目建设。将一二六团戈壁母亲纪念馆申报为国家展馆免费开放序列，落实40万元免费开放资金用于展馆提档升级。落实396万元中央预算内资金用于“三馆一站”运营补助和群众文化活动开展。一二三团、一二四团等5个团场综合文化活动中心评估定级为国家三级文化馆。（陈珂欣）

中国共产党第七师胡杨河市委员会

（徐 玥 摄）

重要会议

【全面深化改革委员会会议】 4月27日，师市党委全面深化改革委员会召开2022年第1次会议，传达学习中央全面深化改革委员会第二十四次、第二十五次会议精神及中央和兵团有关文件精神，研究审议有关工作要点，部署2022年改革任务。师市党委书记、政委、全面深化改革委员会主任李华斌主持会议并讲话，师市党委副书记、师长李斌出席会议。会议指出，中央、兵团深化改革有关会议和文件精神，具有很强的战略性、指导性，为师市深化改革工作指明方向、提供根本遵循。各部门要结合师市经济社会发展现状和未来发展方向，深入学习、联系实际学习、全面系统学习，把握精神实质和核心要义，用改革的理念统筹谋划工作，用改革的手段推进发展，坚决把党中央、兵团党委的改革决策部署落到实处。要提高政治站位，增强“四个意识”、坚定“四个自信”、做到“两个维护”、捍卫“两个确立”、牢记“国之大者”，以高度的政治责任感和历史使命感，切实把思想和行动统一到习近平总书记重要讲话精神上来，坚定不移推进全面深化改革向纵深发展。会议强调要坚持问题导向、目标导向和结果导向，在推动全面深化改革中展现担当作为。各级各部门要激发团场活力，持续深化团场综合配套改革；要不断提升国有经济发展质量和效益，深化国资国企改革；要坚持以人民为中心的发展思想，统筹推进社会事业体制改革；要更好发挥“稳定器、大熔炉、示范区”作用，进一步推进兵地融合发展；要持续彰显“军”的属性，健全维稳戍边工作体制机制；要牢固树立“绿水青山就是金山银山”理念，着力构建科学合理的自然资源和生态环境保护体系；要统筹推进财税、科技、电力、水利、文化和开发区等领域改革，推动师市全面深化改革各项工作再上新台阶。会议要求，要强化协同配合、精准实施，推动各项改革举措落地见效。各部门要坚持系统化思维，提升改革集成效能；要坚持制度化运行，提升改革工作质量；要坚持广泛化宣传，放大改革示范效应。各部门要主动对标对表，拿出硬招实招，有力推动各项改革任务落地见效，为师市经济社会高质量发展提供强劲动力。

12月6日，师市党委全面深化改革委员会召开2022年第2次会议，总结2022年全面深化改革工作，传达学习《2022年兵团党委绩效考核全面深化改革专项考核细则》，研究审议2022年全面深化改革有关方案，部署师市2023年重点工作。师市党委书记、政委、全面深化改革委员会主任李华斌主持会议并讲话，师市党委副书记、师长宋学华出席会议。会议指出，2022年师市全面深化改革工作完整准确全面贯彻新时代党的治疆方略和对兵团的定位要求，坚定坚决贯彻落实第三次中央新疆工作座谈会精神，着力推动改革攻坚，改革呈现蹄疾步稳、精准发力、全面推进的良好态势。重要领域关键环节改革取得实质性进展，较好地完成了年度各项改革任务。会议强调，要以贯彻落实党的二十大精神为契机，把握机遇，增强深化改革的责任感、使命感，自觉把推进师市全面深化改革摆在全局工作中更加突出的位置，加大工作力度，积极推动各领域改革。要从党的二十大精神中汲取奋进力量，全力以赴巩固好2022年工作成果，师市各改革专项组要按照考核细则要求，以饱满的精神状态迎接兵团全面深化改革工作的考核，同时做好对各团场、各改革专项组成员单位的考核工作。要对师市改革亮点工作加大信息报送力度，筛选、总结一批具有代表性的改革成果，并及时宣传出去，让改革政策为人所知，惠及更多职工群众。会议要求，要以党的二十大精神为指引，谋划和推进好师市2023年深化改革工作，深入研究党的二十大对今后一段时间深化改革工作的总体部署；在兵团党委的指导下，梳理好涉改事项，以更加务实的作风，撸起袖子加油干，让党的二十大精神在师市全面深化改革领域落地生根。

（王嘉麒）

【师市党委常委会会议】 1月6日，第1次师市党委常委会会议召开，传达学习习近平总书记关于统计工作的重要讲话重要指示精神等。

1月21日，第2次师市党委常委会会议召开，专题听取2021年度各单位党委（党组）书记抓基层党建工作述职。

1月27日，第3次师市党委常委会会议召开，传达学习习近平总书记主持召开中央全面深化改革委员会第二十三次会议时的讲话精神、1月6日习近平总书记主持召开中共中央政治局常务委员会时的讲话精神、习近平主席发表的2022年新年贺词、习近平总书记在省部级主要领导干部学习贯彻党的十九届六中全会精神专题研讨班开班式上的讲话精神、习近平总书记在十九届中央纪委六次全会上的讲话精神；听取2021年下半年师市党风廉政建设和反腐败工作汇报；听取师市2021年安全生产工作汇报；听取关于师市2021年教师队伍建设工作情况的报告；听取《关于胡杨河市第一届人民代表大会筹备工作的汇报》；审议《关于第七师胡杨河市2021年国民经济和社会发展计划执行情况与2022年国民经济和社会发展计划草案的报告》等。

2月4日，第4次师市党委常委会会议召开，传达学习习近平总书记在中央政治局第三十六次集体学习时的重要讲话精神、习近平总书记1月24日在主持召开中共中央政治局会议时的重要讲话精神；审议《第七师胡杨河市党委开展2022年“我为群众办实事”实践活动实施方案》等。

2月16日，第5次师市党委常委会会议召开，传达学习习近平总书记在中国同中亚五国建交30周年视频峰会上的讲话；审议《关于进一步规范师市、团场（经开区）、连队（社区）网格化服务管理工作的意见（试行）》；审议《在胡杨河市第一届人民代表大会第一次会议上的筹备工作报告》；审议《第七师胡杨河市2021年财政预算执行情况和2022年财政预算草案》；审议《关于2022年第一批一般债券资金分配方案及2021年一般债券结余资金调整方案的报告》等。

3月14日，第6次师市党委常委会会议召开，传达学习习近平总书记2月25日主持召开中共中央政治局会议时的重要讲话精神、习近平总书记在中共中央政治局第三十七次集体学习时的重要讲话精神、习近平总书记在中央党校（国家行政学院）中青年干部培训班开班式上的重要讲话精神、习近平总书记参加内蒙古代表团审议时的重要讲话精神、习近平总书记在看望参加政协会议的农业界社会福利和社会保障界委员时的重要讲话精神、十三届全国人大五次会议精神、全国政协十三届五次会议精神、《中国共产党机构编制工作条例》；传达学习全国组织部长会议精神和兵团组织部长会议、老干部局长会议精神，研究师市贯彻意见；传达学习兵团宣传思想文化工作会议精神，研究师市贯彻意见；审议《第七师胡杨河市“十四五”教育事业发展规划》《第七师胡杨河市“十四五”农业农村发展规划》《关于召开师市2022年度统一战线工作会议的请示》等。

4月12日，第8次师市党委常委会会议召开，传达学习3月21日习近平总书记对东航客机坠毁作出的重要指示、3月31日中共中央政治局常务委员会会议精神、习近平总书记在参加首都义务植树活动时的重要讲话精神、习近平总书记出席北京冬奥会冬残奥会总结表彰大会时的重要讲话精神、4月7日自治区党委常委会扩大会议精神；传达全国及兵团医疗保障、教育、卫生工作会议精神，研究师市贯彻落实意见；传达学习兵团统计工作会议精神，研究师市贯彻落实意见；传达学习兵团人社工作会议精神，研究师市贯彻落实意见；听取师市领导一季度工作完成情况和二季度工作计划、关于第七师胡杨河市2021年“招商之冬”工作汇报等。

4月24日，第9次师市党委常委会会议召开，传达学习习近平总书记在《求是》发表的重要文章《促进我国社会保障事业高质量发展、可持续发展》、习近平总书记在海南考察时的重要讲话精神、习近平总书记在博鳌亚洲论坛2022年年会开幕式上的讲话精神、习近平总书记给北京科技大学老教授的回信精神、习近平总书记致首届全民阅读大会举办的贺信精神、《信访工作条例》；审议《第七师胡杨河市“十四五”生态环境保护规划（送审稿）》等。

5月6日，第10次师市党委常委会会议召开，传达学习习近平总书记4月19日主持召开中央全面深化改革委员会第二十五次会议时的重要讲话精神、习近平总书记4月25日在中国人民大学考察时的重要讲话精神、习近平总书记4月26日主持召开中央财经委员会第十一次会议时的重要讲话精神、习近平总书记4月29日对湖南长沙居民自建房倒塌事故作出的重要指示精神、习近平总书记4月29日主持召开中央政治局会议时的重要讲话精神、习近平总书记4月29日主持召开中央政治局第三十八次会议时的重要讲话精神、习近平总书记5月5日主持召开中央政治局常务委员会时的重要讲话精神、习近平总书记4月27日致首届大国工匠创新交流的贺信精神、习近平总书记5月2日给中国航天科技集团空间站建造青年团队的回信精神;听取师市2022年一季度主要经济指标完成情况、2022年首季经济运行现场观摩推进会议筹备工作情况的汇报。

5月20日,第11次师市党委常委会会议召开,传达学习习近平总书记5月10日在庆祝中国共产主义青年团成立100周年大会上的重要讲话精神、习近平总书记5月18日在庆祝中国国际贸易促进委员会建会70周年大会暨全球贸易投资促进峰会上视频致辞精神;传达学习自治区党委十届三次全会精神、兵团党委常委会(扩大)会议精神,研究师市贯彻落实意见;听取师市1—4月经济运行情况汇报;审议《第七师胡杨河市"十四五"应急体系规划》《第七师胡杨河市"十四五"市场监管现代化规划》《第七师胡杨河市"十四五"民政事业发展规划》《第七师胡杨河市"十四五"文化和旅游发展规划》《第七师胡杨河市劳动模范和先进工作者表彰有关事项》;听取2021年师市绩效考核暨师市党委管理的领导班子和领导干部年度考核工作有关情况的汇报等。

5月31日,第12次师市党委常委会会议召开,传达学习习近平总书记5月19日在金砖国家外长会晤开幕式上视频致辞精神、习近平总书记5月27日在中共中央政治局第三十九次集体学习时重要讲话精神、习近平总书记5月27日主持召开中央政治局会议时的重要讲话精神、李克强总理在全国稳住经济大盘电视电话会议上的重要讲话精神、兵团党委常委会(扩大)会议精神;审议《第七师胡杨河市关于贯彻落实国务院〈扎实稳住经济一揽子政策措施〉分工方案》《第七师胡杨河市党委、第七师胡杨河市"三重一大"事项决策实施办法》《第七师胡杨河市连队人居环境整治提升五年行动方案(2021—2025年)》等。

6月21日,第13次师市党委常委会会议召开,传达学习习近平总书记6月5日致2022年六五环境日国家主场活动的贺信精神、习近平总书记6月17日主持召开中央政治局会议时的重要讲话精神、习近平总书记6月18日在中共中央政治局第四十次集体学习时的重要讲话精神;传达学习兵团第八次党代会精神,研究贯彻落实意见;审议《第七师胡杨河市关于推动党史学习教育常态化长效化的任务分工方案(送审稿)》;听取胡杨河市人大常委会上半年工作情况和下一步工作计划的汇报。

7月17日,第14次师市党委常委会会议召开,传达学习习近平总书记视察新疆和兵团时的重要讲话精神、习近平总书记6月22日在金砖国家工商论坛开幕式上的主旨演讲精神、习近平总书记6月23日在金砖国家领导人第十四次会晤时的重要讲话精神、习近平总书记6月27日给种粮大户回信精神、习近平总书记6月28日在湖北武汉考察时的重要讲话精神、习近平总书记7月1日在庆祝香港回归祖国25周年暨香港特别行政区第六届政府就职典礼时的重要讲话精神;审议《天北经济技术开发区产业发展规划(2021—2030)(送审稿)》等。

8月5日,第15次师市党委常委会会议召开,传达学习习近平总书记在省部级主要领导干部"学习习近平总书记重要讲话精神,迎接党的二十大"专题研讨班上的重要讲话精神;依次听取师市领导同志二季度工作完成情况和三季度工作计划等。

8月14日,第17次师市党委常委会会议召开,传达学习习近平总书记7月25日在中共中央召开党外人士座谈会上的重要讲话精神、习近平总书记7月28日在中共中央政治局第四十一次集体学习时的重要讲话精神、习近平总书记7月28日主持召开中央政治局会议时的重要讲话精神、习近平总书记7月29日在中央统战工作会议上的重要讲话精神;听取师市2022年上半年安全生产工作情况及下半年工作计划的汇报、师市2022年上半年经济运行情况及第三季度重点工作的汇报、师市深化改革推动基础教育高质量发展情况的汇报;审议《第七师胡杨河市"党旗耀胡杨"基层党建五抓五提升工作方案(试行)(送审稿)》等。

8月26日,第18次师市党委常委会会议召开,传达学习习近平总书记视察新疆和兵团重要讲话重要指示精神、习近平总书记在辽宁考察时的重要讲话精神、习近平总书记致国际民间社会共同落实全球发展倡议交流大会的贺信、习近平总书记致世界职业技术教育发展大会的贺信、习近平总书记复信马耳他中学“中国角”师生、习近平总书记回信“中国好人”李培生和胡晓春；传达学习马兴瑞书记在自治区干部大会上的讲话精神；听取师市2021年兵地融合发展工作情况汇报等。

9月14日，第19次师市党委常委会会议召开，传达学习习近平总书记8月25日致第五届中非媒体合作论坛的贺信、习近平总书记8月25日给外文出版社外国专家的回信、习近平总书记8月27日给“里斯本丸”号船幸存者家属的回信、习近平总书记8月31日致2022年中国国际服务贸易交易会的贺信、习近平总书记9月6日在中共全面深化改革委员会第二十七次会议时的重要讲话精神、习近平总书记9月7日给北京师范大学“优师计划”师范生的回信、习近平总书记9月8日致2022年全国专精特新中小企业发展大会的贺信、习近平总书记9月9日在中央政治局会议上的重要讲话精神、中国共产党新疆维吾尔自治区第十届委员会第五次全体会议精神等。

11月5日，第23次师市党委常委会会议召开，传达学习习近平总书记10月25日在中央政治局会议上的重要讲话和在中央政治局第一次集体学习时的重要讲话精神、习近平总书记瞻仰延安革命纪念地以及在陕西延安和河南安阳考察时的重要讲话精神、习近平总书记10月31日向2022年世界城市日全球主场活动暨第二届城市可持续发展全球大会的贺信、习近平总书记10月31日同越共中央总书记阮富仲举行会谈时重要讲话精神、习近平总书记11月2日会见巴基斯坦总理夏巴兹时重要讲话精神、习近平总书记11月3日同坦桑尼亚总统哈桑举行会谈时重要讲话精神；听取师市2022年前三季度经济运行情况汇报等。

11月18日，第24次师市党委常委会会议召开，传达学习习近平总书记11月4日会见德国总理朔尔茨时重要讲话精神、习近平总书记11月4日在第五届中国国际进口博览会开幕式上致辞精神、习近平总书记11月5日在《湿地公约》第十四届缔约方大会开幕式上致辞精神、习近平总书记在11月7日向国际竹藤组织成立二十五周年志庆暨第二届世界竹藤大会致贺信精神、习近平总书记在11月8日视察军委联合作战指挥中心时的重要讲话精神、习近平总书记在11月9日向2022年世界互联网大会乌镇峰会致贺信精神、习近平总书记11月12日向“杂交水稻援外与世界粮食安全”国际论坛发表的书面致辞精神、习近平总书记11月13日给中国航空工业集团沈飞“罗阳青年突击队”队员们的回信精神、习近平主席在二十国集团领导人第十七次峰会上的重要讲话精神及与相关国家领导人会晤时的重要讲话精神；听取师市2022年教师队伍建设工作情况汇报、师市深化新时代学校思想政治理论课改革创新工作情况汇报；审议《第七师胡杨河市“十四五”水利事业发展规划（含水安全保障）（送审稿）》等。

12月1日，第25次师市党委常委会会议召开，传达学习习近平总书记10月25日在中央政治局第一次集体学习时的讲话、习近平总书记在亚太经合组织第二十九次领导人非正式会议上的重要讲话精神及与相关国家领导人会晤时重要讲话精神、习近平总书记向联合国/中国空间探索与创新全球伙伴关系研讨会致贺信、习近平总书记向发展中国家科学院第16届学术大会暨第30届院士大会致贺信精神、习近平总书记对河南安阳市凯信达商贸有限公司火灾事故重要指示精神；传达学习马兴瑞在自治区干部大会上的讲话精神；审议《第七师胡杨河市深入打好污染防治攻坚战的实施方案（送审稿）》等。

12月19日，第28次师市党委常委会会议召开，传达学习习近平总书记12月1日同欧洲理事会主席米歇尔会谈精神、习近平总书记12月2日在中共中央党外人士座谈会上讲话精神、习近平总书记12月6日在中共中央政治局会议上讲话精神、习近平总书记12月6日在江泽民同志追悼大会上致的悼词，习近平总书记出席首届中国—阿拉伯国家峰会、中国—海湾阿拉伯国家合作委员会峰会并对沙特进行国事访问时讲话精神及与相关国家领导人会晤时重要讲话精神，习近平总书记12月12日对非物质文化遗产保护工作重要指示精神，习近平总书记在中央经济工作会议上的讲话精神；传达学习《中国共产党章程》《习近平关于依规治党论述摘编》；听取师市2022年党内法规制度建设工作汇报，师市2022年全面从严治党、党风廉政建设和反腐败工作汇报，师市2022年党委巡察工作汇报，师市2022年党的建设工作汇报，师党委党校（行政学院）2022年工作汇报；审议《关于召开胡杨河市第一届人民代表大会第二次会议有关事项的方案（送审稿）》；听取师市人大常委会2022年工作汇报等。

12月30日，第29次师市党委常委会会议召开，传达学习习近平总书记12月19日发表的重要文章《谱写新时代中国宪法实践新篇章》、习近平总书记12月21日会见俄罗斯统一俄罗斯党主席梅德韦杰夫时重要讲话精神、习近平总书记12月23日分别会见来京述职的李家超和贺一诚时重要讲话精神、习近平总书记在中央农村工作会议上重要讲话精神、习近平总书记12月24日给中国东方演艺集团的艺术家们回信精神、习近平总书记12月26日对爱国卫生运动的重要指示精神、习近平总书记在中共中央政治局民主生活会上重要讲话精神；审议《关于成立胡杨河市“两会”临时党委和临时党支部的请示》，市人大、市政府、市政协、市法检两院相关工作报告；听取第七师胡杨河市党委机关工委2022年工作报告。（苗　进）

深化改革

【概况】 2022年，师市党委政研室工作职责调整，除继续保持政研室、改革办、团改办职责外，年末将民兵工作办职责划转至师市党委办公室。师市党委政研室围绕兵师党委工作部署，聚焦“重大改革推进、重点课题调研、重要文稿起草”三大主业，履行部门职责。牵头调整师市党委全面深化改革委员会组成人员及专项组，制定完善相应的工作清单、方案、工作规则和细则。发挥改革综合协调作用，完成年度各项改革工作，推进团场综合配套改革年度任务全面完成。完成国防动员体制改革。加大改革宣传和氛围营造力度。开展调查研究，为师市党委决策和全面深化改革工作提供参考。配合兵团对2022年度师市党委绩效考核之全面深化改革工作的考核，完成对11个团场、各专项小组联络员单位和承担年度改革任务的单位2022年度绩效考核之深化改革指标的专项考核。加强改革风险防控，依法依规化解群众来信来访事项。（王忠东）

【完善改革机制】 2022年，师市党委改革办及时调整完善师市党委全面深化改革委员会组成人员及专项组，指导各专项组完善顶层设计。制定师市党委深改委2022年重点工作任务清单及13个专项小组任务分工方案，修订师市党委深改委、改革专项小组工作规则和改革办工作细则，谋划部署、领导领衔、会议调度、督察督办、考核评价等改革推进落实机制健全完善。师市党委改革办与各专项改革小组和相关部门协调，发挥深改委议事决策职能，全年召开深改委会议2次，审议通过改革文件4个。加强重点改革事项督察督办，推动13个改革专项组的改革任务稳步落实，完成全面深化改革147项年度任务。

【国防动员体制改革】 2022年，师市党委改革办贯彻落实自治区、兵团深化国防动员体制改革有关文件精神，把深化国防动员体制改革作为一项重要政治任务，制定时间表与路线图，压实责任，统筹协调，压茬推进改革任务落实，改革任务在兵团规定的时间里率先完成，得到兵团改革专班认可。

【改革成果宣传】 2022年，师市党委改革办抓好改革宣传和氛围营造。向《兵团改革落实工作专报》《兵团团场综合配套改革工作信息简报》报送师市改革动态经验、亮点信息，全年刊用4篇。在《兵团日报》等省级以上媒体刊播师市改革经验做法3篇。在师市主流媒体加强改革动态和成果的宣传，其中在胡杨融媒、《奎屯日报》上进行的改革成果系列报道受到广泛关注。

【调查研究】 2022年，师市党委政研室（改革办）聚焦师市党委中心工作、重点改革事项和工作推进中的节点难点问题，构建大调研工作格局。组织开展“全面深化改革”主题调研，牵头开展团场综合配套改革等专题调研，落实领导和上级点题开展“职工队伍管理”“发展连队经济”及“两委”换届情况等方面的专项调研，完成《师市党建引领基层治理调研报告》《简要分析兵团依法行政能力提升存在的问题及建议》《关于一三七团党委领导班子换届“回头看”评估报告》《关于新形势下加强职工队伍管理提升维稳戍边能力的思考》等各类调研材料10余篇。承担完成兵团党委政研室下达课题2项，完成《关于加强兵团新时代文明实践中心建设的思考》《数字治理推动党政机关内部“最多跑一次”改革的思考》课题研究。

（王嘉麒）

【绩效考核】 2022年，师市党委改革办配合兵团考核组开展对2022年度师绩效考核之全面深化改革工作的考核。根据《2022年兵团绩效考核暨兵团党委管理的领导班子和领导干部年度考核工作方案》安排部署，师市党委改革办与各专项小组围绕2022年度师市各项改革完成情况进行自查，并向兵团党委改革办提交《七师全面深化改革自评报告》。按照《2022年第七师胡杨河市绩效考核暨师市党委管理的领导班子和领导干部年度考核工作方案》部署，制定《2022年第七师胡杨河市党委绩效考核全面深化改革专项考核细则》，完成对11个团场、各专项小组联络员单位和承担年度改革任务的单位2022年度绩效考核之深化改革指标的专项考核，并按时向师市党委组织部提交专项考核结果。

（王忠东）

【风险防控】 2022年，师市党委政研室（改革办）加强改革风险防控，依法依规化解群众来信来访事项。到一二三团、一三〇团实地了解信访事件，同上访人员面对面沟通交流解释团改政策，全年处理7件涉团改信访问题。

（王嘉麒）

组织工作

【概况】 2022年，师市党委组织部围绕党中央和自治区、兵团党委以及师市党委决策部署，认真践行新时代党的建设总要求和新时期党的组织路线，为师市经济社会高质量发展提供坚强组织保证。服务保障胡杨河市第一届“两会”召开。制定实施师市直属国有企业领导人员管理办法和调整安置工作意见，开展国企“近亲繁殖”专项治理。选派5名干部到第二师铁门关市对口援助，选派16名干部赴民丰产业园工作，对实绩突出的3名干部予以提拔使用和晋升职级。

加强理论武装。以喜迎党的二十大为主题，深入基层开展党的创新理论及“五史”宣讲活动，举办“党课开讲啦”236期，受众12745人次。举办学习贯彻党的二十大精神集中轮训班，实现353名师市党委管理的干部轮训全覆盖；印发《关于认真学习贯彻党的二十大精神的通知》，广泛开展“二十大精神进支部”学习活动。深化“学习身边榜样”系列活动，广泛宣传“全国人民满意公务员”王强和兵团人民满意的公务员集体师市交通运输局先进典型事迹。加强党员教育管理，举办连队党组织书记等各级各类班次10个，基层开展党员教育培训231期，覆盖党员9677人次。强化党员教育阵地建设，授牌成立2家兵团级、9家师市级党员教育基地，制播党员电教片47部。组织开展庆祝建党101周年系列活动，为96名在党50周年的老党员发放纪念章，走访慰问1109名困难党员、老党员。举办老干部“我看百年新成就”主题调研、“喜迎二十大·书画进校园”、“建言二十大”等活动。

规范干部管理。出台《师市党政领导干部选拔任用初始提名办法》。建立“一人一档”政治素质档案。调整师管干部7批207人次，部管干部5批次116人次，分批分类推进平时考核和职级晋升工作。制定《优秀年轻干部培养选拔办法》，健全完善选育管用全链条工作机制。依托师党委党校、干部在线学习平台和“三会一课”等，分级分类培训领导干部5898人次。严格执行领导干部个人有关事项报告制度，开展因私出国（境）证件管理“回头看”，委托审计部门对8名领导干部进行经济责任审计。加强基层单位选人用人工作监督管理，事前预审26批次，事后备案86批次410人次。

夯实基层基础。组织开展团场、连队（社区）换届“回头看”。举办乡村振兴专题培训班，选派38名干部到善港农村干部学院进修培训，下拨1550万元扶持31个连队发展经济。选派新一轮10个驻连（村）工作队，挂钩整顿11个软弱涣散基层党组织，利用惠民资金实施人居环境整治提升项目30个，指导新建专业合作社15个。投入资金3000万元，新建连队党群服务中心14个。全覆盖建立238个社区网格党组织。成立奎屯锦疆化工有限公司党委，指导锦龙电力公司、北方集团公司、农发集团公司等单位在生产一线建立17个党小组或联合党小组；打造“泉润万家”等国企党建品牌。持续开展“模范机关建设”活动，组织完成57个基层党组织换届。加强离退休干部党支部建设，向79名离退休干部党支部书记、副书记、委员补发工作补贴24.36万元。发展党员475人，基干民兵中的党员比例达到35.9%。

创优人才环境。召开师市党委人才工作会议，出台《师市人才引进和培养管理办法》及4个配套文件。面向基层连队“两委”政治定向选拔科级干部3名、招录公务员5名，面向社会招录公务员104名。申报兵团人才发展体制机制改革创新项目2个，争取资金120万元。引进中组部第22批博士服务团博士1名。推荐农科所王海娟同志作为“西部之光”访问学者赴中国农科院棉花研究所学习。走访慰问援疆干部120人次，发放慰问品6万元，营造爱才尊才重才的良好氛围。

（刘林正）

【党建工作领导小组会议】 2022年4月15日，师市党委召开党建工作领导小组2022年第一次会议，李华斌主持会议，程跃、徐明惠、方刚、冀晓彤、边丽娟和党建工作领导小组成员部门（单位）主要领导，师市机关有关部门主要领导参加会议。会议集中学习习近平总书记在中央党校（国家行政学院）中青年干部培训班开班式上的重要讲话精神、陈希部长在2022年全国组织部长会议上的讲话精神、李邑飞书记在2021年度师市党委书记抓基层党建述职评议会上的讲话。会议审议通过《师市党委党建工作领导小组2022年工作要点》《2022年师市党委落实全面从严治党主体责任工作要点暨责任分解》《第七师胡杨河市党委关于抓党建促乡村振兴分工方案》《第七师胡杨河市2021—2025年发展党员工作规划》《第七师胡杨河市共青团推优入党工作实施细则》。李华斌对2021年师市党委党建工作领导小组各成员部门（单位）围绕加强师市党的建设给予肯定，对2022年师市党建工作提出要求：要坚持政治引领，以新思想指导党的建设新实践，各单位各部门要坚持把政治建设摆在首位，坚定政治信仰，把准政治方向，不断推动政治建设融入日常、抓在平常、严在经常；抓实重点任务，以新举措展现党的建设新作为，要坚持系统思维，以党的政治建设为统领，统筹谋划好党的思想、组织、作风、纪律等各项建设，狠抓推进落实，以高质量党建推动各项工作落地落实；坚持压实责任，以新担当开创党的建设新局面，要将管党治党作为最大政绩、分内之事，带头抓落实，带头抓推进，不断提升师市党建工作整体水平。

2022年12月6日，师市党委召开党建工作领导小组2022年第二次会议，李华斌主持会议，程跃、徐明惠、方刚、冀晓彤、边丽娟和党建工作领导小组成员部门（单位）主要领导，师市机关有关部门主要领导参加会议。会议集中学习中共二十大报告中关于深入推进新时代党的建设新的伟大工程的重要论述、中国共产党第二十次全国代表大会关于《中国共产党章程（修正案）》的决议、《关于规范村级组织工作事务、机制牌子和证明事项的意见》。听取师市党委组织部关于2022年师市驻连（村）工作汇报；师市非公有制企业综合党委（市场监督管理局）关于2022年非公有制企业党的建设工作汇报；师市社会组织综合党委（民政局）关于2022年社会组织党的建设工作汇报。审议通过《关于成立师市党员教育管理工作协调小组的请示》《师市基层党组织备案管理办法（试行）》《师市关于深入开展“五个好”党支部创建工作的实施方案》《师市关于深入开展“胡杨先锋”行动建设“四个合格”党员队伍的实施方案（试行）》。李华斌要求，各级各部门要认真学习好、落实好二十大报告中关于深入推进新时代党的建设新的伟大工程的重要论述，深刻把握党的二十大精神在政治上的高瞻远瞩和理论上的深邃思考，严格履行党章赋予的各项职责，切实增强贯彻落实的自觉性和坚定性，发扬斗争精神，增强斗争本领，扎实推进“五抓五提升”各项工作要求，深入打造师市“党旗耀胡杨”党建品牌，坚定不移推动党的二十大作出的重大决策部署在师市落地见效。

【党组织及党员队伍概况】 2022年，师市有基层党组织658个，其中师市直属党（工）委28个，二级党委4个，党组29个，党组性质党委6个，党总支17个，党支部609个。有党员17183人，其中妇女党员5046人，占师市党员总数的29.37%；少数民族党员434人，占2.53%；离退休党员6199人，占36.08%。30岁及以下党员1282人，占7.46%；31岁至40岁党员2674人，占15.56%；41岁至50岁党员2855人，占16.62%；51岁至60岁党员5709人，占33.22%；61岁至70岁党员2207人，占12.85%；71岁及以上党员2456人，占14.29%。学历结构为：研究生学历169人，占0.98%；大学本科学历4556人，占26.51%；大学专科学历4658人，占27.11%；中专及以下学历7800人，占45.39%。分布情况：师机关及部门所属单位、政法单位党员1193人，占6.94%；连队党员3684人，占21.44%；社区党员1729人，占10.06%；师市直属企事业单位党员4110人，占23.92%。 （夏鹏程）

【干部队伍概况】 2022年，师市有师级领导18名，其中师市党委领导班子成员11名（含1名援疆干部），副师长、副市长4名，法检两长2名，副师级干部1名；女干部3名。师市党委管理的干部361名（含国企干部75名），其中女干部62名，少数民族干部10名，非党员干部4名。行业结构：人大领导班子成员4名，政协领导班子成员（驻会）2名，师市机关部门114名，团场70名，经开区11名，政法单位28名，直属事业单位57名（含师市机关部门下属单位20人），直属企业领导人员75名。年龄结构：平均年龄49.51岁，其中36~40岁39名，占10.80%；41~45岁63名，占17.45%；46~50岁87名，占24.10%；51~55岁103名，占28.53%；56岁及以上69名，占19.12%。学历结构：博士研究生2名，占0.55%；研究生学历38名，占10.53%（其中全日制研究生学历3名，占0.83%）；大学学历270名，占74.79%（其中全日制大学学历83名，占22.99%）；大专学历45名，占12.47%（其中全日制大专学历7名，占1.94%）；高中、中专6名，占1.66%。 （蒋海军）

【党组织建设】 2022年，师市164个连队“两委”总职数990个，其中支委职数642个，连委职数890个，交叉任职542个。师市39个社区（含天北经开区10个社区）总职数289个，其中支委职数189个，居委职数249个，交叉任职149个。

结合工作实际，及时调整、撤销、建立、整顿党组织。全年成立党工委3个，分别是中共第七师奎屯河引水工程建设管理局委员会、中共奎屯锦疆化工有限公司委员会、中共胡杨河市胡杨街道办事处工作委员会。成立党支部20个，分别是一三一团准噶尔社区第一网格党支部、一三一团丰登园社区第一网格党支部、一三一团屯富园社区第一网格党支部、胡杨河经开区管委会第一党支部、胡杨河经开区管委会第二党支部、胡杨河经开区管委会第三党支部、胡杨河市人大党支部、政协机关党支部、市场监督综合行政执法支部党支部、中共天泉水务第四党支部、中共天泉水务第五党支部、奎屯河引水工程建设管理局第一党支部、奎屯河引水工程建设管理局第二党支部、胡杨河供热公司党支部、锦淮国资公司党支部、历史文化研究会党支部、法康尼石油化工党支部、锦融诚信投资有限责任公司党支部、网信办党支部、退役军人事务管理局党支部。

撤销党支部15个，分别是天北经开区夏哈拉社区第三党支部、天香里社区第三党支部、天香里社区第四党支部、针织厂社区第一党支部、针织厂社区第二党支部、针织厂社区第三党支部、针织厂社区第四党支部、造纸厂社区第一支部、造纸厂社区第二支部、棉纺厂社区第二党支部、棉纺厂社区第三党支部、奎屯河引水工程管理局党支部、驻乌办党支部、胡杨河经开区管委会党支部、新疆准南东煤矿有限责任公司党支部。调整党支部2个，分别是一二四团核算中心综治中心联合党支部、北纬阳光党支部。落实师市领导联连（社区）、团场领导包连（社区）、师直部门结连（社区）、第一书记驻连（社区）的“四个一”工作机制，从机关事业单位选派11名干部到党组织软弱涣散的10个连队、1个社区党支部担任第一书记，推动各项资源向基层一线下沉。

【党员发展】 2022年，师市党委发展475名党员，其中机关、事业单位112人，团场309人，企业单位54人；女性党员194人，占发展党员总数的40.84%；少数民族党员23人，占4.84%；35岁及以下343人，占72.21%；大专及以上学历375人，占78.95%。

【庆“七一”系列活动】 2022年7月1日，师市党委在机关举行升国旗仪式，随后在师市文化馆举行师市党委领导班子重温入党誓词、新党员代表入党宣誓活动，师市党委书记、政委李华斌参加活动并致辞，师市党委常委，师级领导，师市机关各部门，新发展党员代表共60人参加活动。“七一”期间，各单位党委（党工委）从留存党费中安排专项资金，对自治区、兵团优秀共产党员、优秀党务工作者，因公殉职党员干部家庭，老党员，生活困难党员和职工群众等进行慰问，共慰问442人。2022年，师市党委继续为在党50年老党员颁发“光荣在党50年”纪念章，共有96名老党员获颁纪念章。

【党建阵地建设】 2022年，师市党委整合对口援疆项目、政府债券等各类资金，投资新建14个标准化连队党群服务中心，提升基层党建水平。划拨30万元党建经费专项支持各团场党建示范创新项目，对党员活动阵地进行逐步改造提升，为党支部加强党员学习培训、开展组织活动提供场所，推进基层党组织标准化、规范化、制度化建设。

【连队后备力量培养】 2022年，师市党委坚持把基层作为培养锻炼年轻干部的重要平台，印发《第七师胡杨河市加强连队后备力量选拔培养工作的实施办法（试行）》，在团场、连队优秀的党员、职工、基干民兵、致富能手、“维稳双联户长”、基层服务项目人员中选拔连队后备力量，共计储备后备力量678人，平均每个连队储备后备力量4人以上，全年累计招聘大学生本科后备人才636人到连队工作。健全完善“选、育、带、管、用”全链条工作机制，抓实连队后备力量队伍，为连队储备生力军。（夏鹏程）

【驻（连）村工作】 2022年，师市选派26个工作队102人，其中20名工作队队长兼任第一书记。全年走访辖区职工群众6320户，处理矛盾纠纷224起，开展宣传教育278轮次。协助基层党组织自查自纠，帮助11个软弱涣散（后进）党支部完成整顿提升工作。利用惠民项目资金420万元，完成环境治理、基础建设等项目61个。投入175万元为民办事资金解决职工群众困难诉求527起，慰问困难党员、群众2082人次。协助连队党支部新建合作社15个，实施营利性项目6个。

（姚春艳）

【干部调配使用】 2022年，师市党委研究干部人事议题7批次207人次，师市党委组织部部务会研究干部人事议题5批次116人次。印发《师市党政领导干部选拔任用初始提名办法（试行）》，规范干部选拔任用初始提名工作。选派5名干部到第二师铁门关市对口援助。印发《第七师胡杨河市优秀年轻干部培养选拔办法（试行）》，动态培养20名在1至2年内能担任师直单位（部门）正职的副处级优秀年轻干部，培养储备150名正、副科级优秀年轻干部；选派4名优秀年轻干部挂任师市机关部门、团场班子副职。

【国企干部调整】 2022年，师市党委组织部制定印发《第七师胡杨河市直属国有企业领导人员管理办法（试行）》《第七师胡杨河市国资国企改革企业领导人员调整安置工作意见》，调整干部79人，国有企业领导人员队伍结构不断优化，企业经营管理和核心竞争力明显提升。

【公务员管理】 2022年，师市党委组织部面向连队（社区）“两委”正职选拔科级干部4名、招录公务员3名；面向社会公开招录公务员104名；严格资格条件和程序要求，完成2批次16名干部调配工作。出台《关于加强选调生培养使用管理的实施办法（试行）》，加强选调生培养使用管理。推选先进典型，王强获评兵团和全国“人民满意公务员”称号，师市交通运输局获评兵团“人民满意公务员集体”称号。

【公务员考核奖励】 2022年，师市党委组织部完成2021年度师市党委管理的领导班子和领导干部绩效考核、师市机关公务员考核工作，对53名师市党委管理的干部和91名科级以下公务员（含参公人员）予以嘉奖，记三等功39人。（蒋海军）

【领导干部报告个人有关事项】 2022年，师市党委组织部组织完成2022年度341份报告审核、录入、上报工作。重点查核个人有关事项报告10批次253人，对漏报瞒报人员，责令作出检查3人、诫勉谈话3人。

【一报告两评议】 2022年，师市党委组织部结合年度考核工作，组织好评议活动，通过无记名投票方式，把干部工作中的民意反映出来。对2021年度干部选拔任用"一报告两评议"民主评议中干部选拔任用工作群众满意度比较低的单位进行进一步追踪跟进，要求其进行整改。

【干部选拔任用备案制度】 2022年，师市党委组织部根据《第七师胡杨河市贯彻落实〈干部选拔任用工作监督检查和责任追究办法〉实施细则（试行）》，加强干部选拔任用工作全程监督，严格执行基层单位党委（党组、党工委）科级及以下干部任免审核和备案工作规定，审核基层单位干部选拔任用备案86批次，涉及干部410人次，压实基层单位在干部选拔任用工作中的主体责任，规范基层选人用人程序。

【干部日常监督】 2022年，师市党委组织部贯彻落实领导干部经济责任审计监督规定，委托师市审计局对8名领导干部进行经济责任审计。加强因私出国（境）管理力度，严格遵守因私出国（境）登记备案和审批流程，对师市党委管理的干部、师市机关公务员及师市参公人员104人进行登记备案，对相关人员因私出国（境）证件进行清查。规范领导干部配偶、子女及其配偶经商办企业管理工作。组织师市领导对《领导干部配偶、子女及其配偶经商办企业管理规定》进行专题学习。师市党委书记与师市领导进行专题集中谈话。出台《第七师胡杨河市领导干部配偶、子女及其配偶经商办企业禁业范围》。

【干部教育培训】 2022年，师市党委组织部制定《第七师胡杨河市2022年干部教育培训计划》。按照干部教育培训计划，举办10个培训班次（主体班3个、专题培训班7个），培训干部523人次（主体班168人次、专题培训班355人次）。选派286名领导干部参加中组部、兵团主体班次。组织26个行业系统1575名各级领导干部分3期参加兵团"履职能力培训夜校"培训。组织998名师市、团场、企事业单位领导班子成员分4批参加兵团"周末课堂"专题培训。组织96名各级领导干部参加中国干部网络学院6个班次专题学习。组织1718名各级领导干部参加兵团干部网络学院专题学习，完成率98.15%。与伊犁州、奎屯市互派15名干部参加6个主体班次的学习。组织36名科级干部任职培训班学员赴第二师进行分段式现场教学。确定一二六团"戈壁母亲"党员教育活动中心、第七师胡杨河市文化馆、第七师军垦水利史馆、阿吾斯奇军垦文化展示馆、宏源时代爱国主义教育基地、新疆五五酒业基地、胡杨河经济技术开发区、一三〇团九连等8家单位为"第七师胡杨河市党委党校（行政学院）现场教学基地"。

【人才工作】 2022年12月6日，召开2022年师市党委人才工作领导小组会议，方刚主持会议，李华斌、董国喜、程跃、石国强和师市党委人才工作领导小组成员单位主要负责人、联络员及各团场党委书记、政委和分管领导、党建办负责人参加会议。会议审议通过《第七师胡杨河市党委人才工作领导小组工作规则》《第七师胡杨河市党委人才工作领导小组成员单位具体职责》《贯彻落实〈第七师胡杨河市"十四五"人才发展规划〉重点任务分工方案》。

印发《第七师胡杨河市"十四五"人才发展规划》《第七师胡杨河市人才引进和培养管理办法（试行）》《第七师胡杨河市人才项目管理办法（试行）》《第七师胡杨河市人才发展专项资金管理使用办法（试行）》《第七师胡杨河市企业设立首席技师支持计划（试行）》《第七师胡杨河市柔性引进高层次人才管理办法（试行）》《第七师胡杨河市党委人才工作领导小组工作规则》《第七师胡杨河市党委人才工作领导小组成员单位具体职责》《贯彻落实〈第七师胡杨河市"十四五"人才发展规划〉重点任务分工方案》。

师市设立1000万元人才发展专项资金。成功申报兵团人才发展体制机制改革创新项目2个，争取资金120万元。引进中组部第22批博士服务团博士1名。成功推荐"西部之光"访问学者1名。按照《援疆干部人才安全责任制管理办法（试行）》《关于进一步明确援疆干部人才请销假程序的通知》要求，做好援疆干部人才管理服务。全年走访3次慰问干部120人次，发放慰问品6万元。配合淮安市委组织部做好援疆干部晋升考察工作。做好援疆干部在疆年度考核工作及进疆满两年集中考核工作。科学编制第十一批省市援疆干部人才需求计划。（王东玥）

宣传工作

【概况】 2022年，师市宣传工作紧紧围绕推进新时代党的治疆方略、脱贫攻坚、深化改革、兵地融合、民族团结、乡村振兴、新时代文明实践等工作，统筹传统媒体和新媒体平台，多角度、全方位、立体式报道师市各项重点工作，为推动师市经济社会发展提供强大的思想保证、舆论支持和精神动力。组织开设“喜迎二十大”“二十大时光”“非凡十年”“奋进新征程，建功新时代”“踏上新征程 赶考再出发”等40余个专栏，累计刊发相关稿件2.4万余篇（条）。加强形势政策、经济民生热点引导宣传，以邀请师市各行业领导做客直播间开展互动交流的方式，解决职工群众关注的“急难愁盼”问题921个，有效扩大正面宣传到达率、点赞率。制定印发《关于进一步弘扬兵团精神的工作方案》，创新载体方式，宣传、弘扬、展示、践行兵团精神。

【党的二十大精神学习宣传】 2022年10月31日，师市党委宣传部统筹组织召开师市党委理论学习中心组专题学习党的二十大精神，推动党的二十大精神在师市落地生根。11月21日至22日，兵团党委副书记、副政委、兵团党委宣传部部长、兵团党委宣讲团成员刘见明在师融媒体中心和一三〇团九连等基层一线，与党员干部、职工群众面对面交流，宣讲党的二十大精神。11月21日，师市党委书记、政委李华斌在师市进行开班第一课宣讲，要求师市上下认真落实各项部署要求，在深入学习宣传中领会好党的二十大精神。11月22日，召开党的二十大精神宣传报道和宣讲工作动员部署暨师团两级宣讲骨干培训会，对师市宣传宣讲党的二十大精神的工作做进一步安排。11月24日，举办学习贯彻党的二十大精神兵团党委宣讲分团师市宣讲会，推动党的二十大精神深入基层、深入人心。

印发《第七师胡杨河市关于深入学习宣传贯彻党的二十大精神的通知》，要求在师市范围内迅速抓好学习培训、开展集中宣讲、精心组织宣传、加强理论研究。发放《党的二十大报告辅导读本》《党的二十大报告学习辅导百问》等辅导材料2000余本，师管干部353人全部参加学习。印发《第七师胡杨河市宣讲党的二十大精神工作方案》，组建学习贯彻党的二十大精神师市党委宣讲团，由李华斌任团长、宋学华任副团长，其他师市领导为成员。组成宣讲分团，利用新时代文明实践中心（所、站）、农家书屋、爱国主义教育基地等阵地，开展党的二十大精神宣讲工作。印发《七师胡杨河市学习贯彻落实党的二十大精神宣传报道方案》，组织师融媒体中心各媒体平台开设“喜迎二十大”“二十大时光”“非凡十年”“奋进新征程，建功新时代”专题专栏，及时转载中央和兵团主要媒体的重点报道。师融媒体中心所属各媒体平台共刊播党的二十大相关稿件2000余篇（条）。其中，新媒体报道数量1400余篇（条），对外宣传稿件117篇（条）。开展党的二十大精神宣讲1623场，做到党的二十大精神宣传全覆盖。

【党委理论中心组学习】 2022年，师市党委宣传部完善党委（党组）理论学习中心组等各层级学习制度，制定印发《2022年第七师胡杨河市各级党委（党组）理论学习中心组学习计划》《第七师胡杨河市2022年各级党委（党组）理论学习中心组列席旁听工作计划》。师市党委班子带头深学笃用习近平新时代中国特色社会主义思想，师市党委理论学习中心组集中学习12次，中心组成员紧密结合工作撰写心得体会175篇。各级党委（党组）中心组集中学习500余次。师市党委宣传部列席旁听9个团场、部门党委（党组）理论学习中心组学习。督促、指导各级党委（党组）中心组学习进一步规范化、制度化，推动政治理论学习和构建新发展格局学习有机结合。

【国家“宪法宣传周”宣传活动】 2022年，师市党委宣传部制定《2022年“12·4”国家宪法日暨“宪法宣传周”宣传报道方案》，在所属各媒体平台刊播“宪法宣传周”稿件53篇(条)。组织党员干部参加兵团干部网络学院2022年宪法周宪法法律知识测试。组织机关各部门通过中国庭审公开网进行旁听庭审。开展“奋进二十大宪法伴我行”线上宣传活动,师市辖区各级党支部通过职工群众QQ群、微信群转发宪法知识相关链接,结合“法治大培训”活动,以海报、图文、宪法宣传周视频等多种形式推送宪法相关知识。师市各单位在法治文化阵地、市场口摆放展架、悬挂条幅等形式,营造浓厚的宪法宣传氛围。工作人员进商铺、进大棚给群众近距离普法。发放《中华人民共和国宪法》《中华人民共和国民法典》《中华人民共和国法律援助法》和防范电信诈骗宣传资料1万余份,悬挂宣传横幅150余幅。

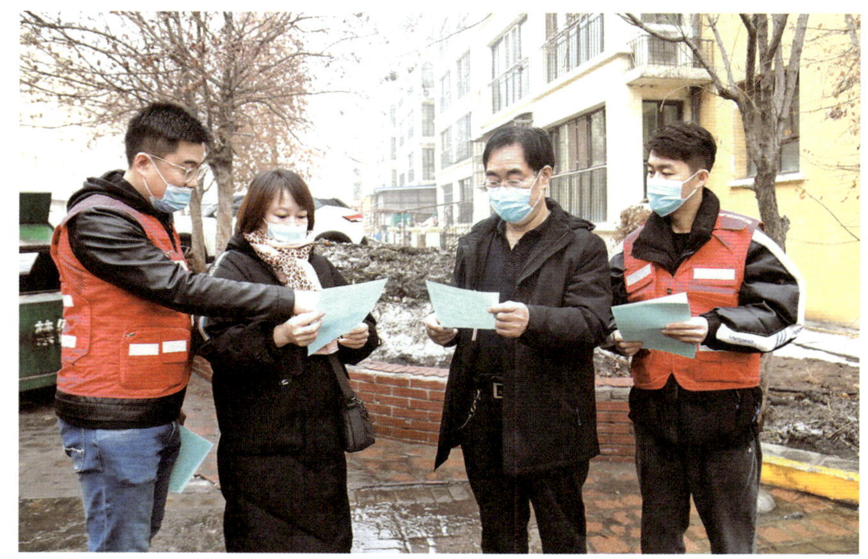

2022年3月11日,新疆锦龙电力集团公司奎屯供热分公司工会组织开展“学雷锋”进小区志愿服务活动 (杨 虎 摄)

【社会宣传】 2022年,师市党委宣传部同中央广播电视总台发现之旅《美丽家园》频道联合拍摄的宣传片《戈壁母亲故乡 军垦文化新城》,在中央广播电视总台、央视网播出。拍摄的三集乡村振兴纪录片《幸福花开》、五集文旅纪录片《多彩胡杨河》,在兵团“喜迎党的二十大”纪录片比赛中分获二等奖、三等奖。在兵团“边疆处处赛江南 兵团精神永流传”短视频比赛中,短视频《群众在我心中 我在群众身边》《初心》《用爱赢得“人民满意”》,分获二等奖、三等奖和优秀奖。创作歌曲《追光的人》在QQ音乐、酷狗音乐上线。39件新闻作品获省级奖项,其中《招来金凤凰 连队大变样》《民警四进火场救母婴》等5件新闻作品获自治区、兵团新闻奖一等奖。全年在人民网、新华网、中新网、“学习强国”学习平台、石榴云、兵团卫视、《兵团日报》、胡杨网等省级媒体平台发稿2100余篇(条),展现师市经济社会发展新风貌。

【元旦、春节期间志愿服务关爱行动】 2022年元旦、春节期间,师市党委宣传部印发《关于在2022年元旦春节期间开展志愿服务关爱行动的通知》,要求辖区各团场、单位(部门)积极组织动员志愿者广泛开展多种形式的志愿服务活动,推进学雷锋志愿服务活动常态化,营造浓厚节日氛围、凝聚强大人民力量。元旦、春节期间共开展志愿服务关爱活动2400余场次,刊发志愿服务信息500余篇,运用微信、QQ群、朋友圈等,加大宣传力度,提升活动的关注度、参与率和影响力。

【“我们的中国梦”——文化进万家活动】 2022年,师市党委宣传部根据兵团党委宣传部《关于开展2022年“我们的中国梦”——文化进万家活动的通知》要求,结合实际制定师市工作方案,组成23支小分队开展系列文化活动。活动动员、组织文艺工作者和各族群众,传承优秀中华文化,全年为师市各团场、周边“三地四方”广大职工群众、农民送去文艺演出1160余场次,惠及师市及周边县市16.24万余名职工群众,营造团结奋斗、欢乐祥和的氛围,增强职工群众的文化获得感、幸福感。

【宣传思想文化队伍建设】 2022年,师市党委宣传部组织师市宣传文化系统27名处级干部到第六师、第八师重走习近平总书记考察路线;26名科级干部赴淮安市参加宣传思想文化能力提升培训班,进一步强化理论武装、增强党性修养。组织采编人员“走出去”学习,开展送学下基层活动，增强采编人员的“脚力、眼力、脑力、笔力”，提高基层通讯员业务素质。开办“胡杨融媒大讲堂”马克思主义新闻观培训15期，培训中心采编人员975人次，并通过视频直播方式，培训基层通讯员1800人次，提升队伍的专业素养和融媒体运营能力。

（陈珂欣）

统一战线工作

【概况】 2022年，师市党委统战部以学习宣传贯彻落实党的二十大精神为主线，全面贯彻落实习近平总书记关于做好新时代党的统一战线工作的重要思想、《中国共产党统一战线工作条例》，不断完善大统战工作格局，强化党外人士思想政治引领，引导党外人士自觉为师市经济社会高质量发展贡献智慧、贡献力量。师市党委统一战线工作领导小组授予师市党委组织部、宣传部、政法委，师市教育局、民政局、司法局、财政局、工商联“第七师胡杨河市党委统一战线工作优秀成员单位”称号。师市民族团结进步创建工作领导小组授予师市政务服务中心A区农业农村局窗口、B区市场监督管理局窗口、C区社保局窗口、D区不动产登记窗口、E区住建局窗口“民族团结进步示范岗”称号。

【统战工作会议】 2022年1月14日，师市党委统战部组织召开党外人士民主协商座谈会，通报胡杨河市第一届政协委员酝酿推荐和提名人选情况。参会代表就第一届委员提名人选名单初步方案进行充分协商。师市党委统战部、政协筹备组领导及统一战线各领域党外代表人士19人参加，师市党委常委、副政委、统战部部长冀晓彤主持会议并讲话。

1月20日，师市党委统战部召开师市各界代表人士迎新春座谈会，传达学习党的十九届六中全会精神、师市第十次党代会精神，各界人士代表进行交流发言。非公有制经济人士、党外知识分子、少数民族群众、宗教界人士、台侨界、新的社会阶层人士等统一战线各界代表人士共21人参加。师市党委常委、副政委、统战部部长冀晓彤出席会议并讲话。

1月25日，师市党委统一战线工作领导小组办公室召开师市党委统一战线工作、民族团结进步创建、宗教工作领导小组会议，安排部署2022年领导小组工作重点。

2月13日，师市召开第七师胡杨河市工商业联合会（总商会）第五次代表大会。会议审议通过七师工商联第四届执行委员会五年工作报告，选举产生新一届工商联（总商会）执委、常委、主席（会长）、副主席（副会长）。

3月18日，师市党委统战部召开师市2022年统一战线工作会议。会议学习传达中央民族工作会议、全国宗教工作会议、统战部长会议、民委主任会议、对台工作会议和兵团统战部长会议精神；宣读《兵团关于命名第四批民族团结进步示范区示范单位的决定》；为获得“兵团民族团结进步示范单位”的单位代表授牌、颁发证书；一二六团、教育局、北方建设集团进行交流发言；讲解《统一战线基层工作手册》。各团场、经开区分管统战工作的领导和统战部门负责人，师市统战、民族团结进步创建、宗教、对台工作等领导小组成员单位负责人，直属企事业单位分管统战工作的领导参加会议。师市党委常委、副政委、统战部部长冀晓彤出席会议并讲话。

【党外人士队伍建设】 2022年1月，师市党委统战部启动2022年民营经济人士综合评价工作。从思想状况和政治表现、社会公益事业、企业经营、劳动保障、生态环境保护、企业信用、纳税信用、安全生产、个人守法等9个方面，对70余名民营经济人士进行综合评价，切实把好民营经济人士政治安排、社会安排入口关。4月24—26日，师市党委统战部组织师市辖区兵团党外知识分子联谊会第一届理事会理事8人参加党史学习教育专题培训。8月1—7日，选派师市党外人士孟黎明参加兵团党外人士理想信念教育培训。

【统战干部培训】 2022年，师市聚焦“政治坚定、业务精通、作风过硬”的新时代统战干部要求，把统一战线政策法规纳入干部培训计划，举办统一战线基层专题培训15批次。2月10日，师市党委统战部组织开展依法行政大培训“送法进基层”视频培训，各团场、经开区机关工作人员和执法人员236人参加培训。3月27—28日，师市党委统战部组织一二六团、天北新区、师市教育局分管民族工作处室负责人或重要业务骨干5人参加伊犁哈萨克自治州党委统战部举办的铸牢中华民族共同体意识专题培训班。6月1—2日，师市党委统战部至各团场、经开区开展实地检查指导工作，了解《中国共产党统一战线工作条例》贯彻落实情况、对《师市统一战线2022年度绩效考核评分细则》开展培训。11月22日，师市党委统战部组织师市机关各相关单位，一二三团、一二四团党委统战部干部参加党的二十大精神专题宣讲会议。

【主题宣教活动】 2022年，师市党委统战部创新统战工作平台载体，通过新开通“第七师胡杨河市党委统战部”微信公众号，宣传《中国共产党统一战线工作条例》、中央统战工作会议精神、统一战线史等内容，累计关注10340人、月均阅读量5000余次。开展“统战献礼二十大、携手奋进新时代”大宣讲活动，在师市各领域党外代表人士中宣讲中央统战工作会议精神和《中国共产党统一战线工作条例》，覆盖600余人次。4月13日至5月1日，师市党委统战部组织师市民族宗教干部、连队（社区）“两委”、各族职工群众开展民族宗教知识答题活动。4月28日至6月1日，组织开展师市全体公职人员参加民族团结知识测试活动。7月29日，开展“携手共画同心圆、同心喜迎二十大”主题教育活动，组织师市无党派人士和党外知识分子、宗教界人士、少数民族群众、非公有制经济人士、新的社会阶层人士、台胞台属、归侨和侨眷代表共30人共同学习习近平总书记在新疆和兵团考察时的重要讲话精神、兵团第八次党代会精神等。8月30日，在“第七师胡杨河市党委统战部”微信公众号上组织开展“共忆统战百年路·同心向党新征程”答题活动。 （张　帅）

机构编制工作

【概况】 2022年，师市党委机构编制委员会办公室（以下简称师市党委编办）认真学习贯彻党的二十大精神、习近平总书记重要讲话精神，聚焦兵团职责使命，深化机构改革，完善机构职能体系建设，扎实推进事业单位改革，优化机构编制资源配置；围绕健全和转变“政”的职能以及法治政府建设，开展师市行政权责清单的动态调整，有序推进事业单位登记及实名制管理工作，为师市经济社会发展提供有力的体制机制保障。

【机构改革】 2022年，师市党委编办持续完善师市党政机构体系建设，整合分散在各机关部门的经济动员、人民防空、交通战备、信息动员的综合协调职能，以师市人民防空办公室为基础调整组建师市国防动员办公室，在师市发展和改革委员会加挂牌子；将师市党委民兵工作委员会办公室由设在师市党委政策研究室调整为设在师市党委办公室；将师市发展和改革委员会承担的煤矿安全监管职责和相关行政权力划转至师市应急管理局，相应划转行政编制1名至师市应急管理局，煤炭行业管理仍由师市发展和改革委员会负责；持续推进行政执法体制改革，行文明确由师市市场监督管理局依法行使师市农业农村局、文化体育广电和旅游局的行政处罚和法律法规规定的与行政处罚权有关的行政强制措施；将第七师机关离退休干部服务站隶属关系由师市党委办公室（师市办公室）调整为师市党委组织部（老干部局）；在师市网络舆情中心加挂“师市互联网违法和不良信息举报中心”牌子；将师市国资国企发展中心从师市财政综合服务中心剥离，单独设置；调整组建师市社会保险事业管理中心，设立师市医疗保障事业管理中心；在各团场机要科加挂“密码管理科”牌子，加强团场机要密码管理工作；在各团场财政局（所）加挂国资办牌子，理顺团场经营性国有资产管理体制；制定胡杨街道办事处“三定”规定，建立“街道吹哨，部门报到”协作机制，综合设置综治中心（网格化服务中心）、综合服务中心（退役军人服务站）2个街道办所属事业单位，设立胡杨街道司法所和天北新区司法所；将胡杨河国家农业科技园区管委会从一三〇团剥离分设，实行市场化运作、企业化管理模式。

【机构编制资源优化配置】 2022年，师市党委编办持续优化机构编制资源配置。贯彻落实《关于推进兵团中小学教师“师管校聘”管理体制改革的指导意见（试行）》精神，重新核定师市中小学教职工编制总量1943名，全面落实备案管理要求，有效保障师市教育事业发展；按照“每个团场（乡镇）原则上至少办好一所公办园”的要求，设立奎东阳光幼儿园，重新核定师市学前教育编制，优化普惠性幼儿园布局，有效解决学前教育编制配备不足的问题；成立老年大学在第七师胡杨河职业技术学校挂牌，重新调整第七师胡杨河职业技术学校的编制；整合组建师市综合检验检测中心，完善师市综合检验检测体系建设；设立师市群团综合服务中心，改善工青妇等群团组织行政编制较少、工作力量不足的现状；根据行业标准，调整师市建设工程质量安全监督站编制。

【权责清单调整】 2022年，师市党委编办根据国家法律法规规章的“立改废释”、行政审批事项的取消下放，全面开展权责清单编制及动态调整。调整第七师权责清单115项，其中取消28项，新增12项，变更75项；调整经开区权责清单66项，其中胡杨河经开区26项，天北经开区40项；调整各团场权责清单29项，其中乡镇级18项，县级11项。

【机构编制实名制管理】 2022年，师市党委编办以机构编制实名制管理平台为基础，重点依照“三定”规定，加强机构编制实名制信息管理，对各部门实有人员、领导职数核定及配备情况等数据进行核查，维护完善实名制信息1227条，其中维护人员信息939条，维护机构信息288条，实现“机构清、编制清、领导职数清、实有人员清”的目标。

【事业单位法人登记】 2022年，师市党委编办贯彻落实《事业单位登记管理暂行条例》《事业单位登记管理暂行条例细则》，严格按照相关程序推进事业单位法人设立及变更登记现场核查工作，共登记师市事业单位207个，新设立事业单位3个，事业单位变更登记158个。 （赵　巍）

师市直属机关党建

【概况】 2022年，第七师胡杨河市党委直属机关工作委员会（以下简称机关工委）辖党委5个、党总支2个、党支部78个，辖离退休党组织12个、社会组织3个、企业组织4个，新成立党支部5个，撤销党支部1个。6月，直属机关党支部开展集中换届工作，59个基层党组织完成换届工作，18个基层党组织延迟换届。全年机关工委把握“围绕中心、建设队伍、服务群众”的职责定位，以机关党建规范化为抓手深入推进模范机关创建，师市机关组织建设不断增强、干部作风得到明显转变。6月29日，机关工委组织召开师市直属机关庆祝中国共产党成立101周年暨表彰大会，14个先进党支部、66名优秀共产党员、15名优秀党务工作者获表彰。1名党务干部获兵团优秀党务工作者称号。

【组织生活制度落实】 2022年，机关工委开展基层党组织党建检查工作1次，下发党建工作提示20篇，开展党务工作者培训10次。1月，成立组织生活会指导组，列席58个党支部年度组织生活会，严格把关组织生活会质量，对各支部组织生活会召开情况进行现场点评。1月27日，召开2021年度基层党组织书记述职大会，10名党支部书记现场述职，会后

2022年6月29日，师市直属机关庆祝中国共产党成立101周年暨2021年总结大会召开。图为优秀党务工作者领取获奖证书并合影

（师市党委直属机关工委　供图）

进行支部书记评议。6月，举办换届工作现场会，以水利局党支部换届工作为样板，组织基层党组织学习。为基层党组织开展形式丰富的党组织活动提供经费保障，全年下拨党建活动经费1.8万元。鼓励支部做好党内宣传，累计发布信息523篇。

【机关党员教育】 2022年，机关工委举办入党积极分子培训班2期，95人参加。全年发展党员31名。举办书记课堂15期、先锋讲堂9期，参与培训3260人次。组织开展党务干部专题培训12期，累计培训890余人。开展党员集中培训10期760人次。直属机关党支部开展以学习党的二十大精神为主题党日活动68次、理论研讨58次，1800人次参加线上线下答题，开展宣讲70场次。举办青年夜校课堂15期，合计1500人次参加培训。

【机关作风建设】 2022年，机关工委联合纪委监委、党办、组织部下发《关于严肃机关工作纪律严格考勤制度的通知》，联合检查督促机关部门作风整改，46个部门(单位)214个科室获得流动红旗。组织开展“戴党徽、亮身份”、“文明办公室”评比、党员示范岗、签订党员践诺承诺书、开展“厉行节约、反对浪费”活动，树立作风好、服务好、形象好、效率高的机关形象。直属纪检监察工委开展公车私用、公款吃喝暗访、考勤情况等纪律作风检查24次，通报批评违纪12人次、约谈8人次。审核把关党员干部廉政表现400人次。组织党员干部参观一二六团党风廉政教育基地，50个党支部800多名党员参加。举办党风廉政教育月书画展，各支部选送作品60个，评选13个作品线上展出。

【机关文体活动】 2022年，围绕“喜迎二十大”主题，机关工委组织开展系列群众性文化活动15次。在冬至、元宵节、端午节，开展包饺子、包元宵、包粽子活动；7月1日，举行“七一”升国旗仪式，组织领导干部到师市文化馆开展主题党日活动，举办直属机关“七一”文艺汇演活动；在“三八”国际妇女节、“五四”青年节等重要节点，举办青年联谊会、拔河比赛、健步走、乒乓球比赛等各类文化体育活动；结合“国家安全日”“宪法日”等开展答题学法、知识竞赛；开展“学习强国”学习平台线上知识答题和党的十九届六中全会知识线上答题活动，累计1200余人次参加；开展线下通勤车答题5次，300余人次参加；举办书香机关读书活动，激励机关干部多读书、读好书；举办“赓续红色血脉、传承兵团精神”主题演讲比赛，师市直属机关党支部51名选手参赛，9名选手进入决赛。 （李红晨）

保密工作

【概况】 2022年，师市保密工作坚决贯彻落实习近平总书记对保密工作重要指示批示精神，坚持总体国家安全观，落实中央和兵团党委关于保密工作的决策部署，聚焦主责主业，服务师市发展大局，扎实做好保密监督检查、宣传教育等各项工作，推动师市保密工作良性发展。师市党委保密委员会配置专职副主任，机要保密技术服务中心招聘2名工作人员，充实师市保密干部队伍。全年师市国家保密局协助各单位销毁涉密纸质载体1.2吨，硬盘112块，光盘886张。

【专项整顿】 2022年，师市国家保密局联合师市党委网信办、师公安局开展专项整顿行动，全年检查师市团场11个、机关单位和部门78个，检查办公计算机4712台、机房17个，下发整改通知单16份。

【保密宣传教育】 2022年，师市国家保密局按照兵团国家保密局关于保密宣传教育月工作部署，结合“4·15”国家安全教育日，开展保密宣传教育“六进”活动。通过微信群转发保密知识、制作宣传展板、发放宣传资料、线下授课等多种方式，持续做好保密宣传教育工作。保密宣传教育覆盖全师2.1万余名干部群众。

【保密“三大管理”】 2022年，师市国家保密局严格落实保密“三大管理”，对全师涉密人员进行再梳理，强化涉密人员全流程管控和动态管理。加强定密指导，督促师市各单位结合实际，优化细化本级国家秘密事项范围一览表，开展定密法规知识学习培训，落实定密责任人，规范定密程序，实现精准定密。加大涉密网络管理，对师市政务内网开展安全审计和风险自评估，全年完成安全审计12次、风险自评估2次，确保师

市电子政务内网安全稳定运行。(朱依雪)

党校工作

【党校教学】2022年,师党委党校全年开发新专题41个。制定打造“1+15+N”课程体系计划,组织全体教师开发党的二十大专题相关课程7个。选派13名骨干教师参加师市党的二十大精神宣讲团,走进机关、企事业单位、园区等宣讲18场次,受众1599人次。建立“校内培训+师内现场教学基地+师外异地考察培训+自主学习”的一主多元教学体系。挖掘以兵团精神、警示教育、新发展新理念等为主题的现场教学资源,打造8个具有典型性、实践性、代表性的现场教学基地。组织学员赴兵团干部学院及其他师局党校开展异地分段式教学培训,学习考察先进经验、典型做法。在1个月以上的主体班次开设学员论坛、微课堂,促进学员间相互学习交流。围绕师市党委中心工作及群众关心关注的热点难点问题,要求主体班学员结合本职工作在培训时带来1条干部群众最关心的热点焦点问题、1条对师市高质量发展的建议、1个最希望党校解决的思想困惑、1个本单位(部门)成功或失败的典型案例,为教师开发新课程和开展科研选题提供第一手资料。

【党校科研】2022年,师党委党校坚持“师市领导点题、机关部门出题、学员互动找题、基层一线挖题、全校聚力破题”工作机制,与党委政府相关部门对接“领课题”,与学员合作“找课题”,到基层一线“挖课题”。组织教师参加国家、自治区、兵团党校、社科基金及党建研究等课题申报、立结项工作。全年申报2022年中国政研会课题4项、新疆党建研究会课题6项;立项2022年兵团社科基金项目1项、兵团统战课题4项,结项4项;申报兵团党校系统课题7项,立项4项;申报兵团党建研究会课题4项,立项3项;立项2022年兵团维稳戍边智库项目1项。与《奎屯日报》合作开办“理论与研究”栏目,鼓励教师加强理论研究。在兵团等各级各类研讨活动中发表理论文章40篇,获15个奖项。其中,在与《奎屯日报》合作开办的“理论与研究”栏目中发表理论文章20篇,在《兵团日报》发表理论文章11篇。围绕师市党委中心工作,撰写产业振兴、加强基层党组织建设、提升人居环境整治水平、文化润疆、人才建设等咨政报告15篇,其中2篇获得师市领导肯定批示。

【党校培训】2022年,师党委党校举办各类培训班40期,其中主体班次28期、外接班次4期,承办各部委班次8期;全年培训各类干部3597人次(含外接班次),其中团处级干部550人次,科级及以下干部3047人次,连队(社区)“两委”成员621人次。坚持培育良好的学风,细化完善10余项学员管理规章制度,从考勤、学习、外出调研、异地考察、考试考核、党性锻炼、作风建设等方面进行规范。注重组织引导与学员自我管理相结合,选配能力强、素质高、作风优的教师担任组织员。坚持主体班成立临时党支部和班委会制度,发挥学员自我管理、自我监督作用。对主体班学员进行党性分析、综合考核双考核,为师市党委选用干部提供依据。(刘 姣)

老干部工作

【概况】2022年,师市有离退休干部7119人。其中,离休干部63人,占总人数的0.9%;退休干部7056人,占总人数的99.1%。离休干部中,抗战后期参加革命工作的1人,解放战争时期参加革命工作的62人。离退休干部中,厅局级以上干部29人,处级以上干部630人,科级及科级以下干部6460人。组织关系在师市范围的离退休党员干部有3322人。

【老干部待遇落实】2022年,师市党委老干部局核拨11个团场老干部工作经费和离退休干部党支部工作补贴215.76万元。春节前夕,全师共计慰问离退休干部6831人,发放慰问金44.86万元,发放价值103.73万元慰问品。审核发放离休干部护理费及生活困难遗孀补助费,涉及100人,共计207.32万元。发放离休干部丧葬费、抚恤金577.84万元。争取资金38万元,修建一二八团门球场地。印发《第七师胡杨河市干部荣誉退休制度(试行)》。

【离退休干部党建】2022年,师市党委老干部局组织离退休干部学习全国“两会”、兵团第八次党代会精神，习近平总书记在新疆、兵团考察时的重要讲话精神和党的二十大精神。组织老干部工作者、离退休党员干部学习中共中央办公厅《关于加强新时代离退休干部党的建设工作的意见》（以下简称《意见》），围绕贯彻落实《意见》精神，全面调研了解基层离退休干部党建工作现状。推进离退休干部党组织“四规范一提升”工程，举办离退休干部党支部书记暨关工委骨干业务培训班。师市党委老干部局在2022年兵团老干部工作课题调研评比中获评优秀组织单位。

【老干部活动】 2022年，师市党委老干部局组织“建言二十大”和“我看中国特色社会主义新时代”专题调研、“永远跟党走·描绘新征程”书法绘画展、“诵读红色经典·礼赞伟大时代”朗诵云展播等活动。师市老年大学合唱团演唱歌曲《天下乡亲》在兵团党委老干部局举办的“唱响红歌颂党恩”红色经典歌曲比赛中获一等奖，师市党委老干部局获优秀组织奖。联合师市关工委、老年书画学会赴一二四团、一二七团、一二八团开展送书画进校园活动。联合师市文体广旅局、老年体协举办首届老年人广场舞交流活动。一二五团秦士军老党员银发工作室被评为兵团级“老党员银发工作室”。（张　宇）

【机关离退休干部服务站】 2022年，第七师机关离退休干部服务站（老年活动中心）有机关离退休干部288人，设1个党总支、8个党支部，党员人数241人（含在职党员6人，异地党员27人）。落实各项待遇，每月5日组织离退休干部学习党的有关路线、方针、政策，组织召开总支会及支部全体会议5次，组织各支部到党校学习1次，组织观看红色影片2次、系列微视频“足迹”2次，组织离退休干部开展“喜迎二十大”为主题的知识答题1次，聘请党校老师讲解“中国特色社会主义进入新时代的主要任务及创造的伟大成就”1次。全年为离退休干部订阅报刊费用约8万元。开展走访慰问活动，春节前夕开展慰问走访活动4批次，陪同师领导、师党办领导慰问10余位师级离退休老领导及2位正师级遗孀，陪同师老干局领导看望慰问师级遗孀9人；慰问居住在疆内乌市、石河子、五家渠等地的24位离退休老同志和遗孀；走访慰问常年身体欠佳不能出门的46位老同志；为全体离退休人员发放中秋、重阳节慰问金。丰富老同志精神生活，全年举办麻将比赛3次、台球比赛2次、象棋比赛3次、扑克比赛4次、气排球运动3次、门球运动2次。生活上关心老同志，给老同志办理住院转院手续30多次，去医院看望老同志40多次。（周　蓉）

第七师胡杨河市关心下一代工作委员会

【概况】 2022年，师市关工委在老同志和青少年集中的活动场所加强组织和工作覆盖，在师市机关离退休干部服务站、老年大学、老年书画学会、天北新区所辖10个社区成立关工委组织，壮大“五老”队伍。

【主题教育活动】 2022年，师市党委老干部局、关工委向师市各学校赠送《忆辉煌岁月讲红色故事——兵团百名离休干部故事选编》500本，引导青少年传承红色基因、赓续红色血脉。师市关工委组织开展青少年“游基地、学党史”主题教育活动，1800余名“五老”人员和青少年参与其中，引导师市广大青少年了解党的奋斗历程、兵团历史发展脉络，感悟兵团精神和胡杨精神、老兵精神，激励青少年听党话、感党恩、跟党走。师市关工委、教育局在全师范围内开展“追寻红色足迹、讲好红色故事”小记者采访活动，征集13所学校的寻访作品262篇，其中63篇征文获奖。

【“喜迎二十大”系列活动】 2022年，师市各级关工委以“五老”宣讲团为抓手，依托红色教育基地，联合相关单位组织开展“老少同声颂党恩、携手喜迎二十大”主题宣讲活动，组织宣讲45场次，4000余人次参加。师市关工委组织开展“欢庆党的二十大·兵团青少年有话说”线上演讲视频活动，3个优秀视频在“兵团老干部”微信公众号展播。

（张　宇）

胡杨河市
人民代表大会

（吴新奎　摄）

综　述

【工作成效】 2022年，市人大常委会以习近平新时代中国特色社会主义思想为指导，学习贯彻党的二十大精神、习近平总书记视察新疆和兵团重要讲话重要指示精神，完整准确全面贯彻新时代党的治疆方略，坚持党的领导、人民当家作主、依法治国的有机统一，坚持与党委同向，与“一府一委两院”同心，与人民群众同力，主动担负起宪法和法律赋予的各项职责，统筹推进人大常委会各项工作。全年召开人大常委会会议4次，作出决议决定8项，听取审议各类工作报告26个，开展代表视察、检查和调研活动5次，任命“一府一委两院”国家机关工作人员50人次。

【人事任免】 2022年，胡杨河市第一届人民代表大会常务委员会依法任命市人民政府副市长2人，并决定宋学华为市人民政府代理市长，任命市人民政府组成人员21人，市监察委员会副主任2人、委员4人，市人民法院副院长2人、审判委员会专职委员1人、庭长1人、审判员6人，市人民检察院副检察长2人、检察委员会委员2人、检察员2人，市一届人大常委会代表资格审查委员会主任委员1人、副主任委员1人、委员3人。 （王留亭）

重要会议

【市一届人大一次会议】 2022年2月19日至21日，胡杨河市第一届人民代表大会召开第一次会议，145名代表出席会议，34人列席会议。大会听取和审议《胡杨河市筹建工作报告》《关于第七师胡杨河市2021年国民经济和社会发展计划执行情况及2022年国民经济和社会发展计划（草案）的报告》《关于第七师胡杨河市2021年财政预算执行情况及2022年财政预算（草案）的报告》，审查和批准《第七师胡杨河市2022年国民经济和社会发展计划》《第七师胡杨河市2022年财政预算》。

大会选举李华斌为市人大常委会主任，朱新东、邹圣冬、张学莉（女）、郭欣为市人大常委会副主任，王玉玲（女）、王岩、王胜杰、王留亭、卢新德、冉德宝、李华、杨利（女）、杨志刚、杨利勇、杨振华、陈茂华、种妙丽（女）、聂燕丽（女）、梁志华、赛利克·开尔木为市人大常委会委员，李斌为市人民政府市长，郇恒赛、杨国勇、魏阿鹏、王潇（女）为市人民政府副市长，徐明惠为市监察委员会主任，张鹏为市人民法院院长，丁勇为市人民检察院检察长。大会表决通过胡杨河市第一届人民代表大会法制委员会、财政经济委员会、农业农村与环境保护委员会、教育科学文化卫生委员会的组成人员。

（王留亭　杨东玲）

2022年2月21日，在胡杨河市第一届人民代表大会上，人大代表举手表决通过相关事项 （刘笑天　摄）

【市第一届人大常委会会议】 2022年，胡杨河市第一届人民代表大会常务委员会共举行4次会议，即第一次会议至第四次会议。

第一次会议　4月9日在胡杨河市召开，会议由李华斌主持。会议主要内容是传达学习全国“两会”精神、《中共新疆维吾尔自治区委员会关于新时代坚持和完善人民代表大会制度加强和改进新疆人大工作的实施意见》及《实施意见的重点任务分工方案》；审议《胡杨河市人民代表大会常务委员会议事规则（草案）》等相关制度；审议《胡杨河市人大常委会2022年工作要点》；通过《关于设立胡杨河市第一届人民代表大会常务委员会代表资格审查委员会的决定（草案）》；通过人事任免事项；新任职人员向宪法宣誓。

第二次会议　6月28日在胡杨河市召开，会议由李华斌主持。传达学习自治区党委十届三次全会、兵团第八次党代会精神和自治区人大关于“喜迎党的二十大，万名代表进万家”主题实践活动实施意见；听取和审议《胡杨河市人大常委会2022年天山环保行政执法检查情况的报告》《胡杨河市人大常委会关于市人民检察院开展未成年人保护工作情况的调研报告》《胡杨河市人大常委会组成人员联系代表、代表联系人民群众工作办法（草案）》；研究胡杨河市共青镇第一届人民代表大会有关事宜；通过人事任免事项。

第三次会议　11月11日在胡杨河市召开，会议由李华斌主持。传达学习党的二十大精神、习近平总书记视察新疆和兵团重要讲话重要指示精神、习近平总书记在省部级主要领导干部专题研讨班上的重要讲话精神；听取和审议《关于第七师胡杨河市2022年上半年国民经济和社会发展计划执行情况的报告》《关于第七师胡杨河市2021年本级预算执行、决算草案和其他财政收支的审计工作报告》《关于第七师胡杨河市2021年本级决算情况的报告》《关于第七师胡杨河市2022年上半年预算执行情况的报告》《关于2022年第七师胡杨河市本级预算调整方案（草案）的报告》《胡杨河市第一届人民代表大会代表资格审查委员会关于个别代表的代表资格审查报告》；审查批准《2021年第七师胡杨河市本级决算（草案）》《2022年本级预算调整方案（草案）》；听取和审议《市人民法院2022年上半年工作报告》《市人民检察院2022年上半年工作报告》；审议《胡杨河市人民代表大会常务委员会关于对“一府一委两院”专项工作报告进行满意度测评的办法》《关于任命共青镇选举委员会组成人员名单的议案》；审议人事任免议案；审议《关于接受李斌同志辞去胡杨河市人民政府市长职务的议案》《关于决定宋学华同志为胡杨河市人民政府代理市长的议案》；新任职人员向宪法宣誓。

第四次会议　12月29日在胡杨河市召开，会议由李华斌主持。传达学习党的二十大精神、自治区党委十届六次全会精神、兵团党委八届三次全会精神、师市党委十届四次全会精神；听取市人大教育科技文化卫生委员会《关于胡杨河市第一届人民代表大会第一次会议代表提出议案审议结果的报告》、市人大农业农村与环境保护委员会《关于胡杨河市第一届人民代表大会第一次会议代表提出议案审议结果的报告》、市人大常委会办公室《关于胡杨河市第一届人民代表大会第一次会议代表提出建议办理情况的报告》、市人民政府《关于胡杨河市第一届人民代表大会第一次会议代表提出建议办理情况的报告》、市住建局《关于胡杨河市第一届人民代表大会第一次会议代表提出建议办理情况的报告》、市生态环境局《关于胡杨河市第一届人民代表大会第一次会议代表提出建议办理情况的报告》；听取和审议胡杨河市人民政府《关于第七师胡杨河市2022年本级预算调整方案（草案）的报告》、胡杨河市第一届人民代表大会常务委员会代表资格审查委员会《关于个别代表的代表资格审查报告》、胡杨河市第一届人民代表大会第二次会议有关事宜、胡杨河市人大常委会工作报告；审查批准《2022年本级预算调整方案（草案）》；听取和审议人事任免议案；新任职人员向宪法宣誓。

（杨东玲）

监督工作

【执法检查】 2022年5月7—12日，市人大常委会成立由农业农村与环境保护委员会委员、部分人大代表组成的执法检查组，对贯彻落实《中华人民共和国环境保护法》《新疆维吾尔自治区环境保护条例》情况进行执法检查，市自然资源和规划局、生态环境局、住建局、农业农村局等相关单位执法人员参与检查。检查组通过听汇报、召开座谈会、现场查看、调阅资料等方式，对天北经济技术开发区、胡杨河经济技术开发区和一三〇团共青镇三个单位的8个现场进行实地检查；向市人民政府各部门、经济技术开发区、团场和企业发放知识问卷1016份，其中政府各部门、开发区团场问卷875份，企业问卷141份。执法检查组全面了解师市环境保护工作取得的成效及存在的问题，形成检查报告1份，提出意见建议4条。市一届人大常委会第二次会议专项听取和审议检查报告。（杨东玲）

【视察调研】2022年5月25日，胡杨河市人大常委会法制委员会组织部分市人大常委会委员、代表组成调研组，对市人民检察院未成年人保护工作情况开展专题调研。调研组实地察看未成年人保护工作情况，邀请教育局、公安局、司法局、团委、妇联和市人民法院等12个单位和部门人员参加座谈，听取市人民检察院、职业技术学校、完全中学工作汇报，广泛征询人大代表及相关单位和部门的意见建议，形成调研报告1篇，提出意见建议4条。市一届人大常委会第二次会议专项听取和审议调研报告。

6月2日，由师市党委常委、副政委、组织部部长、党委党校校长方刚带队，市人大常委会党组书记、副主任朱新东，市人大常委会党组成员、副主任张学莉及有关工作人员组成调研组，专程赴胡杨河市共青镇就镇人大筹备工作开展专题调研，并组织人员制定镇人大、政府选举工作流程方案和工作流程图，为共青镇人大代表选举和镇一届人大一次会议筹备工作提供指导和帮助。

7月6日，胡杨河市人大农业农村与环境保护委员会组织部分市人大代表，对胡杨河市及周边团场的公共服务区、生活区环境卫生管理等工作情况进行视察。视察组一行到朝阳苑小区、祥云湖公园、时代广场商业区、一三〇团共青镇38路口两侧商业区、光明路社区、共青路社区、育才路社区、胡杨苑社区等地，视察城镇环境卫生、沿街商铺、小区物业管理等情况，听取住建局、卫生健康委、市场监督管理局、一三〇团共青镇相关部门工作汇报，并与物业企业和居民群众进行座谈。视察组要求各相关部门要统一思想、提高认识，明确任务，加强对重点区域、重点路段、重点部位的环境卫生治理，提高环境卫生整体水平。（王留亭 杨东玲）

代表工作

【人大代表履职】2022年，胡杨河市人大常委会组织50余名基层人大代表列席自治区人大、市人大有关会议和“三查（察）”活动、市人民检察院听证会、市人民法院开放日活动等。两次组织20余名代表赴奎屯市参观学习，为市人大工作特别是“人大代表联络站”建设提供借鉴经验。通过实地调研，外出学习，制定专项资金分配方案并下拨基层，完成10个“人大代表联络站”的建设工作。举办提升代表履职能力专题培训1期，70余名代表参加培训。（王留亭 杨东玲）

【代表资格审查】2022年1月14日，胡杨河市人大常委会组织另行选举，选举产生3名人大代表。至此，胡杨河市第一届人民代表大会代表名额150名，实有代表150名。根据有关规定，市一届人大常委会第四次会议终止2名代表的代表资格；市一届人大常委会代表资格审查委员会补选2名代表，并对代表资格进行审查，认为2名代表的当选符合法律的有关规定，并报市一届人大常委会第五次会议确认宋学华、张彪2人的代表资格。

【代表议案建议办理】2022年，市一届人大一次会议期间，代表提出议案2件、建议32件。其中，城镇建设规划类14件，公检法司类2件，工交建商类4件，科教文卫类9件，劳动人事社保类1件，农林牧水类3件，生态环保类1件。5月23日，召开“两案”交办会，将2件议案和32件建议统一交市人民政府及有关部门办理，并对议案建议办理工作提出要求。2件议案和32件建议均在法定时限内办结并向代表答复，代表答复率100%，满意率100%。（王留亭）

第七师胡杨河市人民政府

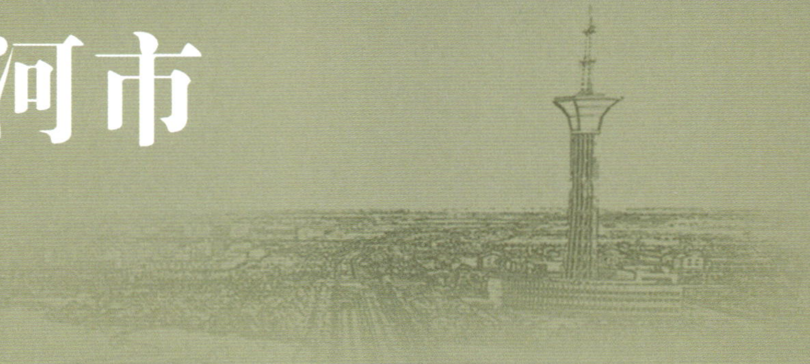

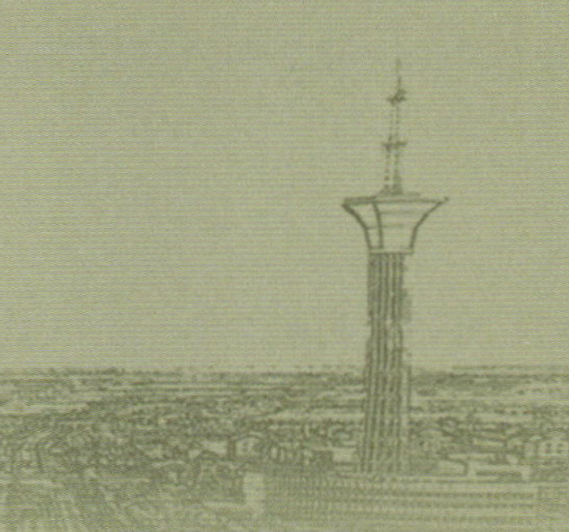

（孟庆忠　摄）

重要会议

【师市行政常务会议】 2022年1月26日，第一次师市行政常务会议召开，会议传达学习习近平总书记在省部级主要领导干部学习贯彻党的十九届六中全会精神专题研讨班上的讲话精神、中央农村工作会议精神；听取师市2022年一季度“开门红”准备工作、交通运输工作的汇报；审议通过《第七师胡杨河市2021年国民经济和社会发展计划执行情况与2022年国民经济和社会发展计划草案的报告》；审议并原则同意《第七师胡杨河市县以下事业单位管理岗位职员等级晋升制度工作实施方案》。

2月15日，第二次师市行政常务会议召开，审议通过《2021年师市政策性农业保险保费补贴清算情况的报告》《关于2022年第一批一般债券资金分配方案及2021年一般债券结余资金调整方案的报告》《第七师胡杨河市2021年财政预算执行情况和2022年财政预算草案的报告》《第七师胡杨河市执行自治区电采暖电价标准的报告》《第七师胡杨河市污水处理收费标准的报告》；审议并原则同意《第七师胡杨河市经济运行调度奖励办法》《第七师胡杨河市生产安全责任事故刑事调查、停产停业、联合惩戒、事故警示教育等五项制度》。

3月16日，第三次师市行政常务会议召开，会议传达学习全国“两会”精神、孙春兰副总理在全国新冠肺炎疫情防控工作电视电话会议上的讲话精神、《地方党委和政府领导班子及其成员粮食安全责任制度规定》《新疆维吾尔自治区重大行政决策程序规定》，传达兵团统计局《关于2021年3起统计违法案件的通报》，听取师市2022年粮食生产和春耕备耕工作、一季度项目开复工情况、“招商之冬”工作的汇报，审议并原则同意《关于调整粮食及油料作物生育期用水定额及价格的报告》。

5月10日，第四次师市行政常务会议召开，传达学习5月5日中共中央政治局常务委员会会议精神、习近平总书记对湖南长沙居民自建房倒塌事故作出的重要指示精神、5月7日全国自建房安全专项整治电视电话会议精神；听取师市“十四五”专项规划编制情况的汇报；审议并原则同意《2022年七师农村综合改革转移支付资金分配计划》《第七师胡杨河市财政投资评审操作规程》《第七师胡杨河市国有企业负责人经营业绩考核及薪酬管理办法》《师市国资委监管企业负责人2020年经营业绩考核暨2018—2020年三年任期激励结果的请示》。

7月29日，第五次师市行政常务会议召开，传达学习习近平总书记视察新疆和兵团时的重要讲话精神、7月21日国务院常务会议精神；听取师市落实生态环境保护督察反馈意见整改工作情况汇报、师市党委2022年二季度经济运行现场观摩推进会议筹备情况的汇报；审议并原则同意《第七师胡杨河市推进义务教育优质均衡发展实施方案（2022—2024）》《第七师胡杨河市中小学教师“师管校聘”改革实施方案》《第七师胡杨河市国有资本投资运营公司组建方案》《第七师胡杨河市亿元产值企业三年倍增行动方案》《第七师水管单位购买水利工程和日常维护服务岗位设置及费用测算方案》《2022年第七师胡杨河市普惠金融发展示范区专项资金分配方案》《2022年上半年政策性农业保险补贴分配方案》。

8月5日，第六次师市行政常务会议召开，传达学习7月29日国务院常务会议精神；听取第七师胡杨河市深化改革推进基础教育高质量发展情况汇报；审议并原则同意《第七师胡杨河市两家医共体调整为一家医共体的实施方案》《2022年第七师胡杨河市城乡义务教育补助经费资金分配方案》《2022年就业补助资金分配方案》《第七师胡杨河市2021年度商贸旅游产业扶持资金分配方案》。

8月12日，第七次师市行政常务会议召开，传达学习《新疆生产建设兵团重大行政决策程序规定》；审议并原则通过《新疆生产建设兵团第七师胡杨河市人民政府关于统一行使行政复议职责有关事项的通告》《第七师胡杨河市地下水超采专项整治行动方案（2022—2025）》《关于规范第七师城镇燃气特许经营管理的请示》《关于胡杨河市筹建处已使用在建工程项目转固移交的请示》《第七师天北经济技术开发区夏哈拉小区和东湖一号国有土地上房屋征收与补偿方案》《第七师天北经济技术开发区夏哈拉小区和东湖一号小区国有土地上房屋征收实施委托书》。

8月20日，第八次师市行政常务会议召开，传达学习习近平总书记在省部级主要领导干部专题研讨班上的重要讲话；审议并原则同意《第七师胡杨河市行政许可事项清单（2022年版）》《关于师市开发区2021年度绩效考核结果及薪酬的兑现方案》《第七师胡杨河市发展电子信息制造业（电容器）配套优惠政策》《第七师胡杨河市"十四五"水利事业发展规划（含水安全保障）》《2022年师市卫生健康补助资金分配方案》《第七师胡杨河市关于加大招商引资力度推动经济高质量发展工作实施方案》。

8月25日，第九次师市行政常务会议召开，审议并原则同意《第七师胡杨河市申报2023年中央预算内投资项目计划草案》；审议通过《第七师胡杨河市2022年国民经济和社会发展计划上半年执行情况的报告》《第七师胡杨河市2022年上半年预算执行情况的报告》《第七师胡杨河市2021年度师市本级预算执行、决算草案和其他财政收支审计工作报告》。

9月6日，第十次师市行政常务会议召开，传达学习《国家发展和改革委员会关于上半年经济形势和做好下半年经济工作的建议》；审议并原则同意《第七师胡杨河市重大项目推进方案》《第七师胡杨河市农业水价综合改革实施方案》《第七师胡杨河市商品房预售资金监管办法（试行）》《关于加强第七师胡杨河市保障性住房租售收入使用管理的意见》《2022年第七师胡杨河市有序用电实施方案》《第七师胡杨河市2022年困难群众救助补助资金分配方案》。

9月14日，第十一次师市行政常务会议召开，传达学习8月31日国务院常务会议精神；审议并原则同意《第七师固定资产投资项目临时备案清单》《关于拨付2022年第七师胡杨河市第二批农机购置补贴资金的方案》。

11月4日，第十二次师市行政常务会议召开，传达学习党的二十大精神、《全国国土空间规划纲要（2021—2035）》文件精神；审议并原则同意《关于疫情期间对小微企业、个体工商户和困难群众给予一次性临时救助的实施方案》《第七师胡杨河市"十四五"住房和城乡建设事业发展规划》《关于成立第七师胡杨河市北方地区冬季清洁取暖项目推进工作领导小组的方案》《2023年地方政府专项债券资金申报计划》《政府还贷二级公路取消收费后补助资金分配方案》《奎屯河引水工程将军庙电站、新龙口电站特许经营项目资产划转方案》《胡杨河经开区招商引资项目蒸汽价格优惠政策》。

11月14日，第十三次师市行政常务会议召开，审议并原则同意《胡杨河经开区新扩北区40万千瓦背压热电项目联产投资建设方案》《江苏省淮安市对口支援第七师胡杨河市2023年援疆项目计划》《胡杨河经济技术开发区危化品运输车辆停车场停车服务收费标准》《关于第七师北方地区冬季取暖项目实施方案》《第七师胡杨河市2022年政府性欠款化解办法》。

11月25日，第十四次师市行政常务会议召开，审议并原则同意《第七师胡杨河市安全生产举报奖励办法》《第七师胡杨河市2023年地方政府一般债券资金项目申报计划》《关于第七师胡杨河市供热、供电、供排水等公共基础设施国有资产处置办法》《第七师胡杨河市2023年再融资债券资金申报计划》《师市疫情防控和应急物资储备专项资金分配方案》《第七师一三〇团共青镇迁坟实施方案》《关于锦恒能源集团所属托力拜勒、头道河子探矿权转让给丛龙煤矿以及收购翁格拉克拉西翼探矿权的方案》《关于国资公司入股新疆银行的方案》《第七师胡杨河市2022年度棉花价格补贴预拨资金方案》《第七师胡杨河市电子消费券发放方案》。

12月8日，第十五次师市行政常务会议召开，听取《关于师市"十四五"专项规划编制进展情况的汇报》；审议并原则同意《第七师胡杨河市服务企业高质量发展工作考核评价办法》《第七师胡杨河市海绵城市建设实施方案》《2023年师市地膜科学使用及回收任务补贴资金使用方案》《关于兑现2021年度医共体总院书记院长年薪的建议》。

12月29日，第十六次师市行政常务会议召开，会议审议通过《胡杨河市人民政府工作报告》；审议并原则同意《第七师胡杨河市2022年国民经济和社会发展计划执行情况与2023年国民经济和社会发展计划》《第七师胡杨河市商贸旅游产业发展扶持办法》《第七师机关生活服务中心资产处置方案》《第七师胡杨河市2022年财政预算执行情况及2023年财政预算草案报告》《关于拨付2022年第七师胡杨河市农机购置与应用补贴试点资金的方案》《第七师胡杨河市2023年困难群众救助补助资金分配方案》。

（张　华）

【"群众法治大培训"动员会】 2022年11月24日，师市召开2022—2023年度"群众法治大培训"动员会。会议指出，实施"群众法治大培训"是师市践行习近平法治思想的务实行动，是贯彻落实党的二十大精神的实际行动，是完整准确贯彻新时代党的治疆方略的具体实践，是更好履行兵团维稳戍边职责使命的重要抓手。各部门各单位要提高政治站位，全面整合资源，将"群众法治大培训"与"科技之冬""法治之冬""文化之冬"深度融合，整合培训资源，科学设置培训内容，提高培训的针对性和实效性。要把握培训阶段，统筹安排好各个阶段、各个节点的活动，合理安排人员参训，把法治大培训工作与学习党的二十大精神结合起来，与学习习近平总书记视察新疆和兵团重要讲话重要指示精神结合起来，与民兵基本功训练、职业技能教育等结合起来，与日常工作和法治建设结合起来，做到"两手抓、两不误"。会议强调，各单位各部门要加强组织领导，把法治大培训作为今后一个时期的一项重要工作来抓，精心组织、周密安排、扎实推进。要加强舆论宣传，牢牢把握正确的舆论导向，综合运用"线上""线下"等多种方式，大力宣传"法治大培训"的重要性和必要性，推广宣传好经验好做法好成效，多措并举，营造全方位、多层次、立体化的宣传氛围。师市党委政法委、依法治师市委员会办公室要加强对各团场各部门的督导指导，发挥好考核"指挥棒"作用，推动培训工作。

【经济运行分析会】 2022年9月14日，师市召开2022年上半年经济形势分析暨经济重点工作推进会议，总结分析上半年经济运行情况，研究部署四季度重点工作。会议通报表扬上半年经济运行综合考评获奖单位、上半年工业企业20强、服务企业10强，并为获奖单位颁奖。部分团场、企业、园区代表围绕持续保持经济较快增长作交流发言。会议指出，上半年，师市落实稳增长一揽子政策措施，推进经济运行调度，在主要指标增势、发展质量、市场活力、民生保障方面，呈现"稳中有进，持续向好"态势。会议强调，各相关部门要聚焦重点、精准发力，坚决完成全年各项指标任务。要推进三次产业协调发展，做好农业生产、农产品销售和加工工作。要提升工业对经济增长的贡献率，采取"一企一策"，促使企业达产达效。要抓好服务业发展，做好商贸业发展引导工作。要扩大有效投资，提前谋划、逐月细化，分解落实固定资产投资预期目标。要加快国家资金项目建设，切实推动前期项目加快开工、已开工项目加快建设。要加强项目储备，持续谋划储备一批强基础、补短板的重大项目；要狠抓项目招引、服务，主动"走出去"，积极"请进来"。要坚定不移提升保障改善民生，落实好稳就业保民生政策落实，不断巩固拓展脱贫攻坚成果。会议要求，各部门各单位要坚持把党的领导落实到稳增长的具体工作中，提高政治站位。要把发展责任担当落实到具体项目中，主动承担起高质量发展的主体责任。要把工作作风体现到抓落实的实际成效中，认真落实党风廉政建设主体责任，把"严"和"实"的要求贯穿到抓落

2022年9月14日，师市召开2022年上半年经济形势分析暨经济重点工作推进会议　（宋亚丽　摄）

实的全过程，推动师市经济高质量发展。（师市史志办）

政务公开

【概况】2022年，师市贯彻落实《政府信息公开条例》，切实履行法定职责，在政府门户网站开设11个政务公开专栏，及时发布需要社会广泛知晓的重要政务信息。制定年度考核评价实施细则，将《政府信息公开条例》工作落实情况纳入师市年度绩效考评体系，健全考核评价机制。印发《2022年师市政务公开工作要点》，修订《第七师胡杨河市政务信息公开指南》《第七师胡杨河市政务信息主动公开目录》，推进政务公开标准化规范化。设立“文件政策”专栏，集中公开现行有效文件、政府决策信息等320多件。规范依申请公开机制，依法答复群众公开申请2件。全年政府门户网站按照“谁执法、谁公示”的原则，公开行政许可信息3973条、行政处罚信息378条、行政强制信息52条。

【重点领域信息公开】2022年，师市统筹做好经济社会发展，加大餐饮、住宿、零售、文化、旅游、客运等行业帮扶政策的公开力度，推进利企惠民政策措施公开。政府网站及各类政务新媒体累计公开促进市场主体复工复市、降低市场主体生产要素成本、加大税收优惠力度、加大中小企业账款清欠力度等重点领域信息及相关解读信息230余条，帮助企业充分知晓政策、享受政策。

【重大民生信息公开】2022年，师市政府网站及各类政务新媒体回应社会关切，加大就业创业政策宣传力度，拓展师市群众就业信息接收面，发布重点工程项目、实施以工代赈等稳就业保就业政策和相关政策解读113条。发布师市出台的乡村振兴、公共卫生、医疗社保、环境保护等职工群众和市场主体高度关注的政策措施和解读文件13条。

【信息公开平台管理】2022年6月，师市完成政府网站改造升级工作，合理优化政务信息公开载体，推进政府门户网站、政务服务平台、新媒体深度嵌入融合，推动政务信息数据资源向“两微一端”延伸拓展。（李亚东）

政务服务

【概况】2022年，师市行政审批局以实现企业和群众“办事不求人”“最多跑一次”为目标，加快推进行政审批制度改革，加强电子政务整合，提高政务服务质量，增强企业和群众办事便利度和幸福感、获得感，政务服务能力得到提升。至年底，师市机关24个部门、18个企事业单位进驻政务服务中心，开设服务窗口80个，717项政务服务事项全部进驻实体大厅和网上大厅办理。推进高频政务事项进驻，联合图审初审实现5个工作日内完成，审图效率提高80%以上。法律服务和财产公证进驻实体大厅，提供法律咨询300件，办理财产公证31件。提供证照免费邮寄服务，将证照邮寄费用列入财政预算，实现大厅各窗口证照免费邮寄，完成证照邮寄380件。推广使用“云桌面”，开启“互联网+政务服务”新局面，至年底，政务服务中心各服务窗口、32个审批后台均配备云桌面；26个行政职能部门、18个企事业单位、各政务服务事项和近百项便民事项实现集中办理。推广兵团“96359”政务热线，力争一个电话解决政务服务所有问题，每月对67个部门进行考核公示，定期梳理、提炼高频问题，加强督办，确保工单落实到人；至年底，共处理工单370件，按时办结率100%。

【市政报装“一件事”改革】2022年4月起，师市行政审批局在工程建设项目审批管理平台推行市政公用报装“一件事”服务，将原来串联审批的水电气暖报装事项优化为并联办理，形成由住建局窗口统一派单、报装公司跟踪服务、住建局效能考核的闭环审批机制。办理时限由原来的33个工作日压缩至10个工作日，办理材料由原来的46个精简为28个，市政公用报装线上审批数12个，比上年增长300%，提升市场主体的满意度和获得感。

【电子政务整合】2022年，师市行政审批局畅通全程网办通道，开展电子印章和电子证照梳理入库工作。通过梳理事项、数据共享、减证免证等举措进一步优化政务服务网上办事流程，压缩办理时限，降低企业和群众办事成本，实现政务服务水平提质增效。开展政府存量和增量纸质证照、相关证明、批文批复、鉴定报告、办事结果等材料向电子证照转换。实现相关电子证照从政务服务平台自动获取，开通182个电子证照。办理时限压缩比达83.1%，即办件率32.5%。实现依申请六类行政权力事项及公共服务事项可网办率100%，企业和群众“最多跑一次”率100%，企业和群众平均到场次数0.16次。

【数字政府建设】 2022年，师市行政审批局推进《“数智”七师发展规划（2023—2033）》编制工作，开展规划编制前期工作。建立覆盖师、团、连（社区）三级政务便民服务体系，覆盖11个团场、天北新区、胡杨河经开区及10个社区，搭建云桌面34个。加强胡杨河经开区智慧园区示范建设，投资30万元建立危化品车辆（普通车辆）、外来人员管理等公共管理服务平台。

【远程异地招投标】 2022年，兵团公共资源交易中心第七分中心开展150项远程异地评标工作，成交金额5.96亿元，占工程建设项目总交易额的12.68%。促进招投标向园区延伸，8月5日，胡杨河经开区（南区）预处理调节池、应急事故池建设项目（EPC总承包）和监理服务招标2个标段在经开区新建开标厅远程开标，标志着兵团公共资源交易中心第七分中心通过互联网技术手段实现与胡杨河经开区开标厅的互通互联，实现足不出户便可完成招标工作。年内，11家代理机构的64个项目完成远程不见面开标工作，中标金额11.79亿元，得到各招投标主体的认可。全年兵团公共资源交易中心第七分中心交易平台累计完成进场交易项目490项，总交易额48.69亿元。

【《热线900》问政直播】 2022年，师市行政审批局与融媒体合作，将民生类直播节目《热线900》打造成全网视频直播的问政类节目。5月10日，行政审批局主要领导做客《热线900》直播间，直面企业和群众诉求，查找工作短板和不足，切实转作风提效益。在首次视频直播中，有1612人参与，点赞量2075人次，现场接听电话20多部，梳理提高审批效率、加大网办比例、实施线上线下融合等5大类40个问题。

（刘继承）

2022年5月10日，师市行政审批局局长张晶（左一）应邀做客七师胡杨河市人民广播电台民生类节目《热线900》直播间，与职工群众进行线上交流 （张婷婷 摄）

外 事

【外贸企业服务指导】 2022年，师市党委外事工作委员会向外贸企业开展政策宣讲5次。组织辖区内6家外贸企业通过网络平台参加跨境人民币结算、中亚市场机遇分析、跨境电商发展等外经贸业务知识线上培训。6月28日，邀请石河子海关赴师市调研。

【出境人员保护】 2022年，师市党委外事工作委员会办公室加强师市籍境外中高风险国家（地区）人员安全保护工作。全年向师市籍中高风险国家（地区）人员累计推送风险提示信息123条，协助撤离中高风险地区人员7人。

（张勤仁）

侨 务

【暖侨行动】 2022年，师市党委统战部（台办、侨办）在元旦、春节等节日期间，开展“暖侨行动”，走访慰问台侨属50余人次，讲好中国故事、传播中国声音，增强爱党爱国情怀。

【短视频大赛】 2022年6—10月，师市党委统战部（台办、侨办）组织开展“追梦中华·奋进新时代·喜迎二十大”短视频大赛，共征集短视频6条。以短视频的方式、多视角展示在党的带领下师市侨界踔厉奋发、笃行不怠的精神面貌，激励侨界群众满怀信心奋进新征程、建功新时代，为党的二十大胜利召开营造浓厚氛围。

【侨务工作培训】 2022年7月20—23日，师市党委统战部（台办、侨办）组织师市台侨工作干部开展培训。培训内容包括党中央对台侨工作决策部署、兵团第八次党代会精神、侨务工作理论政策法规、海外统战工作、涉侨项目资金申报及管理、“侨胞之家”建设标准要求、师市归侨侨眷代表大会程序规范、海外兵团籍侨胞摸底统计务实、对台工作政策法规务实等，提升侨务干部的素质和能力。

（张　帅）

信访工作

【概况】 2022年，师市信访工作围绕“11345”施工路线图，着力为党的二十大营造良好的社会环境，落实积案化解和矛盾纠纷化解工作，建立完善信访工作高质量发展的长效机制，与上年相比，信访总量批次、人次下降，赴师市访批次、人次下降，网上信访总量下降。做好重要敏感节点的信访工作，完成辖区社会稳定保障任务。全年师市党委常委会专题研究部署信访工作8次，党政主要领导对信访工作作出批示98次，组织召开信访问题化解协调会25次，主持召开积案化解推进会10次。师市各级领导干部参与接访下访1216人次，接访职工群众606批739人次，下访职工群众300批392人次，化解信访事项827件次，化解率91.3%。

【网上信访】 2022年，师市推广“网上信访”工作机制，实现群众网上信访办理全过程“可跟踪、可查询、可评价”，形成“信、访、网、电、视频”五位一体的工作格局。将办信、接访、网上投诉、领导信箱等信访事项全部纳入网上信访信息系统进行流转，每件信访事项的受理、办理过程都在网上全程留痕，做到信息全录入、过程全公开、数据全生成。全年师市受理信访投诉总量887件，其中网上信访743件，网上信访占比83.8%。

【积案化解】 2022年，师市高度重视积案化解和巩固工作。8月底前，师市完成化解国家交办的37件两批重复信访积案和9件兵团交办的两批重复信访积案，化解率100%。针对已经化解的信访积案，主动做好人员回访、困难帮扶、人文关怀，实现师市信访积案“零”反弹。

【信访法治化建设】 2022年，师市把学习好、宣传好、贯彻落实好《信访工作条例》作为加强和改进新时代信访工作的一项重要任务来抓。师市各单位以“进企业、进连队、进社区、进楼栋、进市场、进机关、进学校、进军营”等多种形式在辖区内掀起宣传教育热潮，发放各类宣传资料3万余份，制作宣传展板200余幅，接受群众法律法规和政策咨询1万余人次。在师融媒体中心滚动展播宣传视频，在师市交通干道沿线、景点、文化宣传栏等显著位置张贴海报、悬挂横幅，营造浓厚的宣传氛围，转变过去群众信访不信

2022年4月29日，师市组织开展《信访工作条例》宣传活动。图为人民群众信访服务中心主任刘峥在师机关楼前向机关干部讲解《信访工作条例》

（刘笑天　摄）

法、固执己见的旧观念，重塑司法为民的良好形象。

【信访工作示范团场创建】 2022年，师市信联办指导各团场开展创建2022年度信访工作示范团场自评及创建工作，对各团场信访工作进行实地指导、不定期督查，根据信访数据统计分析，提出合理化建议。经中央信访工作联席会议办公室、国家信访局综合评审，一三一团获评“2022年度全国信访工作示范团场”。经兵团信访工作联席会议办公室、兵团信访局综合评审，一二三团、一二六团、一二八团、一三一团获评“2022年度兵团信访工作示范团场”。

（曹武警）

人事管理

【概况】 2022年，师市人社局认真落实《第七师面向社会公开招聘基层连队后备人才实施办法（试行）》文件精神，发放“两委”后备人才工资报酬及缴纳社保386人次，拨付工作报酬及社保补贴2351.5万元。扎实做好高校毕业生就业工作，持续跟进落实高校毕业生实名登记工作，全面摸清离校就业、未就业高校毕业生底数，登记到位、联系到位、帮扶到位。全年师市辖区高校毕业生就业1175人，其中疆外高校751人，自治区高校312人，兵团高校112人。完成46个事业单位的岗位设置，完成156个事业单位的岗位晋级变动、单位人员转岗、工勤人员岗位变动审核备案1111人次。师市县以下事业单位试行管理岗位职员等级晋升制度，师市管理岗位享受职员等级晋升待遇26人。师市专业技术人员继续教育培训工作采取网络培训形式，通过“新疆生产建设兵团专业技术人员公共服务平台”进行继续教育学习6470人，师市人社局审验专业技术人员学时申报共3024条。

（唐学斌　符丽霞　黄雪琴）

【“三支一扶”项目管理】 2022年，师市人社局持续加大“三支一扶”计划等基层服务项目实施力度，配合兵团完成招募2022年“三支一扶”志愿者资格初审、笔试、面试工作，对师市新招募的44名志愿者进行岗前和能力提升培训。按时足额为志愿者发放工作生活补贴以及缴纳社会保险，同时做好招录人员建档立卡和实名制动态管理工作。

（唐学斌）

【事业单位人员招聘】 2022年，师市人社局严格按照事业单位招聘程序要求组织开展4次招聘工作。其中，第一批次为教育系统校园招聘28人，免费师范生安置1人；第二批次为面向社会公开招聘107人；第三批次为面向服务期满且考核合格的“三支一扶”人员10人；第四批次为面向社会公开招聘119人，4次共招聘到岗265人。

【事业单位人事调配】 2022年，师市人社局根据《第七师胡杨河市机关事业单位人员调配管理暂行办法》精神，收集整理相关单位调配资料，召开3次人事调配会议，涉及调出师市、师市内部调整、选调、调整备案人员共计33人。其中，调出师市9人，调入4人，内部调整3人，师直属事业单位选调11人，调整备案4人。

（黄雪琴）

【人事考试】 2022年，师市人社局完成各类专业技术资格考试报名、资格审核1990人，其中卫生、护士类资格考试499人，会计专业技术资格考试397人，经济专业技术资格考试369人，社会工作者考试238人，执业药师、监理工程师、一级造价师、咨询工程师等12项职业（执业）资格考试487人。组织各类专业技术资格、职业（执业）资格考试35场次，共769人参考。其中，高级卫生专业技术资格考试2天，104人参考；护士执业资格考试1天，20人参考；卫生中初级专业技术资格考试机考4天，289人参考，卫生中初级纸考2天，108人参考；会计初级考试2天，238人参考；会计高级考试1天，10人参考。

【职称评审】 2022年，师市人社局做好师市职称申报和材料审核工作，共审核申报师市范围内15个专业系列的高、中、初级专业技术职称903人职称申报资料，其中教育系列273人、工程系列431人、卫生系列89人、职校党校系列40人、农业系列30人、其他系列40人。师市评审通过599人，其中副高级82人，正高级15人，中级186人，初级316人。

（符丽霞）

【职业技能培训鉴定】 2022年,师市职业技能培训9200人次,其中初级工4164人次、中级工1336人次、高级工505人次、技师以上95人次、专项职业能力2500人次、创业培训600人次。技能人才评价取得证书6341人次,其中职业技能等级认定取得证书4573人次、专项职业能力考核取得证书1768人次。完成考评员、高级考评员培训取证85人。

【人事档案管理及服务】 2022年,师市公共就业和人才服务局完善服务标准和流程,推进档案服务规范化、精细化,满足服务对象的基本需求。截至年底,共托管档案2.6万份,其中个体流动人员档案1.45万份,企事业单位和大学生档案1.15万份。全年接收和新建档案1002份、档案转递484份,工龄认定443人、档案查阅1373人、申报退休332人。完成流动人员人事档案数字化(一期)项目,加工完成数字化档案2.24万份,并上传至人事档案管理系统。

(唐学斌)

档案管理

【档案法律法规宣传】 2022年6月9日,是第十五个国际档案日,师市档案局利用师市门户网站和融媒体平台,通过播放档案宣传片、讲解档案小知识、参与档案知识答题等形式,向职工群众宣传档案法律法规;利用师市行政服务大厅和机关食堂的大屏幕,循环滚动播放国家档案局制作的档案宣传片,传播档案文化。

【档案行政执法】 2022年,师市档案局推动3类(行政许可、行政奖励、其他行政权力)8项审批服务事项(对外国组织和个人利用档案审查;延期向社会开放档案审批;对国有企业文件材料归档范围和保管期限表的审查;设置专门档案馆和企业事业单位档案馆的备案以及设置部门档案馆的审核;对在档案工作中做出显著成绩的单位和个人的表彰或者奖励;机关、团体、企事业单位以及中国公民利用档案馆保存的未开放档案的审查;对重点建设项目档案的验收;重大活动形成的档案的移交集中进政务服务大厅)。完成6类申请事项(许可、确认、给付、奖励、裁决、其他)质检和整改。

【档案数字化建设】 2022年,师市档案局投入22万元,用于馆藏档案数字化工作。至年末,完成1988—2020年馆藏保管期限永久和30年的档案数字化。

【机关档案接收】 2022年,师市档案局接收师市机关各部门移交归档文书档案4781件,其中永久卷3898件、30年卷883件,其他档案578件,照片档案51张,资料2500件。全年接待借查阅者102人次,借查阅案卷151卷次,576件次。

【档案安全检查】 2022年3月8日,师市档案局赴一二三团、一二四团、一二五团、一二七团、一二八团、一二九团、一三〇团、一三一团综合档案馆,重点检查档案馆库安全保障“八防”措施,发现问题及时反馈,限时整改。 (陆婷婷)

史志工作

【团场二轮志编修】 2022年,师市团场二轮志编修工作有序推进。《一二四团志(1996—2020)》《一二五团志(1996—2015)》《一二六团志(1997—2020)》《一二九团志(1998—2020)》4部团志完成终审,与新疆生产建设兵团出版社签订出版合同,移交出版。《一二八团志(1996—2020)》《一三一团志(1996—2021)》2部团志完成初稿撰写和初审。《一二三团志(1998—2020)》《一二七团志(1996—2020)》《一三〇团志(1999—2020)》3部团志处于初稿撰写阶段。

【《一三七团年鉴(2021)》出版】 2022年1月,一三七团党政办编纂的《一三七团年鉴(2021)》由新疆生产建设兵团出版社出版。该卷年鉴为总第20卷,坚持以习近平新时代中国特色社会主义思想为指导,立足提升年鉴的实用性,旨在反映一三七团2020年度政治、经济、社会、文化和生态环保、自然环境方面的基本情况和面貌,为社会各界提供准确可靠的信息资源。该卷年鉴设特载、专记、大事记、概览等22个类目,有89个分目,502个条目,收录图片100幅、表格30张。卷首设党的建设、经济发展、文化润疆、生态发展、维稳戍边,卷末附新疆生产建设兵团第七师胡杨河

2022年1月,《一三七团年鉴(2021)》出版发行

(师市史志办 供图)

市2020年国民经济和社会发展统计公报,编制索引。《一三七团年鉴(2021)》在保持基本框架相对稳定的情况下,对部分内容进行调整、更新、充实。其中原“概况”改为“概览”;将“档案管理”由条目升格为“档案”分目;“文化”类目更新为“文体旅游”。全书共40万字。 (叶文卉)

机关事务管理

【概况】 2022年,师市办公室贯彻落实中央八项规定,做好公务接待、财务管理、安全保卫、公车管理、公共机构节能、办公用房清查及师机关后勤保障等各项工作。探索新形势下机关事务发展的特点和规律,创造性地开展工作,为各机关单位和干部职工做好服务工作。完成师党委重要接待任务26批178人次,其中国家级1批次10人次、大型投资考察团1批10人次。推进申报兵团节约型示范单位创建,创建完成师市61个行政事业单位能耗数据的统计、汇总、分析及上报工作。

【车辆管理】 2022年,师市办公室开展2022年度公务用车清查管理工作,掌握师市公务用车情况。至年末,师市各级党政机关及师直属事业单位公务用车有338辆(含新购置新能源汽车10辆)。党政机关公务用车有299辆,其中执法勤务用车182辆,特种专业技术用车19辆,其他公务用车98辆。事业单位公务用车有39辆,其中特种专业技术用车15辆,其他公务用车24辆。

【房产管理】 2022年,师市办公室做好机关办公用房、干部宿舍、职工宿舍等房产使用管理工作,统计44个部门的编制情况及办公用房使用情况,制定8个行政部门、24个事业单位搬迁方案,协调组织搬迁工作。推进周转房及宿舍管理工作,完成对40套周转房和217间朝阳苑宿舍的实名登记及房屋验收、2套周转房维修。

【后勤服务】 2022年,师市办公室开展机关消防检测维保工作,其中检测检修维保中央空调35台主机、400个分机;进行25台饮水机检修维护、65次机关公共设施设备大小故障维修、984辆车牌录入、400个灭火器更换,21次各部门展牌及横幅摆放申请的审核和规划、96路机关监控的检测维修、3个办公区501盆花卉的租赁和管理、400个灭火器更换,指导物业做好师机关安保、消杀、保洁、会服等工作。

(张 琪)

中国人民政治协商会议
胡杨河市委员会

（孟庆忠　摄）

综　述

【工作成效】 中国人民政治协商会议胡杨河市委员会（简称政协胡杨河市委员会）于2022年2月20日正式成立。2022年，在师市党委坚强领导下，市政协坚持以习近平新时代中国特色社会主义思想为指导，学习宣传贯彻党的二十大精神，学习贯彻习近平总书记视察新疆和兵团重要讲话重要指示精神，坚持团结和民主两大主题，切实履行政治协商、民主监督、参政议政职能，把坚持和发展中国特色社会主义作为巩固共同思想政治基础的主轴，把加强和改进新时代人民政协工作，紧紧围绕中心服务大局作为工作主线，把加强思想政治引领、广泛凝聚共识作为中心环节，团结带领市政协各参加单位和广大政协委员，在完整准确全面贯彻新时代党的治疆方略上履职尽责，在经济社会发展上建言资政，在统筹发展和安全上主动作为，在促进保障和改善民生上凝心聚力，在推进协商民主和提升履职能力上积极实践，为师市经济社会高质量发展贡献政协智慧和力量。

【市政协党组及市政协常务委员会】 政协胡杨河市第一届委员会常务委员会的组成人员考虑广泛性和代表性，兼顾党内外、民族、性别、界别、地域及行业，师市党委、行政有关部门、企事业单位、经开区和工商联、共青团、妇联等群众团体以及所属团场都有人选。按照师市党委常委会会议要求，第一届政协常委会组成人员共23人。其中，汉族20人，占86.96%，少数民族3人，占13.04%；妇女7名，占30.43%；政协主席1人、副主席4人，常委委员18人。政协胡杨河市第一届委员会主席为冀晓彤；政协胡杨河市第一届委员会副主席是侯江华、王世芳（女）、王洪芳（女）、高延强。

【政协机关内设机构】 政协胡杨河市委员会内设机构为“一办五委”，分别为：政协办公室、提案委员会、经济科技环境委员会、教文体卫史委员会、民族宗教社会法治委员会、学习和联络委员会，协调、组织委员履行政治协商、民主监督职能，做好参政议政工作。

【政协委员】 政协胡杨河市委员会自筹备至2022年1月，经过反复酝酿、综合平衡、充分协商，广泛听取各方面意见，通过相关程序确定政协胡杨河市第一届委员会共有120名政协委员。其中，中共党员87名，占72.5%，党外人士33名，占27.5%；汉族114名，占95%，少数民族6名，占5%；妇女32名，占26.67%。

（尚梦琪）

重要会议

【政协胡杨河市第一届委员会第一次会议】 2022年2月17—20日，中国人民政治协商会议胡杨河市第一届委员会召开第一次会议，会期4天。应到委员120人，因事、因病请假4人，实到116人。会前，为做好胡杨河市政协一届一次会议的相关准备工作，确保会议阶段筹备工作规范、有序开展，政协筹备组会同党委组织部、人大筹备组对胡杨河市政协一届一次会议时间、列席范围及会议议程进行商定，起草《关于召开中国人民政治协商会议胡杨河市第一届委员会第一次会议有关事项的请示》，并提请师市党委常委会会议审议通过。

根据议程安排，胡杨河市政协一届一次会议分别召开委员培训会议、两会党员大会、预备会议、主席团第一次会议、各组召集人会议、第一次全体会议（开幕大会）、党委召开党外人士座谈会、分组讨论（第一次）、提案审查委员会第一次会议、列席人大第一次全体会议、分组讨论（第二次）、第二次全体会议、提案审查委员会第二次会议、常务主席会议第一次会议、主席团第二次会议、分组讨论（第三次）、常务主席会议第二次会议、主席团第三次会议、分组讨论（第四次）、第三次全体会议第Ⅰ阶段选举大会、第三次全体会议第Ⅱ阶段闭幕大会。会议听取讨论各类报告，通过政协胡杨河市第一届委员会第一次会议提案审查委员会关于政协一届一次会议提案审查情况的报告；通过政协胡杨河市第一届委员会第一次会议政治决议；选举冀晓彤为政协胡杨河市第一届委员会主席，侯江华、王世芳（女）、王洪芳（女）、高延强为副主席。师市党委书记、政委李华斌在第一次全体会议、党外人士座谈会、第三次全体会议上讲话。

不是政协委员的师领导，人武部、中级人民法院、检察分院主要领导，人大党组成员，不是政协委员的师市直属机关、企事业单位一名主要领导和各团场党委书记、团长，部分离退休师级领导受邀参加开幕、闭幕会议。

【政协胡杨河市第一届委员会常务委员会会议】 2022年3月17日，政协胡杨河市第一届委员会常务委员会第一次会议召开，政协胡杨河市委员会主席、副主席、常务委员参加。会议传达学习全国两会精神；讨论通过胡杨河市政协专门委员会组成人员名单；听取近期工作通报及下一阶段工作安排。

4月27日，政协胡杨河市第一届委员会常务委员会第二次会议召开，政协胡杨河市委员会主席、副主席、常务委员参加。会议传达学习习近平总书记近期重要讲话精神和汪洋同志在新疆调研时的重要讲话精神；总结汇报第一季度工作情况；通过《政协胡杨河市委员会2022年协商计划》《中国人民政治协商会议胡杨河市委员会全体会议工作规则》《中国人民政治协商会议胡杨河市委员会常务委员会工作规则》《中国人民政治协商会议胡杨河市委员会专门委员会工作规则》《中国人民政治协商会议胡杨河市委员会委员履职考核办法（试行）》《政协胡杨河市委员会内设机构职责》《关于建设政协胡杨河市委员会“委员之家”的实施意见（试行）》《政协胡杨河市2022年重点领域视察调研和民主监督工作实施方案》。

12月22日，政协胡杨河市第一届委员会常务委员会第三次会议召开，政协胡杨河市委员会主席、副主席、常务委员参加。会议审议《政协胡杨河市第一届委员会常务委员会工作报告（草案）》《政协胡杨河市第一届委员会常务委员会关于提案工作情况的报告（草案）》及政协胡杨河市第一届委员会第二次会议议程、日程；研究政协胡杨河市一届二次会议有关事项；审议通过2022年度拟表彰政协提案承办先进单位、优秀政协委员。

（尚梦琪）

协商议政

【提案办理】 2022年，政协胡杨河市第一届委员会第一次会议召开后，全市各族各界政协委员、政协各参加单位和各专门委员会，发挥专门协商机构作用，通过提案建言献策、凝聚共识，为师市经济社会发展贡献智慧力量。全年提交提案35件，经审查立案34件，交办15个主办、6个协办单位办理。其中，所提问题已经解决或者基本解决的占79.41%，已列入规划待条件成熟逐步解决的占14.71%，留作工作参考的占5.88%，全年全部答复完毕，委员对提案办理满意和基本满意率100%。

【社情民意信息征集报送】 2022年，政协胡杨河市委员会发挥政协委员所联系界别的专业优势，紧扣师市党委、政府中心工作，组织和引导委员深入团场连队、企事业单位等地，围绕各自领域具有综合性、全局性、前瞻性的问题，聚焦社会关切的难点、热点和苗头性问题，开展调查研究，做好社情民意采集工作。全年征集上报社情民意信息约稿27篇，向自治区政协报送16篇，其中卢晓勇委员上报的《提高兵团医疗保障水平的建议》被自治区政协办公厅《新疆政协委员建言》采纳，得到兵团党委主要领导批示。

【“我为党的二十大建言献策”活动】 2022年，政协胡杨河市委员会按照自治区政协办公厅下发的《关于广泛参与“我为党的二十大建言献策”征集活动的通知》有关要求，向广大市政协委员征集建议，共征集社会、经济、文化等各方面留言67条。

【“书香政协”读书活动】 2022年，胡杨河市政协制定《胡杨河市政协委员读书活动实施方案》，明确组织机构、活动主题、线上线下读书活动开展的方法，建立5个界别委员读书群，推荐委员读书会的书目，撰写线上线下交流读书心得体会429篇。开展“委员论坛”活动，引导政协委员运用正确的立场、观点、方法，观察问题、分析问题、解决问题，形成畅所欲言、各抒己见、理性有度、合法依章的建言献策氛围。

（尚梦琪）

视察调研

【视察活动】 2022年，政协胡杨河市委员会组织政协委员通过巡视察看，检查指导，进一步推动工作。针对市域社会治理现代化状况，组织委员视察一三七团金边南路社区管理情况。针对推进乡村振兴战略，组织委员视察一二三团十一连生猪全产业链、一二五团旺忠种鸡合作社、金逸养殖合作社、四连养牛合作社的经营状况。针对保障粮食安全，组织委员视察一三〇团兵沃种植专业合作社、二十连小麦优质高产示范田、农科所30公顷棉花品种示范基地。针对养老机构建设，组织委员视察一二三团养老院、一二六团养老院等。

2022年7月18日，胡杨河市政协组织政协委员围绕乡村振兴在一二八团开展调研 （张进进 摄）

【调研活动】 2022年，政协胡杨河市委员会共组织开展5次调研活动。围绕“服务落实新时代党的治疆方略，实现社会稳定和长治久安总目标”调研课题，组织10名政协委员赴一三七团、一二九团、一二三团连队（社区）开展调研，重点了解边境管控、职工管理和社区治理情况，形成《关于师市团场维稳戍边能力建设情况调研报告》，对3个方面的12个问题提出9条意见建议。

围绕“铸牢中华民族共同体意识，加强各民族交往交流交融”调研课题，组织16名委员到一二四团、一三〇团、仁和纺织公司走访调研，重点了解民族团结教育、创建、联谊等活动开展情况，形成《铸牢中华民族共同体意识调研报告》，对3个方面的问题提出6条意见建议。围绕“深化团场改革，全面实施乡村振兴战略”调研课题，组织14名委员到一二三团、一二五团、一二七团、一二八团、一三〇团、农发集团走访调研，重点了解粮食安全、连队人居环境整治、产业振兴、项目建设等工作情况，形成《关于全面推进乡村振兴的调研报告》，对3个方面的11个问题提出13条意见建议。围绕“健全养老服务体系，提升养老服务质量”调研课题，组织15名委员到一二三团、一二六团、一三一团调研，针对居家养老、机构养老、日间照料等情况，形成《关于加快健全养老服务体系调研报告》，对5个方面的问题提出12条意见建议。围绕“优化营商环境，发展壮大民营经济”调研课题，组织22名政协委员分别到各团场和胡杨河经开区、润泰纺织、华桉纺织、仁和纺织等单位走访调研，形成《进一步优化营商环境，发展壮大民营经济调研报告》，对3个方面的5个问题提出7条意见建议。其中，《关于师市团场维稳戍边能力建设情况调研报告》《关于全面推进乡村振兴的调研报告》《关于加快健全养老服务体系调研报告》3篇调研报告向师市党委、政府提交后得到师市党政主要领导的肯定并做出批示。 （尚梦琪）

中共第七师胡杨河市纪委
第七师胡杨河市监委

（黄　虎　摄）

综　述

【工作成效】 2022年，中国共产党第七师胡杨河市纪律检查委员会与第七师胡杨河市监察委员会（以下简称师市纪委监委）以习近平新时代中国特色社会主义思想为指导，学习贯彻党的二十大精神，切实发挥监督保障执行、促进完善发展作用，旗帜鲜明正风肃纪反腐，为师市经济社会高质量发展提供坚强政治保障。师市纪委监委坚持集体学习制度，通过纪委常委会、理论学习中心组学习、党支部“三会一课”等形式，学习贯彻党的二十大精神、习近平总书记关于全面从严治党、推进党的自我革命等重要论述，开展集体学习23次，支部书记上党课4次，开展主题党日活动9次，各党小组开展学习21次，支部党员撰写心得体会76篇，撰写调研报告7篇。

【纪检监察体制改革】 2022年，师市纪委监委深化师市纪检监察体制改革，对师市各单位纪委书记分管工作及不应参与的议事机构进行规范和清理。新成立基层纪委4个和机关纪委1个，建立师市纪委监委领导班子联系点制度。调整派驻纪检监察组监督范围，完善师市纪检监察片区联合工作组工作机制，对师市3个纪检监察片区联合工作组组长进行调整，统筹做好片区内作风互查、交叉办信、协同办案，做实做好监督执纪问责和监督调查处置工作。

【纪检监察干部队伍建设】 2022年，师市纪委监委机关和党风廉政教育中心有干部36人，其中委领导8人，配备乡科级正职6人，乡科级副职及以下干部22人。师市纪委监委把加强干部队伍建设摆在突出位置，推动纪检监察干部队伍规范化、法治化、正规化建设。树立正确选人用人政治标准和实绩导向，提拔4名年轻干部担任委机关内设科室主任，对7名干部进行科室内部调整。在急难险重工作中选派28名干部下沉连队、社区等一线岗位锻炼。加强纪检监察干部学习培训和教育，召开基层纪委书记工作例会3次，举办师市纪检监察系统干部法治培训班、学习宣传贯彻党的二十大精神培训班2期，培训基层纪检监察干部、纪检委员等170人次，抽调3名团场纪检干部到师市纪委监委机关跟班学习。建立咨询专家制度，聘请27名师市各行业专家，助力师市纪检监察工作高质量发展。　（张鹏飞）

重要会议

【十届师市纪委二次全会】 2022年2月22日，中国共产党第七师胡杨河市第十届纪律检查委员会召开第二次全体会议，师市党委书记、政委、人大常委会主任李华斌出席会议并讲话。全会由师

2022年2月22日，中国共产党第七师胡杨河市第十届纪律检查委员会第二次全体会议在第七师胡杨河市召开
（唐婉丽　摄）

市纪律检查委员会常务委员会主持。会议总结2021年师市纪检监察工作，研究部署2022年工作任务，审议通过徐明惠代表师市纪委常委会所作的《强化使命担当 忠诚履职尽责 为深入推进新时代第七师胡杨河市事业高质量发展提供坚强纪律保障》工作报告。会议要求，要坚定不移正风肃纪反腐，持续深化“三不”一体推进，加强纪检监察机关规范化、法治化、正规化建设，不断提升纪检监察工作治理体系和治理能力现代化水平，为深入推进新时代第七师胡杨河市事业全面发展提供坚强纪律保障；坚定坚决强化政治监督，以“两个维护”实际行动推动党中央重大决策部署落地见效；坚定坚决一体推进不敢腐、不能腐、不想腐，巩固反腐败斗争压倒性态势；坚定坚决整治形式主义、官僚主义，深化党员干部作风建设；坚定坚决落实中央巡视工作方针，不断提升巡察工作质效；坚定坚决发挥监督保障执行和促进完善发展作用，不断增强监督治理效能；坚定坚决用伟大建党精神立根铸魂，锻造对党绝对忠诚的执纪执法铁军。

【师市纪委常委会、监委委务会会议】 2022年，师市纪委常委会、监委委务会坚持以习近平新时代中国特色社会主义思想为指导，深入贯彻全面从严治党方针政策，坚定不移推进党风廉政建设和反腐败斗争，构建一体推进不敢腐、不能腐、不想腐体制机制，从严加强自身建设，自觉接受监督。全年召开纪委常委会、监委委务会会议9次，及时跟进学习习近平总书记重要讲话重要指示批示精神，传达学习党中央重大决策部署，中央纪委国家监委、兵团党委、兵团纪委监委和师市党委的重要文件、重要会议精神，研究部署师市纪检监察工作事项。

（张鹏飞）

党风廉政建设

【概况】 2022年，师市纪委监委推进党风廉政建设和反腐败工作，抓好中央八项规定及其实施细则精神贯彻落实，持之以恒纠治“四风”，进一步巩固师市健康平稳的发展环境、风清气正的政治环境、国泰民安的社会环境。做好党风廉政宣传教育，印发《2022年师市党风廉政宣传教育工作计划》，持续强化党员领导干部廉政和警示教育，通过召开警示教育大会、观看警示教育片、通报典型案例、讲廉政党课、参观廉洁教育基地等多种形式，教育引导师市党员干部筑牢思想道德防线，增强拒腐防变能力。全年通报曝光违反中央八项规定精神典型问题4起，师市各单位召开各类警示教育大会60余场、集体廉政谈话会40余次。

【党风廉政教育月活动】 2022年，在第24个党风廉政教育月期间，师市纪委监委举行以“学纪法树新风，推动兵团第八次党代会精神落地见效”为主题的第24个党风廉政教育月主题活动暨廉洁教育基地启动仪式，师市领导、机关部门主要负责人，各团场党政主要领导、师市各直属机构主要领导100余人参加。组织师市各级党组织参观廉洁教育基地，受教育党员领导干部2900余人；组织2000余名党员干部开展党纪党规和德廉知识测试；举办廉政教育大讲堂92场次。党风廉政教育月期间，师市各单位在兵团、师市等媒体发布信息180余条。

【作风建设】 2022年，师市纪委监委聚焦关键环节和重点领域，持续开展纪律作风专项检查，制定《师市重点工作纪律作风专项监督检查实施方案》，重点对项目建设、招商引资、作风建设等工作落实情况进行督查，发现4个方面11个问题，提出意见建议9条，及时督促整改落实。发布《关于专项整治违反中央八项规定精神问题的公告》，通过网络、报纸、广播等媒体进行宣传，营造清正廉洁的氛围。狠抓会风会纪，下发通报2期，问责单位2个、领导干部7人。

【纪律建设】 2022年，师市纪委监委加强党员干部的党章党规党纪教育，组织师市各级党员干部观看警示教育片2部，通报违纪违法典型问题10件，开展《中华人民共和国监察法实施条例》宣讲7场，筑牢廉洁自律思想防线。紧盯节点，下发严肃廉洁纪律通知4次，典型案例通报2期，发送廉洁短信8000余条。对受到轻处分的10名干部开展回访教育，激励干部积极向上、担当作为。

【廉洁教育基地投入使用】 2022年7月，师市廉洁教育基地建成并投入使用。教育基地位于一二六团团部，占地总面积9800平方米，建筑面积2500平方米，总投资2000万元，是师市党委推进党风廉政建设和反腐败斗争的重要载体和师市广大党员干部开展廉政教育和警示教育的重要场所。教育基地主要包括廉洁教育展厅、廉洁文化作品陈列创作室、主题党日活动室、讨论室、多功能会议厅及室内外文化展览区等。整体以中华优秀廉洁文化、中国共产党崇廉倡廉守廉历史及典型人物的正向引导为主，以身边人、身边事典型案例的警示教育为辅。 （张鹏飞）

监督执纪

【概况】 2022年，师市纪委监委聚焦“两个维护”，以政治监督为统领，围绕师市党委重点工作和民生热点难点问题，主动履行监督责任，探索推进“四项监督”贯通融合，构建日常监督、专项监督等相结合的立体监督网，形成监督合力，提高监督效能。坚持从严执纪，认真践行监督执纪“四种形态”，深入开展反腐败斗争，管住和保护大多数党员干部，惩治极少数腐败分子，一体推进“三不”机制建设，营造风清气正的政治生态。

【政治监督】 2022年，师市纪委监委把严明政治纪律和政治规矩放在首位，推进政治监督具体化。加强对各级各部门贯彻落实习近平总书记关于兵团工作的重要讲话和重要指示批示精神的情况监督，加强对落实深化改革、乡村振兴、生态环保等重大决策部署监督，对打折扣、做选择、搞变通的10名党员领导干部进行追责问责。

【专项监督】 2022年，师市纪委监委针对团场职工土地承包流转、“两委”成员农机经营、公务接待“吃公函”、落马领导干部在农村圈地建豪宅、破坏营商环境问题等开展专项督查和整治，严查职工群众身边的不正之风和腐败问题。组织开展专项监督，对在工作中存在不作为、慢作为等问题的56名党员领导干部进行严肃追责问责。

【日常监督】 2022年，师市纪委监委完善监督检查制度，制定《关于新形势下加强基层纪委监督工作的实施意见》《第七师胡杨河市纪委监委再监督再检查办法（试行）》，推动纪委监督专责和行业职能部门监管职责贯通融合。参与师市乡村振兴专项资金、困难救助补助资金发放、上级大额专项转移支付资金执行等各类督导检查10余次，发现问题23个，对6名党员领导干部给予组织处理。严肃换届纪律，对胡杨河市人大、政协换届选举进行监督，营造风清气正的换届环境。严把政治关和廉洁关，对干部选拔任用、发展党员等廉洁审查1048人次，提出暂缓或否定性意见4人次。

【信访监督】 2022年，师市纪委监委开展重复、越级信访和疑难信访案件集中攻坚化解，对职工群众反映强烈的基层信访问题进行提级研判。全年受理检举控告类信访举报139件，其中初次检举控告举报101件，办结77件，办结率55.4%。

【审查调查】 2022年，师市纪委监委以零容忍的态度查处腐败案件，定期召开问题线索处置调度会，对问题线索处置的全过程跟踪督办，狠抓审查调查安全，确保问题线索件件有落实、事事有结果。师市各级纪检监察机关受理问题线索112件，处置问题线索109件，立案50件，结案37件，党纪政务处分37人，留置并移送检察机关1人。坚持惩前毖后、治病救人，将“四种形态”落实到执纪执法全过程，统筹运用党性教育、政策感召、纪法威慑，教育挽救一批干部。运用“四种形态”教育帮助和处理117人次，其中第一种形态79人次，占比67.52%；第二种形态26人次，占比22.22%；第三种形态4人次，占比3.42%；第四种形态8人次，占比6.84%。 （张鹏飞）

巡察工作

【概况】 2022年，师市党委巡察工作坚持“发现问题、形成震慑、推动改革、促进发展”的巡视工作方针，不断提高政治站位，准确把握职能定位，深化政治巡察。围绕“三个聚焦”，坚持问题导向，强化“靶向治疗”，编制十届师市党委巡察工作规划和2023

年度巡察工作要点。开展十届师市党委第一轮、第二轮常规巡察，开展巡察工作交流会，推进师市党委巡察工作向高质量迈进。加强巡察队伍建设，师市纪委常委任巡察办主任到位，配齐3名巡察组组长，新增设立巡察办综合科和人员。调整完善18名组长库、35名副组长库和106名人才库建设。

【巡察工作五年规划】 2022年1月4日，制定《起草十届师市党委巡察五年工作规划方案》，成立师市党委巡察五年规划起草工作领导小组，按照方案提出的起草要求、时限和步骤，推进各环节工作。1月6日至10日，师市党委巡察办对师市基层党组织数量进行全面摸底，为科学编制十届师市党委巡察工作规划奠定基础。先后到师市党委政研室、组织部、宣传部等相关职能部门和部分被巡察单位党组织进行为期一周的调研，听取意见，征求意见建议4条。全面梳理九届师市党委巡察工作经验和不足，吸取好的经验做法固化到巡察规划中。4月12日，师市党委常委会会议审议通过《十届第七师胡杨河市党委巡察工作规划（2022—2026年）（试行）》并印发。

【巡前工作】 2022年，根据第一轮、第二轮巡察对象特点和工作需要，师市党委巡察办统筹安排党风廉政建设等23门课程，集中开展2轮为期6天47人的专题培训。落实关于抽调巡察干部有关要求，加强巡察和保密纪律教育，全体巡察干部分别签订“严守巡察工作纪律承诺书”“巡察干部遵守‘十个禁止’承诺”，巡察结束后签订脱密协议书。与兵团巡视办同步开展巡前培训，与第五师、九师、六师、十一师开展经验交流。定期组织全体巡察干部常态化开展政治理论和业务知识学习，年初8名巡察干部参加“兵团巡视巡察干部视频培训”，打造能力强、作风硬、素质优的巡察队伍。

【巡察工作规范化建设】 2022年，自第一轮常规巡察后，师市党委3个巡察组全部使用单机系统。从巡察筹备到巡察反馈，对发现的问题和线索做到全程“实录”和全程“跟踪”，提高问题和线索的动态管理。加大巡察工作中制作问题底稿的规范化要求，第一轮常规巡察期间，共形成438份问题底稿、11份线索底稿。巡察工作进驻阶段结束后，巡察办将所有问题和线索分类汇总，做到统一编号录入、统一处置分流、统一交办督办、统一反馈归档，做到第一轮巡察事事有回音，件件有着落。

【巡察工作开展】 2022年，师市党委巡察办对被巡察党组织在坚持党的领导、加强党的建设、全面从严治党及履行职能责任情况开展监督。针对两轮巡察全面从严治党阶段性要求和师市经济社会发展中出现的新问题、新情况，将监督清单充实调整为“82个是否”。坚持“指导督导一体”工作模式，巡察工作领导小组在巡察期间开展指导督导5次；组织巡察组之间开展经验交流座谈会1次；开展巡察中期调研2次，组织召开中期汇报会1次，及时协调解决巡察工作中存在的突出问题。第一轮巡察形成单项报告15份、专题报告4份、综合报告1份，发现3大类438个问题，完成整改372个，立行立改56个，发现巡视巡察及审计反馈问题整改16个，移交线索12件。12月5日，第二轮巡察工作3个巡察组进驻一二五团、一二七团、天北城投开展巡察。

【巡察整改落实】 2022年，师市党委巡察办将前期巡视巡察和审计问题整改纳入十届师市党委两轮巡察的重点监督内容，对第五轮、第六轮巡察“回头看”整改方案审核把关，对不符合要求的整改措施要求修改重报，确保整改取得实效。对被巡察党组织整改方案逐条逐项进行集中会审、对照分析，重点看被巡察党组织问题认领是否全面、整改责任是否明确、整改成效是否明显、责任追究是否有力、建立长效机制等内容，并提出10余条修改建议。将整改方案统一梳理汇总后，以公文形式书面反馈师市纪委监委、党委组织部和被巡察党组织。第一轮巡察对15个被巡察党组织巡察整改方案进行集中会审，书面反馈意见建议3条，整改3条。发挥纪检、组织、巡察办在整改中的职能作用，均派部门主要领导参加第一轮巡察反馈会议。师市纪委监委下发《工作提醒》1份，电话提醒5次，开展面对面提醒谈话4次，将整改结果纳入年度考核内容。

（孟婉玉）

群众团体

（高曙光　摄）

第七师胡杨河市总工会

【概况】 2022年末，师市有基层工会45个，其中团场工会11个、园区工会2个、工交建商工会13个、事业单位工会11个、党政机关工会6个、行业工会2个。有专（兼）职工会工作人员191名，工会会员3.6万名。全年师市工会系统在《工人时报》、《兵团工运》、《奎屯日报》、兵团工友、胡杨融媒等报刊、网址上刊发各类新闻稿件1457篇，其中省级用稿135篇、地州级用稿1322篇。

【组织建设】 2022年，师市总工会健全和完善各项民主管理制度。职工代表大会、厂务公开、职工董事监事等企事业单位民主管理制度逐步规范，民主管理作用进一步体现。全年各单位工会召开职工代表大会18次，职代会建制率、职代会职权落实率、职工代表培训率和职代会票决制均达到97%以上，职工的合法权益得到有效维护。师市各单位报送的5部民主管理微视频作品在兵团企业民主管理微视频征集活动中获奖，其中北方建设集团作品入选全国企业民主管理微视频大赛，并在工人日报App上进行展播。全年师市总工会分两批次向各基层工会拨付专项慰问资金33.1万元，走访慰问一线工作人员5批次400余人次，送去慰问物资价值4万余元。

【"中国梦·劳动美·兵团好"系列活动】 2022年，师市总工会组织开展各类群众性文体活动，以线上活动为主。先后举办主题为"中国梦·劳动美·兵团好——喜迎二十大·建功新时代"职工线上运动会、棋类比赛、职工线上读书心得分享等专项活动28场次，2.6万余人次参与。组织师市代表队参加兵团棋类比赛并获团体三等奖。联合师市文体广旅局等部门举办胡杨河杯职工乒乓球比赛、"我健康·我快乐"健步走活动。主办并录制"五一"国际劳动节主题宣传教育活动暨"致敬劳动者"文艺晚会1期，观众达3.5万余人。开展兵团职工摄影作品巡回展活动15天，5000余人次观看展览。举办歌曲、舞蹈、诵读、曲艺小品、摄影、微视频征集活动6次，征集各类作品千余部，集中反映师市职工群众听党话、跟党走积极生活的美好画面。

【女职工工作】 2022年，师市总工会以庆祝"三八"国际妇女节、"女职工维权月"等活动为抓手做好女职工工作。关心关爱女职工群体，举办女职工中医知识讲座3场次，惠及女职工200余名。通过组织义诊、举办文艺晚会、趣味运动会等方式展现巾帼风采，参与各类活动的女职工9303人次。"三八"国际妇女节期间，各级工会走访慰问家庭困难女职工60余户、女职工集体6个，送去慰问金和慰问物资近10万元。举办师市公安系统、医疗卫生系统、各直属单位女职工集体观影活动，224名一线岗位女职工观看爱国主义教育影片《长津湖之水门桥》3场次。举办"玫瑰书香"女职工阅读活动，共征集各类作品298部，向兵团推荐作品78部。

【"四季送"品牌活动】 2022年，师市总工会常态化开展"春送岗位""夏送清凉""金秋助学""冬送温暖"系列暖心活动。联合师市人社局等部门组织专场招聘会6次，免费提供就业咨询、法律援助等服务。为高温户外的一线职工送去价值11万余元防暑降温物资。提供17.4万元助学金帮助28名学子圆梦大学。元旦、春节期间，走访慰问坚守岗位的一线职工，送去价值24.7万余元的慰问物资；全覆盖走访慰问各级劳模和先进工作者291名，发放专项补助资金36.96万元。师市总工会加大对困难职工帮扶救助力度，使用中央专项帮扶资金158万元，为164户在档困难职工家庭解决因学、因病、因灾导致的暂时性生活困难。

【职工素质培训】 师市总工会全员职工素质培训于2021年11月5日正式启动，持续到2022年3月中旬。各单位工会组织职工群众开展法规政策宣传、健康卫生知识、安全教育、实用技术、市场秩序监督与管理、军事体能训练等培训614班次，参培2.57万人，约占团场职工总数的68%。通过形式多样、内容全面实用的课程来丰富广大职工群众的冬季农闲生活，建设知识型、技术型、创新型的高素质劳动者队伍。

【自主创业示范项目】 2022年，师市总工会以兵团职工自主创业示范项目为抓手，促进职工多元增收。全年批准立项职工自主创业示范项目6个，发放项目贴息资金40万元，带动225户职工创业增收。

【劳模工作】 2022年，师市总工会加强劳模选树和培养，有序推进师市级劳模和先进工作者评选工作。以师市党委、师市名义选树表彰师市级劳模和先进工作者20人，在"七师零距离"微信公众号和《奎屯日报》开设专版2期，宣传劳模先进事迹。在职业技术学校举办"劳模工匠进校园"活动，引导广大青年学子学先进、赶先进，为弘扬劳模精神、劳动精神、工匠精神营造良好氛围。向兵团及自治区总工会推荐兵团维稳戍边劳动奖、兵团模范职工之家等各类先进集体和个人16个，其中7个集体和3名个人获得兵团及以上荣誉。 （朱　熠）

中国共产主义青年团第七师胡杨河市委员会

【概况】 2022年，中国共产主义青年团新疆生产建设兵团第七师胡杨河市委员会（简称师市团委）下属基层团委35个，团总支3个，团工委3个，团支部360个，团属社会组织1个；学校少工委12个，少先大队16个，少先中队274个，少先队辅导员273人。至年末，有18~35岁青年3万人，其中团员6480人、少先队员6952人。张雪莲获"全国优秀少先队辅导员"称号，李佳获"全国优秀共青团干部"称号。

【共青团组织建设】 2022年，师市团委加强共青团自身建设，全面落实从严治团，推进基层团组织规范化建设，成立天北经开区团工委，自下而上推进连队（社区）、团场实施团组织换届工作。持续强化团干部队伍管理，建立和完善团干部述职评议制度，完成团场、学校等重点领域团组织书记配备，师市少先队总辅导员配齐。推进"智慧团建"系统建设，落实好团员发展、团费收缴、团员档案管理等规范化建设工作，全年新发展团员279名，全部录入"智慧团建"系统。加强"团队衔接"和团前教育，落实少先队推优入团工作，全年推优入团103人。实施团员先进性评价等激励机制，制定《第七师胡杨河市共青团推优入党工作实施细则（试行）》，全年推优入党团员91人。为青少年及团员活动提供阵地，13所"青年之家"建成并投入日常使用。

【青少年思想引领】 2022年，师市团委推进"青年大学习"、"红领巾爱学习"、青年讲师团等项目，开展"青年大学习"34期，涉及师市团员青年5.4万余人次。加强入团、入队的仪式教育，联合师市教育局在一三一团中学举办少先队新队员入队仪式示范活动，新入队少年儿童451人。组织师市范围内各学校开展"红领巾奖章"争章活动，构建阶梯式成长激励体系，涌现出12名优秀少先队员和1个优秀少先队大队，获兵团级四星章。持续抓好"少年说""少年学"等主题团队日、中华经典诵读等活动，覆盖师市全部少先队员。开展青少年演讲比赛1场次。参与兵团少工委举办的少先队鼓号队大赛，一二五团中学获兵团一等奖。开展师市范围内青少年融情营活动4次，兵地青少年融情活动2场，涉及青少年200余人次，有效促进兵团和地方青少年沟通交流。

【大学生志愿服务西部计划】 2022年，经团中央和兵团团委批准，师市2022—2023年实施大学生志愿服务计划186人，其中新招募志愿者118人、延期志愿者68人，延期率44.7%，岗位分布在师市机关及各团场、园区。8名志愿者选择留疆就业。7月24—31日，师市团委对新招募志愿者进行岗前培训，11月12—13日，全体西部计划志愿者参与学习党的二十大精神全员网络培训。全体西部计划志愿者被纳入师市青年志愿者协会并成为个人会员，日常开展"暖冬行动""河小青""红领巾课堂"等活动，发挥志愿者精神。2022年，第七师胡杨河市西部计划项目办获"全国优秀项目办"称号。

【青年志愿服务】 2022年，师市团委组织青年志愿者结合"我为群众办实事"实践活动和清明节、端午节等重要时间节点，开展"河小青"等志愿服务活动60余次。在雷锋活动月中为师市"雷锋车队"正式授牌，截至年底，车队有170余名队员，日常开展救助服务。师市团委联合"壹基金"开展"净水计划"行动，为师市6个学校提供净水设备。在"99公益日"活动中号召师市范围内群众捐款8.5万元，筹集"温暖包"564个，全部惠及师市范围内困境儿童。全年师市团委组织师市青年大学生志愿者利用寒暑假及法定节假日开展思想引导、学习辅导、亲情关爱等活动580余时，涉及少年儿童1600余人次。

【青年创业创新服务】 2022年，师市团委通过资金帮扶、技术培训、政策扶持，争取兵团“民生实事”青年创业增收行动专项资金60万元，并将全部资金发放至创业青年手中，扩大共青团组织青年创收增收影响力。至年末，成立12支青年突击队，发挥青年突击队、青年文明号、青年岗位能手等“青”字号品牌作用，鼓励支持团员青年创新创优创效。师市团委组织3人参加兵团青年岗位能手评选，其中车排子垦区检察院刑事检察部主任张芳获第11届“兵团青年岗位能手”称号。

【希望工程助学活动】 2022年，师市团委按照兵团青少年发展基金会要求，开展“中国茅台·国之栋梁——希望工程圆梦行动大型公益助学活动”，为2名学生申领一次性资助款共计1万元。参与兵团2022年第二季度“希望工程圆梦行动”，为七师高级中学3名学生申领资助款共计1.5万元，帮助师市困境青少年。

（韩利民　原可欣）

第七师胡杨河市妇女联合会

【概况】 2022年12月，师市妇联组织完成团场、企事业单位妇联组织换届选举工作。全师11个团场、2个经开区、企事业单位共33个妇联组织，选出20名妇联主席、42名副主席、248名执委，12名妇工委主任、14名副主任、82名执委，实现团场、经开区、企事业单位妇联组织全覆盖。全年师市妇联开展巾帼志愿服务56场次，参与人数1800余人，惠及715人次。王前进家庭被全国妇联表彰为2022年度全国最美家庭。

（毛贤英）

【宣传教育活动】 2022年，师市各级妇联组织通过先进典型宣讲、海报图册、观看故事片等形式讲好红色故事，共开展宣传活动47场次，宣传人数5000余人次。发挥妇女爱国主义教育阵地作用，各级妇联组织赴一二六团戈壁母亲场馆开展活动35场，受教育人数1142人。组织收听收看党的二十大报告，并通过公众号、微信工作群宣传，使会议精神深入人心。

【妇女创业就业项目】 2022年，师市妇联争取兵团和师市资金，助力妇女创业就业。争取兵团乡村振兴项目，一三一团百葡庄园、一二三团小云朵幼儿园等6个创业就业项目获30万元资金支持。争取师市财政资金20万元，扶持一二七团十一连任菊梅孵化和养鸡项目，孵化10批20万只，养鸡5000只，年纯收入10万元；一二七团九连于守珍养殖德州黑驴90头，纯收入15万元；解决妇女就业79人。

【妇女能力素质提升】 2022年，师市妇联联合文联在一二八团开展“非遗绽光彩 喜迎二十大”主题军垦剪纸培训，82名妇女参加，为打造七师一二八团剪纸文化之乡品牌培养一批本土剪纸人才。联合人社部门开展各类就业培训52场次，培训3031人次，开展就业援助月活动205场次，参与1万余人次。与淮安市妇联对接，争取5万元资金，举办巾帼

2022年7月30日，师市妇联在一三一团举办“戈壁巧女”巾帼电商公益培训班。图为开班仪式现场

（董艳秋　摄）

直播带货技能培训班，50人参加培训，帮助8名学员独立运用网络直播抖音平台开展业务。组织322名妇女参加兵团妇联举办的线上电商培训班，利用“戈壁巧女”平台，销售葡萄、蜂蜜等农特产品。

【妇联干部培训】 2022年，师市妇联邀请专业律师为各级妇联执委解读《中华人民共和国家庭教育促进法》，235人参训。师市各级妇联组织培训20期，妇联主席、副主席、业务及执委655人参加培训。组织师市67名妇女干部参加兵团妇联举办的“关注困难妇女群体，加强专项司法救助”培训班。

【家风家教宣传】 2022年，师市妇联利用“三八”妇女节、“六一”儿童节等节日开展法律知识、健康知识、家风家教宣传活动。组织各级妇联开展活动169场，其中文艺活动及趣味运动会131场次，发放5000余份宣传材料，接受咨询近130人次，受众3万余人次。宣传《中华人民共和国家庭教育促进法》相关内容，发放宣传单2000余份、红色书籍576本，制作展板16个，受众人数9219人次。在“胡杨融媒”客户端上开设家庭教育专栏，发布视频6个，各级妇联利用各类媒体发布家庭教育宣传视频47次，转发楼栋群597个，点击量3万余人次。开展“胡杨好家风 代代军垦情”家风征文，收到家风故事征文123篇，评出20篇优秀作品，推荐2篇在兵团学习强国上刊登。基层妇联举办各类家风故事分享会、座谈交流会、文艺汇演等35场次，参与人数2580人次。

【妇女儿童关爱服务】 2022年，师市妇联组织各级妇联开展2022寒暑期儿童关爱服务活动73场，发放宣传单1万余份。在“六一”儿童节等时间节点，为50名儿童送去价值1万元的慰问品和1万元的救助金，各级妇联走访慰问困境妇女家庭663户，送上米面油等价值4.23万元的慰问品。开展“巾帼暖人心”行动，向全国妇女发展基金会申请550个价值11万元的“母亲邮包”，发放给550名困难妇女。发动河南商会、壹号城邦等有爱心的企业家，为200户家庭、137名儿童、30名妇女送去价值2万元慰问品。发动师市女企协会开展“联手助农桃园行，精准帮扶暖人心”主题活动，现场采摘购买价值7380元的蟠桃，帮助农户解决产品滞销问题。

【妇儿工委工作】 2022年，师市妇儿工委办公室编制《第七师胡杨河市妇女发展规划》《第七师胡杨河市儿童发展规划（2021—2030年）》，均于6月正式颁布实施。《第七师胡杨河市妇女发展规划》涉及妇女与健康、教育、经济、决策管理、社会保障、家庭建设、社会环境、法律保护8个领域73项主要目标和93项策略措施。《第七师胡杨河市儿童发展规划》涉及儿童与健康、安全、教育、福利、家庭、环境、法律保护7个领域68项主要目标和89项策略措施。

【妇女儿童维权工作】 2022年，师市妇联接听“12338”妇女儿童维权热线17起，涉及法律、婚姻、家庭、心理、教育等方面，均已化解。在一二五团、一二九团等建立团级妇女儿童维权工作站17个。宣传《中华人民共和国婚姻法》《中华人民共和国家庭教育促进法》等法律法规，发放宣传单8000余份，播放宣传片28场次，宣传活动55场，参与人数近万人次。

【公益活动】 2022年，师市妇联联合民政局向中华慈善总会为35个困难家庭争取70箱420罐价值16.8万元的婴幼儿奶粉。申请“小候鸟”图书角公益项目3个，分别是一二三团曙光里社区、一三一团屯富园社区、一三七团金边南路社区，为留守儿童、流动儿童带去阅读快乐。参加“99公益日”联合劝募活动，动员师市妇联执委、职工群众募捐2.01万元。

【兵地融合】 2022年2月，师市妇联联合文联赴乌苏八十四户乡转湾湖村开展“兵地联谊迎新春 书写春联送祝福”活动。6月，组织42名妇联主席、执委及妇联干部赴第八师石河子市军垦家风馆、家庭教育指导服务中心、人民调解中心等地参观考察，激发爱国热情，凝聚妇女力量，培育兵团精神。

【寻找最美家庭活动】 2022年，师市妇联开展寻找2022年度师市最美家庭活动，一三七团王湘德、一二七团巴·新娜家庭等46户获师市最美家庭称号。各基层

2022年5月26日，第七师胡杨河市“两癌”救助服务站挂牌仪式在七师医院举行。图为师市妇联主席种妙丽（左）向师医院副院长王岚授牌
（李瑞强　摄）

妇联揭晓团级最美家庭51户，涉及戍边守边、民族团结等类型，参与1.79万人次。

【“两癌”筛查和救助】 2022年，师市妇联与七师医院、中医院合作扩展“两癌”患病妇女救助服务网，成功挂牌两癌救助服务站，将“两癌”救助申请服务端口前移到医院治疗科室，服务患病妇女。师市各级妇联组织开展180余场次“两癌”防治知识到社区、连队活动，活动人数1.5万余人。针对摸排出的“两癌”患者，与卫生健康委、民政局等有关部门对接沟通，向全国妇联申报救助22名低收入“两癌”患病妇女。

（董艳秋）

第七师胡杨河市科学技术协会

【概 况】 2022年，第七师胡杨河市科学技术协会（以下简称师市科协）完成机构编制变革，改为机关事业单位，2个行政编制被收回，增加参公事业编制至4人。师市科技辅导员有150余名，专兼职科普工作者350余名。全年争取国家、兵团项目资金45万元，新建一二六团迎宾路社区科普活动室、一二七团中学科技馆。举办师级2大青少年科技教育竞赛和参加兵团级以上青少年科技教育5大赛事。出台《第七师胡杨河市全民科学素质行动计划纲要实施方案（2021—2025）》《新疆生产建设兵团第七师胡杨河市科学技术协会发展第十四个五年规划（2021—2025）》。推进科普信息化建设，师市科协与师市融媒中心联合运营“七师零距离”微信公众号、“胡杨融媒”官方抖音号、“胡杨融媒”客户端、LED科普信息屏等各类新媒体平台，年活跃“粉丝”超过80万，初步建成智慧共享的立体化科学传播矩阵。

【科普项目建设】 2022年，师市科协争取国家、兵师专项5项获批资金72.76万元，其中国拨资金2项20万元，包括基层科普行动计划2项（一二六团海洲菌业合作社、一二八团锦泰葡萄专业合作社）；兵团科普发展专项3项25万元（一二七团中学科技馆、一二六团迎宾路社区科普活动室、农科所高产棉花土壤调查）；师本级科普专项资金27.76万元，主要用于开展各类科普活动。师市一二三团、一二七团、一三一团3所中学申报成功全国“‘科创筑梦’助力‘双减’科普行动”试点单位。

【科技志愿服务】 2022年，师市科协与农科所深入一二八团、一三〇团连队棉花、小麦田间，现场为职工讲解棉花和小麦种植技术问题，收到职工群众好评。组织畜牧专家到一三七团阿吾斯奇牧场，开展“抓科技 擎使命 科技边关哨卡行”科技志愿服务活动，为一三七团机关部门、牧场连队“两委”和职工，讲授阿吾斯奇水利工程建设规划和现代畜牧业发展规划。到牧区水利现场调研水利发展现状，到边防看望慰问驻哨卡值班的连队职工，累计15场次，参与3000余人次。

【科普基础设施建设】 2022年，师市新建一二七团中学科技馆1座、一二六团迎宾路社区科普活动室1个。师市文化馆、一二六团戈壁母亲红色旅游基地获批为兵团级科普教育基地，2个合作社（一二六团海洲菌业合作社、一二八团锦泰葡萄专业合作社）

获批为国家级科普示范合作社。至年末，师市共建有社区科普活动室8个，中学科技馆5个，国家、兵团、师市级科普教育基地17个，科普示范社区11个。

【青少年科技教育重点赛事】 2022年，师市科协、教育局共同组织参加自治区第4届青少年创意编程与智能设计大赛、兵团第20届青少年科技创新大赛、宋庆龄少年儿童发明奖、2022香港—纽约·国际青少年科学影像大赛等竞赛。首次承办兵团首届青少年科学影像大赛，举办师市第23届青少年科技创新大赛、师市青少年科技实验操作及创新大赛。累计获兵团级以上奖项51项，其中一等奖13项，一二三团、一二七团、一二九团、一三〇团、一三一团、一三七团中学、高级中学在比赛中表现突出。师市科协获兵团第20届青少年科技创新大赛优秀组织奖。

【科普活动】 2022年5月，师市科协以“走进科技 你我同行”为主题，组织科技特派员、科技专家和致富能手开展科技“三下乡”活动，服务职工群众、社区居民10余场次，参与人员1000余人次。5月31日—6月1日，在全国第6个“科技工作者日”活动期间，师市科协走访慰问奋斗在各条战线上做出突出贡献的优秀科技工作者14个单位、50名优秀科技工作者。在全国科普日期间，以“喜迎二十大，科普向未来”为主题，师市全民科学素质领导小组成员单位制作科普展板15块，开展科普报告会4场，企业科协开展科普活动10余场。

师市累计开展学习宣传《关于新时代进一步加强科学技术普及工作的意见》活动50余次，科普宣讲60余场次，受众4000余人次。10—12月，师市科协联合奎屯市、乌苏市科教部门共同举办青少年“高效学习”系列线上科普报告会8场，同步网络直播，观看人数超12万人，浏览量超20万次。

（张玉红）

第七师胡杨河市工商业联合会（总商会）

【概况】 2022年末，师市注册企业商会（协会）3家，即第七师胡杨河市江苏商会、第七师胡杨河市河南商会、第七师胡杨河市一二九团企业联合会（商会）。奎屯博润祥农牧有限公司董事长胡寻江被师市党委授予“第七师胡杨河市劳动模范”称号。新疆银通建设监理有限公司工会委员会获“全国双爱双评先进企业工会”称号。

【教育培训】 2022年，师市工商业联合会（总商会）（以下简称师市工商联）组织企业家副主席（副会长）和执常委学习宣传贯彻党的二十大精神，准确理解党的二十大精神的核心要义，学习贯彻习近平总书记视察新疆和兵团时的重要讲话重要指示精神，学习贯彻落实兵团第八次党代会和师市第十次党代会精神。组织各团场分管非公有制经济工作的领导和业务33人参加兵团举办的“履职能力培训夜校”。组织江苏商会的60家民营企业参加税法知识专题讲座，引导非公有制经济人士坚定理想信念，提升发展信心。

【商会建设】 2022年，第七师胡杨河市江苏商会加强制度建设，完善以商会章程为核心的证书、印章、财务管理、档案、文件等12项内部管理制度；开展招商引资，参加和开展师市招商引资活动11次，邀请客商到胡杨河经开区、天北经开区、一三七团考察3次，组织商会企业召开招商引资推介会6次；帮助会员企业纾困解难，走访商会会员企业12次，与奎屯国民村镇银行签署银企战略合作协议，每年奎屯国民村镇银行为商会企业提供1亿元的贷款额度。第七师胡杨河市河南商会建立和完善会长轮流值班制度，完善商会办事机构；全面发展商会经济，成立“胡杨河市疆豫汇鑫有限公司”，实现自主创收、以会养会；壮大商会队伍，做好会员发展工作，鼓励豫商加入商会；提升商会知名度，策划、举办豫商成果展示会、项目推荐会、投资洽谈会等。第七师胡杨河市一二九团企业联合会（商会）与奎屯市女企业家协会建立合作关系，邀请兵团扬州商会、克拉玛依甘肃商会的100余名企业家到团考察，达成意向项目2个；12名会员企业负责人被团场聘为招商引资顾问，赴全国各地开展招商活动6次，成功签约项目4个，总投资25.6亿元；16名商会会员到连队任第一书记或第一连长；对会员企业进行走访慰问，协调解决会员企业具体困难；开展为期三个月的

"走访会员单位"活动，促进商会发展。

【"手拉手"活动】 2022年，师市工商联制发《关于进一步完善〈七师胡杨河市百名处级领导干部与百家民营企业"手拉手"活动实施方案〉的通知》，持续开展师市机关各部门挂钩、帮办、服务民营企业活动，全年下发通报4期。114名师市机关处级干部与114家民营企业通过座谈交流、深入访谈、实地调研、电话联系、微信沟通等形式联系1049次。收集、整理、解决企业在资金、用工、销售渠道、项目审批等方面存在问题134条。

【"一对一"活动】 2022年，师市工商联开展处级领导干部"一对一"帮服新签约项目活动，制发《第七师胡杨河市处级领导干部"一对一"帮服新签约项目实施方案》，全年下发通报9期。102名机关处级干部与102个新签约项目通过电话、微信沟通等形式联系1930次。全年建设投产项目20个，开工建设项目40个，处于施工前期筹备阶段的项目7个，处于手续办理阶段的项目30个，暂时未开展的项目5个。收集整理并协调解决企业在资金、用工、销售渠道、项目审批等方面存在问题100条。

【履行社会责任】 2022年，师市工商联开展"百企帮百连"活动，制定《第七师胡杨河市工商联"百企帮百连"活动实施方案》，14名企业家副主席与9个团场的14个连队完成结对帮扶对接工作。参加公益慈善活动，新疆虹亚集团、新疆银通建设管理有限公司、新疆友阳房地产开发有限公司、胡杨河市泽惠果蔬配送有限公司向师市慈善总会捐赠25万元。开展慰问活动，新疆银通建设管理有限公司和新疆虹亚集团给师公安局送去价值3万元的慰问品。在师市所属商会中开展爱心捐款活动，河南商会、江苏商会、一二九团企业联合会（商会）共向困难家庭捐款35800元，河南商会、一二九团企业联合会（商会）共向天北新区捐赠价值56680元的物资。

（孙晓翔）

第七师胡杨河市残疾人联合会

【概况】 截至2022年底，师市11个团场社会事务办有专兼职残联干部13人。师市有残疾人4654人，其中视力残疾469人，占10%；听力残疾333人，占7%；言语残疾50人，占1%；肢体残疾2300人，占49.4%；智力残疾548人，占11.7%；精神残疾833人，占17.8%；多重残疾121人，占2.6%。

【残疾人社会保障】 2022年，第七师胡杨河市残疾人联合会（以下简称师市残联）落实残疾人各项惠残政策，为3345人次发放补贴资金229.31万元。推进残疾人家庭无障碍建设，全年投入资金30万元为各团场、天北新区的120户残疾人家庭进行卫生间、厨房、进户门改造，方便残疾人家庭日常生活。

【残疾人康复服务】 2022年，师市残联持续开展残疾人精准康复服务行动，残疾人基本康复服务率及辅助器具适配服务率均达到85%。兵团奎屯中医院康复科针对有康复需求的残疾人上门开展评估、训练、指导等服务。选派团场医院6名医护工作者到新疆

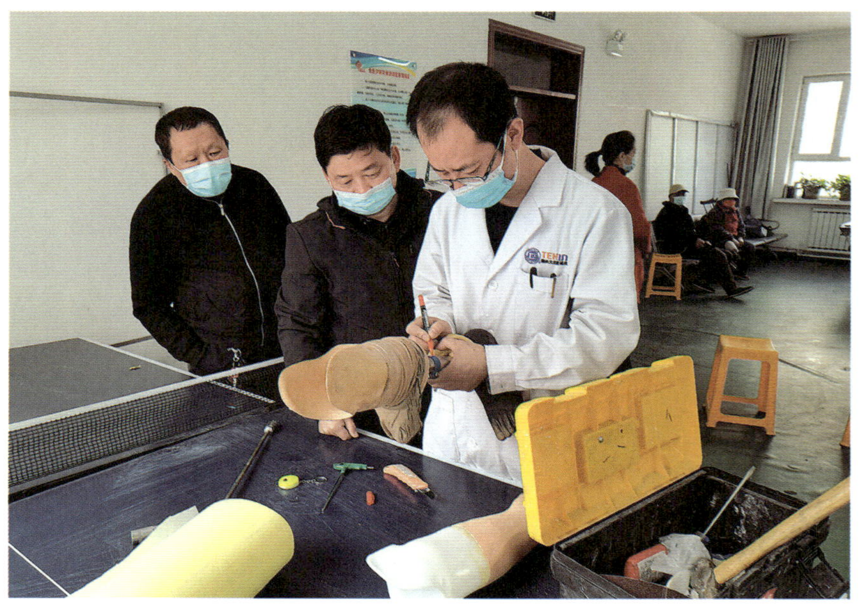

2022年4月26日，师市残联在天北新区绿莹里社区开展假肢安装工作

（王　强　摄）

长安中医脑病医院进行康复服务培训。发放基本型辅助器具200余人次。与新疆德林义肢公司合作，为6名残疾人安装截瘫步行器，为3名残疾儿童安装矫形器，为3名残疾人安装硅胶套，为2名残疾人安装上肢假肢，为1名残疾人安装锁具。帮助精神残疾人免费住院4人，免费用药140人次。实施残疾儿童抢救性康复项目完成救助17人。兵团奎屯中医院、第七师医院、一三一团医院为残疾人提供基本康复服务630人次。规范建立个人康复档案，完成2例人工耳蜗手术。

【残疾儿童少年受教育权益保障】2022年，师市残联落实《第七师特殊教育提升计划活动方案》，为36名残疾学生发放助学金。加强与乌鲁木齐市、克拉玛依市、塔城市、奎屯市特教学校的联系，保障残疾人入学率。

【残疾人就业创业】 2022年，师市新增残疾人就业20人。师市残联组织残疾人线上线下招聘会2场，为残疾人提供职介服务90人次，组织残疾人技能培训50人次。完成140家单位就业年审及征收残疾人就业保障金380万元。

（王 强）

第七师胡杨河市法学会

【概况】 2022年，师市法学会围绕“服务党的政府中心工作、服务法治实践、服务广大会员、服务人民群众”的工作主线，推进职能作用发挥。成立师级宣讲团1个18人，组建团级宣讲团26个347人，连队（社区）“两委”成员、驻连（村）工作队员等基层宣讲员536人，宣传宣讲习近平法治思想、习近平总书记考察新疆和兵团时的重要指示精神、党的二十大精神等。各级宣讲团（员）累计开展宣讲236场，受众3.5万余人次。

【法律服务和法律宣传】 2022年，师市法学会将习近平法治思想的学习宣传与法治宣传相结合，运用“群众法治大培训”“依法行政大培训”“法治大宣讲”等活动为载体，围绕“喜迎二十大 法治促稳定”“青春向党 法润兵团”为主题开展以案释法宣讲活动。“群众法治大培训”开培训班221个班次，培训8352人。“12·4”国家宪法日期间，师市各团场（经开区）、连队（社区）参加兵团党委全面依法治兵团委员会办公室、兵团司法局开展“宪法知识有奖竞答”答题活动，全面、有效地学习宪法法律知识，增强职工群众的法律意识，引导广大干部做国家法律的自觉遵从者、模范遵守者、坚决捍卫者，推动法治师市建设。

【普法责任制落实】 2022年，师市法学会制定“谁执法谁普法”责任清单，推动各部门在执法过程中加强以案释法。开展宪法法律、国家安全、扫黑除恶、防范电信诈骗、打击整治养老诈骗、青少年维权、“美好生活·民法典相伴”等各类法治宣传活动1600余场次，惠及15万人次。加强线上法治宣传，师市机关部门负责人做客师市广播电视台《热线900》栏目直播讲法50余期。建立行政常务会议定期学法制度，将学习法律法规纳入重要学习日程。组织各单位各部门开展依法行政大培训，开展“国家宪法日”“国家安全教育日”“网络安全”“信访工作条例”等在线竞答活动10余场次，领导干部和行政执法人员依法行政意识和能力得到整体提升。

【法治宣传教育】 2022年，师市法学会制定《第七师胡杨河市法治文化阵地建设工作指南》，规范法治文化阵地建设工作，建成一二五团法治文化广场、一二六团百花街社区法治文化长廊、一三〇团法治公园等一批法治文化阵地，建成一二五团十五连和一二九团百花街社区2个“全国民主法治示范村（连队）”。开展群众性法治文化活动，组织职工群众创作三字经《法治培训润民心》、快板书《生活处处不离法》、小品《电话里不一定是你的亲人》等法治节目50余个，开展法治文艺演出30余场次。加强普法宣传报道，构建“长安胡杨”“平安七师”“新疆生产建设兵团第七师司法局”等普法微信公众号新媒体矩阵，在师市主流媒体发布普法信息550余条，制作原创宣传视频12个。建立“警调联动、访调联动、诉调对接”多元化解纠纷工作机制，建成一二五团、一二六团、一二九团警调对接工作室，实现“一团一法官”全覆盖。健全基层人民调解组织，选聘专职人民调解员25名，培养连队（社区）“法律明白人”901人。加强矛盾纠纷排查预防工作，排查各类矛盾纠纷1003次，预防176件，依法化解纠纷723件，调解成功率100%，涉案金额1801.1万元。（余子同）

第七师胡杨河市红十字会

【概况】 2022年，第七师胡杨河市红十字会（以下简称师市红十字会）4名师资培训老师完成复训。通过开展救护、救助工作，关心关爱弱势群体，将红十字博爱送万家。开展“5·8”红十字博爱周活动，宣传红十字普及国际人道法和红十字运动基本知识5300余人次。利用世界献血者日活动，开展志愿献血活动和宣传，110人参加志愿献血，全血量36400毫升。

【红十字博爱周宣传活动】 2022年，师市红十字会开展“5·8红十字博爱周”活动，通过微信、QQ等网络信息平台，广泛宣传红十字普及国际人道法和红十字运动基本知识5300余人次，普及红十字应急救护140余人次，受益群众9400余人次。设置咨询台10个、展板11个，悬挂横幅30余条，张贴海报30张，发放宣传折页1300余份。对3所学校、2个市场、10个社区、2家单位开展各项应急逃生演练4次、应急救护培训10余次、健康宣教10余次。

【人道救助行动】 2022年，师市红十字会成立师、团应急救护队伍12支，其中师级3支，团场9支，共计237人。动员人道资源，集聚社会资源，在“5·8”人道公益日期间带动线下筹款2.43万元。（悦 敏）

第七师胡杨河市计划生育协会

【概况】 2022年底，师市有214个师、团、连（社区）计划生育协会组织机构，计划生育协会会员2.1万余人、协会志愿者5321名。全年发放优生优育、生殖保健知识等内容的宣传品1.2万余份，开展孕前优生优育健康检查夫妻550对，确定445名单位领导干部和社区（连队）干部作为帮扶“双岗”联系人。

【计生宣传教育】 2022年，第七师胡杨河市计划生育协会（以下简称师市计划生育协会）多措并举加强计划生育政策法规及科普知识宣传，提倡科学、健康、依法、负责的婚育观念，推动建立与生育政策相适应的新型人口文化。利用宣传标语、板报、宣传橱窗以及广播、电视、微信平台等形式宣传《中华人民共和国人口与计划生育法》、生育关怀和幸福工程、优生优育宣传知识等，营造良好宣传氛围。

【暖心行动】 2022年，师市计划生育协会落实精神慰藉、走访慰问、志愿服务、保险保障四项制度，提供多方位、常态化扶助，基本实现帮扶工作全覆盖。确定445名单位领导干部和社区（连队）干部作为帮扶“双岗”联系人，确定253名家庭医生（家庭医生服务团队）为签约医生，确定师医院、中医院及11个团场医院为提供优先便利医疗服务的协议医院。实现100%落实双岗联系人，100%落实协议医院，家庭医生应签尽签。

【家庭健康宣传】 2022年，师市计划生育协会发挥基层计生协会作用，以“健康进万家 和谐你我他”为主题，利用广播、微信、LED显示屏、宣传栏等媒体，围绕家庭健康知识、健康居住环境、健康家庭生活方式引导广大家庭树立健康生活理念，养成健康行为习惯，向居民群众广泛宣传文明健康绿色环保生活方式。

（王冬英）

法　治

（李倩茹　摄）

政法委和综治

【概况】 2022年,师市党委政法委坚持以"为党的二十大胜利召开创造安全稳定的政治社会环境"为主线,忠诚履行维稳戍边职责使命。师市党委先后4次召开常委会、5次维稳安保专题工作会议统筹部署政法各项工作。各团场(经开区)党委(党工委)主要领导、各部门主要负责人签订"师市维护稳定和平安建设目标责任书"。坚持问题导向,把牢"防风险、保安全、护稳定"责任,狠抓工作落实,强化调研指导,守住"五个不发生"底线,为实现师市社会大局持续稳定奠定基础。

(李　奔　余子同　陈　霞)

【平安建设】 2022年,一二四团、一三一团被授予兵团优秀平安团场;一二三团十一连、一二四团十五连、一二五团十四连、一二六团九连、一二七团十一连、一二八团十三连、一三〇团一连7个连队被授予兵团优秀平安连队;师市一二九团淮安里社区、师市天北经开区绿荷里社区被授予兵团优秀平安社区。正式挂牌成立师、团、连三级网格化管理服务中心210个,将维稳综治、便民服务、党员管理等工作纳入网格化服务管理中心,构建"一网共治"新模式,形成问题联治、工作联动、平安联创新格局。将护路联防工作纳入网格化管理,开展铁路安全知识和法律法规宣传30余次,签订安全责任状110份,排查整改安全隐患9处,保障铁路安全运行。创建零发案连队社区105个、团场1个。朱卫江获全国见义勇为勇士称号。

(王　瑶　陈　霞)

【法治建设】 2022年,师市党委政法委以法治师市建设为统领,开展法治大培训,做到全员学、全面学、深刻学,形成办事依法、遇事找法、解决问题用法、化解矛盾靠法、全民守法的浓厚氛围。制定《2022—2023年度师市群众法治大培训活动方案》,形成党委(党工委)书记亲自挂帅,分管领导具体管,业务部门具体抓的格局;采取集中封闭培训和线上线下走读培训等方式,开展线上"法治大培训"工作2场次,培训800余人;各团场(经开区)开展"法治大培训"37期,培训7055人,刊发各类信息461条,视频9条,制作工作简报10期。制定《2023年依法行政大培训方案》,举办依法行政培训班50班次、培训干部2423人;举办行政执法培训班1期,培训行政执法人员242人。对779名行政执法人员、34名行政执法监督人员换发全国统一行政执法证件。兵团党委办公厅第197期信息专报、全面依法治兵团办公室3期工作简报介绍师市法治大培训工作开展情况,获得社会各界普遍好评。学习宣传贯彻《信访工作条例》,开展专题培训300多期,覆盖各类群体10余万人次,实现信访和处访双向规范。

(李　奔　余子同　陈　霞)

【边境管控】 2022年,师市党委政法委突出"六位一体"合力强边固防工作要求,完善"抓五查、稳队伍、增信心、强四防、建机制"的守边模式,推进护边员管理,强化基础设施建设及四防建设,筑牢"四道屏障"。制定完善《第七师胡杨河市边防中心工作职责》《一三七团边防中心工作职责》《第七师胡杨河市边境管控工作考核办法(试行)》等规章制度,规范工作任务、流程、考勤,实现用制度管人、管物、管事、管处置,实现边境管段非法出入境"一个出不去、一个进不来"。

(王　忠　郭晓健　陈　霞)

【扫黑除恶常态化】 2022年,师市党委政法委坚持常态化开展扫黑除恶斗争,彻底铲除黑恶势力滋生土壤,"六清"("线索清仓""逃犯清零""案件清结""伞网清除""黑财清底""行业清源")完成率均为100%,"黑财清底"(清毒血,彻底摧垮黑恶势力的经济基础,是扫黑除恶斗争的关键一环)完成率97.04%,位居全国前列。推进十大行业领域建章立制8项,做到常治长效,师市营商环境进一步优化、职工群众安全感进一步提升。

(李　奔　余子同　陈　霞)

【市域社会治理现代化】 2022年,师市党委政法委落实市域社会治理"政治、法治、德治、自治、智治"要求,以"军垦文化"凝心铸魂,以"德化教育"润心育德,重点突出师市市域社会治理"德治"试点,创新"军垦文化"品牌,营造"以文化人、以德树人、润心育德"的德治氛围。一二九团、一三一团初步建成多位一体社会治理联合办公阵地,一三一团建成孝德文化广场、文化墙、文化长廊等。师市德治教化创新经验在第六次全国市域社会治理现代化试点创新研讨会上作经验介绍。（王 瑶 陈 霞）

【政法舆论宣传】 2022年，师市党委政法委组建师团两级宣传员队伍，以“长安胡杨”“平安七师”微信公众号，“七师长安网”微博，“平安七师”“车垦公安”抖音号等为载体，初步形成师市政法新媒体矩阵。师市政法信息被《法治日报》、“法治日报”公众号、中国长安网、人民日报网等媒体刊用200余条，阅读和点击141万余次，转发100余万次。

（余子同 陈 霞）

法治师市建设

【概况】 2022年，师市党委全面依法治师市委员会统一部署和组织全面依法治师市工作，直接受师市党委领导。委员会办公室设在师市司法局，办公室下设执法工作小组、司法工作小组、守法普法工作小组。工作小组设组长1人，由有关单位主要领导担任；副组长若干，由有关单位分管领导担任；成员由相关单位科室主要负责人组成。建立健全师市党委领导法治建设体制机制，实现党政机构合设，师市司法局形成统筹推进全面依法治师市，发挥行政执法、刑事执行、公共法律服务职能的司法行政工作新格局。推出“第七师胡杨河市法治大培训”线上应用程序、七师电视台新闻综合频道《主持人带你学法律》栏目等线上学法平台，通过“线上+线下”相结合方式，培训干部职工群众4万余人。

【全面依法治师市委员会会议】 2022年3月14日，师市党委全面依法治师市委员会召开2022年第一次会议。会议学习贯彻习近平法治思想；传达学习自治区党委全面依法治疆委员会2022年会议精神；听取全面依法治师市2021年度工作报告及“冬季法治大培训”工作汇报。

5月20日，师市党委全面依法治师市委员会召开2022年第二次会议。会议学习贯彻习近平法治思想；传达学习贯彻自治区党委十届三次会议精神；贯彻落实兵团党委全面依法治兵团委员会会议精神；审议通过师市党委全面依法治师市委员会2022年工作要点。

【司法责任制落实】 2022年，师市司法机关全面落实司法责任制。加强智慧法院建设，依托人民法院在线服务平台，实现网上立案、跨域立案、在线调解等诉讼全流程“掌上办理”；全年办理网上立案200件，在线调解571件，电子送达3126次。持续深化检察改革，落实员额检察官权责清单，强化检察官办案主体责任；建立完善检察监督协作机制，加强对民事审判、刑事侦查、依法行政的检察监督，办理公益诉讼案件35件，促进2件行政争议实质性化解。推进公安改革，建成2个执法办案管理中心，打造“规范、高效、安全”的执法办案模式；建立侦查监督与协作配合机制，形成检察机关法律监督与公安机关内部监督合力。改革完善司法行政制度，自8月1日起，第七师、胡杨河市人民政府统一行使行政复议职责，师市司法局统一办理行政复议事项，成立行政复议咨询委员会；受理行政复议案件12件，办结8件；办理行政应诉案件7件，办结5件。

2022年3月14日，师市党委全面依法治师市委员会召开2022年第一次会议 （田歌 摄）

【权责清单公布调整】 2022年，师市全面推进依法行政。第七师通过门户网站公布权责清单2979项，动态调整115项；胡杨河市公布权责清单3556项，进一步明晰政府部门的职责权限，推动简政放权；形成边界清晰、权责一致、依法保障的政府职能体系和科学有效的权力监督、制约、协调机制。师市司法局发挥合法性审核职能，审核行政规范性文件及其他政策文件28件，公布施行行政规范性文件5件，备案5件。

【行政审批制度改革】 2022年，师市建成师团两级14个政务服务实体大厅。师市政务服务实体大厅和网上大厅进驻事项717项，在线大厅进驻率90%，网办率97.7%。编制完成各类证照159类，开通165个电子证照，汇聚各类电子证照1.62万份，免证20%以上。接待群众18万人次，受理各类服务事项13.8万次。推行市政公用报装“一件事”服务，水、电、气、暖报装压缩至10个工作日。落实“稳经济一揽子”政策措施，为中小微企业和个体工商户减税930万元，缓缴税费2600万元，留抵退税4亿元。

【法治化营商环境优化】 2022年，师市开展法治化营商环境提升行动，全面实施市场准入负面清单，企业登记注册1个工作日办结，新增市场主体2975户，比上年增长14.49%。加强和规范事中、事后监管，开展反不正当竞争和公平竞争审查，规范涉企收费、教育收费行为，依法维护公平竞争秩序。开通法律服务“绿色通道”，建立律师事务所与工商联、商会联系合作机制，开展民营企业“法治体检”4次，完善涉企矛盾纠纷的预防和化解机制，维护市场主体合法权益，打造健康、规范、公正、和谐的营商环境。

【行政决策程序规范】 2022年，师市坚持科学民主依法决策，严格落实《新疆生产建设兵团重大行政决策程序规定》，严格执行公众参与、专家论证、风险评估、合法性审查、集体讨论决定等法定程序，提高决策质量和效率。全年法律顾问和公职律师办理涉法事务70余件，发挥在服务行政决策、文件审核、行政复议等方面法治保障作用。

【综合行政执法规范】 2022年，师市推动城市管理、市场监管、生态环境保护、文化旅游、交通运输、农业等领域综合行政执法改革，重点推进师市市场监管、农业农村、文化体育广电和旅游领域综合执法改革。由师市市场监督管理局依法行使师市农业农村局、文化体育广电和旅游局的行政处罚和法律法规规定的与行政处罚权有关的行政强制措施。合理配置执法资源，推进执法重心向团场下移，基层执法大队人数占比73%，行政执法效能提升。落实行政执法公示制度、执法全过程记录制度、重大执法决定法制审核制度，统一行政执法案卷评查标准和执法文书样式。规范行政执法人员资格管理，为714名行政执法人员换发中华人民共和国行政执法证。加大重点领域执法力度，严格“双随机、一公开”监管，推进跨部门联合监管和“互联网+监管”，实施监督执法正面清单管理。依法严厉打击群众反映强烈食药环、经济类、知识产权领域违法活动，查办违法案件568件，罚没款金额8029.36万元。

【行政权力制约监督】 2022年，师市纪委监委加强专责监督，推动师市机关部门依法履职、公职人员秉公用权。全年办理胡杨河市人大代表提出的议案2件、建议32件，办理胡杨河市政协提案34件，办复率100%、满意率100%。市人大、市政协、师党委党校、师市司法局联合监督检查行政执法部门25家，加大信息公开力度，全年主动公开政务信息1733条。加强政务诚信建设，建成师市廉洁教育基地，全年2700余名党员领导干部接受警示教育。加强公共资源交易电子监管系统应用，促进交易阳光透明。清理拖欠民营企业账款446.96万元。

【法治宣传教育】 2022年，师市各行政执法部门落实“谁执法谁普法”普法责任制，开展宪法、民法典等法治宣传教育活动1600余场次，受教育15万人次。建立妇女儿童维权工作站11个，中小学法治副校长聘任率100%。一三〇团育才路社区被司法部、民政部命名为“全国民主法治示范村（社区）”。

（宗江伟）

公　安

【概况】　2022年，师市公安机关以“基层基础年、主动警务年、执法规范年、忠诚铸警年”为抓手，圆满完成系列重大活动、重点任务的安保维稳，维护师市辖区社会大局持续和谐稳定。是年，19个集体、28名个人受到师市级以上表彰，其中15个集体、25名个人受到省部级以上表彰。公安部为师公安局“2006·10·21”故意杀人案专案组记集体一等功，兵团公安局为师公安局记集体二等功，兵团总工会授予师公安局“兵团维稳戍边劳动奖状”。师市车排子垦区公安局科克兰木派出所一级警员杨辉获公安部、全国妇联授予的“全国公安机关成绩突出女民警”称号，被兵团团委、兵团青联共同授予“第十届兵团青年五四奖章”。推进执法办案精细化建设，奎屯垦区公安局、车排子垦区公安局建设完成2个执法办案中心并运行。通过执法资格等级考试高级23人次，法律职业资格考试A证6人、C证4人。

【刑事犯罪打击】　2022年，师市公安机关从严从实从细抓好保稳定、护安全、促和谐各项工作措施的落实。推进命案积案攻坚，破获1起8年前持刀抢劫案积案，抓获1名犯罪嫌疑人。开展追逃、“团圆”专项行动，侦破“刘某勤被拐案件”，将失踪4年的刘某勤找回，并抓获犯罪嫌疑人马某某。打击电信网络诈骗违法犯罪，开展“百万警进千万家”走访入户活动，通过制作视频，印刷宣传单，联合辖区各大银行、联通公司等单位在广场、社区、居民小区通过现场讲解、座谈会等形式，实现反诈程序全覆盖，预警提示零盲区，成功阻止养老诈骗事件51起，避免损失20.03万元。

2022年3月1日，车排子垦区公安局五五派出所民警在张贴反电诈宣传海报　　（陈　露　张婷婷　摄）

【扫黑除恶专项斗争】　2022年，师市公安机关围绕“长效常治”目标，依法严厉打击容易诱发黑、恶、乱行为的赌博、吸毒、卖淫嫖娼等违法犯罪活动，推进常态化扫黑除恶工作向纵深发展。向行业主管部门发放征求主管领域涉黑恶违法线索函，制发《公安提示函》135份，并得到相关单位整改回函。

【公安司法鉴定】　2022年，兵团司法鉴定中心北疆分中心利用刑事技术DNA、指纹、视频、足迹技术破获“盗抢”案件5起，刑事技术“四项会战”战果认定7条，被公安部认定战果16条。

【禁毒工作】　2022年，师市公安机关强化开展“清零”“清隐”等专项行动。以娱乐场所清查、社会面人员排查、“毒驾”治理为抓手，开展娱乐场所清查116家次，核查涉毒线索3条，未发现有吸毒史人员及隐性吸毒人员。累计审批327次，批准15家企业购买盐酸、硫酸、甲苯128次，批准2家企业运输盐酸199次。

【警犬工作】　2022年，警犬在刑事案件、搜爆安检、治安巡逻、边境管控等工作中发挥重要作用。警犬所全体干警投身各项安保工作中，七师带犬民警携搜爆安检犬进驻公安检查站和物流寄递点。全年出勤348次，其中治安巡逻215次、搜爆安检70次、其他63次，无刑事侦查案件。

【行业监督管理】　2022年，师市公安机关持续开展对金融机构、危化品企业、“三电”（电信、电力、广播电视）单位、“油气田”、铁路设施安全保卫工作。检查金融网点44个、金库9个，运钞车18辆（次），危化品企业22家（次），下发整改通知书12份，整改隐患21处。（汤志千）

【“昆仑”专项行动】 2022年，师市公安机关依法严厉打击制售假药劣药犯罪重点攻坚专项行动、“百日行动”等专项行动。全年出动警车450余台次，出动警力1350余人次，受案8起，核查线索42起。

【快检实验室建成使用】 2022年，师公安局森林分局投资80余万元建成食药环快检实验室并投入使用。实验室购置3类11种快检设备、21种快检试剂。14名民辅警通过快检设备操作培训。通过快检发现案件线索2条，刑事案件立案1起，移送行政执法部门1条，成案1起。（特列克·哈布力）

【网络安全治理与宣传】 2022年，师公安局网安部门与师市党委网信办成立联合检查组，对辖区20余家重保单位进行安全检查和网络安全宣传工作，有效预防各类涉网安全生产责任事故的发生。全年梳理排查发现师市辖区信息系统各类安全漏洞269个，及时向相关单位下发责令整改通知书21份。向师市各团场、企事业单位下发网络安全预警通报32期，有效预防互联网高危漏洞遭受境内外黑客攻击。加强网络安全宣传工作，开展网络安全宣传周宣传活动，以每天一个主题日的形式在胡杨河市辖区开展宣传活动，出动警力13人次，受众人数400余人。选派民警参与“FM90.0”电台访谈，收视人数超1000人。（伏新霞）

【向未成年人销售电子烟专项整治行动】 2022年，师市公安机关开展清理整治向未成年人销售电子烟专项行动，出动警力390余人，出动车辆170余辆次，排查商业网点237家次，检查烟草销售商户580余家次，引导卷烟零售经营户不得向未成年人销售卷烟和电子烟，增强守法经营意识。行动中开展法治宣传18次，受教育群众2.22万余人次。（汤志千）

【道路交通安全管理】 2022年，师市公安交管部门推进事故预防“减量控大”工作“六大攻坚行动”、道路运输安全专项整治三年行动，全年师市辖区发生道路交通事故874起，比上年下降12.6%，较大交通事故、重特大道路交通事故“零发生”。持续推进团连道路安全隐患突出路口路段治理工作，挂牌省级督办7处隐患路口全部治理验收完成。开展“一盔一带”安全守护行动，城市道路摩托车、电动自行车戴帽率提升到75%以上。推进交通事故预防“百日攻坚”等各类专项整治行动，采取打、防、查、宣、巡相结合的方式，查处各类交通违法行为3257起。（薛　梅）

【公安科技信息化建设】 2022年，师市公安机关利用现有科技手段，深化大数据、视频、通信等技术融合应用，严厉打击群众反映强烈的各类案件，直接服务安保实战。师市公安机关全体民警配发移动警务终端，为基层民辅警在入户走访、核查等工作提供便利，提高各项工作的时效性、精准性、便捷性。（任　亮）

检　察

【概况】 2022年，师市检察机关学习贯彻习近平法治思想，以保障党的二十大胜利召开为主线，以抓实最高检“质量建设年”为契机，依法能动履行法律监督职责，推进七师检察工作高质量发展。加强检察队伍建设，举办“全国‘双百政法英模’张芳同志先进事迹报告会”。建立完善院党组与派驻纪检监察组落实全面从严治党治检会商工作机制。

【政治建设】 2022年，师检察分院深入学习贯彻党的二十大精神，组织全体干警收看中国共产党第二十次全国代表大会开幕会直播，专题学习18次，交流研讨10场63人次，在七师检察微信公众号推送有关文章83篇。组织中心组学习41次，党员集中学习96次，理论知识测试13场次。常态化学习习近平法治思想和《习近平谈治国理政》第四卷、习近平视察新疆和兵团时的重要讲话精神。认真贯彻落实《中央政法工作条例》，全年向上级请示报告重大事项20余次。

【平安建设】 2022年，师市检察机关受理审查逮捕86件133人，审查起诉220件295人，批捕75件110人，提起公诉146件189人。办理电信网络诈骗案件73件133人，涉案金额1326.97万元，批准逮捕电诈帮凶"两卡"人员23人。引导8起案件嫌疑人认罪悔罪，主动赔偿被害人经济损失46.09万元。依法立案侦查、审查起诉原兵团法院专职审委会委员呼某某徇私枉法、受贿案和七师监察委员会移送的一起受贿案件。贯彻落实宽严相济刑事司法政策和认罪认罚从宽制度，不批捕11件15人、不起诉31件40人。在办理一起大学生涉"两卡"案件中，给予犯罪情节较轻的涉案学生不起诉，给其继续留校完成学业的机会。推进建立企业合规第三方监督评估机制，参与金融领域诉源治理，制订参加打击洗钱犯罪三年行动工作计划。针对一起骗取贷款案中一二四团农行审批不严的突出问题，发出专门检察建议。开展安全生产领域专项监督，立案办理燃气安全案件9件，消防安全案件3件，发出检察建议12份。

【司法为民】 2022年，师市检察机关开展国家司法救助线索排查7次，办结并发放司法救助金4万元。办理护航新产业工人权益保护行政检察案件和弄虚作假办理婚姻登记行政检察监督案件，发出社会治理类检察建议2份。对以往办理的各类公益诉讼案件进行"回头看"，立案无障碍设施环境建设案件2件。组成办案团队，立案"消"字号抗（抑）菌制剂非法添加及说明书不规范虚假宣传案件9件。严厉打击性侵未成年人犯罪，持续开展"护苗行动"，批捕起诉强奸、猥亵儿童案19件19人，制发涉未成年人行政公益诉讼诉前检察建议1份，对未成年人社区矫正进行专项检察。贯彻落实《检察官担任法治副校长工作规定》，两级三院12名院领导、检察官担任辖区法治副校长。开展绿书签行动等系列宣传8次，参与师生5000人次。捐赠未成年人检察相关书籍等宣传品5100册（件）。邀请"女童保护"团队对辖区师生开展防性侵培训，对教职工入职查询595人次。针对辖区内KTV娱乐场所存在未成年人警示标志缺失、缺少监督管理等问题，向师市文体广旅局送达检察建议。开展"健康人生、绿色无毒"等禁毒知识宣传，走进胡杨融媒直播节目《热线900》讲解禁毒知识。开展打击养老诈骗宣传，发放宣传资料2200余份，受教育人数1.24万人次。参加"法治大培训"，为辖区团场职工群众授课15场次。

【司法监督】 2022年，师检察分院组织检委会集体学习13次，邀请石河子大学法学教授、师市有关部门领导等现场授课，各业务条线组织培训72个学时，2800余人次参加培训。选派干警参加最高检、江苏省检察机关、兵师党委党校组织的各类培训82人次，开设"胡杨检察双周大讲堂"活动。与师公安局共同设立侦查监督与协作配合办公室，会签工作细则。提前介入9起重大疑难复杂案件，发出纠正违法通知书8份、侦查活动监督通知书12份，纠正办案中存在的各类问题22项。立案民事执行监督案件3件，对立案的2件涉土地执法查处领域行政执行监督案件，主动与师市自然资源和规划局、农业农村局等单位联系，就保障国有土地资源领域依法行政达成共识。审查减刑案件130件，审查减刑裁定书186份。开展对监狱、看守所安全卫生检查、社区矫正专项巡回检察和职务犯罪案件刑事裁判涉财产部分执行和执行检察专项活动。核查司法机关工作人员职务犯罪线索2件。开展罪犯死亡检察5件。制发纠正违法通知书3份，检察建议书16份，全部得到回复。

【奎屯垦区人民检察院】 2022年，奎屯垦区人民检察院受理审查逮捕案件49件65人。审结51件67人，批准逮捕51件66人，不批准逮捕1人。无不批准逮捕复议案件，提请批准延长羁押期限案件2件3人。受理审查起诉案件86件122人（其中监察机关移送1件1人）。审结80件114人，提起公诉66件87人，出庭公诉65件77人，判决64件75人，不起诉14件27人。无不起诉复议案件、刑事抗诉案件，刑事申诉立案监督5件，羁押必要性审查64件，适时介入侦查、调查案件7件。在已办结的审查起诉案件中，适用认罪认罚从宽制度69件96人，案件适用率86.25%，人数适用率84.21%；不起诉人数占审结人数23.68%，酌定不起诉人数占审结人数17.54%。确定刑量刑建议提出率（人数）89.33%，量刑建议采纳率（人数）86.67%。

【车排子垦区人民检察院】 2022年，车排子垦区人民检察院受理审查逮捕案件31件59人，审结32件62人，批准逮捕23件50人，不批准逮捕9件12人。办理不批准逮捕复议案件2件2人，提请批准延长羁押期限案件1件1人。受理审查起诉案件132件163人（其中监察机关移送1件1人）。审结113件143人，提起公诉90件117人，出庭公诉79件105人，判决80件106人，不起诉23件26人。办理刑事抗诉1件，刑事申诉立案监督1件，羁押必要性审查2件，适时介入侦查、调查案件7件。在已办结的审查起诉案件中，适用认罪认罚从宽制度129件137人，认罪认罚适用率94.16%；不起诉人数占审结人数18.18%，酌定不起诉人数占审结人数12.59%；确定刑量刑建议提出率88.75%，量刑建议采纳率98.59%，全年无错捕、错诉情况发生。（李　卓）

法　院

【概况】 2022年，师市两级法院受理各类案件3987件，较上年下降23.8%，结案3808件，结案率95.5%，较上年提高1.4%，其中一审服判息诉率、撤诉率等指标位居兵团法院系统前列。师市两级法院以创新机制、司法便民利民、未成年人审判、践行“枫桥经验”等为抓手，推进工作取得新成绩。车排子垦区（胡杨河市）人民法院执行局获“一星级全国青年文明号”，1名干警获最高人民法院“少年法庭工作先进个人”称号，1名干警获兵团“驻连（村）工作先进个人”称号。

【刑事审判】 2022年，师市两级法院全年受理各类刑事案件368件，审结355件，结案率96.5%。制定《第七师法院打击整治养老诈骗专项行动工作方案》，严厉打击涉黑恶、电信网络诈骗、养老诈骗等案件犯罪分子，以帮助信息网络犯罪活动罪等罪名判处被告人38人。全年受理的186件减刑案件均开庭进行实质化审理。邀请胡杨河市人大代表、政协委员旁听庭审，对减刑案件庭审进行监督，提升减刑案件审理工作的透明度。推进扫黑除恶斗争常态化专项行动，在行业监管、乱点整治、基层治理等方面建立长效工作机制。加大对涉黑案件财产刑执行力度，两级法院涉黑案件公安机关查扣财产执行到位率97.04%。妥善化解涉执信访案件，推进龙某涉黑案件拍卖交付，黑财处置到位率97%。

【民商事审判】 2022年，师市两级法院加强与经济发展、群众利益密切相关案件的审理，全年受理婚姻家庭、买卖合同、建筑工程、劳动争议等各类民商事、行政案件2566件，审结2425件，结案率94.5%。中级人民法院党组把持续优化营商环境摆在突出位置，制定出台《关于进一步优化和保障师市法治营商环境的工作方案》，为市场主体健康发展营造公平公正的执法环境提出16项具体措施。

【案件执行】 2022年，师市两级法院受理执行案件1053件，执结1028件，执结率97.6%，执结标的22.7亿余元。开展集中专项执行活动9次，拘传被执行人35名。集中开展涉民生、民营企业、小微企业案件、金融案件专项执行活动，执结案件8件，执行到位标的101.9万元。推进涉中基健康产业股份有限公司案件执行进度，把好执行和解协议关口，为师市国资公司提供司法建议，依法维护师市国有资产保值增值。

【法院改革】 2022年，师市两级法院落实院庭长办案制度，推动院庭长带头办理重大复杂敏感、新类型和在法律适用方面有普遍指导意义的案件，使长期未结、疑难复杂案件得以尽快解决，平均审理天数减少，为当事人节约时间。全年两级法院11名班子成员（员额法官）办理各类案件430件，结案414件，结案率96.3%。探索审判模式改革，奎屯垦区人民法院探索建立基层法院“小中心、大团队”执行指挥中心实体化运行模式；践行“枫桥经验”，构建诉前调解+简案快审+复杂案件精审的审判模式，速裁案件新收870件，审结707件，结案率81.26%；新增人民调解员13人，成立老法官工作室，利用线上+线下调解相结合，调解案件332件。车排子垦区（胡杨河市）人民法院加强诉前调解和立案调解，165件纠纷化解在诉前，收到群众赠送锦旗25面。发挥就近就地审判职能作用，服务人民群众，推进基层依法治理。5月1日起新成立的胡杨河市人民法院正式受理案件，收案749件，审结699件，结案率93.3%。推进中级人民法院和车排子垦区（胡杨河市）人民法院搬迁至胡杨河市办公。完成垦区法院机构改革，以“能者上、庸者下”的原则配齐配强两级法院审判庭室中层领导7名。任命胡杨河市人民法院11名审判员。组织干警参加线下集中培训38人次，线上网络培训106人次，援疆法官培训5次，常态化开展司法警察实战化训练。出台《聘用制书记员管理考核办法》。

【法制宣传】 2022年，师市两级法院常态化开展普法宣传教育，提升全民法治意识，发放宣传资料千余份，解答群众咨询1800余人次。结合国家宪法日、冬季法治大培训、民法典宣传月、民族团结进步教育宣传月和打击整治养老诈骗专项行动开展普法活动24次，邀请胡杨河市人大代表、政协委员旁听庭审。举办“法院开放日”，邀请人大代表、辖区学校师生到法院参观、座谈交流。全年法院门户网发布新闻信息400余条，同步报送兵团分院、师市党委政法委、师办信息室、师融媒体中心等，其中7篇被“长安兵团”微信公众号采用、2篇被中国长安网采用。新媒体账号正常运营5个，“粉丝”总量2099人，总浏览量4万余次。

【信息化建设】 2022年，师市两级法院巩固深化“一站式”建设成果，推出更多惠民生、暖民心的司法举措。加强“智慧兵法4.0”建设，以人民法院在线服务平台为总入口，集成在线调解、电子送达、委托鉴定等10个平台，实现打官司全流程“掌上办理”。两级法院2022年办理网上立案申请455件，电子送达平台送达2.03万次，线上调解案件848件，网上开庭216件。

【法院系统党风廉政建设】 2022年，师市两级法院组织召开法院系统党风廉政建设责任和反腐败工作会议1次，院长与班子成员和基层院领导签订党风廉政责任书9份，两级三院班子签订党风廉政建设责任书99份。每季度对违反中央八项规定及其实施细则、审判作风、庭审规范等方面进行督察。开展司法巡查、审务督察1次。收到各类举报线索44件，核查完毕均不属实。

（张 涛）

司法行政

【概况】 2022年，师市司法局学习贯彻党的二十大精神、习近平总书记视察新疆和兵团时的重要讲话精神以及党中央和兵团、师市党委的重要会议精神。开展党组理论学习中心组学习12次，党组集中学7次，支部集中学10次。结合主题党日开展红色教育、爱国主义教育活动，落实“为民办实事”六项措施，办实事好事800余件，收到锦旗20面。面向社会公开选任70名人民陪审员，11名人民监督员参与监督案件23件。全年七师医院司法鉴定所办理各类司法鉴定265件，全年零举报零投诉。师市司法局举办2期综合素质培训班，累计培训800余人次；选派20名干警参加兵团、师市部门政治轮训、业务培训、挂职锻炼；推动发挥吉林省8名援疆干部“传帮带”作用，前往江苏省淮安市司法局开展援疆共建工作，争取人才支持；提拔任用青年骨干担任科所长，晋升职务职级17人，司法所干警占比66.7%，“85后”干警占比64.7%。强化党风廉政建设，前往一二六团廉政教育基地和奎屯河水利史馆等地开展各种形式的廉政教育10余次，受教育干警800余人次；班子成员与干警开展谈心谈话400余人次，帮助干警解决困难40余件；加大作风建设督查督办力度，下发各类督办提醒函40份，通报5期。（李华鹏）

【社区矫正】 2022年，师市有社区矫正机构1个，师团两级社区矫正委员会13个，有专兼职社区矫正管理人员28人、社区矫正社会工作者和社会志愿者221人。师市司法局与奎屯市、乌苏市、克拉玛依市公安局、司法局、法院、检察院等部门围绕社区矫正相关工作加强协作，未出现脱、漏管和再犯罪情况；联合检察院对12个司法所定期开展社区矫正工作执法检查。

【人民调解】 2022年，师市有基层人民调解委员会230个，行业性、专业性调委会10个，人民调解员794人。师市司法局公开招聘15名专职人民调解员，充实到12个团场、街道（园区）人民调解委员会。举办师团两级调解专项培训班13场次，新入职专职人民调解员培训班1次。师市司法

2022年11月23日，一二四团司法所成功调解一起拖欠农民工工资纠纷，涉及金额24.42万元（李敬德　摄）

局制定《第七师胡杨河市司法局关于人民调解“一案一补”“以案定补”管理办法》《第七师胡杨河市司法局专职人民调解员管理办法》，通过“基础工资+案件补贴+绩效考评”的方式，健全完善专职人民调解员等级评定和退出机制。师市司法局与公安局、法院建成一二五团、一二六团、一二九团警调对接工作室，实现“一团一法官”全覆盖，委托移送调解72件，其中法院委托移送6件、公安机关委托移送64件、信访部门委托移送1件，其他部门委托移送1件。全年师市调处各类民间纠纷822件，较上年增加444件，增长117.46%，涉案金额2544.4万余元。师市开展矛盾纠纷排查1128次，预防和化解矛盾纠纷192件，发放人民调解案件补贴9万余元。

【司法所建设】 2022年，兵团编办新批复成立天北新区、胡杨河街道2个司法所。师市司法局根据辖区发展实际情况，将奎河司法所搬迁至胡杨河经济技术开发区。师市司法局投入建设资金80余万元，打造一二六团司法所、一二八团司法所、一三〇团司法所3个规范化司法所。投入15万元，对奎河司法所、奎东农场司法所、城南街道司法所进行搬迁、改造、升级。（王书彬）

【公共法律服务】 2022年，师市司法局建成师市（垦区）公共法律服务中心2家，团场（天北新区）公共法律服务工作站11家，连队（社区）公共法律服务工作室197个，实现中心、工作站、工作室三级公共法律服务实体平台建设全覆盖。师市各级公共法律服务实体平台接受群众法律咨询6490余人次，法律援助中心受理法律援助申请79件，为受援者避免挽回经济损失393.25万元。师市司法局指派值班律师办理认罪认罚案件153件，印制张贴第七师法律服务热线宣传单500余张。全年师市2个公证处办理各类公证事项931件，1个司法鉴定所办理各类鉴定事项265件。

【律师管理】 2022年，师市有律师事务所5家，执业律师41人，其中党员律师15人、公职律师22人、公司律师1人。师市司法局组织开展各类法治宣传活动30余场次，参与律师30余人次，受益群众3000余人次。全年代理各类案件831件（其中民事案件795件、刑事案件36件），代写文书72份，接待法律咨询人224次。

【法律顾问】 2022年，师市司法局联合师市党委办公室选聘10名法律顾问团成员，执行师市机关值班制度。全年为师市机关、各部门出具经济合同、招商引资合同、相关制度文件等法律意见书70余份；参加师市及相关部门组织的研讨会、论证会10余场次；为处置信访案件提供法律服务3次；受邀请为各团场、机关部门、机关干部上法治课15场次。

【行政权责】 2022年，师市司法局对律师违规执业进行行政处罚1件，对基层法律服务工作者执业证注销1件，对18个基层法律服务所和52名基层法律服务工作者进行执业核准年度考核。全年办理行政给付269件，其中决定提供法律援助79件、法律援助案件补贴64件、值班律师补贴126件，对5个律师事务所、6个基层法律服务所、2个公证处、1个司法鉴定所依法检查28次。（赵一龙）

军　事

（师人武部　供图）

人民武装部工作

【概况】 2022年，师人民武装部坚持以习近平新时代中国特色社会主义思想为指导，贯彻习近平强军思想，落实军区和军事部党委工作部署，围绕迎接党的二十大、学习党的二十大、贯彻党的二十大精神为主线，聚焦“建设一流民兵队伍”目标要求，部队和民兵建设稳步发展。始终把思想政治建设摆在首位，落实关于《改进中校以上军官学风的措施》的通知要求，研究制订党委中心组理论学习、干部个人自学计划，与军事部同步组织党委中心组带机关理论学习；组织官兵学习《习近平谈治国理政》（三、四）、《总体国家安全观学习纲要》、“习近平足迹系列”书籍；落实习近平重要讲话随到随学机制，抓好党的十九届六中全会、习近平视察新疆重要讲话和“7·26”重要讲话精神学习宣贯，组织观看《党的十九届六中全会宣讲》辅导授课，召开党史学习教育专题组织生活会，组织学习《中共中央关于党的百年奋斗重大成就和历史经验的决议》等辅导书籍，推进党史学习教育常态化、长效化。学习贯彻陆军思想政治教育创新集训会议精神，开展部领导带头备好课、上大课、讲党课活动，部首长和党委委员参加军事部主题教育专题辅导授课和课后专题辅导；研究出台《关于进一步加强民兵思想政治教育的意见》，构建师市民兵思想政治教育教员人才库，编写《2022年思想政治教育教案》，增强教育实效。

组织兵团民兵武装工作先进单位和先进个人评选推荐，一三〇团、一二八团武装部和一三一团民兵应急连被兵团表彰为民兵武装工作先进单位；王胜杰、郭涛、张志辉、李程、张向阳被兵团表彰为民兵武装工作先进个人；师人武部开展“四铁”先进基层武装部和“四有”优秀专武干部评选，一二六团、一三一团、一三七团被表彰为“四铁”先进基层武装部，朱俊杰、李东升、何伟、宋烈涛、郭涛、张志辉被表彰为“四有”优秀专武干部。抓好军区党委巡察反馈问题整改，及时跟进军事部反馈情况，完成军区党委巡察反馈移交问题纠改和责任追究，整改完成军区巡察反馈的倾向性问题和一般性问题；研究制定《第七师人武部深化基层风气整肃治理实施方案计划》，对照负面清单深化基层风气专项整治；常态开展纪律教育和警示教育，党委正副书记、纪委书记带头讲纪律党课；集中组织观看《零容忍》专题纪录片5集；落实上级纪检监察通报和违规违纪典型案例通报随到随学，增强官兵政治纪律、政治规矩意识，坚定官兵和民兵对党忠诚、维护核心、看齐追随的信仰信念。师人武部被新疆军区表彰为巡视巡查问题整改先进单位。

【学习贯彻党的二十大精神】 党的二十大召开后，师人武部党委把学习宣贯党的二十大精神作为首要政治任务，兴起学习贯彻党的二十大精神热潮。研究出台师人武部党委机关学习宣贯党的二十大精神“22条措施”，每周制定学习计划。集中组织收听收看党的二十大实况，跟进阅读《人民日报》《解放军报》等相关报道和评论员文章，编印党的二十大报告和党章，编发学习简报。观看《锻造雄师向复兴》《领航》《追光》等专题片。参加军委、军区、军事部宣讲辅导，师人武部党委班子成员着眼具体观点、具体提法，为师民兵训练基地、民兵武器库等开展宣讲辅导，汇聚“学报告、增信心、强斗志、担使命”的强大合力。 （缪玉璞）

【战备工作】 2022年，师人武部聚焦战备要求，落实每月议战议训，分析练兵备战形势，查找训练中存在的问题，研究制定整改措施，把好练兵备战的关键和关口。落实战备值班规定，跟进修订战备预案方案。紧跟重要时段下发战备工作指示，坚持以上带下组织战备演练，做好重大节日及敏感期社会面防控和边境管控。

【军事训练】 2022年，师人武部落实《军事训练大纲》，推动首长机关、专武干部、基干民兵3个层次军事训练常态落实。强化师人武部首长机关指挥素养和指挥技能训练，组织人武部机关年度军事训练考核，推进军事职业教育和官兵科技素养提升行动。抓好基干民兵基地统训，采取基地统训与各单位自训相结合的方式，完成年度训练任务。新建营区训练观摩场地，进一步配套完善基础设施。7月28—29日，围绕通用基础、基本技能和体能3个课目15项内容，组织基层武装部带民兵参加庆“八一”民兵军事技能比武暨军事体育竞赛，9个单位28名个人取得名次。研究制定师市2022年民兵大冬训实施方案，召开动员大会，全程跟进讲评。组织完成2期175名处科级领导干部和连队主官民兵武装工作能力培训。以上带下开展全员冬训和野营拉练，2.6万余名干部职工参训，夯实维稳戍边能力基础。

【征兵工作】 2022年，师人武部统筹征兵要求，编写《第七师胡杨河市征兵工作宣传手册》；组织征兵宣传现场会，制作宣传展板32块，印发宣传单3000份，制作宣传海报800份；召开返乡大学生征兵政策专题宣讲会。贯彻落实《军队征集和招录人员政治考核规定》，编印《第七师胡杨河市征兵政治考核指导手册》。组织专题业务培训，辖区内18岁适龄青年兵役登记率100%。坚持依法廉洁征兵，完成年度新兵征集任务，其中大学生占比70%。（李 迪）

【基层建设】 2022年，师人武部贯彻“抓基层、打基础、保稳定”工作部署，聚焦一流民兵队伍建设目标，以《军队基层建设纲要》为抓手，制定和推进年度工作目标计划。组织师市党委机关、人武部党委机关、专武干部、民兵分队和武器库警卫四个层次传达学习军事部党委七届二次全体（扩大）会议精神。围绕“一体化筹划、正规化建设、精细化管理、规范化落实”思路，研究制定师市党委民兵工作委员会2022年工作要点、师人武部年度工作要点、抓建基层计划、民兵政治工作指示、班子成员调研计划等8份指导性文件，对66项重点工作任务统筹协调、一体谋划。每季度召开师市党委议兵会，听取工作汇报，推动工作落实。研究上报一流民兵队伍建设措施，制定《关于进一步加强党管武装工作的意见》。以推进党史学习教育常态化、长效化为牵引，研究制定12件为群众办实事计划，组织修缮官兵宿舍，配齐生活设施，为一二三团武器库配备文体器材，为师民兵俱乐部购置台球桌，丰富文化娱乐生活。每月召开专武干部学训例会，讲评部署工作，开展训练考核。组织政工干部开展争做“两个行家里手”活动，落实兵团人武专项编制计划，协调推进武器库和师民兵训练基地管理人员队伍编配，招录补充专武干部1名。筹划组织民兵营（连）党委（支部）书记培训，提升抓训抓建能力。（戴 刚）

【参与乡村振兴】 2022年，师人武部把助力乡村振兴纳入一三一团“十四五”发展规划整体布局，融入九连建设总体规划，一体推进。采取团以上干部包户、机关党小组结对助学的形式，现场慰问困难群众，为8个困难家庭学生捐资4000元，指导连队和团场共同做好帮扶工作。遴选3名优秀军官担任学校“校外辅导员”，结合一年两征时机，开展国防教育小辅导。拿出年度伙食费的10%，与一三一团九连签订伙食保障物资供销协议，鼓励师人武部官兵前往一三一团九连采摘应季果蔬。协调师市“胡杨融媒”微信公众号，宣传一三一团“榛子种植、小香猪养殖、葡萄采摘园开发”等特色产业。投入资金修建连队门楼、连部军垦文化、户外红色橱窗、牧区党建驿站等公共基础设施，改扩建小香猪养猪厂、打造标准化榛子园、采购榛子加工设备、铺装采摘园道路、美化特色种植养殖沿线环境等，初步形成一个“红色文化浸润、红色精神闪耀、兵的意识浓郁”的乡村振兴示范点。（缪玉璞）

【国防动员潜力调查统计】 2022年2月，师市组织国防动员潜力统计调查业务培训1期，26个成员单位38人参加。对相关潜力数据进行统计收集，收集各类数据2万余条，为遂行多样化军事任务奠定基础。（李 迪）

【全民国防教育】 2022年，师人武部会同师市党委宣传部统筹推进全民国防教育活动，结合征兵宣传、民兵组织整顿、“八一”建军节、全民国防教育日、党的二十大精神理论宣讲等时机，在民兵队伍中常态抓好兵团精神和胡杨精神、老兵精神及兵团职责使命、光荣传统学习教育，开展向边防三六三团一营三连学习活动。推进师民兵训练基地和师市国防教育园文化氛围整治，对营区政治文化布设进行重新设计，新建陆军训词墙，新增卫国戍边英雄群体、八一勋章获得者等典型灯箱；筹建师民兵训练基地国防教育文化展廊；指导一二六团围绕“兵团精神耀团场”主题进一步完善“戈壁母亲”红色文化阵地；组建第七师民兵篮球队参加军事部“天山杯”强军风采群众性文体活动，组织民兵分队开展“强军战歌献给党”红歌会；组织开展“红心向党、强军有我”强军故事会，会同师市文联创排弘扬兵团精神的文艺情景剧《边关姐妹》。完成各学校学生军训任务，辐射带动学生、职工群众广泛接受爱国主义教育，受教育覆盖面达92%以上。（戴　刚）

民兵工作

【民兵组织整顿】 2022年1—5月，按照兵团民兵组织规模调整部署要求，师市精准核实编兵潜力，科学编制整组计划，基干民兵中党员和退伍军人比例首次突破两个30%，达到一流民兵队伍建设要求。5月，师党委民兵办会同人武部研究制定民兵整组检查验收实施方案，采取听取工作汇报、参加点验大会、逐人核验信息、查阅软件资料、抽点物资器材、查看阵地建设等方式，对师市各单位编兵情况进行检查考评，查找存在问题，明确整改标准和时限。6月，迎接自治区、军区联合军事部现场检查验收，受到兵团检查组好评。（申　毅　缪玉璞）

【民兵大冬训】 2022年1月7日，师市召开大冬训动员大会。会上，师市党委书记、政委李华斌强调要扭住关键、突出重点，坚持精准训兵练兵，进一步提升处、科级领导干部和连队主官民兵武装工作能力，提高民兵队伍的组织性、机动性、动员力和战斗力。1月14日，师党委民兵办分两批组织新任职团处级领导干部、连队主官在师人武部开展为期5天的民兵武装工作能力培训。各团场、天北新区同步组织干部、职工进行普训，进一步夯实维稳戍边能力基础。

【减负资金发放】 2022年，师市党委民兵办依据兵团减轻连队职工负担补助资金管理暂行办法，结合师市实际，下发工作指导意见，规范减负资金发放标准和程序，并将职工履行“三位一体”职责使命的现实表现与减负资金挂钩，逐步扩大考核占比，做到资金向表现优秀民兵倾斜，提升职工履职尽责的积极性。

【民兵权益维护】 2022年，师市全额下拨民兵武装工作经费，足额兑现基干民兵遂行任务补贴。“八一”期间，开展慰问活动，发放慰问金及礼品近30万元。春节前夕，师市领导赴一三七团边境慰问守边民兵。（申　毅）

人民防空

【概况】 2022年，师市住建局（人防办）编制印发《第七师胡杨河市“十四五”人民防空专项规划》，要求人防工程实现应建尽建。提前介入重大项目建设服务，对文体中心、七师医院和胡杨河市中医院等新项目提出合理人防建设意见。开展人防工程建设专项检查，及时发现天北新区未履行人防义务项目2个。在兵团人防系统率先开展人防指建立的探索并开展人防专业队的整组训练，多次承办兵团人防工作经验交流会。

【人民防空警报建设及试鸣】 2022年，师市初步建立人防预警报知系统，胡杨河市主城区警报覆盖率达90%，提前三年完成兵团要求的“十四五”目标。以“勿忘国耻，警钟长鸣”为主题开展防空警报试鸣宣传活动，警报试鸣工作在兵团卫视新闻中播出。

【人防工程隐患排查整治】 2022年，师市住建局（人防办）制定印发《第七师胡杨河市开展“未验先用”人防工程专项治理工作方案》。通过人防工程实地检查、翻阅档案等方式开展人防工程质量检查行动，对自查中发现的问题进行梳理，建立自查问题台账，发放整改通知书2份。通过督促人防工程建设、施工、监理单位或使用单位自查和实地检查，对全市人防工程进行安全风险隐患大排查，对自查检查中发现的问题进行梳理，建立台账，共排查安全隐患问题4个，全部整改到位。

（朱金光）

退役军人事务

【概况】 2022年，师市退役军人事务局管辖11个团场退役军人服务站及天北经济技术开发区退役军人服务站。推进退役军人服务保障体系建设，加强退役军人权益维护工作，做好优抚对象的优待抚恤和退役军人社保接续工作。推进退役军人培训教育和就业创业，巩固和发展军民、兵地团结局面。

【退役军人服务保障体系建设】2022年，师市退役军人事务局按照“五有”（有机构、有编制、有人员、有经费、有保障）、“四化”（工作规范化、标准化、制度化、信息化）要求，将退役军人服务站建成基础设施达标、制度流程完善、服务管理规范的退役军人服务场所。挂牌成立1个师市退役军人服务中心、12个退役军人服务站、10个社区服务站，实现以服务中心为枢纽，团场社区服务站全覆盖的服务保障体系，提升基层服务退役军人的服务保障水平。

（范新奎）

【退役军人权益维护】2022年，师市发挥退役军人服务中心（站）的作用，整合各方面力量，进行矛盾纠纷大排查、基层情况大调研、遗留问题大化解，聚焦解决一批退役军人集中反映的突出矛盾问题。全年收集整理问题103个，化解99个，化解率96%。（李树豪）

【优待抚恤】2022年，师市退役军人事务局发放重点优抚对象各类生活补助和抚恤金428.28万元、优抚对象医疗保障专项资金12.23万元、义务兵家庭优待金99万元；为退役士兵发放自主就业补助资金251.6万元；为自主择业军转干部缴纳医疗保险7.8万元，发放取暖费0.43万元；为部分企业军转干部发放生活困难补助资金15.65万元。受理符合部分退役士兵社保补缴政策申请114人，完成养老缴费114人，划拨财政补助单位缴费资金228.24万元。春节、“八一”建军节期间，走访慰问退役军人、现役军人家属及重点优抚对象1.12万人，发放慰问金225.08万元。累计发放退役军人优待证7348张，占优待证申请人数的84.8%。

（李丹阳 张小娜 彭德祥）

【褒扬纪念工作】2022年，师市推进烈士纪念设施集中修缮工作。加强顶层设计，投入专项资金205.4万元，完成对3座散葬烈士墓的集中修缮，满足红色教育活动的开展需求。师市退役军人事务局走访师市3名烈士家属9次。配合相关部门完成对烈士纪念设施的检查、“回头看”工作，迎检2次，未发现需要整改事项。

（魏宗乐）

【依法行政】2022年，师市退役军人事务局开展为期3天的基层调研工作2次，范围覆盖各团场、天北经开区，完成调研报告1份，整改重点问题6类。举办退役军人工作专题培训班1场，共计40个学时。开展全师市范围的《中华人民共和国退役军人保障法》普法活动，活动范围覆盖师市辖区所有团场，组织开展12场次，受众人数超500人次。

（魏宗乐 范新奎）

【退役军人培训教育和就业创业】2022年，师市退役军人事务局完成58名自主就业退役士兵移交接收工作，总体做到服务对象、接收单位、部队“三满意”。组织37名退役军人参加职业技能培训。组织线上退役军人专场招聘会2场，36家企业提供432个岗位，签订就业意向协议100余人。组织自主就业退役士兵参加适应性培训，引导广大退役军人树立正确的择业观，投身经济社会建设。近3年招录至师市的退役军人职工主要从事农业生产、企业、个体经营，多数在连队基层、社区从事管理工作，为师市经济发展做出贡献。

【兵地融合】2022年，师市退役军人事务局与奎屯市退役军人事务局通过座谈、走访、现场观摩等方式，实现互帮互助，共同发展。7月24日，师市退役军人事务局联合天北新区管委会、奎屯市退役军人事务局开展“兵地共庆建军节 携手共筑谱新篇”大型文艺汇演活动1场，各退役军人服务站开展相关活动12场，师市相关领导出席活动，为做好“退役军人事务暨双拥工作”“兵地融合发展工作”奠定基础，进一步巩固和发展军民、兵地团结局面。

（魏宗乐）

对口支援

（孟庆忠　摄）

综 述

【项目援建】 2022年，淮安市对口支援师市，安排援疆项目六大类11个，主要用于对口援疆“十四五”规划确定的产业援疆、保障和改善民生、文化教育援疆、交流交往交融等方面。其中，基建类项目4个、非基建类项目5个、规划编制及预留费用2个。至年末，投入基层项目4个，占援疆资金总额的93%，项目均已开工建设；项目完成投资额占总投资88%，已拨付援疆资金到位率100%。

【民生援建】 2022年，淮安援疆前方工作组落实80%以上援疆资金投入基层、民生领域，解决教育、卫生、医疗等各族群众民生问题，提升群众获得感和满意度。统筹推进乡村建设，构建“小城镇+美丽连队+作业点”格局，安排援疆资金完善基础设施和公共服务，建设美丽宜居良好环境。推进医疗卫生机构标准化建设，安排援疆资金用于实施医院基础设施配套项目，实现团场医院服务能力达到国家要求的基本标准。完成一二九团五连美丽连队建设，推进一三〇团十五连偏远散户集中安置房建设。发挥“小援疆”资金作用，建设完成一批项目。开展“一地一院一品”职业技术教育能力提升行动，在第七师胡杨河职业技术学校建设就业孵化基地，推动淮安市高级职业技术学校与第七师胡杨河职业技术学校结对共建，支持第七师胡杨河职业技术学校重点建设汽车维修与应用专业和实训基地。关心关爱困难群体。安排援助资金，专项用于资助在国内其他省市普通高校就读的第七师困难学生家庭。

【产业援建】 2022年，淮安援疆前方工作组组团到淮安市商洽园区合作共建事宜，开展“云签约、云推介”等线上招商活动。促成师市胡杨河经济技术开发区、天北经济技术开发区与淮安经济技术开发区、淮安工业园区签订合作共建园区协议，推进师市在深化招商引资、产业发展、产业转移、园区共建等领域全方位合作。派员到上海、贵州、苏州等地开展招商活动50余人次。开展“消费帮扶”惠民行动，联系淮安果品和肉品批发市场，帮助第七师团场销售70余吨葡萄、7694床网套（棉胎）、20吨羊肉，价值265万元。持续推进淮安疆果商贸有限公司新疆特产直营店运营。组织师市知名品牌企业代表团参加中国（淮安）国际食品博览会，与10余家商贸零售企业签订长期销售农产品的合作协议，推动师市产品在淮安拓展销售市场。

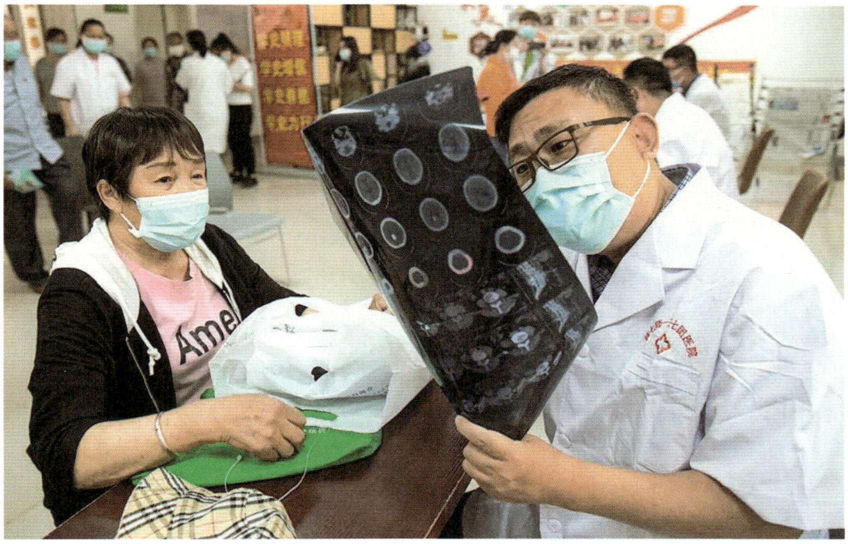

2022年6月7日，中组部、团中央第22批“博士服务团”成员滕峰（右）在一三七团为社区居民义诊 （李瑞强 摄）

【智力援建】 2022年，淮安援疆前方工作组拓展“组团式”援疆领域，淮安援疆医疗队在第九批成立肺小结节诊疗中心基础上，开展胸腔镜肺叶、肺段切除，单孔胸腔镜肺癌根治等高难度手术，达到国内先进水平，填补师市技术空白7项。接诊、义诊病人5000余人。救治危重病例40余人，实施手术75台，帮带提升师市技术人才36人。推动淮安医疗机构与师市结对建设远程诊疗中心。淮安市20名支教教师在一三〇团中学、胡杨河市第一中学任教，开设80余节公开课和30次讲座，“传帮带”年轻教师15人。实现师市中小学与淮安市学校结对全覆盖，两地学校在互访交流、宏观指导、帮带师训、培训师资、教师支教、资源共享6

个方面进行交流合作。加强技术合作交流。推动淮安市检验检测中心在第七师范围探索业务合作的实施框架，邀请淮安特种设备专家，对第七师特种设备全流程指导。

【两地交流】 2022年，淮安市与师市两地组织开展组工干部文化交流、经济发展交流、人社系统交流等活动。推动县区、园区到对口团场交流交往全覆盖、常态化。组织开办师市党政干部、连队（社区）书记等培训班3场次，民建淮安市委、致公党淮安市委、清江浦区及涟水县代表团在师市考察交流。推动两地少年儿童交往，继续开展少年儿童“手拉手”夏令营、冬令营等交流活动，组织开展“中华文化进校园”等活动，支教教师在一三〇团中学、胡杨河市第一中学开设国学讲堂等，传播文化知识。开展文化艺术交流活动。邀请中国书画家协会会员到师市采风和授课，记录兵团儿女生活点滴记忆的诗歌散文随笔《爸爸的孩子们》出版发行。

（万艺萌　舒东杰）

行业援建

【卫生健康对口援建】 2022年，第11批江苏淮安援疆的谷彪、徐建昌、王成祥、刘玮、华伟、严佩强、刘磊、韩志刚8名专家在神经外科、胸外科、超声科、儿科、普外科、放射科服务患者、传授技术，开展新技术填补第七师医院各专科技术空白20余项。在建成的肺结节诊疗中心完成胸腔镜下微创手术170余台次，带教100余次，集中讲课5次。（徐　忠）

【总工会对口援建】 2022年，师市总工会与对口援疆工会交流沟通，落实援疆项目。与对口援疆工会开展对接交流，沟通协商第3轮对口援疆项目。7月，淮安市总工会领导带队到师市开展对接，双方就组织建设、民主管理、户外劳动者服务站点建设等工作达成援助协议。（朱　熠）

【司法行政工作对口援建】 吉林省司法厅第4批援助师市司法局工作队自2021年10月入疆，于2022年11月11日离疆返程。工作队8人发挥援疆干部业务特长和“传帮带”作用。联合师市党委办公室、师党委党校、师市律师事务所对法治建设情况进行调研，形成调研报告，报师市主要领导批示。完成冬季法治大培训、2022年行政执法案卷评查，组织师市机关、团场、经济技术开发区行政执法资格培训考试，解决师市行政执法人员不足问题。以坚持新时代“枫桥经验”为重点，发挥人民调解第一道防线作用。以基层改建为契机，推动基层司法所规范化建设提档升级。师市党委政法委、师市司法局联合对公共法律服务工作平台建设情况进行检查，检查情况报送师市领导并通报到各团场，检查情况报告得到师市主要领导肯定性批示。前往淮安市司法局开展援疆共建工作，争取人才支持。（李华鹏）

【市场监管系统对口援建】 2022年7月15—25日，江苏省特种设备安全监督检验研究院淮安分院6名专家协助师市开展辖区燃气相关特种设备及其他特种设备和使用单位隐患排查及安全培训；检查液化气充装单位、燃气公司12家，2个经济技术开发区的特种设备使用单位20家，特种设备500余台（套），发现隐患21

2022年12月15日，师市市场监督管理局援疆干部许康（左二）和淮安专家在新疆伊犁哈萨克自治州陆德棉麻有限责任公司棉花库指导师市棉花公检工作

（许　康　供图）

处。举办燃气相关特种设备安全业务培训班1期，师市辖区内35家企业的安全管理负责人、业务人员和各团场、经济技术开发区特种设备监管负责人和业务人员77人参加。邀请淮安市市场监管局人员为师市“两新”组织党建工作网络培训班授课及开展师市特种设备安全生产专题讲座1期。（许 康）

【统计调查对口援建】 2022年8月9日，四川调查总队党组书记、总队长赵太想率队一行6人到师市开展统计调查对口援疆工作调研，师市党委书记、政委李华斌参加调研。四川调查总队向第七师调查队拨付援疆经费支援台式电脑、笔记本电脑26台以及各类培训课件6份、付费问卷星账号1个。（何文静）

【科协对口援建】 2022年，师市科协与对口援疆淮安市科协对接，发出感谢信，并在项目建设、活动组织、人才培养等领域加强联络。（张玉红）

区域援建

【淮安市清江浦区援建一二三团】 2022年，淮安市清江浦区对口援建项目资金用于十九连抗震安居房建设、团史馆升级改造。资助在国内其他省市就读的困难大学生12名。（焦小明）

【淮安工业园区援建一二四团】 2022年，淮安工业园区向一二四团捐助援建资金用于项目建设。援建联络员组织开展招商活动1次，到南京市、淮安市、扬州市等地开展招商活动。淮安市企业到团考察，团场接待客商2批次。（赵 阳）

【淮安市淮安区援建一二五团】 2022年，淮安市淮安区对口援建项目资金用于危旧房改造、建设里小区路灯安装、援疆助学3个方面。（尹祚祥）

【淮安市淮阴区援建一二六团】 2022年，淮安市淮阴区援疆干部通过电话网络等方式联系客商，收集招商信息，促成一二六团组团到浙江、江苏、山东、重庆等地外出招商12次，实地考察南京双睿环保科技有限公司、金刚化工（昆山）有限公司、麦田云际（杭州）科技有限公司、天丰种业等项目30余个。与万佳鑫菌业科技、江苏绿科生物科技有限公司、丁集黄瓜产业园、南京双睿环保科技有限公司、淮安翔和羚物流有限公司等企业签订意向协议。淮阴区对口援建消防设施提升改造经费及文化艺术旅游节赞助费等，协助落户援建项目。（孙兴兵）

【淮安市涟水县援建一二七团】 2022年，“涟水·新疆第七师一二七团乡村振兴连（居）委领跑者培育活动”正式启动，将一二七团15个连队和3个社区的书记及“两委”成员等36人分批次派送到涟水县，采取结对共建、全程跟班模式，学习富民强村、环境整治、集体经济增收等基层治理重点领域做法和经验。利用涟水县援建资金重点改造职工群众文化活动中心项目，使文化宫成为开展“豫剧文化”的重要基地。联系凤凰传媒淮安分公司，为幼儿园捐赠价值1.5万元的绘本图书，解决幼儿园图书不足的难题，让一二七团职工的孩子在团场享受优质的教育。联系客商到一二七团注册成立丰意清弹不孕籽棉提纯深加工项目部，总投资2000万元，实现当年开工，当年投产，当年开票。2022年新签约小麦深加工项目1.2亿元，新签约总投资1.2亿元的胡杨河市日处理400吨小麦综合加工项目。援疆干部先后带队或参与外出招商11次，深入苏州、杭州、上海、宁波、太原等市联系洽谈项目，并做好在乌鲁木齐发展的涟水籍客商的联络工作，为连队和团招商小组成员讲解招商知识，融入全团招商大局，帮助制定招商奖惩制度，将涟水县招商的成功经验在团场分享和推广。（邵馨仪）

【淮安市洪泽区援建一二八团】 2022年，淮安市洪泽区援建项目资金用于农业连队新建抗震安居住房建设及育才里老旧小区改造工程。洪泽区委宣传文化等部门拨付资金完善提升前山文化广场大屏硬件设施更新升级，为一二八团在国内其他省市高校毕业生发放困难补贴2.4万元。6月5日，一二八团财政所、国资公司和养殖合作社负责人到洪泽区学习交流，并洽谈两地农副产品推介销售和合作交流事宜。6月21日，一二八团招商办负责人到洪泽区相关企业开展招商推介，并邀请有意向投资的企业负责人到团现场考察。6月，神舟旅游公司国有平台公司采购一二八团养殖户1吨羊肉，用于前期的宣传推介。8月5日，洪泽区总工会、税务局和神舟旅游国有平台公司等相关单位负责人到一二八团考察交流，现场推进农副产品推介销售事宜。协调联系洪泽区教体局选派1名教研专家到一二八团中学现场指导，通过听课、讲座、教研活动等形式，帮助一二八团中学提高教学质量。协调联系洪泽区人民医院（中医院）选派2名中医、肛肠和老年病专家轮流驻点，扶持一二八团医院中医馆建设，现场开展肛肠等科类手术。协调联系洪泽区农业农村局、岔河镇分别选派1名设施农业专家和1名优秀村支部书记，到一二八团帮助规划建设设施农业和提高农业连队管理水平。中秋节前夕，“消费援疆”的265万元订单陆续发到洪泽区。洪泽区国资公司购置247万元葡萄、羊肉等特色产品。（洪亚军）

【淮安市盱眙县援建一二九团】2022年，淮安市盱眙县1名援疆干部到一二九团负责对口援建联络协调工作。盱眙县人民政府捐赠资金用于一二九团军垦老水塔公园项目建设。一二九团与盱眙县共同举办第二届一二九团·盱眙龙虾美食文化节，促进融合发展，提升文旅、餐饮产业活力。盱眙县建立招商引资工作机制，牵线搭桥、引荐企业，为一二九团招商小组在淮安市搭建招商平台。（刘　建）

【淮安市金湖县援建一三〇团】2022年，一三〇团利用援疆资金在丰收苑小区新建10路和20路智慧充电车棚2座；在胡杨苑B区利用原有车棚改建20路智慧充电车棚2座。与淮安市对口援疆项目办对接，争取2022年援疆项目3个。6月21—23日，一三〇团赴金湖县考察学习金湖县“荷韵小镇”“湖畔旺屯”等农民集中居住区、农房改造及小城镇建设、乡村振兴方面的经验做法，与金湖县住建部门、乡镇相关负责人进行交流。（佘燕红）

【淮安经济技术开发区援建一三一团】2022年，淮安经济技术开发区推动与一三一团对口支援工作。坚持资金项目向民生倾斜、向基层倾斜、向重点地区倾斜，驻一三一团联络员深入连队基层调研，了解受援地基本情况，确保援疆资金用到实处。协调淮安援疆前方工作组，推动一三一团职工文化活动中心项目建设，年内主体建成。开展消费帮扶活动，成立开发区对口帮扶销售公司，帮助一三一团在淮安销售特产近百万元。利用经济技术开发区产业招商经验，共享招商资源，共用招商平台，采取以商引商、委托招商、小型推介会、云招商、云推介等方式，与东方龙集团开展合作洽谈。拜访淮安经济技术开发区辖区内禾丰饲料、勤航纺织、利泰碳化硅等有关企业10余家，与一三一团招商小组分2批次分别到南京、昆山、南疆等地开展招商活动。建立党政代表团互访计划，定期交流两地经济社会发展成果，探讨促进两地合作举措，推动“两地三方”党政主要领导带队开展互访。（袁　希）

【淮安经济技术开发区援建奎东农场】2022年，淮安经济技术开发区援建项目资金用于奎东农场产业聚集区道路建设。年内组织做好两地交流考察工作，选派1名干部到淮安经济技术开发区进行为期1周的交流学习。（焦　阳）

【淮安市清江浦区援建一三七团】2022年，淮安市清江浦区委、区政府组织党政代表团到一三七团开展交流交往活动，就两地经济发展、项目建设、社会管理以及民族宗教工作进行交流，向一三七团捐助援建资金进行项目建设。援建联络员开展招商活动4次，接待客商2批次。（薛富有）

经济管理

（刘笑天　摄）

宏观经济运行管理

【兵地融合发展】 2022年，师市与伊犁州共同研究制定《贯彻落实自治区党委十届三次全会精神，促进伊犁州兵地融合发展工作措施》，师市兵地融合发展工作领导小组办公室研究制定《第七师胡杨河市兵地融合发展工作领导小组工作规则》《第七师胡杨河市兵地融合发展工作领导小组办公室工作细则》《第七师胡杨河市兵地专项调查研究制度》《第七师胡杨河市兵地融合发展工作领导小组2022年工作要点》。优化棉花布局和打造农产品加工原料基地，共同保护利用水土资源，建设水利枢纽工程——奎屯河引水工程；推进胡杨河市—五五工业园区—奎克高速和胡杨河市—奎屯市公路建设。 （王竞宇）

【固定资产投资】 2022年，师市抓住重点项目建设。坚持政府项目和产业项目两手发力、项目开工和项目投产两头用力、生产要素和资金要素两端着力，关注开工后项目特别是奎屯河引水工程、晶诺新能源等重大项目推进情况，抓好落地项目开工、开工项目投产，坚持每季度集中签约一批、集中开工一批，滚动推进项目建设，师市开复工项目466个，其中100亿元和50亿元以上项目各1个、10亿元以上项目3个、1亿元以上项目77个。完成固定资产投资185.9亿元，比上年增长21.9%，总量排名兵团第三位，增速排名兵团第五位。

【社会事业项目投资】 2022年，师市发展改革委与师市教育局、师市卫生健康委、师市文体广旅局、师市民政局等部门对接，梳理出20个总投资4.8亿元的社会事业类项目，推进手续办理，申请中央预算内资金3.8亿元，推动兵团奎屯中医院中医特色重点医院建设项目、第七师胡杨河职业技术学校实训基地建设项目、第七师体育公园项目、胡杨河市第一中学宿舍楼建设项目、第七师流浪乞讨人员救助管理站项目、一二七团社区综合服务中心建设项目、一二三团社区综合服务中心建设等项目的落地，促进师市社会事业持续健康发展。 （武　杰）

【能源项目建设】 2022年，师市立足风能、太阳能、水能、煤炭等优势资源，重点推进锦淼热力锦龙电力、奎屯河引水工程、农村电网巩固提升等重大能源项目建设，构建师市多种能源协同互补、安全高效、清洁低碳的能源供给体系。 （李　斌）

【农田水利项目建设】 2022年，师市发展改革委对接兵团部门，争取到农田水利类项目3个，总投资9.57亿元。其中中央预算内投资6.28亿元、自筹资金3.29亿元。师市发展改革委落实国家和兵团经济政策，分解下达中央投资计划，督促项目落地实施，按期调度项目，推进项目早开工早见效。按照师市经济发展要求，加大争取国家项目力度和兵团项目资金支持，配合行业主管部门谋划申报大中型灌区、除险加固、高标准农田、连队环境整治、林果业、畜牧业等项目。 （刘子晗）

【项目管理机制完善】 2022年，师市建立师市领导、机关部门挂钩服务项目责任制，1名领导、1个部门挂钩2个重点项目，将34个师市重点调度项目推进责任分解到人头、任务明确到部门，搭建政银企合作平台，支持企业发展。完善考核指标体系，运用“红黑榜”一季一考核，奖先罚后倒逼经济主体变压力为动力，形成固定资产投资实物量。争取上级资金23.4亿元，争列重点项目96个。谋划储备2023年政府投资、社会资本、国有企业投资项目95个，总投资2054亿元。（王解放）

【营商环境优化】 2022年，师市发展改革委简政放权，营造优质、宽松、高效政务服务环境，做好招商引资服务。牵头制定《团场固定资产投资管理办法》，规范团场政府投资项目主体和实施程序，将总投资1亿元以下项目备案权下放团场，激发团场主体活力。持续深化“放管服”改革，依法精简22项审批材料、合并8个审批环节，175项行政许可事项进驻政务大厅，建成应用工程建设项目审批平台，创新推行“3550”审批流程，提升行政审批效能。 （武　杰）

【社会信用体系建设】 2022年，师市贯彻落实《国务院关于建立完善守信联合激励和失信联合惩戒制度加快推进社会诚信建设的指导意见》，结合师市机构改革后行政职权划分，调整新加入成员单位8个。制定印发《第七师胡杨河市社会信用体系2022年工作要点》，推进师市社会信用体系建设，提升信用建设法治化、规范化水平。构建以信用为基础的新型监管机制，联合多方协同开展失信联合惩戒，利用现有信用信息平台支持，对失信联合惩戒情况进行审查，查询信用信息618次。开展信用修复，累计受理信用修复49条，依法依规修复成功12条。推进兵团信用信息共享平台在师市启动。3月，兵团信用信息共享平台在师市试运行，累计反馈意见建议36条，进行优化处理，促进平台平稳运行；4月22日正式运行，年内归集共享各级各部门行政许可1016条，行政处罚465条，提高信用信息归集共享的及时性及合规率，"双公示"数据信息质量合规率提升到95%以上。推广兵团综合融资信用服务平台（"信易贷"平台），组织各单位指定专人负责企业注册及融资需求审核发布等"信易贷"工作推进，按照兵团"信易贷"平台企业注册和融资需求发布操作指南组织辖内企业自愿入驻平台。累计有787家市场主体在平台注册，认证通过784家市场主体，主体注册数和认证比例均排名兵团第一位。招引金融机构入驻，发布10款金融产品。倡导有融资需求的市场主体在平台发布融资需求和提交融资申请，全年注册主体发布融资需求8笔，形成融资申请14笔、融资成交6笔，总金额134.2万元。

（陈　哲）

2022年3月3日，兵团信用信息共享平台试点运行工作启动会在师市召开 （陈哲　摄）

【节能降耗】 2022年，师市组织申报中央预算内节能减碳专项领域项目，获取中央资金补助5890万元，用于支持师市火电项目灵活性改造及危险废物处置项目。启动师市碳达峰、碳中和行动方案编制工作。推进新疆晶诺新能源产业发展有限公司年产2×5万吨高纯晶硅、新疆聚力新材料有限公司资源综合开发项目、新疆紫宸天山新材料科技有限公司年产10万吨新能源汽车锂离子电池负极材料及10万吨负极材料石墨化项目3个项目的节能报告获取节能批复工作。

（黄　典）

【价格管理】 2022年，师市发展改革委受理涉案物品估价案件43起，涉案金额217.3万元。做好价格监测工作，启动临时价格补贴机制5月次，发放临时价格补贴52万元。做好棉花目标价格改革工作，至年末，发放2022年度棉花目标价格补贴资金2.84亿元，配合兵团完成农产品成本调查汇报审核工作。承接收费单位管理权限，正式开展收费单位管理工作，向自治区发展改革委取得师市90余家收费单位的管理权限。开展城镇住宅物业服务收费标准、农业灌溉水价、危化品停车服务收费成本监审项目3个，完成危化品停车服务收费标准政府制定价格项目1个。

（徐　焦）

国有资产监督管理

【企业经济运行监管】 至2022年末，师市国资委共监管国有资产总额396.1亿元，比上年增加6.1亿元；负债总额298.2亿元，增加2.2亿元；资产负债率75.28%，下降0.58个百分点；所有者权益97.9亿元，增长4.1%；实现营业收入149亿元，增长10.07%；实现利润总额6.9亿元，下降8%。

【国资国企改革】 2022年，师市深化国资国企改革。厘清各治理主体权责边界，建立董事会的31户企业100%实现外部董事占多数；师市直属企业探索选聘13名专业化兼职外部董事，8名现职国有企业领导转任专职外部董事。全面建立健全“授权放权”机制，董事会重点对资产处置、报废、投融资、大额资金支付等10余项重大事项向经理层进行一定金额的授权放权，释放企业自主经营活力。

【“三项制度”改革】 2022年，师市国有企业建立健全市场化选人用人和激励约束机制。157名经理层成员全面签订岗位聘任协议书、业绩责任书，明确考核退出机制。经理层全员参与市场化选聘，中层管理人员227人竞聘选聘率100%。新进入的936名员工公开招聘率100%；不胜任退出中层管理人员8人，退出率3.41%；师市国有企业部门数量由76个压减至45个，压减率40.79%；管理人员由447人减少至363人，压减率18.8%。

【国有资本布局】 2022年，师市完成行政事业单位闲置资产划转天北城投公司1.37亿元，完成经营性资产集中统一监管工作。按照上市要求，规范锦疆化工法人治理结构、内控管理等制度，解决上市涉及的重大问题，推动三年内打造资产规模超100亿元上市公司的目标。鼓励农发集团先行试种酱用番茄66.67公顷，协助北方集团推动民丰建材厂运营。

【国资监管效能】 2022年，师市推动将国资公司改组组建为国有资本投资运营公司，研究下发授权放权清单，促进国有资本进退有序、高质高效。健全监管机构，完善监督机制。设立国资国企发展中心，11个团场财政局（所）加挂国资办牌子，设立6个团场国有资产管理公司。20余个改革制度文件相继出台，形成《国资监管政策汇编》。监管企业财务总监委全面委派，落实财务月度报表机制，提升财务监管质量和水平。规范资产交易处置程序，年内成交产权交易19宗，成交金额1561万元（含租赁）。收回锦疆化工投资分红2.37亿元，强化对天利石化外派董事监事的履职管理。

【市场主体房屋租金减免】 2022年，师市按照国家、兵团相关文件要求，落实对“2022年被列为新冠疫情中高风险地区所在的县级行政区域内的服务业小微企业和个体工商户承租国有房屋，2022年减免7个月租金，其他地区减免不低于3个月租金”等纾困政策。至年末，师市国有企业减免服务业小微企业、个体工商户房租341户，减免523.73万元。

【国有企业示范创建】 2022年，锦疆化工获国务院企改办“科改示范企业”称号，北纬阳光被认定为第一批兵团“专精特新”中小企业，锦疆化工、佳宇恒、北纬阳光被认定为自治区高新技术企业。 （张亚贞）

财　政

【财政收支】 2022年，师市一般公共预算收入58.5亿元，比上年减少34.46亿元，下降37.07%。其中：地方税收收入2.41亿元，非税收入4.99亿元，上级补助收入46.57亿元，债务转贷收入3.85亿元，调入资金0.74亿元，自治区待返还税收收入-0.06亿元。

师市一般公共预算支出61.2亿元，比上年减少20.14亿元，下降24.76%。其中：师本级支出43.62亿元，增支1.06亿元，增长2.49%；团场支出17.58亿元，减支21.2亿元，下降54.67%。

师市一般公共预算收入58.5亿元，加上年结余7.06亿元，动用预算稳定调节基金8.93亿元。师市一般公共预算支出61.2亿元，加上解上级支出2.03亿元，收支相抵后结余11.26亿元，其中安排预算稳定调节基金5.41亿元、结转下年5.85亿元。

师市政府性基金预算收入7.06亿元，比上年增加3.51亿元，增长98.87%。其中：地方政府性基金收入1.06亿元，上级补助收入1.5亿元，债务转贷收入4.5亿元。师市政府性基金预算支出7.27亿元，增加4.09亿元，增长128.55%。其中：专项债券支出4.5亿元，增支3.2亿元，增长246.15%。分层级看，师本级支出6.96亿元，增长165.65%；团场支出0.31亿元，下降26.19%。从主要支出项目看，社会保障和就业支出完成191万元，减支14万元，下降6.83%；节能环保支出完成4584万元，减支748万元，下降14.03%；城乡社区支出完成5.79亿元，增支4.09亿元，增长239.74%；债务付息支出完成1.02亿元，增支1964万元，增长23.88%；结余0.54亿元，其中结转下年1.04亿元。

师市国有资本经营预算收入2.41亿元，比上年增加2.16亿元，增长8.64倍。其中：收缴国有资本收益1.03亿元、团场经营地租赁收入1.38亿元。师市国有资本经营预算支出1.27亿元，增加1.08亿元，增长5.68倍。结余0.42亿元，其中结转下年支出0.1亿元。（张　磊）

【财政管理体制改革】2022年，师市优化财税体制，落实团场、园区激励机制。在税收收入锐减的情况下，继续兑现税收返还奖励，落实非税收入、团场经营地租赁收入等返还政策，调动团场（经济开发区）培税源、抓发展、促增收的积极性。兑付各类返还性资金2.37亿元用于团场乡村振兴、经济发展、偿还政府性债务及经济开发区基础设施等建设。按照兵团辖区税收入库缴库改革部署，自5月起实现胡杨河市市域税收入师市国库；7月起实现石油税收产生的税款入师市国库；累计缴入师市国库地方税收收入1.27亿元，累计迁移市场主体6553户，完成目标任务的74%，税收缴入师市级国库。落实好国家减税退税政策，精准实施助企纾困，用好各类财政政策。全年师域辖区全口径留抵退税5.83亿元，减税缓税金额4692万元，兑现三大产业政策资金3.71亿元，支持扶持师市产业发展及中小微企业纾困帮扶，加大科技人才投入，助推创新发展。

师市财政局发挥担保补充作用服务师市企业，制定印发《第七师胡杨河市融资担保风险补偿和降费补助专项资金管理暂行办法》，通过财政补贴的方式引导担保机构降低担保费率从2%降至0.9%以下。年末服务企业30余家，担保规模1.1亿元，比上年增长5倍。加大企业发展扶持力度，持续落实电价补贴政策，向师市辖区内的4家企业发放补贴资金4583.83万元；发放纺织专项补贴资金7011.3万元，发放外经贸发展资金550万元，优化营商环境，促进师市辖区内企业发展。（王　嘉）

【国库集中支付】2022年，师市强化预算管理，按照预算规程办理财政资金拨付，每笔资金安全及时拨付到位。全年办理预算单位国库集中支付资金68.93亿元，比上年减少21.56亿元，下降23.82%。其中：直接支付资金31.88亿元，减少17.49亿元，下降35.42%；授权支付资金37.05亿元，减少4.07亿元，下降9.89%。

【中央财政直达资金管理】2022年，师市完善中央财政直达资金定期报告制度，规范直达资金预警处置，依托财政直达资金动态监控系统，实时跟踪项目进度，督促对资金下达和使用情况的监控，紧盯资金去向和项目单位的资金执行情况，保障财政资金直达基层、惠企利民。年内累计收到中央财政直达资金11.6亿元，分配下达11.6亿元，下达率100%；实际支出10.79亿元，支出进度93.02%。（秦洪文）

【集中核算工作】2022年，师市财政局推出第二批11个具备条件的单位进行独立记账，新增5个新成立的事业单位纳入集中核算。“中心”主管会计帮助各单位完成核算账务初始化，做好业务衔接和会计工作业务指导，督促单位会计加强学习，提高业务能力，加强对已经独立核算的42个单位财务核算业务督导。至年末，在“中心”集中核算的事业单位共43个，其中参公事业单位7个、事业单位36个。共设立核算单位账户43个。（何　莲）

【财政投资评审监管】2022年，师市规范开展财政投资评审，制定《师市财政投资评审操作规程》《师市财政投资评审管理办法》《师市财政投资评审中介管理办法》。制订2022年师市工程结算财政投资评审计划，选定31个项目作为2022年评审项目，完成工程结算财政评审项目10个，送审价2.81亿元，审定价2.33亿元，核减额4795.54万元，核减率17.07%。保障财政资金规范、安全、有效运行。

【政府采购监管】2022年，师市贯彻落实政府采购法及其实施条例等法规制度。至年末，采购预算规模26.83亿元，实际采购规模完成金额26.17亿元，节约资金6677.62万元，资金节约率2.49%。政府集中采购金额7.33亿元，占全部实际采购金额的27.99%；分散采购金额18.84亿元，占全部实际采购金额的72.01%。（周　燕）

【农业保险服务体系】 2022年，师市落实中央和兵团农业保险政策，增强农业保险产品内在吸引力，扩大农产品保险覆盖率，提高职工投保率，实现愿保尽保。将财政补贴专项资金列入年度预算，为农业保险提供财力支撑保障。师市农业保险保费规模2.88亿元。其中，种植业13.06万公顷，保费2.2亿元；养殖业60.79万头，保费0.68亿元。享受农业保险财政补贴2.2亿元，受灾赔款1.4亿元，受益农户1.77万户。

（韦纯亮）

【政府性债券发行】 2022年，师市开展新增政府性债券申报发行工作，推进政府性欠款化解。师市向兵团申请发行3批债券共计8.35亿元，新增债券全年执行8.35亿元，执行率100%。其中：新增一般债券项目资金3.85亿元，新增专项债券项目资金4.5亿元。制定《第七师胡杨河市2022年政府性欠款化解办法》，通过统筹一般公共预算、国有资本经营收益化解师市2022年到期政府性欠款2.74亿元。向财政部、兵团财政局申报师市2023年度债券项目及债券资金需求，申报2023年度债券项目需求100个，债券资金需求33.5亿元。其中：一般债券54个，债券资金17.02亿元；专项债券46个，债券资金16.48亿元。（孙晓东）

【财务公开】 2022年，师市深化、细化部门决算公开和“三公”经费公开。师市243个预算单位（除24个涉密单位外）在收到决算批复后20日内，通过公告栏张贴、分类装订成册并放置在办公大厅查阅等方式，对2021年部门决算及一般公共预算财政拨款“三公”经费等支出进行公开，加强政府决算公开透明度，提升部门决算管理水平，保障群众的知情权、参与权和监督权。师市财政局通过政府信息公开平台公开信息148条，其中财政机构信息25条、财务信息公开90条、法律法规信息18条、财政文件政策6条、人事信息1条、行政执法人员信息公示1条、行政许可双公示7条。（汪玉洁）

【财会监督】 2022年，师市开展财政秩序专项整治行动，成立专项整治工作专班，制定专项整治行动方案，及时查究存在的问题，防止发生违规行动。聚焦贯彻落实减税降费政策、政府过紧日子、加强基层“三保”保障、规范国库管理、加强资产管理、防范债务风险、整治防范中介机构变相截留相关涉农资金7项重点任务，重点整治2020年后的违规问题。在自查自纠基础上对11个团场和2个经济开发区进行现场复查，并下达《第七师胡杨河市财政局开展财经秩序专项整治复查工作情况通报》，对2020年后使用过渡户调节收支、延压非税收入情况；使用过渡户调节收支、坐支收入情况；违规发放津补贴问题；已使用在建工程未及时转为固定资产或公共基础设施等问题进行专项整治。通过整治强化工作措施，规范财经秩序，健全制度体系，提高理财聚财能力，发挥服务保障作用。

【会计工作】 2022年，师市推进师市辖区会计继续教育人员信息采集审核，完成继续教育信息变更21人，会计技术人员折算信息审核23人，其他地方转入24人；完成年度继续教育783人，累计完成采集审核1584人，其中初级职称534人、中级职称253人、高级职称64人，提高师市会计专业技术人员管理信息化的比率，保障会计技术人员继续教育工作。对师市16家已取得营业执照的企业进行监督检查，责令5家未办理代理记账许可证书的企业进行整改。至年末，师市辖区代理记账公司办理会计代理记账许可证的有13家，规范会计服务市场秩序，促进行业健康有序发展。

（刘丽娜）

税　务

【税收收入】 2022年，第七师辖区全口径税收收入完成9.28亿元，比上年增加2.14亿元，增长30%。地方税收收入完成5.62亿元，增加1.43亿元，增长34%。随税征收的非税收入完成2315万元，增加389万元，增长20%。

（陈仁杰）

【税收改革】 2022年5月1日，国家税务总局胡杨河税务局完成兵团财税体制改革第一阶段国库划转工作，实现税收收入直接缴入兵团国库。7月，实现石油税收入师市国库，累计缴入师市国库地方税收收入1.27亿元。7月1日起，实行部分税费业务集约式全疆通办，纳税人、缴费人可跨区域在全疆任意办税缴费场所办理税费业务，实现就近办、一次办、集约办。8月1日，开展兵团财税体制改革第二阶段管户划转工作，至年末，累计迁移纳税人6593户，其中单位纳税人1145户、个体工商户5448户。开征房产税、城镇土地使用税，全年入库房产税684.97万元、城镇土地使用1042.18万元。压实耕地占用税基础，按笔数做好耕地占用税台账记录，年内入库4359.35万元。

【减税降费】 2022年，国家税务总局胡杨河税务局落实新的组合式税费支持政策，通过胡杨融媒App、"热线900"、"便民办税春风行动"，以"线上+线下"的方式宣传推送组合式税费支持政策。完善政府领导牵头工作机制，与师市财政局、银行等部门加强沟通协调，畅通数据共享、信息互通渠道。至年末，享受留抵退税政策纳税人累计182户次，累计退还留抵税额2.47亿元；享受企业所得税政策性减免纳税人165户次，减免金额1.09亿元；小微企业"六税两费"减免政策惠及纳税人1037户次，涉及金额631.48万元。

（王　超）

【税收优惠政策】 2022年，胡杨河市辖区企业享受"六税两费"政策1981户次，减免税额687万元。享受"小规模纳税人"政策479户次，减免税额1339万元。31户企业享受"中小微制造业缓税"政策共309户次，缓缴税款2666万元。第七师辖区增值税留抵退税725户次，退税金额5.83亿元（2021年留抵退税1.80亿元），影响地方税收收入2.92亿元。

（陈仁杰）

【依法治税】 2022年，国家税务总局胡杨河税务局加强税收和法律法规学习，组织各类税收法规学习30余次。创新政务公开方式，加强互联网政务信息数据服务平台和便民服务平台建设，实行政务公开清单管理。以督审内审、纪检监督、区局专项督导，推动风险防范质效提升，规范在风险核查过程中的执法行为，明确3项监督具体举措，实现对风险防控所有事项监督全覆盖。

（王　超）

【非税管理】 2022年1月1日至12月22日，入库社保费15.76亿元，比上年增收12.35亿元，增长362%。征收用人单位和灵活就业人员社保费15.3亿元，增收12.16亿元，增长387%。城乡居民养老保险费2007万元，城乡居民医疗保险费2597万元。社保缴费人申报入库率均100%，超额完成社保、医保费预算收入任务。开展社会保险费缴费政策和管理规定第二轮摸底工作。对第二轮社保费各险种政策文件进行再统计、再梳理，分析缴费人需求变化，提高申报质效，通过电话、社保服务微信群、QQ群、融媒体中心向缴费人持续宣传最新政策。联合师市财政局、师市人社局、师市医保局等多部门对各团场社保所、财政所的现金缴费风险进行排查。

（朱迎龙）

【纳税服务】 2022年，国家税务总局胡杨河税务局办税服务厅完善"融合办理、集约运转、协同解决"工作机制，坚持以纳税人、缴费人需求为导向，以党员先锋岗、服务突击队等方式深化办税缴费"问、办、查、评、送"五位一体服务。开展"便民办税春风行动"，落实落细各项办税缴费服务举措，通过"红利账单"推送让纳税人体会国家减税降费的力度，通过胡杨河"热线900"座谈、入户宣讲、"非接触式"办税缴费等方式延伸服务，为落实好兵团财税体制改革第二阶段工作，设立延伸办税服务点，提升纳税服务质效。联合师市财政局开展财税经济联合分析，加强与师市市场监管局、师市统计局、师市人社局、师市医保局等部门信息互通，实现以地方政府全口径数据为基础的税收经济分析，使分析报告更有针对性地服务地方发展。

（赵　卉）

【税源管理】 至2022年末，师市接收个体纳税人5448户，单位纳税人1145户，管户划转工作平稳有序。审核通过182户次留抵退税申请，退还税款2.47亿元，其中增量2.37亿元、存量0.1亿元。完成税企沟通58次，涉及610户次；完成大企业风险分析和风险应对任务1户，入库税款9.82万元，滞纳金3.02万元。核实自治区级项目3个，核实入库税款639.2万元。完成风险应对任务166户次，其中中风险任务4户次、低风险任务162户次。自查补税入库税款271.56万元，滞纳金17.12万元。（王贵卿）

审　计

【概况】 2022年，师市审计局组织实施审计、稽察项目22个，审计发现问题87个。其中，金额计量问题29个，查出主要问题金额2.67亿元；非金额计量问题58个，提出审计建议22条。出具审计报告和审计稽察专题报告22篇、审计决定11份，移送线索2条，被师市领导批示19份。

【重大政策措施落实情况跟踪审计】 2022年，师市审计局开展就业补助资金和失业保险基金审计，重点关注就业补助资金、失业保险基金等管理使用及有关政策落实情况，审计发现问题4个，提出审计建议4条。

【预算执行审计】 2022年，师市审计局开展本级2021年度预算执行、决算草案及其他财政收支情况审计，重点关注师市本级及重点部门预算执行、财政收支、财政资金安全绩效等情况。审计发现问题6个，查出主要问题金额1034.98万元，提出审计建议2条。

【民生审计】 2022年，师市审计局开展2021年困难群众救助补助资金审计，重点关注资金投入分配、下达拨付、管理使用和政策目标实现等情况，审计发现问题5个，查出违规金额19.39万元，出具审计决定1份，向师市纪委监委移送问题线索2条。

【专项资金审计】 2022年，师市审计局开展师市维护社会稳定防控补助经费使用情况绩效审计，重点关注维护社会稳定防控补助经费分配、管理及使用情况，审计发现问题8个，查出主要问题金额35.56万元，提出审计建议3条；开展2021年驻村（连）工作队工作经费及各类资金管理使用情况专项审计，重点关注师市部门单位驻村（连）工作队工作经费及各类资金管理、使用情况，审计发现问题7个，提出审计建议2条。

【经济责任审计】 2022年，师市审计局对师市党委统战部、师市人社局等5个单位8名领导干部开展经济责任审计。审计发现问题75个，查出主要问题金额1.27亿元，出具审计决定7份，提出审计建议11条。

【固定资产投资审计】 2022年，师市审计局对市人民医院建设、一三七团医院综合楼配套建设、乡村振兴美丽连队建设等7个重点民生援疆项目完成竣工决算审计。出具审计报告7篇，审计发现问题8个，提出审计建议3条。

【重大项目审计稽察】 2022年，师市审计局发挥重大项目稽察职能，对国家重大节水供水工程——奎屯河引水工程项目开展审计稽察。发现政府采购制度执行不严、公用经费管理不规范等问题，并提出审计稽察建议，保障师市重大建设项目高质高效推进。（赵媛媛）

2022年5月27日，师市审计局到奎屯河引水工程建设管理局开展重大项目审计稽察（赵媛媛　摄）

统 计

【概况】 2022年，师市统计局强化统计分析和调查研究，持续推进师市国民经济核算体系，组织实施师市国民经济核算制度和投入产出调查，完成季度师市生产总值核算报表及团场季度核算工作，汇编提供国民经济核算资料。组织实施农林牧渔业、工业、建筑业、批发和零售业、住宿和餐饮业、房地产业、商务服务业、居民服务和其他服务业、文化体育及娱乐、基本单位、固定资产投资、人口就业、能源、科技等各项常规统计，收集、汇总、整理和提供有关调查的基本统计数据。定期发布师市国民经济和社会发展情况的统计信息，对国民经济、社会发展、科技进步和资源环境等情况进行统计分析、统计预测、统计监督，向师市党委等提供统计信息服务和咨询决策参考。

【统计服务】 2022年，师市统计局形成季度经济运行分析4篇，编撰月度专业分析《统计调查决策参考》13篇，编制发放《2021第七师胡杨河市领导干部手册》200册，月度编制印发《胡杨河市统计月（季）报》5期，内部汇编《2021第七师胡杨河市统计月报〈资料汇编〉》100册，选编印制《2022年度兵团统计调查制度》100册，在师市门户网刊发年度统计公报及分专业季、月度经济运行分析报告、行业情况简析、交流材料等统计信息25篇，为师市各级党委、机关各部门、团场及园区和社会各界提供统计服务和数据资源共享。 （赵小军）

【统计数据质量提升】 2022年，师市统计局执行国家统计调查制度方法和规范，完善与师市发展改革委、师市农业农村局、师市工信局、师市住建局、师市商务局等部门会签联系制度，强化数据逻辑性、关联性审核，提升专业数据质量评估能力。加强基本单位名录库更新、维护，确保“两库”企业资料真实、完整、有效。规范项目入库材料、投资数据验证材料上报，随机抽取项目进行实地核实检查及服务指导。月度督查企业建立完善统计台账、原始记录等基础性材料。健全并执行防范和惩治统计造假长效机制，拓宽社会监督举报渠道，在门户网站公布统计违法案件举报方式。 （王 倩）

【报表统计】 2022年，师市统计局执行国家、自治区和兵团统计报表制度，依据《中华人民共和国统计法》《新疆生产建设兵团统计管理办法》以及统计相关规定，定期统计上报表有96种，包括综合年报表58种、定期报表38种。其中农业14种、工业13种、能源11种、建筑业6种、投资3种、房地产6种、商业16种、服务业5种、人口与劳动工资9种、科技13种。

【统计培训】 2022年，师市统计局先后有6人参加自治区、兵团业务培训及援疆培训班。对各团场、开发区持续实施新入职统计人员跟班学习工作机制，分专业、分批次组织基层统计业务人员集中线下培训120人次、线上培训40人次。组织师市“四上企业”（规模以上工业企业、资质等级建筑业企业、限额以上批零住餐企业、国家重点服务业企业）围绕2021年统计年报和2022年统计定报工作开展全面培训1次。5月，师市统计局以统计法律法规、社会经济统计学原理和专业统计知识为重点，组织各团场、开发区、师属重点企业统计业务骨干开展为期1周的集中培训、学习，累计培训人员110人次。

（薛 莹）

【统计普法宣传】 2022年，师市统计局持续推进新时代统计法治建设，先后印制发放统计法、统计法实施条例、统计执法流程宣传手册200册，制作统计普法短视频3条、统计法律法规宣传册和宣传品300件，开展统计法治宣传活动5场次。联合师党委党校，将统计法纳入干部学院主体培训必修课，开展送“法”进党校专题讲座。利用统计普法宣传视频、统计法知识竞答，组织开展第13届“中国统计开放日”活动。通过线上、线下，多层次、多角度对团场、园区开展普法宣传。营造求真务实、诚信守法、依法治统环境。

【统计执法检查】 2022年，师市统计局在师市门户网站上公布统计违法案件举报方式，畅通社会监督举报渠道，接受各方面监督。配备执法记录仪2台，执法用录音笔1个，执法检查资格人员2

人，增强执法力量。年内开展执法3起，办结3起，上缴罚款6000元，均做到执法过程全记录，实现行政执法行为的全过程留痕和可回溯管理。（王　倩）

经济社会调查与监测

【概况】 2022年，国家统计局兵团第七师调查队开展经常性抽样调查9项，覆盖师市11个团场，2个经济开发区，52个连队，9个社区，729个调查户和12家企业。常规调查任务包括住户收支与生活状况调查、全国月度劳动力调查、农作物遥感测量和对地调查样方自然地块调查、主要农产品中间消耗调查、主要畜禽监测调查、农产品生产者价格调查、工业生产者价格调查、新设立小微企业和个体经营户跟踪调查。（何文静）

【住户调查大样本轮换】 2022年，国家统计局兵团第七师调查队开展5年一次的大样本轮换，调查单位由原来的一二四团、一二六团、一三七团、天北新区夏哈拉小区、北方建设集团、师高级中学变更为一二八团（四连、五连、十八连）、一三一团（十一连、十二连）、天北新区（夏哈拉社区、天香里社区、绿莹里社区、英华里社区和绿荷里社区），调查样本由120户减少至100户，其中城镇调查户50户、连队调查户50户，电子记账推广率97%。11月试记账1个月，12月正式开始记账调查。

【月度劳动力调查】 2022年，国家统计局兵团第七师调查队执行国家统计局全国月度劳动力调查制度，开展月度劳动力调查各项工作。师市月度劳动力调查样本点有5个社区，每月走访调查64户。其中：天北经济技术开发区3个社区（天香里社区、毓秀里社区、万盛紫金苑社区），每月调查48户；一二八团2个社区（康盛里社区、腾飞里社区），每月调查16户。（许　彤）

【农作物播种面积及产量调查】 2022年，国家统计局兵团第七师调查队运用无人机遥感技术开展粮食、棉花播种面积调查，开展玉米、小麦实割实测和棉花产量鉴定工作。全师市皮棉单位面积产量2697千克/公顷，居全兵团第一位。

【主要畜禽监测调查】 2022年，国家统计局兵团第七师调查队按照国家统计报表制度和兵团调查总队部署要求在全师11个团场开展主要畜禽监测调查。组织人员对师市畜禽养殖规模户（企业）进行摸底，完善调查名录。对师市172户养殖户（企业）开展实地入户走访，发放养殖台账172册，其中生猪62户、牛78户、羊9户、家禽23户。（周小林）

【统计执法检查】 2022年，国家统计局兵团第七师调查队按季度做好领导干部违规干预统计工作记录台账。全年开展住户、农业等基础数据质量检查5次。4月，配合兵团调查总队，对师市畜禽监测调查户进行执法检查，按照执法流程下发执法通知书，执法全程进行录像，与其他12个师队负责统计法治工作的干部进行现场学习观摩。12月，按照兵团调查总队统一部署，面向师市11个部门、10个团场，开展统计造假屡禁难绝问题专项调研。

【统计调查服务】 2022年，国家统计局兵团第七师调查队联合

2022年7月4日，国家统计局兵团第七师调查队赴一二八团开展小麦实割实测（周小林　摄）

师市统计局共同编纂、发布《第七师胡杨河市2021年经济和社会发展统计公报》《2021第七师胡杨河市领导干部手册》。做好信息服务，通过统计专网、师市信息督查室报送师队动态信息170余篇，其中16篇被国家统计局内网采纳、63篇被国家统计局兵团调查总队内网采纳、15篇被师市党政信息报采纳。撰写各项调查工作季度、半年度分析11篇，围绕师市设施农业、棉花经济、粮食安全、春管春播、麦后复播等撰写调研报告11篇，被国家统计局内网采用2篇，兵团《信息专报》采用1篇。与师市统计局共同推出《统计调查决策参考》，共制作13期，获师市主要领导批示4篇。

（何文静）

【统计信息技术应用】 2022年，国家统计局兵团第七师调查队在面积遥感调查中采取手持PAD调查全覆盖与部分遥感样方无人机调查相结合的方式，完成师市9个团场31个调查区85个样方的遥感调查工作。月度劳动力调查中采取手持PAD调查的方式，完成师市5个调查点，每月64户的调查工作。（周小林）

土地资源管理

【师市级国土空间总体规划】 2022年，师市完成“三区三线”划定工作，完成师市级国土空间总体规划全套成果，上报兵团初审。规划确定师市总体定位为兵团兵地深度融合发展示范区、“克奎乌胡”城市群新兴支点、高品质服务型绿洲公园城市。明确区域大协同、生态大保护、经济高质量、生活高品质的师市国土空间开发保护战略。并以第七师自然地理格局为基础，规划形成“三屏五廊，一市两区三片”的国土空间保护和开发格局。对团场级国土空间总体规划进行规划传导，提出师市各团场城镇定位与发展方向、总体指标、规划分区、连队空间优化、重要公共服务设施及基础设施布局等要求。

【团场级国土空间总体规划】 2022年，团场级国土空间总体规划根据最新划定“三区三线”成果及师市国土空间总体规划，对师市涉及的12个团场（处）国土空间总体规划进行修改完善。规划确定团场发展目标愿景、城镇定位与发展方向、国土空间规划分区、重要公共服务设施及基础设施布局等内容，并对中心镇区详细规划、连队规划做出上位指导，对中心镇区详细规划提出范围与规模、主导功能、建设等要求；对连队规划提出指标、集约节约用地、落实分区分类发展等要求。（马雪征）

【建设用地审批】 2022年，师市新增建设用地90宗，面积588.10公顷。其中，报兵团批准批次用地55宗，面积368.38公顷；单独选址用地23宗，面积144.45公顷；兵团授权师批准国有未利用地12宗，面积75.27公顷。

【土地利用管理】 2022年，师市推进工程建设项目规划用地“多审合一、多证合一”工作。全年，师市供应土地262宗，面积947.16公顷。其中，划拨146宗，面积583.55公顷；出让116宗，面积363.61公顷，出让价款1.50亿元。师市人民政府公布各团场、经开区区域平均地价更新成果；师市自然资源和规划局完成第七师农用地（耕地、园地）定级与基准地价更新工作，开展第七师园地分等、林草分等定级和2022年度开发区土地集约利用监测统计及兵团整合园区全面评价工作。（齐 钰）

市场监督管理

【概况】 2022年，师市市场监督管理局新承接16项市场监管行政职能和行政执法权，行使81项文体广电与旅游部门和88项农业农村部门行政处罚权及行政强制措施；467项市场监管行政职能和行政执法权全部承接到位。

全年，师市市场监督管理局办结各类案件563件，案值31.10万元，罚没金额228.57万元。其中，市场领域监管案件546件，罚没款220.35万元；农业农村领域案件11件，罚没款6.86万元；文体广电领域案件6件，罚没款1.36万元。“未取得健康证明的人员从事食品生产经营活动及采购和使用不符合食品安全标准的食品相关产品案”“未按规定定期维护保养电梯案”“未经许可擅自从事气瓶充装活动案”分别选入兵团2022年第一、二、三批铁拳行动典型案例。受理相关投诉举报270件，办结270件，办结率100%，为群众挽回经济损失0.76万元。

年内，师市市场监督管理局开展春节期间反食品浪费宣传活动、“3·15”国际消费者权益日宣传活动、线下无理由退货，“4·15”全民国家安全教育日、“12·4”国家宪法日、全国化妆品安全科普宣传周、药品科技活动周、食品安全周、安全用药月等宣传活动，出动执法车辆160台次，执法人员364人次，发放宣传海报200份。发放反食品浪费倡议书150份；张贴“珍惜粮食 厉行节约 反对浪费”桌贴320份；发放食品药品价格及质量、农业农具安全、文化旅游安全提示等宣传单4000份，宣传横幅50个，宣传纸盒、餐巾盒1000个，宣传手提袋5000个；制作宣传视频16个、各类宣传展板30块；受教育群众2.6万余人。举办执法人员培训班2期，培训执法人员60人次，提高执法人员业务素质。参加兵团市场监管局举办的涉及棉花、特种设备、知识产权、食品药品等各类网络培训班13期，培训监管人员250余人次，提升执法人员专业水平。3月，第七师胡杨河市综合检验检测中心成立。

（刘晓超　王疆川）

【行政服务优化】 2022年，师市推广企业登记全程电子化，推行“审核合一、一人通办”审批服务模式和“容缺受理”机制，放宽住所（经营场所）登记限制，为招商引资企业、重点企业、重大项目开辟“绿色通道”，在天北经济技术开发区设立便民服务窗口，实现政务服务事项就近办，开展纸质营业执照免费寄送业务。至年末，师市范围市场主体1.25万户，其中新登记注册市场主体2975户、增长14.49%。通过“绿色通道”为300余户招商引资企业办理登记注册业务，为467户各类市场主体免费邮寄营业执照。

（许　康）

【食品药品生产经营许可】 2022年，师市全面推行“网上办”“零见面”，全面实行电子证照，办理食品经营许可812件、食品生产许可11件、药品经营许可32件、三类医疗器械经营许可8件。

【食品监督管理】 2022年，师市通过“查安康”平台，加强对食品生产经营从业人员的考核，考核食品安全管理人员1113人次。联合阿里巴巴本地生活（“饿了么”）平台举办餐饮服务食品安全网上培训。对辖区内的餐饮从业人员、食品安全管理员以及市场监管人员进行培训。师市400余名餐饮从业人员与49名监管人员参加线上培训。开展食品安全各类专项整治。师市确定师、团（经济技术开发区）、连（社区）三层党政干部312人，包保全师市A、C、D级食品生产经营主体2080户，做到每一户获证食品生产经营者都有干部包保。师市市场监督管理局督促指导食品生产经营者落实食品安全主体责任监督管理规定，全师市3家大中型食品生产经营企业（单位）配备食品安全总监及安全员，2077家小微食品生产经营者配备食品安全员，落实日管控、周排查、月调度机制，精准防控风险。师市持续推进食品安全放心工程建设三年攻坚行动，常态化开展“守查保”专项行动，2000余家食品生产经营主体隐患排查实现全覆盖。实施校园食品安全守护行动，完成30个学校食堂的风险等级评定。开展校园食品安全专项检查，出动执法人员340余人次，检查校园食品经营主体240余户

师市市场监督管理局针对辖区内超市、餐饮单位、“农家乐”等重点场所开展食品安全专项检查。图为2022年4月27日，师市市场监管综合行政执法支队执法人员在天府超市查看礼盒商品标识信息　（李辰辰　摄）

次，责令改正185户，培训学校及幼儿园分管校领导、食堂从业人员150余人次。开展“你点我检”活动，通过网络平台征集公众调查问卷500余份，按照公众点选确定猪肉、大米、鸡蛋、白酒等21个品种为抽检对象，完成抽检200批次，营造公众参与食品安全社会共治共享氛围。年内，师市市场监督管理局完成兵团食品安全监督抽检139批次、节日专项抽检40批次、食用农产品抽检420批次。

【药品化妆品专项整治】 2022年，师市开展疫苗质量、药品安全、药品流通、药品经营和使用等专项检查，共检查药品经营使用单位874家次，其中药品批发（连锁总部）30家次、药品经营单位622家次、药品使用单位222家次。检查医疗器械经营企业、使用单位、网络销售单位590家次，张贴关于征集药品领域违法犯罪线索的公告1000份。完成国家药品抽检5批次、省级药品抽检31批次，上报药品不良反应报告431例、可疑医疗器械不良事件监测报告103份。开展化妆品专项检查、“线上净网线下清源”专项行动，出动执法人员121人次、执法车13辆次，检查线下化妆品专营店7家、兼营店409家、儿童化妆品经营单位3家、大型超市4家、美容美发机构7家次。

（齐 韬）

【市场专项整治】 2022年，师市组织执法人员先后开展特种设备安全生产、重点工业产品质量检查、反不正当竞争、公平竞争审查、稳定市场价格、打击侵权假冒、打击传销、强制性产品认证和管理体系认证监督等各类专项整治工作，出动执法人员790余人次、执法车辆215车次，检查特种设备使用单位、重点工业产品生产销售企业、农资生产经营单位、大型超市等各类市场经营主体2500余家次，检查各类特种设备616台/套。

【产品质量监督抽检】 2022年，师市以日用消费品、儿童和学生用品、燃气器具及配件产品、车用油、车用尿素、农资等产品为重点，制定年度抽检任务，委托自治区质检院对11个种类52个批次产品开展监督抽检工作。

【计量监督管理】 2022年，师市市场监督管理局与乌苏市质量与计量检测所、伊犁哈萨克自治州检验检测认证研究院签订合作协议，强化师市计量检定力量。组织辖区各团场、企事业单位对照最新强检目录进行摸底造册，师市辖区强制检定计量器具6123件（台/套）。在棉花收购前对辖区内46家棉花加工企业的计量器具检定情况进行走访了解，组织委托法定计量检定机构开展“上门送检”服务，解决企业困难，共计检定电子汽车衡、定量包装秤、衣分秤等计量器具160余台。

（蔡晓培）

【棉花质量监管】 2022年，师市市场监督管理局联合师市发展改革委、师市财政局、师市应急管理局对73家棉花加工企业开展诚信经营评价。开展棉花质量追溯试点工作，统计汇总审核2021年度试点团场优质棉数量，2021年度获得棉花质量追溯试点奖金补贴783.71万元。确定一二八团、一二九团、一三〇团为2022年度第七师参加兵团棉花质量追溯试点団场，申请并审核通过棉花加工试点企业13家。对辖区48家棉花加工企业进行基本技术条件排查，并对1家棉花加工企业进行验收检查，发现问题169条，已督促企业完成整改。配合师市发展改革委，与师市农业农村局、师市住建局、师市应急管理局对辖区内48家棉花加工企业进行棉花目标价格公示前的检查。邀请辖区内2021年度公检数据前四位的棉花加工企业负责人进行访谈，制作视频4份，通过胡杨融媒App、七师电视台等网络方式进行宣传，累计观看7000余人次。制作宣传展板98块，发放宣传手册2000份。11月起，到乌苏市亿家物流有限责任公司、中国供销集团乌苏有限公司，进行新疆监管棉公证检验工作，入库公检棉花2184批，检验总量9.22万吨。

（杨烈鹏）

【知识产权管理】 2022年，师市邀请兵团知识产权信息中心相关专家分别到师市农发集团、五五酒厂、胡杨河经济技术开发区开展知识产权和高质量发展交流座谈及培训。完成12件不以保护创新为目的的非正常专利申请核实整改。“知识产权周”期间举办专题讲座1期，制作宣传展板4个，发放各类宣传资料和宣传品240余份，现场参与200余人次。

（蔡晓培）

农　业

（高曙光　摄）

综 述

【产业发展】 2022年，师市农作物播种面积16.27万公顷，比上年增长3.6%。其中，粮食播种面积增长79.5%；棉花播种面积下降3.8%；油料播种面积增长136%；甜菜播种面积619.73公顷，下降24.9%；蔬菜播种面积(含菜用瓜)0.77万公顷，增长4.7%；园林水果播种面积0.41万公顷，增长9.1%；其他播种面积0.58万公顷，增长6.9%。

师市粮食产量增长63.63%；棉花产量增长6.6%；油料产量增长146.3%；甜菜产量6.5万吨，下降22.3%；蔬菜产量82.9万吨，增长8.6%，其中工业用番茄增长19.6%。

师市猪牛羊存栏64.9万头(只)，增长14.7%。其中，牛7.8万头，增长21.9%；猪29.3万头，增长41.5%；羊27.8万只，下降5.8%。年内猪牛羊出栏89.29万头(只)，增长17.5%。猪牛羊禽肉类总产量6.84万吨，增长32.5%。禽蛋产量8713吨，下降19.2%。奶类产量17.44万吨，增长11.6%。

师市水果产量12.7万吨，增长5%。其中，苹果3.8万吨，增长15.4%；葡萄8.5万吨，下降0.8%；桃0.2万吨，增长19.9%，其他水果0.2万吨，增长155.4%。

师市水产品产量0.7万吨，增长17.7%。 (师市统计局)

【高标准农田建设】 2022年，师市建设高标准农田1.61万公顷，总投资3.65亿元。涉及9个团场25个连队，分别为一二三团五连、九连、十五连，一二四团四连、六连、十连，一二六团一连、六连、十二连，一二七团五连、十二连、十三连，一二八团六连、八连、十连、十二连，一二九团二连、十一连、十四连、十五连，一三〇团二连、二十连，一三一团二连、三连，奎东农场三连。 (张 全)

【农业执法监管】 2022年，师市开展“春耕备耕农资打假”“塑料污染治理”“农机安全检查行动”等10个专项整治，出动执法人员128人次，累计检查农资店等市场主体384家次，排除安全隐患30余条。处理农资投诉举报4件，挽回经济损失3000元。 (王疆川)

【残膜污染治理】 2022年，师市持续开展废弃农田残膜治理考核，防治“白色污染”。师市农业农村局印发《2022年度第七师胡杨河市农田残膜污染治理工作方案》，师市农业农村局与各团场签订2022年第七师胡杨河市农田残膜污染治理目标责任书11份。师市党委农业农村工作办公室印发《地膜科学使用回收倡议书》，11个团场通过微信公众号转发并倡议各连队进行宣传。11月，配合石河子大学在师市范围抽查8个测点，对农田废弃残膜存量进行抽样检测。在一二八团开展2022年度整团推进农田残膜回收项目，面积1.27公顷，投入237.24万元。

(李妍清)

种植业

【概况】 2022年，师市蔬菜播种面积7754公顷，增加365公顷；甜菜播种面积619.73公顷，减少205.87公顷；其他作物播种面积3533公顷，减少73公顷。

2022年10月6日，一台大型多功能机械正在一三〇团三连32号地进行棉秆粉碎、残膜回收作业 (郑春平 摄)

【粮食生产】 2022年,师市粮食播种面积比上年增长79.5%;总产量增长63.63%;平均每公顷产量8.6吨,下降8.7%。小麦播种面积增长83.62%;总产量增长109.07%。玉米播种面积增长23.84%;总产量8.56万吨,增长24.78%。

【油料生产】 2022年,师市油料播种面积增长136%;总产量增长146%;平均每公顷产量4.1吨,增长0.2%。其中,向日葵播种面积增长125%;总产量增长145.5%;平均每公顷产量3.33吨,增长5.1%。

【棉花生产】 2022年,师市棉花播种面积下降3.8%;籽棉平均每公顷产量7.29吨;皮棉总产量增长6.6%;平均每公顷产量2.7吨,增长10.5%。 (黄 华)

【蔬菜生产】 2022年,师市蔬菜播种面积(含菜用瓜)7754.53公顷,增长4.7%;总产量82.85万吨,增长8.57%;平均每公顷产量106.85吨。工业用蔬菜播种面积3040公顷,总产量40.6万吨。其中,工业用番茄总产量增长19.6%;工业用辣椒播种面积552.8公顷,总产量3.07万吨,增长35.7%。

【甜菜生产】 2022年,师市甜菜播种面积619.73公顷,下降24.9%,总产量6.52万吨,下降22.3%,平均每公顷产量105.15吨,增长3.65%。

【瓜果生产】 2022年,师市瓜果播种面积923.4公顷,总产量6.33万吨。其中,西瓜播种面积679.2公顷,总产量4.84万吨,平均每公顷产量71.3吨;甜瓜播种面积231.1公顷,总产量1.44万吨,平均每公顷产量62.4吨;草莓播种面积13.1公顷,总产量498吨,平均每公顷产量38.1吨。

【林果生产】 2022年,师市水果种植面积4134.3公顷,总产量12.65万吨。其中,葡萄种植面积2710公顷,总产量8.46万吨,下降0.82%;苹果种植面积1039.6公顷,总产量3.8万吨,增长15.4%;桃种植面积97.8公顷,总产量0.16万吨,增长19.94%;食用坚果(榛子)种植面积196.3公顷,总产量251吨。

【药材生产】 2022年,师市药材播种面积3453.9公顷,总产量4.08万吨,平均每公顷产量11.8吨。其中,枸杞播种面积1936.07公顷,总产量8242吨,平均每公顷产量4.3吨。 (刘 刚)

林草业

【概况】 至2022年末,师市森林资源总面积5.85万公顷,其中乔木林地0.95万公顷,占全师森林总面积的16.24%;灌木林地3.97万公顷,占全师森林总面积的67.86%;其他林地0.93万公顷,占全师森林总面积的15.9%。草原资源总面积9.9万公顷,其中天然牧草地6.76万公顷,占全师草原总面积的68.3%;人工牧草地0.05公顷,占全师草原总面积的0.5%;其他草地3.09万公顷,占全师草原总面积的31.21%。各类自然保护地总面积2.63万公顷,其中奎屯河流域湿地自然保护区2.48万公顷、胡杨河国家湿地自然公园0.10万公顷、金丝滩国家沙漠自然公园0.05万公顷。 (黄 玥)

【绿化造林】 2022年,师市坚持城乡统筹,协调绿色发展理念,完成人工造林和退化林修复780公顷。

【林长制】 2022年,师市全面推行林长制领导小组制定印发《第七师胡杨河市全面推行林长制工作考核办法》,建立健全巡林监管规章制度,设立师市、团场、连队三级林长212人、副林长203人、挂钩责任区师市领导及副师级领导11人,完成林长公示牌设立226处,制作师、团两级林长网格图。师市全面推行林长制领导小组2次组织师市财政局、师市交通局、师市水利局、师市农业农村局、师公安局、师检察分院等部门共同对辖区各团场(处)所有人工防护林灌水、退耕还林管理等工作进行全面督导检查。在2022年兵团全面推行林长制考核中,师市获综合考评第一名。

【退耕还林整改管理】 2022年,师市林业和草原局制定印发《关于进一步规范退耕还林承包管理的通知》,通过变更退耕树种、严禁粮棉套种、加大补植补造、收回大户承包退耕林地等措施,提升林分质量。全师市完成退耕还林林木补种0.27万公顷。

(王攀科)

【国家级公益林保护与管理】 2022年，师市配备国家公益林专兼职管护员76人，持续落实公益林巡查巡护“一日一考勤，一月一小结，一月一通报”阶段量化管理。师市辖区内国家级公益林围栏、界碑、宣传牌、瞭望塔等设施管理到位，未发生重大公益林毁坏事件。 （黄 玥）

【自然保护地保护与管理】 2022年，师市有奎屯河流域湿地省级自然保护区、胡杨河国家湿地公园、第七师金丝滩国家沙漠公园3个自然保护地。新建奎屯河流域湿地自然保护区围栏20千米，恢复植被13.33公顷。自然保护地日常管理制度建立健全，通过持续加大巡查巡护力度，共核查图斑25处，未发生任何违法违规问题。 （李小飞）

【人工防护林承包管理】 2022年，师市组织各团场完成973.33公顷的大型防风基干林，3380公顷的连队及连队以下道路林、农田林、庄园林，1060公顷的国、省、县道道路林日常修剪、灌水、除草、林床整修、病虫防治等日常管理。 （王攀科）

【草原生态修复】 2022年，师市完成退化草原补播改良2200公顷，草原有害生物防治1.67万公顷。 （黄 玥）

【森林草原防火】 2022年，师市林业和草原局开展森林草原火灾风险普查。与各团场（处、站）签订森林草原防火责任书11份，召开师市森林草原防火专题会议1次，召开师市部门联席会议9次，开展联合督导检查2次。出动森林草原防火巡查车辆2260余台次，出动人员1.5万余人次。部署下发《关于进一步落实师市辖区内人工林管护责任主体的令》等防火措施。 （王攀科）

【苗木种植管理】 2022年，师市林业工作管理站为辖区苗木种植户办理林业植物检疫登记证8份、植物检疫要求书49份、产地检疫证24份、植物检疫证288份。累计检疫调出苗木24.6万株、复检苗木100.4万株。 （董 刚）

【林草地征占用审批】 2022年，师市办理征占用林地手续49件，项目占用面积88.80公顷；办理征占用草地手续49件，项目占用面积237.49公顷。

【林木采伐】 2022年，师市办理林木采伐许可证109份，采伐面积374.84公顷。 （王攀科）

畜牧业

【概况】 至2022年末，师市存栏各类牲畜64.94万头（只），增长14.7%。其中：存栏羊27.76万只，下降5.8%；存栏猪29.31万头，增长41.5%；存栏牛7.8万头，增长21.9%。全师市肉类总产量6.84万吨，增长32.5%。其中，牛肉0.94万吨，增长38.29%；猪肉4.49万吨，增长49.35%；羊肉0.52万吨，下降12.18%。奶类总产量17.44万吨，增长11.6%。禽蛋总产量0.87万吨，下降19.2%。羊毛总产量0.11万吨，下降87.5%。水产品总产量7486吨，增长17.7%。畜牧产值37.33亿元，增长21.3%，占第一产业的26%；渔业产值1.76亿元，增长12%。

【规模场养殖】 2022年，天澳牧业有限公司有奶牛存栏2.33万头，其中成母牛1.53万头、育成母牛3000头；生产商品奶9.5万吨，成母牛单产9.5吨，与上年持

一三〇团三连合作社养殖大白鹅、红嘴雁收益颇丰。摄于2022年9月1日 （刘笑天 摄）

平。一二四团奶牛养殖小区有奶牛存栏9370头，其中成母牛6500头、育成母牛1700头、犊母牛580头；生产商品奶3.9万吨，成母牛单产7.6吨，比上年增加0.1吨。虹亚牧业有限公司有存栏生猪7万头，其中能繁母猪9600头；年出栏育肥猪13万头。昊元鑫牧业有限公司有存栏生猪3万头，年出栏育肥猪1万头。

【饲料企业生产】 2022年，天康生物生产单一饲料12万吨，棉壳6.5万吨；泰昆油脂生产单一饲料9万吨，棉壳5万吨；晨光油脂生产单一饲料9万吨，棉壳5万吨；新赛油脂生产单一饲料2万吨，棉壳0.5万吨；博润祥饲料生产饲料2万吨。（王　超　王春伟）

【畜禽屠宰企业生产】 2022年，奎屯绿野畜禽屠宰有限责任公司生猪年屠宰能力10万头，实际屠宰生猪10.50万头。一三一团泉润华隆牛羊肉加工有限公司实际屠宰牛2700头，羊2.50万只。乐弘家禽屠宰有限公司实际屠宰家禽7万羽。（王春伟）

【规模化养殖场建设】 2022年，师市新建规模化养殖场5个，累计完成投资2亿元，全部投产可新增20万头生猪出栏和2万头肉牛出栏。其中，生猪规模养殖场3个，即一二五团宏信畜牧养殖有限公司、一三〇团昊元鑫牧业有限公司、一三一团嘉润农民养殖专业合作社；肉牛规模养殖场2个，即一二五团金百元肉牛养殖场和农和聚源肉牛养殖合作社。（王　超　王春伟）

【动物防疫】 2022年，师市累计完成各类畜禽免疫865.19万头（只、羽）次，禽流感300.9万羽，猪口蹄疫59.87万头次，牛O-A口蹄疫12.8万头次，羊O-A口蹄疫58.98万只次，猪瘟59.87万头次，猪蓝耳59.87万头次，鸡新城疫300.9万羽，羊小反刍兽疫12万只次。除临产孕畜和未到达免疫时间的幼龄家畜外，全师市应免疫动物的免疫密度100%，应免疫动物的免疫抗体水平监测平均合格率70%以上，确保师市无重大动物疫病发生。完成动物疫病检疫监测6.43万样次，其中血清学监测5.36万样次、病原学监测1.07万样次。加大生猪及猪肉制品流通环节的非洲猪瘟防控监管，坚持非洲猪瘟日排查制度，累计排查5.17万场（户）次，排查生猪4870万头次，检测各团非洲猪瘟送检样品5300份。组织开展重大动物疫病预测预报。上报各类报表600余种份，完成各类动物疫病评估分析报告10余份。现场审查养殖场动物防疫条件，并颁发动物防疫条件合格证2个。招标采购诊断试剂、补充应急物资24.21万元，满足监测和应急储备。

【动物及动物产品检疫】 2022年，师市开展产地动物检疫323.12万头（只）。实施屠宰检疫181.11万头（只）。推进养殖环节病死畜无害化处理，无害化处理病死畜1.99万头，确保无畜产品安全事故发生。严格证、章、标识管理使用。对各团场的证、章、标识管理使用，实施保管、发放监管，各团证、章的领用有专人管理，检疫证明出入库登记完备。发放动物检疫合格证明6.95万份，禽检疫标识10万条，耳标87.9万枚。全年无违章检疫、违章出证及倒卖检疫证、章的渎职和不法行为发生。开展畜禽屠宰监管。通过严把进场检疫检验，监督落实生产企业第一责任人，严格动物产品质量安全监督，确保师市上市动物产品质量。屠宰场开展非洲猪瘟检测1749批次，检测生猪8934头；开展“瘦肉精”检测2754份样本，未检测出问题生猪。强化兽药、饲料、生鲜乳质量安全监管。组织兽药、饲料质量监督检查4次，检查兽药经营店6家、饲料生产企业4家、养殖场（户）180个，抽检兽药样品10批次、饲料样品20批次。对13个生鲜乳收购站和10辆生鲜乳运输车进行奶样监督抽检，抽检生鲜乳样品45份，合格率100%。

【畜牧渔业技术服务】 2022年，师市为奶牛养殖场（户）提供奶牛冷冻精液0.6万枚，液氮0.11万升。开展畜牧渔业安全生产检查5次，生鲜乳质量安全抽样1次，畜禽养殖技术咨询、养殖生产安全指导5次，不定期对各水库渔业生产进行安全隐患排查和安全生产知识宣传，累计悬挂宣传横幅10余条，宣传从业人员256人次。完成畜禽业种质资源普查和渔业种植资源普查。

【兽医技术培训】 2022年，师市组织参加线上线下专业技术培训工作6次，培训人畜共患病防控、重大动物疫病诊断技术、无疫小区建设、规模化养殖场疫病净化，

无纸化防疫系统应用等内容，培训师、团两级畜牧兽医专业技术人员500余人次。（蔡元庆）

渔 业

【概况】 2022年，师市有水库12座，水库渔业可养面积2760公顷。其中，柳沟水库可养面积666.7公顷。师市池（坑）塘面积277公顷，全封闭工厂化流水养鱼池3500立方米。（王 超 王春伟）

【渔业安全】 2022年，师市畜牧兽医站到奎屯水库、车排子水库等水域进行渔业安全生产检查6次，检查渔业船舶检修、救生服穿戴等，在渔业生产过程中对渔业从业人员存在的危险因素和安全生产等方面加强监督管理，增强渔业从业人员安全防范意识。

（王春伟）

农业机械化

【概况】 2022年末，师市农业机械化总动力61.54万千瓦。其中，农用大中型拖拉机4350台（58.8千瓦以上的拖拉机2615台）、精量播种机2255台、植保机械1701架、耕整地机械4410台、收获机械1749台（其中采棉机345台）。耕种收农业机械化综合水平98%，农机实用技术覆盖率93%。

【农机监理】 2022年末，师市拖拉机、联合收割机在册台数为8294台，其中新注册登记549台；检验4981台。大中型工程机械在册台数为1978台，其中新注册登记126台；检验1243台。补领换领牌证265次，车辆档案转移329台，注销车辆10台，抵押和注销抵押业务203次。在册驾驶员7695人，其中新增驾驶人员544人；有效期满换证206人，补领驾驶证人员29人，驾驶员档案转入转出12人。

【农机购置补贴】 2022年，师市执行《农业机械购置补贴专项资金使用管理暂行办法》《2021—2023年第七师胡杨河市农机购置补贴实施方案》规定，农机购置补贴各类农业机械2192台（架/套），补贴金额4987.07万元，受益职工1532户。农机报废补贴在师市实现零的突破，年报废补贴机具4台，补贴金额1.8万元，受益职工4户。兵团在师市进行农机购置与应用补贴试点工作，补贴机具37台，补贴金额1926万元，受益职工及企业13户。

【农机深松整地补贴】 2022年，师市农业农村局制定《2022年第七师农机深松整地作业补助工作实施方案（试行）》，利用2022年农业资源及生态保护补助资金，在一二三团、一二五团、一二八团及一二九团4个团场，对耕深达到30厘米的1.4万公顷耕地开展深松整地补贴，补贴金额210万元。（李妍清）

【农机安全监管】 2022年，师市农业农村局联合师公安局、师市市场监督管理局下发《2022年第七师胡杨河市农机安全生产工作方案》，在“春播、夏收、三秋”3个重点农时节对田间道路、农机棚库等重点部位开展安全生产大检查，师团农机部门投入800余人次，排查整治风险隐患数量210次，发现的隐患问题全部责令整改完毕，对问题突出的单位下达整改通知书，限期整改，督导落实。

【农机安全责任书签订】 2022年，师市、团场农业部门逐级签订安全目标责任书。师市农业农村局与团场签订安全目标责任书11份，团场与连队签订安全生产目标责任书180份，连队与农户签订安全生产目标责任书3600余份。

（牛 敏）

【农机培训】 2022年，第七师农机技术推广站举办拖拉机（采棉机）驾驶员取证培训班12期，培训驾驶员655人，全部取得驾驶证，收取培训费45.04万元，全部上缴国库。6月，师市农业农村局备案社会化培训学校3家，由社会化机构承担师市农机驾驶操作人员的驾驶证培训，师市农业农村局加强对拖拉机、采棉机等农业机械培训的事中事后监管，杜绝“不批不管”问题。

（李妍清）

农业产业化

【合作社发展规模】 2022年，师市有运营合作社284家，注册资本11.15亿元，在册社员4415人，

2022年4月6日，一二六团五连海洲菌业种植合作社大棚里，合作社社员在点灵芝菌丝（牛想为 摄）

固定资产8.88亿元，年总产值14.03亿元，社员比非社员年均多增收1.8万元。其中，畜牧养殖类101家，占比36%；种植类99家，占比35%；农机服务类34家，占比12%；种养混合型合作社30家，占比10%；农产品初加工合作社5家，占比2%；其他类型合作社15家，占比5%。

【家庭农场发展规模】 2022年，师市共有家庭农场36家，土地经营面积496.8公顷，拥有农机具36台（套），家庭农场成员人均收入7.6万元。

【农业产业链延伸】 至2022年末，师市有农产品加工企业43家，涉及纺织、果蔬、油脂、肉类、乳品、粮食、饲料、番茄、糖、种子、农特产品11个加工行业，其中规模以上农产品加工流通企业30家。师市辖区有棉花加工企业49家（含2家收购地方棉花企业），生产线65条，设计皮棉加工产能54万吨。师市通过招商引资先后引进一批棉副产品加工企业。（张成勇）

农业技术推广

【农业技术项目推广】 2022年，第七师农业技术推广站完成棉花生产关键栽培技术集成与示范、农业检疫性有害生物监管及普查防控、兵团农作物重大病虫害预测预报、棉花和主要粮食作物绿色防控与统防统治融合示范、农药市场监督与管理技术服务、耕地质量保护提升和化肥减量增效综合配套技术示范与推广、农工培训、优质棉花新品种引进与集中展示示范、滴灌小麦绿色防控技术集成研究与推广等13个兵团、师市农业技术推广项目及课题研究。

【种子管理】 2022年，第七师农业技术推广站完成120份各类作物种质资源保存移交，80份抢救型种质资源信息采集、移交。在一二八团、一三〇团农科所试验基地进行6个棉花新品种展示试验，完成兵团种子管理站的各项试验示范任务。在一二五团、一二八团对25个优质高产棉花品种进行集中展示示范，推荐优质棉花新品种2个。完成4家种子企业在一二三团、一二六团、一二八团、一二九团共2240公顷种子田监管工作和一二四团、一三一团、一三七团共440公顷

2022年7月9日，第七师农业技术推广站邀请石河子大学专家、教授到一二七团做花生栽培技术指导（杨忠旺 摄）

玉米制种田监管工作;对师市10个种子交易市场212家种子经营门店进行监管、备案、抽检。

（王文博）

【农药管理】 2022年,第七师农业技术推广站落实《新疆维吾尔自治区农药包装废弃物回收处理实施方案》,共回收处理农药包装废弃物80余吨,农药使用总量640吨,折纯药254.5吨,农药使用总量与上年基本持平略有下降,实现农药零增长。农药市场监督与管理技术服务项目通过对申请农药经营许可证的单位进行纸质材料审验和现场比对,向17家农药店依法颁发农药经营许可证。（方红联）

【土壤肥料】 2022年,第七师农业技术推广站开展兵团“耕地质量保护提升和化肥减量增效综合配套技术示范与推广”“肥料新产品新技术的引进、试验、示范”项目10个。盐碱地野外采样503个,其中耕地样点数474个、园地样点数7个、林地样点数10个、草地样点数10个、其他样点数2个。按照氮、磷和钾肥纯养分统计:小麦施入氮16.1千克/亩、五氧化二磷8.64千克/亩、氧化钾8千克/亩;玉米施入氮18.4千克/亩、五氧化二磷9.6千克/亩、氧化钾8.5千克/亩;棉花施入氮20.7千克/亩、五氧化二磷9.6千克/亩、氧化钾8.5千克/亩。（孙玉岩）

【农产品质量安全抽样】 2022年,第七师农业技术推广站按照“双随机”原则对全师各团场的种植基地、市场、屠宰场以及批发市场、农贸市场、超市等地的蔬菜、瓜果、畜禽产品等进行3个季度农产品例行监测及元旦、春节专项抽检,全年共抽检215个样品,抽检合格率98%以上。

（方红联 赵春丽）

【植物检疫】 2022年,第七师农业技术推广站上报植物疫情月报10期,上报兵团检疫部门监测预警的扶桑棉粉蚧、葡萄花翅小卷蛾、番茄潜麦蛾、甜瓜迷实蝇、马铃薯甲虫等检疫性有害生物调查信息及相关数据150余条。对18家种业公司、1家农业科研单位所申报的2973公顷棉花、玉米作物良繁制种田,按照产地检疫技术规程依法施检,现场研判剔除8%因生产管理工作不精细、常发性病虫害防控不到位,达不到检疫技术标准要求的良繁田。签发产地检疫合格证93份。其中,棉花制种面积2200公顷,占申报面积的73%;玉米制种良繁面积占比为27%,主要为疆外种业制种行为。年度通过产地检疫合格棉花及玉米品种、品系、亲本组合分布在第七师8个团场和师农科所。（王锐 刘欣）

【植物病虫害预测预报】 2022年,第七师农业技术推广站完成师级病虫情报4期,团级病虫情报和周报25期次。（方红联）

【病虫害绿色防控综合示范区建设】 2022年,第七师农业技术推广站购置智能物联网太阳能虫情测报灯2台、杀虫灯205盏、点性诱笼700个、黄板5万张,分别在一二四团、一二八团建设4个绿色示范区,以棉花、大豆、小麦、玉米病虫害防控为主,综合运用农业、物理、生物的绿色防控措施,达到病虫害综合治理和农药减量控害的目的,通过绿色防控核心示范区建设,辐射带动师市绿色区防控面积2万公顷以上,防控区农药减量30%以上,促进农业绿色可持续发展。

（冯志超 方红联）

【农业技术培训与服务】 2022年,第七师农业技术推广站围绕稳粮保供和重要农产品供给,聚焦粮食高产创建、棉花提质增效、现代林果发展、高效设施农业、畜牧业“四大行动”等重点,面向师市全体职工于11月17—23日开展为期7天的线上培训,共计培训101人。在农业生产发展关键阶段,根据职工需求,邀请兵团作物协会、石河子大学专家,召开现场会13场次,服务职工1150余人。

（赵春丽 杨忠旺）

工业·建筑业

（孟庆忠　摄）

综 述

【产业发展】 2022年，师市围绕精细化工、生物医药、新材料三大主导产业和纺织服装、农副产品加工、能源电力三大传统产业，形成“3+3”产业布局，工业经济呈现良性发展态势，新疆合源正达生物化学有限公司、新疆锦龙电力集团有限公司、新疆荣泽铝箔有限公司等重点企业发挥重要支撑作用。

全年实现规模以上工业总产值223.8亿元，比上年增长19.5%；完成工业增加值44.7亿元，增长2.1%；新增规模以上工业企业14家，规模以上企业128家。在规模以上工业中，分经济类型看，国有控股企业下降1.9%，股份制企业增长2.2%，私营企业增长4.6%；分门类看，采矿业下降76.4%，制造业下降3.2%，电力、热力、燃气及水生产和供应业增长26.1%；分轻重工业看，轻工业增长22.3%、重工业下降3.2%。规模以上工业中，煤炭开采和洗选业增加值下降76.4%，农副食品加工业增长12.9%，食品制造业增长179.7%，纺织业降低25.7%，石油、煤炭及其他燃料加工业下降7%，化学原料及化学制品制造业下降22.2%，非金属矿物制品业下降3.1%，黑色金属冶炼和压延加工业下降27.7%，有色金属冶炼和压延加工业增长17.7%，电力、热力生产和供应业增长26%，燃气生产和供应业增长24.3%，水的生产和供应业增长29.2%。六大高耗能行业增加值增长2.1%。

年末师市规模以上工业发电装机容量148.1万千瓦，比上年下降6.3%。其中，火电装机容量124.1万千瓦，与上年持平；水电装机容量15.03万千瓦，与上年持平；并网太阳能发电装机容量9万千瓦，下降53%。规模以上工业企业产品销售率83.4%，完成工业品出口交货值4.2亿元，增长47.2%。规模以上工业企业利润11亿元，下降8.3%。规模以上工业企业每百元营业收入中的成本为85.6元，比上年增加2.7元，高于全国平均水平0.9元。营业收入利润率5.5%，下降1.6个百分点，低于全国平均水平0.5个百分点。

师市资质以上建筑企业完成建筑业施工产值160.7亿元，比上年增长10.4%。完成建筑业增加值54.6亿元，增长19%。完成建筑业竣工产值57.6亿元，下降23.5%。建筑业房屋施工面积180.6万平方米，增长8.9%。

【扶持政策落实】 2022年，师市支持工业企业稳定发展，根据兵团有关文件要求，落实4家纺织企业产业补贴5263.5万元。按照师市工业产业发展专项资金实施管理办法要求，落实小升规企业补贴545万元，规模以上企业流动资金贷款贴息825万元，中小企业发展专项资金70万元。

【工业项目投资】 2022年，师市完成工业固定资产投资94.26亿元，比上年增长53%，占全师市固定资产投资总量的50.71%。

2022年5月12日，工人在新疆江浩电子材料有限公司车间内安装铝箔生产设备 （刘笑天 摄）

【工业技术改造】 2022年，师市推行"技改项目全覆盖行动计划"，落实技改项目54个，带动产值增加4亿元。技术改造带动经济效益提升，对企业安全、环保和转型升级起到作用。

【"小升规"培育】 2022年，师市围绕"小升规"培育工程，对列入"小升规培育库"的30家企业实行动态管理，制定一对一帮扶措施，分片区开展走访调研，加大政策扶持力度，鼓励和引导企业主动升规。全年实现升规企业14家，贡献产值3.9亿元，占师市规模以上工业总产值的1.7%。

【工业行业安全生产】 2022年，师市工信局制定《2022年第七师胡杨河市工信局安全生产大检查行动方案》，列明检查事项、检查内容、检查方式等，联合师市相关行业部门深入企业，对标对表检查。累计检查53家次企业，发现安全隐患224条，将检查发现的问题记录并现场反馈企业，责令企业在限期内整改完毕，及时消除隐患。制定《2022年度师市工业行业安全生产巡查暗访工作方案》，于3月、6月、9月联合师市应急管理局、师市生态环境局开展3次巡查暗访，共检查21家次企业，发现安全隐患102条，责令企业立即整改，降低事故发生率。4月，印发《关于组织师市辖区工业企业观看2022年第七师胡杨河市第二季度安全生产警示教育片的通知》，组织辖区工业企业观看警示教育片，做到"应看尽看"，吸取重大事故教训，防范化解工业行业安全生产风险，增强从业人员的安全意识和法治意识，杜绝工业领域各类事故发生。 （师市工信局）

支柱产业

【化工产业】 2022年，师市化工产业拥有规模以上企业28家，形成以尿素、工业硅、沥青、润滑油及其他化学原料为主要产品的化工产业集群，实现工业总产值69.37亿元，比上年增长4.4%，占师市规模以上工业总产值的31%，是师市规模最大的主导产业之一。

【纺织产业】 2022年，师市有4家纺织企业，规模63.61万锭。其中，3家位于胡杨河纺织园区，规模46.5万锭；1家位于天北新区，规模17.11万锭。4家企业共生产棉纱63.61万吨，棉布1500万米，实现工业总产值15.38亿元，比上年下降19.9%，占师市规模以上工业总产值的6.9%。

【农副产品加工产业】 2022年，师市有农副产品加工企业19家，实现工业总产值38.24亿元，比上年增长20.2%，占师市规模以上工业总产值的17.1%。其中，涉及饲料、棉织品生产企业5家，贡献产值5.32亿元；涉及乳制品、番茄酱、植物油、饮料酒生产企业14家，贡献产值32.92亿元。

【能源电力产业】 2022年，师市电力装机总规模181万千瓦。其中，火电企业4家，装机规模122万千瓦，占比68%；各级水电站5家，装机规模19.2万千瓦，占比10%；光伏发电企业7家，占比22%。实现工业总产值30.5亿元，比上年增长28%，占师市规模以上工业总产值的13.6%。 （师市工信局）

新兴产业

【生物医药产业】 2022年，师市辖区有涉及医药产业企业4家，

2022年8月23日，新疆华梭纺织有限公司人员挑选准备在第七届中国—亚欧博览会上展出的产品样品 （田 歌 摄）

投产2家：中塑（新疆）新材料科技有限公司、新疆合源正达生物化学有限公司；在建项目2家：新疆久塔锦晨生物科技有限公司的精细化工项目、新疆聚仕园生物科技有限公司的4000吨原料药项目。全年生物医药产业实现工业总产值14.93亿元，比上年增长385.6%，占师市规模以上工业总产值的6.7%。

【新材料产业】 2022年，师市落地电子铝箔新材料企业9家，投产企业7家，有214条电子铝箔生产线，其中化成箔生产线181条、腐蚀箔生产线33条。在投产的7家企业中，荣泽铝箔有70条化成箔生产线、金泰有38条化成箔生产线、花园贝乐有11条化成箔生产线和11条腐蚀箔生产线、东浩天成有22条腐蚀箔生产线、桂东电子有36条化成箔生产线、江浩电子有16条化成箔生产线、智润电子有10条化成箔生产线。全年实现工业总产值22.55亿元，比上年增长27%，占师市规模以上工业总产值的10.1%。（师市工信局）

建筑业

【概况】 2022年，师市有建筑业入统企业28家。其中，国有企业5家，民营企业23家；一级企业2家，二级企业8家，三级企业18家。师市建筑业完成施工产值160.78亿元，实现增加值54.62亿元，分别比上年增长10.4%、19%；建筑业经济总量居兵团第二位，增加值占师市经济总量的20.8%。签订工程合同总额235.59亿元，增长19.64%，其中新承揽工程合同额189.46亿元，增长12.25%。北方集团获“2022年全国住房和城乡建设系统先进集体”称号，成为全兵团唯一获此荣誉的建筑企业。胡杨河市北方时代综合项目一期和胡杨河酒店项目被兵团住建局评为兵团房屋市政工程安全生产标准化（文明）工地。

2022年2月9日，新疆荣泽铝箔制造有限公司全天候生产运营
（刘笑天 摄）

【建筑节能】 2022年，师市新增节能建筑23万平方米，其中居住建筑20万平方米、公共建筑3万平方米。师市建立从项目立项、设计、施工、监理到竣工验收备案等环节的监管机制。师市住建局组织开展建筑节能专项执法检查，对违规工程、违规企业和违法行为进行整治和处理。师市建筑节能设计标准执行率100%，施工阶段执行率达98%以上。

【智慧工地】 2022年，师市住建局围绕工程质量安全专项整治三年行动，开展房屋建筑和市政基础设施工程质量安全监督，通过智慧工地平台建设，覆盖项目49个，逐步实现建筑工地智慧化监管，结合定期不定期检查，提升师市建筑工程质量安全管理水平。全年未发生安全生产事故。

【建筑工程质量安全监督】 2022年，师市住建局监督房屋建筑工程122个，建筑面积96.76万平方米。其中，跨年工程42个，新开工程80个。监督竣工验收工程43个，工程质量合格率100%；监督市政工程29个，办理竣工验收备案手续36个。全年制定下发各类工作提示和通知22份，下发各类检查通报8份，开展专项监督检查9次，开展日常监督检查28次，范围覆盖师市辖区住建领域，下达建设工程施工安全隐患停工整改通知书38份，下达建设工程施工安全隐患整改通知书180份，督促建筑施工企业落实整改，保障安全生产。

（孟黎明）

商贸·旅游

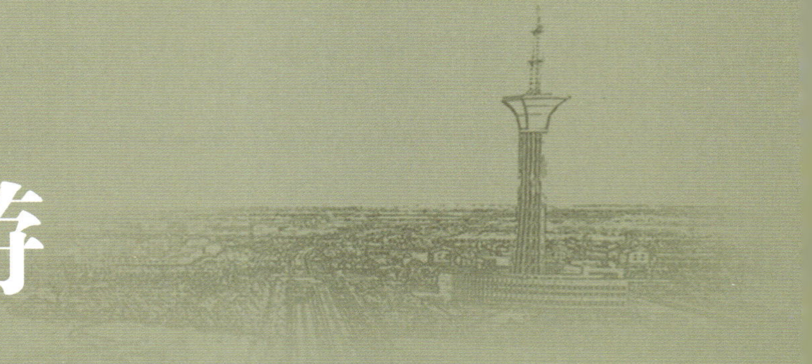

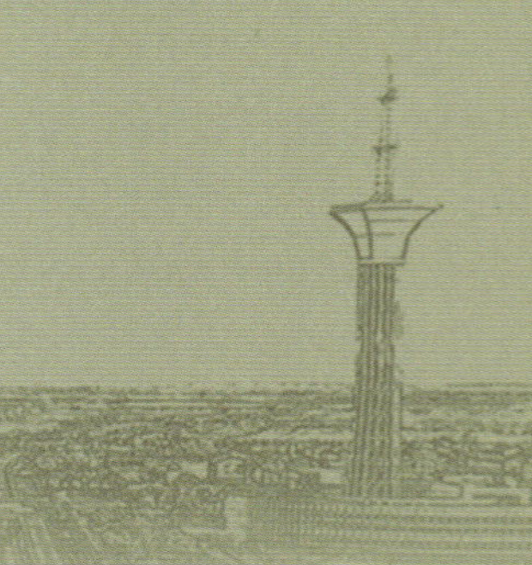

（孟庆忠　摄）

招商引资

【概况】 2022年，师市实施招商引资项目277个，形成招商实物量126.9亿元，比上年增长16%；完成兵团下达全年目标任务100亿元的126.9%，完成工业实物量89.1亿元，增长24.3%。其中，新建项目209个，完成实物量58.29亿元，占师市招商引资实物量的45.9%；续建项目68个，完成实物量68.58亿元，占54.1%。胡杨河经济技术开发区招商引资项目开复工38个，占师市开复工项目的13.72%，形成实物量57.55亿元，占完成实物量的45.4%；天北经济技术开发区招商引资项目开复工63个，占师市开复工项目的22.7%，形成实物量16.81亿元，占完成实物量的13.2%。分产业看，第一产业项目33个，形成实物量9.9亿元，占师市实物量的7.8%；第二产业项目149个，形成实物量90.1亿元，占师市实物量的71%；第三产业项目95个，形成实物量26.9亿元，占师市实物量的21.2%。其中，工业项目实物量89.1亿元。从投资规模看，总投资1亿元以上的项目62个，形成实物量79.2亿元；总投资10亿元以上的项目5个，形成实物量44.4亿元；总投资100亿元以上的项目1个，形成实物量39亿元。

【招商服务】 2022年，师市发挥师市招商引资领导小组办公室服务招商大局、统筹协调作用，制作师市招商引资宣传片和招商推介PPT，推出师市招商微信平台。研究制定煤化工、盐化工产业园区发展规划方案，绘制“招商图谱”和“产业链地图”，谋划总投资1198.88亿元的17个重大招商引资项目，由21个招商小组对外推介；累计向兵团和师市财政协调争取招商专项资金650万元，师市开展重大招商活动和招商小组开展招商工作得到资金保障。

【项目签约】 2022年，师市组织参加展会3次，开展“云洽谈”视频会31次、线上招商推介会5次、招商项目集中签约仪式2次，引导各单位促进意向项目转签约。师市签约招商项目290个，总投资1340.2亿元，其中百亿元以上的项目2个、总投资727.3亿元。

【重大项目引进】 2022年，师市做好产业招商，重大项目持续引进。围绕化工、新材料、生物医药三大主导产业，梳理出五大产业集群链条，制定印发《专班化推动经济高质量发展实施方案》，成立五大专班靶向招商，引进一批重大产业项目。

【招商机制健全】 2022年，师市修订落实《招商项目共引共建共享办法》，团场招商引资企业落户开发区项目前五年生产总值、固定资产投资、招商引资实物量、地方税收实得部分全部归属招引团场，调动团场招商引资积极性，引导各类重点项目向园区集聚，形成招商合力。团场招商引资项目落地开发区9个，总投资22.15亿元，落实团场2021年度税收返还奖励资金105万元。

【项目落地服务保障】 2022年，师市做好服务招商，加速项目落地。印发《招商项目评估实施办法》《重大招商项目挂钩师市领导工作方案》，在项目签约前后为企业提供超前、靠前服务，减少审批时间和企业决策成本。建立招商引资签约项目库和落地项目库每月调度机制，印发通报10次，召开调度会5次，实地调研督导15次，保障生产要素，推进项目能源技术评价、环境影响评价等前期手续办理及落地速度。

（郭俊强）

贸易合作

【概况】 2022年，师市实现社会消费品零售总额69.7亿元，比上年下降1.8%。按经营地统计，城镇消费品零售额63.15亿元，下降2.4%；乡村（连队）零售额6.55亿元，增长4.1%。按消费形态统计，商品零售额54.9亿元，下降1.8%；餐饮收入额14.8亿元，下降1.8%。全年限额以上单位（企业）商品零售额中，粮油食品零售额下降19.7%，饮料类下降21.8%，烟酒类增长10.8%，服装、鞋帽、针纺织品类下降55.4%，化妆品类下降43.7%，日用品类增长21.3%，家用电器和音像器材类下降42.1%，中西药品类下降40.9%，文化办公用品类下降9%，石油及制品类增长58%，汽车类增长2.5%。

【消费促进】 2022年，师市商务局利用消费时机，错时开展促消

2022年3月13日，北疆农机农资（第二届）展览会在奎屯瑞豪电子商务产业园开幕（刘笑天　摄）

费活动。谋划筹备全年促消费计划，借助重要节假日组织团场、经济技术开发区、瑞豪电商产业园举办龙虾美食节、电音节、北疆农机农资展、网上年货节等大型促消费活动10场次，累计销售额3.2亿元。与银联合作投入400万元财政资金开展政府消费券投放活动，吸引100余家企业、10万余名消费者参与，销售额2500万元。

【商业体系建设】 2022年，师市商务局编制工作方案，推进重点商贸项目建设。编制《县域商业体系建设工作方案》，谋划“十四五”期间城市商业综合体、公共配送中心等总投资8.94亿元的23个商贸项目，年内实施3个项目、完成投资2085万元，获得兵团支持资金460万元。

【商贸主体培育】 2022年，师市培育支持商贸主体稳健发展。落实《商贸旅游产业扶持政策暂行办法》，拨付商贸领域限额以上企业扶持资金1044万元，建立升限企业储备库按月调度机制，召开师市升限会议3次，推动升限企业41家、升限大个体17家，新增商贸业经营面积2.04万平方米，比上年增长33%。

【市场运行监测】 2022年，师市强化生活必需品和重点流通企业监测，印发《生活必需品市场供应应急预案》，对果蔬、肉蛋奶等生活必需品加强日监测、周调度。帮助中兴商贸城、八点阳光连锁超市等重点保供企业办理跨区物资运输通行证。通过企业地头直采、终端保供点直供等方式帮助种植户解决卖菜难问题。

【成品油管理】 2022年，师市商务局为4家企业办理成品油零售经营批准证书，检查辖区内成品油零售经营企业25家。销售成品油7.16万吨，比上年下降3.39%。其中，销售汽油2.60万吨，下降7.88%；销售柴油4.55万吨，下降0.63%。

【商贸安全】 2022年，师市商务局举办安全生产培训3次，开展“百日攻坚”“喜迎二十大，防风险，保平安”等专项检查活动5次，组建3个检查小组每个季度及重要敏感节点对重点商超、集贸市场及加油站开展安全检查，排查安全隐患120余条，整改率98%，开展整改“回头看”行动，推进师市商贸领域安全生产和经济发展双提升。

【中欧班列开通】 2022年1月24日，师市首列中欧班列共50个车皮，满载150万美元货值，从总投资1.5亿元的一二九团铁路专用线项目现场驶离站台，前往意大利那不勒斯港。此次运输时间较传统公路运输转海运缩短近半个月，运输费用较之前的“公路+海运”方式可节省一半以上。师市辖区出口的农产品、工业产品可通过中欧班列陆续运往国外。

（郭俊强）

粮食购销

【夏粮收购】 2022年，师市辖区收购小麦6.11万吨。其中，地方国有粮食购销企业收购2.20万吨，占收购总量的35.95%；中央储备粮直属库有限公司收购2.97万吨，占收购总量的48.65%；其他市场主体收购9414吨，占收购总量的15.40%。

【粮食质量监测】 2022年，师市发展改革委配合兵团发展改革委，完成兵团下达的粮食质量安全监测任务，在师市小麦种植面积较大、代表性较强的7个团场，规范采集小麦样本8份，所检样品全部合格。

【粮食市场监管】 2022年，师市发展改革委依法履行粮食安全及安全生产属地管理责任，依法开展粮食收购、储存、运输、政策性粮食加工与销售、原粮销售等活动监督检查，做好粮食监管和粮食安全生产管理工作。严肃查处扰乱市场秩序、损害农民利益的违法行为，严防不合格粮食流入口粮市场。年内出动涉粮企业安全生产检查10人次，深入田间地头，落实粮食流通安全管理30人次。

（朱林峰）

供销合作

【概况】 2022年末，师市供销社全资企业2家，即新疆农垦五钢再生利用物资有限公司、胡杨河北纬阳光果蔬种植有限公司（2022年6月10日成立）。原全资企业新疆农垦大地农业发展有限公司2022年5月30日注销；控股企业1家，即新疆锦棉棉业股份有限公司69.77%股权；参股企业6家，即新疆奎屯三汇物资有限公司49%股权、新疆中锦胡杨河仓储物流有限公司49%股权、新疆联盟优棉科技技术服务有限公司10%股权、新疆乌苏市农村商业银行股份有限公司3.57%股权、中华联合保险集团股份有限公司0.03%股权、中华联合财产保险股份有限公司0.03%股权。

【生产经营】 2022年，师市供销社总资产18.36亿元，比上年减少14.14亿元。企业负债总额16.57亿元，减少14.21亿元。企业所有者权益总额1.8亿元，增加1000万元，实现利润总额1159.07万元。资产负债率90.26%。销售、管理和财务费用5751万元。营业外收入总额1408.88万元，增加1255.91万元；营业外支出63.28万元，增加41.01万元。实现营业总收入29.91亿元，增加2.29亿元；实现利润总额1159.07万元，增加874.78万元。

【公司选介】 新疆锦棉棉业股份有限公司　新疆锦棉棉业股份有限公司主营业务为籽棉收购加工、皮棉及棉副产品销售等。采用自主经营+合作经营的经营模式，制定实施籽棉收购、皮棉加工、产品销售、安全管理等规章制度，推行单品单轧试点，提高棉花加工质量，持续完善棉花质量追溯体系建设，实现职工增收。2022年，实现生产总值1.34亿元、营业收入29.56亿元，利润总额1347万元。

胡杨河北纬阳光果蔬种植有限公司　胡杨河北纬阳光果蔬种植有限公司2022年6月10日成立，注册资本100万元，为有限责任公司（非自然人投资或控股的法人独资）。经营范围为蔬菜种植，水果种植，园艺产品种植，新鲜蔬菜批发、零售，新鲜水果批发、零售，食用农产品批发、零售、初加工，农副产品销售，初级农产品收购，农业生产资料的购买、使用，肥料销售，农业机械服务，农业生产托管服务，农作物病虫害防治服务，农业专业及辅助性活动，农产品的生产、销售、加工、运输、贮藏及其他相关服务，智能农业管理等。2022年，推进林果产业发展，分别在一三一团、一三〇团种植葡萄、苹果示范园93.7公顷。实现销售收入5.09万元，实现利润总额-16万元。

新疆农垦五钢物资再生利用有限公司　新疆农垦五钢物资再生利用有限公司主要从事报废汽车回收（拆解）业务，废旧物资交易。2020年10月，公司随供销合作总公司并入农发集团。2021年，公司拓宽经营领域，报废汽车拆解业务扩展到伊犁哈萨克自治州、克拉玛依市、石河子市等地。2022年，收购报废车辆4100辆，加工销售废钢1.15万吨，实现营业收入3096万元，实现利润总额-248万元。（韩凤琳）

旅游业

【概况】 2022年，师市有胡杨水韵旅游景区、阿吾斯奇景区、玖恒生态园景区、戈壁母亲红色旅游教育基地、新疆天池特酒文化景区5家国家AAA级旅游景区，有屯垦文化小镇、奎屯河大峡谷、紫砂文化创意产业园、麗枫星空不夜城4家国家AA级旅游景区。有麗枫酒店1家四星级旅游饭店，有奎屯军垦宾馆、奎屯银通酒店、奎屯汇泉丽都酒店、奎屯兵客西岐酒店、奎屯上东湖酒店5家三星级旅游饭店，有胡杨河大酒店、乌苏市西域明珠宾馆2家二星级旅游饭店。有百葡民宿1家丙级

2022年5月12日，游客参观一二六团红色记忆收藏馆（牛想为 摄）

民宿。有奎屯羽帆国际旅行社有限公司、奎屯阳光教育旅行社有限公司、新疆胡杨河旅游文化产业发展有限公司、新疆省心国际旅行社有限公司奎屯假日行分公司、新疆省心国际旅行社有限公司奎屯分公司、新疆康辉大自然国际旅行社有限责任公司奎屯分公司6家旅行社。兵团级特色旅游景观名镇3个（一三〇团、一二六团、一三七团），红色旅游教育基地2个（一二六团戈壁母亲红色旅游教育基地、胡杨河市文化馆），国家级湿地公园1个（胡杨水韵旅游景区），国家级休闲农业与乡村旅游示范点1个（一三〇团）。全师市共接待游客200万人次，实现旅游收入8.3亿元。

【旅游规划实施】 2022年，师市持续推进实施《师市"十四五"文化和旅游发展规划》，构建"一核、两带、三廊、四区"的师市全域旅游发展格局，以职工文体中心、体育公园等重点项目建设为支撑，发展旅游+文化、旅游+体育、旅游+农业等产业融合发展，完善师市的公共文化服务和旅游城市功能。（翟彦丽）

【文旅项目及旅游设施建设】 2022年，师市实现文旅行业固定资产投资9017万元，推进将军庙水库景区和胡杨水韵景区规划创建国家AAAA级旅游景区。开展景区设施、厕所、交通等提升工程，共建设旅游厕所3座，停车场3个，改造5G通信基站2个。（王 莉）

【旅游活动】 2022年，师市在麗枫星空不夜城举办"师市2022年'5·19'中国旅游日暨'点亮星空不夜城'主题活动"，累计接待市民、游客8万人次；一二六团举办以"喜迎党的二十大，溯源戈壁母亲文化，传承军垦芳华魅力"为主题的2022年戈壁母亲文化艺术旅游节，接待游客1.8万人次，实现旅游收入800余万元。

【酒店宾馆选介】 军垦宾馆 军垦宾馆位于奎屯市团结东路12号，三星级酒店，主要经营宾馆客房、南北风味特色餐饮、会议、宴会、休闲茶吧及停车场服务。2022年，宾馆接待旅客8654人次，营业收入316万元。年末有员工24人。

汇泉丽都酒店 汇泉丽都酒店位于奎屯市乌鲁木齐路客运站东侧，2016年通过国家旅游局审核，被评为三星级旅游饭店。主要经营旅客住宿。2022年，酒店接待旅客5600人次，营业收入54.4万元。年末有员工10人。

银通酒店 银通酒店位于奎屯市博乐街附64号，隶属新疆银通建设监理有限公司。2005年11月建设，建筑面积5500余平方米，是一家按照三星级标准建造，集餐饮、客房、休闲娱乐为一体的综合性商务酒店。主要经营旅客住宿、餐饮、机票预订、传真、旅游咨询等服务。2022年，酒店接待旅客8200人次，客房营业收入52万元。餐饮接待客人1.12万人次，餐饮收入95万元，年末有员工15人。

胡杨河宾馆 胡杨河宾馆位于第七师胡杨河市一三〇团共青镇，二星级旅游饭店。主要经营客房、会议、餐饮、烧烤广场、农家乐等服务。2022年，宾馆共接待旅客6430余人次，营业收入633.55万元。年末有员工39人。

上东湖大酒店 上东湖大酒店位于第七师天北经济开发区，三星级旅游饭店，拥有标间、单间、套房100余间，酒店餐厅可同时容纳300人就餐。酒店配有臭氧消毒恒温游泳池，商务和娱乐茶室、洗浴中心等，可提供一站式服务。2022年，酒店接待旅客7607人次，营业收入169.3万元。年末有员工10人。（翟彦丽）

【景区选介】新疆天池特酒文化景区　新疆天池特酒文化景区(新疆五五酒业有限公司),地处新疆天山北麓古代"丝绸之路",准噶尔盆地西南缘—五五新镇,占地7.2公顷。为一二九团国有独资企业。始建于1961年,经历60余年的发展历程,五谷酿造,老五甑工艺,传承军垦精神、胡杨精神,赋予新疆兵团人红色基因。1979年,天池特曲获第一届新疆维吾尔自治区地方名酒称号、自治区著名商标称号,连续保持三届自治区品酒会地方名酒称号,2021年获第106届巴拿马万国博览会金奖。有"五五""天池""胡杨河"三大系列产品。2022年10月,被评定为国家AAA级旅游景区。

胡杨水韵旅游景区　胡杨水韵旅游景区位于胡杨河市境内,距市中心约5千米。2002年由一三〇团投资兴建,全景区南北长10千米、东西宽1~2千米,总面积20.28平方千米。分为胡杨水韵游览区、胡杨林游览区,共青1号、2号、3号水库游览区,湿地文化公园游览区及奎屯河老河道徒步游览区五大游览区。2010年,一三〇团共青镇被评为"全国特色景观旅游名镇"。2011年,胡杨水韵旅游景区被评为国家AA级旅游风景区。2012年9月,胡杨水韵旅游景区被评定为国家AAA级旅游景区。2022年,景区接待游客1.2万人次,营业收入4万元。

一三七团阿吾斯奇景区　一三七团阿吾斯奇景区位于一三七团境内,总面积488.97平方千米。与哈萨克斯坦国接壤。东北面与吉木乃县为邻,北面是沙吾尔山,西面是铁布克山,南面是谢蒙斯台山,各种珍贵草药密布,珍禽水鸟聚集栖息,数百公顷花海。阿吾斯奇景区东西长48千米,南北宽18.6千米。最高海拔3256.6米,最低海拔1670米,属高寒地区。气候湿润、降水量高,年平均气温3℃,7月平均气温16℃,无霜期120天,有天然避暑的"西部花海,秘境凉都"之称。"阿吾斯奇"一词为蒙古族语,意为开满小黄花的地方。群山绵延,夏秋季节天气凉爽,气候宜人。双湖、松树沟是度假、避暑、旅游的理想场所。2015年,一三七团阿吾斯奇景区被评为国家AAA级旅游景区。2022年,景区接待游客0.22万人次,营业收入8.1万元。

一二九团玖尚(恒)生态景区　一二九团玖尚(恒)生态景区位于一二九团,始建于2015年3月。该园区以生态开发为宗旨,以科技为导向,集无公害蔬菜、水果生产、花卉种植销售、生态农业休闲观光、科普教育、农业科技试验推广为一体的高效设施农业示范区。玖尚(恒)生态农业有限责任公司打造休闲农业旅游文化品牌,与克拉玛依、奎屯、独山子等地旅行社合作打造近郊一日游新线路,将热带植物科普园、一二六团戈壁母亲红色旅游基地、胡杨水韵景区与高效设施休闲农业和文化旅游观光产业相融合,建成樱桃园、垂钓园等17个观光景点。2017年,一二九团玖尚(恒)生态景区被评为国家AAA级旅游景区。2022年,景区接待游客2.1万人次,营业收入59万元。

奎屯河大峡谷　奎屯河大峡谷位于天山北麓地处奎屯市西南方向近20千米处,沿国道217线从胡杨河市前往大峡谷,有3条路线可走,一条可达谷底,另两条可分别到达峡谷的东西两岸。大峡谷南北走向,长约20千米,谷底宽100~400米,谷肩宽800~1000米,从谷底到谷肩高200米。谷壁近直立,沿谷到处是断崖,谷壁上的冲沟将谷壁雕琢成石林状,奇特险峻。谷底平展开阔,河滩砾石遍地,流水时分时聚,谷底东侧的水渠顺谷底延伸。2016年被评为国家AA级旅游景区。2022年,景区接待游客0.25万人次。

一二六团戈壁母亲红色旅游基地景区　一二六团戈壁母亲红色旅游基地景区位于一二六团,主要有红色记忆收藏馆、戈壁母亲文化创意园、戈壁母亲美术馆、戈壁母亲旧居、戈壁母亲广场、戈壁母亲演艺场6个文化旅游场馆组成。打造"戈壁母亲"文化品牌,旨在以"戈壁母亲"为切入点,挖掘"母亲"文化在中华民族历史长河中的演变和重要作用,为"戈壁母亲"文化寻根的同时,厘清"戈壁母亲"文化的发展演变和重要内涵,彰显"戈壁母亲"文化在军垦文化中的重要地位。2015年,先后被命名为兵团爱国主义教育基地、北京大学新疆长治久安研究基地、石河子大学文学创作基地和兵团文化中心军垦油画创作基地。2017年被国家旅游局评为国家AAA级旅游景区,2021年兵团授予其"兵团妇女爱国主义教育基地"。2022年,景区共接待游客9.74万人次,营业收入142万元。

2022年6月11日，第二届“戈壁母亲”文化艺术旅游节开幕

（牛想为　摄）

百年葡萄庄园农业旅游示范景区　百年葡萄庄园农业旅游示范景区简称“百葡庄园”，位于一三一团。始建于1868年，有150余年的历史，清末甘肃籍袁姓庄主途经哈密，购买葡萄苗、红枣苗、海棠树苗栽种庄园，时称“袁家庄子”。园内4棵喀什噶尔葡萄树为始建当年栽种，现树根部直径0.6米，主蔓藤分枝直径20余厘米，年产葡萄约8吨，是庄园的标志性景观。2005年12月，庄园被国家旅游局评定为“全国农业旅游示范点”。2022年，庄园接待游客8万余人次。

天北新区麗枫星空不夜城景区　天北新区麗枫星空不夜城景区位于天北新区，属于自然人文景观。主要突出薰衣草主题文化。由9个特色旅游文化区块组成，包括彰显薰衣草主题、突出香氛文化的麗枫酒店，薰衣草体验园，星空不夜城星光秀，星光夜市，特色美食，直升机观光救援，热气球观光旅游，新疆特色歌舞表演，旅游文化推广。2022年，景区接待游客180万人次，营业收入350余万元。

一二三团紫砂文化创意产业园　一二三团紫砂文化创意产业园位于一二三团，该项目于2017年3月开工建设，总投资5260万元，分为三期投资建设，已完成投资2500万元。主要完成一二三团紫砂文化小镇产业园项目创意园区的主体工程3.64万平方米，改造建筑7000平方米，水系面积1749平方米，景观绿化面积1.26万平方米；园区庭院灯36盏，新增景观桥2座，大型雕塑7个，花架21米，文化景墙103平方米，景观亭2座，停车场288平方米，花池挡墙418米，木栈道489平方米。紫砂文化创意产业园为游客提供军垦戍边文化及轧花工业历史变迁体验，文化设施主要有废旧轧花机器雕塑景观、室内运动场、紫砂壶工作间等，是集生产、交易、休闲、居住为一体的多功能园区。2022年，景区共接待游客1.2万人次。　（翟彦丽　王　莉）

【星级“农家乐”选介】　**一二八团芸香园农庄**　一二八团芸香园农庄位于一二八团，占地1.47公顷，该农家乐以整个设施农业草莓园、苹果园采摘为依托，以生态果蔬种植为核心，实现农业+旅游的经济运营示范模式，是一家集采摘、观光、游憩、休闲、娱乐、餐饮一条龙服务，实现一产、三产结合的乡村旅游农家乐场所。2020年11月被兵团文化体育广电和旅游局评定为三星级“农家乐”。2022年接待游客9000余人次，年经营收入30万元。

一三一团奎屯凤虎饭店　一三一团奎屯凤虎饭店位于一三一团一连，占地1公顷，营业面积3000平方米，养殖有孔雀、鸵鸟等观赏动物，并制作鸵鸟蛋、孔雀标本等艺术品，种植有中华钙果等树种，绿化面积5.70公顷，配备有文化广场、健身器材等娱乐设施，是一家集旅游、餐饮、休闲娱乐为一体的综合性多功能生态农业庄园。2020年11月被兵团文化体育广电和旅游局评定为三星级“农家乐”。2022年，接待游客2万余人次。　（翟彦丽）

金　融

（刘笑天　摄）

综　述

【金融改革】 2022年，师市入选中央财政支持普惠金融发展示范区，获得2500万元奖补资金，拨付2100万元用于新疆锦通融资担保有限公司资本金补充，将单笔担保额度由1000万元增至1210万元。制定印发《第七师胡杨河市融资担保风险补偿和降费补助专项资金管理暂行办法》，引导其将担保费率降至0.9%以下。师市本级财力拨付担保公司降费补助28.33万元，涉及20家企业与个人。完善绿色金融项目库。至年末，在库师市企业21家，在库项目29个，金额47.3亿元；其中当年新增入库企业3家5个项目共计5.3亿元。师市财政局（金融办）协同中国人民银行奎屯市支行拟定《第七师胡杨河市工业企业碳账户建设试点方案》，探索财政金融支持实现师市碳达峰、碳中和目标的可行性措施。

【服务实体经济发展】 2022年，师市开展政银企对接活动3次，签订政银战略合作协议1450亿元、银企贷款协议154.77亿元、绿色金融专项银企合作协议26.38亿元。推动6家金融机构落户，中国农业银行股份有限公司新疆生产建设兵团分行二级分行——胡杨河兵团分行在胡杨河市揭牌成立。推进奎屯河引水工程将军庙电站、新龙口电站融资方案实施。

【惠企纾困】 2022年，师市财政局（金融办）协同伊犁州银保监分局奎屯监管组、中国人民银行奎屯市支行等监管部门和金融机构到企业、团场开展实地调研，累计解决企业融资需求6000余万元。通过在师市行政服务审批中心设立金融服务窗口，各家商业银行及担保公司轮流驻点和到企业实地调研等方式，组织现场宣传介绍信贷产品和融资培训会，为企业达成融资意向2.5亿元。针对师市售棉难的问题，协调兵团农业银行、农业发展银行支持师市棉花收购企业8家，累计授信额度63.8亿元。鼓励辖区内各商业银行通过展期或续贷等方式，优先支持暂遇困难的相关企业。安排金融机构支小支农贷款奖补150万元，普惠小微企业贴息143.46万元，担保机构降费补助和风险补偿资金126.45万元。

2022年3月4日，师市举行2022年“政银企”签约会，6家金融机构分别与第七师胡杨河市签订战略合作协议，签约金额共计1000亿元。图为签约现场　（刘笑天　摄）

【金融风险防范】 2022年，师市财政局（金融办）关注国有企业大额债务，加强对国资公司、锦龙电力等企业债务的跟踪监测，做到风险有效防范。加强对小额贷款公司、担保公司、典当行等重点机构监督管理，做到有序经营。完成新疆锦通融资担保有限公司注册资本由4亿元减至1亿元的减资手续及备案。通过组织开展年审和对月报、季报、年报的统计分析，监测风险、排查隐患，增强辖区地方金融组织的风险防控能力。配合师公安局、师市党委政法委等相关部门开展金融领域民间借贷乱象、涉黑涉恶专项整治行动，确保排查工作取得实效。先后组织开展各类金融风险防控宣传20余次。全年发放宣传手册8000余份、宣传品3000余份，发送短信5000余条，参与金融知识答题人数6000余人，受益群众1万人次。　（周　杨）

银行业

【概况】 至2022年末，师市辖内银行业各项存款余额400.07亿元，较年初增加59.54亿元、增长

17.48%；师市辖内银行业各项贷款余额240.19亿元，较年初增加7.26亿元、增长3.12%。存贷款总量640.26亿元，居兵团第四位。师市金融业增加值实现12.16亿元，增长8.57%。（周　杨）

【中国农业银行股份有限公司胡杨河兵团分行】 中国农业银行股份有限公司胡杨河兵团分行（简称农业银行胡杨河兵团分行）隶属于中国农业银行股份有限公司新疆生产建设兵团分行二级分行。2022年6月6日，农业银行胡杨河兵团分行正式揭牌成立，按时限要求完成人员、机构、业务划转和业务系统环境搭建。对接师市发展规划，支持乡村振兴、基础设施建设、产业融合发展，打造服务兵团发展的主力银行。

至2022年末，农业银行胡杨河兵团分行人民币各项存款时点余额91.01亿元，较年初增加12.15亿元；各项贷款余额22.70亿元，较年初增加6.78亿元。实现中间业务收入1352万元，减少681万元。

2022年，农业银行胡杨河兵团分行制定5项“固优补短”专项营销方案，加大“三农”（农业、农村、农民）和县域对公贷款投放力度，提升乡村振兴重点领域服务能力。完成农户信息建档2909户，较年初增加1125户，农户贷款余额1.02亿元。普惠型小微企业贷款日余额0.97亿元，普惠小微首贷户指标完成全年任务的150%。完成“兵棉通”贷款投放4.1亿元，奎屯河引水工程绿色信贷项目实现有效投放0.62亿元，支持“两酱一糖”（新疆农垦奎河番茄制品有限公司、新疆农垦北纬阳光番茄制品有限公司，新疆农垦现代糖业有限公司）农产品收购贷款投放1.65亿元；“农网改造”项目贷款发放0.13亿元，完成票据贴现1.24亿元。落实国家减费让利、降低企业负担等一系列决策部署，规范中间业务收费。优化企业账户服务，减免企业账户的开户费、工本费、手续费等。全年贷款发放加权平均利率为3.61%，低于系统内全疆平均水平5个BP（基点）。承担抵押评估费，为公司贷款客户让利2.5万元。为12户小微企业及个体工商户申请延期还款，延期还款金额242万元。入驻“信易贷”融资平台小微企业11笔，发放线上普惠贷款268万元。为保供企业发放贷款共计27笔，贷款金额4.64亿元。其中，支持农产品收购19笔、金额4.1亿元。发放养老金近6亿元。线上指导帮助居家居民解决电费缴费难题。在基层网点设立爱心驿站12个，覆盖率92.3%，为户外劳动者提供歇歇脚、暖暖手地方。推动“浓情暖域”活动，年度内提供上门服务600余次，并以短视频、简报等形式加大暖心服务宣传力度。与师市人社局签订三代社保卡的推广合作协议，完成师市范围内兵团社保“就近办”推广，方便团场职工。协助指导客户开通医保电子凭证9927户，便捷客户医保信息查询、无卡买药、预约挂号等。新建惠农通服务点23个，为农民群众提供金融支付服务。（任红红）

2022年6月6日，中国农业银行胡杨河兵团分行在第七师胡杨河市揭牌成立　（田　歌　摄）

【中国工商银行股份有限公司胡杨河兵团分行】 中国工商银行股份有限公司胡杨河兵团分行（简称工商银行胡杨河支行），位于胡杨河市书香苑商业楼富强路，面积150平方米，2022年5月6日正式对外营业提供金融服务。

至2022年末，工商银行胡杨河支行有个人客户数407户、对公客户数50户，存款余额9.10亿元。其中公司存款余额337.04万元、机构存款余额9.02亿元、个人存款余额424.58万元。各项贷款592.48万元。其中个人经营性贷款524.08万元、个人消费贷款68.40万元。

2022年，工商银行胡杨河支

行以兵团重点领域、重点产业、重点企业及重大项目复工复产为支持重点，先后重点支持克拉玛依疆润化工有限公司、新疆子康农业发展有限公司、新疆联合建利建设工程有限公司等企业短期融资需求。先后与师市重点企业北方建设集团、锦龙电力、锦疆化工等建立合作关系。为胡杨河市小微企业户共办理线上融资800余万元，支持师市重点企业和小微企业的发展。根据网点软硬件设备、人员储备、制度控制等方面实际情况，拓展和延伸经营品种和业务领域，具备开办外汇业务的现实条件和实际能力。（马慧敏）

【中国银行股份有限公司胡杨河市支行】 中国银行股份有限公司胡杨河市支行（简称中国银行胡杨河市支行）于2021年11月18日对外营业，隶属于中国银行股份有限公司伊犁哈萨克自治州分行，属县域支行，位于胡杨河市奎河街。业务经营范围包括办理人民币存款、贷款、结算业务，信用卡业务，办理票据贴现，代理兑付、销售政府债券，代理收付款项及代理保险业务，外汇存款、贷款、汇款，外币兑换、国际结算、结汇、售汇，通过上级行办理代客外汇买卖，代理国外信用卡付款，其他经国务院银行保险业监督管理机构及其派出机构批准开办的业务和品种。

至2022年末，中国银行胡杨河市支行各项存款余额1.05亿元，各项贷款余额865万元。

（王卫东）

【中国建设银行股份有限公司胡杨河支行】 中国建设银行股份有限公司胡杨河支行（简称建设银行胡杨河支行）于2022年5月17日正式揭牌成立，隶属于中国建设银行股份有限公司伊犁州分行，设有网点1个，自助服务区1个，在岗员工6人。位于胡杨河市富强路。

至2022年末，建设银行胡杨河支行一般性存款6013万元。其中，对公存款5410万元、储蓄存款603万元。各类借记卡710张，贷记卡15张。

2022年，建设银行胡杨河支行发放农民工工资25户，金额1850万元；办理农民工工资卡121张。加大金融支持师市实体经济力度，提升金融支持企业精准度，做好师市区域内实体经济、国有企业、民营企业、小微企业、个人农户的各项金融业务。

（贾　非）

【新疆乌苏农村商业银行股份有限公司天北新区支行】 新疆乌苏农村商业银行股份有限公司天北新区支行（简称农商行天北新区支行）成立于2011年6月，位于奎屯市天北新区团结北街，有员工15人，内设客户经理区、现金区、客户休闲区。

至2022年末，农商行天北新区支行存款余额11.13亿元，贷款余额24.93亿元。

2022年，农商行天北新区支行与奎屯市、第七师、独山子区域内的优质企业建立合作关系。提高普惠金融领域的信贷投放力度，发放农业种植贷款205笔，金额1.51亿元；发放城镇自然人贷款466笔，金额1.20亿元；发放中小微企业贷款22.92亿元。累计发放贷款25.64亿元（含社团贷款），收回贷款19.68亿元。新增公务卡26张，新增优质特约商户40户，保证特约商户活跃率100%，普惠金融服务点覆盖率及商户活跃率100%。手机银行净增客户数1800户，手机号支付签约净增客户数584户，新增手机银行平均月活跃客户数1314户，新增微信银行绑卡549户，新增第三方支付绑卡3446户，柜面业务迁移率87%。（王玉娟）

【奎屯国民村镇银行】 奎屯国民村镇银行于2013年成立，服务师市“三农”、小微企业及区域经济。

至2022年末，奎屯国民村镇银行各项存款余额36.94亿元，较年初增加1.14亿元，增长3.19%；各项贷款余额14.76亿元，较年初减少796万元，下降0.54%。设立营业网点12家，其中营业部1家、分支机构9家、分理处2家。设立综合管理部、财务部、运营部、信贷管理部、法律合规部、审计部6个职能部门。

是年，奎屯国民村镇银行坚持创新转型，打好信贷投放的“组合拳”。推出“军垦贷、戈壁母亲贷、钻石贷”系列产品，清收不良贷款，提高资产质量。办理延期还本业务211笔、金额2.52亿元。

（胡　敏）

非银行金融机构

【奎屯锦融诚信投资有限责任公司】 奎市锦融诚信投资有限责

任公司(以下简称锦融投资公司)成立于2012年1月18日。是由师市国有资产经营(集团)有限公司出资的国有金融企业,下属3家类金融企业,分别是奎屯锦广融小额贷款有限公司、胡杨河金盛祥典当有限责任公司、新疆锦通融资担保有限公司。公司主要通过投资贸易产业链、供应链业务加大贸易业务。3家类金融公司主要为第七师国有企业、中小微企业、个体工商户和“三农”提供融资担保、小额贷款、典当服务。2019年,新疆锦通融资担保有限责任公司划转第七师国有资产监督管理委员会,参与企业改制,锦融诚信投资公司暂停所有小贷和典当的新增业务,主要以清收欠款工作为主。2021年7月,奎屯锦融诚信投资有限公司恢复经营。2022年8月成立奎屯锦融诚信投资有限责任公司党支部;9月13日,子公司新疆锦通融资担保有限公司股权变更:由锦融投资公司全资改为锦融投资公司占股82.64%,师市财政局占股17.36%。至年末,完成贸易额度3083万元,累计为师市辖区企业及个人提供担保1.47亿元,小额贷款2333万元,典当1780万元。 (陈 彤)

【中国平安财产保险股份有限公司胡杨河支公司】 中国平安财产保险股份有限公司胡杨河支公司(以下简称平安财险胡杨河支公司)设车险业务部和农险业务部,专岗员工11人,其中车险专岗3人(包含理赔查勘岗1人)、农险专岗7人;大专学历5人、本科学历6人。

2022年,平安财险胡杨河支公司为种植业承保4616.71公顷(棉花3608.63公顷、小麦742.48公顷、玉米69.93公顷、大豆195.68公顷)、659户;保费728.95万元,其中农户自缴182.24万元、财政补贴546.71万元。为养殖业承保8.3万头(奶牛4367头、能繁母猪630头,育肥猪7.80万头)、28户;保费1110.83万元,其中农户自缴222.17万元、财政补贴888.66万元。合计保费1839.79万元,为保户提供农业生产保障2.92亿元。承保车辆保险825万元、3792件,合计提供保障50.98亿元;承保财产意外险49.59万元、1526件,合计提供保障54.40亿元。平安财险胡杨河支公司遵守执行农业保险条例及当地政策法规,做到“五公开、三到户,小灾不漏赔、大灾不惜赔”。全年种植业理赔案件810户(次),赔款金额346.70万元;养殖业理赔案件442户(次),赔款金额698.52万元;合计赔款金额1045.23万元。10月,师市部分区域遭受霜冻天气,导致大豆受灾,平安财险胡杨河支公司组织当地协保队伍利用线上查勘工具,与各团连及职工沟通,在10个工作日内完成理赔,赔付金额49.24万元,为首次种植大豆的职工解决困难,解除职工种植新产品的后顾之忧。车险理赔金额180.9万元、案件数167件,财产险及意外险共计理赔金额2.3万元、案件数4件。

2022年,平安财险胡杨河支公司协助一二四团进行农产品销售,协助销售蟠桃1000余件、直接采购蟠桃110件,捐赠给基层抗疫人员;协助一二三团销售农副产品香肠500箱、直接采购香肠300箱。平安财险胡杨河支公司在师市2022年农业保险绩效评价为优,整体排第二位;在非农业务方面,持续提升业务规模,实现增速205%;缴税150余万元。平安财险胡杨河支公司下辖团场机构经过银保监现场验收,一二三团及一二四团营销服务部取得保险经营许可证及营业执照,正式成立。 (李 晗)

信息业

（吴新奎　摄）

网络建设管理

【5G网络建设】 2022年，师市完成建设5G基站72个，梳理公布公共资源64处，向5G基站免费开放。5G网络覆盖学校、医疗等重点领域，覆盖率100%。5G应用项目智慧教育、智慧工地、5G图传对讲机建设投入使用。打造一二五团数字乡村试点团场，促进“互联网+教育”“互联网+医疗健康”“互联网+人社”信息化建设。师市搭建采棉机作业信息平台，从棉花种植、田间管理、采棉机采收各环节实现农机精准化、系统化、数字化监督，保障农机具规范使用。辖区343辆营运车辆全部安装GPS（全球定位系统）动态监控设备，并接入道路运输动态监管平台，精准实时监控驾驶员违规驾驶行为、车道偏离和前车碰撞预警等功能。师市主干道完成230千米信息化建设，掌握辖区主干线道路运输流量，满足对主干道路实时监控需求，为交通运输综合执法管理提供基础数据保障。

（师市工信局）

【网络和信息安全风险排查】 2022年，师市党委网信办制定网络安全保障工作方案，排查辖区25家网站、36个信息系统、65块户外大屏网络安全风险隐患。处理网络安全事件7起，下发网站限期整改通知书8份，依法依规注销网站11家，发现并处置中高危漏洞28个，删除师市门户网站和新媒体涉个人隐私泄露信息350余条。联合师市党委机要保密局、师市工信局、师公安局组成检查组对师市机关、团场、园区、企事业单位等63个单位（部门）进行网络安全抽查检查，下达书面整改通知书28份。

【网络安全教育】 2022年，师市党委网信办开展网络安全教育。结合师市依法行政大培训活动，开展网络安全培训21次，普及网络安全防护技能及《中华人民共和国网络安全法》《中华人民共和国个人信息保护法》等法律法规，培训1030余人。开展2022年“国家网络安全宣传周”师市宣传活动，通过线下宣讲、发放传单、线上直播、线上答题、网络安全微课征集等活动，开展“校园日”“电信日”“法治日”“金融日”“青少年日”“个人信息保护日”六大主题日，普及人数17.61万人，提高师市辖区干部职工网络安全意识，提升网络安全防护水平。

（周 璨）

2022年2月16日，师市党委网信办到一二四团开展网络安全培训

（师市党委网信办 供图）

【网络内容监管】 2022年，师市党委网信办开展“清朗”系列专项行动，健全网络内容联合监管工作机制，统筹涉网单位资源力量，协调师市互联网联合管控指挥部各成员部门，做好联合研判和协同处置。召开研判会12次，编印舆情月报12期，网络专报32期，清理门户网站和新媒体内容错误467处。

（薛 源）

【师市协同办公系统迁移】 2022年，师市党委网信办与云平台运营商、泛微OA厂商沟通，制定迁移方案。6月18日，师市协同办公系统正式迁移，并完成所有测试工作，系统工作正常，提高OA系统工作的稳定性和安全性。

（程 勇）

【师市门户网站改版】 2022年，师市党委网信办与广东动易软件股份有限公司沟通，从网站首页界面、栏目设置、功能展现、内容质量等方面对师市门户网站进行优化提升，完成师市门户网站改版。师市党委网信办与数字兵团公司沟通，将门户网站系统迁移至数字兵团云平台，加强门户网站安全防护。新版门户网站完成网站测试、使用培训等工作，于5月26日上线运行，网站整体运行平稳。(袁凌炜)

通信服务

【概况】2022年，师市辖区通信业务新增用户3.3万户，用户总量11.4万户；宽带业务新增用户1.4万户，用户总量6.8万户。

(师市工信局)

【中国电信股份有限公司新疆生产建设兵团第七师胡杨河市分公司】中国电信股份有限公司新疆生产建设兵团第七师胡杨河市分公司(简称中国电信胡杨河市分公司)于2022年5月17日成立，驻胡杨河市，服务区域主要为胡杨河市、天北新区、一二三团、一二五团、一二六团、一二七团、一二八团、一二九团、一三〇团、一三一团。

2022年，中国电信胡杨河市分公司主营收入完成年度预算的100.73%，超出时序进度目标，增长10.15%。移动用户完成累计预算的375.38%；宽带用户完成累计预算的166.65%。全屋Wi-Fi用户完成累计预算的192.28%。

2022年，落实"云改数转"战略，持续以"数字平台"为拓展重点，配合胡杨河市推进政务服务中心云桌面、第七师教育城域网项目，推动平台信息一体化。通过师市教育局明厨亮灶和云桌面项目，校园电子学生证的上线使用，为市民提供便捷生活服务通道。

2022年，中国电信胡杨河市分公司成立满意服务专项提升工作小组，从网络质量和渠道服务两方面制定专项提升举措，推动企业高质量发展，提升客户满意度。持续加强行业建设暨纠风工作，提升服务水平，开展窗口服务规范、5G服务标准，四项服务承诺、满意度测评巡检工作，持续推进各项服务举措，强化过程管控，提升服务意识。聚焦客户热点难点问题，关注解决线下线上服务问题。通过落实"我为群众办实事""管理层跟班""全员服务大体验"，组织观看"优秀服务事迹云宣讲"。

2022年，中国电信胡杨河市分公司成立宽带、移动、装维满意度提升工作小组，连续3个季度获移动网络满意度行业第一位，连续2个季度获宽带网络质量满意度行业第一位，全年获装维服务满意度行业第一位。聚焦5G网络及千兆光宽的部署，完成10余个4G基站增补，重点对工业园区内的厂区4G信号进行深度覆盖；完成20余个5G基站建设，实现胡杨河市政府机关、医院、校园等人员密集区域、重点场所及第七师团场团部的5G信号覆盖。完成800余个10GPON口的部署，进行千兆端口调优，提升千兆覆盖能力，千兆小区数持续增长。持续开展PON口裂分和光衰整治工作，优化提升网络。执行装维服务规范，开展满意度贬损用户整治，对宽带速率不匹配、Wi-Fi覆盖弱的用户主动维护，持续提升宽带视频质量。全年网络安全无事故，完成元旦、春节、冬(残)奥会、两会、中共二十大等重要事件、节日的网络安全保障工作。

(孙　月)

【中国移动通信集团新疆有限公司奎屯市分公司胡杨河市分公司】中国移动通信集团新疆有限公司奎屯市分公司胡杨河市分公司(简称中国移动胡杨河市分公司)于2019年11月正式挂牌成立，位于第七师胡杨河市惠远南街901号。经营范围包括基础电信业务，电信增值业务，集团单位一揽子信息化解决方案，涉及智慧城市数字政府建设、政务信息化、行业信息化、云桌面、云计算、云存储、大数据、5G行业应用、专线、固话、宽带、电视、手机对讲、物联网产品等。服务区域包括一二三团、一二四团、一二五团、一二六团、一二七团、一二八团、一二九团、一三〇团及胡杨河市。

2022年，中国移动胡杨河市分公司加快5G网络建设。统筹700M+2.6GHz的频率资源，打造700MHz广覆盖，建设2.6GHz频段、推进室内覆盖建设，实现胡杨河市及各团场的连续覆盖。推进千兆宽带建设。以客户需求为导向，分场景、分区域推进全光千兆宽带网络建设，家宽能力和品质口碑提升。筑牢网络安全屏障。定期开展网络巡检和倒换测试，发现隐患问题进行整改闭环处理，确保通信网络设备的安全运行。

2022年，中国移动胡杨河市

分公司在“CHBN”(C市场坚守“稳增长”主线,稳存拓新,推进5G发展。H市场固移融合拓规模,深度运营拓收入。B市场推动“网+云+DICT”融合创新发展,实现压舱石产品量质并举;以数字化转型为抓手,推进数字政府建设,服务社会治理、民生服务、教育医疗等各项事业。N市场细分场景,做实触点;立足客户需求,客户满意度提升)市场全向发力,价值经营取得成效。开展“阳光”“灭灯”行动,实现综合满意度、工信部百万用户申诉率双领先。做好重点区域信息通信及业务保障,累计派出保障人员468人次、保障车辆328车次,组织应急发电和故障抢修23次,紧急建设开通专线320条,核心机楼巡检67次,保障全网可靠平稳运行。持续推进“法治移动”建设,深化合同精细管理,强化重大决策的法律审核把关力度,加强案件规范管理,开展普法工作,支撑重点业务发展。2022年,获全疆优秀县分公司称号。(鲁亚楠)

2022年6月3日,中国联合网络通信有限公司胡杨河市分公司工作人员在胡杨苑小区开展千兆宽带营销活动 (张楠彬 摄)

【中国联合网络通信有限公司胡杨河市分公司】 中国联合网络通信有限公司胡杨河市分公司(简称中国联通胡杨河市分公司)于2020年4月由原中国联合网络通信有限公司兵团第七师分公司更名组建,办公地址位于第七师胡杨河市井冈山路迎宾苑17号。作为第七师区域经营综合电信业务的通信企业,移动网络全面覆盖第七师各团场、连队及铁路、公路等交通干线和风景旅游区;固网实现各团商业区及住宅区全覆盖。拥有营业网点13处,提供GSM移动、宽带、固定电话、数据及增值业务等全业务通信产品和信息服务。

2022年,中国联通胡杨河市分公司主营业务收入完成率100.15%,增长15.09%。与奎屯电信在第七师辖区范围内(不含一三七团)区域新建3.5G频段5G基站1个,全部完成建设开通及共享;新建2.1G频段5G基站15个,全部完成建设开通及共享。至年末,各团场团部区域覆盖率89%,基站数(不含一三七团)306座,其中5G基站40座;发展千兆宽带网络覆盖,实现26个小区,500余栋楼宇的千兆覆盖;胡杨河市(含天北新区及周边团场)宽带总端口达2.50万个,千兆分光端口3416个,千兆端口覆盖率13.7%,基本实现周边团场城镇区域(团部)的全覆盖。

2022年,中国联通胡杨河市分公司秉持应急全过程管理理念,发挥5G、物、云、数、智、链、安等自有禀赋和能力优势,构建“1+M+N”智慧应急解决方案体系。在国家“十三五”重大水利项目——奎屯河引水工程隧道安全管理集成项目中,完成隧道有害气体监测、人员定位系统、隧道综合管理系统的设计和交付。完成师市应急管理局视频会议指挥调度系统的增补。完成工业园区晶诺新能源厂区基站建设,实现网络全覆盖。与师市文体广旅局合作,通过智能位置场景信息平台,对进入师市辖区范围内的人员,宣传师市旅游等相关元素,助推师市旅游文化、产业及经济发展。(王成龙)

园区经济

（孟庆忠　摄）

胡杨河国家农业科技园区

【概况】 胡杨河国家农业科技园区（以下简称园区）是2015年12月29日经科技部批准的全国第七批国家级农业科技园区建设单位。园区管委会与一三〇团合署办公。园区规划按照中心区、核心区、示范区、辐射区梯度布局，其中中心区533.33公顷、核心区5333.33公顷、示范区6.67万公顷，辐射七师各团场及奎屯市和乌苏市。中心区的布局分为农业科技园区和纺织工业园区两大板块，农业科技园区功能定位是“四基地一公园”（科技研发基地、产业示范基地、创新创业基地、合作交流基地，城市生态公园）。2019年11月8日，园区通过科技部综合验收；2021年12月，园区通过科技部复审。2020年10月，纺织工业园区并入五五工业园区。2021年12月，园区交由新疆农垦现代农业产业化发展集团有限公司管理。

【运营管理】 2022年，园区重点推动管理体系建立健全和科研中心大楼核心区建设。成立园区管理组织机构，建立运营体系，完成园区科技中心大楼及配套基础设施的建设，形成电子商务中心和农业大数据指挥中心两大功能中心。加强现代农业示范园建设，引入中化集团，投资2003万元建设333.33公顷现代农业示范园，通过中化托管服务实现因墒灌溉、因苗施肥、因虫施药，提升师市规模化高效棉田管理能力。 （韩凤琳）

胡杨河经济技术开发区

【概况】 胡杨河经济技术开发区（以下简称胡杨河经开区）前身为2011年3月经兵团批准设立的第七师五五工业园区。胡杨河经开区位于胡杨河市东北侧，向东与古尔班通古特沙漠边缘相接，向西通过科技二路等主干道与一三〇团共青镇、胡杨河市紧密连接，向南通过工业大道与奎屯市、天北经济技术开发区连接，向北毗邻克拉玛依市克拉玛依区，紧靠北疆“金三角”地区，区位优势便利，奎克高速、奎北铁路、217国道贯穿而过。2020年10月，经兵团批复更名为胡杨河经济技术开发区。胡杨河经开区核准规划面积71.59平方千米，其中南区53.82平方千米、北区14.47平方千米、纺织工业园区3.3平方千米，开发面积29.58平方千米。产业规划按照“产业集群、空间聚集、功能集成、资源集约”的发展要求进行布局，重点发展化工、新材料、生物医药三个优势主导产业，创新发展新能源、纺织服装、装备制造、电子信息制造四大辅助产业。

【经济发展】 2022年，胡杨河经开区实现生产总值25.73亿元，比上年增长15.6%。完成固定资产投资62.76亿元，占师市比重的33.8%。形成招商引资实物量58.29亿元，增长43.9%，占师市比重的45.9%。完成全口径税收收入1.92亿元，增长52%，占师市比重的20.47%。新增规模以上工业企业4家，分别是胡杨河汇成新材料有限公司、新疆智润电子材料有限公司、新疆江浩电子材料有限公司、新疆绿力棉农业科技有限公司。

【基础设施建设】 2022年，胡杨河经开区续建、新建基础设施项目12个，其中新建危化品运输车辆停车场项目、中水综合利用项目、北区消防危化应急中心项目、基础设施供热项目、车北路排水管网项目等8个，总投资约7.2亿元；续建新扩北区基础设施项目、便民直销店项目、道路绿化、供排水项目等4个，总投资3.9亿元。3月，胡杨河经开区开通至胡杨河市、一三〇团共青镇免费城际公交，全年运行4668个班次，运载乘客1.73万人次。

【招商引资】 2022年，胡杨河经开区全年签订招商引资协议21份，签约资金173.61亿元，储备目标企业68家，其中重点跟踪项目49个。开复工项目39个，总投资238.62亿元，其中新建项目29个，总投资99.76亿元；续建项目10个，总投资138.86亿元。全年形成招商引资实物量56.08亿元（不含团场招商项目），增长41.9%。从投资体量看，有100亿元以上项目1个、10亿元以上项目3个、5亿元以上项目5个、亿元以上项目10个。

【科技创新】 2022年，胡杨河经开区新增兵团农业龙头企业1家，总数1家；新增自治区企业技术中心1家，总数1家；新增科技型中小企业1家，总数2家；新增兵团“专精特新”中小企业3家，总数4家；新增高新技术企业1家，总数6家；新增创新型中小企业2家，总数2家。10月，新疆广投桂东电子科技有限公司“中高压电子铝箔开拓者”项目入围第七届“创客中国”中小企业创新创业大赛500强名单。

【营商环境】 2022年，胡杨河经开区开通24小时企业线上服务平台，办理投诉服务194条，其中兵团投诉平台103条，胡杨河经开区企业服务平台91条，办结率100%。成立由安全、环保、化工等7名专家组成的投资战略咨询委员会，为拟投资企业系统“诊断”项目准入、环保、选址、安全等问题，累计接收项目可行性研究95个，报送专家评审115次，汇总、收集预审、评审意见665份。与石河子大学等10所高校建立长期合作关系，开展院校专场招聘6次，组织企业到疆内外招工7次，发布企业招聘信息155次，累计协助企业招工1000余人，为企业储备专业人才356人。

【安全生产】 2022年，胡杨河经开区落实安全生产“一岗双责”责任，开展安全生产“百日攻坚”行动、工贸行业“百日清零”行动，开展消防、城镇燃气等安全检查。完成化工园区安全风险排查评估分级，完成反应安全风险评估企业3家，完成危化企业建立双重预防机制企业10家，建成投入使用综合危废处置中心，实现对4家危废经营企业、16家危废产生企业全过程监管。建成危险化学品运输车辆停车场，实现对危废产生及经营企业全过程监管。在消防危化应急救援中心设立防灾减灾救灾物资储备库，共有各类器材7项、189种。

【环境保护督察】 2022年，胡杨河经开区推进环保督察反馈问题整改工作，启动环保基础设施建设，新建中水综合利用项目、事故处理池、应急处理池。（李　亚）

天北经济技术开发区

【概况】 天北经济技术开发区（以下简称天北经开区）位于奎屯市城区北部，东距乌鲁木齐市253千米，南邻国家石化基地独山子，西连乌苏市，地处天山北坡经济发展带的中心。辖区面积76.35平方千米，人口约8.6万人。天北经开区以农产品加工、新材料、现代服务业为主导产业。有市场主体4946家，入区企业775家，“四上”企业73家（其中规模以上企业35家），有新疆荣泽铝箔制造有限公司、新疆金泰新材料技术股份有限公司等重点企业4家。

【经济建设】 2022年，天北经开区完成国内生产总值33.09亿元，比上年增长12.25%；完成规模以上工业总产值48.38亿元，增长12.7%；完成建筑业总产值30.21亿元，增长2%；形成招商引资实物量16.81亿元，增长11%；实现固定资产投资23.88亿元；完成全口径税收3.15亿元；实现社会消费品零售总额8.32亿元。

全年为18家企业发放“小升规”奖励资金110万元，11家企业发放流贷贴息补助192.87万元，帮助3家企业完成贷款融资2100万元。推动技改项目9个，投资1.3亿元，技改完成率100%。建立企业“小升规”培育库4家，实现企业升规2家，规模以上工业企业达35家。举办北疆农资农机展、龙虾美食节、端午消费节等大型促销费活动，累计销售额2.8亿元。通过夜间经济带动，实现限额以上社会消费品零售总额3.1亿元。新增商贸领

2022年2月22日，天北经济技术开发区百家创业园内，奎屯远能塑料制品厂工人在生产滴灌带（张西安　张志琴　摄）

域升限企业9家、升限大个体9家，新增批零住餐等市场主体331家。（张潇镭）

【重点产业】 2022年，天北经开区围绕重点产业促进经济发展，以荣泽铝箔、金泰新材料、维特新材料为代表的新材料企业全年完成工业总产值15.92亿元，占全年工业产值的32.9%。以天康植物蛋白、泰昆油脂、运征油脂、锦孚纺织、博润祥农牧为代表的农副产品加工企业全年完成工业产值27.4亿元，占全年工业产值的56.6%。以金贝、瑞展辰、闽龙耐磨、广联钢构为代表的金属加工企业完成工业产值4.6亿元，占全年工业产值的9.5%。（李　磊）

【招商引资】 2022年，天北经开区形成招商引资实物量16.81亿元，其中工业项目37个，总投资24.38亿元，形成招商引资实物量5.84亿元；房地产项目19个，总投资21.73亿元，形成招商引资实物量9.65亿元；商贸物流项目7个，总投资4.12亿元，形成招商引资实物量1.31亿元。续建项目17个，总投资12.04亿元，形成招商引资实物量4.06亿元；新建项目46个，总投资38.19亿元，形成招商引资实物量12.75亿元。

【项目建设】 2022年，天北经开区全年开复工项目75个，总投资57亿元。重点项目建设良好，其中总投资2亿元的久邦构建项目实现投资7170万元；总投资3亿元的盛丰祥搬迁项目，厂房建设实现投资7683万元；总投资1.6亿元的宇能工贸扩建项目实现投资9632万元。全年开发房地产项目19个，建设完成22万平方米商住楼，实现投资9.2亿元。

【基础设施建设】 2022年，天北经开区强化政府类项目储备，谋划基础设施、产业发展、民生保障等方面项目52个，争取上级资金项目14个，总投资18.4亿元，到位资金1.37亿元，完成投资4.4亿元。其中，投资3275万元应急调节池项目实现当年开工当年投入使用，投资4600万元生活垃圾处理项目开工建设。

2022年10月22日，天北经济技术开发区新疆荣泽铝箔制造有限公司工作人员在操作设备 （代昆　摄）

【安全生产】 2022年，天北经开区党工委与19家安委会成员单位和82家企业签订目标责任书。制定落实安全生产“十五条”措施工作方案，完善安全生产年度考核办法，加强安全生产巡查督办。全年开展安全生产专项治理行动9次，在辖区开展燃气大排查大整治，更换燃气设备，加装燃气报警器，保障居民用气安全。开展专项和交叉检查24次，排查各类安全隐患931项，立查立改440项，限期整改491项，全部整改完毕。现场下发安全生产隐患整改通知书135份、责令限期整改通知书32份。

【环境保护】 2022年，天北经开区针对中央环境保护督察组问题反馈，制定工作方案，按时序完成整改任务。完成《天北经济技术开发区总体规划（2021—2035年）环境影响报告书》《天北经济技术开发区突发环境事件应急预案》的修编及备案，完善天北经开区环境风险防控措施对策。编制完成并执行《天北经开区（天北新区）重污染天气应急预案》，落实“奎—独—乌”大气污染联防联控相关要求。配合上级部门环保专项检查4次，开展日常环保检查30余次，检查企业146家，下发通知类文件约300份，下达现场检查整改通知书121份、责令改正违法行为决定书1份、行政处罚事先告知书1份、不予行政处罚告知书1份，消除环境保护安全隐患29个。（张潇镭）

民营经济

（刘笑天　摄）

综　述

【发展情况】 至2022年末，师市有非公有制企业2610家，比上年增长15.84%。吸纳就业人口6.8万人，占师市二、三产业就业总人口的80%。完成固定投资117.99亿元，占师市全部固定资产投资的63.5%。实现全口径税收1.74亿元，占师市税收总额的50.5%。

【规模企业】 至2022年末，师市有规模以上民营企业119家，占师市规上企业总数的90.2%，其中产值亿元以上企业有32家。

（孙晓翔）

民营企业选介

【新疆乌苏市虹亚牧业有限公司】 新疆乌苏市虹亚牧业有限公司隶属于新疆虹亚农牧集团有限公司，以现代农牧业养种植为主，农产品深加工、仓储物流销售为一体，固定资产12亿元，在一二三团建有30万头生产能力的生猪现代养殖和4000公顷有机蔬菜种植能力的农牧业生产基地，集团孵化出以产业链为主体的关联企业8家。

至2022年末，养殖基地生猪出栏量25万头；晟源饲料加工厂年产饲料16万吨；如派食品加工厂年产脱脂肉、肉松、料包、肥肠、深加工肉肠等5000吨；宏苏通达屠宰有限公司形成日屠宰1000头生猪、年屠宰生猪20万头的生产能力，冷库容量1万吨；宏凯冷链物流有限公司建成11万吨储存量的冷链库，为年产10万吨有机蔬菜及1万吨生猪肉的保鲜提供保障。

【新疆金泰新材料技术股份有限公司】 新疆金泰新材料技术股份有限公司于2014年11月成立，公司总部坐落在第七师天北经济技术开发区，主要生产化成箔、腐蚀箔等。注册资金7808万元，实际投资3.5亿元以上，占地13.33公顷，有生产线60条，年产值5亿元。

2022年，金泰股份和全资子公司东浩天成实现营业额5.27亿元，出口创汇278.9万美元。

【新疆合源正达生物化学有限公司】 新疆合源正达生物化学有限公司于2018年5月成立，由新发药业有限公司投资建设，主要生产维生素、氨基酸、香精香料、营养品、医药、兽药、农药、精细化工品等系列产品，占地246.67公顷。公司精细化工循环经济产业园项目（一期）建设14条生产线，产品涉及饲料、食品、营养品、精细化学品、农药等领域，主要产品有维生素C衍生物、维生素B6、维生素A乙酸酯、核黄素磷酸钠、钴胺素、三氯蔗糖、辅酶Q10、L-丙氨酸、精细化工品、香精香料、饲料等28个品种。计划总投资116.7亿元，于2019年4月份开工建设，2021年部分单体建成投产。

至2022年末，公司核黄素磷酸钠项目建成投产，年产4000吨，产值4亿元。辅酶Q10发酵项目，提取建设安装完成。三氯蔗糖项目、钴胺素项目受资金影响，项目进展缓慢。玉米深加工项目，管道安装完成90%，消防工程完成90%，淀粉配电室完成80%，淀粉糖车间完成95%，罐区及泵房，玉米净化车间土建，淀粉车间主体厂房完成。胡杨河经开区北区2×40兆瓦背压热电联产项目1台每小时110吨锅炉建成试运营正常，全厂输煤、制水、环保设施全部建成试运营正常，脱硫、脱硝装置试运营正常、

新疆合源正达生物化学有限公司全景 （王子恒　摄于2022年8月20日）

达标运行，满足发酵车间试生产用汽需求。新建每小时40吨备用锅炉1台，锅炉厂房基础浇筑完成，厂房主体浇筑至4米平台，除尘器、脱硫塔基础浇筑完成，输煤廊道落煤井钢筋及支模浇筑完成。

2022年7月1日，新疆邦德生物科技有限公司的工人在对设备日常巡检（王子恒　摄）

【新疆邦德生物科技有限公司】 新疆邦德生物科技有限公司于2014年成立，注册资金8006.2万元，有员工60多人，高中级技术人员近20人。公司是中国循环经济协会会员单位，危废有机溶剂技术标准起草单位之一。

公司年产17万吨有机混合料综合利用项目是新疆规模最大的危废资源化利用项目，2020年3月正式动工建设，5月该项目入选"新疆绿色金融服务平台"绿色项目，11月基本建成；2021年5月通过自主安全试生产验收，10月正式投产；2022年先后取得安全生产许可证、危险废物经营许可证。

至2022年末，公司完成工业总产值1.02亿元，实现利润3378.95万元，完成税收253.67万元。

【新疆荣泽铝箔制造有限公司】 新疆荣泽铝箔制造有限公司于2015年成立，母公司湖南艾华集团股份有限公司是一家专业研发、生产、销售铝电解电容器、腐蚀箔、化成箔的大型科技股份制企业。新疆荣泽铝箔制造有限公司是一家专业研发、生产、销售铝电解电容器用中高压化成箔的大中型高科技电子材料企业，在新疆化成箔领域中排名第一，注册资金2.25亿元，占地5.73公顷，总建筑面积3.44万平方米。2017年一期30条全新化成箔生产线建成，2019年二期20条生产线建成，2021年9月三期20条生产线建成，累计70条生产线全面投产，其中有30条生产线采用快速机，效率较慢速机提高45%以上，产能大幅提升。

2022年，公司实现产值10亿元、营业收入9.5亿元、盈利1.5亿元，实现税收近0.5亿元。投资900万元完成水循环节能项目。

【奎屯慧森商贸有限责任公司】 奎屯慧森商贸有限责任公司位于第七师天北经济技术开发区奎车路以东、纬南路以北，注册资金2000万元。主要业务包括加工生产矿产品、金属材料、建筑材料，主要为水泥制品的生产和零售。公司于2014年3月投资1100万元开工建设，于2016年5月投产。至2022年末，公司总建筑面积2.84万平方米，有生产线3条，为园区规模以上企业。

2022年，公司生产马路砖100万平方米，各种路沿石50万块，水泥标砖1350万块，空心砖25万立方米。全年实现销售收入3600万元，利税40万元。

【奎屯八点阳光供应链管理有限公司】 奎屯八点阳光供应链管理有限公司于2016年8月成立，定位为城市社区便利店，按照"胖总部瘦门店"的管理模式统一标识、门店装修、布局风格、配送，提供安全、健康、平价的商品，便利街区居民购物。

2022年，公司全年完成销售额8500万元，天北经济技术开发区和各团场39个门店年销售额约5100万元。通过线上线下、实体店相融合的新型电商模式，公司全年实现销售总产值1亿元。

（孙晓翔）

城乡建设

（孟庆忠　摄）

城镇建设

【基础设施建设】 2022年，师市建设完成中水库、水系（四期）、市政基础设施、春季绿化等项目，完成固定资产投资3.32亿元。全年新增路口交通信号灯17处、施划标线7409.1平方米，新种植乔木4312株、提升道路节点绿化9处。

（李俊武）

【保障性安居工程】 2022年，师市实施住房保障类项目7个，其中老旧小区改造项目4个、公租房项目2个、农村危房改造项目1个，项目建成后惠及居民2512户。4个改造的老旧小区分别为一二五团商贸里小区、育才里小区、一二九团振兴里小区、一三一团果香园B区，共1432户，总建筑面积约10.36万平方米，总投资2950万元，年内改造完工。推进公租房建设工作，全年实施公租房建设520套，项目估算总投资1.88亿元，申请中央财政资金1900万元，开工建设120套。落实农村危房改造项目，以“民建公助”的形式新建抗震安居住房560户，项目计划总投资5962.33万元，申请中央财政资金758.55万元，兵团财政资金277.45万元，至年末完成投资5270.86万元，完成建设530户。

（杨　康　杨　莹）

【垃圾、污水处理】 2022年，师市住房和城乡建设局（简称师市住建局）制定印发城镇生活垃圾处理场运行和城镇排水与污水处理监督管理办法，每月常态化监督检查，推进团场、经开区垃圾、污水处理运行规范、处理达标。胡杨河市、一二五团、一二七团、一二八团4座垃圾处理厂建成并投入使用，师市辖区生活垃圾无害化处理实现全覆盖。其中，胡杨河市（含一三〇团）设计日处理能力90吨，一二五团设计日处理能力35吨，一二七团设计日处理能力20吨，一二八团设计日处理能力21吨，使用年限均为10年，处理工艺为卫生填埋。胡杨河市污水处理厂一期建成投入使用，处理出水水质达一级A处理标准。天北经开区污水处理厂一期项目平稳运行，处理出水水质达一级A处理标准。推进第七师团场城镇生活污水处理及配套设施项目，其中一二三团、一二五团、一二九团污水处理厂主体工程完成80%以上，一二七团污水处理厂开工建设。

（刘哲玮　郭航洲）

城镇管理

【城镇燃气安全隐患排查整治】 2022年，师市住建局制定印发城镇燃气监督管理办法，完善燃气监督管理制度，整治燃气安全隐患。每月开展常态化安全检查，每季度组织第三方专业机构开展专项检查，实行“检查—整改—回头看”闭环管理。结合城镇燃

胡杨河市污水处理厂　（郭航洲　摄于2022年10月12日）

气用户用气安全专项整治工作，推进燃气报警器安装，完成辖区餐饮用户燃气报警器安装，安装率100%；用户燃气报警器安装率83.08%。（张　卫）

【自建房排查整治】 2022年，师市开展住建领域自然灾害普查工作，以自建房安全专项整治为重点，建立“师团连”三级联动工作机制，按照“一摸、二定、三交、四改、五看”五步工作法，排查鉴定房屋2.1万户，对C、D级房屋引导产权人、使用人采取拆除、重建、维修加固等工程措施，彻底消除房屋安全隐患；对暂时难以采取工程措施的，按照“人不进危房、危房不进人”的要求落实管控措施，在兵团范围内首创“住房安全等级明白卡”，获住建部核查组表扬。（杨　康）

【城市管理依法行政】 2022年，师市住建局巩固“强转树”专项行动，通过利用胡杨融媒官方抖音号宣传、做客“热线900”、发放宣传单等方式，形成“线上+线下”的宣传氛围。与一三〇团、交警支队等单位建立联动协作机制，全年联合执法13次。以时代广场、一三〇团老市场、38路口两侧为重点，开展市容市貌专项整治行动，全年与沿街商户签订“门前五包”（包卫生、包秩序、包绿化、包设施、包文明）责任书133份，整治规范店外经营300余次、乱摆摊点160余次、乱挂横幅50余条，办理城区货运车辆临时入城通行证894份，办理简易程序案件270件、一般程序案件4件。（夏雪芹）

【城乡历史文化建筑保护】 2022年，师市住建局对师市范围内的历史文化街区和历史建筑进行全面摸底调查，确定17处符合历史建筑标准的历史建筑，经人民政府同意进行公布。师市范围内累计认定符合条件的历史建筑17处，由兵团专业测绘公司进行挂牌和测绘建档。（康　垚）

房地产开发管理

【概况】 2022年，师市房地产业实现生产总值5.05亿元，占三产生产总值的5.55%。全年商品房销售面积14.26万平方米，销售额5.75亿元。师市住建局审核发放预售许可证76个，新增预售面积23.87万平方米。

【房地产市场管理】 2022年，师市优化房地产综合管理系统，提升信息化服务效率，完成38家房地产开发企业、42个房地产开发项目网上备案，全年办理商品房预售许可证76个，房产交易、抵押等业务2799笔。开展房地产开发企业和物业服务企业信用评价工作，实行差别化管理，完成32家房地产开发企业（其中AAA级2家、AA级3家、A级4家、B级4家、C级19家）和28家物业服务企业（其中AA级1家、B级1家、C级26家）的信用评定工作。（刘正想）

历史建筑一二五团（原25团）老司令部旧址　　（席攀攀　摄于2022年12月11日）

水　利

（孟庆忠　摄）

综 述

【行业发展】 至2022年末，师市有水库12座，其中大型水库1座、中型水库6座、小型水库5座。全年完成河道引水9.76亿立方米；完成河道给师市配水7.05亿立方米，比上年增加0.79亿立方米；完成向各团场农业供水5.68亿立方米，比上年增加2799万立方米；完成人饮生活供水1080万立方米；完成工业供水1796万立方米。 （刘素玉）

【农业水价综合改革】 2022年，师市水利局制定印发相关农业水价综合改革实施方案，成立以师市领导担任组长的领导小组体系，完成各灌区558处斗口渠系计量全覆盖，1930眼保留井井电双控计量全覆盖，明确灌溉定额和超定额累进加价制度；完成斗口以上农业用水成本归集、核算和成本监审工作。

【河（湖）长制】 2022年，师市推动河长履职，巩固河湖治理和保护成效，师级河长带头巡河23次，团级河长巡河169次，连级河长巡河2301次。保障河流生态水量，落实中央环保督察反馈问题整改要求，做到统筹生活、生产和生态用水，完善奎屯河、古尔图河生态水量保障方案，抓好组织实施，奎、古两河下泄生态水量2.21亿立方米，完成生态水量下泄目标。加强水域岸线管理，巩固河湖"清四乱（乱占、乱采、乱堆、乱建）"专项行动成果，清理整治"四乱"问题4个，排查整治妨碍行洪图斑19处，清理非法围垦河道3处。 （李永涛）

【水利"放管服"落实】 2022年，师市落实"放管服"要求，加大监管力度，根据最新法律法规及时调整胡杨河市水法定行政职权；根据兵团授权，制定水行政许可清单；推进进驻大厅事项使用一体化平台办理工作，对兵团政务服务一体化平台上发布事项进行梳理，做好师市工程建设项目审批管理系统的业务办理。 （何 璐）

【水利安全生产】 2022年，师市调整水利行业安全生产领导机构，建立健全各单位安全生产责任体系，明确"一岗双责"；落实安全生产主体责任和监管责任，签订安全生产责任书。开展以学习贯彻落实"五项制度"暨第三季度安全生产大检查为主题的隐患排查，组织开展水利行业风险研判，制定应对方案。组织水利生产经营单位对辖区水利工程开展危险源识别工作，辨识率97.73%，管控率100%，师市水利局第四季度水利安全综合排名位列兵团前茅。 （唐兴举）

【农村饮水安全管理】 2022年，师市争取农村饮水安全巩固提升工程专项债券资金7300万元，三年累计投入2.07亿元，对师市团场连队内部供水管网进行改造升级，解决原有管网老旧、供水保障率不足的问题。 （左 佳）

【水资源管理】 2022年，师市加强水资源管理，强化取用水监管，制定下达年度河道引配水计划和各单位用水计划，开展水资源论证工作，推进兵团取水许可电子证照的应用，常态化开展取用水专项整治。制定印发地下水超采区专项整治行动方案，实施一三一团、一二四团井灌区渠系配套项目，推进地下水超采治理措施落实。 （李永涛）

【水旱灾害防御】 2022年，师市争取中小河流中央资金634万元，对古尔图河防洪堤进行改建，提升防洪能力。奎管处古尔图河管理所获"全国水旱灾害防御工作先进集体"、水文水资源管理中心唐兴举获"全国水旱灾害防御工作先进个人"称号。

（唐兴举）

【水行政执法】 2022年，师市水利局立案办理行政处罚案件25起。做好法律宣传教育，利用"世界水日·中国水周"、安全月等活动，在《奎屯日报》、胡杨融App、胡杨融媒官方抖音号等媒体上进行水法律法规条文、新闻、活动报道等宣传。 （崔秉军）

水利工程建设管理

【概况】 2022年，师市落实水利项目13个（不含奎屯河引水工程），涵盖大型灌区改造、保障农村饮水安全、防洪工程等，至年末共完成全口径投资2.59亿元，完成年度落实资金的105%。取得第七师奎屯灌区续建配套与现代化改造项目的可研报告批复和初步设计批复，编制3个中小河流治理项目实施方案，编制完成4个中型灌区立项建议报告并通过兵团水利局审查。

【奎屯河引水工程建设】 奎屯河引水工程是列入国家“十三五”重点建设的水利工程，为Ⅰ等工程，2020年6月开工建设。以供水、灌溉为主，兼顾防洪、发电等综合利用。主要由将军庙水库、山区引水系统、出山口引水系统和团结干渠改建组成，其中出山口引水系统为已建工程。工程施工总工期为56个月，总投资40.07亿元。

2022年，主要实施将军庙大坝填筑、趾板混凝土浇筑、217国道淹没段改建特大桥施工等建设任务，完成固定资产投资7.97亿元，累计完成投资21.54亿元。

（左　佳）

【水利工程质量监督】 2022年，师市水利局对全师8项水利工程进行质量监督，其中新开工建设项目6个，续建项目1个，与兵团水利工程质量安全中心联合监督项目1个；组织在建工程项目法人、参建单位学习相关法律法规，加强参建单位安全管理人员安全生产意识，督促落实水利工程质量终身责任追究制度。（王世凯）

【水利工程运行管理】 2022年，师市开展水利工程运行管理标准化试点工作，泉沟水库、奎屯河新渠首水闸、古尔图河上游堤防工程通过标准化达标验收。全年完成3座水库、8座水闸工程、8处堤防的管理与保护范围划定，并公告。

（唐兴举）

灌区管理服务

【概况】 第七师水利工程管理服务中心（简称水管中心）承担师市重点水利工程建设管理，斗渠以上（不含斗渠）输水骨干渠道、公益性堤防与河道工程的管理和运行维护，开展生活、生产和生态供、引、配水等工作。水管中心辖黄沟灌区管理服务站、车排子灌区管理服务站、柳沟灌区管理服务站等3个基层单位。2022年，完成师市配水9.09亿立方米，其中农业灌溉配水8.62亿立方米、人饮水和工业供水0.29亿立方米、生态补水供水0.18亿立方米。

（刘素玉）

【黄沟灌区管理服务】 黄沟灌区管理服务站负责奎屯河皇宫滚水坝至奎屯水库上游管理边界的河道管理，承担黄沟一库、黄沟二库、泉沟水库、阿吾斯奇水库、阿吾斯奇场部水库及一二九团、一三〇团、一三一团、一三七团范围内骨干水利工程的运行与维护，负责管理范围内水资源的调配。辖泉沟水库管理所、黄沟水库管理所、一三一团奎东农场灌溉管理所、一三〇团灌溉管理所、一二九团灌溉管理所、一三七团灌溉管理所。

泉沟水库管理所负责泉沟水库、黄沟分水闸至奎三支泉沟引水渠、泉沟泄水渠等骨干水利工程的运行管理及水量调配。2022年，引蓄水6951万立方米，配水6053万立方米。

黄沟水库管理所负责黄沟一库、黄沟二库、奎屯河东干黄沟分水闸下游、黄沟东跌水下游200米以下的引供水骨干水利工程的运行管理及水量调配，以及黄沟一库、二库，黄沟二库回水线至黄沟一库管理边界16.7千米河道的河长制工作。2022年，完成引蓄水3.8亿立方米，配水2.96亿立方米。

一三一团奎东农场灌溉管理所负责一三一团、奎东农场范围内骨干水利工程的运行管理及水资源调配。2022年，引地表水1197万立方米，其中一三一团用水584万立方米、奎东农场用水613万立方米。维修渠道6千米，维修闸门、启闭机15孔（台）。

一三〇团灌溉管理所负责一三〇团斗口以上骨干水利工程的运行管理及水量调配、地下水机井的监督管理工作。2022年，场口引水9846.26万立方米，斗口配水9601.2万立方米。维修渠道10.2千米，清淤1.9千米；维修养护闸门、启闭机107孔（台）。

一二九团灌溉管理所负责一二九团斗口以上骨干水利工程的运行管理及水量调配及水费收缴工作。2022年，场口引水6852.12万立方米，斗口配水6687.51万立方米。点片维修渠道14.3千米，架设测桥4座，载设限行杆17个，增设警示牌3个。支渠、沉砂池、公路桥清理淤沙213万立方米。

一三七团灌溉管理所负责阿吾斯奇水库、阿吾斯奇场部水库、白杨河渠首及一三七团斗口以上骨干水利工程的运行管理及水量调配、地下水机井的监督管理工作。2022年，引水809万立方米。点片维修渠道5.6千米，渠道清淤8千米，维修养护闸门启闭机106孔（台）。

【车排子灌区管理服务】 车排子灌区管理服务站负责奎屯河奎屯水库上游管理边界至甘家湖的河道管理，承担奎屯水库、车排子水库及一二三团、一二六团、一二七团、一二八团范围内斗口以上骨干水利工程的运行管理，负责管理范围内水资源的调配、地下水机井的监督管理工作。辖奎屯水库管理所、车排子水库管理所、一二三团灌溉管理所、一二八团灌溉管理所、一二七团灌溉管理所、一二六团灌溉管理所和车排子灌溉管理所。2022年，完成配水2.54亿立方米。

奎屯水库管理所负责奎屯水库及黄沟调节渠下游段、柳沟调节渠下游段及奎屯水库东泄水渠的运行管理、奎屯水库及上游奎屯河河段的河长制工作。2022年，完成引蓄水5694.71万立方米，配水6980.43万立方米。

车排子水库管理所负责车排子水库及车排子总干渠运行管理、车排子水库至车排子水库下游测桥奎屯河河段河长制工作。2022年，完成引蓄水2.04亿立方米，配水2.01亿立方米。

一二三团灌溉管理所负责一二三团范围内的斗口以上骨干水利工程运行管理。2022年，完成场口引水7089万立方米，斗口配水6638万立方米。点片维修渠道4.5千米，维修养护闸门、启闭机60孔（台）。

一二八团灌溉管理所负责一二八团斗口以上骨干水利工程的运行管理及水量调配、地下水机井的监督管理等。2022年，完成场口引水6631万立方米，斗口配水6213万立方米。点片维修渠道6千米，维修养护闸门、启闭机155孔（台）。

一二七团灌溉管理所负责一二七团斗口以上骨干水利工程的运行管理及水量调配、地下水机井的监督管理等。2022年，场口配水4563.16万立方米，斗口配水4252.24万立方米。点片维修渠道3.5千米，清淤2千米，维修养护闸门、启闭机35孔（台）。

一二六团灌溉管理所负责一二六团斗口以上骨干水利工程的运行管理及水量调配、奎屯河河段管理、地下水机井的监督管理等。2022年，场口引水5173万立方米，斗口配水5019.52万立方米。点片维修养护渠道17千米，维修养护闸门、启闭机114孔（台）。

车排子灌溉管理所负责车排子总闸以下车排子东干渠、车排子西干渠及工程运行管理、水量调配。2022年，配水1.98亿立方米。

【柳沟灌区管理服务】 柳沟灌区管理服务站负责四棵树河引洪渠退洪闸至古尔图河与四棵树河交汇处的河道管理，承担柳沟水库、达子庙水库、双河水库、枯沟水库、上双河水库及一二四团、一二五团范围内骨干水利工程的运行管理，负责管理范围内水资源的调配。辖上双河水库管理所、柳沟水库管理所、达子庙水库管理所、一二五团灌溉管理所、一二四团灌溉管理所和柳沟灌溉管理所。

上双河水库管理所负责上双河水库及以下引水工程的运行管理。2022年，从古尔图接水3.36亿立方米。

柳沟水库管理所负责柳沟水库、枯沟水库、双河水库及上双河水库以下引水工程、柳沟老西干渠、南干渠的运行管理工作及水资源调配。2022年，完成引蓄水3.51亿立方米，调配水3.84亿立方米。

达子庙水库管理所负责达子庙水库及引水、泄水工程的运行管理。2022年，完成引蓄水2.15亿立方米，配水2.0亿立方米。

一二五团灌溉管理所负责一二五团斗口以上引配水骨干水利工程的运行管理及水量调配、地下水机井的监督管理。2022年，完成场口引水1.10亿立方米，斗口配水1.09亿立方米。点片维修养护渠道107千米，渠道清淤2千米，维修养护闸门、启闭机197孔（台）。

一二四团灌溉管理所负责一二四团斗口以上引配水骨干水利工程的运行管理及水量调配、地下水机井的监督管理。2022年，完成场口引水4486万立方米、斗口配水4428万立方米。点片维修渠道长达1.5千米，维修养护闸门、启闭机120孔（台）。

柳沟灌溉管理所负责柳调车、柳沟西干渠、新柳沟西干渠、柳调奎干渠工程运行管理及水量调配，管理干渠55千米、配水点7个、护渠点2个。2022年，调配水3.37亿立方米。　（何　勇）

奎屯河流域管理

【概况】 2022年,伊犁哈萨克自治州奎屯河流域水利工程灌溉管理处承担奎屯河流域管理工作,负责奎屯河流域奎屯河、古尔图河、四棵树河三条河流的水资源管理保护和开发利用,承担奎屯河流域水资源管理、河道引水工程及防洪管理等主要流域管理职能。具体负责河道防汛抗旱、生态保护、水土保持、河长制并按照历史协议为"三地四方"供水。管理河道220余千米、拦河引水枢纽5座、引水干渠180余千米,管护配水点30个。辖奎屯河管理所、古尔图河管理所、四棵树河管理站3个基层单位。2022年,奎屯河、古尔图河、四棵树河三河河道来水12亿立方米,完成引水9亿立方米,比上年增加引水1.14亿立方米。三河给乌苏市供水1.13亿立方米、独山子区供水2568万立方米、奎屯市供水1032万立方米。

2022年8月22日,奎管处古尔图河管理所联合古尔图运维部开展"水利工程大维修、水利设施大保养"专项活动。图为工作人员在保养渠道（高 妍 摄）

【奎屯河流域建设项目】 2022年,奎屯河流域建设项目总投资1500余万元。其中,投资1081.7万元更新改造古尔图河部分防洪堤和奎屯河新渠首水文站防洪堤工程;投资210万元更新改造奎屯河黄沟西干渠;投资近200万元对全线水利工程进行大修维修;投资100万元对奎屯河新渠首、古尔图河防洪堤实施标准化建设。

【奎屯河管理】 2022年,奎屯河管理所承担奎屯河源头至312国道大桥下游1千米河道管理、引水枢纽及引水干渠、堤防工程的运行及水资源调配工作,负责奎屯河管理河段内的河长制工作。管理奎屯河河道108.9千米、干渠89.25千米、防洪堤33千米及沿线139座建筑物和15个配水点。全年配水5.31亿立方米。

【古尔图河管理】 2022年,古尔图河管理所承担古尔图河源头至古尔图河与四棵树河交汇处的河道管理、引水枢纽及引水干渠、堤防工程的运行及水资源调配工作,负责古尔图河管理河段内的河长制工作。管理引水渠57.8千米、配水点7个、引水枢纽2座、沉砂池2座、涵洞6座、渡槽1座、交通桥26座、人行工作便桥22座。全年大河来水4.20亿立方米,引水3.75亿立方米,泄水0.43亿立方米。

【四棵树河管理】 2022年,四棵树河管理站承担四棵树河引水枢纽上游2千米至312国道的河道管理、引水枢纽及引水干渠、堤防工程的运行,负责四棵树河管理河段内的河长制工作。管辖渠道34.7千米及建筑物8座,其中干砌石渠13.8千米,浆砌石渠1.6千米,其余为自然土渠,有引配水点5个。全年龙口引水5888万立方米,成效桥配水5697万立方米。

（杨军彦）

交　通

（孟庆忠　摄）

公路建设

【概况】 2022年，师市实施公路建设和养护项目18个。其中，新开工重点公路项目1个，续建重点公路项目2个，农村公路6个，安全生命防护项目2个，抵边公路项目1个，养护项目6个。全年完成固定资产投资5.6亿元，完成全年计划固定资产投资的107%。师市首座高速公路互通式立交桥建成。

【重点公路建设项目】 2022年，新开工重点公路项目第七师胡杨河市——二九团——二八团公路，全长59.6千米，其中一级公路10.3千米、二级公路49.3千米，建设工期2年，总投资4.86亿元。至年末，完成50千米路基、路面底基层和全部桥涵，工程完成率65%，全年固定资产投资完成率100%。续建重点公路项目第七师胡杨河市—五五工业园区北区—奎克高速公路，全长46千米，建设工期2年，总投资5.84亿元，累计完成固定资产投资3.8亿元。全年完成除铁路箱型桥处500米外全部路面及附属工程，完成固定资产投资2.52亿元。奎屯市—胡杨河市公路全长39.39千米，一级公路，建设工期3年，总投资7.22亿元，累计完成固定资产投资3.38亿元。该项目除特大桥未施工完外均完工，全年完成固定资产投资1.85亿元。

【农村公路建设项目】 2022年，师市完工新建农村公路项目3个。一三一团十五连—十六连公路，全长8.4千米，三级公路，总投资1086万元；一三七团砖厂—五里村公路，全长4.5千米，四级公路，总投资270万元；一二三团风沙村—南远村公路，全长5.7千米，四级公路，总投资342万元。完工续建农村公路项目3个。一二三团北星村—车排子镇公路总投资2660万元，批复全长7.1千米，实际建设15千米，完成固定资产投资2749万元，完成率103%；一二七团东兴庄—河边村公路总投资1573万元，批复全长4.4千米，实际建设6千米，完成固定资产投资1355万元，完成率86%；一二四团牧牛村—索北村公路总投资336万元，批复全长2.8千米，实际建设3.12千米，完成固定资产投资336万元，完成率100%。

2022年7月16日，师市首座高速公路互通式立交桥“一榀梁”架设现场 （顾志鑫 摄）

【安全生命防护项目建设】 2021年村道安全生命防护（续建）项目完工，总投资144万元，批复全长11.58千米，实际建设11.58千米，完成固定资产投资144万元，完成率100%。2022年村道安全生命防护项目总投资529万元，建设126千米，完成工程量70%，完成固定资产投资400万元，完成率76%。 （魏 涛）

公路养护

【概况】 2022年，师市开展全市公路隐患巡查摸底和路况技术评定，日常养护1333千米，大中修养护里程67.8千米，公路养护修复惠及11个团场200余个连队。

【公路养护修复项目】 2022年，师市共实施养护项目6个，其中大修项目2个，小修项目1个，预防性养护项目2个，精细化提升项目1个。

大修项目。750省道车共线养护大修项目，全长7千米，总投资615万元，二级公路冷再生罩面，完成项目前期工作；060乡道天新线养护大修项目，全长10.82千米，总投资758万元，三级公路冷再生罩面，完成招标工作。

小修项目。总投资943.2万

元，其中国省道养护311.8万元，农村公路养护631.4万元，完成施工图设计。全年安装路长制公示牌169块，铲除路肩杂草2遍，修整路肩、边坡510千米，路面清扫和清雪超5100千米。

预防性养护项目。2021年预防性养护工程包括3条农村路和4座危旧桥改造。其中，十北线、奎柳线、五车线3条农村公路的修复养护为处理原路病害后进行沥青面层罩面，预算投资1288.06万元。4座危旧桥改造，除奎屯水库二桥拆除新建外，黄沟桥、泉沟桥和东干渠桥为更换桥板加固，预算投资396.94万元。2022年预防性养护工程包括共青线、固百线、阿双线、七环线和一三〇团二十连公路等5条农村公路，修复养护为基层翻新后沥青面层罩面处理，预算投资1239万元。

精细化提升项目。青北公路精细化提升项目，全长46千米，总投资1690万元，计划实施22.5千米波形梁护栏，完成招标工作。

【道路林管护】 2022年，师市下拨团场道路林管护资金655.5万元，协调辖区1133.33公顷道路林灌溉用水需求。全年开展道路督导检查考核工作5次，完成平均灌水8次、林床修整3次、除草修枝3次、病虫防治2次、树木涂白2次，保障师市道路林成活率。

（魏 涛）

公路运输

【概况】 2022年，师市道路旅客运输经营业户1户，营运客车64辆（不含城市公交、出租车）、客位数1704个，开通客运班线29条，其中市际班线23条、农村客运6条。营运范围包括七师辖区各团场以及乌鲁木齐市、石河子市、北屯市、克拉玛依市、阿勒泰地区哈巴河县等。全年完成经营性道路客运量31万人次，比上年下降27.57%，旅客周转量2948万人千米，下降20.58%；经营性道路货运量1245.39万吨，增长0.26%，货物周转量21.03亿吨千米，增长14.3%。

【公交车运营】 2022年，师市建成15组公交站台，有公共汽电车营运车辆6辆，完成客运量17.5万人次。

（李梦瑶）

交通运输管理

【行政审批】 2022年，师市交通运输综合行政执法支队全年累计办理道路运输行政审批业务787件，办理路政行政许可6起，收取路产赔补偿款10.76万元、接道费56万元。

【路政执法】 2022年，师市交通运输综合行政执法支队针对超载超限、非法改装、“百吨王”等违法行为，开启兵地交通运输联合执法新模式，通过与独山子区、乌苏市、五五新镇公安交警部门签订兵地执法联动协议书等，采取错峰执法、流动巡查、突击检查等方式，先后开展兵地联合执法43次，检测超载超限车辆189辆，查处90起。该举措纳入兵团交通运输支撑兵地融合发展战略研究，在兵团交通运输系统进行推广。联合公安交警大队加大日常巡查力度，对团场客运站附近、重要路口等非法营运行为集中的区域进行整治。畅通信息渠道，结合“12328”举报热线等方式，形成合力共同打击非法营运。全年摸排调查可疑非法营运车辆580辆，巡查疑似非法营运车辆聚集地162次，向群众发放打击非法营运宣传单900余份，引导50余名乘客乘坐正规营运车辆。加强与属地团场协同联动。重点开展沿线占道经营、占道堆放材料、摆摊设点及公路沿线各类户外广告和标识标牌全面清理规范。至年末，公路巡查3.16万千米，查处污染公路、损坏公路及公路附属设施10起，清理非公路标志21处，清理公路范围内占道经营、打场晒粮、违章堆放等34起。梳理辖区道路运输企业资质许可，依据法律法规收回并注销不符合许可要求的道路运输经营许可证21家。

（顾志鑫）

【道路安全隐患处置】 2022年，师市交通运输局开展安全隐患排查26次，巡查公路3万余千米，累计清理各类隐患206处。召开铁路“双段长”联席会议，开展铁路沿线安全隐患排查治理4次，隐患整改率100%；投资1911万元组织实施216千米安全生命防护工程和4座危旧桥梁改造工程，施划标线5091平方米，安装标志标牌314个、警示桩1092个、信号灯10盏等。

（聂 慧）

生态环境保护

（孟庆忠　摄）

环境质量

【城市环境空气质量】 2022年，师市环境空气质量自动站有效运行天数340天，其中Ⅰ级（优）天数92天、Ⅱ级（良）天数183天、Ⅲ级（轻度污染）天数32天、Ⅳ级（中度污染）天数23天、Ⅴ级（重度污染）天数8天、Ⅵ级（严重污染）天数2天（其中Ⅴ级中有2天、Ⅵ级的2天均为沙尘天气，PM_{10}、$PM_{2.5}$日均值不参加年空气质量评价），空气质量优良率为80.9%、轻度污染率9.4%、中度污染率6.8%、重度及以上污染率1.8%，综合指数3.53，无首要污染物。

【水环境质量】 2022年，师市推进集中式饮用水水源地保护区规范化建设管理，每季度对高泉、达子庙水源地水质进行环境质量监测，达标率100%。国控断面老龙口、黄沟二库水质满足《地表水环境质量标准》（GB3838-2002）中的Ⅱ类标准限值要求；一二五团达子庙饮用水水源地和一二四团高泉饮用水水源地的水质均达到或优于《地下水质量标准》（GB/T14848-2017）Ⅲ类水质标准。

【土壤环境质量】 2022年，师市点位区土地类型以耕地为主，主要种植棉花、玉米、小麦等。师市生态环境监测站分别在一二四团、一二五团、一二六团、一二八团、一二九团和一三七团各布设1个点位进行监测，共分析样品6个，分析指标15项，包括理化3项、重金属8项、有机氯农药和多环芳烃。监测结果显示，师市土壤pH总体为偏碱性，土壤有机质含量相对较低；土壤重金属含量整体较低；土壤有机污染物含量整体较低。土壤质量总体较好，无超风险管制值点位，无超筛选值点位，不存在农用地土壤污染的风险。

【声环境质量】 2022年，师市完成声环境功能区划分方案编制工作。11月15日，胡杨河市人民政府正式印发《胡杨河市人民政府关于印发〈胡杨河市声功能区划分方案〉的通知》，完成胡杨河市声功能区划分。胡杨河市中心城区共划定声环境功能区4大类，总面积17.75平方千米。其中一类声环境功能区20个，面积9.73平方千米；二类声环境功能区5个，面积2.02平方千米；三类声环境功能区8个，面积3.59平方千米；四级A类声环境功能区划定城市主干道23条，面积2.23平方千米；四级B类声功能区划定城市铁路和火车站，面积0.18平方千米。 （和森瑞）

【连队水质环境质量】 2022年，师市连队环境状况指数与基准值的变化情况达到或优于无明显变化级别。根据兵团生态环境监测站统一安排，师市组织对一三〇团4个地表水监测断面水质进行检测，各断面全年评价满足《地表水环境质量标准》（GB3838-2002）中的Ⅱ类标准限值要求；组织对高双灌区、柳沟灌区、奎屯灌区开展农田灌溉水质监测，水质均符合《农田灌溉水质标准》（GB5084-2005）旱作标准；组织对辖区内日处理20吨及以上污水处理设施出水水质进行执法监测，监测数据均满足《农村生活污水处理排放标准》（DB654275-2019）中三级标准要求。 （赵婉露）

污染防治

【大气污染防治】 2022年，师市制定并印发重污染天气应急预案，参与“奎—独—乌”重点区域大气污染联合指导帮扶5轮次，发现问题7个，均整改到位。根据新疆维吾尔自治区重污染天气应急指挥部办公室统一安排，启动重污染天气III级（黄色）应急响应1次。师市纳入全口径工业炉窑清单11家，共有119台工业炉窑，其中完成治理112台，拆除7台。对师市14家涉挥发性有机物企业、24家加油站开展排查整治，调查单元数量2.50万个、排查发现问题数量226个，均完成整改。开展消耗臭氧层物质和氢氟碳化物摸排和管控，开展第七师胡杨河市消耗臭氧层物质备案管理，辖区无消耗臭氧层物质生产、使用企业。

【水污染防治】 2022年，师市有废水源重点排污单位17家，其中16家安装在线监测设备并与师市污染源监控中心完成联网工作，1家因工艺升级改进工业污水循环利用不再外排，停止在线监测设备运行。生态环境监测站对所有废水源重点排污单位开展监督性监测，监测数据全部达标。师市2个兵团级经济技术开发区均配套建设污水集中处理厂。

【土壤污染防治】 2022年，师市生态环境局定期调度大型规模化畜禽养殖场污染防治工作情况，对养殖场开展现场执法检查13家次。辖区共有规模化养殖场57家，10家大型规模化畜禽养殖单位均配备粪污处理设施，装配率100%。推动城镇垃圾填埋场建设，一二五团、一二七团、一二八团、胡杨河市生活垃圾卫生填埋场建成投运；一二六团生活垃圾卫生填埋场整改完成并投入运行。将辖区48家危险废物产生经营单位纳入管理并进行划分，划分为重点监管单位12家，简化管理单位6家，登记管理30家。将辖区11家医院纳入"全国固体废物管理信息系统"进行管理。开展危险废物"过程式""回顾式"检查，对5家危险废物经营单位、7家危险废物产生单位开展考核14次，达标率100%。全年，师市辖区未发生因危险废物非法转移或非法处置等违法行为造成的环境安全事件。（赵婉露）

生态保护

【环境资金项目储备库建设】 2022年，师市推进中央生态环境保护资金项目储备工作，佳宇恒废气治理优化升级项目、第七师集中式饮用水水源地（达子庙、高泉水源地）保护工程录入中央生态环境保护资金项目储备库。一三一团连队环境整治综合类项目、一二九团乡村振兴人居环境整治建设项目、胡杨河市挥发性有机物监测监管能力建设项目筹备前期手续。

【环保宣传教育】 2022年，师市生态环境局在"6·5"世界环境日、国际生物多样性日等期间，开展公民生态环境行为规范宣传、环保设施向公众开放、"美丽中国，我是行动者"提升公民生态文明意识行动计划先进典型宣传推选等宣传活动。组织师市党委宣传部、师市教育局、共青团、妇联等14个部门举办生态文明思想交流会进行心得交流。在"七师零距离"微信公众号、第七师胡杨河市生态环境局网站、七师门户网等发布原创稿件62篇。在胡杨融媒、《奎屯日报》、"七师零距离"等师市主流媒体进行宣传报道30次。组织各团场申报第六批国家生态文明建设示范市县和"绿水青山就是金山银山"实践创新基地，向兵团生态环境局推荐一二九团作为"绿水青山就是金山银山"实践创新基地。（赵婉露）

2022年7月11日，师市一三〇团十六连副连长吕贵斌（左一）向群众作绿色低碳、节能环保宣传（郑春平 摄）

水土保持

【水土资源监管】 2022年，师市水利局开展日常水土保持监督检查，审批水土保持报告书24本，报告表34本，验收备案23本。集中整治生产建设项目水土保持中存在的违法违规行为5次，处理违法项目17个，进行现场水土保持检查7次，督促相关单位及时整改；完成水土保持科图斑核查110个，送达整改通知书28份，自主现场评审及核查14次。（何 璐）

【耕地保护】 2022年，师市划定耕地保护目标15.48万公顷，确定稳定耕地16.13万公顷；编制《第七师胡杨河市国土空间生态修复规划（2021—2035年）》；审批耕地“进出平衡”5个团场15批次，“耕地转出”面积53.06公顷，落实“耕地转入”面积53.09公顷，符合农业农村、林业、草原等相关专项规划，与现有耕地集中连片，可长期稳定耕种利用。备案设施农用地项目共计205宗，用地面积共计619.33公顷，其中占农用地338.45公顷（耕地215.23公顷、园地2.60公顷、林地7.83公顷、草地1.37公顷、其他农用地111.42公顷），占建设用地52.52公顷，占未利用地228.35公顷。落实占补平衡项目42宗，通过耕地储备库补充耕地95.27公顷，补充粮食产能71.45万公顷。对国家下发的62个历史遗留矿山图斑进行核查（其中8个图斑不在辖区内），对新增的2处图斑进行资料上报，64个图斑全部完成核查，对核查的历史遗留损毁土地认定结果进行审核、公告，并完成分批公告核查认定结果，在核查系统中上传公告认定材料。组织开展2020年度和2021年度耕地资源质量分类年度更新与监测工作，确定25个2022年监测样点、80个2023年监测样点和35个2024年监测样点位置，完成2020年和2021年耕地资源质量年度更新数据库建设工作。

（杨　磊）

节能减排

【排污许可管理】 2022年，师市推动“排污许可证”一证化管理，核发排污许可证24家、变更排污许可证35家，完成排污登记14家，对32张排污许可证进行质量核查，对17家排污单位执行报告进行规范性审核。全年执行报告提交率100%。

【污染减排】 2022年，师市生态环境局将氮氧化物和挥发性有机物减排任务细化分解，不定期现场督办，每月开展进展调度。6座供热站石灰石—石膏法脱硫+选择性非催化还原法脱硝设施、封闭式煤库和污染源在线自动监控设施建成并投入运行，削减氮氧化物88.35吨；新疆佳宇恒能源科技有限公司重油罐、污水处理站、装车台挥发性有机物收集焚烧装置，轻质油石脑油罐区加氮封、装卸台冷凝吸附装置，中间产品油罐区、原料油罐区加氮封改造建成并投入运行，削减挥发性有机物10.94吨。（赵婉露）

【冬季清洁取暖】 2022年，师市实施北方地区冬季清洁取暖项目，进行能源结构调整。申报第七师北方地区冬季清洁取暖项目，总投资10.19亿元。其中，中央资金2.72亿元、地方配套2.72亿元、企业投资4.71亿元、居民自筹352万元。项目分三年实施完成（2022—2024年），其中2022年完成投资3.01亿元。项目共实施六大工程，包括区域集中供暖，供热二次管网新建、改造及配套设施，建筑节能改造，分散式“煤改电”，供热一次管网新建、改造及配套设施，超低能耗建筑。其中，区域集中供暖项目涉及7个团场燃煤锅炉改造、3个电厂烟气余热收集；供热二次管网新建、改造及配套设施工程，新建改造二次管网215.39千米；建筑节能改造项目，完成既有建筑节能改造22.18万平方米；分散式“煤改电”项目，涉及9个团场及师水利服务中心；供热一次管网新建、改造及配套设施工程，新建改造一次管网22.16千米。（侯佳骏）

【工业企业节能降耗】 2022年，师市重点用能企业推进节能技术改造，超15家企业推进节能降碳技改项目落地实施。对新疆闽龙耐磨材料有限公司2×1吨中频感应炉、新疆闽源工贸有限公司5×3吨中频感应炉、克拉玛依加荣化工有限公司炼铅鼓风炉3家企业落后设备进行淘汰。

配合兵团工业和信息化局组织第三方检测机构，对锦疆化工开展节能诊断工作，形成诊断报告。企业根据诊断报告实施工艺改造，对三胺尾气回收装置增加尿素合成塔，降低蒸汽消耗，优化系统配置增设合成塔、二氧化碳压缩机及配套设施。二期通过建设年产10万吨工业级二氧化碳装置，用作回收中高浓度的气态二氧化碳，减少二氧化碳排放。

制定重污染天气错峰生产实施计划，2月、11月错峰生产2次。通过减少生产线、关闭重污染排放供需形势，减少大气污染物排放，确保师市空气质量。

（师市工信局）

环境监管

【环保目标责任制落实】 2022年，师市将生态环境保护工作列入重要议事日程。师市与各团场，天北经济技术开发区、胡杨河经济技术开发区签订目标责任书。将“生态环境”指标纳入团场（镇）、师直属国有企业、经济技术开发区以及负有生态环境保护责任的师市机关部门领导班子和领导干部年度考核和绩效考核，考核结果作为领导班子和领导干部奖惩、提拔使用的重要依据；印发调整生态环境保护责任清单的通知，明确生态环境保护责任，落实“党政同责”“一岗双责”。

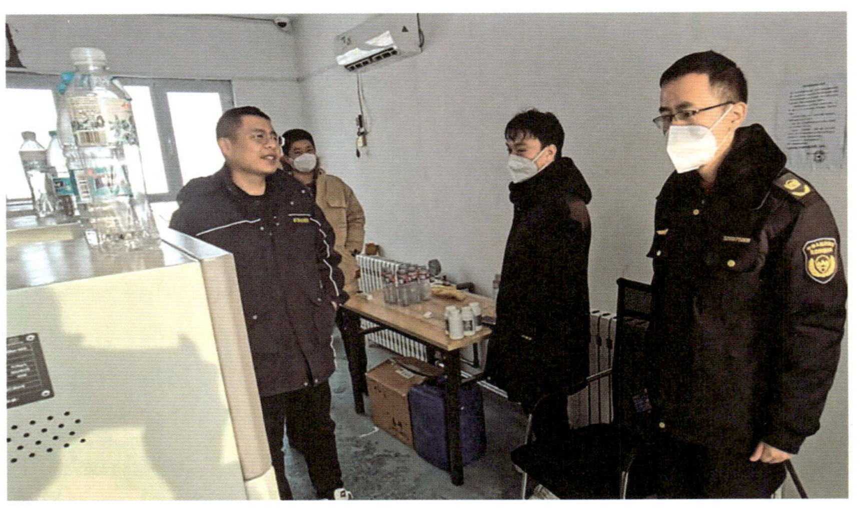

2022年11月21日，第七师生态环境局执法人员在重点排污企业单位开展“奎—独—乌”重点区域冬季大气联合执法检查　（唐栋天　摄）

【建设项目环境影响评价管理】 2022年，师市落实“三线一单”（生态保护红线、环境质量底线、资源利用上线和生态环境准入清单）生态环境分区管控要求，严格建设项目环境准入，严把“两高”（高能耗和高排放）项目环境准入关，对不符合生态红线管控、相关规划及规划环评和自治区明令禁止的“三高”［能（水）耗不符合相关国家标准中准入值要求，且污染物排放和环境风险防控不符合国家（地方）标准及有关产业准入条件的高污染（排放）、高能（水）耗、高环境风险的工业项目］项目不予审批。完成师市“三线一单”成果落地应用、更新及评估等工作。深化环评“放管服”（简政放权、放管结合、优化服务）改革，实施环评审批正面清单，3个告知承诺制项目当天受理、当天办结，23个审批制项目全部在承诺时限内办结、较法定时限节约50%以上。　（赵婉露）

【环境监察执法】 2022年，师市生态环境局全年出动执法人员696人次，检查企业305家次。对21起环境违法案件启动行政处罚程序，累计罚款460.18万元。办理按日计罚案件1起，查封扣押、停产整治、移送案件1起。其中2起案件列入兵团2022年第三批生态环境违法典型案例。

【中央环保督察反馈问题整改落实】 2022年，师市针对第二轮中央生态环境保护督察报告涉及师市的13个问题，制定整改方案，加大检查频次、督办力度，督促有关单位整改，完成年内计划的4项整改任务。中央生态环境保护督察组交办师市信访件共15批26件次，其中一般案件20件，重点案件6件，办结26件。

【自治区、兵团环保督察反馈问题整改落实】 2022年，师市生态环境局根据自治区、兵团第四生态环境保护督察组反馈意见，制定整改方案，提出14项50条整改措施，14项整改任务中，完成整改8项，完成率57.1%，其余6项按序时进度推进；督察期间转办的45件信访案件，办结45件，办结率100%。

【环境监督执法正面清单】 2022年，师市生态环境局制定日常生态环境监督执法正面清单。全年采用“线上+线下”方式指导帮扶企业78家次。清单内18家企业在正面清单实施期间均未发生环境违法行为。

【环境信访】 2022年，师市生态环境局接群众信访投诉案件65件。其中，涉及大气投诉42件，涉及污水投诉6件，涉及噪声投诉16件，涉及固废投诉7件，涉及违反审批、许可投诉5件，群众信访投诉举报案件的污染类型部分存在一案多类情况。办结65件，办结率与反馈率100%，群众满意率100%。鼓励公众参与，对举报师市辖区环境违法行为进行奖励，共办理有奖举报案件4起，发放奖金4500元。　（张雪莹）

教　育

（孟庆忠　摄）

综　述

【教育领域综合改革】 2022年，师市深化教育评价改革，全面落实《兵团贯彻落实〈深化新时代教育评价改革总体方案〉工作任务清单》。从党委和政府、学校(幼儿园)、教师、学生、选人用人五大着力点入手，扭转不科学的评价导向。完善督导体系，制定《第七师胡杨河市教育督导委员会工作规则》《第七师胡杨河市教育督导委员会成员单位、成员及办公室工作职责》，明确部门分工，形成督导工作合力。充实督导队伍，制定《2022年第七师胡杨河市聘任第二届兼职督学、教育督导员人选名单》，含兼职督学22人、教育督导员9人，均由机关部门领导和曾在校(园)长、书记岗位工作多年的人员担任。健全督导制度，制定《第七师胡杨河市教育督导专项经费使用管理暂行办法》，加强督导专项经费监管。深化“师管校聘”体制机制改革。印发《第七师胡杨河市中小学教师“师管校聘”改革实施方案》，探索在推动学校编制人事师管总量、学校配置，师管岗位、学校定员，师管统筹、学校使用，师管人员、学校选派，师管标准、学校评价的基础上，实现教师由“学校人”向“系统人”的转变。健全内部审计制度，印发《第七师胡杨河市教育系统内部审计工作实施办法》，成立师市教育系统内部审计工作领导小组，通过政府购买服务等方式委托有审计资质的社会中介机构对有关事项进行专项审计。加强教育信息化建设与应用。印发《第七师云平台评估标准和细则》，建立健全评估机制，探索中小学智慧教室和智慧课堂建设，推进教育数字转型和智能升级，深化网络学习空间应用，改进课堂教学模式和学生评价方式。在一二四团中学举办第七师胡杨河市实验教学交流研讨会，在一二七团中学举办实验操作技能与实验创新大赛，完成2021年招标的512.5万元教学设备和仪器质量检查与验收工作。组织中小学图书管理人员49人进行专业技能培训，制定《第七师中小学图书馆应用管理评估细则》，推进师市中小学图书管理应用水平提升。

【教育发展规划落实】 2022年，师市教育局印发“十四五”教育发展规划实施分工方案，将年度工作计划和规划方案有效衔接，聚焦关键领域、薄弱环节，发挥中央预算内资金投资导向作用，改善各级各类学校办学条件，投入4021.25万元建设胡杨河市第一中学宿舍楼、教学楼、实验楼和一三一团中学宿舍楼，投入360万元采购设施设备。建立工程项目台账，逐项细化时间表、路线图，定期跟踪。推进胡杨河市第一中学宿舍楼建设项目、一二六团中学和一三七团中学综合楼项目复工建设和竣工验收；跟进职校申报的总投资3000万元化工实训基地项目落地。优先保障教育投入，落实教育财政事权责任。加强经费保障和管理，做到“两个只增不减”，推进教育支出向教育关键领域、薄弱环节倾斜。至年末，一般公共预算教育支出4.41亿元，比上年增加2000万元。

【教育监督与管理】 2022年，师市教育局做好“双减”工作，召开专题会2次、观摩推进会2次。实施课后托管服务，学校“5+2”(每周5天开展课后服务，每天至少开展2小时)实现全覆盖，研发适合课后服务的校本课程140余门。加强作业管理，建立作业总量和质量两个维度三级管理机制。加强校外培训机构监管，与师市文体广旅局等部门联合出动35人次，检查培训机构18所次，对2家违规机构进行查处曝光。对师市7所非学科类校外培训机构从业人员、培训材料等开展专项排查，发现问题3个，全部跟踪督促整改到位。

【教师队伍建设】 2022年，师市持续加强师德师风建设。明确各学校主要领导是师德师风建设的第一责任人，将师德师风考核纳入年终考核项目。印发《教师师德承诺书和师德档案管理方案》，加强师德档案管理，全体教师签订教师廉洁从教承诺书。加强和改进基础教育教研工作。组织教师参加兵团中小学、职校、幼儿园现场课大赛、论文大赛、基本功大赛及信息技术优质课展示交流活动，165人次获兵团级奖项。组织教师5200人次参加校本、师域、兵团、网络远程及“国培计划”等培训，做到培训全覆盖。开展“名师工程”和教学能手评定工作，年内评选认定师级骨干教师48人。推动教师师域交流，交流教师97人，交流教师中骨干教师有21人，占交流教师人数的22.34%。推进收入分配制度改革，全面落实《师市关于规范中小学教职工绩效分配工作指导意见》，绩效工资发放按照“多劳多得、少劳少得”原则和级差30%标准发放，制定《师市班主任队伍建设方案》，将学前教育、义务教育、高中班主任工作津贴提高至300元、600元、800元。保障教师工资待遇，2022年度义务教育教师年平均工资收入高于公务员13799.49元。

【“五育并举”工作】 2022年，师市实施学校体育固本、美育提升行动，编制《劳动实践指导手册》，投资8万元为5所学校建设劳动实践基地。举办青少年实验技能创新大赛，实施心理健康教育促进计划、近视防控光明行动计划，一二五团中学、一三一团中学、一三七团中学、曙光幼儿园入选兵团近视防控试点单位，持续推进“五育并举”工作质量提升。

（刘　微）

基础教育

【概况】 2022年，师市共有幼儿园17所、中小学校15所，其中九年一贯制学校11所、高级中学1所、完全中学1所、完全小学1所、中等职业技术学校1所。有中小学生1.59万人，其中小学生5873人、初中生3382人、普通高中学生2495人、中职学生1218人，在园幼儿2910人。有教职员工2452人，其中幼儿园教职工438人、小学教职工794人、初中教职工740人、普通高中教职工382人、中职教职工98人。

【幼儿教育】 2022年，师市有幼儿园17所，在园幼儿2910人，比上年减少199人。有幼儿园专任教师242人，增加4人；高中及以上学历教师242人，占专任教师100%；专科及以上学历教师232人，占专任教师95.87%，增加5.95个百分点。师生比1∶12.02。

【小学教育】 2022年，师市有九年一贯制学校11所、完全小学1所。小学在校生5873人，比上年减少97人；一年级秋季招生880人，减少18人。小学教职工794人，减少1人；专任教师718人，减少14人；专任教师专科及以上学历占100%；本科及以上学历占81.62%，增加3.34个百分点。师生比1∶8.18。

【中学教育】 2022年，师市有九年一贯制学校11所、完全中学1所、高级中学1所。初中在校生3382人，比上年减少29人；初一秋季招生1112人，增加8人。初中教职工740人，增加8人；专任教师592人，增加2人；初中专任教师本科及以上学历占97.97%，增加1.02个百分点。师生比1∶5.71。普通高中在校生2495人，减少65人。高一秋季招生866人，增加53人。高中教职工382人，增加65人；专任教师281人，增加50人；专任教师研究生学历16人，占专任教师的5.69%，减少0.37个百分点。师生比1∶8.88。

【学前教育普及普惠】 2022年，师市争取资金1520万元，推进幼儿园办园条件标准化建设。新建公办幼儿园1所（阿吾斯奇幼儿园）。提升学前教育编制和经费保障水平。为辖区11所公办幼儿园新增编制88个，配齐教师和保教人员，落实教师待遇。鼓励社会力量办园，制定《第七师胡杨河市贯彻落实〈兵团普惠性民办幼儿园认定及管理办法〉评审认定细则》，明确普惠性民办园认定标准、补助标准和扶持政策；新审批民办幼儿园1所。

【义务教育优质均衡发展】 2022年，师市教育局召开优质均衡推进会，印发《第七师胡杨河市推进义务教育优质均衡发展实施方案（2022—2024年）》《关于做好2022年推进师市义务教育优质均衡发展第二阶段重点工作任务的通知》，明确目标，细化任务。争取资金7105万元，加强义务教育学校标准化建设。成立优质均衡检查领导小组，制作“优质均衡发展推进工作实施情况检查表”，开展专项督导2次，形成专项督导情况报告。

【高中教育多元化发展】 2022年，师市争取资金2625万元，发挥以七师高级中学为核心校、胡杨河市第一中学和一三一团中学为成员校的“一校三区”教育集团作用，促进高中教育集团化办学，打造品牌高中。开展成人成

2022年5月11日，一三〇团中学开展劳动教育，体验包饺子
（王为民　摄）

才教育，以“党建引领成人成才”为主题，创建高三年级党支部党建工作示范点。加强劳动教育，将种、赏、收、品作为劳动实践基地建设和综合实践课程的工作主线，推动师域高中教育特色发展。

【支教工作】 2022年，师市选派21名优秀教师到三师部分团场开展“三区”（边远贫困地区、边疆民族地区、革命老区）和结对帮扶支教，其中“三区”支教教师11人、结对帮扶支教教师10人。

【兵地教育融合】 2022年，师市与奎屯市、克拉玛依市召开兵地教育融合会议3次，签订兵地教育深度融合发展协议书。师市28所学校（含幼儿园）与地方30所学校（含幼儿园）开展手拉手结对帮扶。加强人员交流挂职，选派10名专任教师到奎屯市学校交流、1名教师到乌苏市学校交流。开展融合活动，各级各类学校联合地方学校开展兵地融合活动319次，参与学生1.48万人次。全年招收地方学生3896人。

（刘　微）

职业教育

【概况】 2022年，师市有中等职业技术学校1所，即第七师胡杨河职业技术学校（简称职业技术学校），位于胡杨河市，占地24万平方米，其中绿化面积8.97万平方米、教学区用地2.73万平方米、运动场地9705平方米、生活区占地4.44万平方米。其前身为七师教育中心；2015年从教育中心分离出来独立办学；2022年5月，由第七师奎屯职业技术学校更名为第七师胡杨河职业技术学校。9月，学校机构编制进行调整，挂“第七师开放大学”“胡杨河市开放大学”“第七师老年开放大学”“胡杨河市老年开放大学”牌子，为师市直属正处级公益一类财政拨款事业单位，是师市唯一一所集职业教育、成人继续教育、教育培训、技能鉴定为一体的中等职业技术学校。年内先后开设智能制造专业、供用电技术专业、化工工艺专业、中餐烹饪专业、保育专业、旅游管理与服务专业、汽车运用与维修专业、电子商务、农机设备应用与维修9个专业；各专业课程由“基础课程+专业课程”组成，满足地方社会发展、经济建设对专业建设的需求。教学设施有研讨室、网络管理中心、语音室、计算机室、练功厅、琴房、画室、资料室、图书室、篮球场、跑道等。2022年一年级秋季招生601人，比上年增加123人；在校生1218人，减少11人。毕业学生365人。教职工98人，专任教师63人。普职招生比例7∶3。（黄海燕　刘　微）

【升学考试】 2022年，第七师胡杨河职业技术学校参加普通高考、三校生考试和直升专考试285人。其中，参加高考58人，本科上线33人、专科上线25人；参加三校生考试165人，上线126人；参加直升专考试62人。

【实训基地建设】 2022年，第七师胡杨河职业技术学校针对旅游专业教学实践需要，投资180万元新建旅游专业实训基地，包括AI模拟导游综合实训室、“1+X”前厅运营管理服务技能大赛综合实训室、酒店客房服务技能实训室、酒店中西餐服务技能实训室、国家通用语言训练实训室、党建文化学习室。通过营造仿真教学环境，提高学生学习兴趣，提升教学成果。投资155万元新建电子商务实训基地，供电子商务专业学生开展直播实训，提升学习实效。

胡杨河市职业技术学校开展书画、剪纸、朗诵、舞蹈、情景剧等社团活动。图为2022年5月19日，教师刘海燕（左四）在指导学生学习剪纸技艺（张西安 摄）

【校企合作】 2022年，第七师胡杨河职业技术学校定期召开由政府行政部门、企业、学校专家组成的学校专业建设委员会座谈会，在专业建设、课程设置、教学改革、评价方式、实训室建设、生产实习、就业安置等方面广泛征求意见，开展校企合作。幼儿保育、供用电技术、汽车维修、中餐烹饪与营养膳食4个专业与奎屯明珠中心幼儿园、新疆中碳新材料科技有限公司、奎屯车行天下、奎屯汇德酒店等20余家企业、机构合作，签订校企合作协议，将企业培养要求融入学校实施性教学计划，即完善“工学结合”的人才培养模式：项目化、模块化。学校与胡杨河市致腾汽配服务有限公司签订校企合作协议，企业在校内办厂，为学生提供实习岗位，创新招生、实习、就业一体化模式，开创“现代师徒制”教学实践。

【岗位技能培训】 2022年，第七师胡杨河职业技术学校结合师市实际，开展电工、汽车维修工、中式烹调师、保育师岗位技能提升培训项目4个，培训总人数144人；开展大盘菜专项培训认定3次，培训总人数150人。做好“1+X”证书认定工作，完成试点院校申报，申报商用车销售服务（初级）、幼儿照护（初级）2个证书考核资格。完成商用车销售服务（初级）证书考核25人，幼儿照护（初级）证书考核68人。

【职业技能竞赛】 2022年，第七师胡杨河职业技术学校举办“职业教育活动周”活动，邀请师市领导和校企合作的优秀企业参加，学生表演节目《爱我中华民族韵律操》和军体拳。围绕冷盘雕刻、销售服务、维修拆装、电工技能、电拖技能等专业开展系部技能大赛，形成“比学赶超”的竞赛氛围。组织学生参加企业各项专业技能大比武活动，聘请企业专家、能工巧匠担任学校外聘教师（校企共建专兼师资队伍），定期到校讲课，按行业标准，实施“双证书”制度（学业证书和职业资格证书），形成与现代学徒制相适应的教学管理与运行机制，为实现毕业生“零距离就业”打好基础。学校根据实际情况动态调整线上授课频次及班次，累计开设线上课程360余门次，保障教育教学活动顺利开展。

【师资队伍建设】 2022年，第七师胡杨河职业技术学校注重教师队伍建设，发挥骨干教师模范带头作用，组织开展“青蓝工程”（“一带一”新老教师帮扶结对工程）活动，提升新教师业务素质。组织教师参加区内外各种培训、观摩活动及技能大赛，学习先进教学管理方法，提升专业素质。开展“培育引才同步走，智力援疆迸发新动能”交流交往项目，6名优秀教师到淮安考察交流。在2022年兵团职业院校技能大赛中等职业学校班主任能力比赛中，1人获一等奖、1人获二等奖、1人获三等奖，学校获优秀组织奖。学校“赵恩姝名班主任工作室”成为兵团首批命名的高等学校和职业院校名班主任工作室之一。

【校园文化建设】 2022年，第七师胡杨河职业技术学校围绕迎接党的二十大胜利召开主线，开展开学典礼、“迎新晚会”“模拟法庭”“读书分享会”“模特大赛”“宪法小卫士”普法线上答题、“校园好声音”歌手大赛、“小商品交易会”等系列校园文化活动；到一二九团、一二六团参加文化旅游节文艺演出；与一三〇团胡杨苑社区党支部开展“深入推进民族团结进步创建，铸牢中华民族共同体意识”联谊活动。与师融媒体中心联合举办“梦想星舞台”之“匠心筑梦展芳华——七师胡杨河职业技术学校喜迎二十大”主题晚会，80余名师生参演12个节目；年内成立篮球、排球、乒乓球、书法绘画、模特和礼仪、艺术表演、摄影、钢琴演奏、舞蹈、剪纸社等10余个社团，加强学生综合文化素养培养。

（黄海燕）

教育机构选介

【第七师曙光幼儿园】 第七师曙光幼儿园为兵团示范性幼儿园，位于奎屯市团结西街29号，占地7470平方米，建筑面积4300平方米，绿化面积2240平方米，绿化覆盖率30%。2022年，全园在职教职员工55人，有班级12个、幼儿385人。投入师市支持学前教育发展资金71万元用于幼儿专用教学材料购置、户外自主游戏建设及户外活动场地改造。

2022年，曙光幼儿园加强管理，制定《曙光幼儿园食品安全管理办法》《曙光幼儿园消防安全管理办法》，修订和完善《幼儿园工作人员量化考核办法》《曙光幼儿园聘用人员工资待遇方案》。落实各班安全、卫生及食堂食品安全检查监督，进行每周一次班级卫生安全、食堂食品安全检查；制定演练预案并开展消防演练、紧急情况逃生演练、防踩踏事件演练。加强卫生保健管理，坚持新生幼儿入园常规体检率100%。教职工每年一次健康体检，持健康证上岗，持证率100%。

2022年，曙光幼儿园持续开展“我是兵团小战士”幼儿园大班幼儿讲兵团故事活动，通过视频学习“兵团故事”“听爷爷奶奶讲兵团故事”，做好社会、家庭、幼儿园三者互动的共育活动，落实家园共育的长效机制。加强幼小衔接、自主游戏研究，调整园本课程方案，完善课程评价体系；重视环境资源创设、开发与利用，全面提高教师素质。开展“云端牵手”活动，分别送教送培到托里县萨尔巴斯陶村幼儿园、一团幼儿园；到一二七团、一三七团开展送教送培活动。

2022年，曙光幼儿园党支部被中共第七师胡杨河市教育委员会评为“先进基层党支部”。张琳获第十四届宋庆龄幼儿教育奖提名奖；李妍获兵团基本功大赛一等奖；黄雪霜获兵团现场课大赛三等奖；王丽娟获兵团幼儿园案例评比三等奖。在师市教育局、师市总工会“建功‘十四五’，奋进新征程”竞赛中，谢素英获学前教育组一等奖、马新燕获二等奖，曙光幼儿园获优秀组织奖；在师市教育局“喜迎二十大，建功新时代”教师素养竞赛中，张琳获“最美教育工作者”称号，李妍、马新燕获“最美青年教师”称号，周建勤、谢素英、黄雪霜获“最美教师”称号，段新娟、党秀玲、万芳获“最美班主任”称号，刘琦获“信息化建设先进个人”称号。在师市教育局“推广普通话，喜迎二十大”活动中，李可获经典诵读一等奖、张敏获二等奖，董金玲、何丽获规范字书写三等奖。

（张　琳）

【第七师高级中学】 第七师高级中学成立于2000年8月，是兵团示范性高中、省级重点高中，学校实行寄宿制封闭式管理，有天北校区、胡杨河校区、义教部3个校区。校园面积38.67万平方米，绿化覆盖率60%以上，校舍面积5.5万平方米。2022年，学校有专任教师145人，其中高级教师47人、中级教师47人、初级教师51人，教学班30个。515名学生参加高考，本科上线512人，本科上线率99.42%，其中重点本科上线320人，上线率62.14%。985、211院校录取172人，清华大学和北京大学录取2人。

2022年，第七师高级中学培养学生综合素质，开展文化艺术节、科技日、野营拉练和18岁成人礼及高三毕业典礼等活动。推进“五育并举”，实施音体美学科“选项目走班”教学，每周体育课由2节增加到4节，形成“体育技能+体质健康+体育竞赛”的教学模式，每周五开展全校竞赛活动。为学生提供专业的美术室、舞蹈室、音乐室和智能化书法教室，多举措推进素质教育。

2022年，第七师高级中学组

织教师参加各级各类教学教研比赛，获国家级一等奖30个、二等奖60个、三等奖20个，3名老师获国家级“优秀辅导员”称号；获兵团级一等奖10个、二等奖15个、三等奖17个；获师市级一等奖2个、二等奖2个、三等奖5个。组织学生参加青少年科技创新竞赛，获兵团级一等奖1个、二等奖4个、三等奖3个，师市级一等奖1个、二等奖3个、三等奖4个；在学生信息素养提升实践活动大赛中，获兵团级二等奖2个、三等奖2个；在青少年创意编程与智能设计大赛中，获自治区级一等奖1个、二等奖3个；在“我爱祖国海疆”系列青少年科技模型网络教育竞赛中，获国家级二等奖1个、三等奖2个，自治区级一等奖7个、二等奖15个、三等奖6个，学校获“优秀组织单位”称号。

（王金枝）

2022年5月26日，一三〇团中学举行“喜迎二十大，争做新时代好队员”主题入队仪式

（王为民 摄）

【胡杨河市第一中学】 胡杨河市第一中学位于第七师胡杨河市井冈山东路，占地14万平方米，建筑面积5.9万平方米，绿化率51.3%。建有教学楼、实验楼、艺术楼、报告厅、食堂、学生公寓、教师公寓、体育馆并配备有400米塑胶跑道的室外运动场，在建教学楼1栋、实验楼1栋、宿舍楼1栋。有标准化教室、多媒体报告厅、录播教室、理化生实验室、形体教室、书法教室、朗读亭、心理咨询室、现代化教师休息室等。2022年，学校有教职工214人、学生1309人，开设33个教学班，包括9个艺术特长班。

2022年，学校开展各式各样的教育活动。实行音体美选项目走班，开设多种社团，培养学生兴趣特长，促进素质教育全面开展。学校音乐特长本科升学率100%、美术特长本科升学率98.8%、体育特长本科升学率51.4%。学校以课改为核心，开展新课程集中培训2次、线上专家培训4次，培训率100%；组织中小学教师参加国家培训和出疆学习交流24人次、国家网络培训166人次、兵团继续教育面授培训84人次、师域培训54人次，全校教师开展校本培训1.47万学时；实施“青蓝工程”，新、老教师师徒结对，开展师傅示范课、徒弟汇报课，增设轮转课、调研课等。以集体备课形式，突破教学重难点，寻找符合学情的教育方法，提高教师业务素质和教育教学能力。在各级各类教学教研比赛中获国家级奖项6人次，获兵团级奖项21人次、师级奖项34人次，4人被评为师市骨干教师，学校被评为第三届自治区青少年创意编程与智能设计“优秀组织单位”、第七师教育系统“建功‘十四五’·奋进新征程”教师素养竞赛“优秀组织单位”。

（朱春蓉）

【一三〇团中学】 一三〇团中学是一所九年一贯制学校，1959年3月建校，其前身为一三〇团共青城完全中学，位于胡杨河市创业东路，学校占地13.7万平方米，校园绿化覆盖率40%以上，有教学楼、实验楼、报告厅、食堂、学生公寓、教师公寓、标准化教室、多媒体报告厅、录播教室、理化生实验室、形体教室、书法教室、体育馆及400米塑胶跑道的室外运动场等。2022年，学校有教职工193人，其中一线教师144人。全校开设教学班39个，其中小学23个、初中16个。学生1320人，其中小学801人、中学519人，住校生156人。

学校抓好“五项管理”（手机、睡眠、作业、读物、体质）和课后托管服务，设置作业辅导与答疑、文艺体育校本、语文数学校本、作业辅导与答疑、兴趣小组和社团、阅读、阳光体育等托管服务项目，固定时间、地点和成员，在专业老师的指导下开展课外活动。开展导师制教育模式，对学生进行思想、学习、生活、心理等方面的教育和指导；发挥“黄红娜名校长工作室”“方彬名师工作室”“师志荣名班主任工作室”作用，开展各类教研活动，促进教师专业化发展，发挥“学科带头人”“名师工程”“青蓝工程”引领作用。开展小微课题研究和“一课一研”“一课一思”“分层教学”等教研活动，提升教师教学能力。2022年，学校先后获师市“先进党支部”“实验教学先进学校”“平安校园”等称号。获兵团U12/U13女子组足球比赛二等奖；获师市青少年校园足球校级联赛总决赛“优秀组织奖”、2022年“三地四方”第一届“军垦杯”男子篮球比赛优秀组织奖，被评为师市教育系统“建功‘十四五’· 奋进新征程”教师素养竞赛“优秀组织单位”。

（魏　民）

【新疆生产建设兵团农业广播电视学校第七师分校】 新疆生产建设兵团农业广播电视学校第七师分校（简称七师农广校）成立于1982年7月，2002年加挂“职工科技教育培训中心”牌子，成为融学历教育和短期培训为一体的成人中等职业教育学校，隶属师市教育局，辖一二三团、一二四团、一二五团、一二六团、一二七团、一二八团、一二九团、一三〇团、一三一团9个工作站，先后开设43个专业，培养中专毕业生1.15万人。2022年，七师农广校开设教学班27个，有在校生711人。全年招收新生287人、毕业212人，在一二四团、一二九团开办72人的美容班。

2022年，七师农广校投资40万元，为一二四团全国农民田间示范校建设购置相应的配套设施，加快职业教育产教融合发展进度，推进全国农民田间学校建设工作；投资约36万元，为基层学校加装护眼灯，改善办学条件。取得兵团校“1+X”项目向七师农广校倾斜的有关政策，推进“1+X”职业技能等级证书工作。

2022年，七师农广校负责人全茹获中央农业广播电视学校“优秀宣传个人”称号，全茹撰写的《开创农民中职教育实践教学新思路》在中央校全国农民教育培训宣介活动中被推荐为“农民职业教育典型案例”。一二九团农广校校长岳新高获中央农业广播电视学校授予的基层校100名“优秀基层校校长”称号。何慧、李强2名教师获北大荒集团“1+X”家庭农场畜禽养殖职业技能等级“优秀教师”称号。

（全　茹）

【第七师胡杨河市开放大学】 第七师胡杨河市开放大学（简称师市开放大学）位于胡杨河市，其前身是新疆维吾尔自治区广播电视大学兵团分校农七师工作站，成立于1984年，1995年更名为兵团广播电视大学第七师分校，2021年4月更名为第七师胡杨河市开放大学。学校属新型高校，依法依规自主办学，按新的“两级统筹、四级办学”体制运行，接受胡杨河市人民政府的领导和师市教育局管理，业务接受国家开放大学和兵团开放大学的指导和管理，教育教学依托国家开放大学和兵团开放大学的办学资源优势，解决师市在职人员学历补偿问题。师市开放大学采用网上教学和集中面授辅导相结合的形式，参加国家开放大学全国统一考试，考试合格颁发教育部承认的学历证书。有工商管理、会计学、法学、行政管理、现代农业经济管理、学前教育等21个专科、本科专业。2022年毕业实践环节合格率85%，通过国家开放大学及兵团开放大学的实地及网上教学检查。年内招生593人，至年末有在校学生1887人。全年毕业学生244人，毕业率80%。

（黄海燕）

科学技术

（张玉红　摄）

综 述

【行业发展】 2022年，师市有农业科学研究所1家，构建师、团、连三级农业技术服务体系；国家农业科技园区1个、兵团级经济技术开发区2个；高新技术企业14家、科技型中小企业5家；兵团重点实验室1个，创新创业平台4家，其中兵团星创天地2家、众创空间2家；兵团科技企业孵化器1个。在职专业技术人员6737人，其中高级981人（正高29人）、中级1976人、初级及以下3780人。

【技术市场】 2022年，师农业科学研究所获兵团科技局技术市场办授权，成为技术合同认定登记机构，登记员2人。全年共认定登记技术合同39项、成交总额3006.82万元，列兵团第三名。合同成交额比上年增长14.73%。

（张志超）

科技管理

【项目与经费】 2022年，师市4家企业承担的“科技助力经济2020”项目均获验收通过。承担兵团项目9个，其中，新设立项目1个，获资金支持80万元；延续项目8个，获资金支持185万元。下达师市2022年度科技计划项目92个，其中延续项目37个、新立项目55个，投入财政科技经费1780.86万元，比上年增长202.76%。

【科技“揭榜挂帅”项目】 2022年，师市落实与石河子大学创新合作协议，投入财政资金1000万元用于科技“揭榜挂帅”专项。通过项目征集、发榜、论证、评审等环节，对现代农业、精细化工、电子新材料等领域的10项师市重大技术创新难题，采用“企业出题、政府立题、大学破题”模式，由石河子大学定向实施“揭榜挂帅”项目。

【创新创业大赛】 2022年，师市举办首届第七师胡杨河市创新创业大赛，师市25家企业参赛，6家企业获奖项。择优推荐11家企业参加兵团赛区大赛，获奖项6个，其中二等奖1个、三等奖1个、优秀奖4个，占兵团奖项数量的18.75%，获奖金30万元。2家企业参加全国赛区总决赛，获优秀奖。此外，师市获兵团青少年科技创新大赛一等奖1个、二等奖1个、三等奖3个。

（张志超）

【业务能力培训】 2022年，师市组织科技工作者参加兵团科技大讲堂暨科技、科协系统干部能力提升培训班，兵团履职能力培训夜校，2022年兵团科学技术奖提名申报培训会，2022年兵团财政科技项目申报指南培训、2022年兵团“三区”科技人员培训等系列线下培训，全国技术合同管理与服务系统线上培训及各类提高科研水平、完善科研管理体系、提升科技创新管理能力的在线培训，参加各类线上线下培训累计120人次。

（汪 峰）

科技合作与交流

【概况】 2022年，师市科技局加强与科研院所及高校交流合作，落实与石河子大学签订的科技创新合作协议，开展师市“揭榜挂帅”科技项目试点工作，实施科技项目10个，投入科研资金3330万元，其中师市财政专项资金1000万元、企业自筹配套资金2330万元；落实与中国农业科学院棉花研究所和西部农业研究中心签订的“深化‘十四五’全面合作框架协议”，引进教授、研究生16人承担师市科技计划项目4个；推进兵地融合发展，与奎屯市、乌苏市签订“科技创新驱动发展战略合作框架协议”，联合举办首届第七师胡杨河市创新创业大赛，师市25家企业参赛。师市9家企事业单位与石河子大学、新疆农垦科学院、华东理工大学、东华理工大学、长安大学建立科技合作关系，承担或参与科技项目13个。

（张志超）

【产学研合作】 2022年，农科所在农业新领域发挥自身科技能力，与新疆农垦科学院、石河子大学、甘肃农业大学、塔里木大学、第三师畜牧兽医站、一三一团农业发展服务中心、新疆古耕生态农业科技有限公司开展科技合作。与各大院校、推广单位及科技企业联合研究构树、榛子及食用菌等创新课题。承担兵团科技发展专项、师域科技项目，形成资源共享、优势互补、互利共赢战略创新联盟。通过实施合作创新机制，承担兵团南疆重点产业创新发展支撑计划1个、师科技计划项目3个。实现科技人才合作、种质资源优化、饲草资源高效利用、虫害预测、课题研究和成果转化等领域衔接闭环，拓展创新领域，实现互利发展。

【学术研讨】 2022年，农科所加强对外交流，增强自主创新能力。通过各种学术交流平台，拓展科研领域、提高科研能力、积累研究经验。7月，选派科研人员参加由中国作物学会棉花专业委员会主办，新疆生产建设兵团农业农村局、新疆农垦科学院、石河子大学、塔里木大学、新疆生产建设兵团棉花学会、棉花生物学国家重点实验室承办的“中国作物学会棉花专业委员会第一届青年学术研讨会”，加强棉花科研领域青年科技工作者之间的学术交流，引导和促进青年工作者投身棉花科技创新，围绕棉花基础研究、种质资源、遗传育种、栽培生理、植物保护等关键问题开展学术研讨，提升科研水平。 （汪 峰）

农业科学研究

【概况】 2022年，新疆生产建设兵团第七师农业科学研究所（简称农科所），承担师市农业基础与应用基础研究、农业应用和高新技术研究工作。农科所始建于1965年3月，占地面积356.52公顷，位于奎屯市乌鲁木齐东路97号。内设党委办公室和所办公室（两办）、科研管理办公室、财务科、综合治理办公室、信访办公室、安全生产监督管理科、粮食作物与牧草研究室、经济作物研究室、园林研究室、植物保护研究室、土壤肥料化验室12个科室，辖试验站。年末在职职工59人，大学本科学历27人，研究生学历9人；正高级专业技术职务人员1人、副高级专业技术职称人员7人、中级专业技术职称人员17人、初级专业技术职称人员13人。全年完成生产总值4559万元，比上年增长5.56%。其中，第一产业生产总值682万元，增长5.4%；第三产业生产总值3877万元，增长5.58%。第一产业和第三产业结构比例为14.96∶85.04。职工人均可支配收入10.31万元，增长10.39%。上年结转248.6万元，全年实现总收入1635.36万元，其中财政补助收入1446.19万元、营业收入189.17万元；全年总支出1681.86万元，其中基本支出1219.15万元、项目支出462.71万元；全年财务收支结转202.1万元。新增固定资产62.81万元，增长115.92%。

【科研项目】 2022年，农科所承担国家、兵团、师和所本级科技项目38个。其中，国家科技项目1个，为国家棉花产业技术体系额尔齐斯综合试验站项目；兵团科技项目5个；师科技计划项目17个；所科技计划项目5个。

【品种试验】 2022年，师市综合性状优良作物品系参加国家、自治区作物品系品比试验、区域试验、生产试验10项（国家西北内陆区域试验2项、西北内陆生产试验2项，自治区品比试验1项、自治区区域试验4项、自治区生产试验1项）。参加自治区早熟机采棉品比试验棉花新品系8个，参加自治区早熟机采棉区域试验棉花新品系8个，参加西北内陆早熟机采棉区域试验棉花新品系1个，参加自治区早熟机采棉生产试验棉花新品系2个，参加自治区北疆区域试验冬小麦（D18593）新品系1个。待自治区品种委员会审定棉花生产试验新品系2个。

【科研项目验收】 2022年，师市棉花种质资源引进创新与利用、适宜北疆种植大豆品种的筛选与改良、不同种植模式下的棉花生长发育及纤维品质的研究、测土配方施肥及棉花水肥一体化技术研究、优质机采棉花品种筛选与栽培技术研究5个项目通过师市科技局验收。

【农业科研成果】 2022年5月，师市棉花新品种“Z1112”通过农业农村部成果鉴定，获品种权。6月，棉花品种新陆中52号生产经营许可权转让至新疆惠民种业有限公司，转让期限为10年，转让收益30.68万元。新获国家专利23个，其中发明专利1个、实用新型专利22个。

【国家棉花产业技术体系额尔齐斯综合试验站】 2022年，国家棉花产业技术体系额尔齐斯综合试验站围绕产业发展重大问题开展科技攻关，在新品种新技术推广、产业化发展和数字化农业综合管理系统等方面开展一系列工

2022年第七师胡杨河市农业科技论文发表情况一览表

表2

序号	论文标题	刊物名称及期号	作者	发表日期
1	《三种杀虫剂对胡杨河市棉蚜防治效果及安全性评价初探》	《农业与技术》2022（3）	毛鹏志等	2022年2日
2	《10个饲用燕麦品种在北疆不同生态区的生产性能评价》	《种子》2022（3）	赵永刚、刘彦等	2022年3日
3	《新疆奎屯垦区鲜食葡萄新品种适应性评价》	《落叶果树》2022（2）	布卡·欧尔娜等	2022年3日
4	《五种甜高粱品种在新疆阿拉尔垦区种植的性状表现》	《草食家畜》2022（4）	杜晶等	2022年4日
5	《胡杨河市玉米螟发生动态与综合防控技术》	《现代农业科技》2022（9）	毛鹏志等	2022年5日
6	《新疆奎屯垦区棉花杂交F2纤维品质一致性分析》	《中国棉花》2022	王洪彬等	2022年5日
7	《北疆杂交棉稀植等行距机采模式研究》	《农业科技通讯》2022（6）	曾庆涛等	2022年6日
8	《自然早落叶棉花突变体FU75的适应性评价》	《农业科技通讯》2022（6）	杨芮等	2022年6日
9	《胡杨河市滴灌棉田主要杂草组成危害与防治》	《农业与技术2022》（13）	毛鹏志等	2022年7日
10	《转基因抗虫棉种子室内筛选》	《中国种业》2022（7）	张文等	2022年7日
11	《陆地棉花铃期抗旱指标筛选及评价》	《中国农业科技导报》2022（7）	闫成川、曾庆涛等	2022年7日
12	《新疆奎屯垦区加工番茄多形状综合评价》	《中国农学通报》2022（19）	黄敏等	2022年7日
13	《不同行距配置对机采棉生长发育及光合特性的影响》	《干旱地区农业研究》2022（5）	张文等	2022年9日

作。示范区棉花种植面积23.33万公顷，引进机采棉花新品种10个，筛选出适宜区域种植品种2个，推广面积0.7万公顷；机采棉化学封顶技术和棉花水肥一体化技术推广面积13.33万公顷；推广示范棉花棉田单产由上年450千克/亩提高至485千克/亩；棉花品质马克隆值（A+B）级由上年81.49%升高至96.16%。不断提高棉花产量与品质，落实加工产业的高质量发展要求，加快本地棉花资源优势转化，推动棉花产业发展，新增种植合作社7家，新增棉花加工企业1家，"锦牌"棉花知名度显著提升。服务团场棉花生产，深入植棉团场进行调研，撰写《2022年棉花苗期生长情况调查报告》《现阶段棉花管理技术指导意见》等专业建议和意见报告8份，为师市领导和农业生产部门做相关决策提供理论依据。配合师市农业农村局、科技局和乌苏市农业农村局、乌苏市农广校等部门单位，开展室内培训和专家讲座20场，开展技术服务15次，累计培训基层技术人员240人次、农户5200人次，发放农业技术手册3500份。主动为企业、合作社、大户开展病虫害绿色防治、水肥一体化技术、化学打顶剂使用等技术现场会5场，将新技术、新产品第一时间进行示范推广，辐射周边。示范区以国审棉Z1112（本站培育）为示范品种，由额尔齐斯综合试验站、一二八团和胡杨河市硕秋农业技术服务有限公司组建优质农资和农艺师团队，利用数字化农业综合管理系统（集成智慧农机、智慧节水灌溉、智慧施肥、物联网病虫测报、卫星遥感监测等五大系统），结合田间实地调查，提供及时、精准、高效的技术服务和农资配送等社会化服务，将"精准、高效、绿色、智慧"的农业新技术推广覆盖至0.67万公顷优质棉生产基地，为现代化棉花生产体系建设起到标准化引领和示范作用。

（汪　峰）

农业科技服务

【农业技术推广】 2022年，师市农业科技工作者发挥科研和人才优势，坚持科研为生产和经济建设服务，促进农业稳定发展、农民持续增收，提升农业技术培训，开展一系列农业技术推广服务。服务农业产业示范园建设。围绕一三一团0.67公顷高标准葡萄冷棚、73.33公顷新建葡萄园、13.33公顷新建直立苹果园及一三〇团7.87公顷新建直立苹果园开展技术服务工作，论证《兵团优质鲜食葡萄生产技术规程》《苹果矮化密植栽培技术规程》等技术标准、规程4项；提出新建鲜食葡萄、苹果高标准园新品种的意见及建议。围绕一二八团0.67万公顷优质棉花高产示范区和一三〇团333.33公顷现代农业科技示范园建设，全生育期进行技术指导和服务，在棉花智能信息化布局等方面提出建设性意见和建议，推进棉花产业提质增效。服务粮食生产管理。贯彻粮食安全战略部署，派出专家组到各团场开展小麦田间技术服务，发布阶段性田间管理方案6次；开展种植技术讲座2次；田间技术指导20次；举办小麦种植技术现场会3次；开展麦后复播大豆技术指导3次，微信及电话技术咨询服务54次，服务职工410人次，服务面积667公顷。服务职工能力提升。在10个团场建立科技示范点，推广应用葡萄新品种16个、苹果新品种2个，召开园艺作物栽培管理现场会4次，解决实际问题6件。牧草组分别在师市和南疆四团、五团、七团等地进行牧草种植技术服务。开展团场"科技之冬"科普知识培训活动，组织各领域专家深入基层开展培训，累计培训1610人次，发放培训资料520册，服务面积400公顷。

（汪 峰）

【农业技术下乡服务】 2022年，第七师农科所服务队获"三区"（边远贫困地区、边疆民族地区、革命老区）人才支持计划支持，选派科技人员22人次，为七师"三区"团场一二四团、一三七团的园艺、牧草、小麦等作物各生产环节提供技术服务。服务队年内共推广新品种3个（黄瓜新品种2个、番茄新品种1个），新技术2项（设施温室水肥绿色防控技术、葡萄厂字型整形技术）。建立牧草、小麦、葡萄、设施蔬菜等示范基地6个，面积25.33公顷，指导服务种植户15户，现场培训3场次，共培训职工280人，发放技术资料350份，通过微信、电话等方式为农户解决种植技术问题30余次，通过技术服务新增经济效益76万元。

2022年6月9日，师农科所专家和一二五团连队"两委"，在春麦田查看小麦生长情况 （张西安 范俊超 摄）

【科技惠农项目】 2022年，师市落实兵团民生实事"提升农业科技水平"项目2项，在南疆一师一团实施"南疆特色林果优良苗木繁育产业化示范基地建设"项目，项目团队9人，服务天数41天，示范推广袋控容器苗木良种育苗技术模式1套，建立南疆特色林果优良苗木繁育产业化示范基地1个；改造工厂化育苗设施及配套大棚2座，建立袋控容器苗木良种育苗栽培示范区6666.67平方米（其中杏李园2000平方米、矮密苹果园1333.33平方米、无花果1333.33平方米、香梨1333.33平方米、葡萄666.67平方米），高抗逆树种苗木培育区6666.67平方米（其中密胡杨6000平方米，法国梧桐、丝棉木、俄罗斯大果蔷薇合计666.67平方米），发放无花果、杏李等苗木5000余株；开展培训3次，培训293人，辐射团场及周边县乡农户300户；培育科技示范户3户，培养科技骨干5人，通过2年的建设实现每亩净收入6000元，户均收入4万元。在一二九团实施"第七师茄果类蔬菜设施绿色高效生产示范"项目，建立嫁接茄子、番茄茄果类蔬菜设施绿色高效生产科技示范基地1个，示范温室4座；改造老旧日光温室4个；示范推广新品种2个、推广新技术2项；培养科技示范户3户，培养科技骨干3人，举办各类技术培训3次，累计培训100人次。（张志超）

气象科技服务

【概况】 第七师人工影响天气办公室（简称人影办）和第七师气象局为“一个机构、两块牌子”，是师市农业农村局（畜牧兽医局）下属副处级全额拨款事业单位，主要负责师市气象行业管理，气象现代化建设的规划和实施，采集气象资料和信息，发布长、中、短天气预报；负责组织、规划、指挥全师范围内人工影响天气的作业和人影物资供应工作、防雷减灾工作管理及气象、人影业务技术培训等工作。气象局下设局办公室、防雷办、雷达站、气象台、科技服务中心、中心气象站等部门。

【气象测报服务】 2022年，第七师气象局制作并发布农业生产年景分析报告1份、月报12份、旬报36份、周报52份、季节性气象服务情报25份、重要天气预报预警41期、短临（24小时）天气预报365份。特殊时段发布专题服务气象预报8份。春耕春播期间，根据土壤墒情、气候概况，发送气象服务信息46期。“三夏”汛期为农业、水利等相关部门提供降水、温度等专项气象信息15条。秋季发布《冬小麦播期预报》1份。“七师气象”微信公众号气象服务订阅量1万余人，日访问量2600余次，向职工群众提供各类气象服务情报632份、气象灾害预警信息42条。（徐 昕）

2022年第七师胡杨河市气象资料一览表

表3

要素＼地名	胡杨河市	奎屯市	车排子镇	高泉镇	柳沟镇	科克兰木镇
年平均气温（℃）	7.6	9.2	7.9	8.1	7.5	—
年降水量（毫米）	134.6	171.5	125.0	—	166.6	—
年最高气温（℃）	39.1	37.6	39.5	38.5	39.2	40.0
出现日期	6月27日	9月8日	6月27日	6月27日	6月13日	6月23日、6月27日
年最低气温（℃）	−29.5	−23.8	−28.0	−25.9	−29.7	−29.8
出现日期	12月29日	11月28日	12月29日	1月29日、12月29日	12月28日	12月28日
开春期	3月4日	3月4日	3月8日	3月5日	3月8日	3月4日
终霜期	4月18日	3月27日	3月26日	4月16日	4月17日	3月25日
初霜期	10月2日	10月2日	10月2日	10月2日	10月3日	10月3日
入冬期	11月13日	11月18日	11月18日	11月18日	11月18日	11月18日
无霜期（天）	166	188	189	168	168	191
≥10℃积温（度.d）	4006.3	4275.4	4098.4	3958.2	3895.7	4206.2

说明：科克兰木镇气象站2022年2月气温和降水采集器设备损坏，3月恢复正常；高泉镇气象站11月降水采集器出现故障，12月恢复正常（康 巍）

【气象技术提升】 2022年，第七师气象局对辖区内的16个气象站进行人工维护近40次，升级一二三团、一二四团、一二五团、一二六团、一二八团、一三〇团及奎屯中心气象站新站的TG814通信程序和网络线路，全面提升师市辖区各台站数据传输效率和质量。更换一二八团气象站、天北新区站和乌兰萨德克气象站的供电系统和部分仪器仪表，保证数据的连续性和准确性。引入中国气象局综合气象观测业务运行信息化平台（天元系统），完善气象观测基础数据的传输管理和应用。师市气象观测数据传输业务全年到报率99.6%，列兵团第一位。对气象台的软、硬件设施进行升级。对天气预报制作软件及声像系统进行全面维护，天气预报的图文处理实现参数自由设置和多场景变换。气象信息综合分析处理系统MICAPS升级至4.6和4.8版本，能够更大限度地使用CMA（中国气象局区域集合预报模式）、EC（欧洲中期天气预报中心）等国内外数值天气预报产品，短时临近预报准确率90%，中、长期气候趋势预报准确率提高3%。

【人工影响天气】 2022年，师市辖区有9个团场开展人工防雹增雨工作，选拔招录防雹队员124名。投入C波段多普勒天气雷达1部、X波段多普勒天气雷达1部，无线通讯电台10部，网络对讲机78部，流动防雹火箭54套，布设防雹增雨作业基地20座，设置流动作业点108个，实现防雹增雨作业全覆盖。

4月1日至9月30日，师市开展人工防雹和人工增雨工作。4月1—9日，组织技术人员对雷达、防雹增雨车辆和通信设备进行维护维修和年审，年审合格率100%；4月10—12日，在七师民兵培训基地举办人影防雹（增雨）技术培训班1期，培训防雹队员124人，经理论实践考核，全部达合格标准；4月13—19日，对54具防雹增雨火箭进行维修和年检，并与9个防雹团场签订“第七师胡杨河市人工影响天气安全生产责任书”“第七师胡杨河市人工影响天气目标管理责任书”“第七师胡杨河市人工影响天气重大责任失误问责书”，与弹药库、人影装备库所在属地团场签订“管理责任书”，压实人影安全生产属地管理责任。全师9个团场对强对流天气实施防雹增雨作业24日次，累计作业226点次，发射火箭弹948枚，化解对流天气影响19次，遏制冰雹天气的进一步发展和加剧5日次（6月15日、6月28日、6月29日、6月30日、7月3日）。防雹增雨作业后，影响内普遍降中到大雨或暴雨，个别天气局地出现暴雨夹软雹或小冰粒，未出现任何重大冰雹灾害和损失。师市人影办对全师20个防雹作业基地和人影弹药库进行检查3次，对发现的安全隐患及时给予纠正和整改，全年未出现安全事故。 （徐 昕）

【气象灾害】 2022年，师市辖区主要气象灾害有大风、大降水、冰雹、阶段性高温、霜冻、雾霾等。

大风天气 2022年，胡杨河市出现极大风力为七级的大风天气共7次，分别在3月30日、5月19日、5月29日、6月1日、7月9日、7月31日、11月27日；极大风力为八级的大风天气2次，分别在6月30日、7月3日；极大风力为九级的大风天气1次，出现在7月1日。

奎屯全年出现极大风力为七级的大风天气共4次，分别在5月11日、6月2日、7月9日、11月27日；极大风力为八级的大风天气1次，出现在7月1日。

车排子镇全年出现极大风力为七级的大风天气共16次，分别在3月30日、4月24日、5月19日、5月22日、5月26日、5月27日、5月28日、5月29日、6月1日、6月5日、6月24日、7月2日、7月3日、7月9日、7月12日、7月30日；极大风力为八级的大风天气3次，分别在6月28日、6月30日、7月29日；极大风力为九级的大风天气1次，出现在7月1日。

高泉镇全年出现极大风力为七级的大风天气共19次，分别在3月19日、4月8日、4月20日、5月15日、5月23日、5月26日、5月27日、5月31日、6月1日、6月30日、7月19日、7月20日、7月28日、9月15日、9月27日、10月24日、10月28日、11月17日、11月23日；极大风力为八级的大风天气12次，分别在3月30日、5月11日、5月19日、5月20日、5月29日、5月30日、7月1日、7月8日、7月9日、9月12日、11月26日、11月27日；极大风力为九级的大风天气1次，出现在6月28日。

柳沟镇全年出现极大风力为七级的大风天气共8次，分别在5月19日、5月26日、5月27日、6月2日、6月24日、7月29日、7月30日、11月27日；极大风力为八级的大风天气2次，分别在6月1日、7月9日；极大风力为九级的大风天气3次，分别在6月30日、7月1日、7月3日。

科克兰木镇全年出现极大风力为七级的大风天气共18次，分别在3月30日、4月14日、4月28日、5月19日、5月20日、5月22日、5月26日、5月27日、5月30日、6月5日、6月16日、6月24日、7月3日、7月5日、7月11日、7月28日、7月30日、9月12

日；极大风力为八级的大风天气4次，分别在6月2日、6月28日、7月12日、7月29日；极大风力为九级的大风天气2次，分别在5月29日、8月5日；极大风力为十级的大风天气1次，出现在7月1日。

大降水天气　2022年，胡杨河市共出现7次大降水天气过程：分别是3月16日、4月25日、7月3日、7月19—20日、9月12日、10月1日、11月9日。3月16日高泉镇降水量为12.7毫米，柳沟镇降水量为11.7毫米，科克兰木镇降水量为11.7毫米，奎屯降水量为11.3毫米。4月25日胡杨河市降水量为13.0毫米，柳沟镇降水量为11.9毫米，前山镇降水量为10.2毫米，五五新镇降水量为10.9毫米，奎屯降水量为10.2毫米。7月3日柳沟镇降水量为14.2毫米。7月19—20日奎屯累计降水量为25.7毫米。9月12日车排子镇降水量为10.4毫米，科克兰木镇降水量为10.9毫米，五五新镇降水量为11.3毫米。10月1日奎屯降水量为12.8毫米。11月9日奎屯降水量为11.7毫米。

局地冰雹天气　2022年6月15日、6月28日、6月29日、6月30日、7月3日辖区局地出现降雹天气，对全师的农作物生长发育造成不利影响。

阶段性高温天气　2022年，胡杨河市共出现5次阶段性高温天气过程，分别为：6月11—13日、6月20—28日、7月22—25日、7月27—30日、9月6—8日，日最高气温分别为36.9℃～38.0℃、35.3℃～39.1℃、35.1℃～36.2℃、35.5℃～37.0℃、35.2℃～37.9℃。

奎屯全年共出现2次阶段性高温天气过程，分别为：6月11—13日、6月22—28日，日最高气温分别为35.8℃～37.4℃、35.2℃～37.5℃。

车排子镇全年共出现5次阶段性高温天气过程，分别为：6月11—14日、6月21—28日、7月16—18日、7月28—30日、9月6—8日，日最高气温分别为35.5℃～38.8℃、36.3℃～39.5℃、35.0℃～36.4℃、35.2℃～36.9℃、35.9℃～38.8℃。

高泉镇全年共出现4次阶段性高温天气过程，分别为：6月10—14日、6月21—23日、6月25—28日、7月27—29日，日最高气温分别为35.0℃～37.1℃、35.5℃～37.8℃、35.8℃～38.5℃、35.9℃～37.6℃。

柳沟镇全年共出现2次阶段性高温天气过程，分别为：6月11—14日、6月22—28日，日最高气温分别为36.3℃～39.2℃、35.8℃～38.5℃。

科克兰木镇全年共出现6次阶段性高温天气过程，分别为：6月9—14日、6月20—7月1日、7月16—18日、7月22—25日、7月27—30日、9月6—8日，日最高气温分别为35.5℃～39.7℃、35.3℃～40.0℃、35.3℃～38.7℃、35.1℃～37.4℃、35.3℃～37.6℃、35.8℃～38.4℃。

霜冻天气　2022年10月2日师市部分地区出现霜冻天气。

（康　巍）

【气象灾害综合风险普查】　2022年，第七师气象局落实气象灾害综合风险普查项目资金43.8万元，按照《第七师胡杨河市气象灾害综合风险普查实施方案》时间节点，推进气象灾害综合风险普查试点、评估与区划各阶段工作。利用各团气象站观测资料、临近气象站资料进行验证分析，整合暴雨、干旱、高温、低温、大风、冰雹、雪灾、雷电、沙尘暴9种气象灾害数据1.26万条，制作完成灾害调查表35张。制作兼容七师双版本的汇交图件2448份和报告图件1394张，完成七师气象灾害单项报告256份、综合报告34份。师市危险性评估、区划图上传至中国局普查信息系统，审核通过率100%。

【防雷安全监管】　2022年，第七师气象局取得农业综合执法证14人，覆盖率93%。有5人参加兵团综合行政执法能力提升培训班。对新疆兵海能源有限公司加油加气站、新疆疆北石油分公司加油站新建新加装防雷装置进行审核验收，发放防雷装置竣工验收意见书2份并建立防雷安全监管档案。以实地勘查、翻阅台账、现场问询等方式对师市人影库房、人影作业基地、易燃易爆场所等30处场所进行防雷安全检查，对发现问题现场整改，全年未出现雷电安全生产事故。（徐　昕）

文化·体育

（王新龙 摄）

公共文化

【概况】 2022年，师市有日报社1家、师广播电视台1座、团广播转播台10座、团电视转播台9座、师团综合文化活动中心12个、文化活动站6个、文化广场29个，团史陈列馆（纪念馆）4座，连队综合文化活动站164个。各团史陈列馆、爱国主义教育基地均设有专（兼）职人员且免费开放。一二三团、一二四团等5个团场综合文化活动中心被评估定级为国家三级文化馆。

【基层文化阵地建设】 2022年，师市结合乡村振兴和美丽连队建设，遴选出一二五团十四连，一二七团九连，一三〇团十三连、二十连，一三一团九连、十连，一三七团七连，奎管处跌水点8个公共文化示范单位，统筹2022年度中央支持地方公共文化服务体系建设补助资金120.5万元，用于公共文化示范连队创建奖补，鼓励各团场通过"一团一连"的文化示范连队带动全师公共文化连队示范创建，不断提高连队、社区公共文化服务水平。总投资960万元用于七师团场文化振兴项目：改建一二四团二连职工文化广场修缮及其他相关配套设施；一二五团十一连移风易俗服务中心提升改造项目和殡葬服务场所提升改造项目，基础设施配套完善；一二六团五连戈壁母亲文化生态园项目，建设游客集散中心广场、停车场、安全监控系统等相关配套设施。（马明梅）

【送文艺下基层活动】 至2022年末，师市有一二四团高泉红果艺术团、一二五团柳沟艺术团、一二六团秦腔自唱团、一二八团前山之韵艺术团、一三七团向阳花豫剧队、天北锦韵合唱团等23个业余艺术团体，开展送文化下基层活动，演出文艺节目416场次，参与职工群众5.8万人次，观众10.74万人次。

【数字电影放映】 2022年，师市放映队服务区在10个团场承办农村数字电影放映工作，有放映设备10套。均采取外包形式放映电影，每个团场有1~4人负责放映工作。全年放映电影2135场次。（陈珂欣）

【第七师胡杨河市文化馆】 第七师胡杨河市文化馆由胡杨河市青少年活动中心、第七师奎屯垦区档案馆、第七师综合文化活动中心组成，其中青少年活动中心为淮安援建项目。文化馆项目总建筑面积约1.48万平方米，占地1.8万平方米，总投资7210万元，其中援建资金1500万元、中央预算内资金1308万元、自筹资金4402万元。馆内有序厅、历史展厅、城市建设展厅、工农业发展展厅、临时展厅5个展厅，介绍七师恢复兵团建制后在工业、农业、城镇建设的二次创业历程及收获成果。通过声、光、电等多种现代化方式，重点展现七师发展过程、胡杨河市未来规划、七师辖区主要旅游景点，七师工农业及其他社会事业发展历史、城市规划建设情况等。2022年，文化馆参观人数1.75万人次。

【一二六团戈壁母亲纪念馆】 一二六团戈壁母亲纪念馆（旧居）占地4万平方米，在原一二六团四连办公室和部分民居地址上改建，于2014年8月开放。主要有复原的团机关办公室，地窝子、主席台、韩天航工作室、月季食堂等区域，展示20世纪五六十年代老一辈军垦战士的生产、生活面貌。2022年，接待参观人数9.7万人次，旅游收入97万元。（张启明）

文学艺术

【概况】 至2022年末，师市有基层文联组织15个。有作家协会、摄影家协会、美术家协会、书法家协会、戏曲协会、音乐家协会、民间文艺家协会、舞蹈家协会8个文艺家协会，会员729人，其中国家级会员52人、兵团级会员176人，实现基层文联组织全覆盖。有戈壁母亲书画院、金三角书画院、天北版画院、军垦油画创作团队等多个文学艺术团体。

【文艺融合发展】 2022年1月26日，师市文联在天北新区屯垦文化小镇举办"兵地共携手，开启新征程"迎新春联欢座谈会。3月25日，师市文联与兵团民间文艺家协会、乌苏市教科局联合举办"兵地融合手拉手，共促文艺谋发展"活动。5月19—21日，师市文联与兵团民间文艺家协会在第九师联合开展军垦民间文艺创作交流研讨活动，来自兵团民间文艺家协会的主席团成员和各协会代表参加创作交流和田

2022年6月11日，“弘扬非遗文化 传承艺术经典——杨新平现代套彩烙画作品展”在胡杨河市文化馆开幕。图为杨新平（左三）展示作品《胡杨人家》（胡欢喜 孙丽娜 摄）

野调查活动。5月25日，师市文联摄影家协会与乌苏市文联摄影家协会在乌苏市甘河子镇杨家庄子村联合开展兵地民俗影像摄影创作采风活动。5月28日，师市文联与乌苏市文联联合开展“兵地同声颂党恩·携手喜迎二十大”文艺交流创作采风活动，“三地四方”的摄影家、作家、书法家、美术家协会20名会员参加胡杨河市举办的文艺创作采风交流活动，乌苏市文联10位文艺骨干参加活动。6月11日，师市文联与兵团民间文艺家协会、央视数字电视书画频道、第九师文联联合举办“学习讲话精神 践行文化润疆”杨新平套彩烙画作品巡展，分别在师市、乌苏市、奎屯市、第六师、第一师、第二师等地展出，受众5000余人次。6月15日，“三地四方”民间工艺美术作品展在乌苏市现代农业产业示范园举行，以“幸福乌苏·礼赞胡杨”为主题，展出书画、刺绣、石头画、根雕、手工编织等作品150余件。6月21日，师市文联与奎屯市文体广旅局联合举办的“迎七一颂党恩传承非遗致敬经典”兵地民间文艺作品展览，在奎屯市图书馆一楼展厅展出。6月27日，师市文联文艺志愿者到乌苏市车排子镇车排子村开展“迎‘七一’颂党恩兵地送文艺下乡”文艺汇演活动，演出《中原情》《晚风吹过的哨塔》《庆丰收》等文艺节目17个。其间，师市文联向乌苏市车排子镇赠送书画作品10幅、摄影作品60幅。7月26日，师市文联联合奎屯市文体广旅局在奎屯市雪莲广场图书馆一楼展厅举办“喜迎二十大 奋斗新征程”兵地联合油画作品展，展出油画作品50幅。在“八一”建军节之际，师市文联摄影家协会组织兵地摄影家与七师胡杨河市武术学校开展“弘扬中华国术传承尚武精神”摄影采风创作活动。7月28日，师市文联和一三七团驻新黄宫社区工作队联合举办的“学习讲话精神践行文化润疆”摄影作品展，在一师一团新黄宫社区综合文化中心举行，观看展览各族群众3000余人次。

2022年第七师胡杨河市各类主要文艺作品入选及获奖情况一览表

表4

作品名称	作　者	获奖情况
书法《红旗领航》	薛雅心	入选乌鲁木齐市诗词楹联家协会举办的“庆祝党的二十大”主题诗词书法作品特辑
油画《花开秋芒》	宋　环	入选新疆美术家协会主办的“华彩巾帼”女画家线上美术作品展
油画《军垦母亲》	宋　环	入选石河子书画院（美术馆）主办的“丹青颂党恩·巾帼展风采”妇女美术作品线上展并获二等奖
油画《春天的花束》	宋　环	入选新疆兵团美术家协会主办、兵团美协油画艺委会承办的2022年新疆兵团迎春油画作品展
油画《西红柿红了》	宋　环	入选兵团文化体育广电和旅游局举办的“礼赞新时代 喜迎二十大”“新生活、新风尚、新年画——我们的小康生活”兵团优秀美术作品展并参加全疆巡展
油画《兵团奠基者——柳沟的故事》	宋　环	入选兵团文联主办的“喜迎二十大·奋进新征程”优秀文艺作品展

续表4

作品名称	作　者	获奖情况
油画《春耙》	宋　环	入选兵团美术家协会举办的“喜迎党的二十大，礼赞新时代”美术作品线上展
国画《绿洲春早》	梁映彩	入选兵团文体广电总局举办美术作品展并获三等奖
国画《兵团卫士魏德友》	梁映彩	入选由兵团文化体育广电和旅游发展中心（兵团文化馆）主办的“兵团之美——礼赞新时代”美术摄影巡展
油画《戈壁巾帼》	刘　枭	入选兵团文联主办的“喜迎二十大·奋进新征程”优秀文艺作品展
油画《永恒的守望》	刘　枭	入选新疆兵团美术家协会主办、兵团美协油画艺委会承办的2022年新疆兵团迎春油画作品展
油画《胡杨河人家》《余辉》	张淑影	入选新疆美术家协会主办的“华彩巾帼”女画家线上美术作品展
油画《胡杨精神》	张淑影	入选兵团美术家协会举办的迎新春美术作品线上展
国画《葡萄紫秋图》	赵　萍	入选石河子书画院（美术馆）主办的“丹青颂党恩·巾帼展风采”妇女美术作品线上展
国画《防疫行动》	吴向阳	在《兵团日报》发表
散文《妻子与皖蜀春》	吴永煌	安徽省宿松县“皖蜀春杯”征文二等奖
报告文学《戈壁绿梦》	吴永煌	陕西省商洛市作家协会“绿宝杯”征文优秀奖
散文诗《马尔康的天是玄幻的》	吴永煌	第二届香港紫荆花诗歌“入围奖”，并收入香港当代文学艺术协会出版诗集《诗与远方》
散文《水磨沟写意》	吴永煌	新疆乌鲁木齐市作家协会、乌鲁木齐市生态环境局“喜迎二十大 生态看首府”征文三等奖
摄影作品《胡杨河晚歌》	吕新亚	兵团摄影家协会、第七师胡杨河市文联联合举办的“胡杨河杯——‘醉’美”兵团网络摄影大赛佳作奖
摄影作品《美丽巴音布鲁克》	吕新亚	香港中国旅游出版社举办的“江海胜景”主题征稿获十佳作品
摄影作品《奎东农场北斗导航助播棉花》	吕新亚	中新网刊登作品
摄影作品《闹春》	吕新亚	华夏摄影艺术网“春之韵”比赛三等奖
摄影作品《虎年吉祥》	吕新亚	兵团摄影家协会与第三师图木舒克市文联主办的唐王城醉美图木舒克赛佳作奖
摄影作品《暖秋》	孟庆忠	兵团摄影家协会、第七师胡杨河市文联联合举办的“胡杨河杯——‘醉’美”兵团网络摄影大赛佳作奖；兵团总工会“中国梦·劳动美·兵团好，我心向党”职工摄影作品展《光明使者》二等奖
新闻报道《我是一朵幸福花》	马新兰 刘笑天	中国都市报新闻奖一等奖、兵团新闻奖二等奖
摄影作品《丰收》	牛想为	《中国摄影家全集》编委会、新疆维吾尔自治区巴楚县人民政府、新疆维吾尔自治区旅游协会、新疆维吾尔自治区景区（点）协会联合主办的“金色胡杨·野在巴楚”金胡杨奖
摄影作品《兵团棉花机械化》组图	牛想为	香港旅游网刊登，获十佳奖
摄影作品《童心向党》	马新龙	阿拉尔市文化馆迎新春“年味儿随手拍”第三期摄影作品三等奖

【文艺人才培训】2022年3月4日，师市文联在一二八团举办“传承中华文化弘扬民间剪纸艺术”李永梅军垦主题剪纸艺术培训班，一二八团各连队和社区的职工群众剪纸爱好者60余人参加培训，创作剪纸作品70余幅。3月15日，师市文联、兵团民间文艺家协会、兵团美术家协会、一二六团联合举办“踏上新征程迈进新时代”主题版画作品展，展出石河子大学文学艺术学院版画作品50余幅；同日，“军垦主题版画创作培训班”在一二六团戈壁母亲美术馆开班，师市文联美术家协会会员及版画爱好者24人参加培训。7月9—11日，师市文联在一二六团戈壁母亲美术馆举办“翰墨传承文化润疆”兵地文化书法培训班，30余名书法爱好者参加。师市文联推荐4名协会会员参加中国文联第二期新文艺群体网络培训班，推荐2名协会会员到山东威海市参加工艺美术丝棉画创作培训，推荐1名协会会员参加鲁迅文学院第42届中青年作家高级研讨班。

【文艺创作】2022年，师市各文艺家协会全年创作作品1200余件，除文学作品外，摄影作品400余幅、书法作品200余幅、剪纸作品160余幅、国画作品120余幅、油画作品100余幅、民间工艺作品100余件、丝网版画作品100余幅、曲艺作品50余首、音乐作品10余首、舞蹈作品10余件。

【文艺成果】2022年，师市文联各文艺家协会文艺成果丰硕，全师摄影作品在省级以上媒体刊登入选401幅，获省级以上奖项作品35幅。各类文学作品多次刊登在《奎屯日报》等平台；豫剧团、曲剧团演出20余场次；师市文联民间文艺家协会会员创作“知识产权宣传周”主题剪纸作品，30幅作品入选中国民协微信平台展播，在“胡杨融媒”专栏展播2期、在“学习强国”展播4期。

【文艺精品项目】2022年，韩天航的电视连续剧剧本《年轻的城》、张新军的长篇小说《金丝玉》入选兵团文艺精品扶持项目。

【庆祝“党的二十大”胜利召开主题文艺活动】2022年2月11日，师市文联在胡杨河市文化馆举办张荣花剪纸作品展览。3月5日，师市文联、兵团民间文艺家协会、兵团美术家协会在一二六团戈壁母亲美术馆举办“踏上新征程 迈进新时代”版画作品展览，展出石河子大学文学艺术学院版画作品50幅。4月21日，师市文联摄影家协会开展“世界读书日·传递阅读力量”摄影作品征集活动，以摄影作品向人们展示阅读之乐、读书之乐，推动全民阅读，营造全社会“多读书、好读书、读好书”的氛围。4月25日，为迎接第二十二个“世界知识产权日”，师市文联组织民间文艺家协会和剪纸协会参加由中国民间文艺家协会开展的“知识产权宣传周”剪纸作品征集活动，创作“知识产权宣传周”主题剪纸作品36幅。6月12日，师市文联、兵团民间文艺家协会在一二六团戈壁母亲美术馆召开“军垦主题民间文艺创作座谈会”，来自辖区各单位美术爱好者20余人参加座谈。7月8日，师市文联、兵团美术家协会在一二六团戈壁母亲美术馆召开“军垦主题美术创作座谈会”，来自兵地和辖区各单位书画爱好者参加座谈；举办“喜迎二十大 奋斗新征程”书法展览，展出作品70余幅。7月15—25日，师市文联与兵团民间文艺家协会、第八师石河子市文联联合举办的“喜迎二十大 奋进新征程”军垦剪纸作品展览在石河子市艾青诗歌馆展出，展出师市剪纸艺术家作品120件，活动以军垦文化为主线，以爱党爱国、屯垦戍边和兵团社会经济文化发展为主题，向老一辈军垦人和艺术家致敬。9月16日，师市文联与克拉玛依市、塔城地区、阿勒泰地区、博尔塔拉蒙古自治州、伊犁哈萨克自治州、阿克苏地区、和田地区、喀什地区、昌吉回族自治州、哈密地区南北疆10个地、州联合举办“庆祝党的二十大，奋斗新征程”兵地文艺作品展播活动，在胡杨融媒展播兵地美术、书法、摄影、民间文艺作品近1000幅，展播60余期。

【“文艺下乡”活动】2022年春节前夕，师市文联分别在胡杨河市文化馆，胡杨河市机关，一三〇团机关，一三〇团展望里社区、十三连、二十连，一三〇团驻乌苏市皇宫镇转湾湖村等地开展“迎新春文艺下乡”主题书画作品创作活动，文艺志愿者送出“福”字、春联、挂历8000余幅。2月10日，师市文联文艺志愿者与武警官兵开展元宵节共建活动。2月

12日，师市文联向车排子镇沙枣村赠送师市文联美术协会会员绘制的虎年挂历和师市书法艺术协会会员书写的春联100余套。5月18日，师市文联开展文艺志愿者日活动，组织文艺志愿者在胡杨河市文化馆内现场写书法、国画，并向一线记者和检查站民警赠送书法、国画作品20幅。6月29日，为迎接中国共产党成立101周年，师市文联在乌苏市车排子镇举办"歌颂党，歌颂兵地各族人民幸福生活"摄影展览，并向车排子镇赠送摄影作品60幅。古尔邦节期间，师市文联组织文艺志愿者小分队开展"文艺进万家 共筑中国梦"活动，深入连队社区，与各族群众共度节日。

【"军垦文化之乡"建设】 2022年2月25日，韩天航工作室揭牌仪式在第七师胡杨河市文化馆举行，师市党委常委、副政委、宣传部部长边丽娟与著名作家、七师文联原主席韩天航共同揭牌。3月29日，师市与兵团出版社联合举办《韩天航文集》新闻发布会，邀请中央驻疆记者12人。5月20日，师市文联与兵团民间文艺家协会在第九师一六四团建立"兵团非物质文化遗产杨新平现代套彩烙画传承基地"。6月12日，在一二八团挂牌"军垦剪纸传承创研基地"。在胡杨融媒平台"中国军垦文化之乡"专栏展播师市优秀文艺作品，一天一展，作品包含军垦剪纸、军垦油画、军垦书法、军垦音乐、军垦摄影、军垦曲艺、军垦舞蹈、民间工艺等，总浏览量30万余次。

【社会团体成立】 2022年，根据基层文艺爱好者及区域文化需要，师市文联在胡杨河成立文润艺术创研中心、在一二四团成立高泉红果秦剧团。 (谷欣玉)

【天北锦韵职工合唱团】 天北锦韵职工合唱团成立于2000年，由师直各企事业单位和金三角地区各行各业有声乐基础的声乐爱好者组成。是师市文体广旅局主管的一个非营利社团组织，注册于2006年。锦韵职工合唱团有团员100余名。建团22年来，集体和个人先后获各类奖项100余个，曾获自治区合唱比赛金奖与组织奖、入围文化和旅游部全国第十五届群星奖合唱比赛决赛三等奖。2022年，合唱团到团场、连队、社区、部队及牧场开展"送文化"下基层慰问演出活动10余次，为4600余名干部、职工、群众表演各类文艺节目40余个。参加师市春晚歌曲联唱《流金岁月》获好评。

【一二七团苏兴红豫剧团】 一二七团苏兴红豫剧团前身为车二场豫剧团。1962年11月，为活跃部队生活，30余人组建豫剧团，名称为车二场豫剧团。1979年更名为一二七团豫剧团。2020年9月，成立一二七团苏兴红豫剧团。2022年，豫剧团有会员52人。年内豫剧团编创戏曲唱段和戏曲快板宣讲党的二十大精神，到幼儿园开展戏曲培训工作，参与团场网络春晚、文化和自然遗产日活动及"我们的中国梦——文化进万家"送文化下基层等各类活动12场次。 (张启明)

文化遗产保护

【文化和自然遗产保护宣传活动】 2022年6月，结合"文化和自然遗产日"，师市文体广旅局全面整合非遗资源，组织开展军垦剪纸、西域瓜果、层叠绘画展、"非遗购物节"等系列活动，线上线下同步开展22场系列宣传活动，实现"非遗文化+产业融合"发展。

【文化遗产传承保护】 2022年5月，国家级非物质文化遗产"新疆豫剧传承基地""兵团第七师豫剧文化培训基地"揭牌仪式在一二七团文化宫举行。6月，首批师市级非物质文化遗产项目工作室——郭瑞霞非遗工作室揭牌。12月，开展申遗工作，师市文体广旅局评定师市第一批非遗代表性项目、第一批非遗代表性传承人名录，成功创建3个国家级非遗项目。成功创建国家级非物质文化遗产新疆豫剧七师传承基地，指导师市第一家非遗文化工作室——西域瓜果层叠绘画工作室挂牌成立。至年末，师市有兵团级非物质文化遗产项目1个、师市级非物质文化遗产项目6个，非遗传承基地3个，非遗工作室1家。 (翟彦丽)

【文物资源保护】 2022年，师市文体广旅局组织专家对一二六团戈壁母亲旧居、兵团武医馆等一批面临倒塌、急需进行保护修复的文物点进行7次实地勘察，推荐一二五团老司令部旧址、一二六团戈壁母亲旧居等3个师市级文保单位参加第三批兵团级文保单位评定；邀请专家对一二五团老司令部等5家文保单位划定文物保护范围和建设控制地带，完成“四有”档案整理编写，安装界碑5个、界桩20个，征集整理革命文物215件并申报列入兵团第二批革命文物普查名录，填补师市文物档案的空白。

【一三七团老二连连部旧址保护修缮】 2022年，师市启动一三七团老二连保护修缮工作，统筹资金列入师市级文物保护单位编制保护方案。一三七团老二连于20世纪60年代修建的连部旧址至今保留，建筑样式为窑洞式平房、土坯木式平房。 （翟彦丽）

新闻出版

【概况】 2022年，师市新闻出版业发行报纸236期，年度总发行200余万份。各平台完成内宣2.55万篇（条），在人民网、“学习强国”、中新网、《兵团日报》等省级媒体平台发稿1357篇（条）。师融媒体中心39件作品获省级新闻奖，其中《招来金凤凰连队大变样》等5篇新闻作品获自治区、兵团、中国地市报新闻奖一等奖，实现历史性突破。

【重点工作宣传报道】 2022年，师融媒体中心聚焦“喜迎党的二十大”这根主线，围绕师市党委第十届三次、四次会议精神，做好“奋进新征程 建功新时代”重大主题、弘扬兵团精神、生态环保、乡村振兴、兵地融合发展、“新春走基层”、经济发展、文化旅游等方面宣传策划方案40余个，推出《七师胡杨河市首季度经济运行现场观摩推进会要求——咬定全年目标不放松 力争实现季季红全年红》《起步就是冲刺！七师胡杨河市跑出“加速度”》《全力以赴抓经济 千方百计稳增长——七师胡杨河市项目集中开工暨招商项目集中签约仪式掠影》等重点报道，通过“学习强国”平台、新华网、人民网、《兵团日报》等媒体加强宣传。同时运用2~3通版刊登《学习先进争当劳模》，介绍沈新德等师市各行各业的12名先进模范人物的先进典型事迹，特刊《致敬最美先进工作者》展示蔡静等8名师市各行业先进工作者的风采；利用4版特刊《十个人的付出传递温暖力量》展示师市10名劳模先进人物的典型事迹；特刊《一心为患者倾情护健康——庆祝“中国医师节”》介绍师市先进医务工作者风采。进一步加大重点宣传、典型宣传力度，为师市经济社会各项事业发展，营造干事创业、社会稳定的舆论氛围。

【媒体融合发展】 2022年，师融媒体中心深化兵地融合工作，推动文化润疆工程，加速传播平台跨区域合作，与奎屯市、乌苏市、第二师铁门关市建立兵地新闻资讯互联共享机制，调频广播FM90.0覆盖周边乡镇80余万人口。打通师域内户外大屏，5G网络广播音柱进社区、进连队共600余个。

【人才队伍建设】 2022年，师融媒体中心邀请自治区、兵团媒体行业20余位专家学者授课。开办“胡杨融媒大讲堂”15期，通过视频直播的方式，培训基层通讯员1800人次。春节期间，采取“师带徒”模式，采写“新春走基层”新闻稿件118篇，其中《边境牧场的冰雪运动会》等18篇作品先后被中央广播电视总台、“学习强国”、《兵团日报》、天山网等中央、省级媒体采用。采取“线上+线下”教学模式，通过视频连线的方式，邀请专业技术工程师针对摄像机的常见使用问题进行授课。

【党的二十大精神宣传】 2022年，师融媒体中心开展常规新闻、言论、人物访谈等多种形式宣传。开设《奋进新征程 建功新时代》《喜迎二十大》《非凡十年》《春潮涌动》《扩大投资提高效益》《推进新时代文明实践》《凝心聚力强党建》等20余个专栏。刊出《刘见明在七师胡杨河市宣讲党的二十大精神 坚定不移把党的二十大提出的目标任务落到实处》《凝心聚力同奋 斗勇担使命启新程——七师胡杨河市学习宣讲党的二十大精神综述》《七言丨让宣讲接地气润民心》《学习贯彻党的二十大精神人物访谈系列报道》等相关报道，推动党的二十大精神走进基层、走进群众。 （王文瑞）

广播电视

【概况】 2022年，第七师广播电视台开办电视栏目5个、广播栏目10个，每天播出时长18小时。播出《胡杨河新闻》236期、《一周回顾》50期、《纪录》52期、《聚焦》24期，播出电视剧1万余集。制作公益广告10部、先进人物宣传片10部。

【广播电视作品创作】 2022年，师融媒体中心完成五集文旅纪录片《多彩胡杨河》、三集乡村振兴纪录片《幸福花开》、歌曲《追光的人》等“八个一工程”作品拍摄。拍摄完成《党员当如张铁杠》等党建专题片41部。

【《热线900》播出】 2022年，由师市党委宣传部、师市纪委监委党风政风监督室和融媒体中心联合打造的民生类节目《热线900》上线，播出节目163期，136位嘉宾做客直播间，协调解决职工群众关注的“急难愁盼”问题921个，群众咨询、反映的问题回复整改率93%。

【综艺栏目开办】 2022年，师融媒体中心成功筹备打造综艺栏目《梦想星舞台》，于4月28日开播。先后举办“致敬劳动者”“守护生命的天使”等主题晚会7场，成功录制《永远的丰碑》《用爱赢得“人民满意”》等大型访谈节目，填补师市综艺直播类节目空白。

（王文瑞）

新媒体矩阵

【概况】 2022年，师融媒体中心有“七师零距离”微信公众号、“胡杨融媒”客户端、“胡杨融媒”官方抖音等网络媒体平台。其中“七师零距离”微信公众号全年刊发365期，刊播新闻稿件3600余篇，直播各类节目170余次。“胡杨融媒”党建、政法、直通七师、三农等10余个专栏全年刊播新闻稿件1万余篇。“胡杨融媒”官方抖音号每天发布视频8~10条，全年发布视频新闻2000余条。“七师零距离”微信公众号累计订阅人数6.2万人，“胡杨融媒”移动客户端用户16.1万人，浏览量4381万人次，“胡杨融媒”抖音号“粉丝”18.1万人，在兵团影响力榜单中始终保持前列。

【网络直播】 2022年，师融媒体中心在“七师零距离”微信公众号、“胡杨融媒”客户端、“胡杨融媒”官方抖音的基础上，实现网络移动直播。全年开展大型直播7场，拉动消费超2亿元。举办“庆丰收迎盛会”师市网络丰收节，节目在“云炬”客户端、“云上兵团”客户端等十几家媒体平台进行同步连线直播，在线观看人数超18万人次。举办“田间课堂”14期，观看人数达920万人次。开通“爱心助农”快车，为各团场20余个农产品进行宣传，发布《一二三团十五连3000只三黄鸡急需销售》等稿件220篇（条），助力各类农产品销售60余吨。

（王文瑞）

文化市场管理

【文化市场综合执法】 2022年，师市文体广旅局联合师公安局、师市市场监督管理局等相关单位开展“扫黄打非”、查堵非法出版物、养老诈骗整治等专项行动21次，出动检查人员583人次，检查文旅单位348家次，办理案件6起，对违法经营单位处罚1.36万元，全力保障师市文旅市场平稳有序规范发展。

（张启明）

2022年5月25日，师文化市场监管综合行政执法支队执法人员在一二九团新华书店查看儿童出版物

（李辰辰　摄）

【文化市场专项整治】 2022年，师市市场监督管理局开展元旦期间文化市场专项检查、校园周边非法出版物专项整治行动等专项执法检查15次，共出动执法人员585人次，检查各类市场主体670家次。 （王疆川）

【“扫黄打非”系列行动】 2022年，师市“扫黄打非”办公室规范出版物市场秩序，完成师市辖区91家文化经营单位资质审查工作，督促各团场及经开区严格落实属地管理责任。全年累计对师市辖区文化经营单位开展集中检查、暗访抽查21次，各团场累计检查390余次，发现并整改相关问题8个。开展“护网”“净网”等专项行动，召开舆情研判会11次，编印舆情月报11期。强化网络安全保卫工作，联合党委网信办、公安局等部门，对20余家单位进行安全检查和网络安全宣传工作，有效排查信息系统安全漏洞269个，下发责令整改通知书21份。师融媒体中心先后邀请31名民警做客胡杨融媒“热线900”直播间开展网络安全、防范电信诈骗等知识宣传。加大对校园周边出版物市场的排查，整治流动商贩非法经营2起，推进“护苗”工程，发放“绿书签”3000余幅，联合政法系统开展未成年人保护法、网络安全法等法治宣传11场。加强学校思想政治工作，开设《中国特色社会主义》等4门必修思政课。师市市场监督管理综合行政执法支队第三大队副大队长苑婕获2022年全国“扫黄打非”先进个人。

（陈珂欣）

群众体育

【概况】 2022年，师市11个农牧团场、164个连队、33个社区有各级各类全民健身活动场所232个，社会体育指导员235人。七师经常参加体育锻炼人数占24.6%，在校学生体测合格率94.5%，体育、广场舞、社区健身成为职工群众的基本生活方式。体育健身工程覆盖率65%，人均体育场地设施面积2.41平方米。

【全民健身赛事活动】 2022年，师市举办篮球兵地融合四城邀请赛，来自独山子区、奎屯市、乌苏市、七师的6支球队65名球员参赛，两天赛期完成比赛12场。举办胡杨河杯城市五人制足球联赛，师市及周边区域14支球队200余名球员比赛40余场，现场进行网络直播，开赛首日吸引9000余人在线观看。举办七师职工冰雪趣味运动会，1300名职工参加。举办七师“胡杨新城健步走、文明健康迎新春”健身活动，参加人数400余人。

【全民健身体育设施】 2022年，师市争取援疆项目资金1.95亿元，建设七师职工文化体育中心，总建筑面积2.69万平方米，地上建筑面积2.07万平方米，地下建筑面积6258.93平方米；争取中央预算内项目资金2500万元，建设面积为13.6公顷的体育公园。为23个连队社区配备20万元体育器材设施。各类体育场所设施开放率和利用率有较大提高。

（张启明）

竞技体育

【协会组织成立】 2022年，师市新成立足球协会、篮球协会、乒乓球协会、武术协会、围棋协会5个协会组织。

【专业人才队伍建设】 2022年，师市举办篮球、足球裁判员培训班各2期，培养国家二级裁判员80人、各类国家资格认证教练员28人。

【体育赛事活动】 2022年7月13—20日，兵团第17届青少年武术套路、散打、跆拳道运动会在第三师图木舒克市举行，第七师胡杨河市武术协会派出3支代表队参加比赛，七师代表队获6金、11银、5铜共22枚奖牌。其中，武术套路项目获金牌5枚、银牌6枚、铜牌4枚；跆拳道项目获银牌4枚；散打项目获金牌1枚、银牌1枚、铜牌1枚。 （杜文彪）

卫生与健康

（张婷婷　摄）

综　述

【医疗卫生机构】 至2022年末，师市有医疗卫生机构146个（含营利性卫生机构），其中师级医院1所、中医院1所、精神卫生康复中心1所（设在奎屯垦区中心医院）、区域中心医院3所、一般团场医院8所、疾病预防控制中心（防疫站）12家（师级1家、团级11家）、采血机构1家、社区卫生服务站30家、卫生室（诊所）89家（非营利性52家，营利性37家），停业医疗机构3家。各级医院编制床位1084张，其中师医院450张、中医院100张、团场医院534张。实际开放床位1560张，其中师医院550张、中医院210张、团场医院800张。有卫生技术人员2039人。其中，高级职称238人、占比12.9%，中级职称525人、占比28.66%；执业医师820人，注册护士819人，药剂师106人，技师（士）159人，其他卫生技术人员135人；大专及以上学历占82.6%。

【医疗卫生服务】 2022年，师级医疗卫生机构总诊疗66.48万人次，其中，师级医院38.93万人次，占总诊疗人次58.56%；团级医院24.66万人次，占总诊疗人次37.08%；社区卫生服务站（连队）2.89万人次，占总诊疗人次4.4%。年住院人次3.47万人次，其中师级医院2.44万人次，占总住院人次70.17%；团级医院1.03万人次，占总住院人次29.82%。师域就诊率92.9%，基层就诊率68.92%。（王东红）

【医疗卫生体制改革】 2022年，师市卫生健康委全面落实“一盘棋、一家人、一本账、一体化”管理体制，完成师市两家医共体综合绩效考核，落实“两个允许”政策，落实书记院长年薪，兑现一二九团、一三〇团、一三一团3个收支有结余的团场医院奖励资金。根据《关于印发2021年度兵团医共体建设综合考核评价通报的通知》要求，对医共体存在问题进行专项整改，加强一体化管理。重塑机制，制定《师市医共体建设改革方案》，将师市两家医共体调整为由七师医院牵头的一家紧密型医共体，管理师市辖区11家团场医院，中医院独立发展。制定印发《第七师胡杨河市紧密型医共体分院管理岗位职员等级晋升制度工作实施方案》，落实医共体2名管理岗位职员等级待遇。完成医共体143人岗位变动审核备案工作，并进行人事平台维护。制定《第七师医院医共体总院专业技术人员下沉分院及政府指令性外派人员选派管理办法》，总医院高年资医师下沉基层医院88人次，接诊患者2.19万人次，查房1628人次，授课68次，手术481台次，危重抢救19人次，收住院458人次，社区义诊2778人次，通过优质医疗资源下沉，不断提高各分院诊疗水平。（唐祁锋）

【卫生健康事业发展规划】 2022年，师市卫生健康委组织区域卫生健康规划的编制和实施。制定《“十四五”卫生事业发展规划》并组织实施，推动卫生健康公共服务提供主体多元化、提供方式多样化的政策措施，推进卫生健康基本公共服务均等化、普惠化、便捷化和公共资源向基层延伸等政策措施。以“十四五”卫生体系发展规划统筹师市卫生健康资源配置，指导师市基层医疗卫生、妇幼健康服务体系和全科医生队伍建设。组织落实疾病预防控制规划、免疫规划及严重危害人民健康公共卫生问题的干预措施。以严重危害群众健康的重大疾病为主线，以提高医疗技术服务能力和医疗质量水平为重点，制定《“十四五”临床重点专科建设规划》并组织实施，从专科规模、医疗技术、诊疗模式、管理方法等不同角度，遴选出群众就医需求较大的专科，纳入师市重点专科建设和评估范围，加强建设，全面提升心脑血管疾病、呼吸系统疾病、精神疾病、中医针灸康复等群众就医需求较大的专科服务能力。（陈淑华）

【科研工作和人才培养】 2022年，师市申报科技项目立项14项，发表省级论文2篇。以赛促练举办第七届师市卫生健康系统岗位大练兵技能竞赛，165人进入决赛，获一等奖18人、二等奖23人、三等奖32人，团体奖3个。开展各类专业知识培训50余次，培训人员7000余人次。选派26人脱产进修学习，其中疆外13人、疆内13人；派出150余人参加各类短期培训班、学术研讨会。加大人才引进力度，通过到高校参加招聘会、网络招聘、主要邀请等，引进副高级职称1人、研究生

2人、大学生124人，建立可持续发展的人才梯队。（唐祁锋）

公共卫生

【居民健康档案】 2022年，全师建立健康档案总人数22.85万人，建档率93.09%；65岁及以上老年人建档数2.33万人，建档率99.42%。健康管理率82.2%。

（陈淑华）

【卫生监测与检验】 2022年，师市疾控中心开展环境消杀效果监测24次。完成全师生活饮用水水质样品206份、近6000个数据的检测任务，检测的206份水样中，合格204份，合格率99.03%。

【健康危害因素监测】 2022年，师市以职工群众健康为中心，针对危害健康的各类因素，做好监测工作。

农村饮水安全监测。在师市各监测点于枯水期和丰水期各检测1次，进行水质常规指标（放射性指标除外）及氨氮指标监测。水质检测指标按照《生活饮用水卫生标准（GB5749-2006）》集中式供水指标进行合格性分析，通过“国家饮用水水质卫生监测信息系统”上报至兵团疾病预防控制中心。经审核，2022年丰水期不合格水样为一三一团监测水样，均为硫酸盐略微超标。

环境卫生监测。共监测10个团场50个连队250户家庭、10所学校，超额完成兵团任务，完成率166%。

食品卫生监测。开展食品风险监测，完成110批次监测任务，其中微生物监测70份、污染物监测40份。经审核，污染物监测食品超标数量为0，微生物监测食品阳性样品数量1，检测阳性率1.43%。其间发现一二七团1家超市存在食品过期现象，由师市市场监督管理局通报并进行处理。开展食源性疾病监测工作，师市哨点医院通过“食源性疾病监测报告系统”上报监测病例145例，其中主动监测病例8例。开展食物成分监测工作，完成30份食物成分样品采集、基础数据录入和送检工作。

职业卫生。开展尘肺病患者随访工作，年内师市接触重点职业病危害因素的劳动者职业健康检查网报人数581人，随访尘肺病患者88人。重点职业健康人群健康素养监测1970人，完成率164.17%。（贾学军）

2022年第七师胡杨河市饮用水监测工作任务一览表

表5 （单位：份）

监测时间	城区水	农村水	小计
丰水期	60	40	100
枯水期	60	40	100

2022年第七师胡杨河市饮用水监测合格率一览表

表6 （单位：份）

监测时间	采集水样	合格水样	合格率
丰水期	100	98	98%
枯水期	100	100	100%

【健康宣传教育】 2022年，师市各单位发放健康教育宣传单30.57万张；在门诊播放健康教育音像资料1.92万小时；定期更换健康教育宣传栏136块576期；举办健康知识讲座527期，覆盖4.08万人次；开展上街宣传咨询活动265场次，接受咨询人数达11.4万人次。（陈淑华）

疾病预防控制

【计划免疫】 2022年3—4月，师市完成二轮补充免疫接种活动。接种率99.74%，本地及流动人员共接种5280人次。两轮接种工作无安全事故发生，未发生疑似预防接种异常反应（AEFI）。

【传染病防治】 2022年，师市报告法定传染病433例，其中乙类传染病361例，丙类传染病72例。发病数较上年512例下降15.43%，发病率0.16%。

【结核病防治】 2022年，师市新增活动性肺结核患者83例，其中病原学阳性42例、病原学阴性19例、无病原学结果19例、利福平耐药3例，追踪到位患者64例、住院治疗13例、非结核死亡6例。

【艾滋病防治】 2022年，师市艾滋病初筛实验室高危行为干预784人次，检测111人次，未发现艾滋病阳性病例；发放宣传资料2140份，安全套3869只。13个自愿咨询室共计咨询检测2357人，未发现艾滋病阳性病例、梅毒阳性病例。艾滋病感染者及病人接受结核病筛查服务的比例为100%，艾滋病感染者及病人配偶检测率92.3%。接受抗病毒治疗人数88人，治疗率83%。

【包虫病、布病防治】 2022年，师市完成B超包虫病筛查4.64万人次，检出包虫病患者2例。抽检500余头屠宰羊进行包虫病感染状况调查，未检出阳性病畜。对3340条犬进行建卡驱虫管理，管理率98.5%，犬药物驱虫1.3万条次。检测犬粪2140份，检出阳性犬粪18份，犬粪阳性率0.84%。布病血清筛查563人份，阳性血清8份，阳性率1.42%。报告布病病例24例，发病数比上年增加8例，无死亡病例。

【碘缺乏病防治】 2022年，师市疾控中心利用第29个“全国防治碘缺乏病日”，在辖区内开展碘缺乏病宣传活动，对监测团场200名8~10岁儿童及100名孕妇尿样进行尿碘检测，儿童尿碘中位数176.50微克/升，孕妇尿碘中位数207.40微克/升；对同批儿童和孕妇家中食用的食盐进行盐碘检测，儿童盐碘中位数26.28毫克/千克，孕妇盐碘中位数26.55毫克/千克，居民合格碘盐使用率98.30%；对同批200名8~10岁儿童进行甲状腺容积检测，检测出2名儿童甲状腺轻度肿大，甲肿率1%，达到碘缺乏病消除评价指标的消除水平。

【地方性氟（砷）中毒防治】 2022年，师市疾控中心对监测团场258份生活饮用水进行氟（砷）含量检测，饮水氟（砷）含量均符合国家生活饮用水卫生标准。各团场对4231名8~12岁学生进行氟斑牙监测，氟斑牙患病率1.4%，低于国家轻病区（氟斑牙检出率≧30%）的标准。全年无新发地方性氟（砷）中毒病人，地方性饮水型氟（砷）中毒病区团场达到控制标准。对师市辖区123名地方病现症病人进行随访管理。

【慢性病防治】 2022年，师市为1.35万名高血压患者和6531名糖尿病患者建立慢病管理档案，规范管理率分别为94.94%和95.12%。

【奖励情况】 2022年，一三〇团国家级“健康促进县（区）”复审工作通过兵团专家复审验收。师市疾控中心实验室取得中国疾控中心地方病控制中心水砷、水氟、尿砷、尿氟考核合格证书，国家碘缺乏实验室盐碘、尿碘、水碘的考核合格证书。师市疾控中心被国家癌症中心授予“肿瘤登记工作优秀奖”。

（贾学军）

基层医疗卫生

【家庭医生签约服务】 2022年，师市卫生健康委加强家庭医生签约团队健康管理服务，建立专家下沉制度，组建由师医院、中医院32名多学科专家及62名社区全科医生参加的39支家庭医生签约服务团队。落实慢性签约患者实施长处方、延伸处方便民政策。至年末，师市辖区常住居民签约率51.72%；辖区内65岁及以上常住居民签约率100%；管理高血压患者1.35万人，签约率100%；糖尿病患者6531人，签约率100%；严重精神障碍患者1058人，签约率100%；残疾人3106人，签约率100%。家庭医生207人，其中全科医生59人、专科医生77人，组建团队49个。

【院前急救事业发展】 2022年，第七师医院依托总院区域急救中心项目建设和五大中心优质资源的支持，加强医共体院前医疗急救体系标准化、规范化建设，在胡杨河市人民医院（一三〇团分院）、一二三团分院、一二四团分院、一三七团分院筹建急诊科，其他分院设置急救站；更新救护车车辆及车载设备，急救药品及装备齐全，急救人员实行24小时值班制和首诊医师负责制，时刻处于应急状态。

【医疗服务惠民生活动】 2022年，师市将心血管病高危人群早期筛查与综合干预项目作为党和政府“为民办实事，医疗服务惠民生”的一项重大举措，通过基层数据筛查，确定高危人群分布，提高心血管病防控工作精度，建立并完善心血管病防治工作体系和长效机制，降低心血管病的发病率、致残率和死亡率。2022年，完成心血管高危人群早期筛查与综合干预初筛2503人，初筛完成率100%；高危干预191人，高危干预率30.56%。短随0人；长随2131人，长随干预率70.96%。

（陈淑华）

妇幼健康服务

【新生儿疾病筛查】 2022年，师市助产机构分娩活产1011例，新生儿两病筛查814例，筛查率80.51%，听力筛查809例，筛查率80.02%。

【出生医学证明管理】 2022年，师市出生医学证明首次签发921枚，既往年度出生首次签发26枚、换发7枚、补发18枚，医疗保健机构外出生签发4枚，当年出生签发率91.1%。

【妇女“两癌”筛查】 2022年，师市开展宫颈癌筛查1.62万人，其中阳性2113例；七师医院复诊病人做阴道镜检查65例，组织病检18例，其中低级别病变3例、高级别病变1例。检测乳腺癌1.62万人，组织病检实查10例，其中小叶原位癌1例、浸润性导管癌1例。

【儿童口腔健康管理】 2022年，师市对项目学校一、二年级学生具有窝沟封闭适应证的儿童进行口腔健康检查，适龄儿童口腔检查率达98%以上，并对第一恒磨牙进行免费窝沟封闭，累计对7~9岁学生实施牙齿窝沟封闭术1674颗。开展学龄前儿童乳牙局部用氟综合干预项目工作。开展3~6岁儿童口腔健康检查，为3~6岁儿童免费局部用氟防龋937人，预防儿童乳牙龋病发生。（贾学军）

【妇女儿童健康管理】 2022年，各团场医院对孕产妇及0~6岁儿童开展免费保健检查。孕产妇系统保健管理率93.82%，0~36个月儿童中医药健康管理服务率96.54%，7岁以下儿童健康管理率98.86%。（陈淑华）

【幸福工程项目】 2022年，幸福工程项目资金250万元，在一二五团、一二六团、一二七团使用，惠及34人；一二七团有淮安援建贫困母亲项目资金160万元，惠及202人。

【托育服务体系建设】 2022年，师市将托育服务机构建设纳入师市卫生健康系统“十四五”规划，积极争取国家项目，8月申请立项建立胡杨河市托育中心。鼓励民营企业、社会机构及有条件的公办和民办幼儿园，通过改建、扩建等方式开设托班，招收2~3岁的幼儿。经与师市发展改革委协调，制定师市“一老一小整体解决方案”。与天北新区联合，6月20—25日在3个人口居住较为集中的社区开展托育服务推介活动。师市辖区有注册备案托育机构3所，托育床位数247张。（韩新明）

医政医管

【医共体组建模式重塑】 2022年9月，根据《第七师胡杨河市两家医共体调整为一家医共体的实施方案》，将中医院从师市医共体中剥离，由第七师医院牵头管理；中医院专注做大中医事业，通过中西医双管齐下，优势互补，各有侧重，全面提升基层中西医疗服务能力和范围。医共体重塑后，师市医改办及相关部门针对医共体印发的一系列保障性、支持性政策不变，落实书记、院长年薪制，进一步落实编制备案制人员经费保障。

【药品耗材集中带量采购】 2022年，师市实现国家组织药品集采第二批第三个采购周期、广东联盟45种药品等11批次299品种的落地实施，完成药品集采1451万份，采购金额1228万元，比上年平均下降79.02%，节约药品费用约850万元。医院开展13省联盟冠脉导引导丝、国家组织冠脉支架等10批耗材集采工作，髋关节平均价格从3.5万元下降至7000元左右，膝关节平均价格从3.2万元下降至5000元左右，平均降价82%。超声刀头、冠脉药物涂层球囊、心脏起搏器、腔镜吻合器和静脉留置针五类医用耗材价格平均下降69.7%，医用耗材价格大幅下降，实现减轻患者负担和节省医保基金“双赢”。落实医保基金预付等配套措施。对带量采购中选产品，按照不低于采购金额的30%预付医保基金。13家定点医疗机构拨付药品和耗材预付金333万元。开展药品阳光挂网工作。师市13家医疗机构在兵团药品集采平台采购金额3999.11万元，录入药品目录1285条，药品统一代码征询300个。耗材阳光采购二次议价1238条。完成医用耗材

医保平台三方协议签订122个。（陈淑华）

【“放管服”改革】 2022年，师市卫生健康委细化涉企经营许可事项改革措施12项，梳理“诊所设置审批”“计划生育技术服务机构设立许可”等事项。深化公共场所告知承诺制，对“公共场所卫生检测或评价报告”（使用集中空调通风系统的，含集中空调通风系统卫生检测或者评价报告）和“从业人员取得有效的健康体检证明”实行告知承诺制。

【行政事项办理】 2022年，师市卫生健康委共完成行政许可150件，行政处罚11件。其中，法人行政许可67件、自然人行政许可83件；法人行政处罚9件、自然人行政处罚2件。按时签收并限时办理、审核、答复、反馈兵团“96359”政务服务热线交办的群众服务工单127起，回访评价好评率99.15%。（刘 尚）

【医疗纠纷鉴定】 2022年，第七师医学会深入学习《医疗事故处理条例》及配套文件，加强医鉴队伍自身建设，坚持依法组织，规范运作，积极探索，平稳展开，共接待医疗纠纷工作20起，处理成功20起，医疗事故技术鉴定1起。

【医务人员继续教育管理】 2022年，师市卫生健康委组织完成国家级继续教育工作1690人次，省级1690人次，专业技术人员公需科目学习1690人次，线下审核全师医务人员公共课继续教育学分2000余人次，网上审批3000余人次。审核晋升高级职称医务人员学分160人次，办理继续教育学习卡40人次。督促开展专业技术人员继续教育知识、法律法规知识培训5000余人次。

【医师护士资格审核】 2022年，师市医师执业报名考试144人次，审理医师注册、注销、变更及备案40余人次。办理医疗机构电子化注册分发账号2家，受理医师资格错误信息修改10人次，审核报送执业药师资格考试20人次，审核护士首次注册、延续注册及变更注册60余人次。

【职称评审及考务工作】 2022年，师市卫生健康委组织开展晋升高级职称人员资料初审工作，完成审核109人，按时间要求完成平台推送工作。审核护考及初、中级职称考试500人次。（悦 敏）

卫生健康综合监督

【日常监督执法】 2022年，师市卫生健康综合行政执法大队开展医疗机构依法执业和传染病监督检查550余次，下达违法行为计分公示42份。完成公共场所信息维护312家，监督检查70余次，下达卫生监督意见书18份，下架检出问题产品，不得销售。

【专项监督执法】 2022年，师市卫生健康综合行政执法大队开展放射卫生、消毒产品（抗抑菌剂）、医疗机构依法执业、医疗乱象、职业病危害等专项治理工作。监督检查各类监管对象262家，联合七师检察分院抽检32家抗（抑）菌制剂12种不同“消”字号产品，与各级各类医疗机构签署“医疗卫生机构使用消毒产品承诺书”，与消毒产品经营单位签订

2022年5月31日，师市卫生健康综合行政执法大队对养老机构医务室进行监督检查。图为执法人员向养老机构工作人员了解机构内医务室工作开展情况（沈海洋 摄）

"医药零售企业经营消毒产品公开承诺书"。专项治理查处非法行医案件1起、医疗机构违法执业案件1起、放射卫生案件1起、消毒产品案件1起，严肃处理一批涉案单位和有关责任人。

【职业卫生监督执法】 2022年，师市卫生健康委制定《新疆生产建设兵团第七师胡杨河市职业病防治规划（2021—2025年）》，从总体要求、基本原则、主要任务、保障措施等四个方面对师市职业病防治进行规划，全面推进健康师市工作。制定《第七师胡杨河市深入开展职业病危害专项治理工作方案（2022—2025年）》，完成国家推送的39家治理企业数据核查，将师市179家企业纳入治理范围，36家用人单位纳入国家职业病危害专项治理系统。对师市辖区10家存在粉尘、噪声、化学毒物等职业病危害因素的重点行业企业进行职业病危害因素检测，对13家医疗放射诊疗场所进行放射性职业病危害因素监测。

【国家"双随机"抽检】 2022年，师市卫生健康综合行政执法大队按照国家卫生健康监督"双随机"分配任务，监督完成8家，监督完成率100%，查处案件2件，并将结果上传至国家平台。

【卫生健康法规宣传与培训】 2022年，师市卫生健康综合行政执法大队开展"职业病防治法宣传周"活动，组织医共体总院、11家团场医院、师疾控中心等医疗卫生单位与师市总工会、安委会办公室等相关部门联合开展活动，通过发放宣传资料、播放职业病防治知识视频、走进企业、在线咨询等形式，向群众宣传《中华人民共和国职业病防治法》及职业卫生标准、劳动者依法享有的职业健康权利和义务等，出动宣传车8辆次、宣传人员122人次、开展宣讲活动24次、印发宣传资料5323份，受众1.45万人，媒体报道6次。组织42家个体医疗机构和13家社区卫生服务站的医务人员对新修订的《中华人民共和国医师法》《医疗机构管理条例》进行培训学习，组织65家消毒产品批发和经营企业开展《中华人民共和国传染病防治法》《中华人民共和国消毒管理办法》《消毒产品标签说明书管理规范》等培训学习，取得一定成效。（张思琦）

中医药事业

【概况】 2022年，师市有中医诊所10家，中医医师副高及以上职称6人，医疗机构设中医床位235张。医疗机构中医总诊疗10.76万人次，出院4242人次。

兵团奎屯中医院推进中医药优质医疗资源下沉基层，提升基层医疗服务能力。全年根据各医联体单位专业特点，选派专家坐诊262人次，接诊患者1865人次，查房232人次，开展讲座83场次，培训786人次，协助开展手术20余台次。派出中医专家指导师市团场医院中医馆规范建设，帮助开展中医适宜技术培训及诊疗业务，实现师市、团场、连队资源共享；购置价值14.8万元的硬件设施，进一步加强团场医院信息化建设。

【基层中医药事业发展】 2022年，师市将兵团专项资金50万元用于团场医院国医馆建设、中医科改造及中医设备配置，为师市基层中医药事业发展提供保障。按照《关于印发乡镇卫生院社区卫生服务中心中医综合服务区（中医馆）建设指南的通知》要求，新建及改建标准化国医馆一二三团、一二四团、一三〇团各1家；修缮中医科8家，兵团奎屯中医院、一二四团医院、一二五团医院、一二九团医院、一三〇团医院、一三一团医院、一三七团医院、奎东农场医院。8家医院均设置中药房，改善基层医院就医环境。（陈淑华）

【中医药专科发展】 2022年，师市有师市级重点中医专科2个，重点培育中医科室2个。打造中医肺脾科、中医经典科、皮肤科、治未病科等新一批特色专科，形成较为完善的中医优势病种和临床路径各18个。推广"简便验廉"中医药技术，创新性地引进黄帝内针、蜡疗、雷火灸等中医特色疗法30余项。

【项目建设】 中医院新住院楼项目。2021年12月17日取得立项批复，2022年5月完成前期手续办理并开工建设，总投资6500万元，为淮安援疆资金。项目总建筑面积1.52万平方米；包括地上十一层，地下一层框架结构及室内外配套附属设施，设置病床

384床位。至年末，完成主体部分施工，进入装饰装修及设备安装阶段。

中药制剂中心建设项目。2020年11月10日取得立项批复，2022年8月通过竣工验收，总投资1280万元，为地方政府一般债券资金。项目总建筑面积1431.19平方米；包括地上三层，地下一层框架结构，配套建设制剂中心中药库房、室外地坪等配套设施。

中医特色重点医院建设项目。2021年8月22日取得立项批复，做好前期手续办理工作，为开工打好基础。项目总投资1.25亿元，资金来源为中央预算内1亿元、地方财政配套0.25亿元。项目总建筑面积2.15万平方米，新建六大特色中医住院楼，新建门诊、中医名医实践馆、诊疗室、医技楼，新建康复中心及中药制剂中心以及项目整体配套附属设施。

国家中医疫病防治基地建设项目。2022年7月28日取得立项批复，年内手续未办理完毕。项目总建筑面积2.26万平方米，按照建设计划，将新建1.26万平方米住院楼，为地上九层、地下一层框架结构，病床200张、ICU床60张、10间负压病房及相关配套；4810平方米科教培训、紧急救援基地，5180平方米发热门诊楼及相关配套等。（孙　茜）

【科技立项】 2022年，师市有“董氏奇穴联合理脾润燥颗粒用于混合痔术后便秘的临床观察”“基于超声人工智能技术和云平台数据库构建七师医共体乳腺癌的防治体系”“健脾利湿法联合穴位贴敷治疗HP耐药性胃炎临床观察”“黄帝内针配合中药口服治疗过敏性鼻炎临床观察”“新活素联合温阳救心汤治疗心衰的临床研究”“柴胡加龙骨牡蛎汤联合腹针治疗双心疾病的临床研究”6个中医药类项目申报师市科技立项成功。（陈淑华）

【中医人才培训】 2022年，兵团奎屯中医院先后选派6名医生到自治区中医院和自治区人民医院进修学习，1名专家作为“西部之光”西部访问学者到北京市空军医院进修；3名护士到兵团总院进修学习。招聘1批次2人纳入备案制编制，自主招聘大学生15名。（孙　茜）

优生优育服务

【生理健康宣传】 2022年，师市各级计生协会推进青春健康教育工作进学校、进企业、进社区、进家庭，不断提质扩面。在各学校开展青春期健康知识教育活动，发放《青春期健康知识问答手册》1000份及宣传单1500份，发放优生优育、生理保健知识等内容的宣传品1.2万余份。

【“优生优育进万家”活动】 2022年，师市计生协会开展孕前优生优育健康检查夫妻550对，各团场邀请疾控中心专业人员为适龄人群提供婚前保健宣传和免费孕前优生健康检查50余次，提高婚孕检服务的可及性和便捷性，预防出生缺陷，提高出生人口质量。通过现场讲解及微信群宣传倡导科学育儿，大力推广母乳喂养，预防儿童营养不良、肥胖和近视等不良健康状况。向1500余名育龄群众传授优生优育知识，接待生育政策咨询1300余人次。（王冬英）

【优生检查指导】 2022年，师市为450对夫妇提供免费孕前优生检查，为420对准新人免费婚前医学检查，进行优生指导。（陈淑华）

【人文关怀】 2022年，师市有计划生育特扶家庭221户，扶助人数353人。与民政局、财政局、人社局、住建局、团委、残联等8部门联合在元旦、春节、母亲节、重阳节等重要节日，组织结对单位对特扶家庭入户走访慰问，慰问品不低于200元（纳入师财政预算）。（韩新明）

血液管理

【概况】 2022年，第七师奎屯中心血站为师市15家医疗机构、约1800张床位提供临床用血，服务人口30万人。建立血液库存监测预警制度，启动血液调配机制，保障各级医疗机构的临床用血。

【无偿献血】 2022年，师市无偿献血率100%，成分输血100%，采集血液1020人次，采血量35.51万毫升，为师市15家医疗机构提供安全、充足、及时、有效的血液。

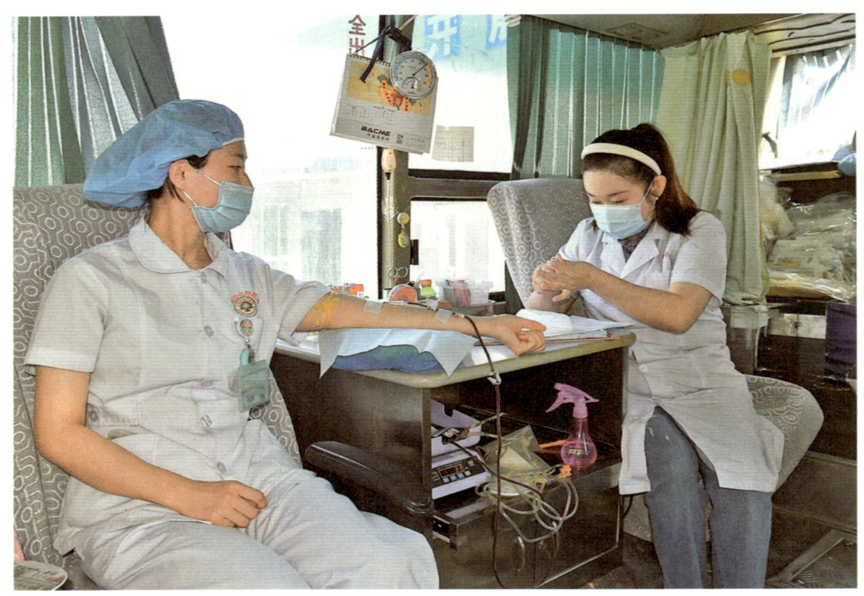

2022年7月16日，在七师医院开展的“白衣天使献血月”活动现场，七师医院内护士在献血车上献血　（李瑞强　摄）

6月14日是第19个“世界献血者日”，医护员工及机关干部带头无偿献血202人次，捐献血液7.4万毫升。帮助奎屯市红十字会采集造血干细胞样本32个。

（周向东）

第七师医院

【概况】 第七师医院（简称七师医院）是一所集临床、教学、预防、检测、康复为一体的地区级“三级甲等”综合性医院，团级事业单位。2022年，七师医院编制床位450张，开放床位550张。医院设有职能、临床、医技科室48个。有在职员工718人，其中专业技术人员650人（高级技术人员74人、中级技术人员206人）。年内门急诊接诊31.43万人次，比上年减少2.69万人次；住院患者1.97万人次，减少2528人次；出院患者平均住院天数7.91天；手术人数8601人次，增加318人次，其中三级手术3014例、四级手术657例；住院药品费用占11.63%，下降0.49%；危重患者抢救成功率75.81%；病床使用率76.26%，下降8.92%。七师医院医共体团场分院基层就诊率49.06%，超过2021年兵团平均值（37.19%），基层床位使用率47.32%，增长2.8%。开展新技术新项目36项，增长71.43%。

【重点专科建设】 2022年，根据兵团反馈国家三级公立综合医院绩效考核报告，七师医院医疗质量方面的整体CMI值（医院诊疗病例的技术难度及收治疑难重症能力）得分0.94，在全国2413所三级医院中排第543名，在兵团12所三级师级医院中排名第二。综合排名高于同区域伊犁州奎屯医院。外科系统微创手术占比45%以上。胸痛中心紧急救治胸痛患者95例，卒中中心救治急性卒中患者225例，创伤中心收住创伤患者556例，危重孕产妇救治中心救治危重孕产妇63例，危重新生儿救治中心救治危重新生儿162例。五大中心共培训各基层医院专业医务人员2580人次。呼吸与危重症医学科PCCM病房通过国家级三级医院PCCM规范化建设评审授牌。

【信息化建设】 2022年，七师医院作为兵团信息化建设试点单位，兵团卫生健康委投入3500万元，召开线上信息化建设专题会议2次，12月下旬工程师进驻七师医院开展工作。医院信息安全等级保护系统达到第三级标准，各团场分院HIS系统、LIS系统、PACS系统全部上线并正常使用。

【重点项目建设】 2022年，师市完成总投资580.55万元的第七师胡杨河市医疗卫生机构医疗废弃物暂存处和污水处理设施建设项目，实现七师医院医共体各团场分院污水处理达标；完成总投资1240万元的一二三团分院PCR实验室建设项目；完成总投资300万元的一三七团分院方舱实验室车库及洗消一体化建设项目；完成总投资160万元的一二四团分院方舱实验室车库建设项目；多方筹资盘活一二八团分院停工多年的疾控中心项目并顺利交工；协调援疆资金完成一二三团分院新建综合楼室外配套项目并交付使用。

【教研发展】 2022年，七师医院申报师市科技项目立项8项，通过师科技项目验收6项；组织全院职工进行专业知识和职工素质教育培训10次、参与6000余人次；选派18人外出进修，派出100余人次参加各类短期进修培训，接收各医学院校实习生80人；组织团场乡村医生15人参加能力提升培训。 （徐 忠）

团场分院选介

【一二三团分院】 一二三团分院占地约4万平方米，固定资产2138.03万元，是集医疗、预防、保健、康复、计生等为一体的公益性一级综合医院。分院核定编制106个，技术人员101人。2022年，在编在岗人员84人，其中高级岗15人、中级岗26人。设有职能科室5个和业务科室8个，分院床位设定60张，开放床位100张，年门诊量3万余人次，收治入院患者1000人左右，年业务收入约600万元。分院含内外妇儿和中医康复等专业科室，其中内儿科能够诊治呼吸系统、心血管系统、消化系统等102种常见病、多发病。外妇科开展阑尾切除、无张力疝修补、四肢骨折外固定及取出术、乳腺肿物切除术、宫颈切除术、接生、无痛人流及日间手术等62种疾病的手术和治疗；五官科、口腔科、眼科开展各种常见病诊治及手术项目（二氧化碳激光切除术、矫正术和外耳道肿物激光切除术），中医科开展中医中药的诊治、中药熏蒸、针灸、推拿牵引、拔罐刮痧、蜡疗、中频等治疗项目。全年投资近300万元，购置四维彩超、检验等设备，开展心脏彩超和检验科载A载B、降钙素、D–2聚体、心三联等检验项目；自筹资金260万元购置螺旋CT。 （杨 帆）

【一三〇团分院】 一三〇团分院占地6.2万平方米，其中建筑面积2.7万平方米，业务用房2.14万平方米，价值10万元以上设备6台，固定资产总额2037.76万元，编制床位60张。2022年，分院门诊患者就诊3.13万人次，出院人数1451人，床位使用率73.7%，急诊238人次，治愈好转率98%。平均住院天数11.1天，基础护理、危重患者护理合格率100%。门诊、住院病人满意度100%，社会满意度100%，职工对支部班子满意度100%。实施国家基本药物制度取得成效。执行药品、器械、一次性物品招标采购制度，实行基本药物统一采购、零差率销售，医院药品种类共320种，基本药物品种292种，占91.25%。 （黄瑞馨）

【一三一团分院】 一三一团分院位于奎屯市准噶尔路85号。始建于1957年6月，是一所集医疗、预防、保健、康复、计划生育服务及精神病防治、公共卫生服务为一体的一级甲等综合性医院。医院占地2.5万平方米，建筑面积1.8万平方米。设有医务科、护理部、院办、公共卫生科4个综合科室，2个内科，4个精神科，外妇科、康复科等8个临床科室，检验科、功能科、药剂、院感办、财务科5个业务室，可开展内科、外科、妇产科、儿科、精神科、中医康复科、口腔科等105种常见疾、多发病的诊疗。2022年，有工作人员228人，其中在编149人、备案制9人、同工同酬人员62人、临时工8人；专业技术人员222人；执业医师49人、助理医师23人、乡村医生5人、执业护士105人、医技7人、药剂8人、检验7人；本科58人、大专122人；高级职称21人、中级职称56人。编制床位94张，开放床位350张，完成门诊量3.35万人次，出院2729人次，床位使用率77.3%，业务收入1506.56万元。 （赵 娟）

社会生活

（闻 新 摄）

收入与消费

【居民收入】 2022年，师市居民人均可支配收入40343元，比上年增加1355元，增长3.5%。按常住地分，城镇居民可支配收入44716元，增加1638元，增长3.8%，连队居民可支配收入31062元，增加1020元，增长3.4%。

【城乡居民收入结构】 2022年，师市城镇居民人均可支配收入44716元。其中，工资性收入30998元，是城镇居民人均可支配收入的主要来源，占城镇居民人均可支配收入的69.3%；转移净收入7238元，占城镇居民人均可支配收入的16.2%。连队居民人均可支配收入31062元。其中，经营净收入19464元，占连队居民人均可支配收入的62.7%，对连队居民收入影响最大；转移净收入5208元，占连队居民人均可支配收入的16.8%，是连队居民可支配收入的重要构成。

【居民消费】 2022年，师市城镇居民人均消费支出22115元，比上年下降4.2%；连队居民人均消费支出24576元，下降16.6%。居民人均生活消费支出中，衣着、居住、交通通信和教育文化娱乐支出较上年下降；食品烟酒、生活用品及服务、医疗保健及其他用品的服务支出较上年增长。

（许　彤）

劳动就业

【概况】 2022年，师市城镇累计新增就业5324人，其中失业人员再就业2711人、就业困难人员就业653人，完成兵团下达就业目标任务的100%。城镇登记失业率控制在5%以内。

【就业服务专项行动】 2022年，师市公共就业和人才服务局创新服务方式，拓展服务功能，统筹推进“就业援助月”“春风行动”等“10+N”公共就业服务活动。每月开展人才需求摸底调查，引导有用工需求的企业和求职者实现对接。4月，联合师党委党校组成企业用工专题调研组，到师市2个经开区和一二三团、一二九团，走访32家国有企业及招商引资企业，访谈110余人，召开座谈会16场，参加座谈人员近百人，并向企业发放企业用工情况调查问卷，57家企业及其员工参与问卷调查，收回调查问卷2048份。因地制宜开展线上线下招聘活动，联合各类媒体举办网络专场招聘会32期，761家企业累计提供就业岗位1.46万个，初步达成就业意向8344人次；组织部分重点企业、团场党建办、学校到石河子大学、塔里木大学开展校园专场招聘活动，通过校园两场招聘活动，30家用人单位提供就业岗位740个，达成就业意向462人；联合奎屯市、乌苏市、克拉玛依市独山子区人社局、就业局等有关单位，举办“奎—独—乌”区域首届人力资源共享交流会，师市36家用工企业提供就业岗位1034个，现场达成就业意向400余人；组织2家企业到甘肃8所高校开展校园招聘及宣讲活动，与4所高校达成校企合作意向，达成就业意向309人；联合奎屯市人社局在天北新区开展2022年“百日千万网络招聘专项行动”暨“离校未就业高校毕业生专场”线下招聘活动，45家企业提供就业岗位969个，达成就业意向105人；联合奎屯市、乌苏市、克拉玛依

2023年5月20日，师市人社局组织14家用人单位在塔里木大学开展校园专场招聘会。图为招聘会活动现场　（唐学斌　摄）

市独山子区等人社局、就业局等有关单位，举办2022年“兵地融合促复产”冬季大型招聘会，78家企业提供就业岗位3000余个，吸引1600余名群众现场求职，网上投递简历近500人，达成就业意向1200余人。其中，师市18家企业参会，提供就业岗位1334人，206人初步达成就业意向；邀请石河子大学、甘肃农业职业技术学院、克拉玛依职业技术学院领导、系主任、毕业生代表来师市用人企业进行实地观摩、考察，采用“实习+就业”新模式，在推动2022届高校毕业生就业的基础上，提前谋划2023届毕业生实习实践和就业，打通实习到就业的新路径。

2022年5月9日，师市劳动保障监察支队联合师市总工会等单位在江淮山河印项目工地开展宣传《保障农民工工资支付条例》活动

（阮强君　摄）

【公益性岗位补贴】 2022年，师市人社部门以“4555”人员、残疾人和低保家庭人员为重点，开发公益性岗位进行托底安置，安置就业困难人员再就业586人，发放公益性岗位补贴740.12万元、社会保险补贴550.8万元。

【灵活就业社保补贴】 2022年，师市多措并举支持灵活就业，缓解灵活就业人员缴纳社会保险费的压力。全年享受灵活就业人员社会保险补贴1967人，发放补贴1933.25万元。

【企业吸纳就业补贴】 2022年，师市加强企业吸纳社会保险补贴工作力度，助力用人单位稳定岗位、扩大就业。符合企业吸纳政策补贴条件企业77家，吸纳各类劳动者就业1660人，支出补贴资金1473.68万元。

【就业见习补贴】 2022年，师市推进高校毕业生等青年就业见习，对吸纳见习单位给予补贴。安置高校毕业生就业见习260人，发放见习补贴286.75万元。新增就业见习单位9家，可安置高校毕业生见习680人。

（唐学斌）

【劳动能力鉴定】 2022年，师市工伤与劳动能力鉴定委员会规范劳动能力鉴定工作程序，动态管理全师劳动能力鉴定医疗卫生专家库，强化鉴定专家的质与量，补短板、强弱项，确保鉴定结论公平公正。全年完成劳动能力鉴定6批次，累计鉴定161人次，其中工伤职工劳动能力鉴定申请126人、职工非因工或因病劳动能力鉴定35人；受理并完成配置（更换）辅助器具申请5人。（古丽尼娜）

【劳动保障监察】 2022年，师市劳动保障监察支队结合新媒体，全方位、多形式对劳动保障法律法规进行宣传。深入各类用人单位、项目工地30余个，张贴宣传画20幅，悬挂横幅10条，发放传单500张、农民工维权爱心卡1000余张，发布信息20余条、短视频3个，参与录制胡杨河电台《热线900》节目2次。全年审查用人单位报送的书面材料26户，涉及劳动者1224人；畅通投诉渠道，接待政策咨询电话来访1300余次，涉及1210人，为433名劳动者追发工资待遇736.5万元。通过开展根治欠薪源头治理专项行动、清理整顿人力资源市场秩序专项行动、工时和休息休假权益维护专项执法行动、根治欠薪冬季专项行动，共检查私营经济组织、个体工商户232家，检查在建工程项目89个，规范建筑施工企业、私营经济组织、个体工商户劳动用工及工资支付行为，增强劳动者依法维权意识和自我保护能力。建立执法人员名录库，开展“双随机、一公开”执法检查3次。开展企业守法诚信等级评价工作，共评出A级诚信企业2家、B级企业24家。落实行政执法“三项制度”，立案查处欠薪案件10件，结案10件，为327名农民工讨回工资706.95万元。

【农民工权益保护】 2022年，师市劳动保障监察支队严格执行农民工工资保证金缴存政策，累计办理存储农民工工资保证金70个项目，退还农民工工资保证金20个项目。进一步推动工资支付监控预警平台工作，督促各建设工地及时将相关信息录入平台并备案，将在建的89个项目全部录入平台，备案农民工5210人，实时了解和掌握建设工程项目开工、建筑工地用工、农民工工资专用账户开户及农民工工资保证金进账情况，提升监管效力。精准对接劳动者诉求，核实处理全国根治欠薪反映平台线索182条，兵团“12333”转办20条，“96359”政务服务热线线索19条，人民网留言5条，胡杨河电台《热线900》留言7条。召开1次根治欠薪领导小组工作会议，5次师市根治欠薪专题会议，处理重大、复杂欠薪问题20余起，实现根治欠薪冬季专项行动“两清零”工作目标。 （阮强君）

【劳动仲裁】 2022年，师市劳动人事争议仲裁院严格执行“只要能调解，坚决不裁决”的办案方式，坚持“预防为主、调解为主、基层为主”方针，及时了解、掌握劳动争议的苗头和动态，把争议隐患消灭在萌芽状态。全年共受理劳动争议案89件，涉及135人，涉案金额306.05万元。其中，裁决34件，调解55件，不予受理13件，平均涉案金额3.44万元，调解率61.8%，处理案件比上年下降53.2%，裁决案件下降48.5%，涉及人数下降67.6%。 （杨　琼）

社会保障

【社会保险参保扩面】 2022年，师市参加城镇职工基本养老保险计划14.35万人，完成城镇职工基本养老保险参保总人数14.56万人，完成计划数的101.44%，其中企业职工基本养老保险参保13.2万人、机关事业单位基本养老保险参保总人数1.36万人，居民养老保险参保1.24万人。失业保险计划参保5.12万人，实际参保5.13万人，失业保险参保完成率100.19%；工伤保险计划参保人数5.77万人，实际参保5.77万人，工伤保险参保完成率100.07%。 （吴　旭）

【第三代电子社保卡发行】 2022年，师市根据人社部社保卡密钥安全体系升级的总体要求，结合兵团“一卡通”建设远景规划，发行第三代社会保障卡。新申领和补换发第三代社会保障卡5515张，实现二、三代卡的自然换发、平稳过渡。通过线上微信公众号等媒体推广、线下分解任务到连队社区，强化银社合作服务机制，推进电子社保卡推广工作，辖区参保人员电子社保卡签发张数27.9万张，累计领用人数13.83万人，人口覆盖率55.8%。（王　琳）

【社保服务改革】 2022年，师市以“线上办”“提速办”为主要内容，着力提升服务水平和质量。利用信息化社保医保网上申报系统，完成线上社保医保增减变动2.23万人次，协助单位开票1.32万张。审核失业金线上申领141人次，失业补助金线上申领200人次。跨省转移业务由线下转线上办理，办理转出514件，其中城乡居民养老保险38件、机关事业单位养老保险19件、企业职工基本养老保险441件、职业年金14件、失业保险2件；办理转入707件，其中城乡居民养老保险41件、机关事业单位养老保险42件、企业职工基本养老保险610件、职业年金14件。 （李　瑞）

【住房公积金管理】 至2022年末，师市开立个人住房公积金账户数1.98万个，累计归集额22.75亿元，其中当年完成住房公积金归集3.02亿元，比上年增加3879万元，增长15%。累计提取13.46万人次，提取额11.98亿元，其中当年办理公积金提取2.89万人次计1.55亿元，减少2196万元，下降12%。累计发放贷款4607笔计9.22亿元，其中当年发放261笔计7473万元，减少1.23亿元，下降62%。个贷率50.94%。

（孙　凡）

【社会保险待遇发放】 2022年，师市落实退休人员养老金调整政策，调整退休人员待遇。调整基本养老保险退休人数6.6万人，调整金额1239.09万元，平均增加188元；完成居民养老退休人员基础养老金两次连调，月人均待遇增加75元，参与调整人数2521人。调整失业、工伤待遇，落实兵团失业人员失业金调整政策，失业保险金提高207元，调整后待遇金额为1386元；失业补助金提高165.6元，调整后待遇金额为1108.8元。落实兵团工伤（亡）待遇调整政策，调整2021年工伤（亡）职工工伤保险待遇474人。

（刘好坤）

【助企纾困】 2022年，师市实行失业保险稳岗返还资金政策。为438家企业发放稳岗返还资金474.22万元，惠及职工1.28万人；实施社会保险统筹费缓缴政策，缓缴企业21家，惠及人数612人，缓缴金额143.69万元；落实阶段性降低失业、工伤保险费率政策，失业保险费率总和从3%降至1%，减征金额6452万元，退还连队职工5—12月失业保险费433.77万元；工伤保险费率阶段性下降50%，减征金额550万元，惠及师市辖区参保单位1083家、参保职工5.23万人；落实一次性留工培训补助政策，师市辖区600家中小微企业一次性留工培训补助资金拨付到账，共拨付资金517.75万元。

（吴　旭　刘好坤）

【一次性扩岗补助扩围政策落实】 2022年，师市落实一次性扩岗补助扩围政策，审核通过符合发放条件的应届毕业生305人，支出一次性扩岗补助45.75万元，惠及54家单位。发放技能提升补贴459.2万元，惠及4075人。落实失业保险保障扩围政策，支出失业金281.4万元、失业补助金146.7万元、临时价格补贴10.26万元。

（周炳宇）

【困难群体社会保险帮扶】 2022年，师市巩固拓展社会保险扶贫成果，持续做好困难群体社会保险帮扶，开展社保困难群体人员代收代缴。师市有低保、特困、重残人员3701人，应在兵团参保人数2029人，实际参保人数2029人，其中困难群体人员应代缴居民养老保险1562人，实际代缴1562人，代缴率100%。

（吴　旭）

【社会保险基金管理核查】 2022年，师市开展社保基金管理提升年专项核查工作。组建专班开展社会保险基金管理自查，对照6类19项61条工作内容仔细核对、查找问题，并在规定时间内完成整改；完成人社部下发疑点数据整改970笔，切实提升社保基金管理水平，维护社保基金安全。

（叶秀东）

【养老待遇资格认证】 2022年，师市优化养老待遇资格认证方式，多渠道开展待遇资格认证工作。构建以信息比对为主、便民社会化服务和自助认证相结合的养老待遇资格认证新机制。全年完成养老待遇资格认证6.92万人，认证率100%，其中通过大数据静默认证8.45万人次，覆盖应认证人数的91%；通过电子社保卡等渠道自助认证2.56万人，覆盖应认证人数的37%；通过上门服务、视频通话等多种方法人工认证3448人，覆盖应认证人数的5%。

（王　琳）

医疗保障

【参保管理】 2022年，师市参加基本医疗保险单位1130家，参加基本医疗保险人数18.43万人，其中职工（含灵活就业人员）参保11.67万人（在职职工参保5.93万人、退休职工参保5.74万人，在职退休比为1∶1.03）。居民基本医疗保险参保6.76万人。师市基本医疗保险统账结合单位缴费基数34.8万元，平均缴费基数5302元/人/月。

（常　昊）

【基本医疗保险基金】 2022年，师市职工基本医疗保险基金总收入4.91亿元，其中统筹基金收入3.56亿元、个人账户收入1.35亿元；财政补助收入2000万元（为兵团财政补助）；利息收入636.8万元；转移收入119.37万元；其他收入81.07万元。总支出4.04亿元，其中职工统筹基金支出2.65亿元（在职人员基本医疗保险统筹基金支出8188.85万元，退休人员基本医疗保险统筹基金支出1.83亿元）、个人账户支出1.39亿元。当期结余8641万元，统筹基金累计结余1.87亿元，统筹基金可支付月数9个月，较上年末增加4个月。

2022年，师市居民基本医疗保险基金收入7468.65万元，其中个人缴费收入2601.19万元（含居民基本医疗保险缴费医疗救助资金资助低保人员缴费收入73.86万元）、兵团财政补助收入4565.02万元、利息收入228.59万元。支出0.57亿元，大病保险支出0.03亿元，其中住院统筹金支出0.46亿元。当期结余1785.71万元，累计结余1.73亿元，可支付月数29个月。

（金灿灿）

【医疗保险】 2022年，师市职工医保享受待遇人次31.21万人次，比上年增加9.51万人次，增长44%。职工住院率25%，次均住院费用9586元，政策范围内住院费用基金支付比例80.88%。职工基本医疗保险住院费用支出总额2.81亿元，住院人次2.93万人次，职工基本医疗保险住院统筹金支出总额1.57亿元（其中在职人员基本医疗保险住院统筹金支出3015万元、退休人员基本医疗保险住院统筹金支出1.27亿元）。职工大慢病门诊统筹金支出4170万元，享受待遇1.66万人。门诊慢病享受待遇总人数1.53万人，门诊慢性病医疗费支出2974万元，门诊慢病统筹金支付2264万元（含门诊慢性病人员在药店支出统筹金205.45万元）。职工门诊慢性病就诊7.69万人次（含门诊慢性病人员在药店拿药5494人次）；门诊大病享受待遇总人数1782人。年内门诊大病医疗费支出2978万元，门诊大病统筹金支出1884万元（在药店支出统筹金104.3万元），门诊大病就诊1.29万人次（在药店拿药385人次）。

2022年，师市居民医保享受待遇人次1.89万人次，比上年增加721人次，增长4%。居民住院率14%，次均住院费用7527元，政策范围内住院费用基金支付比例78.25%。居民基本医疗保险住院医疗费支出总额7292万元，住院统筹金支出4255万元，住院人数9688人次。居民门诊慢性病就诊6150人次，统筹金支出120.64万元。居民大病门诊2490人次，统筹金支出533.60万元。

【异地就医管理】 2022年，师市职工医保异地就医备案1.69万人，比上年增长5.3%。职工异地就医人员中发生住院费用1.47亿元，住院人次7681人次，减少7.7%，人均住院费用1.92万元，异地就医住院率6.6%。

2022年，师市居民医保异地就医备案972人，其中跨省异地就医备案440人。居民医保异地就医1020人，比上年增长34%，其中跨省异地就医440人。异地就医总人次1816人次，占居民医保参保人员就医人次的10%。居民医保异地就医费用2966万元，其中跨省异地就医费用907万元；住院费用2879万元，下降18%，其中跨省异地就医住院费用889万元，次均住院费用2.02万元。

（卡米娜·加汉）

【职工医保门诊共济】 2022年起，兵团职工基本医疗保险门诊共济保障机制实施。职工医保门诊共济保障机制通过改革职工医保个人账户计入办法，建立门诊统筹标准及使用范围，提高医保基金使用效率，增强门诊共济保障功能，满足参保职工多元化就医购药需求。2022年，师市职工普通门诊就诊19.28万人次，医保基金统筹支付1463万元。其中，在职职工就诊7.02万人次，统筹支出497万；退休人员就诊12.26万人次，统筹支出966万。政策范围内报销比例达41%。

（常　昊）

【生育保险】 2022年，师市生育保险参保人数5.47万人，比上年减少68人，下降0.13%。师市职工基本生育保险缴费费率为0.5%，生育保险基金收入1750.89万元、支出1631.74万元，当期结余119.15万元。

（金灿灿）

【医疗救助】 2022年，师市参加基本医疗保险城乡困难群体2369人，特困供养人员237人（含孤儿、事实无人抚养儿童10人），最低生活保障家庭成员2198人。全年医疗救助资金支出236.13万元。其中，资助参加基本医疗保险1337人次，救助金额134.13万元；门诊救助2276人次，救助金额31万元。

（卡米娜·加汉）

【药品和医用耗材采购】 2022年，师市实施国家组织集采、省际联盟集中带量采购16个批次药品和10类高值医用耗材，共涉及药品252种496个品规，国家和省际联盟药品集中采购金额1955.96万元，高值耗材集中采购金额559.28万元。实现师市范围内定点公立医疗机构全部药品线上阳光挂网采购，13家公立医疗机构在兵团招标采购平台采购金额4804.44万元。公立医疗机构药品费用下降40%左右，药品耗材集采累计节约医疗费用750万元。

【医保基金监管】 2022年，师市医保局检查定点医药机构116家、约谈9家、暂停医保结算1家，追回

2022年8月12日，第七师市场监管综合行政执法支队执法人员在七师胡杨河市一三〇团药店查看四类药品登记台账　（王疆川　摄）

违规支付医保资金293.57万元。

【医保经办服务】 2022年，师市医保局配合兵团做好新系统的调研和新业务测试工作，进一步完善和优化兵团医保信息功能和应用场景，提升医保经办工作效率。投入20余万元，为师、团两级医保经办机构配备计算机、复印机、高拍仪、打印机、投影仪等硬件设备，提升医保系统服务能力。师市医保局优化医保服务“最多跑一次”服务。推行医保经办服务窗口“综合柜员制”，实现服务前台不分险种、不分事项一窗受理，后台分办联办。优化推进“互联网+医保服务”，通过一体化政务服务平台、单位网厅、个人网厅、国家医保App和兵团医保App等互联网平台，实现医保服务经办从实体大厅到“一网通办”。优化医保关系转移接续和异地就医结算，推进基本医保关系转移接续服务“网上办”“就近办”。师市医保局引导参保群众激活、使用医保电子凭证，督促各定点医药机构做好软硬件系统升级，及时为参保群众提供优质的扫码结算服务，实现师市医保结算跨入“码时代”。至年末，师市医保电子凭证激活人数10.3万人。

（常　昊）

社会救助

【概况】 2022年，师市民政系统统筹做好民政社会救助工作，开展困难群众救助补助资金审计发现问题专项治理、社会救助领域群众身边腐败和作风问题综合治理工作，印发《师市社会救助台账规范模板》，明确“公管卡”监管责任，规范各类资金审核及拨付使用，推进各项救助按月审核、按月发放，确保低保等各项资金每月10日前发放到位，发放社会救助资金3219万元，救助各类困难群众9148人次。

【最低生活保障】 2022年，师市制定下发《第七师胡杨河市居民最低生活保障审核确认实施细则》，细化救助条件、救助类别、救助金核算等内容。开展低保专项治理，围绕“错保”“漏保”等问题，师、团两级对低保、特困等家庭进行全覆盖入户核查，解决困难诉求24件。低保标准从每人每月650元提高到665元，对低保中有重病、重残、老年人、未成年人的，在提高低保标准20%的基础上，每月再分别增发58元、35元补助金。全年救助1946户次2484人次，累计发放低保救助金1875万元。

【特困人员供养】 2022年，师市为特困供养人员发放救助金396万元，开展全覆盖摸排行动，有集中供养意愿的特困老人全部入住养老服务机构集中供养，其余人员均签署分散供养协议。特困供养标准（全自理、半自理、全护理）分别由每人每月1100元、1300元、2200元提高到每人每月1235元、1435元、2335元。

【临时救助】 2022年，师市发挥临时救助“救急难”作用，加大临时救助力度。第四季度分4批次对辖区内受新冠疫情影响无收入的低收入家庭、外来务工人员、滞留人员以每户1500元的标准开展一次性救助。广泛开展走访慰问，春节前夕，结合冬季取暖救助和“两节”慰问工作，对低保、特困、孤儿等五类困难人员按1500~2500元标准进行两轮全覆盖慰问、救助。为6253户9378人发放临时救助金923万元。

【一次性补贴发放】 2022年8月，师市向低保人员、特困供养人员增发一次性生活补贴；启动物价上涨挂钩联动机制，9—12月连续4个月向低保、特困、孤儿及事实无人抚养儿童、低保边缘家庭等困难群体发放临时价格补贴。

【慈善事业发展】 2022年，师市开展慈善法宣传活动，引导师市爱心企业及爱心人士参与公益慈善事业，招募第七师慈善总会会员，募集善款16.5万元。加大慈善对老龄事业投入，拨付16万元用于一二三团老年公寓采暖设施维修和天北新区聚祥园日间照料中心设施设备采购。（艾明艳）

社会福利

【高龄津贴发放】 2022年，师市完善80岁以上老人高龄津贴制度，制定印发《第七师胡杨河市关于进一步规范80周岁以上老年人基本生活津贴发放管理工作的通知》，全年为6008人发放高龄津贴408万元。

【儿童福利保障】 2022年，师市为孤儿、无人抚养儿童发放基本生活费。全面落实定期走访制度，建立留守、困境儿童工作台账。6月，开展未成年人保护宣传月宣传活动，对孤儿、事实无人抚养儿童、困境儿童全覆盖走访、慰问。开展“圆梦助学”工作，为7名孤儿发放“圆梦助学”资金4.5万元。（艾明艳）

2022年5月20日，师市民政局婚姻登记处举办集体颁证仪式。图为参加仪式的新人合影（马冬雯 摄）

社会事务管理

【概况】 2022年，师市着力提升社会事务服务能力，做好养老机构安全生产，地名规范化管理全面启动，落实自治区殡葬管理条例，加强胡杨河市生态陵园项目建设，推进惠民殡葬政策落实，历史婚姻登记档案完成“电子化”转变，增强社会组织党的领导，提升各项工作规范化、法治化水平。

【婚姻登记】 2022年，师市民政局婚姻登记处接待办事群众5000余人次，受理业务1500余件。开展集体颁证仪式、特邀颁证师颁证30次，相关信息在人民网、“学习强国”等全国性平台和“胡杨融媒”等媒体刊载。规范细化《岗位责任制》《文明用语》《服务承诺制》等规章制度，亮身份、亮标准、亮承诺，加强窗口行风建设。将1978年以来6.2万份纸质婚姻登记历史档案转换为电子档案，实现档案“信息化”“电子化”。（艾明艳）

【老龄事业发展】 2022年，师市建成日间照料中心12个，其中，一二三团、一二四团、一二八团、一三〇团、天北经开区聚祥园5个日间照料中心投入运营，一二五团、一二七团、一二九团、一三一团4个日间照料中心腾挪中。日间照料中心配建床铺电视等生活必需品外，配套建设图书室、活动室、健身室、棋牌室、休息室、便民食堂等活动和服务场所，并配备相应活动器材。一二三团医养结合示范基地建设硬件设施部分安装到位，软件系统开通线上咨询、预约诊疗等。各团场分院都与团养老院签署诊疗服务协议，建立双向转诊机制，给每位老人建立健康档案。2022年5月起，卫健系统开展打击整治养老诈骗专项行动，各团场社会事务办对辖区内的养老机构每周进行电话查询，未

发现无行医资质相关人员擅自为老年人开展诊疗活动等违法行为。（王冬英）

【养老服务】 2022年，师市民政局常态化监管师市9家养老院的安全生产，开展安全生产检查4轮，发现并解决问题32件；发放各类补贴补助51.12万元；组织养老诈骗知识讲座11场次，覆盖群众3000人次，发放宣传手册2000份；制定“挂钩支援结对”方案，坚持“请进来”“走出去”“云互动”相结合，与第二师铁门关市联合举办为期一周的养老护理员职业技能培训，培训人员150人，培训率100%。

【殡葬管理】 2022年，胡杨河市生态陵园投入运营，投入2500万元加强道路、园林等基础设施建设，实现遗体接运、火化、骨灰寄存、安葬全流程服务。开展殡葬服务机构违规收费问题、团场公益性公墓“超大墓”突出问题专项整治，利用广播、融媒体平台等途径宣传殡葬新风。

【地名管理】 2022年，师市组织召开师市地名委员会第一次工作会议，对胡杨河市城区21处新建居民住宅区进行地名命名。印发《师市地名管理实施细则》等规范性文件。落实国家地名信息库质量提升专项行动，编制胡杨河市城区新建住宅区门牌63栋1040户，完成一二六团和一二九团二维码街路牌安装工作。（艾明艳）

社会组织管理

【概况】 至2022年末，在师市民政局登记成立的社会组织共存续206家，其中社会团体180家、民办非企业26家。新成立登记社会组织8家。

【监督管理】 2022年，师市完成35家社会组织年检工作。审批28项申请事项，加大执法监督力度。坚持加强社会组织党建与登记成立、年检、评估同步，师市民政局联合师市非公企业综合党委举办为期5天的“两新”组织党建培训班，持续推进社会组织党的建设和党的组织有形有效覆盖。开展非法集资排查、涉企收费、非营利监管、“僵尸型”社会组织整治等专项活动。

【志愿服务队伍建设】 2022年，师市引进社会力量，培育志愿服务队伍，“中国志愿服务网”信息系统登记注册志愿者3538人，正式团体120个，服务时长2.23万小时。（艾明艳）

社区建设

【社区治理】 2022年，师市推进39个社区“一支部五中心”组织架构建设，完成连规民约、居民公约的修订完善工作。推进智慧社区建设，组建3~5人居委监督委员会，初步实现社区平台信息化建设，推进“需求在网络中发现、资源在网络中整合、问题在网络中解决”的工作模式。指导各单位完成连队、社区公共卫生委员会依法设立工作，为师市进一步建立健全公共卫生基层治理体系，强化社区网格化管理，筑牢基层公共卫生防护网、隔离墙。

【人才队伍建设】 2022年，师市建立以社区“两委”成员为骨干、聘用人员为辅助、公益性岗位为补充的社区工作者队伍，争取全国社会工作者职业水平考试考前培训资源，全年社会工作者职业资格考试通过26人。健全社区工作者薪酬增长和激励机制，对取得社会工作者职业资格证书的给予每人每月300~500元的补贴。（艾明艳）

应急管理

（孟庆忠　摄）

综　述

【概况】 2022年，第七师胡杨河市在兵团年度安全生产和消防安全考核中连续保持第二，获“优秀”等次，全年未发生生产安全事故和重大自然灾害事件。

【应急管理职责和机构完善】 2022年，师市调整师市应急管理局职责和机构编制相关事项，将原师市发展和改革委员会承担的煤矿安全监管职责和相关行政权力划转至师市应急管理局，将原应急管理局综合科（应急救援科）、安全生产监督管理科调整为综合科（政策法规科）、安全生产监督管理科（危险化学品监督管理科）、矿山安全监督管理科（应急救援科）。

【应急管理体系建设】 2022年，师市及时调整师市安委会、减灾委、抗震救灾、防汛抗旱、森林草原防灭火指挥部领导小组，明确各委员会、指挥部办公室工作职责，建立师市安委会、抗震救灾工作联席会议，保障师市安全生产和抗震救灾各项工作稳步推进。

【应急救灾基础夯实】 2022年，师市组织编制师市突发事件总体应急预案和自然灾害、安全生产类专项预案35个，组织各团场、经开区、师市安委会成员单位、师直属企事业单位开展应急演练活动82场（次）；会同师市发展改革委、财政部门修订《第七师胡杨河市本级救灾物资使用管理暂行办法》，新采购14项1.31万件救灾物资，共计254万元，夯实防灾减灾基础。

2022年5月12日，师市减灾委在一三〇团组织开展消防灭火演练
（成　纯　摄）

【应急管理队伍建设】 2022年3月30日，将原第七师奎管处古尔图河管理所副所长李方贺、财务科副科长赵红调任为第七师胡杨河市自然灾害综合监测预警应急管理中心副主任；4月24日，师市将原一三〇团党委常委、武装部部长韩冬调任为师市应急管理局党委委员、副局长；8月25日，新招录第七师胡杨河市自然灾害综合监测预警应急管理中心科员8人。（白壮壮）

【企业复工复产管理】 2022年，师市应急管理局制定下发《关于进一步加强企业复工复产的通知》，成立由局主要领导任组长、分管领导细抓落实、科室具体负责的领导小组，深入复工复产企业47家次，指导企业完善复工复产方案132个，确保师市企业复工复产平稳有序。

安全生产监督管理

【安全生产管理】 2022年，师市召开党委常委会会议、行政常务会议、安委会会议传达学习习近平总书记关于安全生产的重要论述，研究部署师市安全生产工作18次，组织师市党委理论学习中心组专题学习2次。师市主要领导、分管领导先后就安全生产工作作出批示50余次，带队到奎屯锦疆化工有限公司、新疆晶诺新能源产业发展有限公司、新疆佳宇恒能源科技有限公司等单位开展安全生产督导33次。

【安全生产责任管理体系】 2022年，师市应急管理局发挥师市安委会办公室综合协调作用，按照安全生产责任“全员全覆盖”要求，建立健全师市安全生产“横向到边、纵向到底”的责任体系，从师市党政主要领导到师市各单位各部门，层层压实安全生产责任，层层签订安全生产目标责任书，安全生产责任书签订率100%。

【安委会办公室实体化】 2022年，师市为贯彻落实国务院安委办安全生产"十五条"硬措施和兵团党委"七项措施"，以点带面持续推动团场安委会办公室实体化运行，一二八团、一二九团基本实现安委会办公室独立且实体化运行，其中一二八团抽调团综治办公务员1人专职负责安委会办公室工作并统筹协调团场各部门安全生产工作，并以政府购买服务的形式配备工作人员3人、一二九团抽调团综治中心事业编制人员1人，给予正科级待遇专职负责安委会办公室，通过政府购买服务、借调连队"两委"等方式充实安办队伍、履行安办职能。

【安全生产强基工程】 2022年，师市持续开展学习党的二十大精神、习近平总书记关于安全生产重要论述、国务院安委会"十五条硬措施"和兵团党委"七项措施"活动79次，开展专题学习研究44次，组织各团场、经开区、师市安委会成员单位、师直属企事业单位观看《生命重于泰山》电视专题片35次，在师党委党校组织各团场（经开区）安全生产分管领导、安办负责人、师市安委会成员单位、师直属企事业单位共72人开展2022年度第七师胡杨河市应急管理专题研讨班，提高干部安全生产履职能力。

【安全生产制度建设】 2022年，师市制定出台《第七师胡杨河市关于落实安全生产行政执法与刑事司法衔接工作实施细则》《生产安全事故停产停业制度》《生产安全事故失信联合惩戒制度》《生产安全事故警示教育制度》《安全生产隐患检查闭环管理制度》等五项制度（以下简称"五项制度"）和《第七师胡杨河市安全生产领域举报奖励办法》。师市安全生产"五项制度"经兵团安委会办公室转发各师学习借鉴。

【安全生产大检查】 2022年，师市按照师市安全生产一季度一大检查一"回头看"工作要求，开展集企业自查、属地复查、师市核查为一体的安全生产大检查活动22次。其中，企业自查问题隐患17621条、整改17572条，整改率99.72%；属地复查问题隐患17534条，整改17478条，整改率99.68%；师市核查隐患问题17500条，整改17432条，整改率99.61%。涉及行政处罚5家次，罚款17.6万元，约谈警示企业47家，刊发《应急快报》34期，督促企业加快落实安全生产主体责任，强化隐患问题闭环管理。

【安全生产交叉互检】 2022年，师市贯彻落实兵团安委会关于开展危险化学品重大危险源交叉互检的要求，选派精干力量到第十三师新星市开展危险化学品重大危险源交叉互检，共检查企业8家，发现隐患问题379条；组织各团场、经开区开展交叉互检，共检查单位60家，发现隐患问题314项，全部整改完毕。

【安全生产事故警示教育】 2022年，师市累计制作完成师市季度安全生产事故警示教育片7部，组织师市各单位各部门通过会议集中学、行业专题学、职工自主学等方式汲取教训，做到以案促改、以案促教、以案促建、以案促管。至年末，开展安全生产事故警示

2022年6月20日，七师医院医共体总院开展安全生产月宣传活动。图为七师医院后勤保障部工作人员向来院就诊人员发放消防知识宣传资料
（李瑞强 摄）

教育学习活动35场，参与7200余人次。

【安全生产宣传】 2022年，师市应急管理局发挥师市胡杨融媒移动客户端、《热线900》民生直播节目作用，累计开展危险化学品、消防等方面安全知识科普宣传活动8次，通过摆放宣传展板、发放宣传材料开展安全生产宣传教育活动60余场，发放宣传资料4万余份，覆盖师市辖区职工群众及企业单位5万余人，增强师市职工群众安全生产意识。

2022年6月8日，一二九团安全生产委员会办公室工作人员(右)在为企业工作人员宣传防灾减灾安全知识 （刘 佳 摄）

【"安全生产月"活动】 2022年5月30日，师市安委会办公室举行2022年度师市"安全生产月"活动启动仪式。其间，师市各单位、各部门累计组织开展安全生产应急救援活动47场次，参加人数3200余人次。

【安全生产培训教育】 2022年，师市应急管理局先后通过中介机构组织生产经营单位主要负责人和安全管理人员参加培训，累计培训902人；培训特种作业人员580人，其中，低压电工作业160人，高压电工作业200人，熔化焊接与热切割作业30人，高处安装、维护、拆除作业190人，提高师市职工群众安全生产能力。 （白壮壮）

防灾减灾救灾

【消防救援】 2022年，师市消防队完成各类救援任务12起，动用各类救援车辆15台次，出动救援人员108人次，其中扑救各类火灾11起、实施事故车辆救援1起、担负各类消防安保活动2起（胡杨河市两会期间安保任务及胡杨河市第一届春晚安保任务），组织参与各类消防救援演练5次，参与各类消防监督检查2次，消除各类消防安全隐患8处，救助人员2人（车辆交通事故被困人员1人、电梯被困人员1人），挽回经济损失500万元。

【重点行业风险防控和隐患排查治理】 2022年，师市应急管理局开展师市危险化学品企业、煤矿安全生产调度工作，全年开展调度74次，发现问题117项，全部整改完毕。

【专家指导服务】 2022年，师市应急管理局紧盯危险化学品、冶金等重点行业领域，通过政府购买服务，聘请专家到危险化学品、冶金企业进行安全生产指导，共检查企业64家次，查出隐患问题971项，全部整改完毕。

【危险化学品重大危险源监测】 2022年，师市应急管理局持续推动"兵团危险化学品重大危险源监测预警平台"建设。至年末，师市5家危险化学品重大危险源企业、11个重大危险源全部接入兵团危险化学品重大危险源监测预警平台，全年开展巡查491次，累计巡查时长734个小时。

【危险化学品转移或非转移项目】 2022年，师市在兵团率先完成危险化学品转移或非转移项目设计诊断工作，为师市危险化学品领域安全生产工作创造安全稳定生产环境。

【防灾减灾日宣传活动】 2022年5月12日，师市减灾委组织开展2022年度防灾减灾日宣传活动，共发放防灾减灾宣传资料4000余份，参加人数700余人。（白壮壮）

师属重点企业

（刘笑天　摄）

第七师国有资本投资运营集团有限公司

【概况】 第七师国有资本投资运营集团有限公司（以下简称国投集团）成立于2003年4月，注册资本21.56亿元，兵团国资委出资10%、七师国资委出资90%。国投集团前身为农七师国有资产经营公司，2013年更名为第七师国有资产经营有限公司，2016年更名为第七师国有资产经营（集团）有限公司，2022年改组为第七师国有资本投资运营集团有限公司。出资新疆北方建设集团有限公司、新疆锦龙电力集团有限公司、新疆天北城市建设投资有限公司、新疆农垦现代农业产业化发展集团有限公司、新疆锦恒能源（集团）有限公司、奎屯天泉供水有限责任公司、奎屯锦疆化工有限公司等11家企业。出资监管奎屯锦融诚信投资有限责任公司、胡杨河市锦建企业管理有限公司、新疆佳宇恒能源科技有限公司、新疆天利石化股份有限公司、新疆银行股份有限公司等10家企业。至2022年末，集团本部及直接监管企业资产总额73.13亿元，负债总额45.17亿元，所有者权益27.96亿元，资产负债率61.77%。全年实现利润2.99亿元，比上年增长362%；完成招商引资实物量2.31亿元。

【企业改革】 2022年，师市完成“两类”（国有资本投资、运营公司）公司改组。经师市党委同意，印发《第七师国有资本投资运营公司改组方案》，将师国资公司改组为师国投集团。通过整合盘活师市区域内资产，壮大资产规模，提高资本运营效率，发挥投融资作用，推动国有资本向师市重要行业和关键领域布局；通过投资4.2亿元入股新疆银行，完成改组转型后投资“第一单”。加强党的建设，发挥基层党组织战斗堡垒作用，新增锦融诚信党支部和佳宇恒党支部；加强党的领导，引领企业经营发展核心地位凸显。制定和落实党委前置研究讨论重大经营管理事项清单，全年研究企业党建、经营改革发展议案180余项，确保党的领导与企业经营深度融合。加强董事会建设，各级企业董事会应建尽建，并实现外部董事占多数。加大向经理层授权力度，制定落实董事会向经理层授权清单，保障经理层依法行权履职。持续深化“三项制度”改革。各级企业经理层全部实现任期制和契约化管理，经理层成员14人全部签订“岗位聘任协议书”“经营绩效考核责任书”，实施考核刚性兑现和调整。全面推行员工公开招聘制度，建立末等调整与不胜任退出机制，实现员工“能进能出”。各级企业实行全员绩效考核，建立以效定薪、效异薪异、多劳多得的绩效薪酬体系，调动员工积极性。

【融资担保】 至2022年末，国投集团融资余额35.53亿元，其中间接融资30.53亿元、直接融资5亿元。本部贷款余额13.39亿元，出资企业借款22.14亿元，其中锦龙电力借款1.6亿元、北方集团借款3.38亿元、锦恒能源借款14.74亿元、佳宇恒借款0.4亿元、天北城投借款1.99亿元、锦泰交通借款0.03亿元。年末为集团权属企业担保余额81.86亿元，其中锦龙电力45.88亿元、锦疆化工15.81亿元、北方建设7.09亿元、天北城投4.55亿元、佳宇恒1亿元、农发3.29亿元、天泉水务2.34亿元、锦恒能源1.9亿元。取得银行授信额度45.89亿元，全年偿还到期贷款19.44亿元，借新还旧贷款14.15亿元，新增贷款5.18亿元，兑付全年债券利息0.29亿元。通过与银行等金融机构沟通协调，使平均融资成本从2021年的4.26%下降至4.2%。 （张　强）

新疆农垦现代农业产业化发展集团有限公司

【概况】 新疆农垦现代农业产业化发展集团有限公司（简称农发集团）与新疆胡杨河市供销合作联合社有限公司、胡杨河国家农业科技园区为“一套机构、三块牌子”。公司前身为2015年4月成立的新疆农垦现代农业有限公司。2021年2月，更名为新疆农垦现代农业产业化发展集团有限公司。2022年辖全资公司8家、分公司4家，有控股公司3家、参股公司1家。

新疆胡杨河市供销合作联合社有限公司前身为七师供销合作总公司。成立于1991年10月，2020年9月28日更名为胡杨河锦润农供销产业有限公司。2021年11月2日，更名为新疆胡杨河市供销合作联合社有限公司（简称供销合作公司），2022年辖全资企业2家（6月10日成立胡杨河北纬阳光果蔬种植有限公司、5月30日注销新疆农垦大地农业发展有限公司)，有控股公司1家、参股公司6家。

【企业改革】2022年，农发集团按照师市党委总体部署，有序推进三年行动重点任务落实，完成率100%。以公司章程为统领，制定公司“三重一大”(重大问题决策、重要干部任免、重大项目投资决策，大额资金使用)事项决策实施办法、董事会和总经理办公会议事规则等系列规章制度，明晰各治理主体权责边界和履职程序，提高依法经营、科学决策水平。出台48项内控管理制度，规范日常管理工作行为。坚持“三能机制”(管理人员能上能下、员工能进能出、收入能增能减)，增强内生动力。全面深化薪酬分配、全员考核和劳动用工改革，落实经理层任期制和契约化“四书两办法”(经理层任期经营业绩书、年度经营业绩责任书、岗位说明书、岗位聘任协议书；经理层成员任期制和契约化管理办法、经理层成员任期制和契约化经营业绩考核办法)工作，建立以利润考核指标为核心的差异化薪酬分配机制，实行以合同管理为核心、以岗位管理为基础的劳动用工方式，经理层、中层和员工市场化选聘、竞聘和招聘比例达100%。2020—2022年，农发集团生产总值年均增长9.6%，利润总额年均增长14.1%(2021年特殊市场除外)，营业收入年均增长26.1%，成本费用年均下降0.1%，高质量发展基础逐步筑牢。坚持依法治企，强化合规经营。加强资产交易规范，有效防范化解风险隐患。根据《国有企业改制和产权流转操作手册》，依法依规处置股权和实物资产交易标的企业2户，成交额49.93万元；加大依法治企力度，聘请专业法律顾问，突出在经济合同、重大决策方面的法律审核把关。

【生产经营】2022年，农发集团实现产值9.02亿元，比上年增长6.5%；固定资产投资3.04亿元，增长198%，完成任务的101.3%；招商引资实物量0.95亿元，增长45%，完成任务的47.5%；营业收入47.8亿元，增长22.8%，完成任务的111%；利润总额4882万元，增长14.2%，完成任务的106%；人均利润6.69万元，增长39%，完成任务的146.4%；经济增加值-1736万元，增长37.2%，完成任务的128.9%；资产负债率78.36%，减少2.32个百分点，完成任务的102.81%；成本费用利润率1.03%，减少0.18个百分点，完成任务的90.4%；融资单位成本1.71%，增加0.34个百分点，完成任务的245.61%；番茄收购量58.54万吨，增长14.24%，完成任务的106.43%。年末资产总额39.14亿元，下降19.56%；负债总额30.54亿元，下降24.56%；所有者权益8.59亿元，增长5.4%。

棉业。集团所属7家轧花厂由锦棉棉业公司管理，其中自营2家、合作经营4家、停产1家。全年实现营业收入34亿元，比上年增长15%；实现利润3493万元，下降2.1%。

酱业。集团所属4家番茄酱生产企业由新疆农垦北纬阳光番茄制品有限公司统一管理，其中自营2家、合作经营1家、停产1家。2022年在民丰县成立和田北纬三十八度八农业发展有限公司，试种酱用番茄85.33公顷。酱业公司全年收购原料66.34万吨，生产番茄酱7.81万吨，销售番茄酱8.8万吨，实现营业收入6.32亿元，比上年增长70.51%；实现利润5202万元，增长200.6%。

种业。集团所属棉种加工厂2家，主要经营棉种育繁推加销、农资配销等业务。全年销售各类农作物种子4244吨，销售皮棉1.17万吨、各类农资10.35万吨，实现营业收入6.68亿元，比上年增长109.2%；实现净利润-1671万元，下降481.5%。

糖业。主要经营甜菜收购、加工，机制糖销售等业务。全年收购甜菜13万吨，加工机制糖0.94万吨，实现营业收入5994万元，比上年下降70.26%；实现利润-978万元，下降1068%。

天昆农牧业。主要经营牧草的收购、加工和销售业务。全年收购销各类饲草4.9万吨，实现营业收入2816万元，比上年下降6.9%；实现利润78万元，下降60%。

五钢再生。主要经营废钢收购、报废车的回收拆解及销售等业务。全年收购报废车辆4100辆，加工销售废钢1.15万吨，实现营业收入3096万元，比上年下降42.2%；实现利润-248万元，增长136.2%。

供销公司。主要经营房屋等资产租赁业务。全年实现营业收入487万元，比上年增长5.18%；实现利润-25万元，下降75.5%。

保康油脂。2022年11月22日，注册胡杨河北纬保康油脂有限公司，新疆农垦现代农业产业化发展集团有限公司控股51%。经营范围：农产品的生产、销售、加工、运输、贮藏及其他相关服务；初级农产品收购；农副产品销售；棉、麻销售；食品生产；食品销售；食用农产品初加工；食用农产品批发；食用农产品零售；粮食加工食品生产；农作物种子经营；豆及薯类销售；食品销售（仅销售预包装食品）；动物饲养；饲料生产；饲料原料销售；畜牧渔业饲料销售；非食用农产品初加工；鲜肉批发；鲜肉零售；非食用植物油加工。

【项目建设】 2022年，农发集团落地项目17个，完成固定资产投资3.04亿元，其中续建项目4个、新建项目13个。加强央地合作，引入中化集团，投资2003万元建设333.33公顷现代农业示范园，开辟高效精准绿色农业的新样板。投资2111万元建设86.67公顷新型葡萄、苹果示范园，"厂"字型葡萄种植改造3.56公顷，为周边农户作示范带动。投资1.01亿元对棉、酱、糖生产线进行技改。新筹备项目4个，计划总投资12亿元，主要为3.39万公顷高标准农田建设、年处理6万吨小麦加工、年仓储5万吨原粮仓储库、中化农业MAP现代农业科技服务示范园项目。

【产业布局】 2022年，农发集团延伸传统产业，不断扩链强链。对标师市经济社会发展规划和农发集团产业发展计划，重点谋篇布局农业板块，新增农业种植、林果经营、油料加工等产业，承担胡杨河国家级农业产业园区的建设与运营管理责任，突出农发集团产业定位。强化产业示范引领，开辟高效精准绿色农业新样板。引入中化集团建设333.33公顷现代农业示范园，通过中化托管服务实现因墒灌溉、因苗施肥、因虫施药，提升师市规模化高效棉田管理能力；全面完成86.67公顷新型葡萄、苹果示范园建设项目；完成一二九团生态园负碳设施大棚建设项目的可研和土地整理等前期准备工作。加大兵地融合工作力度，在和田地区民丰县注册成立农业发展公司，试验种植酱用番茄85.33公顷，加工番茄酱567吨；收割芦苇草场40公顷，加工芦苇饲草72吨。

【科技创新】 2022年，农发集团推进产学研资源和成果转化，积蓄高质量发展动能。争取师市财政局科技项目高新技术领域资金30万元，与石河子大学开展番茄汁加工工艺研究及中试项目合作；酱业北纬阳光公司被认定为第一批兵团"专精特新"中小企业和国家高新技术企业，被中国罐头工业协会评为中国罐头产业十强出口企业。以333.33公顷智慧农业示范园为载体，引入中化农业科技前沿技术，构建智慧农业大数据平台，实现棉花产业现代化转型升级。

【机制优化】 2022年，农发集团持续推进"龙头企业+合作社+职工"的利益联结机制。社企合作保障原料种植面积，番茄签订订单4800公顷，产品全部收回；建立棉花良种繁育基地533.33公顷，加工生产精品棉种800吨。与一二三团、一二五团、一二九团等地合作社建立合作关系，实现棉花种植统一品种、统一农资农技、统一交售加工，有效提升棉花品质，提高农工收益。

做优做强酱业，对4家番茄加工企业重组整合，完善母公司北纬阳光公司法人治理结构。依托胡杨河经开区铁路专线的中欧班列出口番茄酱4935吨，酱业全年出口3.81万吨，全年实现出口创汇4611万美元，比上年增长31.4%。做专做精种业，持续推进供销网络建设，农资农技服务站师域内团场全覆盖，K07-12和Z1146棉种推广面积4.67万公顷，全年棉种销售1156吨，增长26.7%。 （韩凤琳）

新疆锦龙电力集团有限公司

【概况】 新疆锦龙电力集团有限公司（简称锦龙电力集团）前身为奎屯发电厂，始建于1958年。2013年被划分为兵团一类二级企业。2018年8月，更名为新疆锦龙电力集团有限公司。第七师国有资本投资运营集团有限公司占股68.76%、兵团电力集团公司占股26.75%、中国农发重点建设基金有限公司占股4.49%，资产总额119.86亿元。集团拥有国家核准独立电网，担负师市11个团场、1个水利管理处及奎屯市、奎独经济技术开发区、克拉玛依市独山子区、乌苏市部分区域经济社会发展的电力、热力保障和供应任务。至2022年末，所属全资子公司9家、分公司13家、直属中心6个、合资公司6家。年末有职工1413人（含参股企业380人），其中高级、中级技术人员368人。

【企业改革】 2022年，锦龙电力集团以岗定责激发改革活力。完善对标考核分配机制，聚焦年度生产经营目标任务，围绕效益最大化，层层分解、层层细化，发挥绩效考核“指挥棒”作用，严格“月考核、月通报、月兑现、全年评比”考核机制。针对增收节本和“能耗双控”等重大专项任务，研究制定单项激励办法，做到收入能增能减和奖惩分明。阶段性关停奎屯热电5万千瓦老旧机组，对奎屯热电实行全员分流，提高发电整体运营效率。强化用人导向，拓宽选人视野，人事任命、人员招聘等事项由党委及经营班子集体会议统一研究商定。严格选人用人标准，规范干部考察程序，做到干部选拔任用公开透明，有章可循。将一批政治意识强、业务水平高、工作实绩佳、群众口碑好的干部选配到党群工作领导岗位。集团公司重新核定下属各子公司领导班子“六定”方案，经过规范化程序，结合考察结果运用，选拔任用中青年中层管理人员18人。公司党委在稳步推进企业高质量发展的同时，探索企业多元增收发展的探索创新之路，成立新疆锦通物流有限公司和锦创昱华公司，将企业发展拓展到区域物流产业和光伏运维。拓宽奎屯华能电力建设公司资质范围，发挥电力行业技术优势。打造连接师内外的市场拓展平台。供电系统在立足主业的前提下，实现多元创收。

【生产经营】 2022年，锦龙电力集团实现产值40.82亿元，发电量62.61亿千瓦时，售电量56.02亿千瓦时（含购国网电量6.99亿），供热1108.7万吉焦（含胡杨河市供热量），实现利润额0.29亿元。完成企业固定资产投资12.35亿元，上缴国家税金0.74亿元，招商引资优惠电费5.09亿元。社保基金缴费率100%，在岗职工人均收入8.3万元。年末固定资产净值总额73.89亿元。招商引资落地企业2家，到位资金0.9亿元。

【发电管理】 2022年，锦龙电力集团电源装机总容量1811.8兆瓦，其中火电1220兆瓦、水电191.8兆瓦、光伏390兆瓦，完成发电量56.72亿千瓦时。各发电公司加强设备综合治理和日常维护管理，提高设备安全性、经济性。火电环保不断加强，对设备及安全装置定期试验、定期切换，尤其对锅炉、除氧器、高压加热器、电气保护、热工保护、汽机危急保安器等安全装置定期试验，对绝缘监督定期检查、试验，力求保护装置的投入率、完好率100%。根据系统不同时期负荷，优化选择机组最佳运行方式，坚持“应修必修，修必修好”原则，对厂区主辅设备进行全面治理，坚持“设备消缺不过夜”，确保设备全年良好运行。

【供热管理】 2022年，锦龙电力集团辖奎屯供热分公司和胡杨河供热公司2个供热单位，有换热交换站153座（含年度新增8座），供热主管网线172千米，主要负责奎屯市区、天北新区、胡杨河市区及一二三团、一二四团、一二五团、一二六团、一二七团、一二八团、一二九团、一三〇团、一三七团居民冬季供热，供热面积1736万平方米（含年度新增11万平方米）。完成供热量1108.7万吉焦。

【电热项目建设】 2022年，锦龙电力集团开展电建项目28个，其中新建项目20个、续建项目4个、招商引资项目4个，总投资77.55亿元，年内完成投资13.2亿元，完成总投资的17.02%。

【挖潜增效】 2022年，锦龙电力集团抓好煤炭进口关，细化煤炭价格和准入内审机制，建立煤炭采购动态管理机制，从源头上把好煤炭价格关、质量关。热电企业探索“煤炭掺烧”科学配比，将单耗指标与小指标考核结合，提高机组调峰能力及清洁能源的使用，增加约280万平方米供热能力，供电标准煤耗下降15克/千瓦时。与多家供煤企业签订410万吨长期协作合同，保障煤炭供应，有4家热电企业进入自治区保供企业名册。供电和供热等服务型企业挖潜增效，实行线损和电费回收一票否决制，设立电热费回收“红黑榜”，有效提高电热费回收率。

【安全生产】 2022年，锦龙电力集团固化“安全制度落实年”活动和成果，履行安全生产法定责任，强化安全生产尽责督查及安全制度措施在班组、现场和岗位的落实，制订和修订各类安全管理办法，以华能公司为主体，整合集团公司检修维护力量，组建直属队伍，消除安全生产隐患和风险，保障电热平稳供应。全年开展安全培训10场次，培训1200人次，进行安全生产隐患大检查40次，下达整改通知单400余份，举办安全演练20场次。

【清洁能源构建】 2022年，锦龙电力集团落实绿色发展理念，以绿色发展为新的能源突破口，扩大有效投资，推进将军庙水电站和师市光伏项目建设，推动光伏电站完善储能手段及团场供热锅炉环保改造、源网荷储一体化和抽水蓄能项目，提前规划一三七团风电发展路径。至年末，总装机191.8兆瓦，光伏电站装机400兆瓦，清洁能源占30%以上。

【奎屯河引水电力建设】 2022年，锦龙电力集团公司抽调专人组成建设专班，依照工程管理体制，支持配合引水工程整体建设，推进新疆奎屯河引水工程项目建设。建设规模18.1万千瓦的一、二级电站，工程总投资15亿元，年度完成投资2.17亿元，完成总投资的53.08%。 （赵凤钦）

新疆北方建设集团有限公司

【概况】 新疆北方建设集团有限公司（简称北方建设集团）是集建筑施工和资本运作为一体的大型国营施工企业。2022年，辖全资子公司15家、分公司27家、直属项目部2家、控股公司1家、参股公司3家。拥有各类大型机械设备1920台套。年施工能力100亿元。

【生产经营】 2022年，北方建设集团实现总产值95.29亿元，比上年增长5.2%。其中，建筑业产值94.32亿元，增长5.1%；工业产值0.97亿元，增长11.5%。完成企业生产总值30.45亿元，增长10.7%。其中，建筑业生产总值30.26亿元，增长10.7%；工业增加值0.18亿元，增长4.2%。实现利润7522万元，增长19.2%。年末资产总额58.59亿元。

【承建项目】 2022年，北方建设集团主要承建水利水电施工、道路施工、建筑施工、市政工程等项目222个，签约总金额56.76亿元。其中，水利水电施工项目67个，签约金额25.31亿元；道路施工项目24个，签约金额8.95亿元；建筑施工项目72个，签约金额14.81亿元；市政项目59个，签约金额7.69亿元。

【技术创新】 2022年，北方建设集团申报国家级QC质量管理成果1项并获中国水利工程协会III类成果证书。获国家知识产权专利13个，其中国家发明专利1个、国家实用新型专利12个；申报国家级工法3篇。申报并获师（市）财政科技项目立项3个：弧形高大模板的技术改进与应用、路面施工质量信息化管理系统示范与应用、数字化3D自动控制系统应用与示范；编制2018—2021年度兵团财政科技攻关结题项目1项；组织“四新”技术推广。完成国家级企业技术中心申报工作。使用无人机测绘63次，飞行时长超6000分钟，测绘坐标点175.19万个，相面飞行测量面积12.57万平方米，相线飞行测量公路总长

2022年10月14日，新疆北方建设集团路桥分公司的施工人员在进行横隔板焊接作业 （刘秋梅　摄）

10.23千米，坐标点误差在20毫米以内。

【安全生产】 2022年，北方建设集团制定印发《安全生产月实施方案》，修订安全生产“党政同责、一岗双责、齐抓共管、失职追责”管理制度，签订“安全生产目标责任书”154份，组织召开安全生产工作会议27次。成立安全生产督查检查小组，对相关隐患进行排查，对重大危险源作业实行现场带班检查及重点岗位专项检查。印发安全生产大检查和安全隐患排查治理工作通报22期；开展工程项目的各类安全检查验收548项/次，下达隐患整改通知单127份、停工通知单4份，检查出隐患问题1820项；开展专项整治16次。加大对“三违”（违章指挥、违规作业、违反劳动纪律）作业、重大事故隐患及落实安全工作不力的单位和个人的处罚力度。组织月度安全生产绩效考核7次，排查出隐患问题并全部完成整改。全年针对大风、雨雪、高温、雷电等极端天气发布预报预警信息65期。建立安全电子台账，利用安全生产信息化建设平台（“智慧工地”平台和“广联达数字项目管理”平台）加强管理工作。开展水利安全生产管理提升专题培训；组织本级培训196课时，受教育人数3774人次；组织参加三级培训4711人次；参加体验式安全教育980人次。

2022年8月，北方建设集团获评中国水利企业协会“水利安全生产标准化一级单位”。9月，第七师胡杨河市安委会办公室对北方建设集团加强企业安全生产标准化建设进行表彰。（潘庆丽）

新疆天北城市建设投资有限公司

【概况】 新疆天北城市建设投资有限公司（以下简称天北城投公司）位于奎屯市天北大道33幢创客大厦17楼，属于国有控股企业。公司2003年9月成立，初始注册资本2000万元。2013年以后，通过整合、增资、变更，企业经营范围不断壮大、综合实力不断加强，注册资本增至4.59亿元。至2022年末，资产总额39.58亿元，负债总额27.87亿元，所有者权益总额11.71亿元，资产负债率63.76%。有全资子公司19家、控股子公司1家、参股企业2家。有从业人员1277人，其中专业技术人员131人，大专以上学历人员122人。

【国资国企改革】 2022年，天北城投公司完成国资国企改革任务31项、改革发展攻坚任务50项。国有企业党的建设、做强做优做大产业、现代企业制度建设、“三项制度”改革等一批重点改革任务落地见效。

【生产经营】 2022年，天北城投公司实现生产总值3.82亿元，完成任务指标的113.04%，比上年增长23.92%；实现利润总额2648万元，完成任务指标的102.64%，增长17.48%；固定资产投资3.29亿元，完成任务指标的100.3%，增长50.42%；招商引资到位资金2.08亿元，完成任务指标的104%，增长23.81%。

【融资工作】 2022年，天北城投公司完善金融风险内控机制，建立“三道防火墙”制度；及时分析存量资金及资金使用需求，制订融资计划并落实，保障企业生产经营工作正常进行。全年融资总额4.87亿元。

【项目建设】 2022年，天北城投公司投资项目9个，其中新建项目7个、续建项目2个，总投资16.9亿元，年内完成投资3.29亿元。（罗艳午）

【子公司发展】 新疆天北河川园林工程有限公司。2022年，公司开展“精品示范街”创建活动，完成绿化583万平方米、保洁清雪373万平方米、公园管护66.01万平方米。完成胡杨河市51万平方米的新绿化面积的管护任务。新建及续建项目17个，其中，新建项目11个、完工项目9个，续建项目6个。完成竣工验收项目8个，完成胡杨河市移交项目3个。完成主营业务收入2.02亿元，实现利润1259.47万元。

新疆胡杨河旅游文化产业发展有限公司。2022年，公司推动全产业融合发展，扩大旅游产业规模，促进观光旅游向休闲农业、“农家乐”、自驾游等多资源整合转换，完成胡杨河湿地公园可行性报告，计划总投资24亿元。全年接待游客1万人次，完成师市政务活动35场次，胡杨河市文化馆承办各类文化活动123次，接待参观157场次，参与人数4007人次。实际利润比上年减亏20%，实现扭亏为盈。

新疆胡杨新城工程项目管理咨询有限公司。2022年，公司代建新建、续建项目59个，计划总投资38.76亿元，竣工验收项目27个。完成营业收入1379.27万元，实现利润655.48万元。

胡杨河晟远工程项目管理有限公司。2022年，公司完成项目总数42个，涉及项目标段67个，总中标金额6.1亿元。设立政采云项目开标室和评标室，完成7个项目招投标工作。完成营业收入292.88万元，实现利润206.99万元。

新疆天北城投房地产开发有限公司。2022年，公司完成营业收入1388.71万元，实现利润108.8万元。

奎屯天北城投物业服务有限公司。2022年，公司完成营业收入4003.1万元，实现利润402.4万元。3月，获第七师胡杨河市"民族团结进步示范单位"称号。

奎屯天达旅客运输有限公司。2022年，公司完成营业收入2483万元，客运车完成营运4800余车次，服务旅客11万余人次。胡杨河天宸公交公司加长运行线路，新增3个公交站点，方便市民出行，全年行驶17.69万千米，发送1.17万个班次，运输乘客18.82万人次。

胡杨河皓元殡葬服务有限公司。2022年，公司完成营业收入367.84万元，实现利润35.98万元。创新开展贴身式全方位白事代办72小时管家服务，获家属馈赠锦旗17面。

胡杨河青来供应链管理服务有限公司。2022年，公司参与天北新区社区居民生活物资保障供应工作。共出动保供车辆400车次、保供物资总计650吨、保供物资价值965万元。

胡杨河市利晟建设工程质量检测有限公司。2022年，公司完成营业收入379.67万元，实现利润78.99万元。

奎屯晨盛印刷有限公司。2022年1月，更名为奎屯晨盛印刷有限公司。2022年完成营业收入141.8万元，实现利润3.1万元。

奎屯恒正建筑工程施工图设计审查有限公司。2022年，公司完成项目234个，发放子项目合格证589份，建筑面积约136万平方米。完成营业收入183.75万元，实现利润54.75万元。

（谢红丽　黄桂香　刘婉玉
梁培芳　朱晓丽　郭素芳
蔺艳妮　郑亚丽　彭卫东
陈　艳　黄桂香　申洪荣）

2022年9月27日，胡杨河项目组管理人员对项目工地进行质量检查
（任　毅　摄）

新疆锦恒能源（集团）有限公司

【概况】 新疆锦恒能源（集团）有限公司（简称锦恒能源公司）前身为2012年3月成立的奎屯锦恒矿产资源投资有限责任公司，属国有独资公司。辖全资子公司7家，有控股公司4家，参股公司2家。2021年10月，成立新疆西部通达燃气发展有限公司，负责办理第七师胡杨河市天然气输配项目。完成天然气前期手续20余个，并负责实施该项目工程建设。

【企业改革】 2022年，锦恒能源公司进一步厘清"三会一层"（党委会、董事会、总经理办公会、经理层）权责边界，执行"三重一大"党委会前置、董事会决策、总经理办公会执行的工作机制，"废改立"制度78个，通过专题督办及考核，高质量保障改革三年行动收官；规范各种协议、管理办法签订，市场化选聘与组织

2022年7月24日，锦恒集团中富矿业120万吨煤矿调装采掘设备（锦恒能源公司　供图）

选拔相结合，市场化选聘总部经理层4名、中层及员工13名，对5名不胜任干部进行调岗，集团公司总部及下属企业“实现管理人员能上能下、员工能进能出、薪酬能增能减”。

【生产经营】 2022年，锦恒能源公司实现工业生产总值1.36亿元，完成全年任务的100%，比上年增长5%；固定资产投资3.28亿元，完成任务的109%，增长64%；招商引资实物量1.56亿元，完成任务的104%，增长84%；纳税901.39万元，其中向胡杨市纳税101.24万元；利润总额1450万元，完成任务的104%，增长22%。

【市场开拓】 2022年，锦恒能源公司取得60万吨/年采矿证和下部资源探矿权批复，保障煤矿复工复产。取得准南、准南东、努矿9万吨/年采矿证延续2年批复、新雅泰采矿证延续批复。取得准南煤矿、准南东煤矿、中富矿业红山西煤矿节能环评、土地使用批复，运煤道路建设纳入乌苏市规划。完成锦恒能源集团公司安全生产许可证新立和2020年至2022年三年储备项目备案。签订努肯泥沃特格煤矿深部资源出让协议，完成60万吨/年环评公告及深部资源探矿证新立；准南资源整合并签订矿权转让协议，完成井田勘探报告评审及准南“六大系统”升级改造项目申报入库和资金申报。

【项目建设】 2022年，锦恒能源公司第七师胡杨河市天然气输配项目投运，被列入师市重点项目观摩点。年内实现固定资产投资1.5亿元，公司固定资产投资超2021年。

【招商引资】 2022年，锦恒能源公司与京藤公司签订227亿元的BDO（丁二醇）新项目；与红柳百利合作建设5.2亿元的油田零散气回收及加工项目在天北新区北园区落地，招商引资实现跨越式进展。储备8个招商项目，总投资60.2亿元，五年内适时分步分期实施。

【安全生产】 2022年，锦恒能源公司组织安全培训、安全警示教育，覆盖3000余人次；开展应急救援及消防演练12次。落实一月一抽检、一季度一专检、安全部门人员驻矿蹲点的安全检查督查工作机制，组织联合安检13次，督促落实问题整改率100%；投入安全改造1252万元，确保安全环保5个“零”（零安全环保死亡事故、零火灾事故、零二类机械设备事故、零新增职业病案例、零较大环境污染事故），煤矿安全生产标准化达标；亿正通燃气公司为居民安装报警器2600户次、开展居民区入户排查1.3万户次，排查出的隐患均整改完毕。（王君兰）

奎屯锦疆化工有限公司

【概况】 奎屯锦疆化工有限公司（简称锦疆化工）于2008年9月12日成立，是国有控股型混合所有制企业。有全资子公司1家。2022年，锦疆化工完成房屋质量检测报告、面积测绘报告，绿化达标验收，办理工程竣工规划认可书；完成三聚氰胺三期装置消防验收；完成东煤棚项目备案、规划许可、施工许可等手续；完成2×10万吨/年工业级液体二氧化碳项目备案、规划许可及安评、环评批复。完成1万吨/年纯氩项目备案及安评、环评批复；完成年产40万吨合成氨70万吨尿素装置安全验收、安全生产许可证换证；完成ISO9001质量管理体系文件编制，持续推进内审、外审及取证工作。年末资产总额35.02亿元，员工874人。其中，大专以上学历技术员工占65%，高级工程师5人、工程师26人。

【企业改革】 2022年，锦疆化工健全治理机制，完善现代企业制度。健全党委会、股东会、董事会、监事会、经理层“四会一层”机制、完善四张“权责清单”；完善党委会前置研究重大事项清单，总经理办公会日常事项决策制度，使党委把方向、管大局、促落实和发挥职业经理人作用相统一；深化“三项制度”改革。完善管理人员能上能下、选任用人市场化，职工能进能出、合理流动和薪酬能增能减、分配差异化制度体系，发挥绩效考核指挥棒作用，激发职工干事创业的内在动力，提升企业治理效能和经营业绩。

【生产经营】 2022年，锦疆化工完成营业收入21.79亿元、比上年下降5.18%，工业总产值21.63亿元、下降10.55%，应交税金1.81亿元、下降16.97%。年末资产负债率54.51%，净资产收益率24.87%。生产尿素61.64万吨、下降0.64%，生产三聚氰胺10.26万吨、下降16.11%，完成发电量1.43亿度、增长3.62%。销售尿素58.97万吨、下降5%，销售三聚氰胺9.96万吨、下降15%。

锦疆化工全装置“安稳长满优”运行，完成稳产高产低耗目标。液体尿素单位生产成本下降7%，吨氨耗煤下降1.73%，吨氨耗蒸汽下降5.17%，吨氨耗电下降3.5%，吨三胺耗尿素下降7.48%，锅炉吨蒸汽耗煤下降5%。全年综合能耗98万标准煤当量，万元产值综合能耗4.68标准煤当量，合成氨、尿素、三聚氰胺单位产品综合能耗（千克标准煤/吨）分别为1491、119、620，各项指标达同行业先进水平。

【降本增效】 2022年，锦疆化工坚持国有大煤矿长协、铁路运输、其他煤矿补充的原则，抓供销两端市场，提升经营效益。国有大矿低价原料煤年采购量80万吨，掺烧率达95%，较市场价节约1亿元。燃料煤年采购掺烧量6万吨，较井供煤节约1200万元。研判引导市场，调节疆内外市场销售份额，增加螯合钾、腐殖酸等高附加值尿素产量，抢抓三聚氰胺价格波段。疆内销售尿素46.28万吨，占总量的86%，较疆外多创效1.36亿元，比疆外节省运费1654万元；销售螯合钾等差异化尿素1.6万吨，增效434万元；三聚氰胺铁路运输3.1万吨，运费下降218万元；铁路发运产品9.6万吨，增加盖车车皮创效80万余元。尿素、三聚氰胺均价保持疆内最优水平；主动调整尿素、三聚氰胺产量，较年初计划产量多创效5000万元；争取国家产业优惠政策支持，通过融资结构优化减少财务费用1249万元，发挥政策优势人力资源降本639万元，财务、人力资源、高企等方面的惠企政策补助1310万元。

【项目建设】 2022年，锦疆化工落实国家“双碳”战略，实现循环经济、绿色低碳、产业链垂直一体化、产品高端多元化可持续发展。捕集利用合成氨尿素装置生产过程中富余的二氧化碳，建设2×10万吨/年工业级液体二氧化碳一期项目，两期项目投产后每年可减少二氧化碳排放量20万吨。以空分装置为基础建设1万吨/年纯氩项目，增加氩气产品。

【技术创新】 2022年，锦疆化工加快“两化”融合建设，以信息化带动工业化、以工业化促进信息化，加快信息技术集成应用，开展智能化工厂建设，提升全面感知、安全受控、生产智能、全厂优化、高效经营的信息化能力，推动数字化转型、智能化发展。在工业化装置的基础上，建成安全培训教育系统、双重预防机制信息化平台、员工岗位智能化管理系统等信息化平台，提升生产经营管控水平。对标行业先进水平，加大技术投入，提升创新水平，管理改进、技术创新双轮并进。全年取得实用新型专利6项，累计获授权专利37项（含发明专利2项）。完成技改项目23项，跨年度完成1项。

【安全环保】 2022年，锦疆化工以安全生产标准化一级企业建设为抓手，落实全员安全生产责任制、双重预防机制和两个清单，事故隐患抓早抓细抓小，抓实事故“四不放过”“举一反三”，全年安全生产无事故。落实环保主体责任，高标准、高质量运行环保设施，根源治理提标，源头减量化、

资源化，固危废规范贮存合法处置，各类污染物达标排放（其中锅炉烟气污染物实现超低排放），全年环保工作无事故。（张古勤）

胡杨河天泉水务有限责任公司

【概况】胡杨河天泉水务有限责任公司（简称天泉水务公司）前身为1982年成立的新疆奎屯地方病防治车排子垦区供水总站，隶属农七师水利工程建设灌溉第二管理处（简称水利二处），属营级建制。2012年成立奎屯天泉供水有限责任公司，由第七师水利工程建设管理处代管。2015年4月成为天北城投下属的全资子公司。2021年4月，师市党委决定改组成立胡杨河天泉水务有限责任公司，属处级建制，由师市国资委直接监管。2022年，有达子庙、一二四团高泉水源地2处，水厂2座，人饮水加压泵站5座，泉沟工业水厂1座，工业水加压泵站3座；水源机井27眼，蓄水调节池14座；供水管道总长1385千米，其中通团主管网363千米，通连主管网606千米，连队内部管网416千米，供水人口19.8万人，生活集中供水率100%，千人以上工程水源保护区（范围）划定率20%，规模化供水工程供水人口覆盖比例95.6%，自然村通水率95%。

【企业改革】2022年，天泉水务公司深化国企改革，三年行动方案整体完成100%。完善现代企业制度，"三项制度"改革取得新成效。制定"三重一大"决策事项清单及决策实施意见，厘清各治理主体权责边界；加强董事会建设，落实董事会职权。委派内部董事2人、外部董事4人，民主选举职工董事1人，实现董事会应建尽建、建强配齐和外部董事占大多数目标。11月29日召开新一届董事会第一次会议；实施经理层依法行权履职，健全董事会向经理层授权实施方案、授权决策事项清单及授权后监督管理办法、总经理办公会议事规则等制度，落实总经理对董事会负责工作机制。实施经理层契约化管理，明确经理层任职期限、岗位职责，签订"四书两办法"并实行业绩责任考核、兑现薪酬，实现经理层权责统一、权责对等；坚持按需设岗、岗位匹配原则，实施全员市场化公开招聘，招聘中层管理人员3次13人，招聘员工4次33人，优化组织机构和岗位设置；按月、按年实施全员绩效考核，实现一岗一薪、易岗易薪的薪酬管理机制；完善合规内控体系，防范化解各类经营风险，建立职责明确、全面覆盖、流程规范的管理体系，确保企业依法合规经营；采取日常监督与专项督查相结合，开展从严治党、作风建设、"八项规定"落实、国企改革、安全生产工作督查检查70余次，重点工作推进督查12次。

【生产经营】2022年，天泉水务公司完成供水2950万立方米，比上年增长18.66%。其中，人饮供水水量1200万立方米，增长23%；工业供水水量1750万立方米，增长15.87%。完成生产总值2353万元，增长34.38%；实现利润总额992万元，增长14.68%；完成固定资产投资3.28亿元；管理费用支出932.77万元；国有资产保值增值率125.71%；职均工资7.78万元，增长12.27%。

【项目建设】2022年，天泉水务公司建设项目9个，总投资6.78亿元。其中，第七师团场城镇生活污水处理及配套设施项目总投资3.52亿元，完成总投资的54%；胡杨河国家农业科技园区供水管网升级改造项目总投资1529万元，完成总投资的99.33%；胡杨河国家农业科技园区排水管网升级改造项目总投资1400万元，完成总投资的98.69%；第七师五五工业园区二号污水处理厂及排水、中水回用管网建设项目总投资1.38亿元，完成总投资的43.63%；第七师胡杨河市一二五团、一三〇团团镇内部供水管网及设施提升改造工程建设项目总投资4876万元，完成总投资的93.10%；第七师胡杨河市一二六团、一二八团团镇内部供水管网及设施提升改造工程建设项目总投资4291万元，完成总投资的93.22%；第七师胡杨河市一二三团、一三七团团镇内部供水管网及设施提升改造工程建设项目总投资4713万元，完成总投资的92.55%；2021年胡杨河市供水项目总投资1427.6万元，完成总投资的90.74%；第七师2022年农村饮水工程维修养护项目完成总投资565万元。

2022年，天泉水务公司承建项目2个，总投资4.72亿元。其中，第七师农村饮水安全巩固提升工程建设项目总投资2.9亿元，至年末完成施工产值2.36亿元；第七师胡杨河市、天北新区供水工程建设项目总投资1.82亿元，至年末完成施工产值7032.39万元。

【安全生产】 2022年，天泉水务公司全体员工签订安全生产责任书。公司安委会组织基层单位领导干部素质提升培训10次，风险分级管控专题教育培训3次。开展应急救援演练13次。安全大检查9次，查出安全隐患109处，检查发现资料台账整理不规范问题99处，落实整改率100%。

【人饮水价】 2022年，师市人饮水价情况见表7。

2022年第七师胡杨河市人饮水价格一览表

表7

序号	用水类别	基本水价（元/立方米）	水资源费（元/立方米）	终端水价（元/立方米）
			地下水	
1	居民生活用水	1.38	0.12	1.5
2	非居民用水	2.03	0.12	2.15
3	特种行业用水	6.38	0.12	6.5
4	其他用水	1.08	0.12	1.2

说明：终端水价中包含水资源费，但不包含污水处理费。排污费统一为0.6元/立方米。居民用水实行阶梯水价，即4口之家及以下用户，按户均用水量计价；5口及以上用户，按人均用水量计价

【工业水价】 2022年，天北经开区工业企业执行水价为2.15元/立方米（除荣泽铝箔为1.8元/立方米以外），胡杨河经开区工业企业执行优惠水价为1元/立方米。

【水质检测】 2022年，胡杨河水质环境检测中心完成辖区内三河七库地表水水质检测40样次，营业收入24.81万元，完成公司内部水源地、出厂水及管网末梢水水质检测251样次，节约检测成本90余万元。确定拓展指标93项，投资77.76万元升级更新检测设备10台，筑牢检测中心技术力量。

【污水处理】 2022年4月，胡杨河天泉水务有限责任公司污水处理分公司，主营污水处理中水利用，主要负责处理师市居民生活污水、天北经开区和胡杨河经开区67家工业企业污水。6月承接胡杨河污水处理厂，8月9日承接胡杨河经开区1号污水处理厂，8月15日承接天北经开区1号污水处理厂。3个污水处理厂年累计处理污水455.92万吨、污泥1346.32吨。

【瓶装水生产】 2022年4月，胡杨河天泉水务有限责任公司瓶装水分公司全年生产瓶装水22万瓶，实现销售收入207.68万元。新建胡杨天泉水文化体验馆1个，改造成品库房2间，投资65万元新增贴标机、4升灌装机，升级改造吹瓶设备，实现年生产能力40万件。 （杨　帆）

2022年8月2日，胡杨河天泉水务有限责任公司瓶装水分公司的员工在生产天泉胡杨饮用水 （杨　帆　摄）

团　　镇

（孟庆忠　摄）

一二三团

【概况】 一二三团前身是1949年12月成立的中国人民解放军第二十二兵团九军二十五师七十四团。1953年，改为生产部队，改番号为新疆军区生产建设兵团第七师第二十团。1969年，更名为农七师一二三团。1975年，兵团建制撤销，划归塔城地区农垦局管辖，更名为车排子农场。1976年，划归乌苏中心县管辖。1978年，由奎屯农垦局管辖，恢复一二三团名称。1982年4月，恢复农七师建制，一二三团归属农七师管辖。2004年，撤销一二三团建制，成立一二三团中心团场。2008年，撤销一二三团中心团场建制，恢复一二三团建制。团域位于乌苏市境内，团部驻乌苏市车排子镇，东南距离胡杨河市50千米。自2011年起，由江苏省淮安市清江浦区结对帮扶。

2022年，一二三团辖连队20个、社区4个，有机关5办1局、事业单位6大中心及人武部。土地总面积2.31万公顷，其中耕地面积1.67万公顷、种植园林用地面积53.35公顷、林地面积1024.55公顷、草地面积611.96公顷、商业服务业用地面积69.72公顷、工矿用地面积205.09公顷、住宅用地面积549.24公顷、公共管理与公共服务用地面积113.05公顷、水域及水利设施用地面积1812.46公顷、其他土地1061.34公顷。境内有奎屯河流过，年径流量6.29亿立方米；主要农产品有棉花、小麦、玉米等。

【经济建设】 2022年，一二三团实现生产总值17.09亿元，比上年增长19.1%。其中，第一产业生产总值7.75亿元，增长18.2%；第二产业生产总值2.61亿元，增长112.6%；第三产业生产总值6.73亿元，增长3.4%。三次产业结构比为45.35∶15.29∶39.36。社会消费品零售总额12.78亿元，增长1.4%。做好重点企业的升规入统工作，有规模以上企业7家。切实减轻各类市场主体的经营负担，为企业等各类经营主体协调退税155.01万元，减免房租92.2万元。

【农业】 2022年，一二三团农作物播种面积1.62万公顷，比上年增长4.3%。年末有效灌溉面积1.62万公顷，增长1%。在岗农业一线职工身份地1.32万公顷。农业化肥施用量1.45万吨，其中氮肥6000吨、磷肥4000吨、钾肥3500吨、复合肥1000吨。农用塑料薄膜使用量989.6吨，其中地膜使用量989.6吨，地膜覆盖面积1.3万公顷。农药用量55.65吨。农业机械化率95%，年内享受农业机械购置补贴资金183人639.54万元。全年粮食产量增长71.7%，棉花产量增长0.2%，蔬菜产量3.12万吨，增长17.4%。水果产量1.27万吨，增长15.8%。年末牲畜存栏13.3万头（只），下降0.8%，其中牛5300头、猪7.56万头、羊5.2万只。肉类产量1.64万吨，增长50.8%。牛奶产量6800吨，增长78%。禽蛋产量1894吨，下降21%。投资2745万元用于高标准农田建设。

【招商引资】 2022年，一二三团立足本地棉花、粮食生产优势和地处垦区中心的地理位置条件，全年外出招商4次，签约新项目19个，完成招商引资实物量4.45亿元。

【固定资产投资】 2022年，一二三团完成全社会固定资产投资4.5亿元，比上年增长97.5%。其中，跨年度项目2项，投资额1600万元；新开工项目15项，投资额2.73亿元。

【交通运输】 2022年，一二三团改造城镇道路10千米，新增道路绿地面积3.5万平方米，新增路灯620盏。

【社会保障】 2022年，一二三团投资40万元完成居馨花园社区老年日间照料中心建设，投资45万元完成养老院一期基础设施改造升级。发放最低生活保障资金222.5万元，公益性岗位工资和社保补贴137.75万元，灵活就业社会保险养老补贴资金190.53万元。提升职工群众就业能力，完成职工技能培训740人，培养民间艺人130人，新增就业638人。

【教育事业】 2022年，一二三团有九年一贯制学校1所，在校学生1139人，其中小学生733人、初中生406人，专任教师149人。有幼儿园2所，其中公办1所、民办1所，有幼儿308人，专任教师40人。

【医疗卫生】 2022年，一二三团有医院1所，设置病床60张，实际床位100张。医院核定编制164人，医务人员92人。全团共有医务室3个，医生36人。

【文化事业】 2022年，一二三团有电视转播发射台1个，综合文化活动中心1个，连队文化活动室24个，5G广播音柱56个。有线电视覆盖率100%。主要旅游景区有国家AA级景区紫砂文化创意园。全年举办“喜迎二十大 繁荣夜经济 点亮车排子”等大型文艺活动10场次，累计覆盖群众8万人次。

【兵地融合】 2022年5月20日，一二三团与乌苏市车排子镇签订兵地共建共创协议。一二三团医院累计组织下沉医疗专家、医疗骨干30人次对车排子村民开展义诊活动，为当地450余名村民义诊，发放价值0.8万元药品。7月14日，一二三团驻车排子镇沙枣村驻村（连）工作队组织40名村民参加一二三团社事办举办的剪纸艺术培训班。

【城镇化建设】 物业管理。2022年，一二三团辖区物业由奎屯恒成物业服务有限公司车排子公司承接，有工作人员102人，各种车102辆，各种型号垃圾箱446个，覆盖辖区社区4个、小区13个、楼房211幢。

老旧小区改造。对友好里、三元里两个小区进行改造，拆除破旧围墙，进行绿化种植，改变脏乱差面貌；楼房外墙保温、屋面防水、外立面统一规划，增加建筑特色和民族风情装饰。

公园绿地建设。一二三团绿地面积106.67公顷，人均公园绿地面积22.6平方米，人均公共绿地面积46平方米，小区绿化率达40.58%，道路绿地覆盖率100%。

产城融合发展。沿农工路、光明路、青北路初步形成包括农业景观生产街区、公共生活服务街区、建材商贸街区、旅游观光休闲街区的产城融合发展带，商贸建筑面积12万平方米，带动职工就业1000余人，解决困难职工家庭就业300余人；各类个体工商户近600户，从业人员2500余人。

职工双创园区。至年末，入驻企业25家，总投资5亿元，吸纳职工就业360人，为转岗人员带来年均900余万元净收入，年销售产值2亿元。

【乡村振兴】 提升农业生产水平。2022年，一二三团巩固提升棉花品质，师市推荐品种使用率98%，团场“一主一辅”品种种植率达80%。做强果蔬产业，对133.33公顷老果园进行全面改造。发展高效设施农业，有温室大棚198座。促进特色作物发展，山药种植面积33.33公顷，亩产4吨；甘草种植面积46.67公顷，亩产1吨。加快高标准农田建设进度，累计建成高标准农田2573.33公顷。

提升畜牧业发展水平。至年末，一二三团共有养殖户108家。其中规模化养殖场18家、养殖合作社3家、龙头企业1家。全年生猪饲养量25万头。有禽养殖户17户，蛋鸡规模化养殖场1家，存栏3万羽，年产蛋量700吨；肉鸡规模化养殖场2家，年出栏量65万羽。加快饲草料基地建设，有饲料厂1家，年产饲料2.5万吨。

加大新型经营主体建设力度。至年末，一二三团有合作社27家，其中种植业17家、养殖业4家、种养结合4家、农机专业合作社2家。总投资4528万元，社员总人数454人。拥有各种农机具170台（架）、彩棉机2台、无人植保机10架。

加快人居环境整治工作进度。至年末，一二三团共改厕297户，其中集中管网式293户、三格式4户。为连队购置电动垃圾清运车11辆。新增连队居住区绿化面积8.6万平方米。

（焦小明）

一二四团

【概况】 一二四团始建于1959年，1960年1月成立高泉农场、双河农场，归属中国人民解放军生产建设兵团农业建设第七师第二管理处管辖。1961年1月，高泉农场、双河农场合并为高泉农场。1969年7月，更名为农业生产建设兵团第七师一二四团。1975年6月，划归塔城地区管辖，更名为高泉农场。1978年，划归奎屯农垦局管辖，恢复一二四团番号。1982年6月，一二四团归属农七师管辖。自2010年4月起，由江苏省淮安工业园区一对一结对帮扶。团场分布于新疆维吾尔自治区乌苏市和精河县境内，团部驻乌苏市高泉镇，东北距胡杨河市109千米,是第七师胡杨河市飞地团场。

2022年,全团土地总面积5.08万公顷,辖农业连队17个、社区3个、机关行政事业单位6个、规模以上企业1家、规模以下企业4家、个体工商户792家、合作社52家,境内有驻团单位19个。农用地面积4.63万公顷,其中耕地面积1.74万公顷、林地面积5847公顷,其他土地1.9万公顷。境内有古尔图河1条,有双河水库和枯沟水库2座;有雪岭云杉、落叶松、胡杨、红柳、梭梭、罗布麻、黑枸杞、甘草、锁阳、麻黄草,野猪、黄羊、马鹿、狼、狐狸、旱獭、野鸡等60余种野生动植物。有享誉北疆的"高泉一条街"、鲜食葡萄及枸杞种植基地。

【经济建设】 2022年,一二四团实现生产总值12.38亿元,比上年增长7.8%。其中,第一产业增加值7.91亿元,增长10%;第二产业增加值1133万元,增长4.1%;第三产业增加值4.36亿元,增长4%。三次产业结构比为63.87∶0.92∶35.22。完成招商引资实物量3.61亿元,增长6.2%。全社会固定资产投资4.25亿元,增长16.1%。社会消费品零售总额5.03亿元,下降4.4%。

第一产业。全团完成农林牧渔业总产值16.4亿元,其中种植业总产值11.7亿元、林业总产值779万元、畜牧业总产值3.99亿元、渔业总产值1643万元、农业服务业总产值4520万元。

第二产业。全团有规模以上工业企业1家、规模以下工业企业4家,全年完成工业主要产品产量奶粉325吨、滴灌带1830吨、有机肥3300吨。

第三产业。全年完成第三产业生产总值4.36亿元,其中交通运输业5480万元、批发和零售业7948万元、住宿和餐饮业3212万元、金融业3394万元、房地产业2024万元、营利性服务业1233万元、非营利性服务业1.83亿元。

【农业】 2022年,一二四团农作物播种面积1.68万公顷。番茄种植面积0.08万公顷,总产量13.24万吨;苜蓿种植面积0.02万公顷,总产量0.37万吨;西葫芦种植面积0.09万公顷,总产量0.34万吨;肉苁蓉种植面积0.04万公顷,总产量0.54万吨。果蔬种植面积0.05万公顷,果品总产量1.51万吨;枸杞种植面积0.03万公顷,枸杞总产量0.18万吨。全团拥有农业机械总动力8.93万千瓦,有大中型拖拉机750台,大中型棉花、甜菜、番茄采收机75台。年末牲畜存栏6.5万头(只),增长10%,其中牛0.83万头、猪1.06万头、羊4.6万只。肉类总产量5467吨,增长20.5%。禽蛋总产量816吨,下降11.7%。牛奶总产量2.64万吨,增长26.9%。

【固定资产投资】 2022年,一二四团固定资产在库项目20个,总投资9.22亿元。其中,续建项目4个,总投资6.21亿元;新建项目16个,总投资3.01亿元。全年完成固定资产投资4.25亿元,比上年增长16.1%。

【招商引资】 2022年,一二四团签订招商引资项目18个,总投资4.31亿元。落地项目14个,总投资2.52亿元,完成招商引资实物量3.61亿元,完成全年目标任务的115%,比上年增长6.2%,项目签约转化率77.7%。

【社会保障】 2022年,一二四团累计发放养老金2.27亿元,缴纳社会保险统筹金6202万元,其中养老统筹5047万元、医疗统筹925万元、失业统筹172万元、工伤统筹58万元。参加基本医疗保险1.6万人,覆盖率99.21%;参加基本养老保险1.03万人,参加失业保险3005人,工伤保险3040人,参加生育保险3029人。全年为职工群众登记灵活就业221人次,申请发放灵活就业社保补贴204.16万元;安置公益性岗位77人次,发放岗位补贴109.8万元、社保补贴80.14万元,失业率控制在2%以内。为7277户8228人发放社会救助资金。

【教育事业】 2022年,一二四团有第七师教育局所属学校1所、团属一二四团晨光幼儿园1所。有中学教师59人、中学生346人;小学教师79人、小学生570人,中小学入学率100%。具有大学本科学历教师124人,大专学历教师14人。有高级职称教师28人,中级职称教师34人,初级职称教师43人。晨光幼儿园有工作人员40人,在岗在编教师16人,临聘教师5人,幼儿园幼儿生活辅助老师19人,在园儿童230人。

【医疗卫生】 2022年,一二四团有师卫生局所属医院1所,有床位45张，医务工作者88人，医院和疾控中心实行一体化管理。全年完成门诊接诊量1.9万人次，收治住院患者770人次，门诊量比上年增长18.8%，住院率29.8%，患者满意度100%；完成质控病历770份，其中甲级病历达95%以上；审核处方1.47万份，合格率98%；开展24小时救护车和医疗队上门诊疗436次。全年完成常规门诊各类疫苗接种6657人次。其中，实服疫苗249人次、接种IPV2人次、接种BOPV247人次，两轮儿童补充免疫接种率100%。建立儿童预防接种电子档案448人，其中新生儿童37人、迁入儿童52人。管理0~6岁儿童448人，其中常住儿童386人、流动儿童62人。

【文化事业】 2022年，一二四团有综合文化活动中心1个、连队综合文化活动室17个、农家书屋17家、新华书店1家，广播电视台（站）1个、社区业余群众文艺宣传队8个。文体广电服务中心将传统媒体（广播、电视、报纸、户外电子屏、宣传标语）与新媒体（微信公众号、抖音）充分融合利用，全年制作专题片6部、广播97期、微信公众号117期、抖音123条；在兵团报刊、电视，地州报刊、电视等媒体刊稿557篇；举办各类文化体育类活动140余场次。

【兵地融合】 2022年，一二四团与乌苏市四棵树镇、哈图布呼镇、吉尔格勒特乡派出所等周边乡镇联合开展联防演练4次。与乌苏市古尔图镇联合开展送文化下基层文艺交流演出活动。

【城镇化建设】 2022年，一二四团对花园路步行街进行升级改造，将原贸易大楼夜市转移到步行街。完成幸福路10千伏架空线路落地改造、机关大楼等主要楼体亮化、外环路的路灯宣传牌安装等项目。完成七连公租房入户供热管网更换、果香里75号楼塌陷散水修复、科技楼拆板围栏建立等工程项目。（赵　阳）

一二五团

【概况】 一二五团前身为中国人民解放军第二十二兵团第九军第二十七师七十九团。1953年，更名农九师二十五团。l954年，划归新疆军区生产建设兵团建制。1955年，农九师撤销，划归农七师建制。1969年6月，更名为农七师一二五团。1975年，兵团建制撤销，划归塔城地区农垦局管理，更名为柳沟农场。1978年，划归奎屯农垦局管辖，恢复一二五团名称。1982年4月，一二五团划归农七师管辖。自2010年5月起，由江苏省淮安市淮安区结对帮扶。团域位于乌苏市境内。团部驻乌苏市柳沟镇，位于胡杨河市西北33千米处。

2022年，一二五团土地总面积4.31万公顷，其中耕地2.61万公顷、林地8389.64公顷。辖农业连队22个、社区3个。完成植树造林总面积9.07公顷，林地总面积8386.67公顷，其中国家重点公益林6133.33公顷、退耕还林1173.33公顷、县级以上道路林129.85公顷、防风固沙林141.64公顷，连域内防护林733.33公顷、经济林80.73公顷。境内有奎屯河、古尔图河流2条，年径流量9.68亿立方米。有柳沟水库、达子庙水库、奎屯水库、车排子水库4座水库。国家级野生保护动物有野鸡、灰鹤、黄羊，野生药用植物有肉苁蓉、车前草、车前子、龙葵、马齿苋、甘草、苦豆子、蒲公英等。（尹祚祥）

【经济建设】 2022年，一二五团实现生产总值18.72亿元，比上年增长14.1%。其中，第一产业增加值10.34亿元，增长10.2%；第二产业增加值2.84亿元，增长51.1%；第三产业增加值5.54亿元，增长9.1%。三次产业结构比为55.23∶15.19∶29.58。全社会固定资产投资7.05亿元，增长9.9%，招商引资完成4.95亿元，完成目标任务的100%；一般公共预算收入382万元，增长10.6%；社会消费品零售总额3.47亿元，增长4.8%。完成万信塑业、保地残膜两家企业“小升规”，创盛农业、裕诚棉业、丰锦棉业、全富棉业、唯高石化5家服务业升限，天川超市、物美超市、居湘楼等7家大个体升限工作，完成师市下达目标任务的233%。（李云蔚）

【农业】 2022年，一二五团农作物种植总面积2.5万公顷，粮食总产量比上年增长134.3%。年末高新节水灌溉面积1.68万公顷，与上年持平。朝天椒种植面积40公顷，干椒总产量近20万千克。

苜蓿种植面积10.44公顷，干草总产量328.86吨。全团种植养殖专业合作社53个。

2022年，一二五团草原面积20公顷，新建牲畜棚圈30座。年末有养殖专业合作社11个，其中养牛场8个、养猪场2个、养鸡场1个。全团畜禽存栏数4.2万头/只/羽，其中羊1.39万只、猪0.62万头、牛2.18万头、禽类存栏数11万羽。牛奶产量10.08万吨，增长20.6%。禽蛋产量1074吨，下降11.2%。

2022年末，一二五团拥有大中型拖拉机688台，其中小型拖拉机（22.1千瓦及以下）9台、中型拖拉机（22.1~73.5千瓦）461台、大型拖拉机（73.5千瓦及以上）218台。配套农机具2510台（架）；大中型农机动力总计5.52万千瓦，机耕和机播面积均达100%，大宗作物综合生产机械化水平达98.6%左右。采棉机83台，运模车25台。（张凤琴）

【招商引资】2022年，一二五团外出招商6次，接待公司客商20批共60人次。签订招商引资项目23个，签约资金38.6亿元。落地13个，总投资4.5亿元。完成固定资产投资7.06亿元，完成全年目标任务101%；招商引资到位资金4.8亿元，完成全年目标任务100%。申报入库项目27个，总投资3.52亿元。新建农和聚源、生态渔业、瑞和育肥牛、浩瀚玉米烘干厂项目投产运营；新赛油脂、顺畅塑业技改项目投产运营；10个农机停放库房项目落地并建设完成。

（尹祚祥）

【社会保障】2022年，一二五团企业职工养老、医疗、失业保险缴费基数为4700元。年度全团职工参保缴费5417人，个体参加基本养老保险1170人。全年办理城镇居民养老保险852人，征缴居民养老保险费128.06万元；居民医疗保险5222人，征缴居民医疗保险费185.3万元。征收职工个人养老、医疗、失业及大额保险总金额1.07亿元，其中养老金6840.9万元、医保金3416.82万元、失业金285.18万元、大额医保金187.52万元。综合参保覆盖率107%。发放事业单位离退休11人取暖补贴4.75万元。办理门诊大病慢病335人。为273户321人发放最低生活保障金；为特困供养25人发放救助金；为孤儿1人发放补贴1.38万元及援梦助学金0.33万元；为经济困难失能老人12人发放救助金1.33万元；临时救助1662人；援疆助学10人，发放助学金6.6万元。为一二五团养老护理院做好各类服务工作，至年末入住老人32人。年内完成妇女“两癌”检查906人。（刘瑞明）

【教育事业】2022年，一二五团有九年制中学1所，占地9.3万平方米，有教学楼三座、宿舍楼二幢、食堂一座、综合实验楼一座、体育馆一所。学校收藏图书4.16万册。有教学班28个，其中小学17个班、初中11个班。在校学生781人，其中，小学494人、初中287人。有在职教职员工143人，其中专任教师129人、校工2人、临聘人员12人（其中食堂5人、门卫6人、校工1人）。专任教师中有正高级教师1人、高级教师40人、中级教师34人、初级教师54人。女教师88人，男教师41人，平均年龄40岁。本科学历115人，其余为专科学历。近5年学校招聘22名来自不同地区的特岗教师。

一二五团有中心幼儿园1所，招收适龄幼儿230人，按年龄开设班级8个，其中小班3个、中班3个、大班2个。教职工27人，保安人员6人，党员9人。大学本科学历5人、大专学历8人、中专学历7人。学龄前儿童入学率100%，小学适龄儿童入学率100%。

（张生福）

【医疗卫生】2022年，一二五团医院开展基层远程会诊，远程会诊患者12人，参加兵团、师市远程培训120余次，门急诊病人2.17万人次，新入院病人830人次，出院病人801人次，一、二级手术病人30例；甲级率99.3%，乙级病历2份，无丙级病历；归档病历801份，质控率92.7%，床位使用率37%。开具中药汤剂1542人次，针灸理疗1021人次。开展正骨、药物熏蒸、磁振热疗法、穴位贴敷等新疗法，共进行中医医适宜技术治疗患者2.04万人次。实行“请进来，送出去”的方法，医共体专家下沉坐诊中医医院10人次、师医院3人次，一年期进修2人、一个月期进修3人，医疗2人，中医康复1人。省级期刊发表论文2篇。团预防接种门诊共接种常规疫苗1533人次，包括乙肝疫苗、脊髓灰质炎疫苗、百白破疫苗、麻风疫苗、麻腮风疫苗、流脑A群疫苗、流脑A+C疫苗、甲肝疫苗、白破疫苗、水痘疫苗等。

二类疫苗接种936人次，其中乙肝疫苗129人次；狂犬疫苗接种126份629人次；流感疫苗接种120份。

全年举办健康教育卫生日宣传活动44次。完成“世界防治麻风病日”“世界结核病防治日”“世界卫生日”“全国防治碘缺乏日”“世界高血压日”“世界无烟日”“手足口病防治”等卫生日宣传工作。发放各种宣传材料3万余份，免费电话及现场咨询1000余人次，免费义诊200余人次，免费测量血压800余人次。（雷 风）

【文化事业】 2022年，一二五团有军垦文化展示馆1座，团场综合文化活动中心1座。在兵师电视台、新闻网站等各类媒体刊登稿件27条。建成5G广播团连两级播控平台53个，覆盖1.2万余名职工群众。组建6支200余名文艺志愿者服务队伍，开展“六送”活动35场次。组织全团党员干部2000人次参观团史馆。成立师市第一个“红柳丝棉画”工作室，成立红柳秦剧社、李景兰剪纸工作室。（张生福）

【城镇化建设】 2022年，一二五团投资2650万元修建5条城镇道路；投资113万元完成商贸里暖气管网改造和育才里线路更换，投资560万元对昌盛里小区进行基础设施提档升级改造。投资4694万元新建商贸里公租房168套。对商业街、农贸市场等公共基础设施进行升级，新增停车位200余处，城镇化质量水平提升；持续加强人居环境整治，拆除连队危旧房屋356套，完成连队公租房改造119栋488户。全面实行连队生活垃圾集中转运处理，处理率90%。连队新植庄园林12.33公顷，绿化率达30%。

【团场综合配套改革】 2022年，一二五团身份地经营权流转网签备案合同985份，流转职工902人，流转面积2826.67公顷，平均亩流转价格492.27元，流转档案装订22卷。审核经营地承包合同1658份，承包总面积2986.67公顷，经营地档案装订22卷。协调2022年确权颁证737人，完成2021年末5196名职工的“一户一档”扫描及登记册汇总。对3个社区的“两委”进行补选，补选“两委”成员3人。批准提前退休公务员3人。

【乡村振兴】 2022年，一二五团坚持稳粮、优棉、兴畜、创特色，实现第一产业增加值不低于6.5%的目标任务。落实好棉花种植“一主两辅”品种要求，皮棉质量达到“双29B”及以上超80%。推进生猪、肉牛规模化养殖，探索发展鸵鸟、家禽、水产等特色养殖，推动畜牧养殖业全面振兴，持续开展亿元产值连队创建，集中各类优质资源打造10亿元产值连队2个。科学统筹使用各类资金，持续开展连队人居环境整治提升活动，重点实施一连、三连、十五连连队净化绿化美化工程，完善水电路网等基础设施建设，补齐连队医疗卫生、文化等公共服务短板。十四连农和聚源养殖合作社成为兵团级示范社，十六连宏信养殖合作社和旺忠养殖合作社成为师级示范社。支持浩瀚农业、新赛油脂进行技术设备升级改造，探索面粉、玉米面精深加工，大豆油加工等产业。引导光伏企业与市场对接，建设三室设施大棚411座，引进深加工企业，逐步打造“光伏项目+设施农业+产品加工销售”一体化产业链。推进总投资1868万元的农和聚源养殖基地二期项目建设，鼓励职工入社参股发展肉牛规模养殖业。推进总投资3亿元的宏信种猪养殖基地项目，新增法系种猪幼崽2.6万头。加快总投资11.4亿元的光伏项目、投资4500万元的商业街开发项目、投资4000万元的混凝土搅拌厂项目、投资1800万元的日珏渔业项目二期、浩瀚农业二期、二十二连生态渔业养殖、4座规模养殖场等13个重点项目的建设实施。（尹祚祥）

一二六团

【概况】 1960年1月，一二六团所在地开发建设，被命名为车排子临时第一场，12月并入车排子二场。1962年10月，从车排子二场析出独立建场，为车排子一场。1969年，更名为一二六团。1975年，兵团建制撤销后划归塔城地区管辖，更名为科克兰木农场。1978年10月，划归奎屯农垦局管辖，恢复一二六团番号。1982年4月，农七师建制恢复，一二六团划归农七师管辖。2012年12月，更名为第七师一二六团。自2014年起，由江苏省淮安市淮阴区结对帮扶。团场东接一二七团，南以奎屯河为界与乌苏市石桥乡隔河相望，西与甘家湖林场接壤，北靠北山南麓，整个地势为东北高、西南低，团部驻乌苏市科克兰木镇，位于胡杨河市西北80千米处。

2022年，土地总面积1.79万公顷，辖区党政机构6个、连队13个、社区2个、企业64家、驻团单位21家。农用地面积1.43万公顷，其中耕地面积1.11万公顷、林地面积3186.53公顷（公益林地1016.91公顷、人工林地2030.7公顷、经济林137.54公顷、苗圃1.39公顷），森林覆盖率17.79%。建设用地662.03公顷。境内有1条奎屯河自东向西流过。有国家级野生保护动物鹅喉羚、红腹锦鸡等；主要农特产品有棉花、苹果、葡萄、枸杞、打瓜、蜂蜜、灵芝等；主要旅游景区有戈壁母亲红色教育基地。（程旭瑞）

【经济建设】 2022年，一二六团实现生产总值8.93亿元，比上年增长5.9%。其中，第一产业增加值3.81亿元，增长2.7%；第二产业增加值2116万元，增长57.3%；第三产业增加值4.91亿元，增长7.3%。三次产业结构比为42.69∶2.37∶54.94。全社会固定资产投资3.23亿元，增长43.6%。社会消费品零售总额5.14亿元，增长2.1%。一般公共预算收入1.41亿元，下降40.1%。城镇常住居民人均可支配收入44716元，增长3.8%；农村常住居民人均可支配收入31062元，增长3.4%。

【农业】 2022年，一二六团农作物播种总面积1.17万公顷，比上年增长3.2%；在岗农业一线职工身份地8466.7公顷。农用化肥施用量（实物量）9554吨。其中氮肥4204吨、磷肥2486吨、钾肥683吨、复合肥2181吨。农用塑料薄膜使用量582吨，其中地膜使用量582吨，地膜覆盖面积9670公顷。农药用量（实物量）40吨。职工购置机具212台（架）次，投入资金1630.473万元，享受农业机械购置补贴资金285.47万元。有效灌溉面积1.17万公顷。其中高新节水灌溉面积1.02万公顷，旱涝保收面积1.17万公顷，机电排灌面积1.02万公顷。全年粮食产量增长64.3%。棉花产量增长1.9%。蔬菜产量2.65万吨，增长15.7%。水果产量6265吨，增长25.4%。年末牲畜存栏2.3万头（只），增长42.5%，其中牛6200头、猪3300头、羊1.33万只。肉类总产量1802吨，增长27.5%。牛奶产量664吨，下降82.5%。禽蛋产量413吨，下降10%。（张婷婷）

【招商引资】 2022年，一二六团招商小组外出考察4批次，线上沟通对接疆外企业3家，接待来访客商23批次；6月团招商团队到江苏、成都、山东等地招商，拜访淮安施尔丰生物科技有限公司、江苏华梓车业有限公司、成都利和味道等企业；全年签订招商引资协议13份，落地项目9个，总投资2.82亿元，实物量2.2亿元，为2023年储备目标企业29家，确定重点跟踪项目7项。（李雅茹）

【交通运输】 2022年，一二六团辖区有主干道12条、次干道路8条，团中心辖区设有通连路口5处，架设道路交通指示灯5个、路灯445盏，全团公路路网总里程243.22千米，其中县道163.37千米、乡道36.65千米、村道43.2千米。团内公路经一二七团、一二三团接独克公路61千米处，直通克拉玛依、奎屯、乌苏、乌鲁木齐等地。（苏　林）

【社会保障】 2022年，一二六团养老保险参保7221人，累计缴纳社会保险费4837.01万元。为352

2022年6月，小麦进入收割期。图为一二六团九连小麦收割现场（牛想为　摄）

人发放最低社会保障金253.54万元；为28名特困供养人员发放生活补助金（含提标）；为1628人发放临时救助金；为2名孤儿发放孤儿生活补贴2.54万元；为12名经济困难高龄失能老人发放补助金1.32万元；为466人发放80岁高龄津贴33.17万元；为2410人发放减负资金1183万元，人均4976元；为74名灵活就业人员发放灵活就业资金68.3万元。设公益性岗位75个，解决困难人员再就业52人次。（黄建虎）

【环境整治】 2022年，一二六团发放宣传资料8321份，出动工作人员300人次，覆盖5852人，清理卫生死角245个，清理垃圾207.7吨，整治农贸市场1个。33支志愿服务队开展志愿服务活动280次，清理连队水塘21口、连内沟渠105.3千米、无功能建筑82处及私搭乱建、乱贴乱画、乱堆乱放157处，清理连队生活垃圾220吨，清理畜禽养殖等农业生产废弃物数量109.4吨。为连队配备船式垃圾箱13个、120升垃圾箱161个、小垃圾箱975个。建立健全“团连一体化”垃圾处理体系，户厕整改率100%。连队居住区绿化面积6.31万平方米，连内硬化道路1804.1千米。

（黄建虎 唐满宁 王春桥）

【文化事业】 2022年，一二六团有戈壁母亲文化场馆5座、团场综合文化活动中心1座、社区活动室2个、连队综合文化活动室13个、农家书屋15家、广播电视站1座。与师融媒体中心联合举办“庆丰收，迎盛会”主题网络丰收节，在线观众18万人次。开展迎新春线上线下文艺晚会和“村晚”示范展示活动5场次，推送各类文艺作品20个，线上累计观看量1万人次；开展以“艺”抗疫暨庆国庆、喜迎党的二十大线上文艺活动，活动浏览量1.2万人次；在春节、端午、中秋、五一等节点，通过“戈壁母亲故乡”抖音账号开展“云”游红色场馆直播5场次，观众8000人次；实施文化惠民工程，开展“我们的中国梦·文化进万家”文艺巡演暨2022年“送文化下基层”等惠民文艺活动37场次，覆盖人数2.5万人次。举办第二届戈壁母亲文化艺术旅游节庆活动，吸引团内外游客1.8万人次，促进消费近1000万元。打造“中国军垦文化之乡，戈壁母亲故乡”公共地域名片，开发以戈壁母亲吉祥物、伴手礼袋为代表的11种军垦主题文创产品；承接师市定制“非遗”宣传手工布艺刺绣产品2000件，接待游客9.7万人次。兵团著名作家韩天航新出版著作《年轻的城》在戈壁母亲红色教育基地签售。

是年，戈壁母亲文化艺术旅游节被列入旅游新疆“十四五”规划纲要重要节庆之一，戈壁母亲红色教育基地被国家三部委、自治区、兵团党委列为红色文化示范区，戈壁母亲纪念馆被中宣部、财政部、文化和旅游部列入国家博物馆纪念馆免费开放名单。戈壁母亲文化创意园、戈壁母亲旧居被第七师胡杨河市评为文物保护单位。（张康丽）

【城镇化建设】 2022年，一二六团调整城镇局部规划4次，建设以戈壁母亲广场为中心，六大场馆为代表，绿洲苑、健康里、幸福里、曙光里环绕四周的军垦风情小镇。规划城镇小区11个，保障性住房98栋2495套，平房57栋113套。绿化服务面积31.3万平方米，广场服务面积8.85万平方米。（杨 芳）

【乡村振兴】 2022年，一二六团党委出台《2022年一二六团粮食种植实施方案》，落实粮食安全责任制考核办法。做好棉花提质增效及“一团一品”棉花品种推荐工作。各连队开展“五田”（政委指挥田、团长攻关田、副政委科技田、书记示范田、连长示范田）示范活动。重点突出生猪产能增长，扶持新建八连生猪规模化养殖场建设。发展肉牛产业，依托新疆华平牧业有限公司招商引资项目，采取“公司+合作社+农户”模式，带动畜牧业大发展。发展特色种植养殖，全团成立合作社25家，入社成员149人。其中，养殖类12家、占48%，种植类11家、占44%，农机服务类2家、占8%。发展五连“梨园村”、六连“杏花村”、十连“榛子林”等特色林果经济，与16名职工签订管护协议。全团完成春季搂膜280吨，头水前展切边膜搂膜60吨。

扩大戈壁母亲系列大包子、灵芝、乳鸽、肉兔、野猪肉等产品知名度，打造具有“乡字号”“土字号”的戈壁母亲特色产业“金字招牌”。将戈壁母亲系列红色场馆、迎宾路社区“非遗”手工布艺刺绣与五连灵芝菌类种植基地串联起来，打造“不忘峥嵘岁月

稠 红色研学体验游”旅游线路。举办“三地四方”文艺活动展演、“戈壁母亲大包子”美食大赛等文化艺术活动。创建“戈壁母亲”优质棉示范基地，大宗农产品实现“一团一品”率超90%。打造五连红色教育基地文化润疆项目及文旅产业的延伸融合，推进以“戈壁母亲 红心传承”为主要内容的观光体验项目，建设红色景观3处、军垦特色生态采摘体验园1个。成立专业合作社3个，注册资金2000万元。

（唐满宁　王春桥）

【兵地融合】 2022年，一二六团团委与乌苏市石桥乡团委联合开展兵地融情实践活动5次，覆盖青少年220人次。阿勒泰地区人大工委考察一二六戈壁母亲红色教育基地。新疆应用职业技术学院33名学生在一二六团开展为期半个月的暑期“三下乡”社会实践活动。一二六团驻乌苏市石桥乡驻连（村）工作队联合甘家湖社区“两委”、党员代表、致富带头人到一二九团玖尚生态园参观学习。（王春桥）

一二七团

【概况】 一二七团于1956年3月筹建，称苏兴滩农场；同年10月，更名为农七师车排子第二农场（简称车二场）。1969年6月，更名为农七师一二七团。1975年，兵团建制撤销，一二七团划归塔城地区农垦局管辖，更名苏兴滩农场。1976年，划归乌苏中心县管辖。1978年，划归奎屯农垦局管辖，恢复一二七团番号。1982年4月，一二七团隶属农七师管辖。2006年，进入中心团场一二三团，成立人事财务相对独立的管委会。2008年2月，恢复一二七团建制。团域位于乌苏市境内。团部驻乌苏市苏兴滩镇。自2014年起，由江苏省淮安市涟水县结对帮扶。东南距胡杨河市70千米。

2022年，全团土地总面积1.69万公顷，其中农用地1.34万公顷、建设用地646.02公顷、未利用地858.82公顷。下辖15个连队、3个社区、7个事业单位。

【经济建设】 2022年，一二七团实现生产总值7.16亿元，比上年增长10.4%。其中，第一产业增加值3.43亿元，增长11.8%；第二产业增加值1099万元，增长107.6%；第三产业增加值3.62亿元，增长7.6%。三次产业结构比为47.87∶1.53∶50.59。招商引资落地项目7个，累计到位资金1.32亿元。

【农业】 2022年，一二七团农用地面积1.34万公顷，其中耕地1.12万公顷、林地1725.21公顷、园地326.09公顷、草地816.01公顷、其他农用地1355.14公顷。全团农作物播种面积1.02万公顷，粮食总产量增长51.8%。其中，果园面积277公顷，其中葡萄7.2公顷、苹果228公顷，水果总产量9770吨；当年植树造林30公顷。至年末牲畜存栏0.9万头（只），其中猪3000头、牛1100头、羊4600只。肉类总产量1805吨。牛奶产量340吨，下降80%。禽蛋产量255吨，下降11.5%。有农民专业合作社25个，入股合作社职工群众600余人，带动职工群众增收2300余万元，人均增收3.8万元。

【招商引资】 2022年，一二七团招商引资项目7个，形成实物量1.32亿元，其中续建项目2个、新建项目5个。新建项目包括投资4647万元的胡杨河“兰亭府”项目、投资2500万元的胡杨河市朋宸农业科技有限公司农机库项目、投资2000万元的胡杨河康芝源有限公司鸡心果采摘园项目、投资553万元的胡杨河德隆诚牧业有限公司肉牛养殖项目、投资500万元的加油站扩建项目。

【固定资产投资】 2022年，一二七团完成全社会固定资产投资1.52亿元，其中，跨年度项目2项，投资4000万元；新开工项目9项，投资1.3亿元。

【交通运输】 2022年10月，一二七团客运站项目竣工。项目投资462万元，分上下两层，建筑总面积1321.33平方米，其中一层建筑面积700.51平方米、二层建筑面积620.82平方米。

【社会保障】 2022年，一二七团参加城乡居民基本医疗保险1.1万人，参保率65.2%。全年享受低保家庭116户155人、特困人员27户28人。全年救助低保人员1851人次，发放救助资金117.68万元。

【教育事业】 2022年，一二七团有学校1所，在校学生584人，其中小学生354人、中学生230人，专任教师103人。幼儿园1所，在园幼儿151人，专任教师13人。学龄前儿童入园率100%，小学适龄儿童入学率100%，初中适龄人口入学率100%。

【医疗卫生】 2022年，一二七团有医疗卫生机构8所，卫生技术人员74人，执业医师32人，编制床位40张。门诊接诊1.28万人次，患者住院人数857人次，床位使用率29.14%，患者治愈率93%；为8354名职工群众建立健康档案。养老院入住率23%。

【文化事业】 2022年，一二七团有综合文化活动中心1座、连队综合文化活动站15个、社区综合文化活动站3个、农家书屋16家。广播电视节目综合人口覆盖率100%，有线电视覆盖率100%；全年放映电影100场次；连队农家书屋接待读者2.25万余人次；举办元宵节、春节等文艺活动15场次，结合党史学习教育开展文艺宣讲4场次；在各连队、周边乡镇常态化开展送文化下基层活动33场次，覆盖群众1.6万人次。职工综合文化活动中心每天开放超8小时，每周开放50余小时，全年场馆内舞蹈训练室、书画室、戏曲排练室、音乐室等辅导室免费开放1800小时，服务职工群众1.3万人次。

【城镇化建设】 2022年，一二七团城区投资90余万元，植树8000余株；投资6000余万元建设城镇基础设施；投资1456万元建设屯兵基地项目，项目主体完工；投资80.5万元建设建业街人行道，项目完成并投用；投资60.2万元用于道路亮化工程；新建路灯140盏、高杆灯3盏；投资56万元新建体育公园一座；投资29.8万元进行道路绿化改造，项目完工；投资2826万元进行保障性住房建设，项目未完工。团场“三供一业”服务水平不断提升，全年开展“三供一业”监督检查30余次，城镇居民燃气普及率100%。

【产业振兴】 2022年，一二七团二连鸿福牧业养猪场累计建成圈舍8栋、化粪池460立方米，有种猪174头、育肥猪1500头。七连种植胡杨蜜瓜大棚15座，早春试种植酥玉蜜2棚、金脆蜜8棚，收益12万元，带动就业5人。九连驴厂养驴100头，销售驴肉、驴奶等收益15万元。十五连苏兴红枸杞专业合作社种植枸杞66.67公顷，投资180万元建设烘干厂房，通过线上线下销售“戈壁母亲”枸杞，收益350余万元。

【人才振兴】 2022年，一二七团招录公务员2人、事业单位工作人员6人、西部计划志愿者5人、“三支一扶”工作人员4人、后备人才65人（其中全日制本科毕业生34人、退役军人31人）。

【环境整治】 2022年，一二七团自筹资金257万新建十三连给排水管网4100米、绿化管网5300米。七连和九连提升人居环境整治项目，投资500万元，硬化地坪9990平方米，修建林床1879米、绿环管网1000米；新建道路总硬化面积1.21万平方米。建成水冲式户厕303户、水冲式公厕8座及配套设施。建成残膜回收厂1座、船式垃圾收集箱122个、压缩垃圾清运车1辆、室外环境分类垃圾箱870个，清理拉运生活垃圾750余吨，修剪林木103公顷。

【组织发展】 2022年，一二七团完善新建党群服务中心6个，加强“两委”队伍建设，招录本科后备人才36人，补选致富带富能力强“两委”7人。举办各类能力素质提升培训4期，培训360余人次。

【拥军优属】 2022年，一二七团为退伍军人家庭悬挂光荣牌匾481块，发放军属及优抚对象节日慰问金2.74万元，发放义务兵优抚金6万元。 （邵馨仪）

一二八团

【概况】 一二八团前身是建于1958年7月1日的新疆生产建设兵团农七师车排子第四农场。1969年6月，统编为新疆生产建设兵团农七师一二八团。1975年，兵团建制撤销，一二八团划归塔城地区农垦局管理，更名为前山农场。1976年12月，前山农场划归乌苏中心县管辖。1978年7月，奎屯农垦局成立，前山农场划归奎屯农垦局管理，恢复一二八团番号。2012年12月，更名为第七师一二八团。自2014年起，由江苏省淮安市洪泽区结对帮扶。

团域位于胡杨河市和乌苏市境内，团部驻乌苏市前山镇。位于胡杨河市北55千米处。

2022年，全团土地总面积2.63万公顷。辖连队19个、社区2个、事业单位6家，有各类市场主体480家，其中企业132家、注册个体工商户297户，正常营业271家，驻团单位18家，农民专业合作社51家。年末团农用地面积2.39万公顷，其中耕地面积1.74万公顷，林地面积4016.67公顷，建设用地面积1051.94公顷，居民点用地面积338.57公顷。国家级野生保护动物有狐狸、黄羊等；国家级野生保护植物有胡杨、梭梭，野生药用植物有甘草、大芸、枸杞；主要农特产品有棉花、小麦、玉米，有获欧盟质量认证的云枸杞和获国家商标认证的“前山锦红”牌葡萄及系列农产品。（李振翔）

【经济建设】 2022年，一二八团实现生产总值13.11亿元，比上年增长8.1%。其中，第一产业增加值7.93亿元，增长8.8%；第二产业增加值0.27亿元，增长16.4%；第三产业增加值4.92亿元，增长6.5%。三次产业结构比为60.45∶2.05∶37.50。社会消费品零售总额4.76亿元，下降1.1%。招商引资形成实物量5.09亿元，下降11.8%。一般公共预算收入157万元，增长41.7%。（张英敏）

【农业】 2022年，一二八团农作物播种面积1.94万公顷，比上年增长10.9%；粮食总产量增长128.2%，蔬菜总产量6.36万吨，下降1.9%。水果总产量2.51万吨。发放国家农机购置补贴资金345.94万元，共补贴各类农机具147台（架），其中大型拖拉机24台、机具数123台（架），完成深松面积0.16万公顷。有规模畜禽养殖场8家，牲畜产品存栏5万头（只），其中牛0.53万头、猪1.61万头、羊2.81万只。肉类总产量3169吨。牛奶产量5000吨，增长16.3%。禽蛋产量850吨，下降15%。5家畜禽规模养殖场全部建设贮粪池和污水处理设施，装备配套率100%。有道路林233.33公顷、农田防护林613.33公顷。全年造林面积21.34公顷，退化林修复面积73.4公顷，异地造林恢复5.04公顷，农业连队环境美化绿化移植造林1146棵。退耕还林面积共1233.33公顷，支付退耕还林补助资金97.27万元，补助面积176.76公顷。年内办理采伐证12份，采伐更新林地面积14.3公顷。

【招商引资】 2022年，一二八团招商引资到位资金5.1亿元。在库项目5个，剩余投资额5.5亿元；落地储备项目6个，总投资5.6亿元。新增市场主体65家。（洪亚军）

【固定资产投资】 2022年，一二八团完成固定资产投资5.6亿元，比上年下降14.8%。开（复）工项目27个，总投资12.43亿元。其中，当年续建项目7个，总投资3.65亿元；新开工项目20个，总投资8.78亿元。（赵　莉）

【社会保障】 2022年，一二八团有在岗农牧一线职工3337人，缴纳社保费5631.62万元，社会保险和医疗保险缴费率100%。完成3703人次退休大额医疗保险缴费38.83万元。城乡居民养老保险缴费680人82.12万元，参保率106%。代缴低保居民养老125人，财政补贴1.25万元，低保养老保险代缴参保率100%。发放低保金147.97万元，救助2024户2490人。临时救助390户681人，发放救助金48.51万元。共办理职工、居民门诊慢病申报214人，办理工伤申报5人。发放80岁高龄补贴505人8.36万元。有日间照料中心1座，团组织志愿服务队定期开展老人生活照料志愿服务活动。

2022年通过技能培训等方式，新增就业564人，解决欠薪问题3起，帮助25名农民工讨回工资52.9万元。为239人划分身份地，流转身份地610人，面积2.98万亩，通过竞拍发包经营地1.97万亩，收取土地费564.67万元。

【教育事业】 一二八团有学校1所，教职工91人、专职教师79人，在校学生553人。其中，小学在校学生362人，适龄儿童入学率100%；初中在校学生191人，适龄人口入学率100%。园内有学龄前儿童176人，学龄前儿童入园率92%，有教职工27人、专职教师12人。

【医疗卫生】 2022年，一二八团有医疗卫生机构7所，卫生技术人员65人，执业医师23人。医院有床位45张，床位利用率25%。（洪亚军）

【文化事业】2022年，一二八团有团史陈列馆1座（被评为师市爱国主义教育基地）、团场综合文化活动中心1座、连队综合文化活动室2个（三连、十七连）、档案馆1家、农家书屋21家、文广中心1个、新时代文明实践所（站）5个。全年投入33万元打造党建主题广场，试点新建五连、九连党群活动中心。广播节目综合人口覆盖率100%，电视节目综合人口覆盖率100%，数字电视入户率15%，网络电视入户率85%。放映公益电影255场次。在外宣媒体发稿354条；全平台刊稿5794篇（条）。其中，学习强国平台刊稿14篇，省级报刊刊稿80篇，胡杨网、兵团文明网、兵团日报“团炬”App等省级网站刊稿228篇，《奎屯日报》刊稿237篇，“七师零距离”公众号、胡杨融媒移动客户端等地州级网络平台上稿1107篇，“魅力前山”公众号共发布226期刊稿4128篇。

2022年6月12日，一二八团被兵团民间文艺家协会挂牌为军垦剪纸文化传承创研基地。12月28日，邹广燕、吴炳红创作的三幅剪纸作品参加第十八届中国（深圳）国际文化产业博览交易会。

（李艳丽）

【兵地融合】2022年2月8日，一二八团邀请周边团场及乌苏、昌吉、沙湾、博乐等地赛马爱好者举办“迎‘冬奥’马背上的激情与速度”赛马比赛，吸引周边地区2000余人观看。2月10日，受克拉玛依市总工会邀请，一二八团剪纸协会组织剪纸爱好者30余人到克拉玛依市开展“喜迎‘元宵佳节’共促兵地融合”“非遗”交流活动；6月25日，一二八团团委联合克拉玛依市克拉玛依区共同开展兵地青少年融情实践营活动；7月22日，一二八团团委联合独山子区团委开展“石榴籽手拉手童心筑梦向未来”兵地融情营实践活动；8月1日，受乌苏市委宣传部邀请参加石桥乡“2022年新疆塔城乌苏啤酒节石桥乡分会场”兵地联谊活动，一二八团组织文艺节目送到石桥乡，并受邀参加乌苏市“春节联欢晚会”；9月13日，一二八团文体广电服务中心公益电影放映队为乌苏市车排子镇沙枣村农民送去电影《强国之路》《开国大典》。（洪亚军）

【城镇化建设】2022年，一二八团筹措360余万元维修改造公租房和排水管网，建成总投资1159万元的生活垃圾填埋场，完成总投资1301万元的城镇北环路、通连公路项目，投资1600余万元对团部供水管线进行整体改造，新建72套公租房和门球场等民生实事工程。返还94.96万元租金维修兴农里公租房；免费为公租房住户安装燃气报警器。投资近50万元完成黄河路餐饮一条街近2100平方米停车位的改造。投资近300余万元对农贸市场内供排水和兴农里至腾飞里北段的排水管网进行整体改造，为育才里198户居民更换淤堵排污管道30米。新建抗震安居住房25套，争取国家专项补贴资金214.6万元。（王 辉）

【乡村振兴】2022年，一二八团投资4147万元创建2140公顷优质棉示范基地。投资800万元建立硕秋种业千亩育种基地。引进棉花加工厂5个，打造棉花育种、种植、加工、销售“一条龙”发展模式。投资500余万元，促成硕秋种业公司与西北农林科技大学、中国农业科学院棉花研究所开展科研合作，联合建立以团场数据监测中心为服务中心、种业

2022年6月25日，一二八团团委联合克拉玛依区团委共同开展“喜迎二十大 永远跟党走 奋进新征程”兵地融情实践活动。图为学生们在克拉玛依科技馆研学
（韩文珠 摄）

公司技术人员为服务人员、棉花数字化智慧农业管理系统为服务平台的现代化农业技术服务体系，聘用“土专家”19人，采取线上“棉先知”App、线下技术人员“双线服务”模式，提供指导服务2500余次，棉花公检数据比上年提升15%。十九连改造住宅116户，新建排水管线，改造道路4.2千米，完成绿化及灌溉6800平方米，新增路灯27盏。“两委”领办、职工入股，升级改造四连老幼儿园和卫生室，创办具有军垦文化特色的胡杨河市涝坝香苑餐厅，实现集体经济创收额50万元。建设军垦营地型居住区，建设用地节约70%，利用腾退的土地发展集中养殖、辣椒种植等多种经济。探索“飞地养殖+统一规划”新模式，利用边缘连队闲置土地，投资2000余万元建设六连畜牧殖小区，将散养户“异地搬迁”分类、分区集中养殖，累计入驻养殖户5家，飞地养殖户2家，入栏牛200头、繁育母猪300头、赛马80匹、驴70头。利用基建连、水工连、五连、九连4个连队居住区合建腾退的建设用地，引进投资3000万元的前山酒厂，完成土地招拍挂；连队致富带头人领办双育养殖合作社，职工带畜入社，建设干湿分离自动化养殖大棚3座，至年末入栏牛300头、生猪1500头。（洪亚军）

一二九团

【概况】 一二九团前身是1960年9月1日成立的农七师第二管理处园艺农场。1965年1月，更名为第二管理处五五农场。1969年6月，统编为农七师一二九团。1975年，兵团建制撤销，一二九团划归塔城地区农垦局管辖，11月更名为五五农场。1976年12月，划归乌苏中心县管辖。1978年10月，五五农场划归奎屯农垦局管辖，恢复一二九团番号。1982年，一二九团划归农七师管辖。2004年8月，撤销一二九团番号，成立一二九团中心团场。2006年1月，撤销一二九团中心团场，恢复一二九团番号。团域位于胡杨河市、克拉玛依市、乌苏市境内，团部驻克拉玛依市五五新镇，在胡杨河市以北17千米处。自2014年10月起，由江苏省淮安市盱眙县结对帮扶。

2022年，土地总面积2.71万公顷。辖连队16个、社区3个。农用地面积2.37万公顷，其中耕地面积1.62万公顷；林地面积0.63万公顷，其中公益林0.75万公顷（国家级公益林4360公顷、地方公益林3149.73公顷）、人造林757.52公顷、经济林600公顷、苗圃24公顷，森林覆盖率8.9%；建设用地面积2305.72公顷，其中居民点用地面积303.27公顷。境内有国家野生保护动物鹅喉羚（黄羊）、狗獾、狐狸、黄鼠狼、野兔、野鸡及国家野生保护植物罗布麻、梭梭；野生药用植物有大芸、苦艾蒿、甘草、车前子、蒲公英、麻黄草、益母草、马齿苋、罗布麻。主要农特产品有火龙果、柠檬、玉露香梨、富硒小香薯、莲雾、生姜、香菇、朝天椒，有国家AAA级旅游景区一二九团玖尚农业生态园。是年，一二九团被评为兵团第一批“农业产业强团”。

（唐 健 张素新 时俊杰）

【经济建设】 2022年，一二九团实现生产总值20.05亿元，比上年增长9.8%。其中，第一产业增加值7.64亿元，增长8.7%；第二产业增加值4.67亿元，增长18.5%；第三产业增加值7.75亿元，增长6.3%。三次产业结构比为38.09∶23.27∶38.64。人均生产总值12.02万元，增长2.76%。招商引资落地项目21个，总投资21.68亿元。全社会固定资产投资9.33亿元，增长11.4%。社会消费品零售总额7.54亿元，下降3.7%。一般公共预算收入1.6亿元，下降42.88%。城镇居民人均可支配收入44716元，增长3.8%；农村居民人均可支配收入40343元，增长3.5%，在岗农业一线职工身份地1.08万公顷。

2022年，全团完成农林牧渔业总产值16.67亿元，下降7.62%。其中，种植业总产值11.7亿元，下降11.87%；林业总产值663万元，增长2%；畜牧业总产值3.84亿元，下降0.12%；农业服务业总产值1.06亿元，增长23%。

（唐 健 赵爱玲 应泽人）

【农业】 2022年，一二九团农作物播种总面积1.58万公顷，比上年增长0.5%；在岗农业一线职工身份地1.08万公顷。农用化肥施用量（实物量）1.31万吨，其中氮肥4134吨、磷肥3857吨、钾肥3068吨、复合肥2046吨。农用塑料薄膜使用量1367吨，其中地膜使用量1059吨，地膜覆盖面积1.47万公顷。农药用量（实物量）1.86万吨。年末农业机械总动力10.11万千瓦，增长49.59%；种植业耕种收综合机械化率100%。年内购置农机具346台（架），享受农业机械购置补贴资金145户，应用补贴25台采棉机，补贴资金1828.9万元。有效灌溉面积1.55万公顷，其中高标准农田面积1.03万公顷。全团粮食总产量增长85.8%。棉花产量增长3.9%；蔬菜产量7.97万吨，下降3.4%；水果产量1.1万吨，增长1.4%。年末牲畜存栏数8.5万头（只），增长44.2%，其中牛0.37万头、猪7.33万头、羊0.81万头。牛奶产量486吨，下降82.1%。禽蛋产量868吨，下降37.1%。（张素新）

【工业】 2022年，一二九团主要工业产品有白酒、水泥制品、滴灌带，产量分别为1202.66千升、43万立方米、489万千克，比上年分别增长103.21%、2.66%、49.88%。有注册私营建筑企业2家，签订合同金额17.86亿元，增长23.6%。其中，2021年结转合同额2.54亿元；新签订合同额15.31亿元，增长15.11%。房屋建筑施工面积26.41万平方米，增长5.52%。建筑业企业主营业收入9.71亿元，增长11.23%。主营业成本9.46亿元，增长165.73%。

【商贸服务业】 2022年，一二九团全口径批发实现营业收入21亿元，比上年增长14.88%；全口径零售实现营业收入6.1亿元，下降0.5%；全口径住宿实现营业收入0.67亿元，增长18.5%；全口径餐饮实现营业收入1.44亿元，下降4.05%。新升限企业11家，三产限额以上企业、个体达29家，总营收11.58亿元，增长50%。其中，批发企业12家，总营业收入8.69亿元，增长55.5%；零售企业7家、个体2家，总营业收入0.55亿元，增长13.9%；餐饮企业3家、个体1家，总营业收入0.18亿元，下降20%；营利性服务企业4家，总营业收入2.16亿元，增长51.5%。

【招商引资】 2022年，一二九团招商引资项目21个，落地投资建设项目18个。项目总投资21.68亿元，到位资金8.03亿元，其中续建项目3个、新建项目15个。签约项目16个，总金额11.61亿元。其中，围绕师市“精细化工、电子新材料和生物医药”三大主导产业，引进有机肥、油脂及抗臭氧剂等一批精细化工项目，总投资6亿元。一二九团招商小组共外出招商7次，外出招商共计50天，其中团主要领导参与外出招商5次，洽谈企业36家，来访接待企业30余家，落地项目18个，总投资21.68亿元。

【固定资产投资】 2022年，一二九团在库固定资产投资项目28个，总投资19.26亿元，完成投资9.33亿元，比上年增长9.73%。其中招商引资项目19个，总投资17.46亿元，完成投资8.03亿元，增长5.5%；政府性投资项目9个，总投资1.79亿元，完成投资1.29亿元，增长45%。

（唐　健　应泽人）

【社会保障】 2022年，一二九团参加基本养老保险9506人，覆盖率117%。全年发放养老金1.96亿元，交师“五保”统筹金5386万元，其中养老统筹3146.05万元、医疗统筹2006.61万元、失业统筹86.05万元、工伤统筹69.03万元、大额统筹78.26万元。累计救助低保户家庭1738户次2392

2022年8月15日，一二九团招商引资企业克拉玛依疆润化工材料有限公司工人为扩建的仓储建筑钢架喷漆　（张西安　张　菲　摄）

人次，发放救助资金144.98万元，完成1—6月低保提标资金发放及9月、10月低保价格临时补贴资金发放工作。累计救助特困家庭228户次228人次，完成1—6月特困提标资金发放及9月、10月特困价格临时补贴的资金发放工作。累计为608户次850人次发放临时救助资金，为3名孤儿累计发放孤儿基本生活费救助金3.23万元，完成1—6月孤儿提标资金发放及9月、10月孤儿价格临时补贴资金发放工作。为41人次经济困难的高龄失能老年人发放养老补贴和护理补贴共计0.98万元，为7名在国内其他省市高校就读的困难大学生家庭发放援疆助学金4.2万元。

（李红海　宋　红）

【教育事业】 2022年，一二九团有九年义务教育学校1所，教职员工157人，其中专任教师140人，在校学生1086人；学龄前儿童入学率100%，小学适龄儿童入学率100%，初中适龄人口入学率100%。有幼儿园1所，教职工46人，其中专任教师22人、保育员11人，在园幼儿303人。学龄前儿童入学率100%。

（李红海　岳新高）

【医疗卫生】 2022年，一二九团医疗卫生机构有一级甲等医院1所，疾病预防控制中心1所，社区卫生服务站3个，卫生技术人员76人，编制床位60张。年内收治患者538人次，治愈好转率96%，其中抢救危重患者12人次，抢救成功率92%。完成手术92台，甲级病历合格率95%，床位利用率16.27%。

（李红海　石　磊）

【文化事业】 2022年，一二九团有综合文化活动中心1座、连队综合文化活动室15个、农家书屋19家、书店1家、广播电视台（站）1个，全团业余文艺宣传队7支。广播节目综合人口覆盖率100%，电视节目综合人口覆盖率100%。举办2022年度“喜迎二十大，文化进万家”文化能人大赛、第二届盱眙·龙虾美食文化周等活动。召开《一二九团志（1998—2020）》评审会，师市史志办专家组、各团场团志执行主编、一二九团史志工作人员参加评审会。（祁晓霞　魏金荣）

【生态建设】 2022年，一二九团城镇绿地面积322.8公顷，绿化率45%；建成区绿化率49%，绿化覆盖率51%；城镇化率93%，城镇道路绿化率90%，道路绿化普及率100%；公园绿地服务半径覆盖率85%，人均公园绿地面积26.04平方米。参加植树造林和树木抚育职工1万人次，完成师到团、团到连、连到田的三级绿化通道，完善团场、连队以绿化、净化、美化为内容的“三化”建设，完善农田林网化体系建设。完成团场1486.67公顷退耕还林规划、防护林576.05公顷建设，实施团场城镇绿化220公顷项目、国家级公益林及地方公益林7506.67公顷修抚育管护等重点工程，改善团场生态环境。

【城镇化建设】 2022年，一二九团拆除危旧房1447套，新建安居房275套，修缮屋面4万平方米，硬化连队居住区道路27千米，植树造林208亩，安装太阳能路灯575盏，建设口袋公园、休憩凉亭、雕塑小品、文化长廊、健身广场等110个。

【环境整治】 2022年，一二九团安放垃圾箱520个，投资40万元购买吸污车，对全团16个连队的17个水冲式卫生公厕和565户职工的卫生户厕及两个管道集中收集连队进行生活污水的治理。投入4700万元，将七连打造为兵团连队人居环境整治示范点。

（张素新　米　华）

一三〇团

【概况】 一三〇团前身是建于1958年的新疆生产建设兵团农七师共青团农场，1969年6月更名为新疆生产建设兵团农七师一三〇团。1975年11月，兵团建制撤销，一三〇团划归塔城地区农垦局管辖，更名为共青农场。1976年12月，划归乌苏中心县管辖。1978年10月，划归奎屯农垦局管辖，恢复一三〇团番号。1982年4月，划归农七师管辖。自2014年起，由江苏省淮安市金湖县结对帮扶。团场分布于胡杨河市、奎屯市、克拉玛依市、沙湾市境内，团部驻共青镇。

2022年，土地总面积5.73万公顷。辖连队15个、社区4个、事业单位5家、企业468家、个体工商户1206家、合作社69家，有驻团单位15家。第七师胡杨河国家农业科技园区管理委员会与一三〇团合署办公。团农用地面积4.21万公顷，其中耕地面积1.77万公顷、林地面积1.51万公顷、牧草地面积9224.08公顷、园地面积119.54公顷，建设用地面积1927.98公顷，其中居民点及工矿用地面积727.52公顷。造林面积108公顷，森林覆盖率29%。境内有黄沟一库、二库水库2座；国家级野生保护动物有野骆驼、黄羊、野猪、狐狸、狼、獾、水老鼠、野鸡、野鸭、野鸽、野燕、野鹌鹑、天鹅、大雁、布谷鸟、鱼鹰、白额燕鸥，国家级野生保护植物有红柳、梭梭、胡杨、琵琶柴、沙枣、铃铛刺、野玫瑰等，野生药用植物有甘草、大芸、锁阳、艾、苍耳、马齿苋、大黄、车前子、蒲公英、龙胆草、野西瓜、七叶一枝花等。主要农特产品有棉花、小麦、玉米、番茄、甜菜、油菜、打瓜、西瓜、甜瓜、苹果、葡萄、桃、李、梨等，山鸡蛋商标“戈壁鲜”获国家商标认证。主要旅游景区有国家AAA级景区胡杨水韵旅游景区、新疆兵团胡杨河国家湿地公园、兵团特色风貌九连胡杨小镇。

【经济建设】 2022年，一三〇团实现生产总值17.75亿元，比上年增长12.9%。其中，第一产业增加值9.72亿元、增长13.5%，第二产业增加值4825万元、增长155.6%，第三产业增加值7.54亿元、增长8.4%，产业结构比为54.78∶2.72∶42.50。完成固定资产投资7.67亿元，增长23.6%，实现年度目标和冲刺任务双完成。招商引资实物量5.34亿元，增长2.7%。社会消费品零售总额4.89亿元，下降0.1%。籽棉平均单产达495千克，增加32.5千克，创历史新高。15个连队中有12个连队产值过亿，六连、十四连超5亿元。期末职工群众存款总额12亿元。在岗农业一线职工身份地1.44万公顷。

【农业】 2022年，一三〇团农作物播种面积2.63万公顷。其中，小麦播种面积增长97.5%；玉米播种面积增长35%；棉花播种面积下降5.31%；水果种植面积829公顷、增长33%，水果产量1.25万吨、增长4.6%。年末牲畜存栏9.0万头（只），增长47.9%；年末牲畜出栏13.47万头（只），增长72.69%。牛奶产量1.1万吨，增长57.8%。禽蛋产量1010吨，下降19.7%。年末高新节水灌溉面积2.44万公顷，增长3.17%。年末农业机械总动力9.31千瓦，增长22%；种植业耕种收综合机械化率95%，棉花机采率100%。

【工业】 2022年，一三〇团实行工业振兴战略，有规模以上工业企业6家。其中，新疆科农机械制造有限责任公司有播种机产量1317台，完成工业总产值4538万元；恒旺商贸生产沥青混凝土11.67万吨，完成工业产值3499万元；通合节水生产地膜4304吨，完成工业产值3955万元；联合众鑫生产混凝土，完成工业产值3763万元；锦华光伏生产电力，完成工业产值851万元。

【商贸服务业】 2022年，一三〇团有万发石化、嘉文华贸易、胡杨河宝达棉业等20余家商贸企业，总营业额为23.74亿元；限额以上大个体喜乐家超市、鲜之惠超市、海鑫五金家电等6家商超零售营业额为4338万元。

【招商引资】 2022年，一三〇团围绕“三线七园”产业规划，实施“建链、延链、补链、强链、优链”行动，梳理七大领域55个招商优势项目，按时完成招商引资宣传片制作，实施招商引资《产业链及链长制方案》，编制一三〇团投资指南和制定《强力推进招商引资政策措施》。在传统招商引资方式方法基础上，采取视频洽谈签约、制作招商视频推介宣传片、发布招商公告等多种方式灵活招商，筹备成立一三〇团共青镇企业联合会（商会）。新签约21个招商引资协议，总投资20.07亿元，其中新开工13个项目、总投资7.15亿元。招商引资实物量完成5.34亿元，完成师市目标任务的112%。

【交通运输】 2022年，一三〇团各种交通运输车辆2677辆。年旅客周转量14.91亿人千米，比上年下降0.96%。货物周转量1.14亿吨千米，下降0.95%。

【社会保障】 2022年，一三〇团参加基本养老保险1.15万人，覆盖率54%，参加基本医疗保险人数1.82万人，覆盖率70.1%；参加失业保险4971人，参加工伤保险5006人，参加生育保险4870人。享受居民最低生活保障102户129人。社保政策兜底，累计发放各类救助资金243.5万元。开展“政策找人”活动，全年累计排查

2.42万人，其中户籍人口2.12万人、非户籍常住及流动人员3057人，新纳入兜底救助6户6人。

【教育事业】 2022年，一三〇团中学为九年一贯制学校。团中学部教职员工193人，其中教师144人。开设教学班39个，其中小学23个、初中16个。小学生801人、初中生519人，学生共计1320人。行政人员1人，教辅人员4人，工勤人员8人。小学部教职员工98人，其中教师78人、教辅人员3人、工勤人员17人。小学适龄儿童入学率100%，初中适龄人口入学率100%，高中阶段入学率100%。

【医疗卫生】 2022年，一三〇团卫生系统包括医院1所、社区卫生服务站3个、连队卫生室4个，在岗人员125人，编制床位60张。年内门诊患者就诊3.13万人次，出院人数1485人，床位使用率73.7%，急诊238人次，治愈好转率98%。平均住院天数6.08天，基础护理、危重患者护理合格率100%。实施国家基本药物制度取得成效，执行药品、器械、一次性物品招标采购制度，实行基本药物统一采购、零差率销售，医院药品种类320种，其中基本药物品种291种，占90%。一三〇团医院于2020年11月搬迁至胡杨河市人民医院，院址位于第七师胡杨河市嵩山西路1201号，2022年11月6日挂牌营业。

【文化事业】 2022年，一三〇团有团场综合文化活动中心1座、团场文化大舞台1个、胡杨图书馆1座、“胡杨荷韵”文化馆1座、广播电视台（站）1个、连队综合文化活动室15个、农家书屋19家，石榴籽文工团1个。广播节目综合人口覆盖率96%，电视节目综合人口覆盖率98%，有线电视入户率95%。建设三连、十四连、十五连、共青路、光明路党群服务中心及六连、九连、十三连、二十连文化广场，团场初步形成二连“共青之约”、六连“百果园”、七连“淮安人家”、九连“胡杨小镇”、十连“龙虾产业园”、十三连“哈萨克风情园”、十四连“沙漠金猪”等特色连队。开展文化惠民活动12场，培养基层文化能人20余名。开展弘扬兵团精神和老兵精神等主题性演讲68场次，深入职工家庭开展面对面宣讲120余场。举行数字电影下连队、进社区活动230场。

【项目建设】 2022年，一三〇团制定《一三〇团共青镇关于贯彻落实国务院〈扎实稳住经济一揽子政策措施〉及领导干部挂钩帮扶企业“一企一策”分工方案》，提出6个方面21条措施，助企纾困。全年新增入库项目28个，完成固定资产投资7.6亿元，比上年增长22%，完成师市下达任务的108%；完成网上注册代办23家企业，办理备案证明23个，总投资4.89亿元；申报2023年中央预算内投资项目7个，总投资1.02亿元；申报专项债券项目1个，总投资0.5亿元；一般债券项目2个，总投资0.84亿元，积极培育新型农业经营主体，依托中小企业孵化园，免费为企业提供优质服务，中小企业孵化园新入驻企业43家，新增新型农业经营主体6家。

【乡村（连队）振兴】 2022年，一三〇团全力推动产业发展，提升职工群众效益。进一步完善《乡村振兴职责分工》，开展乡村

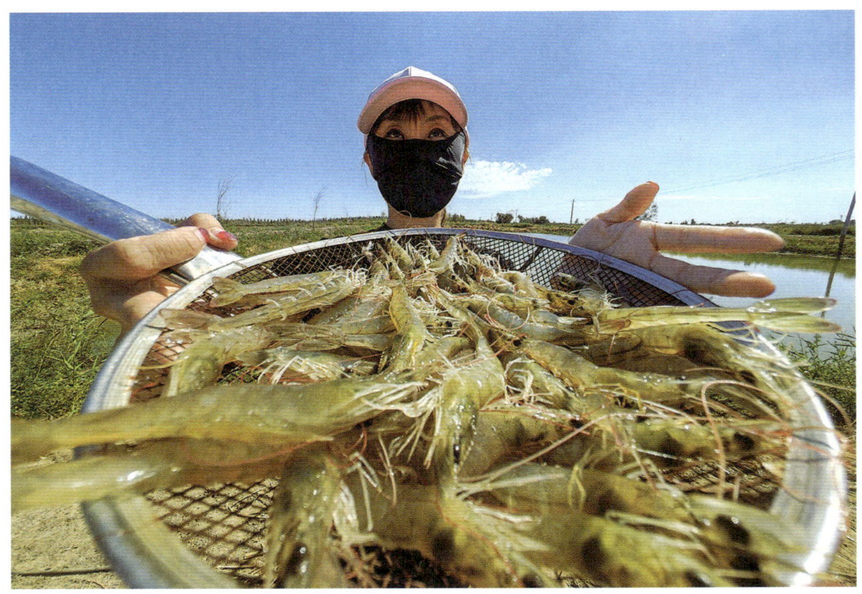

2022年9月2日，一三〇团十连龙虾产业园的南美对虾获丰收

（刘笑天　摄）

振兴现场观摩推进会1次，启动乡村振兴“151行动”（即全团15个连队，结合乡村振兴，以合作社为投资主体，每个连队至少完成500万元的固定资产投资任务，合计完成1亿元以上投资），投资0.4亿元建设0.21万公顷高标准农田，15个连队集中连片建成高产优质棉示范田，完成1686.67公顷粮食种植、653.33公顷复播大豆、233.33公顷葡萄“厂”字型改造任务。昊元鑫10万头生猪养殖基地建成，打造北疆地区先进的智能化养殖基地。鼓励合作社发展“龙头企业+合作社+职工+订单”生产经营模式，发展棉花种植、农产品销售、果蔬深加工、冷链等产业，推动农业产业链发展，全团共有各类合作社69家，其中种植业合作社50家、畜牧养殖合作社10家、林果业合作社6家、农机服务合作社1家、水产养殖合作社1家、乡村旅游合作社1家。合作社完成“六连红珍珠葡萄”“绿之源”“庆民丰”“戈壁鲜”“心之鲜”“金凤合”“昌禾锦”7个商标注册。家庭年人均可支配收入100%高于低保标准1.5倍（1.17万元）。

【巩固脱贫成果】 2022年，一三〇团继续落实防止返贫监测和帮扶机制，组织基层单位对低保户、特困供养人员、残疾人、临时救助户等人员开展收入排查、动态管理，做到及时发现、快速预警、及时帮扶。5月，防止返贫动态监测工作由社事办移交经发办。全年享受灵活就业人员社保补贴69人，发放补贴68万元。开发公益性岗位就业37人，开展职业技能提升行动，培训680人次，城镇新增就业526人，无新增贫困发生。

【城镇化建设】 2022年，一三〇团城镇中心有项目12个。其中，6个续建项目、总投资9165万元，6个新建项目、总投资4070万元，全部如期开（复）工。加快十三连、三连、二连、十五连抗震安居住房的验收和收尾工作。完成师市住建局下达的53套抗震安居住房指标的63%。对连队户厕使用问题进行全覆盖摸排，对未完成验收的户厕全部按照程序及时验收，共计完成改厕52户。完成三格式化粪池改造39个，清理无功能建筑物727处，路面硬化18.2千米。完成房屋拆迁10套，达成拆迁协议21套。提升完善地头房整治标准，建立“一户一档”检查机制，列入人居环境检查，全年组织27人次开展集中检查3次。

【团场综合配套改革】 2022年，一三〇团进一步开展团场综合配套改革。加快土地确权颁证，完成土地确权办证572人，其中新招录职工127人、华桉企业分流13人、落户70人、高标准农田建设重新划地126人、其他人员236人。扎实推进经营地回收工程，制定2023年经营地竞价发包方案。通过“e聚农宝”手机App，首次实现职工身份地线上流转，身份地流转职工890人，流转面积4.34万亩，平均流转价格568元/亩。

【生态建设】 2022年，一三〇团落实生态文明建设各项要求，加强连队污水、垃圾、残膜污染等环境问题综合治理，不断改善团场人居环境。对农作物秸秆、畜禽粪污等资源充分利用，加大农用残膜回收力度。完成植树造林124公顷，其中异地造林122公顷、退化林修复2公顷。1.15万公顷国家级重点公益林巡护范围100%；农药、农田残膜综合治理、畜禽粪便无害化处置，规模养殖场粪污干湿分离和化粪池建设完成率100%，农田地表残膜拾净率达90%以上。

【兵地融合】 2022年，一三〇团选派3名干部驻乌苏市八十四户乡转湾湖村工作队开展工作，先后派出5名领导干部到工作队慰问走访、调研。协调一三〇团石榴籽文工团到转湾湖村开展“兵地大联欢 和谐大家园”慰问文艺演出及“粽叶飘香迎端午”活动。1月30日，一三〇团完成共青镇揭牌仪式，与沙湾市人民政府办公室、自然资源局、民政局对接，沙湾市民政局于6月底向沙湾市人民政府办公室递交第七师胡杨河市一三〇团行政区划调整文件审查意见，步入团镇合一发展，进一步推动兵地融合。

【民族团结促进】 2022年，一三〇团组织4个社区开展民族团结联谊活动7场次，参与职工群众280余人。一连、二连、七连、光明路社区、胡杨苑社区被师市命名为民族团结进步示范单位，共青路社区获兵团2021年度“民族团结联谊活动先进集体”称号。

（余燕红）

一三一团

【概况】 1956年7月建场，名称为农七师奎屯农场。1958年10月扩编为农七师奎屯总场。1959年11月改称为农七师第一总场。1965年6月，缩编为农七师奎屯农场。1969年9月，改番号为中国人民解放军新疆军区生产建设兵团农业建设第七师一三一团。1976年10月，一三一团分列为奎屯市东郊农场、奎屯市西郊农场。1979年4月，恢复一三一团建制，划归奎屯农垦局管理。1982年3月，改属农七师建制。2012年12月24日，"新疆生产建设兵团农七师一三一团"更名为"新疆生产建设兵团第七师一三一团"。团场新印章从2013年11月启用。自2001年起，由江苏省淮安经济技术开发区一对一结对帮扶。团域分布在奎屯市、乌苏市和克拉玛依市独山子区境内，团部位于奎屯市，北距第七师胡杨河市36千米。

2022年，土地总面积3.33万公顷。辖连队14个、社区3个、事业单位5家、工业企业7家（规模以上企业2家、规模以下企业5家）。城镇居民人均可支配收入44716元，比上年增长3.8%，连队居民人均可支配收入31062元，增长3.4%；在岗农业一线职工身份地2809份8364公顷。团农用地面积3.04万公顷，其中耕地面积1.19万公顷、林地面积5476公顷、牧草地面积1.21万公顷、园地面积899公顷，建设用地面积2007.61公顷，覆盖率5.4%。境内有奎屯河流1条，年径流量6.29亿立方米。主要农特产品有棉花、玉米、番茄、小麦。百葡庄园获"全国农业旅游示范点"称号。2022年继续保留"全国文明单位"称号。

【经济建设】 2022年，一三一团实现生产总值17.91亿元，比上年增长10.8%。其中，第一产业增加值7.38亿元，增长11.5%；第二产业增加值2.02亿元，增长23.2%；第三产业增加值8.52亿元，增长7.6%。三次产业结构比为41.17∶11.26∶47.57。完成固定资产投资4.68亿元，完成目标任务的112%；完成招商引资实物量3.6亿元，完成目标任务112%；实现社会消费品零售总额6.69亿元，下降2.4%。

（袁　希）

【农业】 2022年，一三一团农用地总面积2.94万公顷，其中耕地面积1.5万公顷、园地面积73.9公顷、林地面积215.7公顷、草地面积1.29万公顷、退耕还林面积466.7公顷、其他面积709.5公顷。有设施农业（蔬菜）种植单位5个，大棚838座，新建塑料大棚1座8.88亩。年末牲畜存栏8.7万头（只），增长33.7%，其中牛1.66万头、猪4.07万头、羊2.96万只。禽类存栏4.2万羽。牛奶产量2.14万吨，增长5.9%。禽蛋产量915吨，下降12.9%。

（陈　慧）

【招商引资】 2022年，一三一团完成招商引资实物量3.6亿元，实现税收337万元，比上年增长73%；储备项目11个，总投资11.76亿元。项目涉及民宿、餐饮、能源、房地产、文化旅游、农业装备等诸多领域。举办线上洽谈活动180余次，洽谈项目36个，促成来访企业107家，第七师胡杨河市团特万亨光伏组件厂项目、丰登园酒店文旅开发项目、特色文化六必居康养小镇等6个项目签约，签约金额2.15亿元。

【交通运输】 2022年，一三一团有民用汽车5490辆，比上年增加261辆，其中载客汽车4678辆、载货汽车812辆。全年完成客运量165万人次，增长5%；旅客周转量1.17亿人千米，增长17.5%；完成货运量1720万吨，增长18%；货物周转量20.67万吨千米，增长20%。运输业务收入1.58亿元，增长21%；个体运输收入3140万元，增长14%。

【社会保障】 2022年，一三一团参加城镇职工基本养老金保险8574人（含退休），全年养老金发放2.25亿元。社会保险缴纳统筹金6232万元，人均缴纳1.67万元，其中养老保险缴费3887万元；医疗保险缴费2071万元；失业保险缴费202万元；工伤保险缴费72万元。

一三一团完成新增就业694人。发放社会救助金292.78万元，其中为低保户121户162人发放低保金135.53万元；临时救助338人次；给予困难群众一次性临时救助，救助122户355人次；救助困难残疾人136人；为经济困难老人2户2人发放0.36万元；为735名80岁以上老人发放高龄津贴44.96万元；协助突发疾病流浪人员返回户籍地，支付看病及返乡费用3.33万元。

【教育事业】 2022年，一三一团有九年制中学一所；教职工154人，其中专任教师142人；在校中小学生1301人，其中小学822人、中学479人，小学适龄儿童入学率100%，中学适龄人口入学率100%。年内对2所民办园进行办园行为督导评估和幼儿园保育教育质量督导评估并开展问题整改监督，协助教育局对幼儿园办园行为进行复评。完成一三一团中心幼儿园法人变更和年审。

【医疗卫生】 2022年，一三一团医疗卫生机构有一级甲等医院1所、疾病预防控制中心1所、连队卫生室3个、社区卫生服务站3个、社区卫生服务中心1个，卫生技术人员212人，执业医师71人，编制床位350张，实际开放床位300张。

【文化事业】 2022年，一三一团申请中央补助地方图书馆、美术馆、博物馆专项资金19万元，群众文化活动经费10万元。通过春节、“五一”、“七一”等节日，开展系列文化活动，丰富职工群众精神文化生活。全年开展送文化下基层、文艺汇演等活动68场次。组织“文艺骨干创编辅导”、基层单位文艺爱好者“创编辅导”、文艺团体座谈会等活动，加大对文艺团体的培养，储备文艺后备力量。为九连、十连申请中央补助地方公共文化示范连队建设项目，十连公共文化示范连队进入线上评审阶段。利用三馆补助资金和中央补助地方公共文化服务体系资金，为新建职工文化活动中心购置音响设备，对17家农家书屋图书进行补充更新，为3个社区购买服装道具，为4个连队购置体育设施，在十连打造团农产品展厅，放映农村公益电影144场次。

【兵地融合】 2022年，一三一团多次到奎屯市、乌苏市、独山子区等地进行交往交流，在兵地融合共建、产业协同发展和行政区划调整等方面沟通洽谈。中兴商贸城为三地四方提供充足的生活物资保障，保障兵地资源共享。组织社区、连队职工定期整治辖区环境卫生，配合奎屯市文明城市创建复审工作。加强一三一团中学与奎屯市第一中学的教学合作，提高两地教育质量和水平。加强与奎屯市、乌苏市、独山子区等地信息互通，参加工作协调会21次。支援驻乌苏市夹河子乡三道坪村工作队工作，拨付专项工作经费5万余元。与奎屯独山子经济技术开发区沟通，对南环路、阿克苏东路续建工程复工。丰登园社区与奎屯市湖兰布拉克社区结为兵地民族团结共创共建联谊单位，组织开展学习交流、联谊活动。与奎屯市铁路派出所组织联合力量，定期对团一连、二连、四连、十连4个单位18.5千米的铁路沿线进行巡逻。与乌苏市白杨沟镇签订草场使用协议。 （袁 希）

【项目建设】 2022年，一三一团续建项目14个，总投资10.2亿元，其中政府类投资项目3个，总投资2.35亿元。3月28日，一三一团举行重大项目开（复）工仪式，其中总投资8.13亿元。累计开（复）工项目15个，计划总投资5.13亿元，其中政府投资类项目5个、民营企业投资项目10个。

（袁 希 李圆圆）

【城镇化建设】 2022年，一三一团完成农村危房改造建设任务11套，拆除危旧房屋114间。其中，拆除危旧公房105间，面积8462.57平方米；拆除危旧私房9户，面积1357.95平方米。

【社会事业】 2022年，一三一团收取公租房租金75户，共计30.24万元；新审核办理公租房32套，收缴公租房租金10.15万元；收缴保障性住房分期付款32户355.41万元；收取住宅专项维修资金13户7.2万元。销售保障性住房5套，收取购房款127.6万元。完成平房摸排并建立“一户一档”1166户，其中拓海乐社区368户、五连604户、九连216户。协同师勘测设计院对团城区平房进行安全等级鉴定，鉴定3726户，其中B级548户、C级253户、D级372户，制作张贴房屋安全等级明白卡987张。

（刘振山）

【环境整治】 2022年，一三一团化肥农药使用量零增长，残膜回收率100%。全团14个农业连队共收集残膜917.5万千克。重点治理人居环境卫生存在的突出问题，新增垃圾箱18个、垃圾桶65个；协调天北河川园林物业公司,新增专职清运人员2人、清运车辆2辆,对人员密集、道路偏远的区域定时按点及时清运;动用挖掘机,运输车辆20余台次对团直周边内积存垃圾、建筑垃圾彻底清理拉运;组织发放“门前五保责任书”;不定期组织机关干部、学校、医院等单位到团直区域进行义务劳动;依托干部包连挂钩制度,与各连建立一对一联系,强化属地管理卫生意识,指导各连开展爱卫运动;改善农贸市场经营环境,加大执法监察力度,规范市场经营秩序。

(袁　希)

【乡村振兴】 2022年,一三一团大力发展“十个五百”特色种植养殖加工项目28个并全部完成。其中,种植项目15个,面积1560公顷,实现产值2.01亿元;养殖项目13个,实现产值4.17亿元。在农发集团新建高标准果园面积86.16公顷(葡萄73.8公顷、苹果12.36公顷),老果园改造面积138.57公顷(一连82.86公顷、二连55.04公顷、十连0.67公顷),共计224.73公顷。全团树立小麦科技示范田26块、玉米科技示范田6块、花生示范田1块。加强示范户培训与指导,召开夏粮阶段生产管理现场观摩推进会,提高示范田主导品种和主推技术的覆盖到位率。

(陈　慧)

【民族团结促进】 2022年,一三一团党员干部开展民族团结促进走访4500余次,办实事好事657件次,帮助解决困难142件次,收集群众诉求46条,捐赠物资8万余元。在九连牧民聚居区为65名牧民开展国家通用语言培训;结合“群众法治大培训”工作,融入国家通用语言培训内容,覆盖职工群众2600余人。利用“民族教育团结月”重要宣传节点,发放宣传资料2000余份,参加人数310人次。观看《同心共筑中国梦》《中国新疆之历史印记》等纪录片,开展“喜迎二十大 同心共筑中国梦”“石榴花开遍地红 民族团结心连心”等系列民族团结进步创建联谊活动。

【新疆生产建设兵团首家德治广场建成开放】 2022年4月15日,一三一团作为2022年度兵团“德治”试点单位,在屯富园社区创建新疆生产建设兵团第一家“德治广场”并向公众开放。项目资金到位150万元,支出8万元。一三一团“德治广场”建有标志性石碑、孝德文化长廊、孝亲雕塑、社会主义核心价值观景观小品、孝老敬亲先进人物橱窗、孝德墙画、户外孝德文化展示大屏等。

(刘浩伦)

一三七团

【概况】 一三七团前身是农七师乌尔禾国营农场,始建于1958年4月。1959年6月,农七师把乌尔禾国营农场扩编为乌尔禾总场。1959年11月,乌尔禾总场扩编为农七师第三总场。1965年3月,农七师第三总场缩编为乌尔禾农场。1969年4月,经中央军委批准,新疆军区统一更改新疆生产建设兵团各团场、企事业单位番号和名称,把乌尔禾农场交兵团建筑工程师管辖,改为兵团建筑工程师农业二二四团。1971年4月,划归农七师管辖,改为农七师二二四团。1972年5月,改编为农七师一三七团。1975年5月,新疆生产建设兵团及师级建制撤销,一三七团归属克拉玛依市管辖,改为克拉玛依市乌尔禾国营农场。1978年11月,新疆维吾尔自治区成立农垦总局,乌尔禾国营农场归属奎屯农垦局管辖,改为伊犁哈萨克自治州奎屯农垦局一三七团。1982年3月,新疆生产建设兵团恢复;8月,农七师恢复,一三七团归属农七师管辖,改称一三七团场。2004年9月,兵团体制改革,一三七团场成为农七师一二九团中心团场的进入团场。2006年1月,由一二九团的进入团场调整为一般团场,复称一三七团场。2012年12月25日,中央编制委员会对兵团农业师进行变更后称第七师一三七团场。一三七团由乌尔禾垦区、和什托洛盖矿区和阿吾斯奇牧区3个分隔的区域组成,团场分布于新疆维吾尔自治区克拉玛依市乌尔禾区、塔城地区额敏县与和布克赛尔蒙古自治县境内,团部驻克拉玛依市乌尔禾区,位于胡杨河市以北193千米处,阿吾斯奇牧区北面与哈萨克斯坦国接壤,边境线69.5千米。自2010年起,由江苏省淮安工业园区结对帮扶;自2020年起,由江苏省淮安市清江浦区结对帮扶。

2022年,一三七团辖区总面积约5.9万公顷。辖连队11个、社区2个,有行政事业单位10家、企业107家、个体工商户932

家、社会组织14家。农用地面积5.37万公顷，其中耕地2133.78公顷。林地面积8161.2公顷，其中公益林地7630.53公顷、人工林地579.6公顷、经济林15.93公顷、苗圃2.37公顷，森林覆盖率8.83%；建设用地面积1163.12公顷，其中居民点及工矿用地面积370.51公顷。境内有白杨河，年径流量1.09亿立方米；有艾里克湖、大双湖、小双湖等湖泊；在阿吾斯奇有调节水库2座。国家级野生保护动植物有狐狸、黄羊、胡杨、梭梭，野生药用植物有甘草、大芸、枸杞、红景天；主要农特产品有白兰瓜、牛羊肉、草鱼。有蔬菜批发交易市场1个，有蔬菜果品储藏库1个，年储藏蔬菜、肉类、果品能力500吨。主要旅游景区有国家级AAAAA级旅游景区魔鬼城、国家AAA级旅游景区大秦帝国影视城、国家AAA级旅游景区阿吾斯奇红色教育基地。

【经济建设】 2022年，一三七团实现生产总值6.26亿元，比上年增长1.6%。其中，第一产业增加值2.31亿元，下降4.3%；第二产业增加值2024万元，下降35.2%；第三产业增加值3.75亿元，增长8.5%。三次产业结构比为36.94∶3.23∶59.83。固定资产投资增长25%。社会消费品零售总额3.41亿元，增长5.5%。城镇常住居民人均可支配收入44716元，增长3.8%；农村常住居民人均可支配收入31062元，增长3.4%。

【农业】 2022年，一三七团农作物播种总面积0.21万公顷，在岗农业一线职工身份地2688.51公顷（其中在一二五团划分身份地2039.27公顷）。年末农业机械总动力1.12万千瓦，农业机械化率94%。有效灌溉面积1803.47公顷，其中高新节水灌溉面积1498.47公顷。设施生产面积666.2公顷，其中蔬菜面积650.13公顷、果树面积14.53公顷。全团粮食总产量下降54.8%。棉花产量增长61.5%；油料增长101%；蔬菜产量6.82万吨，增长7.3%；水果产量36吨。年末牲畜存栏数6.1万头（只），下降21.8%，其中牛0.41万头、猪1.02万头、羊4.67万只。牛奶产量1542吨，下降81.6%。禽蛋产量598吨，下降26.1%。有温室大棚1253座，折合标准温棚2150座。全面推进绿色生产和标准化管理，并以小圆村庄农业合作社规模化集中育苗为龙头，以一连、三连、七连、十连4个连队为基地，统一管理规程，统一技术培训，统一管理标准，建立生产、经营、管理档案和标准化示范基地。年内完成植树造林面积2.67公顷。办理采伐证8份，采伐更新林地面积2.67公顷。

【招商引资】 2022年，一三七团立足矿产、石油天然气、旅游等资源，成立招商团队外出招商25天，拜访企业33家，接待来访企业18家，签约项目10个，签约金额2.1亿元。至年末，落地项目8个，在建项目2个，储备项目6个，完成投资2.22亿元。

【固定资产投资】 2022年，一三七团召开集中开复工等现场会议3次，召开项目推进部署会21次。落实固定资产投资项目21个，其中，政府类投资项目10个，均为新建项目；招商引资项目11个，包括新建项目9个、续建项目2个。完成固定资产投资2.55亿元，比上年增长25%，完成师市任务的102%。

【社会保障】 2022年，一三七团参加基本养老保险4456人，参加基本医疗保险7064人，参加失业保险1219人，参加工伤保险1255人，参加生育保险1263人。享受居民最低生活保障人数110人。年内完成妇女“两癌”检查827人。新增就业168人。开展技能培训9期，参加培训学员430人。发放各类社会救助金171.91万元，救助困难群众1650人次。

【教育事业】 2022年，一三七团拥有九年一贯制中学1所、幼儿园1所。一三七团中学校园占地总面积5.44万平方米，校舍建筑总面积9421.39平方米；教职员工88人，其中专任教师80人，大学本科以上学历占84.62%；有小学教学班12个，小学生378人；初中教学班8个，初中学生227人；适龄户籍儿童入学率、适龄户籍少年初中入学率100%。一三七团幼儿园占地总面积1.14万平方米，建筑总面积2242平方米，户外游戏场地面积5541.4平方米；有3~6岁学前幼儿155人；幼儿园列教师编制21人，实有教职工25人，专任教师14人，其中在编教师8人；14名专任教师中有本科学历者9人，占专任教师总人数的64%。

【医疗卫生】 2022年，一三七团有二级乙等医院1所、疾病预防控制中心1所、食品药品安全和卫生监督执法单位1家、连队卫生室7个，拥有专业医护人员60人。医院迁入江苏省淮安市援建的综合楼，占地面积992平方米、建筑面积4000平方米，设编制床位30张。年内门诊急诊接诊1.53万人次，住院551人次，手术75人次，床位使用率51.85%，开展远程会诊18例。疾控中心建筑面积900平方米，业务用房592平方米，居民健康电子档案建档率100%；接种免疫规划疫苗948人剂次，非免疫规划疫苗接种777人剂次，接种新冠疫苗2.54万人剂次。社区、连队卫生室接诊人数456人次。

【文化事业】 2022年，一三七团有军垦文化展示馆1座，团场综合文化活动中心1座，社区综合文化活动中心1座、活动室1个、连队综合文化活动室8个、农家书屋11家、广播电视站1个。广播节目综合人口覆盖率100%，电视节目综合人口覆盖率100%，数字电视入户率15%，网络电视入户率85%。围绕文化振兴工作，举办文体活动56场次。围绕新时代文明实践活动，开展送文化下基层活动30场次。围绕“喜迎二十大、永远跟党走”主题，开展喜迎党的二十大胜利召开系列活动，举办网络春晚、“我们的中国梦·文化进万家”闹元宵社火活动。《一三七团年鉴（2021）》出版发行。阿吾斯奇军垦文化展示馆接待参观者537人次。

【兵地融合】 2022年，一三七团与乌尔禾区就城镇建设、生态共管、安全生产、医教卫生、综治安保等多方面沟通联系，建立联防联控工作机制。探索兵地纪检监察工作融合发展有效机制，财政、公安、司法等多个部门相互交流学习，拓展工作思路，共同开展《中华人民共和国宪法》《中华人民共和国民法典》《中华人民共和国妇女权益保障法》等法律法规普法宣传。签订兵地联合路政管理合作协议，进一步加强公路及附属设施、道路运输安全等管理。常态化开展兵地演练、矛盾纠纷排查，成功化解纠纷1起。与和布克赛尔蒙古自治县召开“六位一体”联合会议6次、研判分析会议10次，开展兵地联合演练5次。

【城镇化建设】 2022年，一三七团实施金边路街区基础设施建设项目、三连抗震安居住房配套基础设施项目、全民健身活动中心建设项目、环卫中心建设项目工程，新建抗震安居房52套，新建全民健身中心1家，对团场体育基础设施进行提升改造；对金地商业街，金边路11栋、12栋、13栋居民楼及周边进行地面硬化、绿化整理；新建中学综合教学楼1幢，建筑面积3000平方米。

【生态建设】 2022年，一三七团紧紧围绕“绿水青山就是金山银山”的理念，落实生态文明建设各项要求，将环境保护工作纳入团场绩效考核项目，与基层单位和其他服务单位签订环境保护目标责任书，定时召开环境保护专题会议，对全年工作进行部署安排，开展月巡、季巡和重点单位日常监督巡查，摸清团场环境底数，降低环境污染风险。落实河（湖）长制，加强水资源管理跟执法监管，出台《一三七团农田残膜治理工作方案》，加大土壤污染治理力度，倡导低碳环保生活出行，组织机关事业单位参加全国公共机构节能宣传周线上活动；紧盯小散企业、建筑工地、河道、油区、国道217线两侧汽修铺等重点领域，落实监管责任，联合城镇、公安、国土等部门坚持开展不定期巡查检查，处理油田管线破损渗漏报备11起，上报师市环保支队有效处置案件3起，对煤矿生活污水处理及锅炉房排放物存在轻微污染的问题进行整改，辖区空气优良天数比率84%，超过师市80%的目标任务。

【乡村振兴】 2022年，一三七团按照产业兴旺、生态宜居、乡风文明、治理有效、生活富裕的总要求，做好乡村振兴各项工作，巩固拓展脱贫攻坚成果。对阿吾斯奇牧区45座蘑菇大棚进行维修改造，对六连示范园33座温室大棚提升维修改造。把发展壮大连队集体经济纳入组织振兴季度考核。招聘后备人才14人，做到“两委”班子随缺随补。

【维稳戍边】 2022年，一三七团加强党政军警兵民“六位一体”戍边体系建设，组织全团民兵开展戍边值勤，优化勤务模式，规范日常考核，加强服务保障，不断强化管理，维护社会稳定主体责任全面落实；落实整改措施13

项，处置隐患1项。以社区（连队）“两委”成员及老党员、老干部为主体，设立矛盾纠纷调处室，配备人民调解员54人，按照“首访负责制”要求，扎实开展矛盾纠纷调处工作，化解矛盾纠纷138起。 （薛富有）

奎东农场

【概况】 奎东农场前身是1966年5月农七师批准成立的第三管理处七三〇矿工程筹备处。1969年1月，定名为七三〇矿；同年3月，更名为农七师独立二团。1974年，恢复七三〇矿番号。1984年1月，划归工一师管辖，更名为工程支队。1991年3月，更名为工一师八团。2004年2月，划归农七师建制，名称为农七师奎东农场和兵团九建（2009年12月29日农七师中级人民法院依法裁定宣告破产），亦称农七师工八团。2013年4月，根据七师办公室《工八团改制方案》通知，将一三七团所属泉沟分场整体划归工八团，将兵九公司投资人变更为北方建设集团，从工八团全部移交北方建设集团，改制后使用奎东农场名称，级别为正处级，2013年7月5日根据七师国资委《关于将一三一团红山园艺场整体移交奎东农场的批复》，一三一团红山园艺场整体移交至奎东农场。2017年12月26日，兵团8个部门联合对奎东农场进行调研。2018年2月8日，兵团党委常委会研究通过，将奎东农场纳入兵团一般农牧团场序列，履行相应政府职能。自2014年起，由江苏省淮安经济技术开发区结对帮扶。场域在奎屯市境内，位于胡杨河市以南38千米处，中间相隔一三一团和一三〇团。

2022年，奎东农场土地总面积3998.7公顷。辖建制连队2个、非建制连队1个。城镇居民人均可支配收入44716元，比上年增长3.8%。连队居民人均可支配收入31062元，增长3.39%。在岗农业一线职工身份地1057.8公顷。主要农特产品有棉花、辣椒、葫芦、玉米、番茄、葡萄、甘草、蟠桃等。在2022年师市经济工作综合性评比中，两次获三等奖，获奖励资金100万元。

【经济建设】 2022年，奎东农场实现生产总值2.4亿元，比上年增长10.4%。其中，第一产业增加值1.26亿元，增长2.8%；第二产业增加值2290万元，增长741.7%；第三产业增加值9129万元，增长0.2%。三次产业结构比为52.38∶9.55∶38.07。人均生产总值2.75万元，下降2.97%。全社会固定资产投资2.65亿元，增长37.3%。社会消费品零售总额1.38亿元，下降14.7%。一般公共预算收入93万元。新增税源企业232家。实现税收93万元，下降12%。剔除政策性退税影响，实际地方税收159万元，增长50%。

【农业】 2022年，奎东农场农用地面积3537.07公顷，其中耕地面积3078公顷、林地面积396.84公顷、园地20.53公顷、设施农用地41.7公顷；建设用地面积115.92公顷；未利用地面积194.12公顷。森林覆盖率9.92%。全场粮食总产量增长29.8%。棉花产量增长27.3%；油料增长60.7%；甜菜9000吨；蔬菜4.49万吨，增长8.8%；水果4598吨，增长10.6%。年末牲畜总存栏数0.9万（头、只），其中牛700头、猪3300头、羊800只，家禽出栏23万羽。禽蛋20吨，增长33.3%。

【招商引资】 2022年，奎东农场招商引资实物量完成2.41亿元，比上年增长29.6%。新增税源企业221家。征订《招商引资周报》50期，内部刊发《招商战报》18期，常委带队外出招商3次，考察意向企业53个，党员干部搜集有效招商信息347条。合理规划产业聚集区，充分运用“胡杨河市+师市两个园区”平台，全年落地项目9个；优化营商环境，按照“一企一策一人”原则，帮助企业解决问题诉求60余项。

【固定资产投资】 2022年，奎东农场固定资产投资完成2.65亿元，比上年增长37.3%。累计投入2824万元，重点实施项目9个，其中续建项目5个、新建（改造）项目4个，新建项目具体为2021年高标准农田建设项目、三连人居环境整治项目、一连人居环境整治提升项目、10千伏输配电项目，为实现农场高质量发展提供重要支撑。

【社会保障】 2022年，奎东农场完成机关、事业单位、农牧一线职工、学校、医院590人次的社保缴费工作，缴费金额1721万元。全年发放职工社保减负资金补助190万元。办理参保人员异地安置95人次。外诊报销303份，报销金额83.62万元。办理工伤待遇35人，费用总额37.36万元。发放国家农业机械购置补贴资金60万元。

【教育事业】 2022年，奎东农场中学有教职员工94人，在校学生313人。两名学生被评为“兵团优秀少先队员”，71名少先队员获“红领巾奖章”个人一星章，21名少先队员获“红领巾奖章”个人二星章，7名少先队员获“红领巾奖章”个人三星章，4名少先队员获“红领巾奖章”个人四星章，五个中队被评为一星中队，两个中队被评为二星中队，少先大队被评为二星大队。参加七师鼓号队表演赛并获第三名，组织教师参加兵师各级各类比赛，6人获兵团二、三等奖；20人获师市一、二、三等奖，37人获校级奖项。

【医疗卫生】 2022年，奎东农场医院通过网上预约挂号、线上诊疗、家庭医生上门送医送药、电子医保凭证、两病认定、微信支付等系列便民措施方便群众就医，全年门诊就诊人数1.84万人次，住院466人次，“两癌”筛查1000余人，新冠疫苗接种905人次。医院建成预检分诊和发热门诊320平方米，实现“三区两通道、一区五功能”。

【文化事业】2022年，奎东农场围绕“建党101周年”“喜迎二十大”“乡村振兴”“经济发展”“丰收节”等重点节日和活动，选树宣传典型人物8人。地州级新媒体、电视台、“七师零距离”等平台刊稿200余篇，省级平台刊稿30篇。开展“云春晚”、五四青年节、“三八妇女节”、母亲节、“非遗”文化、“迎中秋、庆丰收、话招商”等文体系列活动12场次。多方面支持文化产业发展，其中用于招商引资宣传暖企助企5万余元、基层文化基础建设10万余元、政策宣传2万余元、群众文化培训推广5万余元、设备购置3万余元。

【兵地融合】 2022年，奎东农场制定深化改革考核实施方案，有序承接118项权责事项。投入48万元，建成便民服务中心，设立服务窗口13个，接待职工群众800余人次。协调居民点以及非建制连队社会事务移交事宜，二连区域相关事务脱钩，克拉玛依市克拉玛依区的八一小区安置房建设项目有序推进。

【乡村振兴】 2022年，奎东农场扶持新型农业经营主体，对发展前景好的项目发放50万元扶持资金，争取自主创业贷款贴息120万元；创立“奎东红”辣椒酱、“泽农绿源”绿壳鸡蛋等农副产品品牌。利用1000公顷退耕还林地，通过“公司+基地+农户”的模式发展壮大连队经济，引进梭梭接种肉苁蓉种植及加工企业，亩产值达5200元，拓宽职工群众增收渠道。

（焦 阳）

人物 · 荣誉

（孟庆忠　摄）

新任师市领导

宋学华 男，汉族，1969年12月生，山东利津人，1992年9月参加工作，1993年12月加入中国共产党，山东省委党校经济管理专业毕业，在职研究生学历。

1990年9月至1992年7月在山东师范大学历史专业学习；1992年7月毕业待分配；1992年9月任山东省利津县虎滩乡团委干事；1994年6月任山东省利津县虎滩乡团委书记；1995年6月任山东省利津县虎滩乡党政办副主任(其间：1995年9月至1997年12月在山东省委党校经济管理专业学习)；1998年2月任山东省利津县虎滩乡人大副主席；1998年11月任山东省利津县虎滩乡党委组织委员；2000年3月任山东省利津县明集乡党委副书记；2002年1月任山东省利津县明集乡党委副书记、乡长(其间：2002年3月至2003年12月在山东大学政治经济学专业学习)；2004年9月任山东省利津县汀罗镇党委书记、人大主席；2007年1月任山东省利津县陈庄镇党委书记、人大主席；2007年12月任山东省利津县政府副县长(2005年9月至2008年6月在山东省委党校经济管理专业在职研究生班学习)；2010年9月任山东省利津县委常委、副县长；2010年11月任山东省利津县委常委、副县长，新疆疏勒县委常委、副县长(援疆)；2013年5月任山东省利津县委常委、副县长，新疆疏勒县委常委、副县长，南疆齐鲁工业园区党工委书记(援疆)；2014年1月任山东省广饶县委副书记(正县级)；2016年11月任山东省广饶县委副书记、副县长、代县长；2017年2月任山东省广饶县委副书记、县政府党组书记、县长；2019年11月任山东省广饶县委副书记、县政府党组书记、县长、一级调研员；2019年12月任第六师副师长；2020年3月任第六师副师长，五家渠经济技术开发区党工委书记、管委会主任；2020年6月任第六师副师长，五家渠市副市长，五家渠经济技术开发区党工委书记、管委会主任；2021年12月任第六师五家渠市党委常委、第六师副师长，五家渠经济技术开发区党工委书记、管委会主任；2022年2月任第六师五家渠市党委常委、第六师副师长，五家渠市副市长，五家渠经济技术开发区党工委书记、管委会主任(2022年6月当选兵团八届党委候补委员)；2022年6月任第七师党委副书记、师长，建议任胡杨河市委副书记、市长；2022年8月任第七师胡杨河市党委副书记、第七师师长，胡杨河市市长候选人；2022年11月任第七师胡杨河市党委副书记、第七师师长，胡杨河市副市长、代市长。

石国强 男，汉族，1973年9月生，甘肃天水人，1995年7月参加工作，2002年6月加入中国共产党，石河子大学信息管理与信息系统专业毕业，在职大学学历，农业推广硕士。

1992年9月至1995年7月在新疆工学院纺织工程系棉纺织专业学习；1995年7月在兵团经贸委纺织处工作(其间：1995年10月至1996年10月在农九师华敏毛纺织厂锻炼)；1996年12月任兵团经贸委纺织处科员(1996年8月至1998年12月在中央党校函授学院经济管理专业学习；1999年3—6月在兵团党委党校第八期公务员班培训)；2000年2月任兵团经贸委纺织处、行业规划管理处副主任科员；2003年3月任兵团经贸委行业规划管理处主任科员；2003年9月在兵团计划委中小企业处工作(其间：2004年2月至2006年6月在石河子大学信息管理与信息系统专业学习)；2005年11月任兵团发展和改革委员会地区经济处主任科员；2006年3月任兵团发展和改革委员会固定资产投资处主任科员；2007年10月任兵团发展和改革委员会高新技术产业处副调研员(其间：2008年12月至2011年4月在国民经济综合处帮助工作)；2011年4月任兵团发展和改革委员会国民经济综合处副调研员；(2010年11月至2011年12月在中央新疆办工作；2012年9—11月在兵团党委党校第五期中青年干部培训二〈甲〉班培训学习)；2013年1月任兵团发展和改革委员会地区经济处副处长(2009年7月至2013年6月在石河子大学经管学院农业推广专业学习，获农业推广硕士学位)；2016年5月任兵团发展和改革委员会(兵团粮食局、兵团扶贫开发办公室)地区经济处(兵团西部大开发办公室、兵团以工代赈办公室)处长；2018年2月任兵团发展改革委(兵团南疆建设办公室、兵团粮食局）地区经济处（以工代赈办公室、兵团西部开发办公室）处长；2019年5月任兵团发展和改革委员会（粮食和物资储备局）农村经济处（地区经济处）处长；2020年5月任兵团发展和改革委员会农村经济处（地区经济处）处长、一级调研员［其间：2021年5月至2022年5月任兵团发改委驻三师五十一团六连“驻村（连）工作队”队长、第一书记］；2022年9月任第七师副师长，建议任胡杨河市副市长；2022年12月任第七师副师长，胡杨河市人民政府副市长。

龙　慧　女，汉族，1974年9月生，甘肃临洮人，1997年12月参加工作，2009年2月加入中国共产党，中央广播电视大学法学专业毕业，在职大学学历。

1993年9月至1996年7月在石河子大学经贸学院会统电算化专业学习；1996年7月毕业待分配；1997年12月任兵团人民检察院办公室出纳（其间：1998年4—6月在兵团党委党校公务员培训班学习）；1998年6月任兵团人民检察院书记员；1999年3月任兵团人民检察院科员、书记员；2000年2月任兵团人民检察院科员、助理检察员；2002年3月任兵团人民检察院副主任科员、助理检察员（1999年10月至2002年12月在中央广播电视大学法学专业在职学习；2004年5—6月在南京财经大学全国检察系统司法会计培训班学习）；2008年12月任兵团人民检察院正科级助理检察员（其间：2010年4—9月在山西省大同市检察院挂职锻炼）；2012年5月任兵团人民检察院反贪污贿赂局侦查处副处长、助理检察员；2012年7月任兵团人民检察院反贪局侦查处副处长、检察员；2014年5月任兵团人民检察院反贪局侦查处副处长、检察员、检察委员会委员；2016年9月任兵团人民检察院行政装备处处长、检察员、检察委员会委员；2019年11月任兵团人民检察院计划财务装备部主任、一级调研员、检察员、检察委员会委员［2018年1月至2020年5月任兵团人民检察院驻三师五十一团九连“驻村（连）工作队”队长、第一书记］；2020年5月任兵团人民检察院计划财务装备部主任、一级调研员、检察员；2021年1月任兵团人民检察院检务督察部（巡视工作领导小组办公室）主任、一级调研员、检察员；2022年12月任第七师检察分院检察长。　（蒋海军）

新闻人物

王　强　男，汉族，1984年12月生，河南项城人，第七师胡杨河市残疾人联合会四级主任科员。2010年10月，到师市残联工作。他参与并见证第七师残疾人脱贫攻坚工作的全过程。2016年，他为师市残疾人“两项补贴”提标找寻依据，同时借鉴国内其他省市相关工作经验，完成师市残疾人“两项补贴”申报。2020年，他请示对口援建单位江苏省残联，建议使用援疆资金，对残疾儿童外出康复按自费金额分别给予补贴4000元和7000元，建议得到江苏省残联的支持和采用，从根本上解决残疾儿童外出康复自费高、家庭负担重的实际问题。2016—2020年，他主持起草、并落实惠残政策有14个。参加工作以来，先后走访入户全师1400余名困难残疾人家庭，协调相关单位为残疾人解决康复、就业、假肢安装、家庭无障碍改造等实际困难600余件。2020年被兵团扶贫开发领导小组办公室授予“脱贫攻坚创新奖”。2021年被中国共产党新疆生产建设兵团委员会、新疆生产建设兵团授予“新疆生产建设兵团脱贫攻坚先进个人”。2021年被国务院残疾人工作委员会授予“全国残疾人工作先进个人”。2022年2月，被中国共产党新疆生产建设兵团委员会、新疆生产建设兵团授予“人民满意的公务员”。2022年8月，被中国共产党中央委员会、国务院授予“人民满意的公务员”，在北京参加全国“人民满意的公务员”和“人民满意的公务员集体”表彰大会，与其他受表彰的公务员代表一起受到习近平总书记亲切接见。　（师市残联）

军人立功受奖

戴庆奎　男，汉族，1986年10月生，四川江油人，2005年9月入伍，2011年12月加入中国共产党，现任空军某部队飞行员。他对党忠诚，信仰坚定，始终把学习贯彻习近平总书记系列重要讲话摆在首位，自觉做习近平强军思想的坚定信仰者、忠实执行者、模范践行者，参加党委中心组学习和集体辅导授课，铸牢永远听党话、跟党走的根基。他聚焦中心抓训练、着力在强化自主能力、协同质量和复盘成效上下功夫，要求人人做到原理搞透、操作到位、标准最高，提高飞行训练精准化水平，把重大演训、专项集训和日常战备当作天然练兵场，在近似实战的环境中验证完善战术战法，研究形成多种有效应对的混编战术，让每一个起落、每一升航油、每一枚弹药、每一次对抗都练出战斗力。先后荣立三等功3次。2022年，荣立二等功1次。

（张　睿）

全国先进人物

全国最美家庭

王前进家庭　王前进与妻子马芹英均是第七师胡杨河市一二九团三连职工，从2003年开始，王前进夫妇义务照顾邻居钱有娣。钱有娣是一位孤寡老人，王前进、马芹英夫妻二人19年如一日地照顾，不仅把卸煤、担水、翻地、种菜等体力活全包了，老人生病住院也是夫妻二人轮流在医院陪护。2017年，夫妻二人帮助老人在百花街社区申请公租房，老人入住公租房后，与夫妻二人不在一个小区居住，但夫妻俩仍然坚持悉心照料。夫妻二人积极支持连队工作，在人居环境整治工作中，响应政策要求，自行拆除家里的小棚子，为共同打造基层"畅、洁、绿、美"的连队环境作出表率。王前进、马芹英不仅夫妻恩爱，而且言传身教，养成孩子孝敬老人、乐于助人的良好品德。女儿王璐瑶品学兼优，2018年以优异的成绩考入南京邮电大学。王前进、马芹英夫妇用心做事、踏实做人，用生活中点点滴滴的真情诠释最美家庭的真谛，用实际行动谱写着"远亲不如近邻"的大爱。2022年，王前进、马芹英家庭被全国妇联评为全国最美家庭。（董艳秋）

全国公安机关成绩突出女民警

杨　辉　女，汉族，1988年10月生，中共党员，四川南部人，本科学历。2018年7月参加公安工作，第七师车排子垦区公安局科克兰木派出所一级警员。从事基层社区警务工作中，她不断学习，摸索出一套自己的工作方法，被总结为"杨辉工作法"。她加入的连队社区微信群有100余个，微信好友6000余人，随时随地通过电话、微信为群众提供咨询服务，将职工群众办理业务由"最多跑一次"延伸到"零跑趟"，真正做到让信息多跑路、群众少跑腿，打通服务群众"最后一公里"。2020年12月，杨辉与涂某英户籍地派出所联系，帮助核对其身份信息，主动帮助涂某英准备落户资料，为涂某英解决20余年无户口的难题。参加工作以来，杨辉提供预约服务1100余次，午间、夜间办证280余个，主动上门服务120余次，联系异地派出所帮助居民办理身份证30余次，送证上门560余次，代办业务100余次，化解群众纠纷200余起，帮助群众解决实际困难300余个，微信电话答疑不计其数。2021年，获评兵团政法系统"群众工作标兵"称号；2022年3月，被公安部、全国妇联授予"全国公安机关成绩突出女民警"；同年5月被兵团团委、兵团青联共同授予第十届"兵团青年五四奖章"称号。

（何亚林）

全国"扫黄打非"先进个人

苑　婕　女，汉族，1988年9月生，河南周口人，本科学历，第七师胡杨河市市场监管综合行政执法支队第三大队副大队长。主要负责天北新区文化市场综合执法、出版物市场监管工作。她立场坚定，坚持原则，时刻提醒自己要在职工群众面前做好表率，当场回绝有可能影响执法公正的请求，用实际行动维护政府公信力。全年参与文化市场巡查207次，检查书店、印刷企业等文化市场652家次，参与组织"扫黄打非"知识宣传活动7次，覆盖辖区职工群众1600余人，维护辖区文化市场环境持续向好。在第六师五家渠市、第十二师开展交叉检查暨集中办案活动中，参与办理行政处罚案件18件，因办案效率快、质量高，先后被兵团新闻出版局、第三师图木舒克市党委宣传部邀请进行业务培训，并参与申报文化市场综合执法规范化课件选题。2022年，获评2022年全国

"扫黄打非"先进个人。

（王疆川）

人民法院少年法庭工作先进个人

程　淋　男，汉族，1986年8月生，中共党员，山东宁阳人，第七师一二三团车排子垦区人民法院综合审判庭副庭长。他作为一名少年审判的法官，注重借鉴詹红荔法官庭前、庭中、庭后"三不"工作法，妥善、审慎地审理每一起涉少案件。在办理涉少案件时，均在庭前听取辩护人意见，组织控、辩双方对程序性问题及涉案证据发表意见，重点听取辩护人对指控罪名、事实及被告人平时表现的意见，让辩护人真办案，为被告人提供有力法律帮助，让被告人感受到法律的温度。近几年，未成年被害人被性侵的案件频发。针对此类案件，他联系相关职能部门，做好未成年被害人心理疏导，通过转学、心理辅导、家长干预等方式，让未成年被害人走出阴影，健康快乐成长。同时向师市教育局发放司法建议，建议教育主管部门要求学校科学设置课程，补强性教育课。加大对学校学生健康教育考核，形成家、校、社会一体施力，共同助力未成年人健康成长。他以己所长，在审判之余走上讲台、走进会场开展普法活动，在预防未成年人失足犯罪工作上竭尽所能付出努力，服务社会。2022年，被最高人民法院评为"人民法院少年法庭工作先进个人"。

（张　涛）

全国平安医院建设表现突出个人

张卫江　男，汉族，1970年6月生，中共党员，湖北松滋人，副主任医师，新疆兵团奎屯中医院党委副书记、院长。他团结带领全院职工，创新思路，发挥职能部门管理效能，定期召开医院安全生产会议，逐级落实安全生产责任制，完善医疗行为各项核心制度，近年来未发生重大医疗事故与纠纷；牵头制定《中医院成本核算方案》，控制医院成本核算，药占比从50%降到20%。落实财务监管职能，做到账务公开透明。患者出入院常年稳定在7000余人，门诊就诊人次增至8万余人次。医院环境面貌、服务质量、服务水平发生根本转变，医院声誉影响逐年扩大。自医共体成立以来，他牵头建立健全制度管理体系，加大人才引进培养力度，以中医药服务网络全覆盖建设为抓手，在师市团场医院建设国医馆11个，推进优质医疗资源下沉工作，投入14.8万元加强医共体信息化建设。以中医院、一三一团精神病医院的发展带动医共体建设，规范团场分院管理，推行服务重心向基本公共卫生服务倾斜，集医共体之力助推胡杨河市人民医院建设的发展思路。他集思广益，谋划和发展中医药事业，作为兵团中医药协会的副会长，始终坚持"名院、名科、名医"的中医药"三名"战略，培育和打造一批特色优势学科，将以前的一个中医科发展成为兵团及奎屯金三角地区中医特色明显、具有较高影响力的二级甲等中医医院，为兵团中医药发展事业做出应有的贡献。2022年，被国家卫生健康委员会、中央政法委、最高人民法院、最高人民检察院、公安部等11部门联合授予"2020—2021年度全国平安医院建设表现突出个人"称号。

（孙　茜）

全国优秀少先队辅导员

张雪莲　女，汉族，1982年9月生，中共党员，四川岳池人，第七师一二五团中学大队辅导员。作为一名党员教师，张雪莲忠诚党的教育事业，热爱红领巾事业，逐步完善和健全学校少先队组织队伍建设、制度建设和阵地建设，保证少先队各项工作在质和量方面实现新的飞跃；她开展各种特色活动，推动少先队工作发展，增强少先队的生命力和凝聚力，以爱国主义教育和队员日常行为规范的养成教育为主线，加强未成年人思想道德教育，将培养少年儿童朴素政治情感和共产主义道德融入少先队各项工作和活动中。获评2020年度"兵团优秀少先队辅导员"称号、2022年度鼓号队"优秀辅导教师"称号；2022年12月，获"全国优秀少先队辅导员"称号。

（韩利民　原可欣）

全国优秀共青团干部

李　佳　女，汉族，1989年3月生，中共党员，山东东明人，第七师公安局团委组织委员、车排子垦区公安局团委书记。自从事共青团工作以来，李佳担负起引领凝聚青年、组织动员青年、联系服务青年的职责，在特殊时期发挥积极作用，她号召全局团员青年民辅警迅速行动起来，利用“青年突击队”金字品牌，配合各团场做好政策宣传、科学普及、信息录入、值班值守等工作。在中国人民警察节、五四青年节之际，李佳带领团支部组织筹划系列庆祝活动，激发师市广大青年干警以奋勇拼搏书写使命担当的信心和决心。在她的组织推动下，车排子垦区公安局共青团工作取得长足进步。曾先后获个人三等功1次、嘉奖5次，被授予“兵团优秀共青团干部”“七师优秀共青团干部”等称号；2022年4月，被共青团中央授予“全国优秀共青团干部”称号。

（韩利民　原可欣）

中央政法委“见义勇为勇士榜”

朱卫江　男，汉族，1972年6月生，河南扶沟人，第七师水利工程管理服务中心车排子灌区管理服务站车排子水库管理所职工。1992年4月参加工作，分配到水利二处供水总站工作，2012年2月二处供水总站从水利二处析出，成立七师奎屯天泉供水有限公司，2017年3月通过伊犁哈萨克自治州奎屯河流域水利工程灌溉管理处招聘，成为车排子水管所车排子水库一名水利职工，2020年12月水管改制改革，单位名称改为水利工程管理服务中心车排子灌区管理服务站车排子水库管理所。他在30年的水利工作中，热心、细心、耐心，为保辖区居民能正常使用清洁饮用水，不分节假日，修理损毁的输水管线；在水管单位工作，他恪尽职守，发扬水利精神，始终以保水库安澜为己任，时刻牢记保障农场职工及时用上水为第一要务。多次受到单位表彰嘉奖。面临急难险重、抗洪抢险任务，他不顾个人安危，始终冲到第一线；他乐于助人，积极解决单位、职工困难，关心少数民族职工，是民族团结的模范。2022年7月27日，朱卫江因抢救落水职工牺牲。入选中央政法委发布的2022年第三季度“见义勇为勇士榜”；入选“2022年第四季度兵团好人榜”。

（何　勇）

自治区、兵团先进人物

开发建设新疆奖章

张继群　第七师胡杨河市禹润农业灌溉服务有限责任公司车排子运行维护队配水员

第八届兵团道德模范

唐新华　女，第七师农科所财务科副科长

兵团优秀工会工作者

李相生　第七师医院工会副主席、体检办主任

王　芳　女，第七师一二三团总工会女工委主任、四级主任科员

兵团维稳戍边劳动奖章

姜　磊　第七师医院呼吸与危重症医学科主治医师

兵团“三八”红旗手

唐婉丽　女，第七师胡杨河市融媒体中心记者部副主任

宋　红　女，第七师胡杨河市一二九团社事办主任

兵团实施妇女儿童发展规划先进个人

陈淑华　女，第七师胡杨河市卫生健康委卫生健康科科长、主治医师

刘　强　回族，第七师一二三团司法所副所长

墙东萍　女，第七师一二五团疾病预防控制中心妇幼保健科负责人、副主任医师

贾锦秀　女，第七师胡杨河市一二九团党建办副主任、妇联副主席

兵团最美家庭

党秀梅家庭　第七师一二五团

杜月香家庭　第七师奎屯天北新区

王前进家庭　第七师胡杨河市一二九团

2016—2020年兵团普法工作先进个人

战仁杰　第七师奎屯天北新区司法所所长

兵团金牌劳动关系协调员

谭博丰　第七师一三一团司法所所长

兵团级专职人民调解员暨“法律明白人”优秀学员

逯圣瑞　第七师一三一团司法所专职人民调解员

兵团司法所所长政治轮训班优秀学员

刘 强 回族，第七师一二三团司法所副所长

兵团好人

唐新华 女，第七师农科所财务科副科长

张铁杠 第七师胡杨河市一二九团七连职工

张 芳 女，第七师车排子垦区人民检察院刑事检察部主任、一级检察官

兰志英 女，回族，第七师一三一团十连退休职工

朱卫江 第七师水利工程管理服务中心车排子灌区管理服务站车排子水库管理所职工。2022年7月27日，因救助落水同事，不幸溺水身亡，年仅50岁

兵团青年岗位能手

张 芳 女，第七师车排子垦区人民检察院刑事检察部主任、一级检察官

兵团民兵武装工作先进个人

王胜杰 第七师胡杨河市一二九团党委书记、政委

郭 涛 第七师一三一团武装部副部长

张志辉 第七师一三七团武装部副部长

李 程 第七师一二三团民兵应急连副指导员

张向阳 第七师一二六团民兵应急连副连长

（何 勇 汪 峰 王 洋 董艳秋 陈珂欣 张玉坤 韩利民 原可欣 戴 刚）

全国先进集体

全国民主法治示范社区

一三〇团育才路社区 一三〇团育才路社区党支部始终把创建“民主法治社区”活动作为进一步推动社区基层民主法治建设制度化、规范化的一项重要举措。育才路社区在党支部的带领下，从宣传设施建设、公共法律服务建设以及优秀道德模范评选3个方面打造“民主法治”主题。社区内建成法治广场1座，法治图书馆1间，内有法治宣传资料80余本，法治宣传氛围浓厚。在社区内建成的社区人民调解委员会和公共法律服务站，为社区职工群众提供便捷的法律服务和法律咨询。在群众中选举出调委会成员5人，法律明白人10人，进行法律业务培训14次，开展户外大型法治宣传活动19场次，发放各类宣传资料2.1万余份，受教育群众1.9万人次，引导社区群众参与到法治建设中来。育才路社区调委会调解案件40起，在社区内评选20户道德模范典型人物，宣传美好品德，弘扬社会主义核心价值观。2022年，第七师胡杨河市一三〇团育才路社区被司法部、民政部评为“全国民主法治示范社区”。 （张 鑫）

2020—2021年度全国平安医院建设表现突出集体

新疆生产建设兵团奎屯中医院 新疆生产建设兵团奎屯中医院是兵团系统第一家副处级建制、差额拨款的中医医院。2016年12月，经兵团卫生局批准，中医院成为兵团系统唯一一家二级甲等中医医院。承担着第七师及周边地区群众身体健康、公共卫生、计划生育等医疗服务的职责。中医院始终把安全生产作为医院重点工作研究部署，医院成立以党委书记、院长为首的“平安医院”建设领导小组，建立健全医院安全生产管理机制，形成主要领导亲自抓、分管领导直接抓，支部书记、职能科室领导分线抓的三级安全生产管理格局，定期召开医院安全生产会议，逐级落实安全生产责任制，使每个职工都明确自己的安全职责，形成安全生产管理、督查、反馈和整改的闭环管理模式。完善医疗行为各项核心制度以及医院重大突发事故应急处置预案，规范管理毒麻药品、放射源以及各类危险化学品，开展防火、防盗、治安等专题培训，把安全隐患预防的关口前移，有效预防各种安全事故的发生。坚持和完善投诉处理制度，依照投诉类别由相关科室具体办理。通过投诉接待、院长接待，及时受理病人的投诉和建议，扩宽监督渠道，通过电子屏、公告等方式，对监督电话进行公开，增设意见箱6个。依托“国家卫生健康委满意度调查平台”，对患者和职工的满意度开展全覆盖调查达上万余人次，对平台信息定期进行整合反馈，并督促整改。以“我为群众办实事”为出发点，结合群众反映和需求，制定办实事清单159项，落实155项，施行对账销号公示制度。通

过不断优化、完善诊疗流程，从源头上化解医患矛盾，在确保医疗安全的前提下不断采取便民利民措施。合理调配医务人员，增加窗口，开设无假日门诊、检查，诊室外增设直饮水机，中药寄递服务、对出院病人实行电话随访评估开展延伸服务，为贫困患者减免治疗费用，并组织专家深入社区、工厂、团场开展义诊宣教活动。向"阳光七师""七师零距离"《奎屯日报》等新闻媒体投稿，报道医务人员的先进事迹，引导正确舆论导向，树立医务人员良好形象。2022年，获评"2020—2021年度全国平安医院建设表现突出集体"。

（孙　茜）

第九届全国服务农民、服务基层文化建设县级文化馆、图书馆、乡镇（街道）综合文化站、村（社区）综合性文化服务中心先进集体

一二六团综合文化站　一二六团综合文化站于2018年成立，主要负责广播电视新闻宣传、广电网络管理、文化、体育、旅游和文物保护等工作。一二六团综合文化站以中秋、国庆等重要节点为契机，结合戈壁母亲文化，开展形式多样的活动。举办绘画、书法、摄影授课50余场次，受到职工群众欢迎。结合兵团公共数字文化推广活动，组织100名学生参加"兵团画兵团"美术作品征集赛；开展"送戏曲下基层"慰问演出5场次，观众达1600余人；组织开展免费参观讲解125场次，惠及人数5000余人次；举办群众文化、体育活动42场次，开展公益电影放映140场次。弘扬民族优秀传统文化，开展送对联进基层活动，送出对联300余副。一二六团综合文化站深入挖掘戈壁母亲红色资源，围绕"文化润疆"，持续打造"戈壁母亲歌舞之乡"，弘扬新风正气，凝聚发展合力，不断提升辖区群众的满意度、幸福感。2022年，一二六团综合文化站被中央宣传部办公厅、文化和旅游部办公厅、国家广播电视总局办公厅授予"第九届全国服务农民、服务基层文化建设县级文化馆、图书馆、乡镇（街道）综合文化站、村（社区）综合性文化服务中心先进集体"称号。

（张康丽）

第20届一星级全国青年文明号

第七师车排子垦区（胡杨河市）人民法院执行局　第七师车排子垦区（胡杨河市）人民法院执行局有10名干警，平均年龄26岁，是一支年轻化、专业型的队伍。为增强年轻干警综合素质，提升司法服务水平，打造新时代"服务型"青年文明号，坚持推行"人人都是执行教员"制度，不断提高执行工作理论和实践能力；严格落实"定岗、定职、定人、定责、定时"岗位要求，避免"一人包案到底""团队包案到底"情况；持续贯彻"谁执法谁普法"普法责任制，常态化开展夜间执行、司法拍卖活动，及时解答观众涉法问题，取得良好的社会效应。第七师车排子垦区（胡杨河市）人民法院执行局以建设一流队伍，争创一流业绩为目标，各类执行案件执结率76.12%，其中有财产可供执行案件法定期限内执结率98.36%，执行工作在兵团基层法院中名列前茅。2022年8月，获"第20届一星级全国青年文明号"称号。

（张　涛）

第七师车排子垦区公安局苏兴滩派出所　第七师车排子垦区公安局苏兴滩派出所始终把党的建设放在第一位，按照警务规范化的要求，建立派出所执法档案、民警执法档案等台账。组织"严打整治、治安巡防、治安防控网建设、民爆物品安全管理、火灾隐患排查、流动人口管理、护校安园"等一系列专项工作，推进平安团场建设，维护辖区社会大局持续平稳。结合团场工作形势，开展常态化演练，提升青年民辅警综合素质，提高辖区单位、场所应对突发事件能力。按照上级公安机关针对"护校安园"工作部署，全警动员，多措并举，严厉打击侵犯青少年权益的违法犯罪活动，为师生们提供良好的工作学习环境。开展法制教育、出版《校园法制周刊》，开展校园周边清查、解决安全隐患等专项活动。确保校园安全，提升学生自身安全防范意识和法律意识，受到社会各界好评。先后被评为"全国青少年维权岗"先进集体、"公安部模范派出所""公安部一级派出所"、兵团"十佳派出所"、兵团"青少年维权岗"等称号；派出所3名民警先后获"全国优秀人民警察"称号，1名民警获"兵团优秀人民警察"称号。2022年8月，获"第20届一

星级全国青年文明号”称号。

（汤志千）

第七师公安局六十户派出所 第七师公安局六十户派出所是一支具有优良传统、年轻富有战斗力的青年集体。紧紧围绕习近平总书记提出的“对党忠诚、服务人民、执法公正、纪律严明”总要求，贯彻落实上级公安机关的决策部署。开展“坚持政治建警全面从严治警”教育整顿活动。全面加强执法规范化建设，严格履行“四个一律”要求，提高人民群众对公安行政工作的满意度。开展“119消防安全宣传月活动”，累计检查单位454个；开展宣传教育81次，受教育7000余人次；下责令立即改正通知书40份，检查隐患70处，组织消防演练30次。深入辖区居民家中开展防电信诈骗宣传活动，累计走访群众1.30万人次。张贴防电信诈骗资料，社区、连队、街面宣传栏均张贴防电信诈骗宣传标语，张贴海报350余张，发放宣传资料1万余份，通过专题培训、十户联防、财务人员培训全面向群众进行“防电诈”宣讲，有效预防电信诈骗5起。持续做好应急演练工作，先后两次代表第七师参加兵团演练大比武。先后获“党风廉政建设先进集体”“兵团派出所档案工作目标管理一级单位”“团二级公安派出所”“公安部青年文明号”“中共第七师先进基层党组织”“第七师胡杨河市2020年度先进基层党组织”“2009年度和2012年度第七师五好党支部”“2010—2012年度创先争优活动先进基层党组织”“2014年度网安工作先进集体”等荣誉。2022年8月，获“第20届一星级全国青年文明号”称号。

（汤志千）

全国村庄清洁行动先进县

第七师胡杨河市一二八团 第七师胡杨河市一二八团推进连队清洁行动，全团连队呈现干净、整洁、有序的新面貌。多级联动，构建治理新体系。成立以党委书记任组长的连队人居环境整治领导小组，由分管领导牵头组成专班，把人居环境整治列入团重点工作。相继制定实施方案，工作责任落实到人。建立“领导包连、干部包片、党员联户、职工参与”工作机制，实施党员引领示范网、综治维稳治安网，以及人居环境卫生网“三网合一”的一个治理模式。全员参与，创建宜居新家园。开展“三清一拆”行动（清杂物、清残垣断壁、清庭院，拆除危旧住房），共拆除危旧房1280套，新建安居房375套；修缮屋面2万平方米，在拆旧建成过程中探索适合本连队的整治模式，形成旧房改造型、军垦营地型、居住区整合型三种模式，起到较好的示范作用。通过居住区整治，大量释放建设用地，用好整合腾退土地，通过招商引资等方式布局产业落户连队，丰富连队经济业态，9个连队产值达到1亿元以上。实施“三化”工程，硬化连队居住区道路42.25千米、植树造林14公顷、安装太阳能路灯350盏；建设口袋公园、群众大舞台、雕塑小品、健身广场等30余处，安放垃圾箱1000个。建章立制，树立连队新风貌。加强宣传教育，发放宣传资料8700份、张贴宣传标语767幅，开展各类宣传教育198场次，增强职工群众保护环境卫生的意识和主动参与连队清洁行动的意愿，并承担起连队清洁义务宣传员的角色，全团连队清洁行动氛围浓厚。制定完善连规民约，设立每月10日为清洁日，把连队清洁行动工作纳入日常考核，建立每月一检查一通报一考评的工作机制，对排名前三和后三的连队列入“红黑榜”进行全团公示，与职工签订“门前三包”责任书，将庭院环境维护管理责任到人。持续巩固和扩大连队清洁行动成果，建立连队收集、专业物业转运处理的市场化垃圾转运机制。2022年，一二八团获评“全国村庄清洁行动先进县”称号。

第九届全国服务农民、服务基层文化建设基层电影服务先进集体

一二八团文体广电服务中心 一二八团文体广电服务中心电影放映队自2010年成立以来，围绕“热在基层、热在群众”的宗旨，加强服务意识，扎实开展工作。累计放映公益电影2400余场，观影人数达12万人次，每年均超额完成上级下达的各项放映任务，取得良好的社会效益，为丰富团场职工群众文化生活作出贡献。放映队队员均为文体广电服务中心技术人员，轮流兼职放映，团场改革后，第七师胡杨河市一二八团将放映工作进行转包，

放映队工作便由1名文体广电服务中心技术人员带2名转包人员完成。多年来，放映队队员在放映工作中做到“三早”，即“早安排”“早准备”“早到场”。在放映电影工作中，根据职工群众需求，在片源选取方面，尽可能订购讴歌时代主旋律、贴近群众生活、喜闻乐见的影片；遵循少量多次、影片订购多样化原则，没有出现违规放映行为，订购影片数量和放映数量均在师市排名第一。放映队深入基层连队、社区、学校、企业放映爱国主义教育片、法制廉洁宣传、科普爱教知识相关的电影600余场，在社区广场放映100余场，观众人数达3万余人次。放映队不怕苦，不怕累，密切配合，较好地完成每年的放映任务，实现连队、社区、学校、机关、企事业单位、文化广场电影放映全覆盖，取得良好的社会效果。2022年，一二八团文体广电服务中心被评为“第九届全国服务农民、服务基层文化建设基层电影服务先进集体”。

（洪亚军）

自治区、兵团先进集体

兵团模范职工之家

第七师医院工会

兵团模范职工小家

第七师新疆北方建设集团有限公司路桥分公司工会

第七师奎屯中医院第四工会

第七师车排子垦区公安局车排子派出所工会

兵团维稳戍边劳动奖状

第七师公安局

兵团工人先锋号

第七师医院护理部

第七师公安局刑事侦查支队

兵团巾帼文明岗

第七师医院全科医学科

兵团“三八”红旗集体

新疆华桉纺织有限公司

兵团实施妇女儿童发展规划先进集体

第七师胡杨河市妇女联合会

第七师医院

兵团民兵武装工作先进单位

第七师胡杨河市一三〇团

第七师胡杨河市一二八团武装部

第七师一三一团基干民兵应急连

兵团文联工作先进单位

第七师胡杨河市文学艺术界联合会

第四批兵团民族团结进步示范区示范单位

第七师一二六团

第七师胡杨河市一二九团

第七师一三一团

新疆北方建设集团有限公司

第七师医院

第五批兵团民族团结进步示范区示范单位

第七师一二五团

第七师一二七团

兵团和美连队

第七师一二五团十四连

第七师胡杨河市一二九团四连

第七师一二三团二连

第七师一二六团十二连

第七师一二七团十五连

第七师胡杨河市一三〇团九连

奎东农场三连

第七师胡杨河市一二八团新九连

第七师一三七团七连

（王　洋　董艳秋　戴　刚　谷欣玉　张　帅）

逝世人物

倪成秋　男，汉族，1968年5月出生，山东菏泽人，研究生学历，1997年12月加入中国共产党。1983年9月至1987年7月在新疆煤炭专科学校学习，1987年9月在红山煤矿参加工作任技术员，1990年2月调入七师劳动局工作，先后历任原劳动局办事员、科员、主任科员、原工业局、安监局副局长（并有一段时间主持工作），2021年8月任第七师应急管理局三级调研员并批准提前退休。2022年2月1日因病逝世，享年54岁。　（周　蓉）

钟　浪　男，汉族，1927年12月出生，安徽庐江县人，中专学历，1946年3月加入中国共产党。1942年9月至1943年8月任新四军七师五八团勤务员，1943年8月至1945年8月任七师沿江支队五八团团部保健员，1945年8月至1947年8月任七师六二团一营保健员，1947年8月至1951年3月任华东荣军学校三大队门诊所长，1951年3月至1952年3月任延安劳改支队三大队门诊所长，1952年3月至1955年5月任新疆军区五一农场、八一农场卫生所副所长，1955年5月至1957年3月任乌河水利处三支队卫生所所长，1957年3月至1958年6月任兵团水工三团卫生队队长，1958年6月至1959年12月上海卫生干部进修学院学员，1959年12月至1977年1月任农七师医院副院长，1977年1月至1978年1月任奎屯防疫站副院长，1978年1月至1983年1月任石河子市医院副院长，1983年至1989年1月任农七师卫生处处长，1989年1月离休，1990年经兵团党委组织部批准离休后享受副师级待遇。2022年3月23日因病逝世，享年95岁。 （张 宇）

殷宗敬 男，汉族，1941年8月出生，甘肃金塔县人，大学专科学历，1972年6月加入中国共产党。1950年3月至1955年8月在金塔天生场大坝小学读书，1955年9月至1958年9月在甘肃金塔读书，1958年9月至1961年8月在酒泉师范读书，1961年8月至1962年10月在原车二场一队劳动，1962年11月至1964年8月任一二七团三队文教，1964年9月至1981年10月先后任一二七团文教、教导主任、团校校长，1981年10月至1985年7月任一二七团干事，1985年7月至1990年10月先后任一二七团组织科副科长、科长、副主任，1990年12月至1994年1月任一二七团政治处主任、副政委，1994年1月至1996年6月任一二七团党委书记、政委，1996年8月至2001年9月在师机关担任师直党工委书记直至退休。2022年9月24日病逝，享年81岁。

梁德元 男，汉族，1941年1月出生，山东齐河县人，大学本科学历，1986年6月加入中国共产党。1954年以前在山东齐河县一中读书，1957—1958年在齐河县南北公社务农，1958—1961年在齐河县第三中学上学，1961—1966年在北京农机学院上学，1966年6月至1967年9月在北京农机学院参加“文化大革命”，1967年9月至1968年11月分配到农七师奎屯总场三角庄六队劳动，1968年11月至1973年3月调入农七师一二五团任文教，1973年3月至1980年8月调农七师一二五团子女二校任教员，1980年9月至1984年10月调农七师一二五团一中任教员，1984年10月调农七师史志办任编修员、主任（副处级）。2022年11月5日病逝，享年81岁。

徐奠卿 男，汉族，1930年8月出生，四川江安县石锋乡人，大学本科学历，1982年12月加入中国共产党。1949年2月至1950年7月任四川江安县南井完全小学教员（1949年11月解放后参加征粮工作任教务主任），1950年8月至1954年8月为西南农学院园艺系学生，1954年10月至1956年1月为农九师农科所、农七师农试队技术员，1956年1月至1960年6月为农七师奎屯农场生产股、蔬菜队技术员，1960年6月至1961年2月任兵团奎屯农校教员，1961年2月至1962年9月为农七师生产处技术员，1962年9月至1964年1月任农七师奎屯总场二分场集园一队队长，1964年1月至1965年5月任奎屯农机实验站副站长，1965年5月至1968年8月为农七师生产处技术员，1968年8月至1970年8月为农七师毛泽东思想培训班学员，1970年8月至1971年7月任农七师一三一团九连副连长，1971年7月至1975年1月任农七师生产科参谋，1975年1月至1978年12月为伊犁哈萨克自治州农办技术员，1978年12月至1980年2月为奎屯农垦局技术员，1980年2月至1984年5月任农七师农科所副所长，1984年5月至1989年2月任农七师科委副主任，1989年退休。2022年11月15日病逝，享年92岁。

廖俊国 男，汉族，1950年10月出生，四川蓬溪人，大学专科学历，1969年10月加入中国共产党。1969年3月至1975年3月在北京部队服役，1975年3月至1977年7月在农七师一二八团“五七”大学学习农学，1977年7月至1983年3月任农七师一二八团五连技术员，1983年3月至1986年7月任农七师一二八团一连连长，1986年7月至1987年1月在塔里木农大学习农学，1987年1月至1994年5月先后任农七师一二八团生产科参谋、副科长、科长，1994年5月至1997年12月任一二八团党委常委、副团长，1998年1月任一二七团党委书记、政委，2004年3月至2010年1月任农七师工会党组书记。2022年12月22日病故，享年72岁。

胡仰文 男，汉族，1932年3月出生，山西解赓县人，中专学历，1955年1月加入中国共产党。1949年3—12月为第一野战军战斗剧社艺术训练班学员，1949年12月至1950年8月任第二兵团文工团组长，1950年8月至1952年2月任甘肃省军区文工团组长、代分队长，1952年2月至1954年1月任甘南剿匪指挥部文工队副分队长，1954年1月至1956年6月任新疆军区京剧院文教、政工助理员，1956年6月至1958年4月任新疆维吾尔自治区兵役局、新疆军区司令部助理员秘书，1958年4—9月从军区转业到农七师共青团农场劳动，1958年9月至1969年10月先后任农七师政治部宣教科助理员、政治部组织科党委秘书、政治部组织科副科长，1969年10月至1976年10月先后任农七师一二五团政治处副主任、主任，一二五团副政委，1976年10月至1979年7月任农七师一二六团团长、党委书记，1979年7月至1982年12月任奎屯棉纺织厂党委书记，1982年12月至1983年6月任农七师企业整顿办公室副主任、主任，1983年6月至1984年8月任农七师党委办公室主任，1984年8月至1989年1月任农七师政策研究室、体改办主任，1989年1月至1992年8月任农七师工会主席，1992年8月离职休养。2022年12月25日逝世，享年90岁。（周　蓉）

宗志荣 男，汉族，1929年12月出生，山西神池县人，中专学历，1948年9月参军入伍，1949年9月加入中国共产党。1948年9月至1949年1月在晋绥边区二分区新兵团任司务长，1949年2—6月在西北野战军二纵队任司务长，1949年7月至1950年在人民解放军一野一兵团工兵团任管理排长，1950年至1951年10月先后在新疆军区后勤部财校、土改训练大队学习，1951年11月至1954年4月在新疆伊犁土改工作团工作，1954年8月至1955年8月在新疆八一农学院农经系学习，1955年9月至1969年在农七师小拐农场计财股任总账会计、股长，1969年至1975年6月先后在农七师一三六团、一二九团后勤处任副参谋长、处长，1975年7月至1982年6月在塔城农垦局一二九团任副团长、团长，1982年7月至1989年在农七师任副师长。1983年至1996年先后任新农业经济学会理事、副理事长，1990年3月离职休养。离职后1990—1996年任伊犁众信有限责任会计师事务所主任。2022年12月28日因病逝世，享年93岁。

1970年1月，宗志荣因科技兴农工作业绩突出，获邀到北京参加由周恩来总理主持的全国植棉会议，并代表兵团作交流发言，汇报兵团的植棉工作情况，受到周总理的表扬和亲切接见。宗志荣创新改良喷灌设施，组织研制农业军垦250型喷灌机，获自治区科研成果一等奖、中华人民共和国农垦部科研成果二等奖。（张　宇）

附　录

（吴新奎　摄）

机构及负责人名录

师市党政领导人名录

师市党委书记、政委：李华斌
师市党委副书记、师长：
李　斌（6月离任）
宋学华（6月任职）
师市党委副书记、副师长：
董国喜（援疆干部）
师市党委副书记、副政委、政法委书记：程　跃
师市党委常委、纪委书记、监委主任：
徐明惠
师市党委常委、副师长：
郇恒赛
杨国勇［天北新区工业园区（天北经济开发区）党工委书记、管委会主任，4月免天北新区工业园区（天北经济开发区）管委会主任，12月离任］
李立新
师市党委常委、副政委、组织部部长、党校校长：
方　刚（1月任组织部部长、党校校长）
师市党委常委、副政委、统战部部长：
冀晓彤（1月任统战部部长）
师市党委常委、副政委、宣传部部长：
边丽娟（女，1月任宣传部部长）
师市党委常委、人武部党委书记、政委：折宏图
副师长：蔡新平（2月免职）
杜保强（师市党委政法委副书记、师公安局党委书记、局长、督察长，2月退休）
魏阿鹏（师市党委政法委副书记、师公安局党委书记、局长、督察长，2月任职）
秦亚宏（胡杨河经济技术开发区党工委书记、管委会主任，2月离任）
王　潇（女，1月任职，2月任胡杨河经济技术开发区党工委书记、管委会主任）
石国强（9月任职）
副师级干部：蔡新平（2月任职，4月兼任奎屯河引水工程建管局党委书记）

市政府领导人名录

市人民政府党组书记、市长：
李　斌（2月任职，6月离任）
宋学华（6月建议任职，8月作为市长候选人）
市人民政府党组成员、副市长：
郇恒赛（2月任职）
杨国勇（12月离任）
魏阿鹏（2月任职）
王　潇（女，2月任职）
副市长：石国强（9月任职）

市人大领导人名录

市人大常委会主任：
李华斌（2月任职）
市人大党组书记、副主任：
朱新东（一级调研员，2月任职）
市人大党组成员、副主任：
邹圣冬（三级调研员，2月任职）
张学莉（女，三级调研员，2月任职）
郭　欣（2月任职）

市政协领导人名录

市政协党组书记、主席：
冀晓彤（2月任职）
市政协党组副书记、副主席：
侯江华（一级调研员，3月任职）
市政协党组成员、副主席：
王世芳（女，2月任职）
王洪芳（女，2月任职）
市政协副主席：高延强（2月任职）

师市机关部门及直属机构负责人名录

【师市纪律检查委员会、监察委员会】
纪委书记、监委主任：徐明惠
纪委副书记、监委副主任：
王　伟　兰予疆
纪委常委、监委委员：
时树仁（3月任职）
魏道光（8月任三级调研员）
钱正冬（3月离任）
段志军
纪委常委：樊明新
监委委员：唐　君（女）

【师市党委办公室、师市办公室】（国家安全委员会办公室、外事工作委员会办公室）
主　任：王　岩
副主任：程万兴（三级调研员，8月离任）
江志强（4月离任）
尹剑锋（3月任职）
黄　剑（信访局局长，8月任职）

保密委专职副主任：
程万兴（正处长级，8月任职）
档案局局长：
陆婷婷（女，三级调研员）
三级调研员：孔德江

【师市党委组织部】
部　长：方　刚（兼）
常务副部长：杨利勇
副部长：牛国森（一级调研员，9月任二级巡视员，11月退休）
黄沛江（援疆干部）
苏永飞（回族）　白　伟
副部长、老干部局局长：
叶　萌（二级调研员，3月退休）
武娟娟（女，4月任职）

【师市党委宣传部】（新闻出版局、新闻办公室、精神文明建设指导委员会办公室）
部　长：边丽娟（女，兼，1月任职）
常务副部长：王　斌（一级调研员）
副部长：陈　岚
四级调研员：王宣传（8月任三级调研员）

【师市党委统一战线工作部】（民族宗教事务局、台湾事务办公室、侨务办公室）
部　长：冀晓彤（兼，1月任职）
常务副部长、民族宗教事务局局长、台湾事务办主任、侨办主任：
马春明（东乡族，二级巡视员，1月退休）
王世芳（女，4月任职）
副部长、民族宗教事务局副局长、台湾事务办副主任、侨办副主任：
丁　璟（二级调研员）

【师市党委政法委员会】（社会治安综合治理委员会办公室、防范和处理邪教工作领导小组办公室、维护稳定工作领导小组办公室）
书　记：程　跃（兼）
常务副书记：李　涛（6月任职）
副书记：杜保强（副师长、公安局党委书记、局长、督察长，2月退休）
魏阿鹏（副师长、公安局党委书记、局长、督察长，2月任职）
李　勇（二级调研员）
李　涛（6月离任）
维稳综治中心（边防中心）主任：
王　忠
三级调研员：陈　鹏（4月任职）

【师市党委政策研究室】（全面深化改革委员会办公室、民兵工作委员会办公室、兵地融合办公室）
主　任：杨志刚
副主任：白　鹏
民兵办专职副主任：
毛拥军（三级调研员）

【师市党委网络安全和信息化委员会办公室】
副主任：李东明　周兴荣（女）

【师市机构编制委员会办公室】
主　任：张俊杰
副主任：段震龙（8月任三级调研员，9月退休）
彭广萍（女）

【师市党委直属机关工作委员会】
党工委书记：
李新琴（女）
党工委委员、纪检监察工委书记：
杜雪萍（女，4月离任）

【师市党委巡察工作领导小组办公室】
主　任：时树仁（3月任师市纪委常委、监委委员）
副主任：王　荣（女，二级调研员）
第一巡察组副组长：
焦丽萍（女，三级调研员）
第二巡察组副组长：
姜　明（二级调研员）
第三巡察组组长：
冉德宝（3月任职）

【师市党委机要保密局】（密码管理局、国家保密局）
局　长：彭　鹤
副局长：张　磊

【师党委党校】
校　长：方　刚（兼，1月任职）
校委委员、常务副校长：
陈继春（一级调研员，11月去世）
校委委员、副校长：
冯明泉（二级调研员，10月退休）
孔素霞（女，三级调研员）

【师市发展和改革委员会】粮食和物资储备局）
党组书记、主任：刘　军（一级调研员，9月任二级巡视员）
党组成员、副主任：
罗　妍（女，4月任职）
王　亮（满族）
刘江峰
刘宝虎（援疆干部）
二级调研员：赵文生

【淮安市援疆前方工作组】
党委书记、组长：董国喜

党委副书记、副组长：黄沛江

【师市教育局】（教育工作领导小组办公室）

党委书记、局长：肖　江（4月任一级调研员）

党委委员、专职教育督学：
徐林平（正处级）

党委委员、副局长：
付春山（三级调研员）
杨钦春

【师市科学技术局】（外国专家局）

局　长：李儒平（统筹师市科协工作，一级调研员，9月任二级巡视员）

副局长：蔡晓莉（女）

二级调研员：龚智群

【师市工业和信息化局】

党组书记、局长：朱建新

党组成员、副局长：
王立东（二级调研员）
邹圣东（三级调研员，2月离任）
孙达伟（4月任职）

四级调研员：张新成

【师市公安局】

党委书记、局长、督察长：
杜保强（2月退休）
魏阿鹏（2月任职）

党委副书记、副局长：
吕慧斌（三级高级警长）

党委委员、副局长、政治处主任：
张大斌（二级高级警长）

党委委员、副局长：
王　宁（三级主任）

党委委员、副局长、师市纪委监委驻师市公安局纪检监察组组长：
张　虎

司法鉴定中心主任：郑　杰

森林公安局局长：徐　庆

奎屯垦区公安局党委副书记、局长、督察长：
梅红旗（三级高级警长）

车排子垦区公安局党委书记、局长、督察长：
孙　刚（师市公安局党委委员）

车排子垦区公安局党委副书记、政　委：穆红庆（三级高级警长）

【师市民政局】

党组书记、局长：刘　妍（女）

党组成员、副局长：
张　良
邵　龙（6月任职）

【师市司法局】（全面依法治师委员会办公室）

党组书记、局长：
包建刚（一级调研员）

党组成员、政治处主任：
丁克萍（女，三级调研员）

党组成员、副局长：
杨　辉（三级调研员，8月任二级调研员）
王建明（援疆干部）
王志杰（女，满族，援疆干部，1月任职，12月离任）

车排子垦区司法局局长：
柳　斌（女）

【师市财政局】（财经委员会办公室、国有资产监督委员会、金融工作办公室）

党组书记、局长、师金融工作办公室主任：李永峰

党组副书记、副局长、师市国有资产监督管理委员会主任、师市金融工作办公室副主任：张国路

党组成员、副局长、师市国有资产监督管理委员会副主任、师市金融工作办公室副主任：
罗　妍（女，4月离任）
王　峰（女，4月任职）
朱　萍（女）

师国库集中支付中心主任：
秦洪文

师直会计核算中心主任：
周金娣（女）

【师市人力资源和社会保障局】

党组书记、局长：牛国森（兼组织部副部长，一级调研员，9月任二级巡视员，11月退休）

党组成员、副局长：
雷文化（女，二级调研员）
邱新震

社会保险事业管理局局长：
祝雄辉

公共就业和人才服务局局长：
何　欢（女）

劳动保障监察支队支队长：
高延强

【师市自然资源和规划局】

党组书记、局长：张　琪

党组成员、副局长：刘卫东

党组成员、副局长：
武　杰（12月任职）

党组成员、副局长：
王　巍（12月任职，挂职干部）

党组成员、国土资源执法监察大队大队长：包建江（12月任职）

奎屯河流域湿地自然保护区管理站站长：黄远智（8月离职）

【师市生态环境局】

党组书记、局长：迟　涛
党组成员、副局长：
罗　春（4月任职）
党组成员、生态环境保护综合行政执法支队支队长：
闫俊明（4月任职）
一级调研员：马建明（回族）
生态环境保护综合行政执法支队（原环境监察支队）支队长：
罗　春（4月离任）

【师市住房和城乡建设局】（人民防空办公室、城市管理行政执法局）
党组书记、局长：孙长伟
党组成员、副局长：陈　斌
党组成员、城市管理综合行政执法支队支队长：
陈　冬（4月任党组成员）
副局长：姚　兵（援疆干部）
四级调研员：戴健辛（8月任三级调研员）

【师市交通运输局】
党组书记、局长：修志刚（一级调研员，4月离任胡杨河市筹建处常务副主任，9月任二级巡视员）
党组成员、副局长：张建生（二级调研员）
交通运输综合行政执法支队支队长：王学军

【师市水利局】
党组书记、局长：王　新
党组成员、副局长：
王　毅（4月任职）
刘玉超（挂职干部）
三级调研员：隋兴云（6月任职）
水政监察支队（水利工程质量安全中心）支队长（主任）：
洪　亮（8月任三级高级主办）
水文水资源管理中心主任：
卢文辉

【师市农业农村局】（农村工作领导小组办公室、畜牧兽医局、乡村振兴局）
党组书记、局长、畜牧兽医局局长、乡村振兴局局长：双　文
党组成员、副局长、畜牧兽医局副局长、乡村振兴局副局长：
张　勇(8月任三级调研员)
王忠华（4月任职）
农业技术推广站党支部书记：
冯志超
兽医站党支部副书记、站长：
盛　涛

【师市商务局】
党组书记、局长：朱文艳（女）
党组成员、副局长：
李延富（三级调研员）
王元吉（4月任职）
四级调研员：夏　冬

【师市文化体育广电和旅游局】（文物局）
党组书记、局长：
张　晶（4月离任）
江志强（4月任职）
党组成员、副局长：
王　莉（女）
韩　波(挂职干部,4月离任)
三级调研员：陈　鹏（4月离任）

【师市卫生健康委员会】
党组书记、主任：
王文栩(4月任一级调研员)
党组成员、副主任：
刘志威　卢晓勇
师计划生育指导中心主任：
韩新明

【师市退役军人事务局】
副局长：高　召（主持工作，8月任三级调研员）

【师市审计局】（审计委员会办公室）
党组书记、局长：马洪良
党组成员、副局长：
王　峰（女，4月离任）
王　莉（女，4月任职）
第一审计中心主任：
蒲冬梅（女，三级调研员）
第二审计中心主任：
张泽廷（8月任三级调研员）

【师市统计局】
党组书记、局长：
刘玉梅（女，社调队队长）
党组成员、副局长：
陈　珊（女，8月任三级调研员）
沈雁炜（4月任职）

【国家统计局兵团第七师调查队】
副队长：韦昌翠（女）

【师市市场监督管理局】（知识产权局）
党组书记、局长：王志东
党组成员、副局长：
徐春江（二级调研员）
任　瑄
二级调研员：耿亚红（女）
四级调研员：杨海东（8月任三级调研员）
市场监管综合执法支队支队长：
李文辉（8月任三级高级主办）

【师市应急管理局】

党委书记、局长：崔　新

党委委员、副局长：

胡宏斌（三级调研员）

韩　冬（三级调研员，4月任职）

应急管理综合行政执法支队四级高级主办：吕万军

【师市医疗保障局】

局　长：赵　军

副局长：何继东（女）

【师市行政审批局】

党组书记、局长：

朱新东（一级调研员，3月离任）

张　晶（3月任职）

党组成员、副局长：

刘　永（4月任职）

兵团公共交易中心第七分中心主任：张新梅（女）

【胡杨河市筹建处】

主　任：蔡新平（兼，3月离任）

常务副主任：

修志刚（兼，3月离任）

副主任：韩新华（3月离任）

李亚军（兼，3月离任）

【师市总工会】

党组书记、主席：刘　瑜

【师市共青团委员会】

副书记：韩利民（牵头主持工作）

何　欢（女，挂职干部，6月任职）

【师市妇女联合会】

主　席：种妙丽（女）

副主席：毛贤英（女，挂职干部，6月任职）

【师市文化艺术联合会】

主　席：耿新豫

【师市残疾人联合会】

理事长：许志虎（6月离任）

【师市工商业联合会（商会）】

主席（会长）：刘宗光（4月任一级调研员）

【师市科学技术协会】

副主席：隋兴云（6月离任）

周昌远（6月任职）

【师中级人民法院】

党组书记、院长：

张学进（12月任一级高级法官）

党组成员、副院长：

任向东（4月退休）

王永魁

党组成员、政治部主任：张学伟

党组成员、师市纪委监委驻中级人民法院纪检监察组组长：

李　骏（8月任三级调研员）

审判委员会专职委员：

王卫海　孙继华

审判委员会委员、执行局局长：

刘　平

二级调研员：陈国民

师管干部：李　庆（6月离任）

奎屯垦区法院党组书记、院长：

王　魁

车排子垦区（胡杨河市）法院党组书记、院长：张　鹏（2月任职）

【兵团人民检察院第七师分院】

党组书记、检察长：

李秋航（4月离任）

龙　慧（女，12月任职）

党组成员、副检察长：

柴学原

张心慧（女，回族）

党组成员、师市纪委监委驻检察分院纪检监察组组长：

陈卫建（三级调研员，8月任二级调研员）

检委会专职委员：

陈　浩（蒙古族，正处级，5月退休）

印庆明

奎屯垦区检察院党组书记、检察长：

高　阳（三级高级检察官）

车排子垦区（胡杨河市）检察院党组书记、检察长：丁　勇

【师人民武装部】

党委第一书记：李华斌（兼）

党委书记、政委：折宏图

党委副书记、部长：赵会生

副部长：胡利辉

师市直属事业单位负责人名录

【师高级中学】

党委书记、副校长：都国平

党委副书记、校长：桂建国

党委委员、纪委书记：

粮亚辉（女，回族）

党委委员、副校长：王　翔

刘　彦

【奎屯职业技术学校（5月更名为胡杨河职业技术学校）】

党委书记、副校长：

冉德宝（3月离任）

党委副书记、校长：王远成

党委委员、纪委书记：杨　静（女）

党委委员、副校长：

吴玉玺　刘　冬（女）
郭芯全（6月任职）

【师融媒体中心】
党委书记、主任、电视台台长、报社社长：韩新国
党委委员、副主任：
付长海
曹啸江
党委委员、副主任、纪委书记：
马新兰(女,回族,工会主席)

【农业科学研究所】
党委书记、所长：孙家玉
党委委员、纪委书记：方　敏
党委委员、副所长：赵富强

【师医院】
党委书记：尹红军
党委副书记、院长：
陈文权
党委委员、副院长：
王　岚（女）
赵宇新
宋新平
党委委员、纪委书记：
王远树（3月任职）
副院长：谷　彪（援疆干部）
总会计师：杨建芳（女）
师管干部：杨忠伟（6月任职）

【胡杨河人民医院(兵团奎屯中医院)】
党委书记：丁以山
党委副书记、院长：
张卫江（6月离任）

【师疾病预防控制中心】
党支部书记：王　洋（6月退休）
党支部副书记、主任：
杨忠伟（6月离任）
张卫江（6月任职）

【师气象局（人影办）】
党支部书记、局长（主任）：
李诗波（4月退休）
总工程师：杨新海

【师机关生活服务中心】
党支部书记、经理：张运利

【奎屯河流域水利工程灌溉管理处】
党委副书记、处长：夏明海
党委委员、副处长：
刘　斌
王　毅（4月离任）
李　成（4月任职）
党委委员、纪委书记：范明江

【师奎屯河引水工程建设管理局（3月批复成立党委，原机构设置文件不再有效）】
党支部书记：夏明海（4月职务自然免除）
党支部副书记、局长：
刘　斌(4月职务自然免除)
副局长：郜建华(4月职务自然免除)
曾爱军(4月职务自然免除)
吕向兵(4月职务自然免除)
党委书记：蔡新平（兼，4月任职）
党委副书记、局长：
张记忠（4月任职）
党委委员、副局长：
郜建华（4月任职）
聂玉山（4月任职）
党委委员、纪委书记：
王行军（4月任职）
总工程师：孙建仁（6月任职）

【师水利工程管理服务中心】
党委书记：周　华（2月任职）
党委副书记、主任：
张记忠（4月离任）
党委委员、副主任：吕向兵　赵　鲁
党委委员、纪委书记：赵东升

师市直属企业负责人名录

【国有资产经营（集团）有限公司】
党委书记、董事长：
李高文（6月不再兼任锦疆化工集团董事长）
总经理：徐海新（6月离任）
党委副书记、总经理：
胡理科（6月任职）
党委副书记、纪委书记：王宏发
党委委员、工会主席：
张维军（6月离任）
党委委员、副总经理：
姜天勇
郭芯全（6月离任）
杨　利（女，6月任职）
刘　梁（6月任职）
吴振江（6月任职）
党委委员：
宋良民（1月退休）
财务总监：
杨　利（女，6月离任）
奎屯锦孚纺织有限公司第七师国有资产产权代表：杨　林(6月离任)
师管干部：徐海新（6月任职）
张维军（6月任职）
杨　林（6月任职）
万治宝（6月任职）

【新疆胡杨河农业产业化发展（集团）有限公司】
党委书记、董事长：
李新华（6月离任）
许志虎（6月任职）
党委副书记、总经理：
李新华（6月任职）
胡理科（6月离任）

党委副书记：
杨　建
党委副书记、纪委书记：
王　玲（女，6月离任）
党委委员、纪委书记：
李绍武（6月任职）
党委委员、副总经理：
李永生（6月离任）
韩新建（6月退休）
卜俊谊（女）
韩　筠（6月离任）
苏　新
副总经理：苏清贵（6月任职）
财务总监：范素莉（女，6月任职）
师党建督导组：宋德全
师管干部：李学超
李永生（6月任职）
韩　筠（6月任职）

【锦棉种业科技股份有限责任公司】
董事长：毕双杰
副总经理：陈庆明（3月退休）
黄红兵

【糖厂】
党总支书记、总经理：戴　华
副总经理：洪　军
财务总监：丁树新

【新疆锦龙电力集团有限公司】
党委书记、董事长：王　锋
党委副书记、总经理：陈建平
党委委员、副总经理：
曾爱军（6月离任）
李爱华（女）
黎香明
田　奎
党委委员、纪委书记：任宏伟
总会计师：沈　峰（女，6月离任）
财务总监：徐俊霞（女，8月任职）
师管干部：曾爱军（6月任职）

【新疆北方建设集团有限公司】
党委书记、董事长：
石体伟（6月任职）
党委副书记、总经理：
石体伟（6月离任）
党委副书记、副总经理：
郑小鹏（6月离任）
李志锋（回族，6月任职，牵头负责经理层工作）
党委副书记、纪委书记：
郑小鹏（6月任职）
党委委员、纪委书记：
张万利（6月离任）
党委委员、副总经理：
刘朝东
路建利
李绍武（6月离任）
赵先斌
李志锋（回族，6月离任）
李旭东（6月离任）
杨继刚（6月任职）
徐　军（6月任职）
总会计师：徐雪辉（女，6月离任）
财务总监：沈　峰（女，6月任职）
三利公司董事：庄国安（1月退休）
师管干部：张万利（6月任职）

【新疆天北城市建设投资（集团）有限公司】
党委书记、董事长：王建忠
总经理：李亚军
党委委员、纪委书记：
尹剑锋（3月离任）
王文娟（女，6月任职）
党委委员、副总经理：
张建设（6月离任）
魏大林（满族）
朱建军（援疆干部）
郜建华（4月离任）
李旭东（6月任职）
李　科（6月任职）
党委委员、副总经理，胡杨河旅游有限责任公司党总支部书记、董事长：魏成杰
胡杨河市旅游有限责任公司副总经理：王忠辉（6月离任）
财务总监：董万福（6月任职）
天北河川园林公司总经理：
涂兴强（1月开除）
师管干部：李颜先（7月退休）
毛万新
徐建军
张建设（6月任职）
王忠辉（6月任职）

【新疆锦恒能源（集团）有限公司】
党委书记、董事长：
于金保（回族，6月离任）
张跃祥（6月任职）
党委副书记、总经理：
张跃祥（6月离任）
党委副书记、副总经理、纪委书记：杨剑生（6月离任）
党委副书记、纪委书记：
王　玲（女，6月任职）
党委委员、副总经理：
蒙　韬（6月离任）
张　慧（5月退休）
王保江
胡　伟（6月任职）
杨　硕（6月任职）
李　浩（8月任职）
财务总监：王慧萍（女，8月任职）
师管干部：杨剑生（6月任职）
蒙　韬（6月任职）

【天泉水务有限责任公司】
党委书记、董事长：郭义昌
党委委员、副总经理：
岳江彦　刘承然

党委委员、纪委书记：
刘　婕（女，6月任职）
财务总监：徐雪辉（女，6月任职）

【奎屯锦疆化工有限公司（6月批复成立党委）】

党委书记、董事长：
李高文（6月离任）
于金保（回族，6月任职）
党委副书记、总经理：
王彦军（6月重新任职）
党委委员、副总经理：
陈　飞（兼总工程师，6月重新任职）
桑进荣（6月重新任职）
副总经理：万治宝（6月离任）

团场负责人名录

【一二三团】

党委书记、政委：
付　强（4月任一级调研员）
党委副书记、团长：
梁少华
党委副书记、副政委：
邝　栋（8月任三级调研员）
党委常委、副政委：
王义强（工会主席）
党委常委、副团长：
张军山
代俊辉（4月离任）
陈　瑞（4月任职）
党委常委、纪委书记、监察办公室主任：杨　红（女）
党委常委、武装部部长、政法委书记：梁宝春

【一二四团】

党委书记、政委：杨振华
党委副书记、团长：康　鹏
党委副书记、纪委书记、监察办公室主任：王世芳（女，3月离任）
刘江英（女，3月任职）
党委常委、副团长：张建云
党委常委、副政委：
陈　璐（正科级，6月明确为副处级）
党委常委、武装部部长、政法委书记：魏　华
副处级干部：
陈　瑞（4月离任）

【一二五团】

党委书记、政委：徐新洲（一级调研员）
党委副书记、团长：高　磊
党委副书记、副政委：
郭建军（8月任三级调研员）
党委常委、纪委书记、监察办公室主任：邵艳霞（女）
党委常委、武装部部长、政法委书记：汪志刚
党委常委、副团长：王少华
副处级干部：张学莉（女，三级调研员，3月离任）

【一二六团】

党委书记、政委：
孔祥杰（4月任一级调研员）
党委副书记、团长：
张列英（女）
党委副书记、副政委：
刘江英（女，3月离任）
党委副书记、纪委书记：
钱正冬（3月任职）
党委常委、副团长：刘立军
党委常委、武装部部长、政法委书记：李东升
党委常委、纪委书记、监察办公室主任：王远树（3月离任）
党委常委、副政委：
周运新（4月任职）

【一二七团】

党委书记、政委：
辛建华（一级调研员）
党委副书记、团长：李玉剑
党委副书记、纪委书记、监察办公室主任：阿拜都拉·柴达洪（维吾尔族）
党委常委、副政委：
张　君（女）
党委常委、副团长：
王忠华（4月离任）
高亚东（4月任职）
党委常委、武装部部长、政法委书记：王文东

【一二八团】

党委书记、政委：
李　华（二级巡视员）
党委副书记、团长：李新成
党委副书记、副政委：史其鑫
党委常委、纪委书记、监察办公室主任：卢世学（女）
党委常委、副团长：
王元吉（4月离任）
代俊辉（4月任职）
党委常委、武装部部长、政法委书记：吴登年
副处级干部：张国华
王洪芳（女，3月离任）

【一二九团】

党委书记、政委：王胜杰
党委副书记、团长：张新龙
党委副书记、副政委：
张万栋
党委常委、副政委：
韩　波（挂职干部，4月离任）
党委常委、纪委书记、监察办公室主任：李　英（女）
党委常委、副团长：高延峰
党委常委、武装部部长、政法委书

记：刘　庆（正科级，6月明确为副处级）

【一三〇团】

党委书记、政委：卢新德（4月任一级调研员）

党委副书记、团长：刘会兵

党委副书记、副政委：

武娟娟（女，4月离任）

党委常委、副团长：丁卫红

党委常委、副政委：

杜雪萍（女，4月任职）

李博玮（女，挂职干部，6月任职）

党委常委、纪委书记、监察办公室主任：王　超

党委常委、武装部部长、政法委书记：

韩　冬（三级调研员，4月离任）

王　刚（4月任职）

【一三一团】

党委书记、政委：

陈恒山（一级调研员）

党委副书记、团长：荆立奇

党委副书记、纪委书记、监察办公室主任：黄　剑（8月离任）

党委常委、副团长：

高亚东（4月离任）

周伟新（4月任职）

党委常委、副政委：敖航星（女）

党委常委、武装部部长、政法委书记：

周昌远（6月离任）

周东升（6月任职）

二级巡视员：徐灿湘（12月退休）

四级调研员：徐新兵（8月任三级调研员）

周伟新（4月离任）

【一三七团】

党委书记、政委：苏　俊

党委副书记、团长：张　瑛（女）

党委副书记、副政委：许永刚

党委常委、副团长：

邵　龙（6月离任）

李　庆（6月任职）

周金彪（挂职干部，8月任职）

党委常委、纪委书记、监察办公室主任：张润斐

党委常委、武装部部长、政法委书记：石新勇

一级调研员：侯江华（3月离任）

四级调研员：张保东（8月任三级调研员）

【奎东农场】

党委书记、政委：石　健

党委副书记、场长：白启林

党委常委、武装部部长、政法委书记：裴成胜（8月任三级调研员）

党委常委、副场长：贾友政

党委常委、纪委书记、监察办公室主任：杨艳霞（女）

党委常委、副政委：

冯　杰（正科级，6月明确为副处级）

师市经济技术开发区负责人名录

【天北新区（天北经济技术开发区）管委会】

党工委书记、管委会主任：

杨国勇（4月不再兼任管委会主任）

党工委副书记、管委会主任：

贺　锋（奎屯市副市长，4月任职）

党工委副书记、管委会副主任：

贺　锋（正处级，主持日常工作，奎屯市副市长，4月离任）

党工委委员、管委会副主任：

韩新华

段民江（三级调研员，奎屯市兼职领导）

温　茁（女）　慕效军

王　纲（4月任职）

党工委委员、纪工委书记：

甘蓓蓓（女）

针织厂社区主任：

莫　洪

一级调研员、奎屯—独山子经济技术开发区党工委委员、管委会副主任：蒲希荣

【胡杨河经济技术开发区】

党工委书记、管委会主任：

秦亚宏（兼，2月离任）

王　潇（女，2月兼任）

党工委副书记、管委会常务副主任：

陈茂华（正处长级）

党工委委员、纪工委书记、管委会副主任：蔺卫强

党工委委员、管委会副主任：

邱　兵　粟　恺

刘玉超（挂职干部）

张国华（挂职干部）

（安格格）

规范性文件

关于印发《第七师胡杨河市人才引进和培养管理办法（试行）》的通知

师市党办发〔2022〕38号

各团场党委，师市机关各部门、各直属机构党组（党委、党工委）：

《第七师胡杨河市人才引进和培养管理办法（试行）》已经师市党委同意，现印发给你们，请结合实际认真贯彻落实。

第七师胡杨河市党委办公室　第七师办公室胡杨河市人民政府办公室

2022年9月15日

第七师胡杨河市人才引进和培养管理办法（试行）

第一章　总　则

第一条　为深入学习贯彻习近平总书记关于做好新时代人才工作的重要思想，贯彻落实中央人才工作会议精神，深入实施“人才强师市”战略，创新人才培养引进机制，完善优惠政策，吸引疆内外优秀人才，更好地为师市经济社会发展提供人才智力支撑。根据《关于深化人才发展体制机制改革的实施意见》（新兵党发〔2017〕38号）和《关于贯彻落实鼓励引导人才向艰苦边远地区和基层一线流动意见的实施方案》（新兵党办发〔2020〕31号）等有关精神，聚焦《第七师胡杨河市“十四五”人才发展规划》组织实施，结合师市实际，制定本办法。

第二条　以习近平新时代中国特色社会主义思想为指导，始终坚持党管人才原则，牢固树立“大人才”观念，聚焦师市经济社会发展实际，以“产才融合、引育并举”为导向，围绕服务民生发展主线，从产业做大做强需要出发，促进招才引智和招商引资充分融合，以引进高层次创新创业人才为重点，以培育本土人才为保障，努力打造人才创新发展平台，集成优势资源，加大支持力度，充分发挥各类人才在推动创新驱动、转型升级中的引领作用，为师市高质量发展提供强有力人才支撑和智力保障。

第三条　本办法适用于师市各级各类人才（公务员、参照公务员法管理的事业单位工作人员除外），突出高层次人才的引育和团队引领作用。驻师市相关单位服务师市经济社会发展引进的人才适用本办法。

根据兵团统一安排从中央和国家机关、国内其他省份选调的优秀干部人才，援疆干部人才（含计划外援疆）、博士服务团成员、“西部计划”志愿者、特岗教师、“三支一扶”大学生按照国家、兵团有关政策规定执行，不适用本办法。

第四条　本办法涉及各类人才应具备以下基本条件：

政治立场坚定，拥护中国共产党领导，拥护党的路线、方针、政策，爱国爱疆爱兵团；自觉维护祖国统一和民族团结，反对民族分裂；遵纪守法，诚实守信，恪守职业道德，有强烈的事业心、责任感和创新精神、奉献精神。

年龄一般应在55周岁以下（含55周岁），身心健康，具有正常履行职责的身体条件，能够胜任并全力投入所承担的工作职责和工作任务。师市经济社会发展急需紧缺的人才年龄可适当放宽。

第二章 人才分类

第五条 建立师市人才分层分类体系，按照人才能力水平和业绩贡献，将人才分为七个层次，具体如下。

第一层次：国家重点实验室带头人及其研发团队；国家级有突出贡献的中青年专家；全国宣传文化系统“四个一批”人才；中华技能大奖、国家级技能大师、国家级教学名师奖获得者；“百千万人才工程”国家级人选；具有3年以上世界500强企业中高层管理经历的人员（企业排名以上一年度权威机构公开发布的为准，下同）；或与上述条件层次相当的人选。

第二层次：享受国务院特殊津贴专家；省部级学术技术带头人、省部级科技创新团队带头人、省级有突出贡献的优秀专家、省部级专家称号人才；全国技术能手；具有3年以上中国500强企业中高层管理经历的人员；或与上述条件层次相当的人选。

第三层次：全日制博士研究生；具有正高级专业技术职称人员；具有3年以上世界500强或中国500强企业分公司经营管理经历的人才；高级职业经理人；或与上述条件层次相当的人选。

第四层次：博士研究生；全日制硕士研究生且具有副高级专业技术职称人员；省级技术能手；或与上述条件层次相当的人选。

第五层次：全日制硕士研究生；具有副高级专业技术职称人员；全日制大学本科学历且具有中级专业技术职称人员；中级职业经理人；高级技师；获得地市级专家称号人才；或与上述条件层次相当的人选。

第六层次：全日制大学本科学历或获得国家（行业认证资格证书）职业（执业）资格证书（具有技师职业资格）的人才。

第七层次：全日制大专学历或具有高级工职业资格的人才。

除以上七个层次所列对象，对急需紧缺、确有真才实学、社会贡献较大、具有特殊才能或特别贡献的人才，凭业绩和能力，经申报认定后，可比照以上层次人才享受相应待遇。

具有以上同等专业水平（学历学位）的国（境）外专家、学者及留学归国人员的引进，同样适用。

人才分类根据师市实际可动态调整。

第三章 人才引进政策

第六条 在人才引进方面，师市各单位可根据自身特色，把准行业发展方向、产业类型、瓶颈制约，掌握人才的技能专长，采取多种方式，引进与本单位、本行业、本地区产业发展方向、层次相适应的高层次人才。

第七条 从师市外引进的第一层次至第五层次人才、派驻师市单位引进的第一层次至第四层次人才，与用人单位签订5年（含5年）以上劳动合同和协议。除同岗位正常工资福利、报酬外，3年管理期内，原则上按下列标准享受购房补助和人才津贴：

第一层次人才：购房补助50万元，每月人才津贴15000元。

第二层次人才：购房补助40万元，每月人才津贴12000元。

第三层次人才：购房补助30万元，每月人才津贴8000元。

第四层次人才：购房补助25万元，每月人才津贴4000元。

第五层次人才：每月人才津贴3000元。

在师市辖区内购房的，引进当年享受购房补助的50%，剩余50%购房补助3年管理期满当年发放。无购房意愿的，根据本人申请，安排人才公寓或由用人单位安排周转房，5年内免费使用，不再按标准享受购房补助。鼓励人才相对集中的企事业单位自建人才公寓，师市配套政策予以支持。

引进的人才5年服务期未满提前解约离职的，不满3年的须全额退回购房补助，已满3年的按60%退回购房补助。

第八条　师市团场、街道、事业单位、园区、国有企业等基层单位，根据实际工作需要引进的第六层次、第七层次人才，按照其所具有的专业水平、业绩能力确实为单位急需紧缺的，也可按程序申请人才津贴，每人每年12000元。

第九条　在不改变人事、档案、社会保障等关系的前提下，通过顾问指导、决策咨询、技术服务、培训讲学、网络评审或者其他适宜方式，为师市经济社会发展提供智力支持的第一层次至第五层次柔性人才参照引进人才标准按月发放人才津贴。

第四章　其他待遇

第十条　从师市外引进的第一层次至第五层次人才经师市行业主管部门、用人单位考核合格，可根据本人意愿和师市空编情况，按相关规定纳入相应编制。

第十一条　从师市外引进的人才及其配偶、子女、双方父母可在师市范围内申请落户，按公安机关户籍管理规定优先办理落户。

第十二条　持外国护照入境的海外人才及其配偶、未成年子女，可按照公安机关出入境管理机构的相关规定优先办理签证延期或居留许可。

第十三条　用人单位按照有关规定及时为从师市外引进的人才办理或接续养老、医疗、工伤、失业、生育等各项社会保险，鼓励用人单位为从师市外引进的人才建立年金和商业补充保险。

第十四条　从师市外引进的人才配偶、子女愿意调入师市工作，属行政事业等性质单位的，由组织、人社等部门会同用人单位，按“对口对应”原则安排工作；其他性质单位的，由行业主管部门或用人单位以及公共就业服务机构帮助推荐，最大限度做好相关就业服务等工作。

第十五条　引进人才特别是第一层次至第五层次人才子女就读学前教育阶段学校、义务教育阶段学校和高中阶段学校，根据师市教育部门相关政策实施，优先予以安排。

第十六条　发挥用人单位的主导作用，鼓励用人单位采用年薪工资、协议工资、项目工资等方式，提高引进高层次人才薪酬、生活保障等待遇。

第十七条　鼓励企业对高层次人才实行超额利润提成、虚拟股权等中长期激励方式。

第十八条　开辟高层次人才、急需紧缺人才职称评审和聘任“绿色通道”。从师市外引进的高层次人才可放宽学历等限制申报高级专业技术职称。

从师市外引进的高层次人才因工作需要，确需担任用人单位领导或重大科研项目、工程技术负责人的，经提前申请，可适当调整高级岗位比例，设置“特聘岗位”，不受岗位总量、类别等级和结构比例限制。对团场引进的具有高级职称的专业技术人才，可不受单位岗位总量、结构比例限制，采用特设岗位的办法到岗即聘。

第十九条　发挥人才中介组织或个人等社会力量的引才荐才作用。对向师市推荐第一层次至第四层次人才，签订5年以上聘用合同，人才到岗后，分别给予引进第一层次人才的单位或个人30万元/人、第二层次人才20万元/人、第三层次人才10万元/人、第四层次人才5万元/人的引才补助，分3年核发；对向师市推荐第五层次人才，签订3年及以上聘用合同，缴纳社会保险满1年且在师市落户，分别给予引进第五层次人才的单位或个人1万元/人的引才补助。向师市推荐创新创业团队，经评估取得一定经济效益的，按一定比例给予单位或个人引才补助。

第五章　人才培养政策

第二十条　在人才培养方面，师市各单位要不断提升高端人才自主培养能力，从师市事业发展全局出发，强化主动融入、主动接轨、主动服务行业发展的意识，进一步理顺人才培养机制，深化管理体制改革，合理制定人才培养的中长期发展规划，积极培养行业高水平复合型人才，努力在推动师市产业发展、引领行业技术进步、攻克关键核心技术问题方面作出贡献。

第二十一条　师市各单位自主培养的高层次人才从事专业性、学术性、科研性任务，自取得与第一层次至第四层次人才相当的科研成果、获得相应的荣誉称号（学历、职称除外）起，3年内参照第一层次至第四层次引进人才标准发放人才津贴。

第六章 人才项目机制

第二十二条 建立健全人才项目管理制度。人才项目是指围绕师市经济社会发展中心工作和重点任务，开展政策创新、资本赋能、生态优化、产业发展、科研攻关、成果转化、技术推广等活动，产生经济、社会、人才效益，推动师市经济社会高质量发展的项目，分为重大人才项目和重点人才项目。

重大人才项目是指师市党委人才工作领导小组根据人才发展战略规划和经济社会发展需求，直接组织实施，起重要支撑作用、有重大影响的人才项目，由师市党委人才工作领导小组成员单位综合配套、合力扶持。

重点人才项目是指师市党委人才工作领导小组评审通过，确定给予政策支持、经费支持，由各申报单位具体实施的人才项目。

人才项目要以聚焦师市区域发展迫切需要，解决当前人才工作中的热点、难点问题为出发点，可以涵盖政策体系优化、创新创业平台建设、招才引智模式创新、人才工作体制机制改革、人才工程实施等方面。

第二十三条 师市重大人才项目，每年给予20万元以上100万元以下资助，特别需求的，可一事一议。师市重点人才项目，每年给予2万元以上20万元以下资助，特别需求的，可一事一议。

人才项目申报、审批、验收等按照《第七师胡杨河市人才项目管理办法》相关政策执行。

第七章 经费保障

第二十四条 建立师市人才发展专项资金管理机制，师财政本级预算每年安排师市人才发展专项资金不少于1000万元。

适用范围为本办法管理服务对象的引育管用等相关费用，以及经师市党委人才工作领导小组批准的人才项目等费用。

第二十五条 人才发展专项资金实行申报审批制，具体审批流程按照《第七师胡杨河市人才发展专项资金管理使用办法》规定程序执行。

第二十六条 人才发展专项资金由师市党委人才工作领导小组办公室根据师市党委人才工作领导小组审批意见进行统筹管理。

师市财政局牵头对每年专项资金的使用情况进行绩效评价，并向师市党委人才工作领导小组汇报。

第八章 服务和管理

第二十七条 人才引进和培养实行责任制。用人单位为第一责任人，在人才引育管用中要充分履行主体责任，拓展思路、广开渠道，多措并举实现各类人才引育新突破。师市党委人才工作领导小组成员单位要按照成员单位职责分工，落实好宏观管理、公共服务、监督保障等职责，为用人单位引才、育才提供支持和帮助。

探索建立人才政策调查和评价机制，采取“一年一调查、一年一评估”的方式，对人才政策落实情况进行跟踪研判，根据需要及时完善、清理有关政策性文件。

第二十八条 用人单位报送的引进和培养人才、人才项目等材料应真实有效，对抄袭剽窃、弄虚作假的，给予取消、追缴补助资金、通报批评等处理，情节严重的，依法依规进行追责，同时追究用人单位和行业主管部门有关领导责任。

第二十九条 建立人才引进和培养奖惩机制，实现人才引进、培养和使用有机统一。

（一）每3年奖励一批重视人才培养和积极引进优秀人才的师市人才工作先进单位和个人。

（二）将人才工作纳入党政领导班子和领导干部年度考核及绩效考核。对不注重人才培养，引才没有实质进展的，扣除相应分数。

第九章 附 则

第三十条 各单位各部门可参照本办法制定本单位本行业人才引进和培养管理实施细则。

第三十一条 以往师市人才政策与本办法规定不一致的，按照本办法执行。

第三十二条 本办法自发布之日起施行。由师市党委人才工作领导小组办公室负责解释。

附件：1.第七师胡杨河市人才项目管理办法（试行）
2.第七师胡杨河市人才发展专项资金管理使用办法（试行）
3.第七师胡杨河市企业设立首席技师支持计划（试行）
4.第七师胡杨河市柔性引进高层次人才管理办法（试行）

附件1

第七师胡杨河市人才项目管理办法（试行）

第一章　总　则

第一条　为坚持和落实党管人才原则，大力实施“人才强师市”战略，切实加强人才项目管理，推动人才工作任务具体化、责任明晰化、评价科学化、管理规范化，全面提升人才项目建设为师市经济社会发展服务的整体水平，结合师市人才工作实际，制定本办法。

第二条　人才项目是指围绕师市经济社会发展中心工作和重点任务，开展政策创新、资本赋能、生态优化、产业发展、科研攻关、成果转化、技术推广等活动，产生经济、社会、人才效益，推动师市经济社会高质量发展的项目，分为重大人才项目和重点人才项目。

重大人才项目是指师市党委人才工作领导小组根据人才发展战略规划和经济社会发展需求，直接组织实施，起重要支撑作用、有重大影响的人才项目，由师市党委人才工作领导小组成员单位综合配套、合力扶持。

重点人才项目是指师市党委人才工作领导小组评审通过，确定给予政策支持、经费支持，由各申报单位具体实施的人才项目。

第三条　人才项目管理遵循以下原则：

（一）社会效益、人才效益、经济效益相统一；

（二）行业管理、项目单位负责；

（三）突出重点、统筹推进；

（四）目标责任、动态管理。

第四条　人才项目由师市党委人才工作领导小组办公室统筹管理，行业主管部门牵头组织、指导、扶持，财政予以支持，项目责任单位负责具体实施。

第五条　本办法适用于由师市人才工作领导小组立项、备案的人才项目。

第二章　组织机构

第六条　师市党委人才工作领导小组办公室主要职责：

（一）完善人才项目工作制度，统筹年度项目，部署重点任务；

（二）拟定资金的使用分配初步方案，监督项目经费使用情况；

（三）组织发布征集人才项目通知，牵头开展项目申报评审、督导检查、结项验收等工作；

（四）建立师市人才项目库，完善项目申报、成果、验收、评优、奖惩等信息；

（五）对项目实施中取得的典型经验成果及时进行总结、宣传和推广，积极争取上级有关部门在人才、经费、政策、项目等方面的支持；

（六）做好其他牵头和协调工作。

第七条　行业主管部门主要职责：

（一）实施人才项目申报初审、专家评审、立项公示、督导检查、结项验收等工作；

（二）将人才项目作为重要承接载体，统筹投入本行业本部门的政策、经费、平台、项目等资源，提高资源配置效率和收益，促进人才、产业、技术深度融合；

（三）人才项目完成时，出具验收报告；逾期未完成的，提出未完成项目调整或撤销的意见，报师市党委人才工作领导小组；

（四）建立本行业人才项目库；

（五）做好其他保障项目顺利实施的相关工作。

第八条　人才项目责任单位主要职责：

（一）负责人才项目申报和组织实施，按人才项目进度要求完成项目申报的目标任务；

（二）组织协调项目组人员、分解任务、落实责任，按审定方案组织实施人才项目；

（三）定期向师市党委人才工作领导小组办公室和行业主管部门提交项目执行情况报告及相关证明材料，随时报告人才项目实施中的重大事项；

（四）负责提供人才项目验收所需要的有关材料，总结人才项目实施管理中的经验做法和改进意见；

（五）配合、协助相关部门对项目实施过程进行督导检查。

第三章　项目立项

第九条　项目立项分为五个基本步骤：公开征集、申报初审、专家评审、立项公示和下达项目计划。

第十条　师市党委人才工作领导小组办公室根据师市党委人才工作领导小组的意见，确定项目立项的重点方向、项目申报的基本条件、具体方式及有关要求，发布征集项目通知。重大项目立项参照但不限于本章程序，以更高标准、更严要求执行。

第十一条　项目申报单位要根据本单位发展规划，认真梳理现有队伍情况，研究制定科学的项目实施方案，每年10月申报下年度重点人才项目，未申报的，原则上不作为扶持对象，特殊情况除外。申报单位所报项目，经行业主管部门初审合格报师市党委人才工作领导小组办公室，无行业主管部门的申报单位直接向师市党委人才工作领导小组办公室申报。

第十二条　各行业主管部门负责受理申报材料的初审，主要审核项目申报人（单位）是否具备申报项目的资格、项目方向是否符合师市经济社会发展要求，申报材料填写是否规范等。通过初审的项目进入专家评审程序。

第十三条　各行业主管部门负责组织本行业人才项目专家评审，由部门主要负责人担任评审组组长，评审专家由本行业专家和挂职、援疆人才等组成，本行业专家比例不少于三分之二，评审专家对与自身有关联的项目应回避。经审查合格的项目，按照公平、公正、公开的原则，报师市党委人才工作领导小组办公室。

第十四条　专家评审的主要内容包括：

（一）申报的项目是否符合政策导向，是否具备实施的基础条件，是否有较强的研究价值、应用价值、推广价值，能产生较好的经济、社会、人才效益；

（二）自然科学研究、实用技术推广、产业提升类项目，是否符合师市优势产业和重点领域需求，有无带动产业发展、改善产业结构、促进就业的作用；是否拥有高价值发明专利等自主知识产权的核心技术成果；项目成果是否有创新性、实用性、操作性；

（三）人文社科类项目是否结合师市经济社会发展实际需求；研究成果是否对相关政策措施具有指导意义；研究方法是否合理、有创新；

（四）项目申请人及项目组成员是否有足够研究及实施能力，项目计划及实施方案是否方向正确、内容充实、论证充分、重点明确、切实可行，时间进度与经费安排是否合理。

第十五条　评审组对受评审项目进行综合分析评估后，提出书面评审意见，对项目分类定等。分为产业发展、科研创新、技术推广、创业带动、人文社科、人才服务6类，按照支持力度将项目定为1至3个等次。

第十六条　已经在本行业本系统确定支持的项目，根据其具备的人才团队同时申报人才项目的，不再申报；已入选兵团人才项目的，不再申报师市人才项目；上年度已立项，下一年度延续实施的同一项目，原则上不重复评审。

第十七条　师市党委人才工作领导小组统一对各行业主管部门评审通过的人才项目进行审议，确定项目扶持方案，核准目标任务和成果指标。对审议通过的项目在所属行业主管部门单位、项目责任单位进行公示，公示期为5个工作日。对公示通过的项目，下达项目计划，通知项目责任单位组织实施。对公示期间有异议的项目，师市党委人才工作领导小组办公室牵头行业主管部门进行核查，作出确认、调整或撤销的结论。

第四章　项目实施管理

第十八条　人才项目实施周期一般为1~3年，原则上最长不超过5年。

第十九条　人才项目入选后，人才项目责任单位要严格按照人才项目立项、实施、验收等程序实施，有序推进人才项目确定的目标任务。当年11月，向行业主管等部门提交年度人才项目实施情况报告及相关证明材料，经行业主管等部门初核后报师市党委人才工作领导小组办公室审批。项目实施期间，取得重大进展或突破的，应及时向师市党委人才工作领导小组办公室和行业主管部门报告。

第二十条　师市党委人才工作领导小组办公室牵头行业主管部门等单位定期、不定期开展人才项目督导检查，依据既定人才项目目标，采取多种方式，对实施情况进行动态管理、跟踪督导。

第二十一条　人才项目实行重大情况报告制度。项目实施期间，凡遇下列情况，人才项目责任单位应当向行业主管部门提出书面申请，经行业主管部门初核后报师市党委人才工作领导小组办公室批准后实施，未获批准的不得组织验收：

（一）人才项目实施方案和项目负责人、核心人才或人才团队因客观原因要调整的；

（二）遭遇不可抗力因素对项目实施产生重大影响的；

（三）项目不能按时结项，延期实施可以确保结项的；

（四）其他重要事项。

第二十二条　人才项目实施过程中出现下列情形的，撤销项目，追缴项目扶持经费，依据规定启动问责程序，3年内不得再次申报人才项目：

（一）实施水平严重低于立项标准；

（二）剽窃他人成果，侵犯他人知识产权；

（三）挪用项目经费；

（四）人才项目负责人认为无力继续，提出撤销项目申请；

（五）存在其他不适宜再次申报的行为的。

第五章　经费使用

第二十三条　人才项目经费在师市人才发展专项资金中列支，坚持专款专用。项目责任单位应遵守经费使用相关规定，保证资金使用效益。如与其他部门的支持政策、资金重复，采取就高扶持原则，不重复扶持，确保人才项目顺利实施。

第二十四条　重大人才项目的经费可采取“一事一议”方式申请财政专项拨款，经师市党委人才工作领导小组审议通过后，按规定报批列支。

第二十五条　重点人才项目的经费按项目评审结果分等列支，具体标准由师市党委人才工作领导小组审批确定。

第二十六条　人才项目经费按照一年一拨的方式拨付，超过一年完结的项目，年度验收合格后实行分阶段列支。根据中期督导检查、年度验收评估、结项验收评估的结果，对执行不力的项目进行调整或终止。

第二十七条　人才项目经费应主要用于人才团队建设和技术研发推广，包括差旅费、培训费、技术资料费、人才引进费（含柔性引进）、专家咨询费、设备样品购置费、试验实验费、奖励、补助、数据库建设等费用。

第二十八条　人才项目经费由项目核心人才或人才团队严格按项目预算使用，及时进行项目决算，人才项目责任单位对项目经费进行单独核算、专款专用，不得挤占挪用。师市党委人才工作领导小组办公室会同财政、审计、行业主管部门定期或不定期对相关单位人才项目进展和专项经费管理使用情况进行检查、审计，对资金使用不当或截留、挤占、挪用、随意改变资金用途的，师市党委人才工作领导小组有权终止或撤销项目，追缴项目资金，并按照相关规定追究行业主管部门和人才项目责任单位领导责任。

第六章　项目验收与结果运用

第二十九条　人才项目实行结项验收。重大人才项目和重点人才项目期满后，由师市党委人才工作领导小组办公室牵头行业主管部门和有关专家组织验收。重点人才项目由行业主管部门验收，向师市党委人才工作领导小组办公室报送项目绩效目标验收报告，成效特别突出的，可申请师市党委人才工作领导小组办公室组织复验。

第三十条　人才项目验收主要内容包括：

（一）人才项目确定的各项目标任务和成果指标的完成情况；

（二）人才项目经费管理和使用情况；

（三）人才项目实施过程中的成果经验。

第三十一条　人才项目验收注重科学量化指标，分为优秀、合格、不合格三个等次。存在下列情形的为不合格，不得通过验收：

（一）没有完成项目确定的目标任务和成果指标；

（二）提供的验收文件、资料和数据不真实；

（三）人才项目超过规定期限半年仍未完成的；

（四）经费管理和使用存在严重问题。

第三十二条　未通过验收的人才项目，应在6个月内完成整改，并再次提出验收申请。若仍未通过验收，人才项目责任单位下一年度不得再次申报人才项目。

第三十三条　人才项目验收结果录入人才项目

库，作为项目责任单位、人员立项审查的重要依据之一。

第三十四条　实行人才项目奖惩激励机制。积极申报人才项目或验收为优秀的人才项目，对其责任单位和项目负责人给予奖励，同时作为评选人才工作先进单位的重要依据。优秀项目核心人才优先纳入各类人才培养计划，优先作为国家、自治区、兵团和师市各类专家推荐人选。

第七章　附则

第三十五条　本办法自发布之日起施行。由师市党委人才工作领导小组办公室负责解释。

附件2

第七师胡杨河市人才发展专项资金管理使用办法（试行）

第一章　总　则

第一条　为落实《第七师胡杨河市人才引进和培养管理办法（试行）》，规范和加强人才发展专项资金，充分发挥人才发展专项资金在促进各类人才发展中的作用，参照《兵团人才发展专项资金管理暂行办法》（兵财行〔2018〕209号），根据《第七师胡杨河市财政专项资金管理暂行办法》（师市发〔2020〕5号）等有关规定，制定本办法。

第二条　师市建立人才发展财政保障机制，设立引进和培养人才发展专项资金，每年不少于1000万元，纳入师本级财政预算，以实际使用情况动态调整。人才发展专项资金用于保障人才引进、培养、管理和人才项目支持等工作，审计部门对人才发展专项资金使用情况进行审计监督。

第三条　专项资金管理应当遵循以下原则：

（一）围绕中心、服务大局。贯彻落实中央、兵团人才工作会议精神，紧扣师市党委各项决策部署，服务师市经济社会高质量发展大局；

（二）统筹整合、保障重点。根据师市党委中心工作、重大决策及师市确定的重点工程、重要任务，保障人才工作开展；

（三）注重绩效，公开透明。专项资金实行全过程预算绩效管理，实现绩效目标与绩效评价全覆盖；

（四）加强监管，压实责任。强化预算、决算管理责任，合理安排专项资金分配，实行归口管理机制。

第二章　资金来源与使用范围

第四条　资金的主要来源：

（一）国家和自治区、兵团下达的财政资金；

（二）师市财政预算；

（三）接受企事业单位、团体和个人等捐赠；

（四）其他资金。

第五条　师市人才发展专项资金适用范围：

（一）师市高层次人才引进及培养；

（二）师市基层人才引进与培养；

（三）支持师市人才管理改革相关工作；

（四）经师市党委人才工作领导小组批准的与人才工作相关的其他事项。

第三章　资金的申报与审批

第六条　人才项目资金申报。各单位根据实际按需申报下年度人才项目，同时申报人才项目资金。人才项目资金申报材料需包括资金使用目的、使用对象、使用步骤、使用期限、有关措施和预期达到的效益等内容。未申报的，原则上不作为扶持对象，特殊情况除外。

第七条　人才项目资金审批。各单位申报的人才项目资金，经师市各行业主管部门初核后，报师市党委人才工作领导小组办公室复核，师市党委人才工作领导小组办公室对各单位人才项目资金申报情况进行汇总，提出本年度专项资金使用方案，报师市党委人才工作领导小组审议。获批的项目资金由师市财政局拨付至各项目实施单位。

第八条　预算核定和执行。项目支出预算一经批准，项目执行单位不得自行调整。预算执行中如发生培养对象或项目发生变更、终止，需调整预算的，必须按预算管理的规定程序报批。

第四章　资金的监督与管理

第九条　项目经费使用单位和项目执行人，应当规范使用资金，定期向师市党委人才工作领导小组办公室和行业主管部门报送预算执行、项目进度、资金使用情况。经费支出中属于政府采购的项目，按政府采购的有关规定执行。

第十条　专项资金的使用实行绩效评价制度。由师市党委人才工作领导小组办公室会同师市财政部门对项目资金预算执行情况、项目实施效果进行绩效评价，绩效评价结果作为下一年度资金分配的重要因素。

第十一条　专项资金的使用必须遵守国家财经法规、财务制度和财经纪律，确因不可预见因素造成项目变更的，须按本办法有关程序重新审批。

第十二条　单位及个人有下列行为之一的，收回已拨付的资金，并追究相关责任，对有关责任人依法依规进行严肃处理；涉嫌犯罪的，移送司法机关依法处理。

（一）利用虚假材料和凭证骗取专项资金的；

（二）违反专项资金使用规定擅自改变用途、扩大使用范围、超标准使用的；

（三）截留、挪用、挤占、骗取、闲置人才资金的；

（四）拒绝、干扰或不予配合有关专项资金的预算监管、绩效评价、监督检查等工作的；

（五）有偷、逃、漏税行为被查处的；

（六）有其他违法违纪违规情形的。

第五章　附则

第十三条　各级纪检监察机关、审计部门、财政部门和组织部门应加强对师市人才发展专项资金分配管理使用的全过程监督。建立健全专项资金监督检查和信息共享机制，对发现的问题，及时整改落实。

第十四条　本办法自发布之日起施行。由师市财政局、师市党委人才工作领导小组办公室负责解释。

附件3

第七师胡杨河市企业设立首席技师支持计划（试行）

第一章　总则

第一条　为深入贯彻落实中央人才工作会议精神，进一步鼓励企业充分发挥高技能人才培养的主体作用，激发高技能人才在改进企业生产、工艺、技术等方面的积极性、创造性，培养一支数量充足、质量优良的高技能人才队伍，根据《兵团高技能人才支持计划》（兵人社发〔2021〕76号）和《关于鼓励支持兵团辖区企业设立首席科学家、首席技师的通知》（兵人社发电〔2021〕24号），结合师市发展实际，制定本办法。

第二条　本办法所指首席技师，是指师市辖区内的各类企业一线工作岗位直接从事生产技术和人才培养工作，政治立场坚定、职业道德良好、技能技艺精湛、实践经验丰富，具有较强创新创造能力和社会影响力，在本行业、本企业、本专业（或工种）中有重大发明创造或技术革新，并得到行业内广泛认可的技术领先、成绩突出的高技能人才。

第三条　建立和实行企业首席技师岗位制度，是在技师考评聘任管理工作的基础上，加强培养和选拔高技能人才，充分发挥典型示范和带动作用，促进高层次技能人才迅速成长，加强企业高技能人才队伍建设的重要举措。

第四条　师市首席技师评定、管理等工作由师市人力资源和社会保障局负责。师市国资委负责国有企业申报首席技师初审工作，师市工信局负责其他企业申报首席技师初审工作。

师市企业可根据企业实际生产经营情况建立本单位首席技师制度。

第二章　设立及申报条件

第五条　企业设立首席技师制度基本条件：

（一）拥有一定数量的专业技术人才和高素质的企业员工队伍，企业的主体工种、关键岗位具有高超技术技能水平，在业内具有一定的社会影响力；

（二）经济效益良好，建立了相对完善的人事制度，配备了必要的工作场地、设施设备和工作经费，能够保证首席技师技术革新、项目攻关和人才培养等工作的开展。

第六条　师市首席技师应具备以下基本条件：

（一）政治立场坚定，爱国爱疆爱兵团，综合素质和发展潜力好，具有奉献精神；

（二）具有较强的解决实际问题能力，在企业技术改造、引进高新技术设备的消化、吸收、使用中，掌握关键技术，解决关键技术难题；能够排除重大关键技术障碍、重大安全隐患，消除质量通病，对提升产品质量有突出贡献；

（三）具有团队精神，传技艺、带高徒，在组织攻关、培养技能人才等方面成绩显著，为提高团队技能做出突出贡献；

（四）已被所在企业评为本单位首席技师。

第七条　师市首席技师在具备基本条件的基础上，还应具备以下资格条件之一：

（一）具有高级职称或某一职业（工种）高级技师以上职业技能水平；

（二）近5年内获得全国技术能手、兵团技术能手、兵团优秀高技能人才等国家级、省部（兵团）级技术能手称号，且具有相应实操能力。

第三章　评审程序

第八条　制定方案。师市人力资源和社会保障局按照本办法要求，结合实际制定工作方案，明确评审职业（工种）范围、评审条件、评审方式、组织形式、时间安排等。

第九条　选拔方式。师市首席技师采取自下而上、逐级推荐的办法产生。一般由企业按照技能人才的2%向初审负责部门申报，递交完整申报资料，由初审负责部门进行初审，并将初审推荐人选报师市人力资源和社会保障局。推荐申报师市首席技师需呈报以下材料：

（一）师市企业首席技师推荐表；

（二）个人主要业绩、技术成果；

（三）获奖情况和事迹证明材料；

（四）个人学历学位、职业资格证书，技师、高级技师聘用合同等；

（五）所在单位技能人才花名册等辅证资料。

第十条　组织评审。由师市人力资源和社会保障局组织实施，成立师市首席技师评审委员会，设主任1名，副主任2名，委员若干。师市首席技师每3年选拔一次，具体选拔数量根据选拔条件、工种人数及技术发展等因素综合确定。

第十一条　公示。评审通过的师市首席技师人选名单须在所在单位及行业系统进行公示，公示时间为5个工作日。

第十二条　审批。师市首席技师评审委员会将公示无异议的师市首席技师人选，报师市党委人才工作领导小组审议，评选为师市首席技师。

第四章　政策保障

第十三条　师市首席技师纳入师市高层次人才管理范围。对为师市经济发展和重大项目实施做出突出贡献，具有绝招、绝技、绝活，并长期坚守在企业生产服务一线的首席技师，优先向国家和兵团推荐更高层次的技术能手。

第十四条　首席技师在申报专业技术职称、技师、高级技师时，予以政策倾斜。重点评价首席技师对企业和社会的贡献，适当放宽学历、任职年限、论文等要求，采取特殊人才认定的办法，建立职称评审“绿色通道”。

第十五条　师市首席技师在3年管理期内，每月可享受首席技师津贴2000元，由师市人才发展专项资金列支。

鼓励各类企业设立企业首席技师制度，对相应人才给予首席技师津贴、导师带徒津贴等，待遇标准可参照师市首席技师津贴标准执行，企业予以资金保障。

企业要为首席技师开展技术攻关提供资金、设备、场地、人员等方面的支持，积极为首席技师创造交流学习、培训考察等条件。

第十六条　对实施首席技师制度成效明显的企业，在支持建设师市级、兵团级、自治区级、国家级技能大师工作室或高技能人才培训基地等方面予以重点扶持，对评定的首席技师优先评选为企业新型学徒制导师。

第五章　首席技师职责

第十七条　师市国资委、工信局和所在企业应充分发挥师市首席技师作用。师市首席技师在管理期内应积极履行以下职责：

（一）掌握本行业（工种）专业技术前沿发展动态，加强技术指导和推广；

（二）发挥职业技能优势，积极参与师市重大项目、重点工程或企业技术攻关、技能革新、发明创造等活动，解决企业生产经营过程中的技术难题；

（三）做好所在行业（工种）领域技能人才的“传、帮、带”工作，主动开展“名师带徒”活动，传授技艺特长及绝技绝活，为师市培养一批技术技能骨干人才；

（四）配合做好技能人才宣传、交流工作，积极参加行业性、区域性技术交流会议、技能演示活动、技能人才培训等，及时总结推广创新成果和具有特色的生产操作方法；

（五）每年11月向行业主管部门提交年度工作总结，总结需反映当年工作开展情况及取得的业绩；

（六）积极参加师市有关部门组织的公益性活动。

第六章　工作要求

第十八条　明确工作机制。师市国资委、工信局、人力资源和社会保障局要加强沟通协调，强化对建立首席技师制度企业的业务指导和服务，及时总结、推广首席技师制度建立的成功经验和做法。

第十九条　严格评选程序。要充分发扬民主，坚持公平、公正、公开的原则，严格按照自下而上、逐级推荐、民主择优的方式进行推进，严格执行民主评选制度。

第二十条　加强监督管理。要加强对首席技师评审工作的监督管理，建立退出机制。对申请人或申报单位弄虚作假的，取消资格，5年内不得申报师市首席技师或参加师市首席技师评审工作。

第七章　附则

第二十一条　本办法由师市人力资源和社会保障局负责解释。

第二十二条　本办法自发布之日起施行。

附件4

第七师胡杨河市柔性引进高层次人才管理办法（试行）

第一章　总则

第一条　为贯彻落实《第七师胡杨河市人才引进和培养管理办法（试行）》，加强对师市高层次人才柔性引进工作的管理，建立"户口不迁、关系不转、双向选择、合同约束"的柔性引进机制，结合师市实际，制定本办法。

第二条　柔性引才主要依托疆内外丰富的人才资源优势，坚持不求所有、但求所用、按需引进的原则，围绕维护社会稳定、推进师市经济社会发展，突出重点行业、关键领域、重大项目和技术推广应用，按照"上下联动、分级负责"原则组织实施，通过岗位聘用、短期兼职、顾问指导、对口支援、技术咨询、学术交流、智力服务等灵活多样的方式，柔性引进各类紧缺人才来师市开展指导服务，不断扩大引才渠道、缓解高层次人才供需矛盾。

第二章　招募对象

第三条　招募对象为全国各级各类单位（含人民团体、企事业单位、新兴组织等）在职或退休的第一层次至第五层次人才和其他特殊人才。

第四条　招募人员应当具备下列基本资格条件：

（一）具有良好的政治、业务素质，品行端正，实绩突出，群众公认；

（二）个人自愿，在职人员需所在单位同意；

（三）具有胜任招募岗位的工作能力和任职经历；

（四）身体健康；

（五）符合招募岗位要求的其他资格条件。

第五条　具有下列情形之一的，不得参加公开招募：

（一）涉嫌违纪违法正在接受相关机关审查尚未作出结论的；

（二）受处分期间或者未满影响期限的；

（三）法律、法规规定的其他情形。

第三章　招募程序

第六条　柔性引进人才公开招募程序如下：

（一）申报岗位。师市各单位（部门）根据本单位、本行业发展存在的短板弱项，提出柔性引才岗位需求，经行业主管单位初审，报师市党委人才工作领导小组办公室复审汇总，汇总情况提交师市党委人才工作领导小组审议；

（二）发布公告。师市党委人才工作领导小组办公室根据师市党委人才工作领导小组审定岗位需求，面向全国发布柔性引才招募公告及岗位需求表；

（三）网上报名。应聘人员仅限填报一个意向岗位，报名时应聘人员须将招募报名表及相关证明材料（学历学位证书、专业技术职务证书，学术代表作、科研课题立项、鉴定、获奖成果、专利等材料）扫描件发送至报名公告指定电子邮箱；

（四）人选确定。对报名人员资格实行用人单位初审、行业主管单位复审，报师市党委人才工作领导小组审议同意后，择优确定引进对象，由用人单位与引进人才签订柔性引进协议（或劳动合同），约定聘期及双方的权利和义务。

第四章　管理与考核

第七条　用人单位对引进对象实行目标考核，合同管理。根据聘用协议（或合同）与考核情况兑现有关待遇。符合条件的，可以进行续聘。

第八条　根据引进对象具体情况，实行用人单位、行业主管部门两级管理。行业主管部门对引进对象进行任期内目标考核，用人单位具体负责日常管理和考核工作。

第九条　用人单位要以高度的责任感和事业心为引进对象做好服务工作，必要时实行一人一议、一事一议，共同为引进对象创造良好的工作和生活条件。

第十条　用人单位要积极用好引进对象的个人和单位优势，注重发挥以点带面的作用，充分学习和借鉴引进人才在人才培养、课题申报、专业建设、体制机制创新等方面的有益经验，积极寻求引进对象在科研项目立项、学科专业建设、实训基地建设、体制机制创新等方面的指导和帮助。

第十一条　柔性引进人才在协议执行期内，以用人单位名义承接的科研项目所取得的科研成果及专利归用人单位所有，受聘人不得泄露和私自转让。

第十二条　聘期内，若订立协议（或合同）所依据的法律、法规、政策发生变化，致使协议（或合同）无法全面履行，或订立协议（或合同）所依据的客观情况发生重大变化，与原签订的协议（或合同）中某些条款已不适应，经用人双方协商同意，可变更聘用协议（或合同）。

第十三条　有下列情况之一的，用人单位可随时与受聘人解除协议（或合同）：

（一）在聘期内，因受聘人原因，受聘人无法履行协议及职责；

（二）受聘人严重失职，对用人单位造成重大损害；

（三）聘用协议所依据的客观情况发生重大变化，致使协议无法履行，经双方协商不能就协议变更达成一致。

第十四条　有下列情况之一的，受聘人可随时与用人单位解除协议（或合同）：

（一）因聘用单位原因，受聘人无法履行协议及职责；

（二）聘用单位未按协议规定支付劳动报酬；

（三）聘用单位违反国家有关法律法规，侵害受聘人合法权益。

第十五条　聘期未满解除协议，聘用方或受聘方均需提前一个月，以书面形式通知对方。

第五章　服务期限

第十六条　柔性引进人才服务期限原则上为1个月以上、12个月以内，具体可由用人单位和柔性引进人才双方商定。

第十七条　协议期满后，确因工作需要，经双方协商，报行业主管部门及师市人才工作领导小组办公室同意，可以续订协议，最长不超过12个月。

第六章　保障措施

第十八条　柔性引进人才在师市工作期间参照第一层次至第五层次引进人才标准按月发放人才津贴，从师市人才发展专项资金列支。因工作原因产生的往返交通费由用人单位据实报销。

第十九条　用人单位须为柔性引进人才免费提供食宿保障，并按照保额不低于100万元标准为其购买人身意外伤害保险。

第七章　附　则

第二十条　对在招募过程中弄虚作假、谎报成果、骗取待遇的，一经查实，取消聘用及有关待遇；对利用招募搞不正之风者，视情节轻重，予以严肃处理。

第二十一条　本办法自发布之日起施行。由师市党委人才工作领导小组办公室负责解释。

第七师胡杨河市党委办公室关于印发《第七师胡杨河市优秀年轻干部培养选拔办法（试行）》的通知

师市党办发〔2022〕25号

各团场党委，师市机关各部门、各直属机构党组（党委、党工委）：

《第七师胡杨河市优秀年轻干部培养选拔办法（试行）》已经师市党委同意，现印发你们，请认真学习领会，抓好贯彻落实。

第七师胡杨河市党委办公室
2022年6月1日

第七师胡杨河市优秀年轻干部培养选拔办法（试行）

第一章　总　则

第一条　培养选拔年轻干部，是关系师市事业薪火相传和社会稳定、长治久安的重大战略任务，也是加强领导班子和干部队伍建设的基础性工程。为深入贯彻落实中央《关于适应新时代要求大力发现培养选拔优秀年轻干部的意见》和第三次中央新疆工作座谈会精神，不断健全完善年轻干部"选育管用"全链条机制，全面适应师市经济社会高质量发展大力培养选拔优秀年轻干部，结合师市干部队伍建设实际，制定本办法。

第二条　坚持以习近平新时代中国特色社会主义思想为指导，聚焦年轻干部的"七种能力"，坚持立足当前、着眼长远，以"经受锻炼、积累经验、提高素质、增长才干"为目的，以"数量充足、质量优良"为目标，强化教育培训，注重实践锻炼，从严管理考核，择优选拔使用，推动年轻干部快速成才、好苗子脱颖而出，切实打造一支忠诚干净担当、数量充足、充满活力的高素质专业化优秀年轻干部队伍，为师市经济社会高质量发展注入新活力。

第三条　优秀年轻干部培养选拔工作坚持下列原则：

（一）严格标准，择优遴选；

（二）注重实践，全面培养；

（三）分级管理，强化考核；

（四）鲜明导向，优先选用。

第二章　目标任务

第四条　立足师市干部队伍建设长远发展，着力打造"源头性储备、多渠道发现、全方位培养、动态化管理、常态化使用"的年轻干部培养选拔体系。坚持以强化政治历练、实践锻炼、专业训练为核心，以强化理论武装、加强党性修养、开阔眼界视野、磨炼意志品质、积累实践经验、提升实操能力为根本，动态培养20名在1至2年内能担任师市机关、团场、企事业单位领导班子正职的副处级优秀年轻干部，培养储备50名在1至2年内能担任师市机关、团场、企事业单位领导班子副职的正科级优秀年轻干部；培养储备100名在1至2年内能担任正科级领导职务、3至5年内能择优推荐担任副处级领导职务的副科级优秀年轻干部，为师市各项事业高质量发展提供和储备一批优秀年轻干部。

第三章 选拔方式

第五条 坚持拓宽渠道，严把标准，通过年度考核、干部考察、日常调研了解和组织推荐、个人自荐等方式，兼顾学历、年龄和专业等，放眼师市各条战线、各行业领域遴选，资格条件为：

（一）政治素质好，大局意识强，工作实绩突出，敢于担当作为，群众认可度高；

（二）全日制大学及以上学历，表现特别突出的学历可适当放宽；

（三）副处级领导干部一般不超过42岁，正科级及相当职级干部一般不超过37岁，副科级及相当职级干部一般不超过35岁，表现特别突出的年龄可适当放宽；

（四）注重选拔女干部、少数民族干部和党外干部；

（五）没有因纪律处分、组织处理、近三年年度考核在基本称职及以下等次等影响使用的情形；

（六）对政治上不合格的"一票否决"；

（七）没有不宜列为培养对象的其他情形。

第四章 培养措施

第六条 立足年轻干部成长规律，对年轻干部实行动态管理，建立"一人一档"成长纪实档案，根据各培养阶段现实表现和实际情况，及时进行调整、增补，始终保持"一池活水"。

第七条 以强化理论武装、加强党性修养、开阔眼界视野为目的，充分利用师党委党校培训主阵地，分层次举办中青年干部培训一班、中青年干部培训二班，主要分两个阶段进行。副处级领导干部择优推荐参加中央和兵团有关班次集中培训。

第一阶段：在师党委党校开展集中培训，原则上不少于45天。重点学习马列主义基本原理、党的理论特别是习近平新时代中国特色社会主义思想、兵团、师市党委重要会议精神，提升年轻干部基本理论水平和学习能力，全面了解掌握兵团、师市党委当前各项重大决策部署，推动年轻干部进一步增强捍卫"两个确立"、做到"两个维护"的政治自觉思想自觉行动自觉。

第二阶段：赴疆内外红色教育基地开展不少于15天的革命传统、党性教育和现场教学。帮助年轻干部进一步坚定理想信念，加强党性修养，开阔视野，拓展思维。

坚持能上能下、能进能出、动态调整，在集中培训后，采取闭卷考试、学员互评、带班教师评分等方式对年轻干部表现进行考核。综合考核情况分析研判，对不适宜继续进行培养的，终止下一阶段培养。

第八条 把实践锻炼作为年轻干部丰富阅历结构、优化成长路径、加快成长成才的重要举措，以磨炼意志、积累经验、提升能力为目的，采取墩苗式历练，上挂下派式锻炼，坚持在实践中考验年轻干部。为保证完整锻炼周期，实践锻炼主要分两个阶段进行。

第一阶段：本着干什么学什么、缺什么补什么的原则，有计划、分批次选派集中培训表现优秀的年轻干部到驻连（村）工作队、基层连队（社区）一线关键岗位、招商引资专班、信访维稳前沿、重大项目建设现场等吃劲岗位挂职锻炼，真正在打硬仗、扛重活、攻难关中提升能力水平，全面历练成长。时间原则上不少于6个月。

第二阶段：本着择优选拔、重点培养的原则，根据师市机关部门、团场、经开区和直属企事业单位领导班子建设需要，择优遴选一批实践锻炼第一阶段表现突出的年轻干部挂职任班子副职，主要采取跨行业领域交叉挂职锻炼的方式进行，进一步提升年轻干部统筹协作、应变处置和组织领导能力。时间原则上不少于1年。

（一）赴团场挂职锻炼。促使年轻干部进一步了解团场经济社会发展现状和职工群众生产生活情况，增进对职工群众的感情，树立以人民为中心的思想，积累基层工作经验，提升解决复杂矛盾能力和群众工作本领。

（二）赴经开区挂职锻炼。促使年轻干部在招商引资、项目建设一线经受磨炼，拓宽经济工作思路，增强处理复杂疑难问题的能力。

（三）赴企业挂职锻炼。促使年轻干部熟悉现代企业制度改革、发展模式和经营管理思路，增强从事经济工作、企业管理和市场开拓的能力。

（四）赴师市机关挂职锻炼。促使年轻干部熟悉上级机关的办事程序，了解掌握政策法规，增强服务大局和指导基层的意识，进一步拓宽视野，提高宏观思维和依法行政的能力。

（五）赴周边地方挂职锻炼。促使年轻干部学习地方政府运行、制度建设、工作流程等，学习借鉴地方好的工作理念和经验做法，进一步转变政府思维，提升依法行政能力。

第五章　考核管理

第九条　强化管理监督，以严的要求促进年轻干部健康成长。师市党委组织部全程跟踪考核和服务管理，采取座谈交流、谈心谈话和阶段期满考核等方式，及时了解掌握年轻干部思想、工作等情况，对苗头性、倾向性问题，及时予以纠正。对政治上不过硬、廉洁上不干净、工作上不担当、能力上不适应、作风上不扎实的及时调整，确保优进绌退。

第十条　实践锻炼期间，挂职单位对年轻干部要从严要求、从严管理，工作上要压担子、给实权、担实责，安排其尽量多参与重要工作、重大决策，思想上要多关心、多关注，给予必要的指导和帮助，保障年轻干部健康成长。

第十一条　按照“谁派出、谁负责”的原则，派出单位协助做好日常管理，主动了解年轻干部在培养锻炼期间的表现，帮助解决工作和生活中的实际困难，使其全身心投入培养锻炼。

第十二条　年轻干部应当服从组织安排，培养锻炼期间不再承担派出单位工作任务，在思想、工作、生活、作风等方面严格要求自己，自觉接受挂职单位党组织的领导、监督和管理。

第十三条　集中培训或实践锻炼结束后，对返回原岗位工作的年轻干部进行长期跟踪了解，常态化掌握其现实表现。对符合提拔任职条件，未获提拔或表现不佳的年轻干部，及时与单位党组（党委、党工委）沟通，综合分析原因，改进培养方式或调整培养范围。

第十四条　年轻干部要严格要求自己，坚决遵守各项纪律，积极主动参与各项工作。对表现较差或违反有关纪律和管理规定的年轻干部，终止培养锻炼。

第六章　选拔使用

第十五条　坚持把年轻干部选准用好作为源头工程，牢牢把握事业发展需要，坚决破除“论资排辈、平衡照顾”观念，综合年轻干部各阶段现实表现，对表现优秀、实绩突出、比较成熟的年轻干部，及时向师市党委或所在单位党组织推荐使用，切实把想干事、能干事、干成事的优秀年轻干部选出来用起来。

第七章　组织领导和保障

第十六条　优秀年轻干部培养选拔工作，在师市党委的统一领导下进行，由师市党委组织部负责组织实施。培训及相关费用从师市专项经费中支出。

第十七条　各单位党组（党委、党工委）要高度重视和支持年轻干部培养工作，本着对事业负责，对组织负责，对干部个人负责的原则，积极统筹协助做好培养选拔工作，实践锻炼期间派出单位原则上不得随意将干部召回。

第十八条　实践锻炼期间只转组织关系，不转行政和工资关系，原工资、福利待遇不变，休假、探亲按国家有关规定执行。期间因公产生的有关费用，按有关规定核销。

第八章　附　则

第十九条　本办法由师市党委办公室负责解释，党委组织部负责具体解释。

第二十条　本办法自印发之日起施行。

关于印发《第七师胡杨河市地名管理实施细则（试行）》的通知

师市办发〔2022〕36号

各团场，师市机关各部门、各直属机构：

《第七师胡杨河市地名管理实施细则（试行）》已经师市同意，现印发给你们，请认真贯彻落实。

第七师办公室　胡杨河市人民政府办公室

2022年9月7日

第七师胡杨河市地名管理实施细则（试行）

第一章　总　则

第一条　为加强和规范师市地名管理工作，实现地名标准化、法治化，适应师市经济社会发展、人民生活的需要，传承发展中华优秀文化，根据国务院《地名管理条例》（国令第753号）、《新疆维吾尔自治区地名管理办法》（新疆维吾尔自治区人民政府令第171号）等法律法规，结合师市实际，制定本实施细则。

第二条　本实施细则适用于第七师、胡杨河市行政区域范围内的地名命名、更名、使用、文化保护及相关管理工作。

第三条　本实施细则所称地名包括：

（一）乡（镇）、街道办事处等行政区划名称；

（二）山、河、戈壁、草原等自然地理实体名称；

（三）居（村）民委员会所在地名称；

（四）城镇和连队建成区内的道路等街路巷名称；

（五）具有重要地理方位意义的公寓、山庄、大厦、商业中心等住宅区、楼宇名称；

（六）具有重要地理方位意义的铁路、公路、桥梁（立交桥）、水库、渠道、堤坝、台、站、场等交通运输、水利、电力、通信、气象等设施名称；

（七）具有重要地理方位意义的风景名胜、公园、广场等城市公园、自然保护地名称；

（八）具有重要地理方位意义的其他地理实体名称。

第四条　地名管理应当坚持和加强党的领导。地名应当保持相对稳定。未经批准，任何单位和个人不得擅自决定对地名进行命名、更名。

第五条　师市应当建立健全地名管理工作协调机制，指导、督促、监督地名管理工作。

师市民政局负责本行政区域的地名管理工作。宣传（新闻出版）、统战、教育（语言文字）、公安、自然资源、住建、交通、水利、市场监管、农业农村（林业草原）等其他有关部门，在各自职责范围内负责相关地名管理工作。

第六条　师市民政局会同有关部门编制本行政区域的地名方案，经师市批准后组织实施。

第二章　地名的命名、更名

第七条　地名的命名、更名应遵循下列原则：

（一）维护国家主权和民族尊严，弘扬社会主义核心价值观；

（二）反映当地历史、文化和地理特征；

（三）尊重历史沿用名称和当地群众意愿，传承发展中华优秀文化；

（四）统一管理，分类、分级审批。

第八条　地名由专名和通名两部分组成。专名用来区分地理实体中的个体，通名应反映所标地理实体的地理属性（类别），不单独使用专名或通名作地名。地名的命名应遵循下列规定：

（一）简短易记，含义明确、健康，不违背公序良俗；

（二）符合地理实体实际地域、规模、性质等特征，符合城乡规划要求，一般不使用“中国”“中华”“世界”等词语；

（三）使用国家通用语言文字，避免使用生僻字、多音字；

（四）一般不以人名作地名，不以国家领导人的名字作地名，不以外国人名、地名及其同音字、近音字作地名，不以企业名、产品名、商标名作地名；

（五）乡（镇）、街道办事处名称在自治区行政区域内不应重名，并避免同音；师市范围内自然地理实体、居（村）民委员会所在地名称，同一建成区内的街路巷名称、居民区和楼宇名称，同类地名之间不应重名，并避免同音；

（六）街道办事处、居（村）民委员会一般以街道办事处所在街路或驻地居民点名称命名；

（七）各专业部门使用的具有重要地理方位意义的台、站、场等交通运输、水利、电力、通信、气象设施名称，一般应与所在地地名统一；

（八）不以国内著名的自然地理实体、历史文化遗产遗址、超出本行政区域范围的地理实体名称作行政区划专名；

（九）城镇街路巷、住宅区、楼宇等应按照层次化、序列化、规范化的要求，采用相应的通名予以命名，禁止通名重叠使用，不以行政区划地名通名作其他地名通名。

第三章　地名命名的审批和备案

第九条　机关、企事业单位、基层群众性自治组织等申请地名命名、更名应当提交申请书，申请书应当包括下列材料：

（一）命名、更名的方案及理由；

（二）地理实体的位置、规模、性质等基本情况；

（三）应当提交的其他材料。

第十条　地名命名、更名的审批权限和程序，应当遵守下列规定：

（一）行政区划的命名、更名，按照《行政区划管理条例》规定办理，乡（镇）、街道办事处名称由师市提出意见报兵团审定；

（二）自然地理实体（山、河、戈壁、草原等）、居（村）民委员会所在地、街路巷的命名、更名，应按隶属关系由团（镇）、经开区提出方案，经师市民政局审核，报师市批准；属于街道办事处范围的，由师市民政局提出方案，报师市批准；

（三）新建的具有重要地理方位意义的住宅区、楼宇的命名、更名，建设单位应在办理项目规划审批前提出方案，由师市住房和城乡建设局征求师市民政局意见后批准，报师市民政局备案；

（四）具有重要地理方位意义的交通运输、水利、电力、通信、气象等设施以及城市公园、自然保护地的命名、更名，按隶属关系由师市有关行政主管部门征求师市意见后批准，报师市民政局备案。

第十一条　标准地名由师市民政局向社会公布。师市批准的地名，自批准之日起15日内，由师市民政局向社会公告；师市其他有关部门批准的地名，自备案之日起15日内，由师市民政局向社会公告。

第四章　标准地名的使用

第十二条　按照本实施细则规定批准的地名为标准地名。地名的使用应当标准、规范。书写、译写应遵守下列规定：

（一）书写汉字地名，应使用国家公布的规范汉字；

（二）汉语拼音拼写方法按照《中国地名汉语拼音拼写规则（汉语地名部分）》的规定执行；

（三）汉字译写少数民族语地名，应以少数民族语言文字及其标准语音为基础，按照汉语普通话读音，使用规范汉字译写。对约定俗成的汉字译名，一般不更改。

第十三条　师市各级民政部门应建立地名信息库，及时公布标准地名等信息，提高服务信息化、智能化、便捷化水平，方便公众使用。

第十四条　机关、社会团体、企事业单位和其他社会组织在公文往来、信息发布、对外交往中应当使用标准地名。下列范围内必须使用标准地名：

（一）地名标志、交通标志、广告牌匾等标识；

（二）通过报刊、广播、电视等新闻媒体和政府网站等公共平台发布的信息；

（三）法律文书、身份证明、商品房预售许可证明、不动产权属证书等各类公文、证件；

（四）向社会公开的地图；

（五）法律、行政法规规定应当使用标准地名的其他情形。

第五章　地名标志的设置与管理

第十五条　标准地名应当设置地名标志。地名标志设置的位置应当遵循下列规定：

（一）自然地理实体地名标志，设在自然地理实体所处主要道路旁以及自然地理实体的显著位置；

（二）团（镇）、街道办事处、居（村）民委员会所在地地名标志，一般设在进出本辖区主干道路一侧的显著位置；

（三）街路巷地名标志，设在街路巷的起止点、交叉口处，人口稠密及繁华路段，间隔大于300米时，可适度合理增加地名标志数量，一般为对称或单边设置；

（四）门地名标志，设在该建筑物面向主要交通通道的主门上沿一侧的明显位置；

（五）楼地名标志，设在面向主要道路的楼墙上第二层居中明显位置；

（六）单元、户地名标志，设在入口上沿一侧的明显位置。

第十六条　师市应当加强地名标志的设置和管理。师市民政局和其他有关部门应当在各自职责范围内，按照标准地名编制并设置地名标志。

（一）团（镇）、经开区居（村）民委员会所在地、街路巷、具有重要地理方位意义的住宅区和楼宇地名标志，按隶属关系由本级民政部门设置和管理；

（二）具有重要地理方位意义的交通运输、水利、电力、通信、气象等设施，城市公园、自然保护地以及重要自然地理实体等地名标志，由各有关行政主管部门负责设置和管理。

第十七条　地名标志破损、地名已命名或更名但地名标志未设置、更改或者字迹残缺不全，应及时设置、维修和更新。地名标志经费按隶属关系由各级财政承担。

第十八条　任何单位、组织和个人不得擅自移动、涂改、损毁地名标志。

因施工等原因确需临时移动或拆除地名标志的，应报设置该地名标志的部门同意，并在事后按标准恢复原状。

第十九条　师市、团（镇）、经开区应当按照地名档案管理办法做好地名档案管理工作，加强地名文化遗产保护和公益宣传，组织研究、传承地名文化。

第六章　监督检查

第二十条　师市各级民政部门和其他有关部门应当依法加强对地名的命名、更名、使用、文化保护的监督检查。

第二十一条　师市民政局和其他有关部门对地名管理工作进行监督检查时，有权采取下列措施：

（一）询问有关当事人，调查与地名管理有关的情况；

（二）查阅、复制有关资料；

（三）对涉嫌存在地名违法行为的场所实施现场检查；

（四）检查与涉嫌地名违法行为有关的物品；

（五）法律、行政法规规定的其他措施。

师市民政局和其他有关部门依法行使前款规定的职权时，当事人应当予以协助、配合，不得拒绝、阻挠。

第二十二条　师市民政局和其他有关部门在监督检查中发现地名的命名、更名、使用、文化保护存在问题的，应当及时提出整改建议，下达整改通知书，依法向有关部门提出处理建议；对涉嫌违反《地名管理条例》的有关责任人员，必要时可以采取约谈措施，并向社会通报。

第二十三条　任何单位和个人发现违反本实施细则规定行为的，可以向师市各级民政部门或者其他有关部门举报。接到举报的部门应当依法处理。有关部门应当对举报人的相关信息予以保密。

第七章　法律责任

第二十四条　师市有关地名批准机关违反《地

名管理条例》进行地名命名、更名的，由其上一级行政机关责令改正，对该批准机关负有责任的领导人员和其他直接责任人员依法给予处分。

第二十五条 师市有关地名批准机关不报送备案或者未按时报送备案的，由上一级人民政府地名行政主管部门通知该批准机关，限期报送；逾期仍未报送的，对直接责任人员依法给予处分。

第二十六条 违反《地名管理条例》第四条、第九条、第十条、第十二条规定，擅自进行地名命名、更名的，由有审批权的行政机关责令限期改正；逾期不改正的，予以取缔，并对违法单位通报批评。

第二十七条 违反《地名管理条例》第十八条规定，未使用或者未规范使用标准地名的，由师市民政局或者其他有关部门责令限期改正；逾期不改正的，对违法单位通报批评，并通知有关主管部门依法处理；对违法单位的法定代表人或者主要负责人、直接负责的主管人员和其他直接责任人员，处2000元以上1万元以下罚款。

第二十八条 擅自设置、拆除、移动、涂改、遮挡、损毁地名标志的，由地名标志设置、维护和管理部门责令改正并对责任人员处1000元以上5000元以下罚款。

第八章 附 则

第二十九条 本实施细则由师市民政局负责解释。

第三十条 本实施细则自发布之日起执行。

统计资料

2022年末第七师胡杨河市单位数一览表

表8 单位：个

部 门	法人单位数	单产业法人	多产业法人	产业活动单位数
合计	3742	3600	142	398
一、按机构类型分组				
企业	2900	2792	108	364
事业单位	133	119	14	14
机关	63	43	20	20
社会团体	21	21	0	0
民办非企业单位	16	16	0	0
基金会			0	0
居委会	9	9	0	0
村委会	122	122	0	0
农民专业合作社	455	455	0	0
其他组织机构	23	23	0	0
二、按行业门类分组				
农、林、牧、渔业	575	565	10	12
采矿业	8	7	1	1

续表 8

部　　门	法人单位数	单产业法人	多产业法人	产业活动单位数
制造业	538	522	16	16
电力、燃气及水的生产和供应业	56	44	12	25
建筑业	214	202	12	50
批发和零售业	1014	978	36	79
交通运输、仓储和邮政业	88	79	9	33
住宿和餐饮业	59	57	2	2
信息传输、软件和信息技术服务业	60	59	1	9
金融业	20	15	5	40
房地产业	201	190	11	53
租赁和商务服务业	227	226	1	11
科学研究和技术服务业	202	202	0	24
水利、环境和公共设施管理业	39	36	3	4
居民服务、修理和其他服务业	48	48	0	0
教育	54	54	0	2
卫生和社会工作	38	38	0	2
文化、体育和娱乐业	36	36	0	0
公共管理、社会保障和社会组织	265	242	23	35

2016—2022年第七师胡杨河市国民经济主要指标完成情况一览表

表9

指　　标	2016年	2017年	2018年	2019年	2020年	2021年	2022年
生产总值（万元）	1477516	1597799	1785952	1940575	2138834	2466003	2605555
第一产业（万元）	446049	483291	507198	552839	639146	764560	701965
第二产业（万元）	545524	568268	609234	671476	779496	864293	993527
工业（万元）	210381	225339	284956	322489	376707	406636	447355
建筑业（万元）	335142	342929	324278	348987	402789	457657	546172
第三产业（万元）	485944	546240	669520	716260	720191	837150	910063
交通运输、仓储和邮政业（万元）	78080	99784	133052	134821	107857	141683	171406
批发零售贸易业（万元）	91450	99386	113341	117295	111108	129581	137936
三产产业结构比							
第一产业（%）	30.2	30.2	28.4	28.5	29.9	31.0	26.9
第二产业（%）	36.9	35.6	34.1	34.6	36.4	35.0	38.1

续表9

指　标	2016年	2017年	2018年	2019年	2020年	2021年	2022年
其中：工业(%)	14.2	14.1	16.0	16.6	17.6	16.5	25.0
第三产业(%)	32.9	34.2	37.5	36.9	33.7	34.0	35.0
人均生产总值(元)	64814	68434	74262	78209	—	97586	99694
年末人口数(人)	227963	233479	240494	248126	—	252704	261396
连队常住居民人均可支配收入(元)	16654	17995	20000	24319	27441	30042	31062
城镇居民人均可支配收入(元)	33942	36601	38549	40809	40998	43078	44716
农业总产值(万元)	927915	1002171	1088180	1181883	1378621	1673356	1546618
甜菜产量(万吨)	38.58	23.24	12.53	41.77	59.42	10.13	6.52
年末牲畜总头数(万头)	53.44	54.33	55.12	55.57	55.70	56.63	64.87
肉类总产量(万吨)	2.97	3.24	3.51	3.73	4.05	5.16	6.84
工业总产值(万元)	1100650	1255056	1192354	1276114	1235984	1877517	2229009
原煤产量(万吨)	135.00	78.00	152.00	167.00	178.00	174.61	12.93
发电量(万千瓦时)	235094	248161	356128	363785	444019	6558	666769
糖(吨)	27775	26734	35001	37411	33880	25021	13661
乳制品(吨)	2579	629	604	526	2938	—	9745
全社会固定资产投资增速(%)	1.7	13.8	7.5	8.7	21.7	8.9	21.9
建筑施工产值(万元)	1295481	1318938	1122410	1207930	1394153	1456485	1607774
社会商品零售总额(万元)	494124	541609	599543	647954	594710	710151	697116

1978—2022年第七师胡杨河市生产总值一览表

表10　　单位：万元

年　份	生产总值	第一产业	第二产业	第三产业	人均生产总值(元)
1978	7061	3080	3353	628	394
1979	7826	3637	3493	696	416
1980	10167	5131	4224	812	507
1981	11745	5872	4848	1025	579
1982	12196	5584	5232	1380	607
1983	12438	5361	5526	1551	623
1984	13699	5892	5851	1956	689
1985	16519	6597	6971	2952	830
1986	21591	9614	8225	3752	1081
1987	21222	9008	8066	4148	1063

续表 10

年　份	生产总值	第一产业	第二产业	第三产业	人均生产总值（元）
1988	25144	9052	10419	5673	1277
1989	29963	11733	12282	5948	1541
1990	44034	23169	13987	6878	2267
1991	51531	24032	18875	8624	2635
1992	47425	18449	19571	9405	2417
1993	55112	23049	19347	12686	2832
1994	76516	35636	25606	15274	3943
1995	103263	51950	32385	18928	5245
1996	114123	59406	29724	24993	5661
1997	139935	84672	30682	24671	6824
1998	154925	86590	34624	33711	7522
1999	146863	74201	35777	36885	7079
2000	169444	86891	43203	39350	8112
2001	168805	67352	45993	55460	8093
2002	185642	84573	47778	53291	9197
2003	197894	90294	47331	60269	11047
2004	222219	90500	62652	69067	12244
2005	270296	121205	75357	73734	12400
2006	314318	143621	82835	87862	14420
2007	353612	150330	99719	103563	16188
2008	438002	187060	125344	125598	20010
2009	502040	210683	154898	136459	23081
2010	645039	279955	211055	154029	29779
2011	753262	308817	255691	188754	34575
2012	946201	355686	361504	229011	42450
2013	1040238	355134	393116	291988	45234
2014	1179415	356374	477431	345610	51137
2015	1314583	375046	550733	388804	58087
2016	1477516	446049	545524	485944	64814
2017	1597799	483291	568268	546240	68434
2018	1785952	507198	609234	669520	74262
2019	1940575	552839	671476	716260	78209
2020	2138834	639146	779496	720191	—
2021	2466003	764560	864293	837150	97586
2022	2605555	701965	993527	910063	99694

说明：本表按当年价格计算

2022年第七师胡杨河市各单位生产总值现价一览表

表11　　单位：万元

单位名称	生产总值	第一产业	第二产业	工业	建筑业	第三产业
第七师	2605555	701965	993527	447355	546172	910063
一二三团	170940	77527	26131	2471	23660	67281
一二四团	123813	79079	1133	462	701	43601
一二五团	187177	103382	28430	1368	27062	55366
一二六团	89292	38122	2116	352	1763	49055
一二七团	71604	34279	1099	333	766	36226
一二八团	131136	79267	2699	436	2263	49170
一二九团	200489	76374	46650	15021	31629	77465
一三〇团	177452	97207	4825	1050	3775	75419
一三一团	179147	73762	20171	2070	18100	85214
一三七团	62619	23130	2024	1326	698	37464
奎东农场	23979	12560	2290	49	2241	9129
天北经济技术开发区	330926		165566	63445	102121	165360
胡杨河经济技术开发区	257292		213195	206656	6539	44097
锦龙电力	99329		95752	84444	11308	3578
北方集团	304472		304472	1786	302686	
锦疆化工	58968		53791	53576	215	5176
农发集团	27530		11809	10184	1625	15720
天北城投	38151		7555		7555	30596
天泉水务	3510		3510	2353	1157	
锦恒能源	0					
国资公司	3573		308		308	3265
其他单位	64155	7276				56879

说明：本表按当年价格计算

2005—2022年第七师胡杨河市工业总产值一览表

表12　　单位：万元

年份	工业总产值	按轻重工业分	
		轻工业	重工业
2005	150553	116116	34437
2006	174553	119904	54649
2007	211283	143232	68051
2008	260739	170529	90210

续表 12

年　份	工业总产值	按轻重工业分	
		轻工业	重工业
2009	331718	234814	96904
2010	462745	319769	142976
2011	530083	354444	175639
2012	710969	431283	279686
2013	730516	371095	359421
2014	806119	336898	469221
2015	904120	349958	554162
2016	1100650	3541919	7458176
2017	1255056	386968	868088
2018	1183037	451067	731970
2019	1276114	381704	894410
2020	1235984	392864	843121
2021	1877517	578069	1299448
2022	2229009	737340	1491669

说明：按现行价格计算

2010—2022年第七师胡杨河市按经济类型分建筑业总产值一览表

表13　　单位：万元

年份	单　位	合　计	国有企业	集体企业	其　他
2010		267766	254782		12984
2011		375288	351421	14567	9300
2012		672391	598154	17600	56637
2013		901875	756327	24000	121548
2014		1070434	876412	29800	164222
2015		1199424	917419	25000	257005
2016		1295481	1002902		292579
2017		1318938	1017056		301882
2018		1122410	848588		273822
2019		1207930	763363		444567
2020		1394153	849482		544671
2021		1456485	941337		515147
2022		1607774	1014606		593168

续表13

年份	单 位	合 计	国有企业	集体企业	其 他
2022	一二三团	58864			58864
	一二四团				
	一二五团	49666			49666
	一二六团	5106			5106
	一二七团	1112			1112
	一二八团	9076			9076
	一二九团	98924			98924
	一三〇团	13678			13678
	一三一团	43522			43522
	一三七团				
	天北新区	302114			302114
	第七师师直	1014606	1014606		

2021—2022年第七师胡杨河市各单位社会消费品零售总额一览表

表14

单位：万元

单 位	2022年	2021年	增速（%）
师市	697116	710151	−1.8
一二三团	127766	127013	0.5
一二四团	50318	52611	−4.4
一二五团	34747	33157	0.9
一二六团	51425	50346	0.2
一二七团	23549	23347	0.8
一二八团	47580	48118	−0.7
一二九团	75355	76271	−1.2
一三〇团	48905	47232	3.5
一三一团	66941	66515	0.6
一三七团	34089	33322	2.3
奎东农场	13787	15711	−12.3
天北经济技术开发区	83234	94225	−11.6

2022年第七师胡杨河市分行业固定资产（不含农户）增长速度一览表

表15

行　业	比上年增长（%）	行　业	比上年增长（%）
总计	21.9	房地产业	38.2
农、林、牧、渔业	−0.9	租赁和商业服务业	−9.7
采矿业	297.9	科学研究和技术服务业	−46.1
制造业	60.9	水利、环境和公共设施管理业	−29
电力、热力、燃气及水生产和供应业	27.4	居民服务、修理和其他服务业	50.8
建筑业	−38.7	教育	389.2
批发和零售业	5.2	卫生和社会工作	135.8
交通运输、仓储和邮政业	60.7	文化、体育和娱乐业	61.7
住宿和餐饮业	−3.1	公共管理、社会保障和社会组织	142.6
信息传输、软件和信息技术服务业	−1.6		

2022年第七师胡杨河市房地产开发和销售主要指标及其增长速度一览表

表16

指　标	单　位	绝对数	比上年增长（%）
投资额	万元	174293	36.7
其中：住宅	万元	137050	30.6
房屋施工面积	平方米	1159195	−12
其中：住宅	平方米	923379	−17.5
房屋新开工面积	平方米	570494	9.1
其中：住宅	平方米	430689	−5
房屋竣工面积	平方米	240324	−29.1
其中：住宅	平方米	210386	−16.6
商品房销售面积	平方米	142608	−8.6
其中：住宅	平方米	125490	−17.5
本年到位资金	万元	173460	27.3
其中：国内贷款	万元	0	—
个人按揭贷款	万元	1571	−78

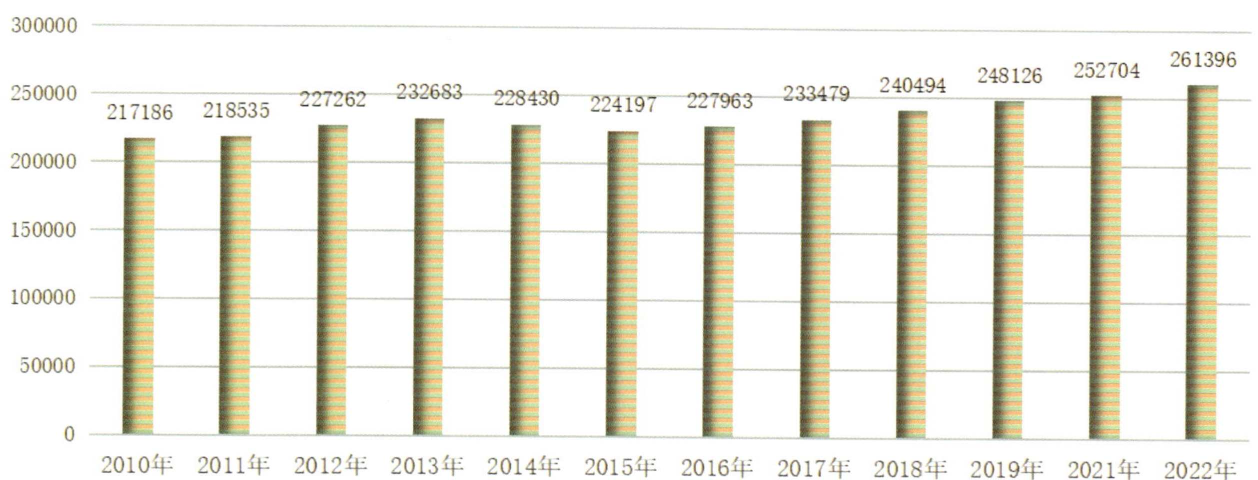

图4　2010—2022年第七师胡杨河市年末人口柱状图（人）

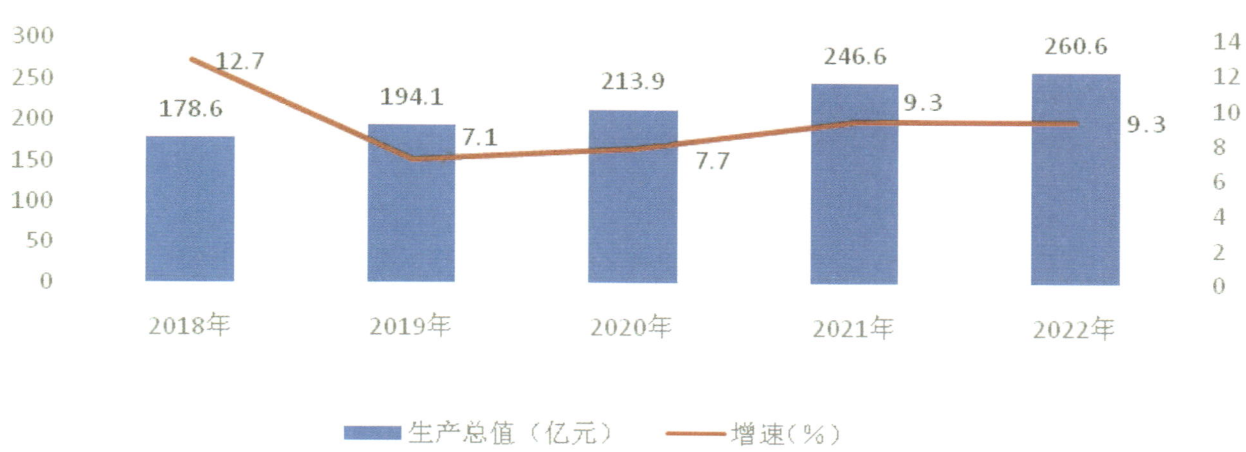

图5　2018—2022年第七师胡杨河市生产总值及增长速度示意图

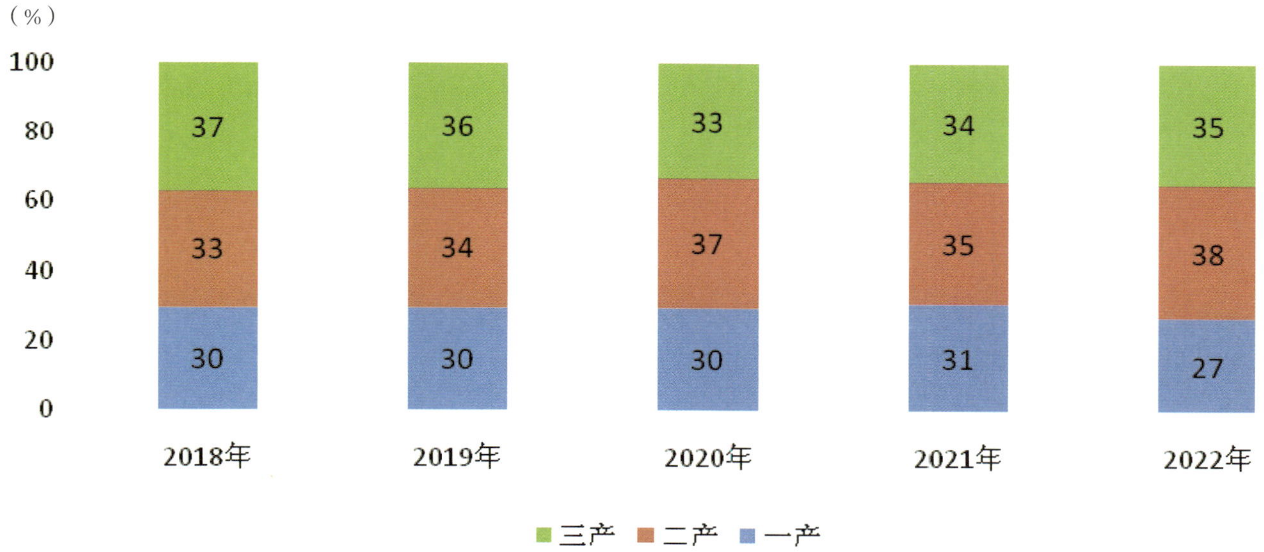

图6　2018—2022年第七师胡杨河市三次产业结构比柱状图

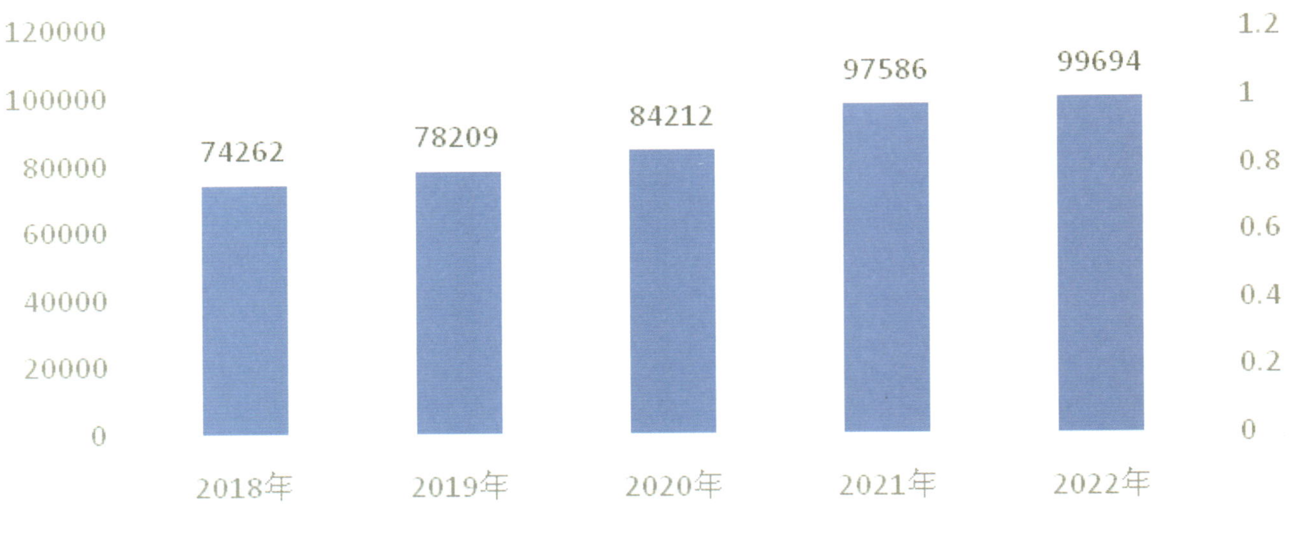

图7　2018—2022年第七师胡杨河市人均生产总值柱状图

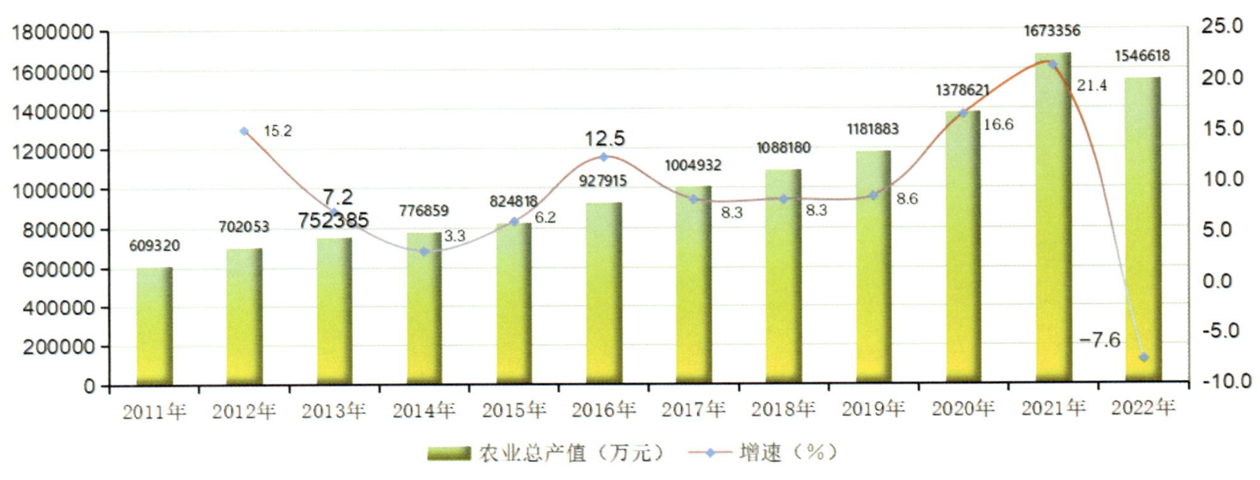

图8　2011—2022年第七师胡杨河市农业总产值及增长速度示意图

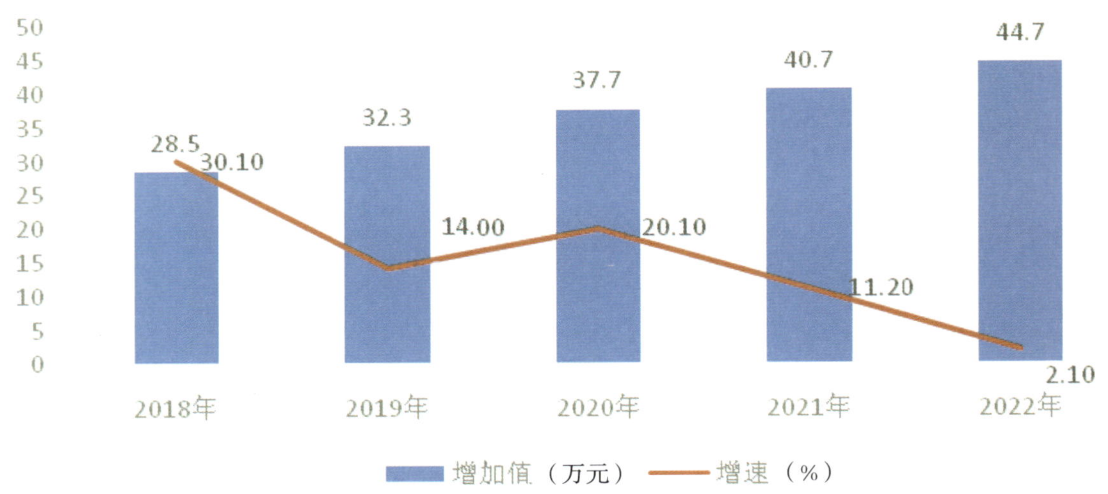

图9　2018—2022年第七师胡杨河市全部工业增加值及其增长速度示意图

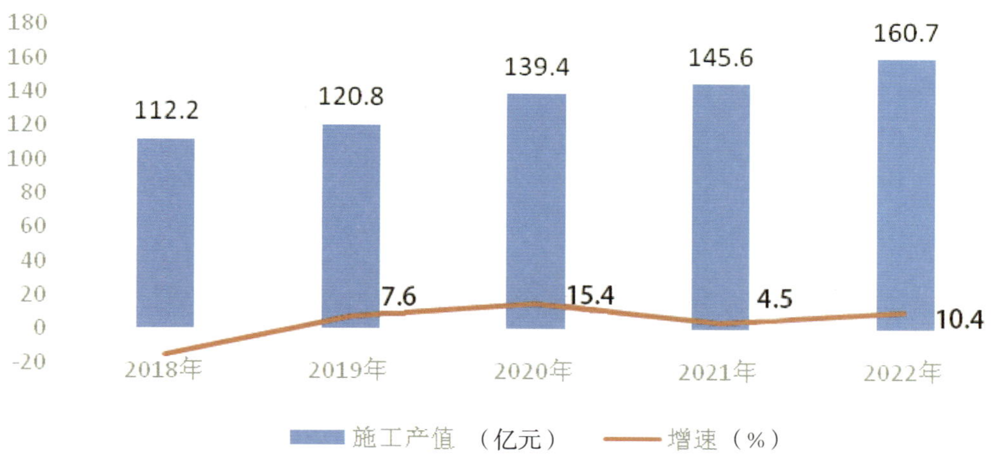

图10　2018—2022年第七师胡杨河市建筑业企业产值情况示意图

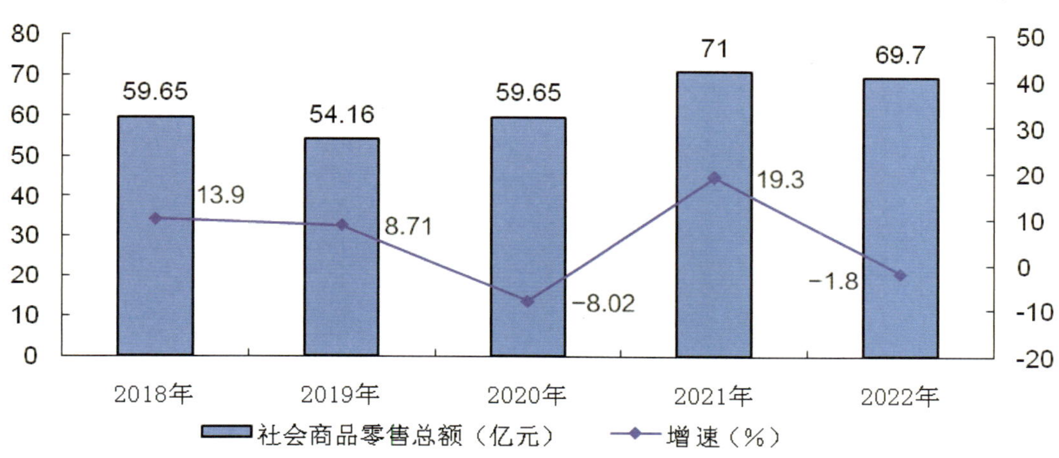

图11　2018—2022年第七师胡杨河市社会商品零售总额及增长速度示意图

图12　2011—2022年第七师胡杨河市城镇居民家庭年均收支情况柱状图

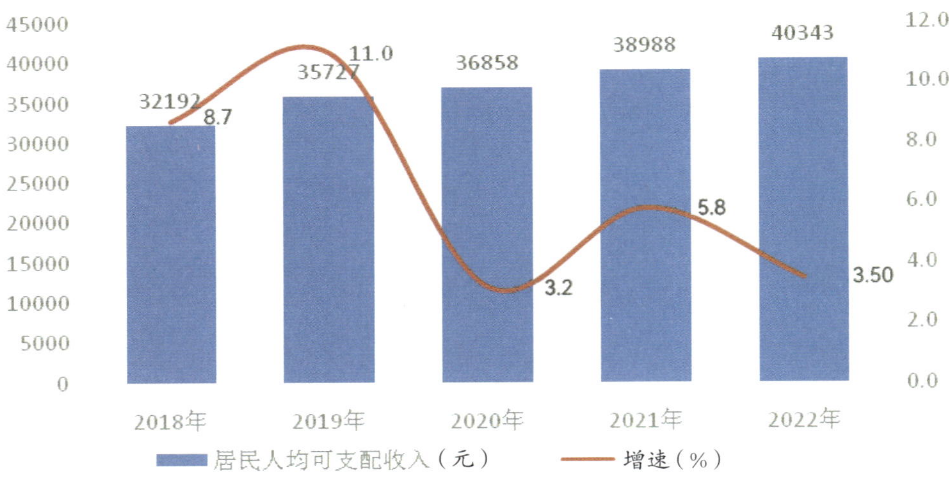

图13　2018—2022年第七师胡杨河市居民人均可支配收入及增长速度示意图

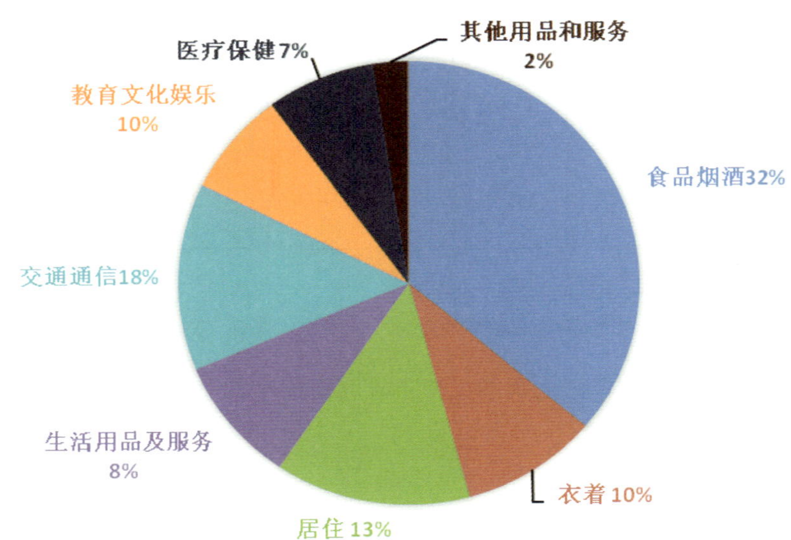

图14　2022年第七师胡杨河市居民人均消费性支出及构成示意图

索 引

SUO YIN

说 明

一、本年鉴索引依照国家标准《索引编制规则（总则）》GB/22466–2008进行编制。

二、类目、分目标题用黑体字标示。

三、主题索引中文标目按汉语拼音顺序排列，同音字按笔画数从少到多排列。第一字相同，按第二字音序排列，依次类推。标目后的阿拉伯数字表示内容所在页码。数字后的英文字母a、b、c分别表示从左到右第一、二、三栏。标目后有多个页码的，则表示相关信息在这些页码中均出现。副标目缩进一个汉字放在主标目下面。

主题索引

A

B

C

D

K

L

M

R

S

W

Y